刑侦图像视频处理技术

范九伦　刘　颖等　著

西安邮电大学学术专著出版基金资助

科　学　出　版　社
北　京

内 容 简 介

刑侦图像视频处理技术在公安刑事案件侦破工作中发挥着重要作用，是实现科技强警、提升公安机关破案能力的重要手段。本书为西安邮电大学图像与信息处理团队依托“陕西省法庭科学电子信息实验研究中心”以及“电子信息现场勘验应用技术”公安部重点实验室平台，在刑侦图像视频处理领域研究成果的阶段性总结。围绕刑侦图像视频处理技术中的关键问题，本书内容涉及五个部分：刑侦图像视频清晰化（第 2、3 章）、高动态范围图像处理（第 4 章）、刑侦图像标注与检索及图像安全（第 5、6 章）、监控视频编码分析与检索（第 7～9 章）、典型应用实例（第 10～15 章）。

本书可为公安干警提供学习参考，也可供相关领域研发人员、学生阅读借鉴。

图书在版编目（CIP）数据

刑侦图像视频处理技术/范九伦等著. —北京：科学出版社，2019.11

ISBN 978-7-03-062374-4

Ⅰ. ①刑… Ⅱ. ①范… Ⅲ. ①刑事侦查－数字图象处理 Ⅳ. ①D918.2 ②TP391.413

中国版本图书馆 CIP 数据核字（2019）第 208708 号

责任编辑：宋无汗 / 责任校对：郭瑞芝
责任印制：吴兆东 / 封面设计：陈　敬

科学出版社出版
北京东黄城根北街 16 号
邮政编码：100717
http://www.sciencep.com
北京厚诚则铭印刷科技有限公司印刷
科学出版社发行　各地新华书店经销
*
2019 年 11 月第　一　版　开本：720×1000　1/16
2025 年 1 月第 四 次印刷　印张：25 1/2
字数：514 000

定价：158.00 元

（如有印装质量问题，我社负责调换）

《刑侦图像视频处理技术》编委名单

主　编　范九伦　刘　颖

编　委（按姓氏拼音排序）

艾　达　白本督　毕　萍　公衍超　来　毅

李大湘　李　娜　刘卫华　卢　津　王殿伟

王富平　王　倩　朱婷鸽

前　言

自 2004 年公安部、科技部启动科技强警示范城市建设，公安部科技局在全国范围内开展“3111”工程后，视频监控系统在公共场合的使用已非常普遍，图像视频处理在公安刑侦破案、社会管控、服务民生等各个方面发挥着越来越重要的作用。视频图像侦查技术已成为当今信息社会环境下的一种新型监控及侦查方法。该方法已经逐步成为公安部门继刑事技术、行动技术、网侦技术之后的第四大技术手段。全国各地都在加快步伐建设基于统一标准、完成各类视频监控系统互联互通、实现公共视频图像资源的整合、提升公安机关破案能力的视频监控系统和平台。

虽然图像视频处理技术在学术研究领域已经取得了很多成果，但在公安行业应用方面却还处于初步阶段。通过技术与应用的深度结合，使图像视频处理技术在公安刑侦事后破案、事中处理及事前预警中发挥更广更大的作用，需要更多学者与技术人员的努力。

西安邮电大学图像与信息处理团队依托西安邮电大学与陕西省公安厅联合建设的“陕西省法庭科学电子信息实验研究中心”以及“电子信息现场勘验应用技术”公安部重点实验室平台，结合我国公安行业实际应用需求，从事刑侦图像视频处理领域的研究开发工作。团队经过数年的努力，对刑侦图像视频的特点及公安行业实际应用需求的难点有了一定的认识，积累了刑侦图像视频处理领域的经验。

作为研究工作的一个阶段性总结，也为了方便一线公安人员对相关内容的学习，撰写了本书。本书区别于其他图像视频处理技术书籍的最大特点是，既介绍了相关领域的基础概念，又体现了实际刑侦图像视频处理的特色，并且结合公安行业实际需求，分析讨论了相关技术处理的难点。本书的编写目的主要有两个：①总结刑侦视频图像处理技术，为公安干警提供学习参考书，让学习者更容易抓住公安行业实际技术需求点，教学与科研及实践相结合，学习更能有的放矢。②提供和展示了刑侦图像数据库，可供研发人员阅读借鉴。

本书由范九伦和刘颖进行规划和统稿。第 1 章由范九伦和刘颖撰写，王殿伟负责第 2 章的撰写，毕萍负责第 3 章的撰写，刘卫华和白本督负责第 4 章的撰写，朱婷鸽负责第 5 章的撰写，刘颖负责第 6 章的撰写，公衍超负责第 7 章的撰写，李娜负责第 8 章的撰写，来毅负责第 9 章的撰写，艾达负责第 10 章的撰写，刘颖和王富平负责第 11 章的撰写，王倩负责第 12 章的撰写，白本督负责第 13 章的撰写，卢津负责第 14 章的撰写，李大湘负责第 15 章的撰写。

感谢陕西省公安厅刑侦局及“电子信息现场勘验应用技术”公安部重点实验室杨永登、樊安、高梓铭、韦同胜等同志对书中实验数据的获取及测试所提供的帮助。此外，感谢研究生胡丹、彭亚楠、程美、刘红燕、朱丽等在本书整理工作中的贡献。本书的出版得到了国家自然科学基金项目（编号 61671733、61801381、61802305）、公安部科技强警基础项目（编号 2018GABJC39、2016GABJC51、2015GABJC50、2014GABJC022、2014GABJC023、2014GABJC023）、公安部技术研究计划重点项目（编号 2014JSYJA018）、陕西省科技厅国际科技合作计划项目（编号 2018KW-003、2017KW-013、2017KW-016）、2018 陕西省自然科学基础研究计划-科技创新创业“双导师制”项目（编号 2018JM6118）的资助。

鉴于我们对公安行业实际需求的认识及刑侦图像视频处理技术的研究还需要进一步提高，本书在技术与应用结合方面还不够深入，书中难免存在不足之处，敬请读者提出宝贵意见。

目　　录

第1章 绪　　论

1.1 概　　述

1.1.1 刑侦图像处理技术的重要性

随着科技的发展和人们生活水平的提高，视频监控在生活中应用的范围越来越广，图像视频处理技术在科技强警、打造平安城市方面发挥着越来越重要的作用。例如，仅陕西省目前就有监控摄像头70余万台，用于交通运输、卫生医疗、教育系统、医疗系统、金融系统等各领域。目前，陕西省公安机关共安装视频监控摄像机4.9万台，各类图像接入32149路。

中共中央、国务院、国家发展和改革委员会、公安部先后出台了多项政策规划，体现了刑侦图像视频信息处理技术的重要性。全国各省都在加快步伐建设基于统一标准，完成各类视频监控系统互联互通、实现公共视频图像资源的整合、提升公安机关破案能力的监控视频综合处理平台。刑侦图像视频处理技术目前越来越受到学者及公安行业技术人员的重视。

然而，由于刑侦图像视频数据内容有区别于普通图像视频数据的特殊性，公安行业实际应用需求的行业特性，设备条件等方面的综合原因，目前我国公安行业图像视频处理技术的应用还处于初级阶段，需要大力深入挖掘、开拓相关技术的作用。

图像视频处理领域的研究成果应用于公安领域遇到困难，简单总结有以下几点。

第一，由于部分设备性能不足、客观条件影响等因素，实际的监控视频数据会出现视频图像模糊不清、分辨率低、过曝光、关键信息捕捉不到等问题。而由于形成刑侦视频图像质量差的因素往往比较复杂，无法通过实验模拟，因此就给视频图像处理技术的应用带来困难，降低了处理技术的水平和质量。

第二，相较于图像视频处理技术的发展，相关技术在公安行业的应用时间很短，如何挖掘刑侦图像视频数据的特色及应用需求的特色，需要学术科研与行业应用的长期紧密结合，非一朝一夕之事。

第三，随着视频监控在公安工作中的作用越来越大，许多警用视频监控系统也应运而生，但是目前大多数智能视频系统在设计时应用需求不明确，与公安工作相结合不够紧密，导致许多功能在公安工作的实际应用中发挥不了作用，公安工作中许多需要的功能在系统中又无法实现，在浪费了大量的人力、物力和财力的同时，所达到的效果也不明显[1]。此外，这些系统造价昂贵，不便于普及；界面偏于复杂，不利于干警在需要的场合操作使用。

因此，了解公安行业实际需求，构建实际刑侦图像视频数据库，通过深入分析测试了解其数据特性，提炼特定的研究内容，有目的、有效地进行研究开发工作，真正解决实际问题，提高公安干警工作效率，节省人力财力，是从事刑侦图像视频处理领域研究的途径、目的和意义所在。

1.1.2　实际问题举例

针对目前公安行业实际需求，刑侦图像视频处理技术领域的研究多集中在图像视频清晰化、视频智能分析、图像视频检索比对、视频图像编码压缩等方面。本节举几个实际例子说明相关技术在实际应用中的困境。

1. 图像视频清晰化

图 1.1 为一次实际交通肇事案监控视频截图，需要从中获取肇事车辆的信息，比如车牌号码中任意一位。但是，由于车辆高速逃离，造成图中圆圈所示的严重过曝光情况，车牌信息无法正确恢复。

图 1.1　交通肇事案监控视频截图 1

图 1.2 为另一起交通肇事案视频截图，圈中所示为嫌疑目标。图 1.3 为放大及补光处理后的效果，有用信息有限。

2. 图像视频检索

现场勘验（现勘）图像内容特殊，包含的图像种类有一些是学术界常用图像数据库所没有的，如血迹、指纹、鞋印、生物物证等。此外，有些类别的内容却

图 1.2 交通肇事案监控视频截图 2

图 1.3 图 1.2 处理效果

又太过杂乱，如外景，包括道路、房屋、车辆甚至夜市等不同内容的图片。刑侦现勘图像的有效分类，需要针对公安行业分类定义及数据特性设计适用的方案。图 1.4 是西安邮电大学图像与信息处理团队所建的实验数据库中的刑侦现勘图像例图。

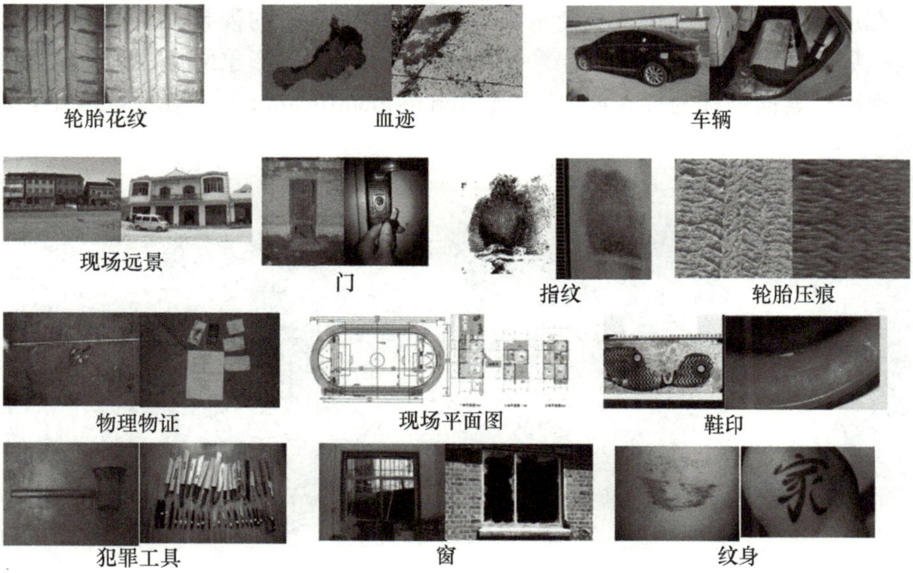

图 1.4 刑侦现勘图像例图

而监控视频检索，必须针对公安人员感兴趣的目标进行，主要包括嫌疑人、嫌疑车辆、特殊可疑事件等。现有的监控视频检索系统技术提高的空间很大。目前存在的主要技术难题包括被口罩或者眼镜遮挡的人脸识别、侧脸的识别，嫌疑人步态分析，人群异常行为检测，热点事件预警等。虽然相关研究成果已经有应用，但在准确率及实时性方面离预期的效果还有差距。

图 1.5 是利用某软件视频摘要处理后标出的人物目标。左图为星光级高清摄像机下的暗光模拟视频画面，通过软件摘要后，得出此段视频共有 4 个对象，最黑部分的关键人物摘要丢失。右图为将原视频经过迅通 VAIS 进行增强处理，再进行摘要后，同一段视频得出的 11 个对象，大大增加了识别准确率。此外，迅通 VAIS 还准确摘要到右边暗处走出来的人物[2]。

图 1.5　某车库入口场景

在刑侦工作中，工作人员经常要浏览多个摄像头中的视频，查找某个特定的行人在哪些摄像头前出现过。计算机视觉领域的学者们形象地将针对特定行人的监控视频检索问题称为行人重识别（person re-identification）[3]。图 1.6 为一个简单示例。

图 1.6　行人重识别

图 1.6[4]是被不同的摄像头检测到的同一行人的图片。在不同的摄像头下，行人的姿态、光照、随身物品也不同。

行人重识别是利用计算机视觉技术判断图像或者视频序列中是否存在特定行人的技术，旨在弥补固定摄像头的视觉局限，并可与行人检测和行人跟踪技术相结合，应用于智能视频监控、智能安保等领域。这方面的研究已成为目前学术界一个热点，但现有技术成果离实际应用还有一段差距，其中一个主要问题是缺乏大量实际刑侦图像视频数据样本而导致算法面对实际数据性能表现得不够理想。

3. 大数据联网的顶层设计

以视频图像信息共享平台建设为核心，建立和完善视频图像信息深度应用机制，推动跨区域、跨部门、跨警种的视频监控系统有效整合和视频图像信息共享，进一步加强公安机关视频图像信息资源的综合开发利用，拓展和深化视频图像信息在公安业务中的应用。除了底层图像视频处理技术的发展提高之外，公共视频监控联网的顶层设计也是决定因素。

由于各职能部门视频监控系统建设缺少整体规划，缺乏综合应用的统筹规划，跨部门视频联网应用时无法直接快速地获取各自业务工作上需要的有价值的图像信息，因此，基于统一标准，完成各类视频监控系统互联互通，实现公共视频图像资源的整合共享显得十分必要和迫切。

总结而言，图像视频清晰化、海量图像视频数据检索、基于多元信息智能分析的综合研判，是目前刑侦图像视频处理中的难点和重点[5]。

1.2 本书的内容及结构

本书包含了有关技术的基础知识及在公安行业的应用。

第 2 章到第 9 章着重于技术基础。由于复杂环境如天气、运动、光照等原因，刑侦图像视频往往存在质量差的情况。图像视频清晰化是提高后续处理效率的关键预处理环节。第 2 章介绍了刑侦图像视频清晰化的常用技术，并描述了提出的去雾及低照度图像增强算法；第 3 章针对监控视频中车牌清晰化这一目标，介绍了车牌超分辨率重建技术。

高动态范围（HDR）图像能够将自然界场景的亮、暗信息同时保留下来，有效解决图像过曝光及欠曝光问题。HDR 图像处理技术近些年来已经成为数字图像领域的研究热点之一。第 4 章介绍了 HDR 图像处理的基本概念及 HDR 图像合成的算法。

图像安全技术对于公安领域证据鉴别和资料保护非常重要，第 5 章介绍了图像水印技术及其在刑侦领域中的应用。大规模图像数据库的高效检索对于图像数据库管理及串并案信息比对具有重要意义，第 6 章介绍了图像检索技术的基本知识和最新发展。

在视频监控系统中，视频编码与码率控制可以在满足传输信道给定的带宽限制下获得尽可能高质量的监控视频，从而为视频分析及检索等后续处理的高效完成提供必要的保证。第 7 章介绍了监控视频编码及码流控制技术。视频检索的目的是从大量监控视频数据中快速准确地找到嫌疑目标，提高干警工作效率。第 8 章针对刑侦视频中嫌疑目标的跟踪与检测技术，总结了常用算法并提供实验测试结果。第 9 章介绍了刑侦视频检索中的镜头边界检测、关键帧提取等关键技术。

第 10 章～第 15 章则着重于技术应用。第 10、11 章分别介绍现勘三维现场重建及现勘图像检索技术。为解决现存刑侦案件智能串并算法中存在的异常信息容易丢失的问题，第 12 章提出了一种有效放大细节信息的算法，提高了刑侦案件智能串并效率。第 13、14 章分别介绍了刑侦模拟画像、现场立体足迹提取两个应用系统。第 15 章介绍了研究开发的一个鞋印图像识别系统。

总结而言，围绕刑侦图像视频处理技术中的关键问题及团队的特色科研方向，书中内容涉及五个部分：刑侦图像视频清晰化、刑侦图像标注与检索及图像安全、监控视频编码分析与检索、高动态范围图像处理以及典型应用实例。希望本书能为同行及公安行业技术人员提供有价值的参考借鉴。

参 考 文 献

[1] 宗权，吴冠峰. 公安视频监控应用需求分析[J]. 中国人民公安大学警务信息工程学院：信息通信, 2015, (8): 97, 98.

[2] 视频图像处理技术在安防行业的实际应用[EB/OL]. 慧聪安防网：广东迅通科技股份有限公司, http://info.secu. hc360.com/2014/12/031824803285.shtml. [2014-12-03].

[3] 宋婉茹，赵晴晴，陈昌红，等. 行人重识别研究综述[J]. 智能系统学报, 2017, 12(6):770-780.

[4] 杨新雨. 基于监控场景的行人重识别方法的研究与应用[D]. 成都：电子科技大学, 2018.

[5] 侯伟，周川. 公安视频图像信息技术应用的问题与对策[J]. 电子技术与软件工程, 2018, (3): 82.

第 2 章　视频图像清晰化处理技术

随着数字影像技术的发展，现场摄录视频、拍摄照片以及调取案发现场周边的监控视频等方法已经成为现场勘查中获取信息的重要手段，这些视频图像数据为案件侦破、法庭量刑等工作提供了重要的支撑，但是实际获取到的这些视频图像的质量并非全都很理想，很多视频图像数据需要进一步进行清晰化处理，如进行滤波去噪、超分辨率、畸变校正、照度增强、去雾清晰化、光照不均匀校正等处理。本章将以去雾清晰化和光照不均匀校正两项技术为叙述对象，讲解视频图像清晰化技术基本知识。

2.1　视频图像去雾清晰化处理技术概况

目前已有的各类视频监控系统在天气晴朗、照度条件好的情况下可以得到清晰的图像，但是在雾霾等天气条件下获取的户外图像对比度低、色彩失真严重，颜色整体偏向灰白色，导致视频图像的质量严重降低。如果在这种条件下调取案发现场周围的监控视频作为现场勘查数据，会严重降低其应用价值。

雾天降质图像的清晰化处理方法主要分为三个方面：①基于非物理模型的图像增强方法。这类方法是传统的图像清晰化方法，在图像处理技术发展初期应用广泛。这类方法并未从分析图像退化的原因出发，而是凭借人的主观感受，试图用各种增强算法来提高图像的对比度和细节。另外，该类方法并未从根本上去除雾气，而且会使图像的很多特征发生衰减。②基于物理模型的图像复原方法。这类方法是目前一种比较主流的处理方法。由于相关理论已经发展成熟，因而为该类方法的应用带来了巨大的便捷。不同于图像增强方法，它是从分析图像退化原因出发，研究恶劣天气下大气散射现象对成像的影响，建立图像去雾物理模型，通过研究相应的先验知识或理论来估计模型参数，从而复原真实的场景。这类方法虽已取得了较好的效果，但仍然存在一些局限性。③基于学习的图像清晰化方法。深度学习从一出现就受到各领域学者的关注。尽管这一方法还未发展成熟，但仍然可以看到其远大的前景，因此，这一技术也开始被应用到图像处理领域。目前，已经有学者将卷积神经网络应用到图像去雾处理中，这将会成为图像去雾方向又一个突破性的进展。

2.1.1　基于非物理模型的图像增强方法

在图像清晰化处理技术研究初期，研究者主要是根据人类的主观视觉感受来进行图像增强处理，选择性地突出人眼感兴趣的那部分信息，抑制噪声和不感兴趣的那部分信息。该方法具有较强的适用性，可以有效提高图像的清晰度，增加图像的色彩。但这种方法并非真正意义上的去雾，而且会损失图像中的部分信息。常见的算法主要有以下几种。

（1）直方图均衡化（histogram equalization, HE）算法。该方法是一种图像增强处理的经典算法，在各种软件平台中耗时低且易于实现而被广泛使用，特别是与各种优化算法的实现效果比对上。直方图均衡化算法包括全局和局部两种均衡化算法算法。全局直方图均衡化算法是通过调整灰度级分布来增强雾天图像的全局对比度；局部直方图均衡化算法对图像进行局部区域的直方图拉伸操作，但这种方法的明显缺点是需要预先定义分割模板，并且结果会受到背景场景的影响。为了克服这一缺点，在局部直方图均衡化算法的基础上发展出了自适应局部直方图增强算法[1]。该算法将图像分割成天空和非天空区域，然后采用模板快速扫描整幅图像。这种方法是可行且有效的，但仍然需要重新定义分割模板；另外也有通过累加子块变换算法来消除直方图均衡化算法在各个滑动子块处理过程中产生的差异性。然而，很多研究人员已经表明，直方图均衡化算法对背景和前景剧烈变化的图像会失效。为了解决这种问题，发展出了直方图均衡化优化算法等方法，首先使用传统的直方图均衡化算法提高图像亮度，然后使用中值滤波器消除图像噪声[2]。

（2）Retinex 算法。该算法是基于颜色恒常性理论，应用光照-反射成像模型，将场景光照强度 $I(x,y)$ 描述为照度分量 $L(x,y)$ 和反射分量 $R(x,y)$ 乘积的形式[3]：

$$I(x,y)=L(x,y)\cdot R(x,y) \tag{2.1}$$

由式（2.1）可知，该算法研究的关键问题是如何从雾天图像中获取场景的照度分量和反射分量。Retinex 算法的发展比较迅速，常用的基于 Retinex 理论的算法有单尺度 Retinex（single-scale Retinex，SSR）、多尺度 Retinex（multi-scale Retinex，MSR）和带有颜色恢复的多尺度 Retinex（multi-scale Retinex with color restoration，MSRCR）算法。除此之外，还有将经典图像处理理论与 Retinex 理论相结合的方法，如将单色大气散射（monochromatic at mospheric scattering，MAS）与 Retinex 理论相结合的图像去雾增强算法，针对夜间等光线不足的环境下造成图像对比度低、细节不清晰的问题而提出的基于 HIS 色彩空间的改进算法。这种算法首先将原始图像转换到 HIS 色彩空间，对亮度分量进行非局部双边滤波得到照射分量；然后根据 Retinex 算法获得反射分量，并将图像转换回 RGB 空间；最后将得到的图像与拉普拉斯滤波后的输入图像相减得到处理后的图像。这些算法不仅可以提高低照度图像的亮度和对比度，而且能保持图像的色彩信息，因此取得了比较好的去雾增强效果[4]。

（3）模糊增强（fuzzy enhancement，FE）算法。一些学者将雾形象地定义为位于场景和成像设备之间的“面纱”，而去雾处理就是揭掉这层面纱。根据这种假设，有人通过计算退化图像和雾天图像的像素差，并对退化图像进行去噪处理，从而实现对图像的模糊增强处理。这种方法很可能会把图像中有用的信息当作噪声而去除，从而丢失掉很多图像的细节信息。另外有融合相关相邻帧的方法进行模糊增强处理的算法，并将该算法很好地应用到交通监控系统中，还有集合全局通用算法和模糊逻辑来增强彩色图像的局部对比度和分辨率的方法。这些方法都取得了较好的去雾增强效果，但是普遍存在复杂度高、参数优化选取困难等问题，因而在工程实践中很难得到应用[5]。

（4）小波变换（wavelet transform，WT）算法。小波变换算法是采用图像的多尺度原理，对退化图像的各尺度信息分别进行处理，平滑图像的细节部分，锐化图像的边缘部分。将小波变换算法引入图像去雾处理过程，如通过计算并调整小波变换非线性系数的方法进行去雾处理的方法[6]。与其他去雾方法相比，这种去雾方法损失的图像信息比较少。

（5）像素级算法（pixel level method，PLM）。一些研究结果表明，雾天退化图像与清晰场景图像灰度级水平高低不同，浓雾图像的像素值距离远小于薄雾。基于这一特点，发展出了基于像素级的去雾方法[7]，这类方法能显著增强图像对比度和色彩保真度。

由以上讨论可知，图像去雾方法主要依赖于图像增强的标准。为便于比较，表 2.1 总结了各类增强算法的优缺点及其典型应用。

表 2.1　基于图像增强的算法比较

算法	优点	缺点	典型应用
直方图均衡化	算法简单	需要定义分割模板	普通户外雾天场景
Retinex	视觉效果较好	处理速度慢且产生边缘模糊	交通监控系统
模糊增强	鲁棒性强	会损失图像细节信息	车牌识别系统
小波变换	增强图像细节信息	不适用于非均匀光照图像	TCM 诊断
像素级方法	增强图像对比度	不能改变图像动态范围	图像对比度复原

2.1.2　基于物理模型的图像复原方法

McCartney 等[8]在 1975 年提出了著名的大气散射物理模型，利用该模型可以对雾天情况下获取的视频图像进行精确的建模。截至目前，这种大气散射物理模型在图像增强，尤其是图像去雾清晰化处理中得到了广泛的应用。现在很多的图像去雾清晰化算法是根植于这个物理模型，诞生了图像去雾清晰化处理的一个重要流派——基于物理模型的图像复原方法。基于这一模型的算法也层出不穷，典型算法有多图像融合算法、偏微分方程算法、Tan 算法、Fattal 算法、贝叶斯算法和暗通道先验算法等，构成了目前雾天图像复原方法的主体[9]。

1. 基于大气散射模型的去雾方法

基于大气散射模型，可以在去雾过程中得到景深、透过率和对比度等一些场景参数。由于雾天天气固有的模糊性，模拟大气散射现象很复杂，很难直接利用这种散射模型实现雾天图像的复原处理，于是有人将这个问题等效转换为计算物体反射光衰减和周围场景散射光线之和。一般而言，除了边缘区域外，退化图像具有更高的对比度和连续的场景深度，因而可以采用快速双边滤波技术增强图像边缘信息，但是去雾结果中会出现“光晕”现象[10]。为了克服这种“光晕”现象，发展出了局部自适应维纳滤波的算法，该算法很好地消除了这一现象，但是这种方法在初始化设置、参数的优化选取等方面缺乏通用、统一的方法，因而限制了其在实际工程中的应用[11]。

2. 多图像融合算法

一般而言，多幅图像总是包含比单幅图像更多更有用的信息，一幅图像可以补偿另一幅图像残缺的部分细节信息。受此启发，有人提出了基于 3D 模型和先验信息的图像复原方法，融合多幅不同浓度的雾天图像进行处理。除了一些非常动态的场景外，这种算法可以表现出优异的性能[12]。

3. 偏微分方程算法

偏微分方程算法也被应用于图像去雾处理。该方法首先获得局部和全局场景深度和图像梯度，然后根据最小局部图像区域信息等规则复原出无雾图像。这类方法比较多，典型的有：直接使用偏微分方程的图像复原方法[13]，这种方法可以有效地改善图像对比度，但在场景深度过大时算法便会失效；也有在大气散射模型的基础上提出的双色大气散射模型[14]，根据这一模型，将图像分为天空和非天空区域分别进行处理，实现雾天图像复原的方法。

4. 贝叶斯算法

贝叶斯理论可以计算两个条件概率之间的关系。马尔可夫过程是一个满足马尔可夫性质的随机过程，这种特性也被引入计算机视觉和图像处理等领域，如基于阶乘马尔可夫随机场去雾模型的方法。这种方法被应用到计算雾天图像的最大后验概率来获得场景深度[15]。还有利用图像的稀疏性提出的结合稀疏性和贝叶斯算法进行图像清晰化处理[16]等。

5. 暗通道先验方法

2009 年，He 等[9]提出了一种著名的去雾清晰化方法。该方法将单幅图像暗通道先验统计量作为理论基础进行去雾处理，为去雾技术的发展带来了新的突破。这种方法从被提出就受到极大的关注，但一些研究人员在处理一些场景图像时发现，当场景中包含大部分天空区域时，算法便会失效，其在天空区域处理时会出现色彩失真现象。因此，如何有效地解决这一问题便成为一项具有挑战性的课题。结合暗通道先验理论提出了大量的雾天图像复原算法，这些算法目前已经成为基于模型的雾天图像复原研究的主流。典型的方法有：①基于统计信息的雾天图像复原方法[17]，这种方法首先从自然图像中获取统计信息，然后从衰减模型中估计大气光值。不同场景下的雾天图像复原实验结果也表明了这种算法的有效性。②使用图像分割的方法区分出天空区域和成像场景[18]，但是这种方法的复杂度很高。③利用形态学分割和伽马校正来优化透过率[19]，但无法权衡算法性能和有效性。④为了提高图像去雾效果而提出的暗通道理论与大气散射模型相结合的算法[20]，这种算法核心是以均匀间隔对图像进行采样，然后进行去雾处理。实验表明，该算法耗时明显减少[21]。表 2.2 总结了上述算法的优缺点及典型应用。

表 2.2　图像复原去雾算法比较

方法	优点	缺点	典型应用
多图像融合算法	场景清晰	需要多幅图像	图像去噪和去雾
偏微分方程算法	对比度增强	更多依赖于人眼主观感受	图像去噪和去雾
Tan 算法	对比度大大提高	色彩过饱和且有光晕伪影	单通道或灰度图像
Fattal 算法	薄雾图像去雾效果较好	不适用于浓雾和灰度图像	医学图像
贝叶斯算法	去雾效果较好	无法处理浓雾图像	单幅彩色图像复原
暗通道先验算法	高保真度	明亮区域算法失效	单幅图像去雾

2.1.3　基于学习的图像去雾方法

近年来，深度学习在众多领域中得到应用，也给图像去雾处理带来了福音。相较于传统的去雾算法，该方法取得了很好的清晰化效果，但由于需要大量的数据，算法复杂度过高，处理速度较慢。文献[22]提出了一种 DehazeNet 的可训练的端到端的系统来估计场景透过率。该网络将雾天图像作为输入，将透过率图作为输出，然后将两个参数代入大气散射模型来恢复真实场景。DehazeNet 采用深层卷积神经网络结构，在去雾处理中，这些层是专门用来体现既定的假设或先验。具体而言，MAXOUT 单元层用于特征提取，可以产生几乎所有与雾相关的特征。在 DehazeNet 中，还提出了一种新的非线性激活函数，称为双边修正线性单元，可以有效提高复原图像的质量。此外还有基于深度神经网络提出的多尺度图像去雾方法[23]。该方法由基于整幅图像估计整体透过率图的粗尺度和局部细化结果的精细尺度网络组成，通过大量数据集的训练获取雾天图像的透过率图，实现了较好的效果。

以上内容对图像去雾技术进行了简单的概括归纳，重点介绍了基于图像复原的去雾算法原理及其相关技术，并没有详细的讲解算法，只是描述了去雾过程所涉及的技术方法。图 2.1 给出了常见的图像去雾方法分类。

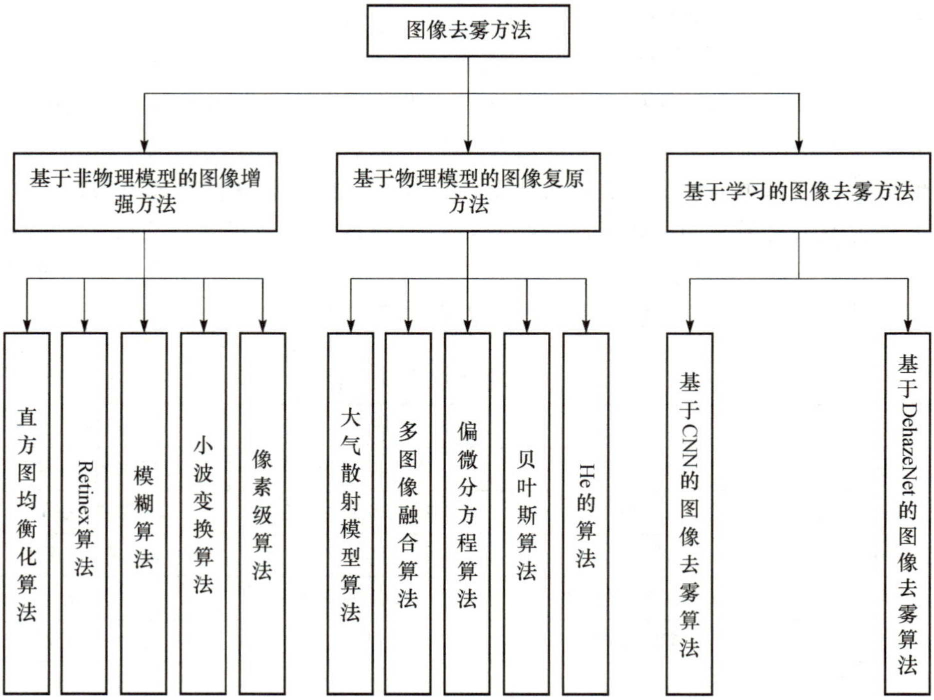

图 2.1 图像去雾方法分类

2.2 大气散射理论及雾天图像特性分析

大气散射理论为分析图像退化的原因建立了理论支撑，是研究基于物理模型的图像去雾算法的理论基础。雾天图像退化机理从分析大气散射现象出发，对大气散射作用进行物理建模，并将其应用于图像去雾领域。而大气散射模型作为物理模型的一种，从提出起就受到研究人员的重视，并被广泛参考应用。该模型用于研究物体反射光的散射以及环境光对图像的亮度、颜色和对比度的影响，并反向推出原始场景。本节从大气现象形成的原因出发，重点分析雾天情况大气散射作用对成像的影响，从大气学和气象学角度分析了产生图像退化的原因，并简要介绍了退化图像的对比度、颜色等衰减因素。

2.2.1 大气散射现象

在气象条件不好的情况下，户外捕获的数字图像的质量会受到大气中悬浮微粒（如雾、霾、灰尘、烟等）的影响，这是因为悬浮微粒会对大气光产生散射，使物体反射光发生衰减，同时环境光混合到成像设备或观测点中参与成像，导致获取的图像对比度、色彩、分辨率等特征发生衰减。

随着气象学和大气光学的发展，已有大量关于大气散射和悬浮粒子之间关系的研究。大气散射现象的物理过程极为复杂，会受到很多因素的影响（如大气粒子的类型、半径、形状、分布以及入射光线的颜色、方向等）。在这些因素中，大气粒子的类型和半径是主要因素，是产生不同天气的主要原因。不同天气状况下大气粒子的类型、半径及空间浓度见表 2.3。

表 2.3　不同天气状况下大气粒子的类型、半径及空间浓度

天气状况	粒子类型	粒子半径/μm	空间浓度/cm^{-3}
晴天	分子	10^{-4}	10^{19}
雾	小水滴	1～10	100～10
云	小水滴	1～10	300～10
雨	水滴	10^{2}～10^{4}	10^{-5}～10^{-2}

从表 2.3 中可以看出，在不同天气条件下，大气粒子的本身属性及空间分布造成了千差万别的散射现象。人们总是将雾霾混淆在一起来谈，但其实雾和霾有着本质性的区别，因此有必要对雾霾的特性做一简单介绍。雾和霾是两种不同的天气现象，其形成过程、出现时间等都有所不同。雾常出现在秋冬季节，而霾在四季中都很常见。两者的共性体现在都会造成空气能见度下降。不同点表现在两者的形成过程，雾是由于空气中大量水汽凝结形成小水滴或冰晶，而霾是各种空气污染（如工厂烟雾排放、汽车尾气、建筑工地烟尘等）使得大量细小的颗粒物积聚在空气中[1]，即通常所说的 PM2.5。表 2.4 描述了雾与霾的常见特性对比。

表 2.4　雾与霾的常见特性对比

指标	雾	雾霾混合物（霭）	霾
组分类型	微小水滴或冰晶	微小水滴或吸湿微粒	干污染细颗粒物
水分含量	高于 90%	80%～90%	低于 80%
可见厚度	几十 m～200m	1km	1～3km
外观颜色	乳白色、青白色	白色、灰色	黄色、橙灰色
边界特征	清晰分明	浅淡掺和	模糊糅杂
水平能见度	小于 1km	1～10km	小于 10km

2.2.2　大气散射模型

大气散射作用可描述为图 2.2。可以看出，大气对成像的影响分为物体反射光线的衰减和环境光线叠加两部分，衰减部分是指物体的反射光因散射作用而最终到达成像装置的过程，大气光部分是指大气中其他光路的光线到达成像装置参与成像的过程。两者都会受到场景深度的影响，且随着景深的增大，光线强度也随之增大。本章将简要介绍大气散射模型的建立过程。

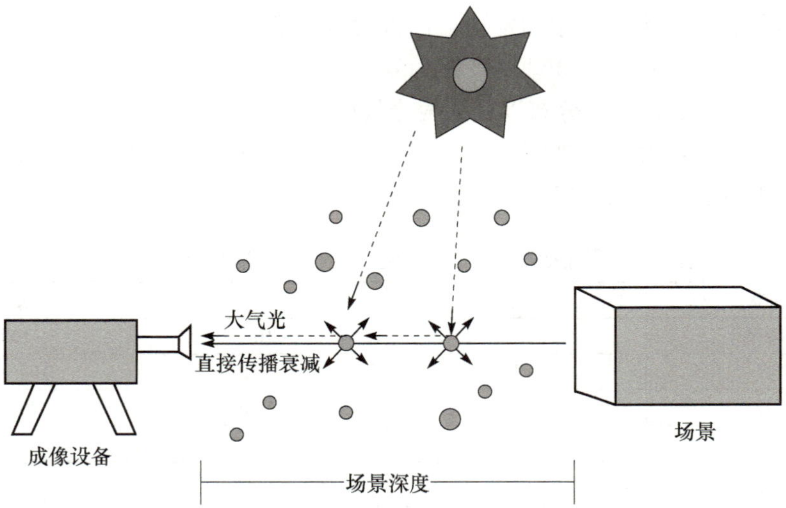

图 2.2　大气散射物理现象示意图

2.2.3　入射光衰减模型

人们之所以会观察到五颜六色的世界，一方面是因为物体对大气光的反射作用，经过大气粒子的散射到达人眼。而光线在从物体到达人眼的传播过程中会发生衰减，且伴随天气状况、大气浓度、观测距离等的不同，衰减程度也会有较大差异。将这一现象进行物理建模，如图 2.3 所示。

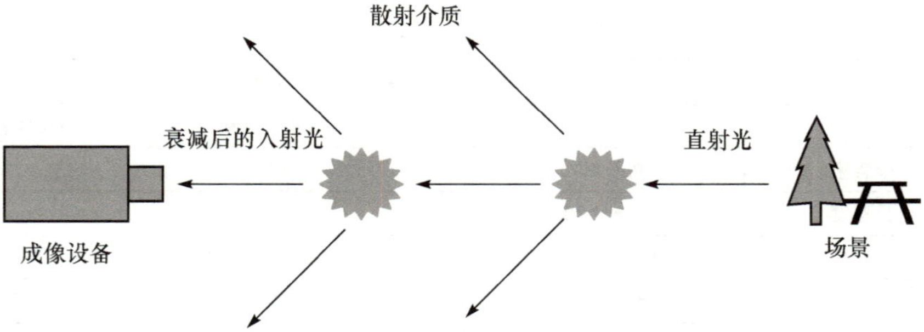

图 2.3　入射光衰减模型

从图 2.3 可以看出，经物体反射的光线会受到传播路径中悬浮粒子散射作用的影响，使得原本应该到达成像装置的直射光偏离了传播方向散射到大气中，最终到达成像装置的光线也随之发生衰减。这种衰减主要受到传播距离的影响，传播距离越大，积聚在大气中的悬浮粒子越多，散射作用越严重，入射光衰减也就越多。即直射光会因大气粒子散射作用的影响使得一部分光线散射到大气中，剩余部分到达成像设备。下面结合图和数学公式详细说明这一现象。

如图 2.4 所示，假设圆柱形区域内的光线是平行的，让一光束通过一个单位横截面、厚度为 dx 的小圆柱，则光束在 x 处的辐射度变化量为

$$\frac{\mathrm{d}E_{\mathrm{d}}(x,\lambda)}{E_{\mathrm{d}}(x,\lambda)}=-\beta(\lambda)\mathrm{d}x \tag{2.2}$$

设景深为 d，在 $x=0$ 和 $x=d$ 上对式（2.2）左右求取积分如下：

$$\int_0^d \frac{\mathrm{d}E_{\mathrm{d}}(x,\lambda)}{E_{\mathrm{d}}(x,\lambda)}\mathrm{d}x=-\beta(\lambda)d \tag{2.3}$$

假定大气条件在空间内具有一致性，简化式（2.3）可得

$$E_{\mathrm{d}}(d,\lambda)=E_0(\lambda)\mathrm{e}^{-\beta(\lambda)d} \tag{2.4}$$

式中，d 是场景点到成像装置的距离；λ 是光的波长；$E_0(\lambda)$是物体表面的光强；$E_{\mathrm{d}}(d,\lambda)$是距离 d 处的光强。

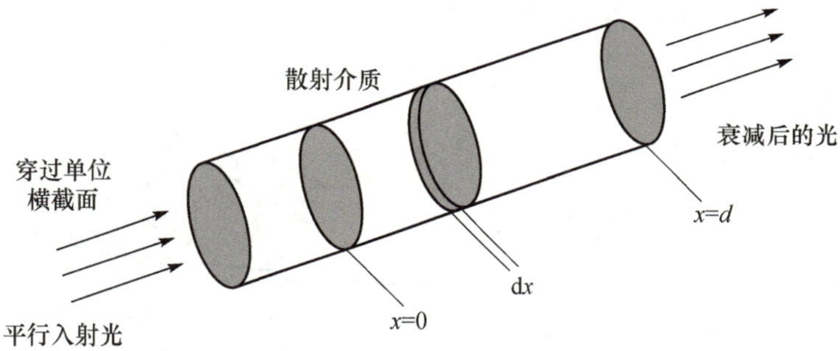

图 2.4　直射光衰减模型

分析式（2.4）可知，在距离场景点 d 处的大气光强是场景距离 d 和波长λ的函数，且伴随 d 的增大呈现指数性衰减，不同颜色的光的波长λ是一个定值。由此可见，大气光衰减程度主要受到场景深度的影响，场景深度越大，到达成像装置的光强越小。当场景深度 d 无限小，趋近于零时，距离 d 处的光强也趋近于零，可以认为物体没有发生散射，即没有光线到达成像装置；当场景深度 d 无限大，趋近于无穷大时，可以认为物体反射的光线全部到达成像装置，光线没有发生衰减。当然，这只是两种极端情况，在现实中并不会发生。

2.2.4　大气光成像模型

成像装置经过直接衰减模型接收到的光强是入射光的主要来源，而另一部分光强来自于大气粒子对环境光的散射，即大气中其他传播路径上的光线参与成像的过程。由于是大气光产生的光源，因此称为大气光，有些文献也称为环境光。其成像模型如图 2.5 所示。可以看出，大气光的各种组分会受到大气粒子散射作用的影响而参与整个成像过程。下面结合图和数学公式详细说明这一现象。

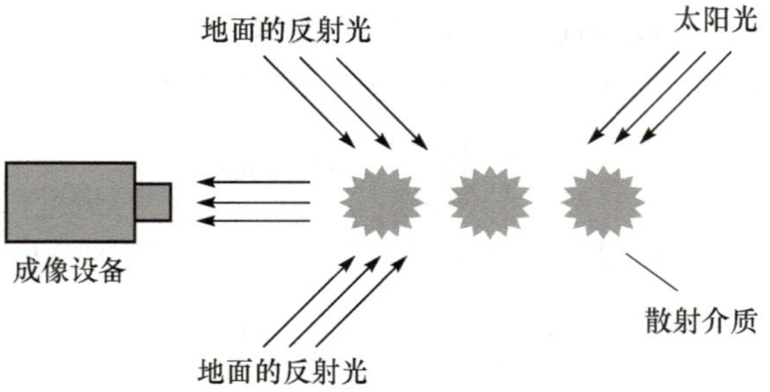

图 2.5　大气光成像模型

图 2.6 描述了大气光参与成像的整个过程。假定大气在成像范围内是均匀的，成像设备到目标场景之间形成的立体角为 $\mathrm{d}\omega$，距离成像装置 d 处的区域可以视为一个实体截断的椎体，则距离成像设备 x 处的体积微元 $\mathrm{d}V$ 可以表示为椎体横截面积 $\mathrm{d}\omega x^2$ 和厚度 $\mathrm{d}x$ 乘积的形式[3]，即

$$\mathrm{d}V = \mathrm{d}\omega x^2 \mathrm{d}x \tag{2.5}$$

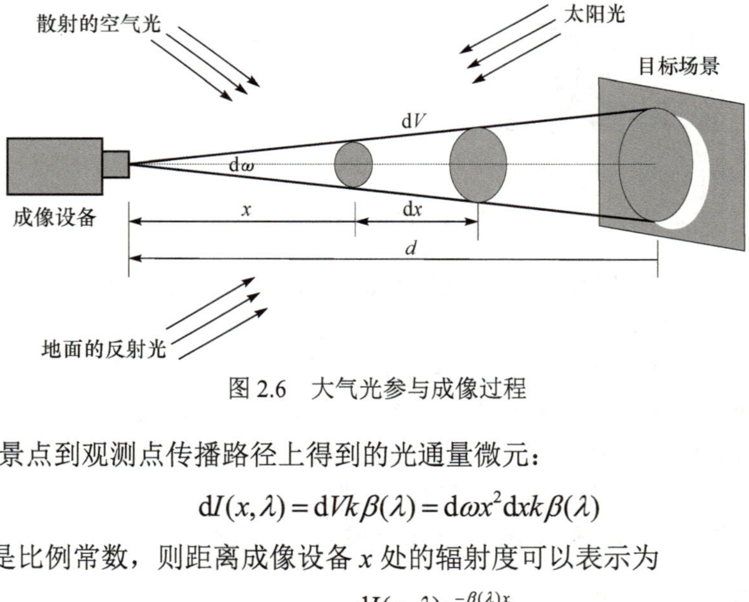

图 2.6　大气光参与成像过程

计算从场景点到观测点传播路径上得到的光通量微元：

$$\mathrm{d}I(x,\lambda) = \mathrm{d}Vk\beta(\lambda) = \mathrm{d}\omega x^2 \mathrm{d}xk\beta(\lambda) \tag{2.6}$$

式中，k 是比例常数，则距离成像设备 x 处的辐射度可以表示为

$$\mathrm{d}E(x,\lambda) = \frac{\mathrm{d}I(x,\lambda)\mathrm{e}^{-\beta(\lambda)x}}{x^2} \tag{2.7}$$

对式（2.7）求取关于 ω 的微分，得到点光源 $\mathrm{d}V$ 的光强为

$$\mathrm{d}L(x,\lambda) = \frac{\mathrm{d}E(x,\lambda)}{\mathrm{d}\omega} = \frac{\mathrm{d}I(x,\lambda)\mathrm{e}^{-\beta(\lambda)x}}{\mathrm{d}\omega x^2} \tag{2.8}$$

将式（2.6）代入式（2.8）中可得

$$\mathrm{d}L(x,\lambda)=k\beta(\lambda)\mathrm{e}^{-\beta(\lambda)x} \tag{2.9}$$

对式（2.9）求取距离 $x=0$ 到 $x=d$ 间的积分可得

$$L(d,\lambda)=k(1-\mathrm{e}^{-\beta(\lambda)d}) \tag{2.10}$$

式中，$L(d,\lambda)$表示从场景点到观测点传播路径中的总光强；k 是相关参数。考虑一种极端情况，即假定目标场景到成像装置的距离 d 趋于无穷大，则 $\mathrm{e}^{-\beta(\lambda)d}$ 为零，式（2.10）中只剩下了 k：

$$L(d,\lambda)=L(\infty,\lambda)=L_{\infty}(\lambda)=k \tag{2.11}$$

将式（2.11）代入式（2.10），可以得到距离 d 处的大气光辐射度为

$$L(d,\lambda)=L_{\infty}(\lambda)(1-\mathrm{e}^{-\beta(\lambda)d}) \tag{2.12}$$

由式（2.12）分析可知，当目标场景到成像装置的距离 d 无限小且趋于零时，大气光辐射度也为 0，即环境光没有发生散射。因此，大气光模型的数学描述可以表示为

$$E_{\mathrm{a}}(d,\lambda)=E_{\infty}(\lambda)(1-\mathrm{e}^{-\beta(\lambda)d}) \tag{2.13}$$

2.2.5 波长相关性分析

一般而言，大气粒子的散射程度会受到光线波长的影响。例如，在晴朗天气下，蓝色的天空是因为蓝色光相比于其他可见光得到了更多的散射。前面所述模型中的$\beta(\lambda)$、$E_{\mathrm{a}}(d,\lambda)$和 $E_{\mathrm{d}}(d,\lambda)$等表达式都与光的波长$\lambda$相关。

1900 年，英国物理学家瑞利提出了大气散射定律，该定律定义了散射系数β和波长λ的关系[24]：

$$\beta(\lambda)\propto\frac{1}{\lambda^{\gamma}} \tag{2.14}$$

式中，$\lambda\in[0,4]$，其取值大小取决于粒子的半径及空间分布。在晴朗天气下，空气较为纯净，散射作用主要依赖于波长，可以忽略大气粒子的尺寸影响，此时$\lambda=4$。对于空气污染较为严重的天气而言，受到大气粒子本身属性的影响较大，散射作用很少受到光的波长的影响，因此可以忽略，此时$\lambda=0$。综上所述，大气粒子的半径及空间分布是导致天气现象不同的主要原因。

2.2.6 雾天图像的退化模型

大气散射模型描述了大气对景物光线的衰减和周围环境光两部分。这两部分的共同作用使得图像对比度和分辨率降低，图像质量下降。因此，成像装置接收到的总光强可以看作入射光衰减模型和大气光成像模型的线性叠加，即

$$E(d,\lambda) = E_0(\lambda)\mathrm{e}^{-\beta(\lambda)d} + E_\infty(\lambda)(1-\mathrm{e}^{-\beta(\lambda)d}) \tag{2.15}$$

式中，等式右边为大气对景物光线的直接衰减（direct attenuation）项，描述了场景中物体表面的反射光在传输路径中的衰减结果；等式左边第一项为环境光（air light）叠加部分，是环境光在大气粒子散射作用下参与成像的结果。

根据光的散射理论，对式（2.15）进行近似替代，令 $I(p)=E(d,\lambda)$，$J(p)=E_0(\lambda)$，$t(p)=\mathrm{e}^{-\beta(\lambda)d}$，$A=E_\infty(\lambda)$，代入式（2.15），可得到对应的光学模型为[3]

$$I(p) = J(p)t(p) + A(1-t(p)) \tag{2.16}$$

式中，$J(p)t(p)$为直接衰减部分；$A(1-t(p))$为大气光部分；p 是像素点的坐标。其中，$I(p)$是已知的输入图像；$t(p)$和 A 是两个待求解的参数；$J(p)$是输出的清晰图像。由上式可知，去雾处理的主要工作是通过研究先验假设求取这两个参数的过程，当两个参数已知时，便可以代入上述光学模型求解出清晰图像。

2.3　基于非物理模型的雾天视频图像增强处理技术

非物理模型的方法不探寻视频图像发生降质的原因，仅仅利用图像处理的基本手段，通过增强图像的对比度和颜色校正，降低雾对图像的影响，达到清晰化的目的。根据所要达到的目标，可将基于非物理模型的方法进一步分为彩色增强、白平衡和对比度增强三类[7]。彩色增强方法又可细分为 Retinex 算法[3]和自动颜色均衡化（automatic color equalization，ACE）算法[10]。白平衡方法又可细分为基于图像低阶特征的直接方法和基于特定图像数据库学习的方法两类[1]。基于低阶特征的方法主要包括白点（white point，WP）算法、灰度世界（gray world，GW）算法、灰色调（shades of gray，SG）算法和灰度边界（gray edge，GE）算法。对比度增强算法又可细分为全局增强算法和局部增强算法。全局增强算法包括线性映射、增益/偏移校正、直方图均衡化、伽马校正、对数变换等。局部增强算法包括局部直方图均衡化、同态滤波等[25]。由于基于图像增强的去雾清晰化算法不考虑图像退化的成因，单纯地采用图像增强的方法进行处理，实际的去雾后效果普遍不理想，因此近年来图像去雾清晰化方面的研究大多集中于基于物理模型的方法，这里也不做展开详述。

2.4　基于物理模型的雾天图像复原

2.4.1　暗通道先验理论

21 世纪初，何恺明通过统计分析大量室外无雾清晰场景，发现了图像本身存在的暗原色特性，并依此提出了经典的暗通道先验（dark channel prior，DCP）理论。在去雾处理中，将此理论与大气散射模型相结合应用到单幅图像去雾算法中。该方法尽管还未被数学公式所证明，但何恺明等的大量实验结果为该理论提供了强有力的支撑。通过统计实验分析后得出，在室外无雾场景下捕获的图像中，除去图像中的明亮部分，其他局部区域内的像素点会在至少一个颜色通道内具有很低的亮度值，且趋近于零，这一现象称为暗原色，这些像素点称为暗原色点。在部分文献中也将暗原色称为暗通道。对输入图像计算暗原色 $J^{\text{dark}}(x)$可表示为

$$J^{\text{dark}}(x)=\min_{y\in\Omega(x)}\left(\min_{c\in\{\mathrm{R,G,B}\}}J^{c}(y)\right) \tag{2.17}$$

式中，J^c 是图像 J 的 R、G、B 三个颜色通道；$\Omega(x)$是以像素 x 为中心的滑动窗口。

暗原色图的准确计算是影响去雾算法性能及去雾效果的一个关键因素。目前，研究者对暗原色图的求取提出了多种方法。在这些求取方法中，何恺明通过对输入图像的三通道最小图计算两次最小值操作来获取暗通道图和其他基于 2 范数的暗通道求取方法最为常用[22]。两种方法的主要区别是：何恺明的三通道最小图计算暗通道图的方法是求取滑动窗口内像素点的最小值，而基于 2 范数的暗通道求取方法是计算滑动窗口中像素点的 2 范数来求解暗通道图。两种方法都可以获得较好的暗通道图，但都会受到滑动窗口大小的影响：窗口选取越大，暗原色现象越明显，算法耗时越少，但去雾结果越粗糙；窗口选取越小，去雾结果越精细，但计算量越大，算法耗时越多。因此，滑动窗口大小的自适应调整也是 DCP 算法研究的一个重点问题。除此之外，有学者提出基于形态学灰度腐蚀的方法求取暗原色图，这种方法与何恺明的方法在处理结果上很相似，求取结果也是完全相同的。

为验证暗原色理论的准确性，何恺明建立了一个 5000 幅图像的数据库，并对图像中包含的天空区域进行人工剪裁，最后将图像调整为等同的大小以便于统计分析。图 2.7 选取了其中八个具有代表性的场景。在数据统计过程中，首先计算这些图像的暗原色图，其中，滑动窗口大小 15×15。统计结果表明，图像中约有75%的像素值很低，且趋近于零，约有 90%的像素点的亮度值在[0,25]上。因此，这一数据集实验得出的结果可以有力地支持暗原色理论。

从图 2.7 给出的八个场景中可以看出，暗原色现象既存在于树木、机动车、建筑物的阴影，树叶、花朵等颜色鲜艳的植物，也存在于树木枝干、黑色广告牌等生活中的常见场景。图 2.8 选取了三幅场景图像并求取其暗原色图及对应的灰度直方图。由于这些图像预先裁剪掉了天空区域，因此可以很好地满足暗原色值趋近于零。从灰度直方图可以看出，图像的像素点的分布整体偏左，这一特性恰巧符合暗原色假设。

为了对比户外清晰场景的像素点分布，图 2.9 选取了三幅雾天场景下的图像，并计算其暗原色图及对应的灰度直方图。这些图像的暗原色图整体偏白，且暗原

图 2.7　户外无雾清晰场景

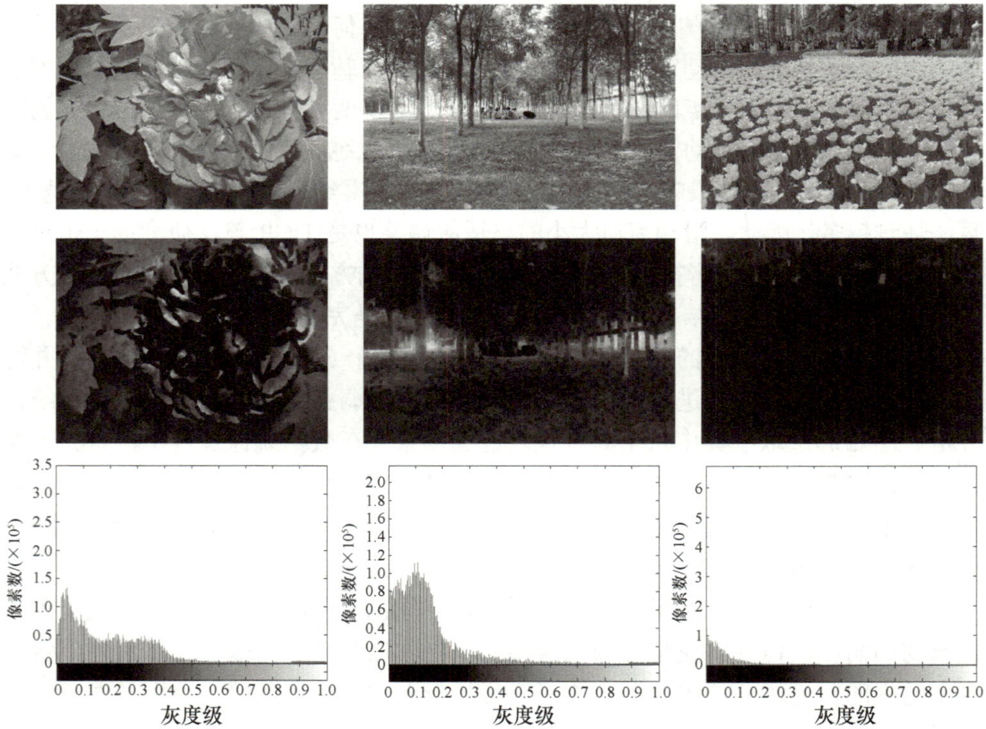

(a) 场景1　(b) 场景2　(c) 场景3

图 2.8　清晰图像的暗原色图及其灰度直方图

色点分布比较广泛，大多数暗原色点都很亮。这是由于雾气的存在，原始图像中本应很暗的像素点变得灰白，出现暗原色“不暗”的现象。因此，通过雾天图像的暗原色图可以很好地分析雾气对图像特性衰减的影响。同时也启发我们，可以从分析暗原色图出发，进一步得到图像的雾气浓度、场景深度等信息。

(a) 场景1　(b) 场景2　(c) 场景3

图 2.9　雾天图像的暗原色图及其灰度直方图

2.4.2　模型参数估计

20 世纪 70 年代，McCartney 等[8]对大气散射作用进行建模分析，提出了著名的大气散射现象，并为该现象建立物理模型及数学描述。近年来，该模型越来越多地应用于图像去雾领域，其物理模型如图 2.10 所示。

该模型可以用数学公式表示为

$$I(p)=J(p)t(p)+A(1-t(p)) \tag{2.18}$$

式中，$J(p)t(p)$为直接衰减项；$A(1-t(p))$为大气光项；p 表示图像中像素的位置坐标；$I(p)$表示采集的雾天图像；$J(p)$是处理之后的真实场景；$t(p)$是透过率；A 是大气光值，描述的是无穷远处的大气光强。在式（2.18）的四个参数中，只有 $I(p)$是已知的，因此，去雾的关键点在于 $t(p)$和 A 两个参数的估计上。DCP 方法的参数估计模型如图 2.11 所示。

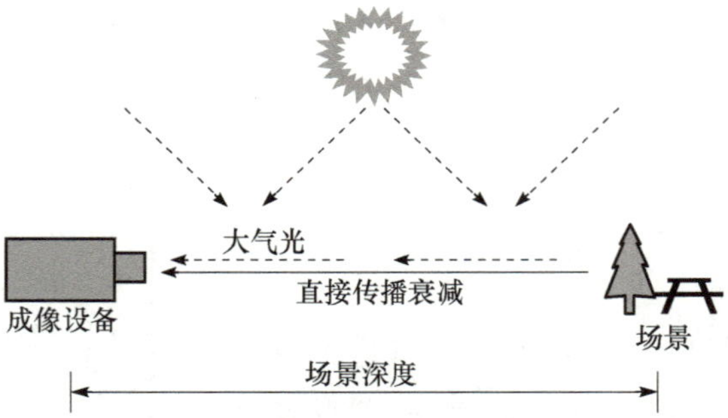

图 2.10　McCartney 大气散射总模型

(a) 雾天图像　　(b) 去雾后图像　　(c) 透过率图

图 2.11　DCP 方法参数估计模型

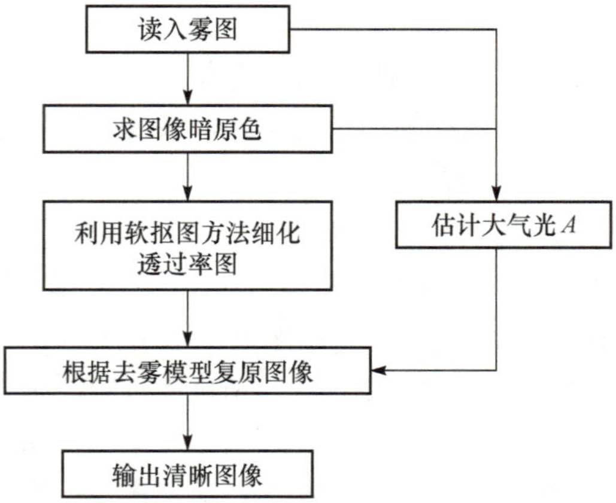

图 2.12　暗通道先验算法流程图

分析式(2.18)可知，仅依据输入图像求取方程显然是一个病态问题。因此，需要增添额外的先验知识或约束条件，何恺明提出的 DCP 理论为这一问题的求解提供了有效的方法。首先，计算退化图像的暗原色图，并利用暗原色图粗略地估计透过率；其次，采用软抠图算法对透过率图进行细化；最后，结合输入图像及暗原色图本身来近似估计大气光值。图 2.12 给出了 DCP 算法流程图。

2.4.3 透过率的估计及优化

透过率是对光线穿透大气介质能力的反映，是大气散射模型中的一个重要参数，其准确性直接影响到去雾效果。透过率的大小会受到场景深度和散射系数的影响。在大气均匀的情况下，散射系数是一个定值，透过率主要受到场景深度的影响，且伴随场景距离的增大，透过率呈现指数性衰减。下面应用暗原色理论来近似估算透过率。

首先，在大气光值 A 已知的情况下，对式（2.18）两边同时除以 A 可得

$$\frac{I^c(p)}{A^c}=t(p)\frac{J^c(p)}{A^c}+1-t(p) \tag{2.19}$$

进一步假设在局部区域$\Omega(p)$内场景深度是相同的，且不考虑散射系数的影响，这样，在局部区域内对式（2.19）两边求取两次最小化操作，有

$$\min_{q\in\Omega(p)}\left(\min_c\frac{I^c(p)}{A^c}\right)=\tilde{t}(p)\min_{q\in\Omega(p)}\left(\min_c\frac{J^c(p)}{A^c}\right)+1-\tilde{t}(p) \tag{2.20}$$

由于 $J^{\mathrm{dark}}(p)$趋近于 0，而大气光 A 是正数，属于全局常量，且取值较大，因此有

$$\min_{q\in\Omega(p)}\left(\min_c\frac{J^c(p)}{A^c}\right)=0 \tag{2.21}$$

将式（2.21）代入式（2.20），得到粗略估计的透过率：

$$\tilde{t}(p)=1-\min_{q\in\Omega(p)}\left(\min_c\frac{I^c(p)}{A^c}\right) \tag{2.22}$$

即使在晴朗的天气下，图像也会受到大气悬浮物的影响而模糊。因此，为了使场景看起来更加真实生动，在式（2.22）中引入一个参数 $w(0<w<1)$，目的是保留远处的一些雾气。通常，w 的取值越大，表明雾的浓度越大，文献[8]对 w 取值为 0.95。因而，粗略的透过率图 $\tilde{t}(p)$ 便可近似地表示为

$$\tilde{t}(p)=1-w\min_{q\in\Omega(p)}\left(\min_c\frac{I^c(p)}{A^c}\right) \tag{2.23}$$

在估计大气光 A 中也出现了很多算法，何恺明等结合雾天图像本身及其暗原色图对大气光 A 进行估计，此外还有多级的大气光估计方法等。无论采用哪种算法，都可以得到一个大气光的估计值。这样，在透过率和大气光已知的条件下，就可以通过式（2.18）恢复出无雾图像 $J(p)$：

$$J(p)=\frac{I(p)-A}{t(p)}+A \tag{2.24}$$

图 2.13 给出了对雾天图像求取透过率的结果。从中可以看出，在目标场景的边缘位置会出现方块效应，这是边缘处景深不连续所导致的，这种景深不连续性恰恰是造成图像边缘光晕效应的主要原因。因此，仍需要对透过率图进行进一步

的细化操作。针对这一现象，这里使用一种改进的算法对透过率进行细化。

何恺明在最初的图像去雾处理中是使用软抠图方法来细化透过率图，取得了很好的效果，保持了透过率图的边缘特性，但该方法有一个致命的缺点，就是时间复杂度过大，尤其是在处理大量图像时会表现出明显的劣势。因此，在 2010 年，何恺明[26]又提出了一个新的滤波算法，称为引导滤波（也称为导向滤波）算法，并将此算法应用到透过率图的细化中。这种算法相较于软抠图方法来说，在处理效果上两者不分上下，但是在处理速度上，引导滤波算法比软抠图方法在速度上至少提高一个数量级，可以大大缩短算法运行时间，很大程度上提高了算法复杂度。

图 2.13　粗略估计的透过率图

在引导滤波算法的实现中，需要选取一幅图像作为引导图像，然后对输入图像进行滤波：

$$q_i = \sum_{j \in w_i} W_{ij}(I) \cdot p_j \tag{2.25}$$

式中，p 是输入图像；q 是输出图像；I 是引导图像；$W_{ij}(I)$是权值。引导图像 I 可以是单幅图像，也可以是输入图像 p 本身。引导滤波是将引导图像 I 和输出图像 q 描述为局部二维窗口中的线性关系的形式，是一个线性模型，a 和 b 是该线性函数的两个参数，即 $q_i = a_k I_i + b_i, \forall i \in w_k$ 。其算法示意图[26]如图 2.14 所示。

目前已知变量有 I 和 p，需要求解 q。因此需要计算参数 a 和 b 的值，之后便可将参数代入线性模型中求得输出。从另一方面解释，设 p 是 q 受到噪声污染的退化图像，噪声记为 n，则有 $q_i=p_i-n_i$。根据最优化理论，只需求解 $\min\|n\|$，可以转换为求解 $\min n^2$，即 $\min \sum_{i \in w_k} (q_i - p_i)^2$ ，于是有

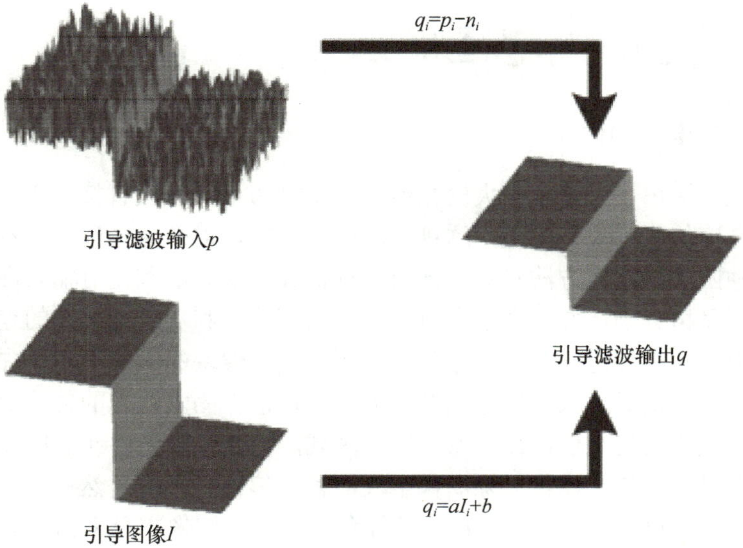

图 2.14　引导滤波算法示意图

$$\arg\min\sum_{i\in w_k}(a_kI_i+b_k-p_i)^2 \tag{2.26}$$

这样，只需求解一个最小二乘问题：

$$E(a_k,b_k)=\sum_{i\in w_k}(a_kI_i+b_k-p_i)^2+\varepsilon a_k^2 \tag{2.27}$$

求解上式可得

$$a_k=\frac{\frac{1}{|w|}\sum_{i\in w_k}(I_ip_i-u_i\overline{p}_k)}{\sigma_k^2+\varepsilon} \tag{2.28}$$

$$b_k=\overline{p}_k-a_k\mu_k \tag{2.29}$$

式中，μ_k是滑动窗口 w_k的像素均值；σ_k^2是滑动窗口 w_k的像素方差；$|w|$是滑动窗口 w_k中的像素个数；$\overline{p}_k$是输入图像 p 在滑动窗口 w_k中的像素均值，即$\overline{p}_k=\frac{1}{|w|}\sum_{i\in w_k}p_i$。

此外，在计算这些滑动窗口的线性系数时，会存在有些像素点被包含在多个窗口的情况。因此，将包含该像素点的线性函数求取平均来克服这一现象，如式（2.30）所示：

$$q_i=\frac{1}{|w|}\sum_{k:i\in w_k}(a_kI_i+b_k)=\overline{a}_iI_i+\overline{b}_i \tag{2.30}$$

式中，$\bar{a}_i = \frac{1}{|w|}\sum_{k\in w_i} a_k$；$\bar{b}_i = \frac{1}{|w|}\sum_{k\in w_i} b_k$。

2.4.4　大气光值 A 的估计

研究人员提出了大量关于大气光值 A 的估计方法。有人直接采用雾天图像的最大像素亮度值作为大气光值，这种方法简单易行，但是会导致估计不准确。有人提出一种四叉树搜索方法对大气光值进行估计。该方法首先对输入图像的灰度图像进行四叉树分割，并分别求取每个块的灰度均值和灰度标准差的差值；然后对差值最大的块继续进行四叉树分割，直到分割图像块的大小小于预先设定的阈值，停止搜索；最后求取所确定图像块的灰度均值作为大气光的估计值。这种方法可以很好地将大气光估计在图像的天空区域，提高大气光估计的精度[27]。有人采用形态学腐蚀、膨胀操作去除图像中大面积的偏白色区域，然后通过形态学开操作估计大气光值[28]。何恺明等结合暗原色图和雾天图像本身来估计大气光 A 的值。该方法首先计算暗原色图中像素值最大的前 0.1%的像素点，然后将其在输入图像中对应的最大值作为大气光 A 的估计值。这种估计方法也有一定的局限性：图像中含有点光源时，选取的像素点最大值极有可能出现在光源位置。另外王殿伟等[29]提出基于统计截断的大气光估计方法，以亮度图像的局部均值为中心，利用局部方差做截断区间，选取截断区间内大于局部均值的像素点作为大气光估计的参考像素点，以便得到较为准确的估计值。

2.4.5　雾天图像复原

在估计出透过率 $t(x)$和大气光 A 后，即可从式（2.24）中求得 $J(x)$：

$$J(x) = \frac{I(x) - A}{\max(t'(x), t_0)} + A \tag{2.31}$$

式中，t_0 是为了避免去雾结果中包含噪声而设定的透过率的下限值，取值为 0.1。经过以上过程处理后，即可实现较好的清晰化。

图 2.15 给出了不同算法去雾效果比对。图 2.15（a）为雾天天气条件下采集到的原始图像，可以从中观察到图像的色彩、亮度和饱和度等特征均发生衰减。如图 2.15（b）所示，将改进方法与 MSR 方法进行比较，可以发现 MSR 算法处理后的图像会产生颜色过饱和现象，这是因为该算法不是基于物理模型的。如图 2.15（c）所示，当采用 DCP 方法处理这些雾天图像时，由于亮度区域的透过率图估计不准确，导致图像中的天空区域出现严重的色彩偏移与失真，且整幅图像亮度值偏低，仍需进一步处理来提高图像的亮度。图 2.15（d）是 DehazeNet 算法的处理结果，可以看出复原图像的特征得到增强，色彩和饱和度有了较大提升，但同时会出现去雾不彻底的问题。为了解决上述问题，文献[29]提出了一种改

进的基于物理模型的单幅图像去雾算法（以下简称改进算法），可以很好地克服以上缺陷。从图 2.15（e）可以看出，改进算法在对天空区域处理中更有效，不仅去除了雾的影响，而且提高了图像的对比度。

(a) 原始图像　(b) MSR结果　(c) DCP结果　(d) DehazeNet结果　(e) 改进算法结果

图 2.15　不同去雾算法的实验结果比较

为了显示图像中天空区域的色彩信息，图 2.16 中给出了一组包含天空区域的图像。很明显，改进算法可以在天空区域获得良好的感知质量，并能保持天空区域的高亮度和平滑度。然而，由于 DCP 完全依赖图像整体区域的暗通道先验理论，因此该算法处理后的图像会在天空区域出现色彩失真现象，无法获得较好的视觉感知。

(a) 原始图像　(b) MSR结果　(c) DCP结果　(d) DehazeNet结果　(e) 改进算法结果

图 2.16　包含天空区域图像的不同去雾算法的实验结果比较

2.4.6　算法性能分析与图像质量评价

图像处理结果的优劣仅仅依靠主观评价是不完整的，为了更有效地评估去雾效果及算法性能，通常选取几种常见的客观评价指标来进行图像质量评价。在这些客观评价指标的选取中，除了采用两种常用的衡量图像质量的基本指标（均方误差和峰值信噪比）外，还选取了平均结构相似性指数（mean structural similarity index，SSIM）和对比度噪声比（contrast noise ratio，CNR）来对图像进行更加全面的定量测量，以下为四种评价指标的计算方法。

（1）MSE 是对输入图像和输出图像像素亮度平均偏差的度量，定义为

$$\mathrm{MSE}=\frac{1}{MN}\sum_{i=1}^{M}\sum_{j=1}^{N}|X(i,j)-Y(i,j)|^2 \tag{2.32}$$

（2）PSNR 是对复原图像质量感知的近似值。较高的 PSNR 一般表明重建质量较好。在数学上，两个图像之间的 PSNR 表示为

$$\mathrm{PSNR}=10\lg\frac{(L-1)^2}{\mathrm{MSE}} \tag{2.33}$$

（3）通过改进的暗通道先验方法获得的去雾图像，其质量可以使用平均结构相似性指数表示

$$\mathrm{SSIM}(x,y)=\frac{[2\mu_x\mu_y+(K_1L)^2][2\sigma_{xy}+(K_2L)^2]}{[\mu_x^2+\mu_y^2+(K_1L)^2][\sigma_x^2+\sigma_y^2+(K_2L)^2]} \tag{2.34}$$

在实验中，设置参数 K_1=0.01，K_2=0.03，L=255。统计参数σ_{xy}，μ_x和μ_y是在一个 8×8 的方形窗口内计算的，逐像素地移动到整个图像上进行计算。

（4）CNR 是对图像质量的度量，分别用σ_1，σ_2计算高斯核估计的噪声图像的对比度噪声比。在实验中，设置参数σ_1=5，σ_2=5。

表 2.5 给出了对进算法求取以上四种评价指标的结果。为了更好地评价改进算法的算法性能，选取了三种经典且最新的去雾算法进行定量对比，通过计算每种算法的四种评价指标，将其描述为条形图的形式来更加直观地显示这一结果。

表 2.5　改进算法各个评价指标实验结果

图像	MSE	PSNR	CNR	SSIM
1	2.93	18.91	−18.08	0.89
2	3.18	19.05	−17.18	0.92
3	2.39	15.97	−32.66	0.82
4	8.11	13.42	21.45	0.86
5	12.63	16.59	−22.69	0.82
6	2.32	17.93	22.99	0.89
7	5.21	19.81	−10.57	0.81
8	2.51	17.41	−12.60	0.86
9	7.36	16.37	−11.38	0.88
平均值	4.91	17.39	−8.97	0.86

图 2.17～图 2.20 给出了不同算法性能参数的对比。MSE 是对原始图像和处理后图像平均强度的平均偏差的度量。PSNR 是对重建图像质量感知的近似。较低的 MSE 和较高的 PSNR 通常表明重建质量良好。更高的 SSIM 和 CNR 表示更高的质量和较小的颜色失真。可以看出，改进算法相较于其他算法在算法性能上都有很大的提升。

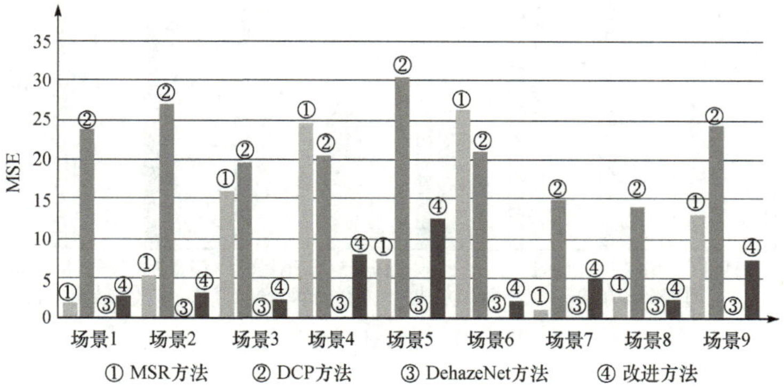

图 2.17　MSE 指标比较

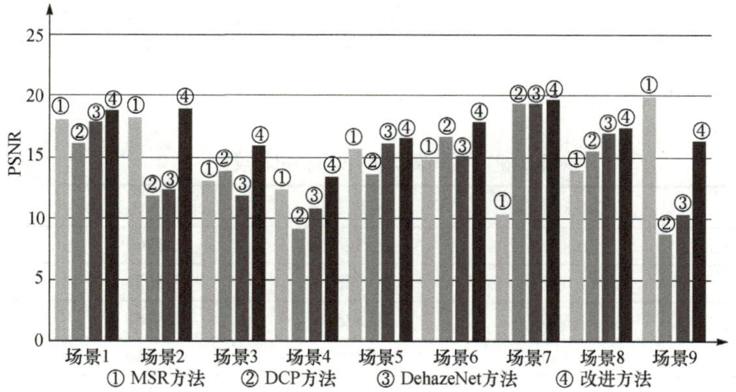

图 2.18　PSNR 指标比较

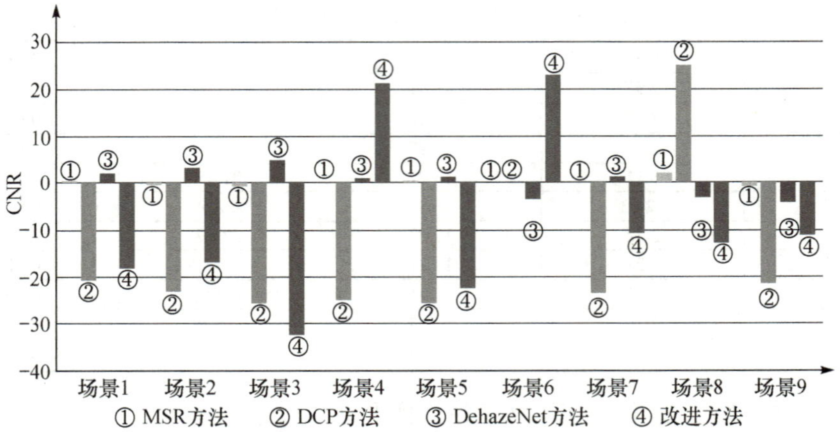

图 2.19　CNR 指标比较

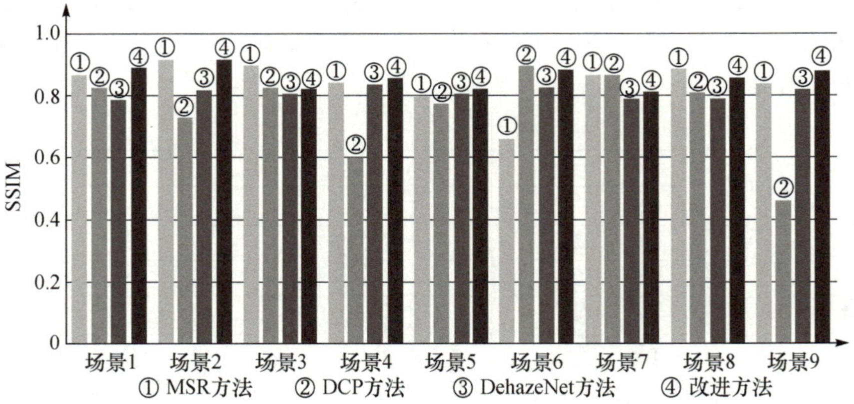

图 2.20　SSIM 指标比较

接着对各种算法的算法复杂度进行定量评估，表 2.6 给出了四种算法在时间消耗上的对比。从中可以看到，改进方法在处理速度上相比其他方法有很大的提升，即使在给定的雾天图像较大时，也可以得到较快的处理速度，这种优势主要得益于透过率和大气光的准确估计。

表 2.6　不同算法时间消耗比较　　（单位：s）

图像	MSR 方法	DCP 方法	DehazeNet 方法	改进方法
1	0.8355	0.3243	2.3369	0.3047
2	1.0213	0.5689	3.5021	0.5298
3	1.5364	0.8355	5.8361	0.8079
4	1.4007	0.3097	4.4339	0.3107
5	0.6805	0.3356	4.6105	0.3288

续表

图像	MSR 方法	DCP 方法	DehazeNet 方法	改进方法
6	1.2459	0.6489	6.5632	0.6092
7	1.2608	0.5807	6.8822	0.6673
8	0.8682	0.3665	5.6589	0.3358
9	0.9054	0.3102	4.0468	0.3059
平均值	1.0839	0.4756	4.8745	0.4667

2.5　光照不均匀图像校正处理技术

实际的图像采集过程，经常会受到光照变化、阴影以及物体表面反射特性差异等因素的影响，成像场景中的光照并不均匀，致使获取到的图像中有些区域的光照过强，而有些区域的光照又太弱，不仅严重影响图像的视觉效果，而且会给图像分割、特征提取、目标跟踪、图像检索等操作带来困难，因此需要对光照不均匀图像进行增强处理[30]。

光照不均匀图像的增强处理主要有基于变换域（如频率域）的方法和基于空域的方法两大类。基于变换域的方法首先将图像由空间域变换到其他域（如频率域），然后采用不同的方法对变换后的系数进行处理，最后将处理后的结果反变换回空间域，得到校正处理后的图像[31]。基于变换域的方法在光照不均匀的人脸识别和指纹图像增强等领域得到了应用，但是这类算法很难准确重构出高频分量和低频分量，所以经常出现细节信息丢失等现象[31]。基于空间域的方法，根据图像每一个像素点的亮度分布特性，直接对每一个像素点的亮度值进行处理，避免了变换域处理过程中所需的变换和反变换等操作，因而受到了广泛的关注。目前常用的空域处理方法主要有直方图均衡化方法、伽马校正方法、非锐化掩膜方法、基于模糊的方法、Retinex 算法以及基于空间变化照度图的校正方法等。

直方图均衡化算法具有算法简单、运算速度快的优点，对整体亮度偏暗或者偏亮的图像具有很好的增强效果，因此被广泛应用于图像增强处理。但是对于光照不均匀图像而言，直方图均衡化算法会出现过增强现象[32]。为了解决这一问题，一些带有限制条件的直方图均衡化算法，如亮度保持直方图均衡化算法和对比度限制直方图均衡化算法先后被提出。这些改进的方法虽然可以抑制过增强的现象，但是亮度保持直方图均衡化算法无法增强亮度过暗区域的细节，对比度限制直方图均衡化算法又很难准确设定剪切阈值[33]。伽马校正方法可以增强图像的对比度，但是对于光照不均匀的图像，伽马校正方法经常受到过饱和/欠饱和问题的困扰[34]。非锐化掩膜方法可以增强图像的细节和边缘，但是存在噪声放大的问题[35]。基于模糊的方法利用模糊理论判断图像的亮度，区分出低亮度和高亮度区域并分别进行处理，但是该方法的运算复杂，而且影响算法性能的关键参数的优化选取比较困难[36]。Retinex 算法及其改进算法将一幅图像分解为光照分量和反射分量，并把调整后的反射分量作为增强的结果，对于一般的光照不均匀图像具有较好的增强效果，可以有效增强暗处区域内的细节信息。但是这类算法运算复杂度过高，而且受到“光晕”效应以及暗处噪声放大等问题的困扰[37]。文献[38]提出的一种基于空间变化照度图（space-variant luminance map，SVLM）的校正方法，可以有效提高光照过暗区域图像的亮度，并降低光照过亮区域图像的亮度，具有很好的亮度校正效果，但是这种算法存在两方面的问题：①所用的高斯滤波函数边缘保持能力差，导致提取出来的光照分量边缘模糊的问题；②光照校正时，将光照分量的均值人为地设置为 128，导致对光照过高或者过低的局部区域产生过增强/欠增强的问题。为了解决上述两个问题，文献[39]基于快速引导滤波算法具有良好的边缘保持特性和最低的运算复杂性的优势，利用快速引导滤波算法快速准确地提取出场景的光照分量，然后构造了一种改进的二维伽马函数，并利用光照分量的分布特性动态地调整二维伽马函数的参数，对光照不均匀图像进行自适应的校正处理，降低光照过亮区域图像的亮度值并提高光照过暗区域图像的亮度值，有效地改善图像的视觉效果并提高图像的质量。本节以文献[39]的方法为例，叙述光照不均匀校正方法的基本原理和实现方法。

2.5.1　光照分量的提取

1. 光照-反射成像模型

数字图像可以用一个二维函数 $F(x,y)$表示，每一点处的函数值就是该点处图像的亮度值。由光学成像原理可知，可见光图像是由场景的光照分量经物体表面反射后到达成像单元后产生的，因此图像可以看作是由照射到场景中的光照分量和经物体反射后的反射分量的乘积构成，其表达式为

$$F(x,y)=I(x,y)\cdot R(x,y) \tag{2.35}$$

式（2.35）所示的成像模型称为光照-反射成像模型[24]，其空间关系如图 2.21 所示。

在图 2.21 所示的光照-反射成像模型中，光照分量 $I(x,y)$ 描述了图像的低频信息，决定了图像所能达到的动态范围；而反射分量 $R(x,y)$ 表征图像的高频分量部分，决定了图像的本质属性。如果场景的光照均匀，其光照分量在空间内服从均匀分布，因此所成的图像的质量比较好；但是对于光照不均匀的场景而言，场景内的光照分布不均匀，会导致光照太强区域的图像亮度值过高，而光照太弱的区域图像的亮度值又太低，由此可能引发图像亮度值过高的区域发生过曝光、色彩失真现象，而亮度值过低的区域发生细节信息无法提取、色彩丢失等现象，严重降低图像的视觉质量，因此对光照不均匀图像的校正处理就显得非常重要。

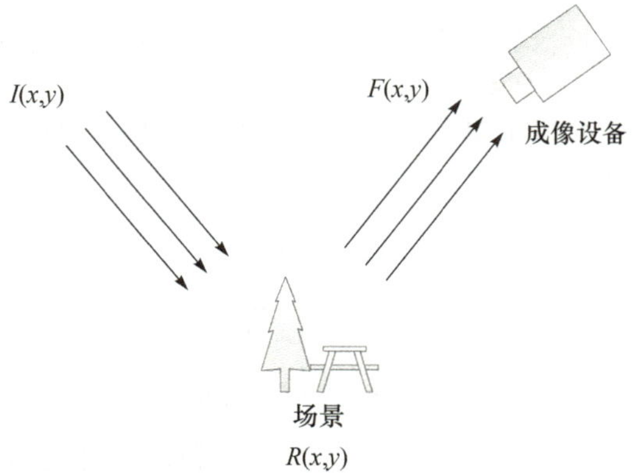

图 2.21　光照-反射成像模型空间关系图

2. 光照分量的提取

为了有效地降低光照不均匀对图像质量的影响，准确地提取出场景的光照信息非常重要。目前对光照分量的提取方法主要有高斯滤波的方法、双边滤波的方法、变分框架 Retinex 的方法等。高斯滤波的方法被广泛应用于 Retinex 算法及其改进算法，但是由于高斯滤波算法的边缘保持性差，因此提取出来的光照分量的边缘模糊、细节表现能力较差。双边滤波算法具有较好的边缘保持特性，但是这种算法的运算复杂度过高，从而限制了其在实际工程中的应用。基于多尺度高斯滤波函数的方法可以实现对光照分量的快速提取，而且准确度也比较高，但是由于受到高斯函数本身的边缘保持能力不强的局限，这种方法提取出来的光照分量在具有明显边界的地方的边缘保持能力不够好[38]。如果要准确地提取出光照分量，同时又要有效地保留边缘信息，则需要一种具有良好的边缘保持能力的平滑滤波器。引导滤波尤其是当利用原图像本身做引导图像的时候，可以在很好地保持原图像的显著边缘的前提下具有很好的背景平滑特性，得到图像的低频信息，并在各类边缘保持滤波算法中具有最低的运算复杂度。鉴于引导滤波是一种目前最快的边缘保持滤波算法，并且不带有梯度反转效应，因此本小节利用快速引导滤波算法快速准确地提取出场景的光照分量[39]。

假设输入图像为 p，引导图像为 I，滤波输出图像为 q，对于任意的像素点 k，在以其为中心、半径为 r 的滤波窗口 ω_k 内存在如下的线性变换关系：

$$q_i = a_k I_i + b_k,\quad \forall i \in \omega_k \tag{2.36}$$

式中，a_k 和 b_k 为线性变换因子，在窗口 ω_k 中为常数。由式（2.36）可知，对于任意窗口内存在 $\nabla q = a_k \nabla I$ 的梯度关系，因此输出图像和引导图像存在边缘对应性，输出图像会很好地保留引导图像的边缘信息。引导滤波过程的核心作用是在窗口 ω_k 内计算线性变换因子 (a_k, b_k) 的最优值，使输出图像 q 和输入图像 p 的差值达到最小。在窗口 ω_k 中所使用的代价函数的表达式为

$$E(a_k,b_k)=\sum_{i\in\omega_k}[(a_kI_i+b_k-p_i)^2+\varepsilon a_k{}^2] \tag{2.37}$$

式（2.37）中，ε 是防止 a_k 值过大的规则化参数。通过文献[14]中的线性回归方法求解出 a_k 和 b_k 的最优值为

$$a_k=\frac{\frac{1}{|\omega|}\sum_{i\in\omega_k}I_ip_i-\mu_k\bar{p}_k}{\sigma_k^2+\varepsilon} \tag{2.38}$$

$$b_k=\bar{p}_k-a_k\mu_k \tag{2.39}$$

式（2.38）中，$|\omega|$ 是窗口 ω_k 内像素的数目；μ_k 和 σ_k 分别是窗口中引导图像 I 的均值与方差；$\bar{p}_k$ 是窗口中 p_k 的均值。由于同一像素点会包含在不同的窗口内，而且这些不同的窗口内 a_k 和 b_k 的取值可能会变化，因此常取以该点为中心的不同窗口内 a_k 和 b_k 的均值，并以此为参数求解出 q_i 的表达式：

$$q_i=\frac{1}{|\omega|}\sum_{i\in\omega_k}\left(a_kI_i+b_k\right)=\bar{a}_iI_i+\bar{b}_i \tag{2.40}$$

由式（2.40）给出的约束条件可知，引导滤波的输出图像能够最大限度地保留输入图像的总体特征，并且能够有效地获取引导图像的变化细节，因此是一种具有良好的边缘保持特性的滤波算法。

由于引导滤波算法使用盒状滤波器与积分图像的技术实现算法的主要过程，执行速度与滤波窗口的大小无关，因此极大地降低了运算复杂度。假设图像的总像素为 N，滤波窗口半径为 r，传统双边滤波算法的时间复杂度为 $O(Nr^2)$，而引导滤波算法的时间复杂度为 $O(N)$，是目前各种保持边缘的滤波算法中运算复杂度最低的算法之一。为了进一步降低引导滤波算法的时间复杂度，何恺明等[40]在原来引导滤波算法的基础上提出了快速引导滤波算法，其主要原理是利用输入图像和引导图像的降采样图像来求解 a_k 和 b_k，因此能够进一步降低算法的时间复杂度。以同样一幅总像素为 N 的图像为例，滤波窗口半径为 r，如果对引导图像和输入图像进行 s 倍下采样后再求解 a_k 和 b_k，则时间复杂度由 $O(N)$ 降为 $O(N/s^2)$。一般而言，快速引导滤波算法的运算速度会比引导滤波算法快 10 倍以上。分别使用多尺度高斯函数算法（尺度因子 c 分别为 15、80 和 250）、双边滤波算法（空间域权重 $\sigma_s=8$，灰度域权重 $\sigma_r=4$，滤波半径 $r=21$）和快速引导滤波算法（滤波半径 $r=16$，调整参数 $\varepsilon=0.01$，下采样倍率 $s=4$），提取出 Indoor 图像（灰度图像）和 Building 图像（彩色图像）的光照分量，其结果如图 2.22 和图 2.23 所示。

由图 2.22 和图 2.23 可知，三种不同算法所提取出的光照分量都可以较好地描述场景中的光照变化，而且不带有细节信息，非常符合光照分量的分布特征。为了进一步比较三种方法提取出的光照分量的边缘保持特性，分别以 Indoor 图像

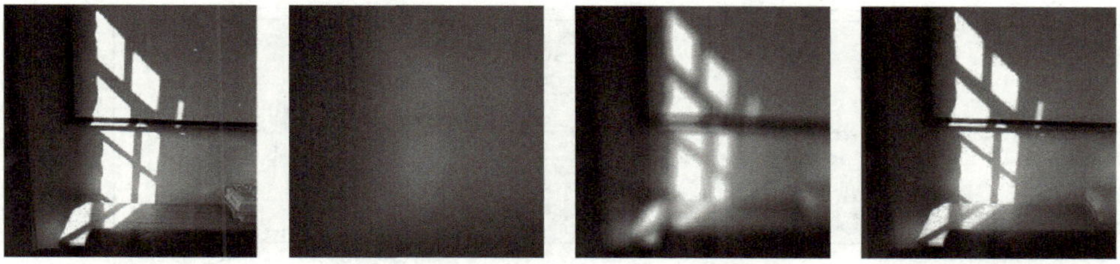

(a) 灰度图像　　(b) 多尺度高斯函数算法　　(c) 双边滤波算法　　(d) 快速引导滤波算法

图 2.22　不同算法提取出的灰度图像的光照分量

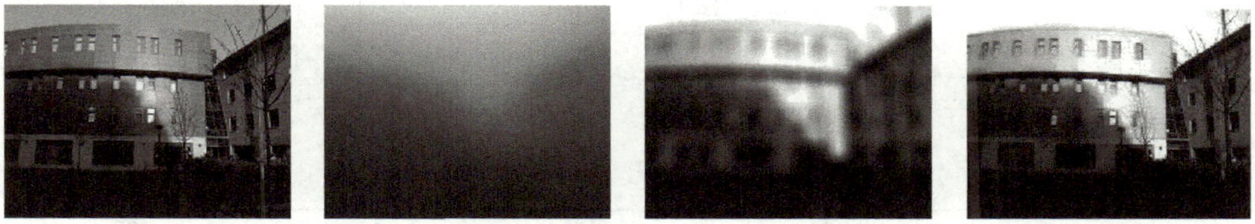

(a) 彩色图像　　(b) 多尺度高斯函数算法　　(c) 双边滤波算法　　(d) 快速引导滤波算法

图 2.23　不同算法提取出的彩色图像的光照分量

第 40 行和 Building 图像第 120 行的像素为例，取其原图像的灰度图像以及不同算法提取出的光照分量的像素组成 1D 的图形，如图 2.24 和图 2.25 所示。

由图 2.24 和图 2.25 所示的结果可知，这种基于快速引导滤波算法提取出的光照分量与原图像的亮度图像的逼近程度最好，尤其是在原图像中亮度突变的地方（在图像上表现为图像的边缘），基于快速引导滤波算法的方法提取出来的光照

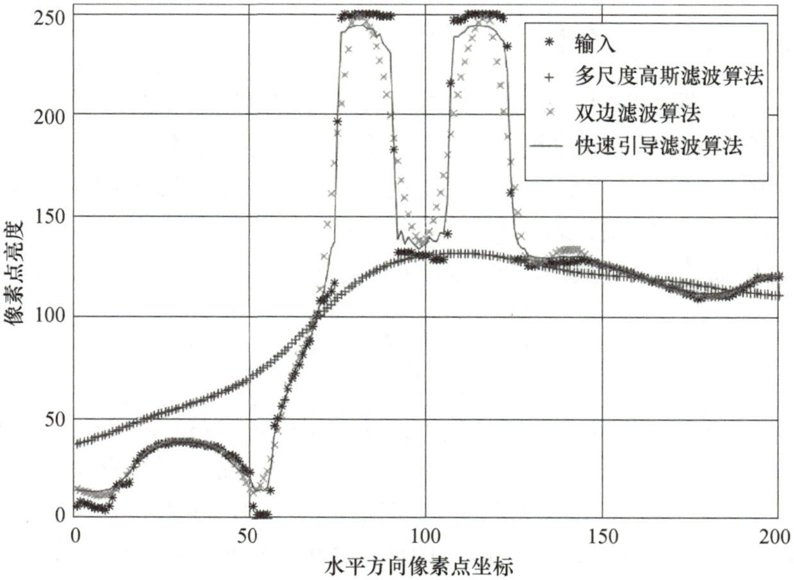

图 2.24　Indoor 图像中不同算法提取的光照分量 1D 图

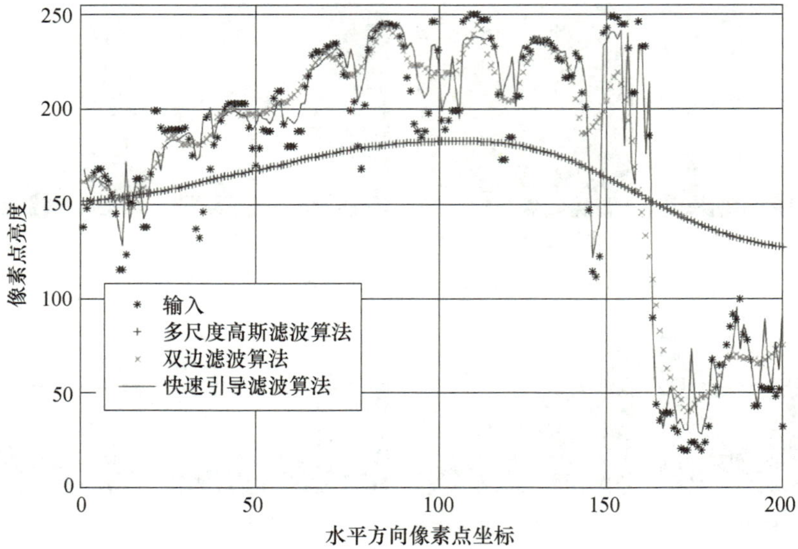

图 2.25　Building 图像中不同算法提取的光照分量 1D 图

更好地保持了原图像的边缘特征，而多尺度高斯函数的方法和双边滤波的方法虽然可以提取出光照分量的大致分布，但是两种算法提取出的光照分量的边缘保持能力都很差。快速引导滤波算法提取出光照分量的运算速度要比多尺度高斯函数方法和双边滤波算法快，因此利用快速引导滤波可以快速准确地提取出场景中的光照分量。

2.5.2　亮度校正函数的构建

为了降低光照不均匀对成像质量的影响，本小节使用基于改进的二维伽马（2-D Gamma）函数的自适应亮度校正方法，并利用光照分量的分布特性动态地调整二维伽马函数的参数，提高光照过低区域的亮度值，降低光照过强区域的亮度值，最终实现对光照不均匀图像的自适应校正处理。

文献[38]提出了一种基于二维伽马函数的亮度校正函数，其表达式为

$$O(x,y)=255\times\left(\frac{I(x,y)}{255}\right)^{\gamma},\quad \gamma=\alpha^{\left(\frac{128-L(x,y)}{128}\right)} \tag{2.41}$$

式中，$I(x,y)$ 是输入图像的亮度；$O(x,y)$ 是输出图像；$L(x,y)$ 是提取出的当前点 (x,y) 上的光照分量值；γ 是伽马校正参数，决定了图像增强的效果。参数 α 的取值范围是 0～1。对于低对比度图像，α 的值接近于 0，因此输出图像会得到很大程度的增强；当 α 的值趋近于 1 时，图像无需进行校正处理。一般而言，这种方法人为地设定提取出来的光照分量的平均强度为 128，而且设定 α 的值为 0.5，对

于某些整体比较暗或者比较亮的图像的校正效果不够理想。为了解决上述问题，可以对这种二维伽马函数进行改进，利用提取出的整幅图像的光照图的均值 m 代替固定值 128，并定义 $m/255$ 为光照系数 ε，得到改进后的光照校正函数[24]，其表达式如下：

$$O(x,y)=255\times\left(\frac{I(x,y)}{255}\right)^{\gamma},\quad \gamma=\varepsilon^{\left(\frac{m-L(x,y)}{m}\right)} \tag{2.42}$$

由于整幅图像的光照均值 m 的取值范围理论上是[0,255]，所以光照因子的取值范围理论上是[0,1]，但是实际获取的室内外图像中，很少有全暗（$m=0$）或者全亮（$m=255$）的情况，因此光照系数的取值很少出现 0 或者 1 的极端情况。随机选取了 2000 幅光照不均匀图像，并利用基于快速引导滤波算法提取出整幅图像的光照图，并求取其平均值后，经计算得出的光照系数的值域分布如图 2.26 所示。

经计算，2000 幅图像的光照系数的平均值为 0.4957，这说明对于大量的图像的统计数据而言，光照分量的平均值在 128 附近出现的概率最高，因此将光照系数的值设置为 0.5。但是对于每一幅图像而言，用光照系数的实际值进行校正的结果会更加准确。由式（2.42）可知，伽马校正参数 γ 不再是固定值，而是随着场景的光照分量的取值不同而不同，因此能够自适应地调整对光照不均匀图像的校正效果。如果场景内的光照分量的亮度均值为 128，则在光照分量取不同值的情况下，经过这种改进二维伽马函数校正后输出图像的亮度变化如图 2.27 所示。

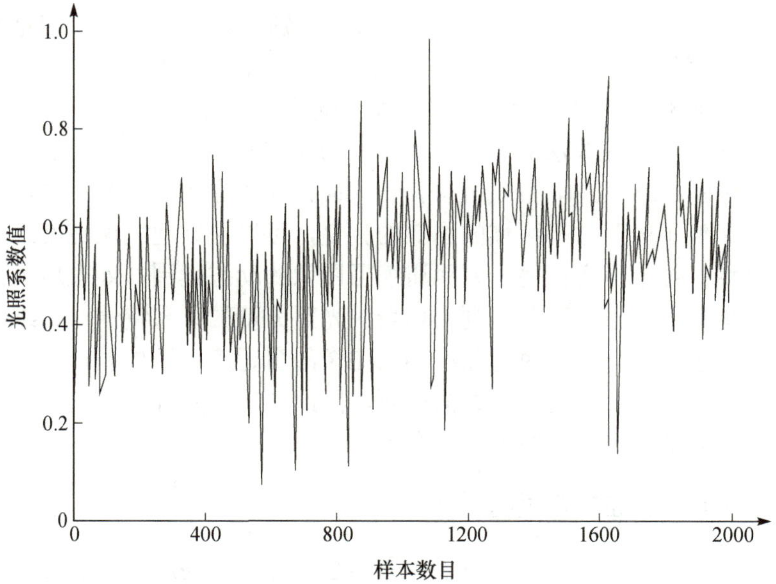

图 2.26　光照系数统计值

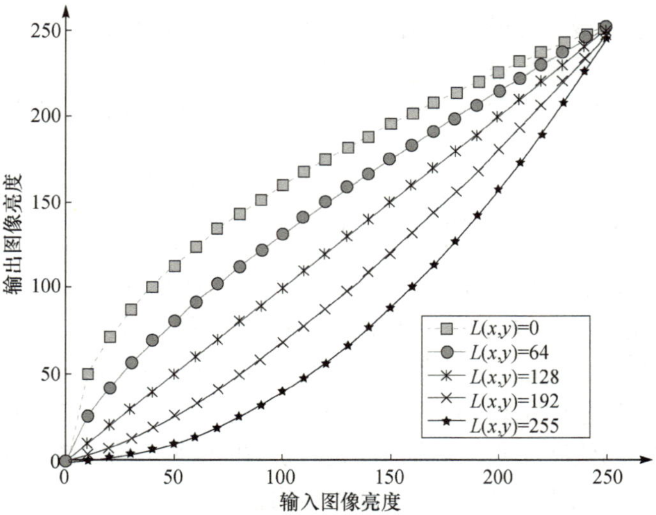

图 2.27　不同光照条件下二维伽马函数校正后输出图像亮度值

由图 2.27 可知，如果输入图像上某点处的光照值小于整幅图像光照分量的均值（本图假设为 128）时，这种改进二维伽马函数会利用 $O_d(x,y)$ 曲线提高该点处图像的亮度值。假设输入图像某一点 (x,y) 的光照值为 85，该点的图像亮度值为 107（低于光照分量均值）时，经过校正后该点的输出亮度值为 133，可见提高了原图像中光照过低区域图像的亮度值。同样，如果某点 (x,y) 处提取到的光照值大于光照分量的均值时，这种改进二维伽马函数会依 $O_b(x,y)$ 曲线降低原图像在该点处的亮度值。例如，输入图像某点 (x,y) 处的图像亮度值仍为 110，但是假设该点处提取出的光照值为 152（高于光照分量平均值）时，校正处理后该点的亮度值则变为 94，因此降低了原图像中光照过高处图像的亮度值。

图 2.28 是利用上述算法对一幅光照不均匀图像进行校正处理前后图像的直方图的对比。由图 2.28 可知，经过处理，一方面提高了原图像中亮度过低区域图像的亮度值，降低了光照过高区域的图像的亮度，可以更好地发现亮度过高区域和亮度过低区域的细节信息；另一方面压缩了图像的动态范围，处理后图像的质量会有显著的提高。由于这种算法利用场景的光照分量的分布特性对二维伽马函数的参数进行调整，可以实现对光照不均匀图像的自适应校正处理，消除或者削弱了场景内不均匀的光照对图像质量的影响，因此在提高图像的视觉质量、发现过亮或者过暗区域的细节信息等方面具有重要的作用。

2.5.3　光照不均匀校正实现过程

由人眼的视觉特性可知，相较于色彩信息，人眼对亮度的敏感程度更高，因此对光照不均匀校正算法而言对图像的亮度进行有效校正处理是关键。对于目前

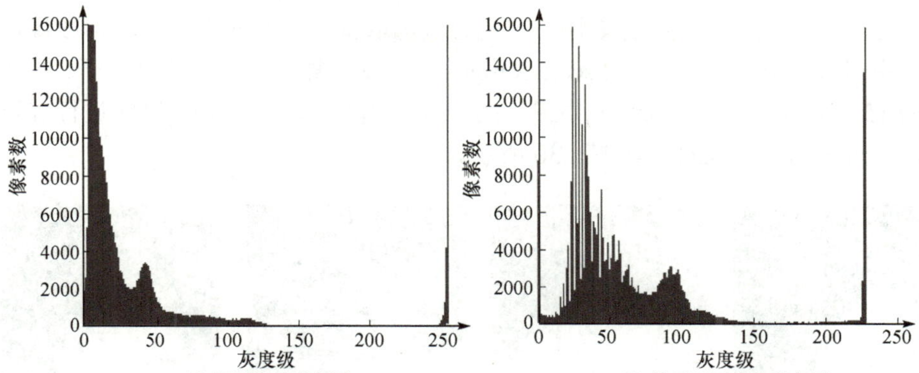

(a) 原图像的直方图　　　　(b) 校正后图像的直方图

图 2.28　二维伽马函数校正前后图像的直方图

用得最多的 RGB 色彩空间的彩色图像，如果直接对这三个通道做校正处理，不仅运算量大，而且会因为同一点处的不同色彩通道的增强或者减弱的比例不同而引发色彩失真。鉴于利用 HSV（hue, saturation, value，色调、饱和度、亮度）颜色模型表示的彩色图像更符合人眼的视觉特效，而且该颜色模型中的色调（*H*）、饱和度（*S*）和亮度（*V*）三个分量彼此互相独立，因此对亮度分量进行处理不会影响图像的颜色信息，所以这里选择在 HSV 色彩空间中进行处理，最后将处理后的结果再转换到 RGB 色彩空间，这种方法的实现流程如图 2.29 所示。

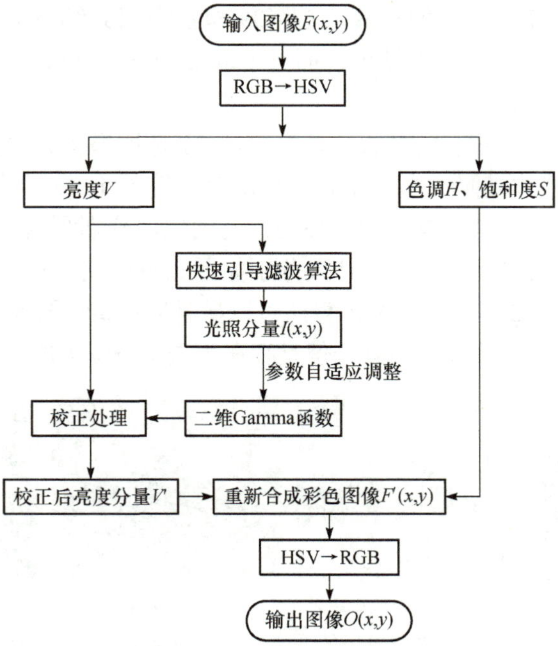

图 2.29　处理过程实现流程图

为了验证这种算法的有效性，首先分别选取室内场景的光照不均匀图像，分别利用多尺度 Retinex（multi-scale Retinex，MSR）算法（三个尺度因子c的值分别为 15、80 和 250）、文献[38]中提出的 SVLM 算法以及文献[39]算法进行校正处理，处理前后的结果对比如图 2.30 所示。

(a) 原图 (b) MSR算法处理后结果 (c) SVLM算法处理后结果 (d) 文献[39]算法处理后结果

图 2.30 不同算法对室内场景图像处理的结果

由图 2.30 可以看出，针对室内场景中的光照不均匀图像，MSR 算法可以显著提高整幅图像的亮度，可以看见暗处细节信息，但是发生了严重的噪声放大现象，导致处理后的图像的视觉质量不高；SVLM 算法可以取得较好的处理效果，可以看见场景中光照过暗区域中的细节，但是对于光照过强区域发生了过增强现象，导致处理后图像产生了严重的失真；文献[39]算法在暗处细节信息增强、色彩保持等方面均取得了比较好的处理结果，而且处理后的图像比较自然，因此具有更好的视觉质量。

为了进一步验证文献[39]算法的有效性，分别选取整体光照比较低（光照分量均值小于 128）、整体光照适中（光照分量均值约等于 128）和整体光照较高（光照分量均值大于 128）三种典型的室外场景的图像，分别利用 MSR 算法、SVLM 算法和文献[39]算法进行处理，其结果分别如图 2.31～图 2.33 所示。

由图 2.31～图 2.33 可知，MSR 算法可以显著提升整幅图像的整体亮度，而且处理后图像的色彩信息得到了增强，但是存在丢失了景深大的区域（如天空区域）

(a) 原图 (b) MSR算法处理后结果 (c) SVLM算法处理后结果 (d) 文献[39]算法处理后结果

图 2.31 整体光照较低的图像利用不同算法处理后的结果

(a) 原图　(b) MSR算法处理后结果　(c) SVLM算法处理后结果　(d) 文献[39]算法处理后结果

图 2.32　整体光照适中的图像利用不同算法处理后的结果

(a) 原图　(b) MSR算法处理后结果　(c) SVLM算法处理后结果　(d) 文献[39]算法处理后结果

图 2.33　整体光照较高的图像利用不同算法处理后的结果

的细节信息、噪声放大严重、光照突变处（如图 2.31(b)中左上角和右上角的叶子的边缘、图 2.32(b)中左侧树木叶子的边缘，以及图 2.33(b)中右侧树木叶子边缘以及建筑与天空的分界线）产生了“光晕”现象等问题；SVLM 算法能够有效地提升图像中光照过暗区域的亮度，使这些暗处的细节信息得到了有效的增强，但是三种不同场景的处理结果中，对于光照突变的边缘都产生了比较严重的“光晕”现象，而且图像存在边缘过增强的问题；文献[39]算法对这三种典型的户外光照不均匀图像都取得了比较好的校正效果，不仅能够有效地提高光照过暗区域的图像亮度，降低光照过强区域的图像亮度，使图像的亮处和暗处细节都得到显著的增强，而且校正后的图像的色彩清晰、自然，校正后的图像的视觉质量得到了明显的提升。

为了进一步比较不同算法的处理效果，利用图像的对比度（contrast）、清晰度（definition）和信息熵（entropy）等客观指标来衡量不同算法的校正效果。对比度是指图像中从黑到白的渐变层次，高对比度对于图像的清晰度、细节表现、灰度层次表现都有很大帮助，通常利用标准差计算得出。清晰度是指影像上各细部影纹及其边界的清晰程度，一般用图像的平均梯度来衡量。信息熵是衡量图像中所包含的信息量的大小，熵越大，说明包含的信息越多，一般用信息熵来计算图像的熵值。利用这些指标对不同算法处理前后的数据做对比，其结果如表 2.7 所示。

表 2.7　不同算法处理结果的数据对比

项目		原图	MSR 算法	SVLM 算法	文献[39]算法
图 2.24	标准差	72.34	74.88	74.61	**76.97**
	平均梯度	2.41	2.84	2.75	**3.21**
	信息熵	7.22	7.32	7.01	**7.75**

续表

项目		原图	MSR 算法	SVLM 算法	文献[39]算法
图 2.25	标准差	81.39	78.06	83.15	**91.22**
	平均梯度	4.17	3.84	3.58	**4.81**
	信息熵	7.41	7.75	7.92	**8.33**
图 2.26	标准差	73.88	75.11	70.03	**77.51**
	平均梯度	9.90	**13.01**	10.16	11.27
	信息熵	6.09	7.85	7.33	**7.91**
图 2.27	标准差	85.92	84.36	83.73	**89.81**
	平均梯度	5.84	13.05	12.61	**13.25**
	信息熵	7.06	7.95	7.39	**8.27**

由表 2.7 中的数据可以看出，对室内场景和室外场景中的光照不均匀图像而言，经过文献[39]算法处理后的图像的标准差值显著增大，也就是说提高了图像的对比度；同时处理后图像的平均梯度值有较大的提升，表明文献[39]算法有效地提高了图像的清晰度；此外图像信息熵的值变大，这意味着可以从处理后的图像中获取更多的信息。由上可知，文献[39]算法降低了光照不均匀现象对成像的影响，对不同场景的光照不均匀图像具有比较好的校正效果。

参 考 文 献

[1] 郭璠. 图像去雾方法和评价及其应用研究[D].长沙：中南大学, 2012.

[2] JOBSON D, RAHMAN Z. Properties and performance of a center/surround Retinex[J]. IEEE Transactions on Image Processing, 1997, 6(3): 451-454.

[3] LAND E H. An alternative technique for the computation of the designator in the Retinex theory of color vision[J]. Proceedings of the National Academy of Sciences of the United States of America, 1986, 83(10):3078.

[4] QIN X, WANG H, DU Y, et al. Structured light image enhancement algorithm based on Retinex in HSV color space[J]. Journal of Computer-Aided Design & Computer Graphics, 2013, 25(4):488-493.

[5] XIE B, GUO F, CAI Z X. Image defogging based on fog veil subtraction[J]. Applied Mechanics & Materials, 2012, 121-126:887-891.

[6] FU Z Z, YANG Y J, SHU C, et al. Improved single image dehazing using dark channel prior[J]. Journal of Systems Engineering and Electronics, 2015, 26(5): 1070-1079.

[7] 甘建红，何童丽. 基于色彩空间单一图像像素级去雾算法[J]. 计算机应用研究, 2012, 29(9):3591-3593.

[8] MCCARTNEY E J, HALL F F. Optics of the atmosphere: scattering by molecules and particles[J]. Physics Today, 1977, 30(5):76.

[9] HE K M, SUN J, TANG X. Single image haze removal using dark channel prior[J]. IEEE Transactions on Pattern Analysis & Machine Intelligence, 2011, 33(12):2341-2353.

[10] LI X G, KANG L. Research on an improved algorithm of fog-degrade image defogging based on analysis of

scientific data materials[J]. Advanced Materials Research, 2011, 282-283:425-428.

[11] 禹晶，李大鹏，廖庆敏. 基于物理模型的快速单幅图像去雾方法[J]. 自动化学报, 2011, 37(2):143-149.

[12] KOPF J, NEUBERT B, CHEN B, et al. Deep photo: model-based photograph enhancement and viewing[J]. ACM Transactions on Graphics, 2008, 27(5):1-10.

[13] 孙玉宝，肖亮，韦志辉，等. 基于偏微分方程的户外图像去雾方法[J]. 系统仿真学报, 2007, 19(16):3739-3744.

[14] 邹荣. 最小失真图像去雾算法的改进[J]. 计算机工程, 2009, 35(21):213-215.

[15] NISHINO K, KRATZ L, LOMBARDI S. Bayesian Defogging[M]. Amsterdam: Kluwer Academic Publishers, 2012.

[16] WANG D, WANG Y, DONG X, et al. Single image dehazing based on Bayesian framework[J]. Journal of Computer-Aided Design & Computer Graphics, 2010, 22(10):1756-1761.

[17] PEDONE M, HEIKKILA J. Robust airlight estimation for haze removal from a single image[C]. IEEE Computer Society Conference on Computer Vision and Pattern Recognition Workshops, 2011: 90-96.

[18] LI Y, YOU Q, WANG M. The research on defogging algorithm based on dark channel in color space[J]. Applied Mechanics & Materials, 2013, 373-375:437-441.

[19] ZHANG B, DAI S. Fast image haze-removal algorithm based on the prior dark-channel[J]. Journal of Image & Graphics, 2013, 18(2):184-188.

[20] CHOI Y, LEE Y, CHO W. Color correction for object identification from images with different color illumination[C]. 5th International Joint Conference on INC, IMS and IDC, 2009: 1598-1603.

[21] CAI B, XU X, JIA K, et al. Dehaze net: an end-to-end system for single image haze removal[J]. IEEE Transactions on Image Processing, 2016, 25(11):5187-5198.

[22] REN W, LIU S, ZHANG H, et al. Single image dehazing via multi-scale convolutional neural networks[C]. European Conference on Computer Vision, Springer, 2016: 154-169.

[23] JHA D K, GUPTA B, LAMBA S S. L2-norm-based prior for haze-removal from single image[J]. IET Computer Vision, 2016, 10(5):331-341.

[24] NARASIMHAN S G, NAYAR S K. Vision and the atmosphere[J]. International Journal of Computer Vision, 2002, 48(3):233-254.

[25] 翟艺书. 雾天降质图像的清晰化技术研究[D]. 长沙：中南大学, 2012.

[26] HE K M, SUN J, TANG X. Guided Image Filtering[C]. Computer Vision-ECCV 2010, Berlin Heidelber: Springer, 2010:1397-1409.

[27] 汤群芳，杨杰，刘海波，等. 基于暗通道先验的单幅图像快速去雾方法[J]. 光子学报, 2017, 46(9):205-213.

[28] KUMARI A, SAHDEV S, SAHOO S K. Improved single image and video dehazing using morphological operation[C]. International Conference on Vlsi Systems, Architecture, Technology and Applications, IEEE, 2015: 1-5.

[29] 王殿伟，闫伟超，朱婷鸽，等. 基于暗通道先验的快速单幅图像去雾算法[J]. 计算机应用研究, 2019, 36(1): 1-6.

[30] SHIN Y, JEONG S, LEE S. Efficient naturalness restoration for non-uniform illumination images[J]. IET Image Processing, 2015, 8(9): 662-671.

[31] KHAN T M, KHAN M A U, KONG Y. Fingerprint image enhancement using multi-scale DDFB based diffusion filters and modified Hong filters[J]. Optik, 2014, 125(16): 4206-4214.

[32] TAN T L, SIM K S, TSO C P. Image enhancement using background brightness preserving histogram equalisation[J]. Electronics Letters, 2012, 48(3):155-157.

[33] IBRAHIM H, KONG N S P. Brightness preserving dynamic histogram equalization for image contrast enhancement[J]. IEEE Transactions on Consumer Electronics, 2007, 53(4):1752-1758.

[34] 刘志成，王殿伟，刘颖，等. 基于二维伽马函数的光照不均匀图像自适应校正算法[J]. 北京理工大学学报, 2016, 36(2): 191-197.

[35] DENG G. A generalized unsharp masking algorithm[J]. IEEE Transactions on Image Processing A Publication of the IEEE Signal Processing Society, 2011, 20(5):1249-1261.

[36] HASIKIN K, ISA N A M. Adaptive fuzzy intensity measure enhancement technique for non-uniform illumination and low-contrast images[J]. Signal Image & Video Processing, 2015, 9(6):1419-1442.

[37] SHUKRI D S M, ASMUNI H, OTHMAN R M, et al. An improved multiscale Retinex algorithm for motion-blurred iris images to minimize the intra-individual variations[J]. Pattern Recognition Letters, 2013, 34(9):1071-1077.

[38] LEE S, KWON H, HAN H, et al. A space-variant luminance map based color image enhancement[J]. Consumer Electronics IEEE Transactions on, 2010, 56(4):2636-2643.

[39] 王殿伟，王晶，许志杰，等. 一种光照不均匀图像的自适应校正算法[J]. 系统工程与电子技术, 2017, 39(6): 1383-1390.

[40] HE K M, SUN J. Fast guided filter[C]. Process of Computer Vision and Pattern Recognition, Boston, 2015:1, 2.

第3章　图像超分辨率重建技术

超分辨率重建是图像复原中的一类重要技术。该技术试图恢复成像过程中已经“丢失”的信息，从而改善与提高图像的质量。作为一种不需要硬件参与的提高图像空间分辨率的方法，超分辨率重建技术利用单帧或连续多帧低分辨率图像中不同而又相似的信息，并结合有关先验知识，重建高分辨率图像，因此它的最大优点就是成本低。现有的低分辨率成像系统仍可以使用，特别是能够实现对已获取的大量图像资源的充分利用[1]，因此该技术在刑侦领域有重要的应用价值。

除此之外，该技术也在医疗图像、卫星图像和视频等领域有着重要的应用。例如，使用便宜的低质量数码相机/便携式摄像机复原高质量的数字图像以便打印等使用需求；把一般的NTSC（National Television Standards Committee，美国国家电视标准委员会）格式低清电视信号转换为高清电视（high definition television, HDTV）信号而不失真地在HDTV上播放[2]；在CT和磁共振等医疗应用中，用多幅图像重建病灶区域；在遥感和地球资源卫星等卫星图像应用中，增强目标的分辨率。

3.1　图像超分辨率基本概念

在与公安部门的合作中发现，受图像采集系统、存储系统以及传输系统的限制，部分感兴趣目标区域肉眼不可辨，成像质量差，往往无法满足警方对案件的侦破需求。鉴于以上的问题，解决办法有两类，一类是提高硬件设备的性能，如通过采用高清晰摄像头提高分辨率，外加主动红外光照明来提高视频质量，但由于监控摄像头量大面广，通过硬件设备来提高视频质量，需要巨大的资金投入，且存在重复建设，对现有资源是一种浪费。另一类是通过软件技术来提高质量，如通过图像增强、图像复原等关键技术的研究解决实际问题。这种方式投资成本低、效果好，是一种切实可行的方案[3]。

国内外图像处理领域的研究人员将这种经济且有效的图像增强软方法称为超分辨率重建技术[4]。Tsai等[5]的开创性论文开启了通过软计算实现高分辨率成像的现代超分辨率重建技术研究，其在理论上明确提出，通过配准和融合多个图像来增强分辨率是可行的。

3.1.1　图像分辨率

图像分辨率泛指成像或显示系统对细节的分辨能力，代表图像中存储的信息量。一般情况下，图像分辨率越高，图像中包含的细节越多，信息量也越大。图像分辨率分为空间分辨率、幅度分辨率和显示分辨率。这些分辨率的大小都直接影响着图像的质量。

空间分辨率取决于采样过程。采样间隔的大小直接决定了图像的空间分辨率。一般来说，图像越清晰，图像的分辨率越高，则采样间隔越小。

幅度分辨率取决于量化过程，用于描述一个像素所需的比特数。对于均匀量化来说，量化级数越多，则幅度分辨率越高。常见的有 8bit、16bit、32bit 或 64bit 等。一幅 8bit 色彩图像能表现 256 个灰度级别。

图像的显示分辨率由显示器的性能来决定，它是指显示屏上能够显示出的像素数目。例如，显示分辨率为 640×480，表示显示屏分成 480 行，每行 640 个像素，整个显示屏包含 307200 个显像点。屏幕能够显示的像素越多，说明显示设备的分辨率越高，显示的图像质量也就越高。只有当显示分辨率不小于空间分辨率和幅度分辨率时，显示的图像才不会失真。

图像空间分辨率和幅度分辨率的变化会对图像质量产生直接的影响。图像的质量一般随图像空间分辨率和幅度分辨率的增加而增加。

3.1.2　图像超分辨率重建

图像超分辨率重建是一种利用信号处理方法，由一帧或多帧低分辨率的观测图像来获取高分辨率图像或图像序列的技术[6]。在国内外的一些文献中，也将超分辨率称为分辨率增强或超分辨率复原技术。这一过程的实质是增加重建图像的高频成分和消除低分辨率成像过程中产生的退化[3]。其中，通过多幅观测图像重建高分辨率图像简称多图像超分辨率重建（或者图像序列超分辨率重建），而通过一幅观测图像重建高分辨率图像简称为单幅图像超分辨率重建。多图像超分辨率重建利用的是多帧图像之间的互补信息，通过在更高分辨率的网格中进行信息融合，从而得到细节更多、分辨率更高的图像。单幅图像超分辨率重建则是利用先验知识重建高分辨率的图像。根据先验知识的种类、获取途径和使用方式，单幅图像超分辨率重建方法可分为基于插值的方法、基于正则化的方法和基于学习的方法。目前，绝大多数超分辨率重建是指空间分辨率重建，但也有部分研究将之扩展到时间分辨率甚至光谱分辨率的层级。

值得注意的是，在图像超分辨率重建中（图 3.1），分辨率的高低并不等同于

图 3.1　图像超分辨率重建中的插值放大

像素数量的多少。例如，一个通过插值放大了 4 倍的图像并不表示它包含的细节增加了多少。图像超分辨率重建关注的是恢复图像中丢失的细节，即高频信息。

3.1.3　超分辨率重建的分类

概括而言，按算法的输入输出的不同类型组合，超分辨率问题可以分为几类子问题，如图 3.2 所示[7]。输入为低分辨率图像序列（视频），输出为单帧高分辨率图像的超分辨率问题，称为基于重建的超分辨率（reconstruction-based super-resolution）问题；输入与输出均为图像序列（视频）的超分辨率问题，称为视频超分辨率（video super-resolution）问题；输入与输出均为单帧图像的超分辨率问题，称为单帧图像超分辨率（single image super-resolution, SISR）问题[8]。根据是否依赖训练样本，单帧图像超分辨率问题又可以分为增强边缘的超分辨率（edge-focused super-resolution）问题（无训练样本）与基于学习的超分辨率（learning-based super-resolution）问题（有训练样本）两种[9,10]。对于输入为单幅低分辨率图像，输出为图像序列（视频）的问题，由于其缺失的信息太多，研究的实际意义不大，几乎没有相关的研究。本章主要介绍单幅图像超分辨率方法。

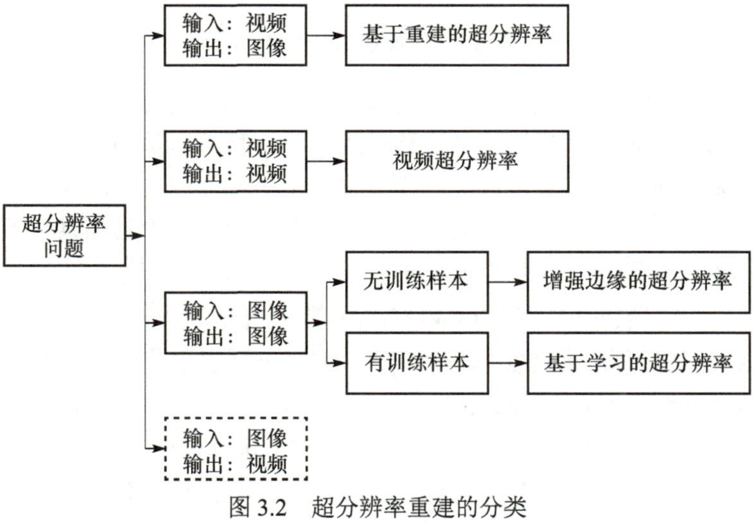

图 3.2　超分辨率重建的分类

基于学习的超分辨率算法需要先构造低分辨率和高分辨率图像样本库，通过学习样本库得到低分辨率图像和高分辨率图像的内在联系，从而指导图像超分辨率重建。一般来说，基于学习的算法首先对图像进行分块处理，分别构造低分辨率图像块和高分辨率图像块样本库，然后学习样本库中低分辨率图像块与相应高分辨率图像块之间的关系，最后再利用这种关系对输入的低分辨率图像块进行超分辨率重建。基于学习的算法是目前图像超分辨率处理领域中研究较热的一类方法。下面主要介绍基于学习的图像超分辨率方法。

3.1.4　图像观测模型

图像形成过程中存在大气扰动、物体运动、散焦和噪声干扰等影响，图像超分辨率重建首先需要分析这些因素，从而建立符合实际的图像观测模型[11]。

Elad[12]建立了高分辨率图像和低分辨率图像之间的观测模型。该模型如图 3.3 所示。

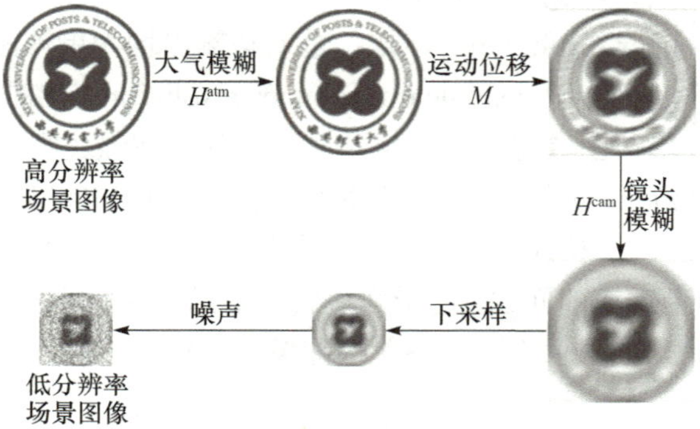

图 3.3　图像观测详细模型

图 3.3 中的位移表示观测得到的每帧低分辨率图像所对应的高分辨率图像帧是由参考高分辨率图像帧通过运动位移得到的。位移可以是相对于原图像发生整体的平移、旋转或者仿射变换等，这类情况可以用较为简单的运动模型表示。位移也可以是局部的较为复杂的运动形式，当图像空间中多个物体具有各自的运动特性时，需要复杂的运动模型加以表示。图 3.3 对应的数学描述如下：

$$G_k(m,n)=[h_k^{\text{cam}}(x,y)**m_k(h_k^{\text{atm}}(x,y)**F(x,y))]\downarrow+V_k(m,n) \tag{3.1}$$

式中，$F(x,y)$ 是高分辨率现实场景；h_k^{atm} 和 h_k^{cam} 分别表示获取第 k 帧对应的大气模糊（atmosphere blur）和相机模糊（camera blur）的系统函数；m_k 是对应第 k 帧图像的位移运动函数；**表示二维卷积；$\downarrow$ 表示下采样；$V_k(m,n)$ 表示获取第 k 帧时的噪声；$G_k(m,n)$ 是带有模糊和噪声的第 k 帧低分辨率图像。

将式（3.1）转化为矩阵乘法描述：

$$g_k = D_k H_k^{\text{cam}} M_k H_k^{\text{atm}} f + v_k \tag{3.2}$$

式中，g_k、f 和 v_k 分别是观测到的第 k 帧低分辨率图像、高分辨率图像及噪声的向量化形式，如果 r_1、r_2 分别表示水平方向和垂直方向的降采样因子，高分辨率图像 $F(x,y)$ 大小为 $r_1M\times r_2N$，则 f 是向量化后的高分辨率图像（大小为 $r_1Mr_2N\times1$ 的列向量）；g_k 是向量化后的低分辨率图像（大小为 $MN\times1$ 的列向量）；H_k^{cam}、M_k、H_k^{cam} 分别表示生成 g_k 所对应的相机模糊矩阵、运动位移矩阵和大气模糊矩阵，大

小均为 $r_1Mr_2N \times r_1Mr_2N$； D_k 是大小为 $MN \times r_1Mr_2N$ 的下采样矩阵； v_k 是向量化后的噪声，大小为 $MN\times 1$。

常见的超分辨率重建问题中，观测模型一般只考虑相机模糊 H_k^{cam}，则式(3.2)可简化为

$$g_k = D_k H_k^{\text{cam}} M_k f + v_k = D_k H_k M_k f + v_k \tag{3.3}$$

在序列图像超分辨率问题中，H_k^{cam} 一般假定是已知的，而位移矩阵 M_k 需要利用低分辨率图像序列上的信息通过运动估计算法得到，一般将第一帧图像作为参考帧，估计其他各帧与参考帧的运动位移矩阵作为 M_k。序列图像的观测模型和其重建过程如图 3.4 和图 3.5 所示[11]。

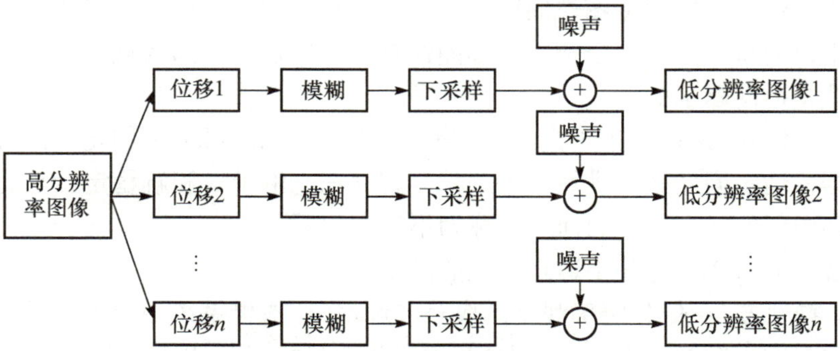

图 3.4　序列图像的观测模型

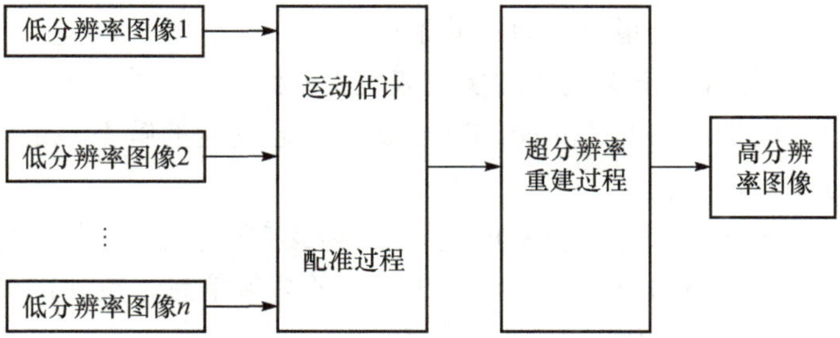

图 3.5　序列图像的超分辨率重建过程

若只考虑单幅图像超分辨率重建问题，由于只观测到一幅低分辨率图像，故无需考虑各帧之间的运动位移。单幅图像的观测模型如图 3.6 所示[11]，其可描述为

$$G(m,n) = [h^{\text{cam}}(x,y) ** m_k(h^{\text{atm}}(x,y) ** F(x,y))] \downarrow + V(m,n) \tag{3.4}$$

同样可将式（3.4）转化为矩阵乘法描述：

$$g = DH^{\text{cam}} H^{\text{atm}} f + v \tag{3.5}$$

若不考虑大气模糊，式（3.5）可简化为

$$g = DH^{\mathrm{cam}} f + v = DHf + v \tag{3.6}$$

式中，D、H 分别表示生成 g 所对应的下采样矩阵和模糊矩阵。

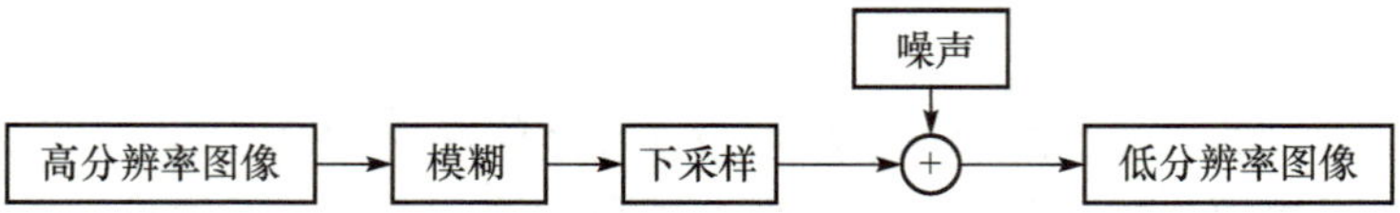

图 3.6　单幅图像的观测模型

通过上述对观测模型的分析，可以知道图像超分辨率重建问题的数学本质是一个不适定逆问题（ill-posed inverse problem）的求解。

一般将低分辨率观测图像的获取看成是一个正问题，即低分辨率观测图像是系统输出，而待重建的高分辨率目标图像是系统的输入，那么重建高分辨率图像的过程就是逆问题求解。

另外，Hadamard[13]给出了适定问题（well-posed problem）的定义，对于任何输入数据，适定问题必须满足三个条件：解存在、解唯一和解稳定。与此对应，不满足其中任何一个条件的问题即称为不适定问题。

图像超分辨率重建是不适定问题的两方面解释。

（1）物理方面：低分辨率观测图像获取过程中，成像系统相当于低通滤波器，使得图像中的高频细节丢失。而超分辨率重建的目标就是估计出丢失的高频细节，但是，对于低分辨率观测图像，其对应的高分辨率图像不是唯一的，因此重建结果可以不唯一，即不能满足适定问题的条件二。

（2）数学方面：低分辨率观测图像获取过程中经过了模糊，从数学方面分析，模糊过程导致问题是病态的（ill-conditioned），病态问题的解不稳定，违反了适定问题的条件三。

为了解决这个问题，超分辨率重建算法需要结合图像的一些先验知识，对重建结果进行约束，从而恢复出图像获取时丢失的高频信息，重建出最优的高分辨率的图像，如图 3.7 所示[11]。

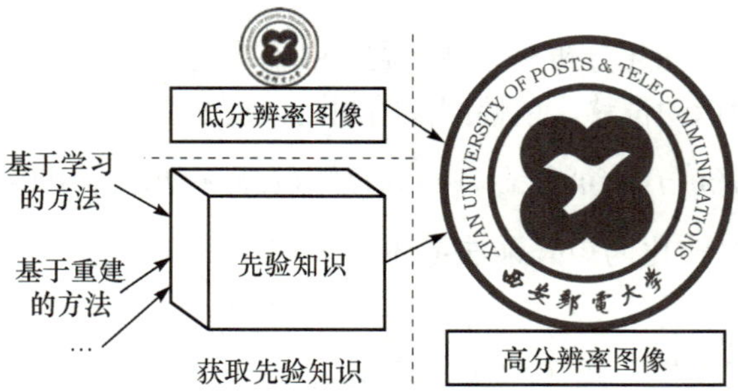

图 3.7　单幅图像超分辨率重建过程

3.2　单幅图像超分辨率重建

3.2.1　基于插值的图像超分辨率重建

图像插值是在基本模型框架下，从低分辨率图像生成高分辨率图像的过程，用以恢复图像中所丢失的信息。最常用的图像插值方法有最近邻插值、双线性插值、双立方插值以及其他高阶方法。最近邻插值和双线性插值算法重建后的图像很容易出现锯齿现象，重建的图片质量不好，因此一般只在对图像质量要求不高的场合下采用。双线性插值和双立方插值实质上是“低通滤波器”，在增强图像平滑效果的同时丢失了许多高频信息，而在刑侦应用中，往往图像的细节信息才是非常重要的线索，因此在刑侦领域的应用中需要考虑如何在保证平滑效果的同时尽可能地保留细节信息。

1. 最近邻插值算法

最近邻插值是最简单的一种插值方法，不需要计算，在待求像素的四邻像素中，将距离待求像素最近的邻像素灰度赋给待求像素。假设原始图像尺寸为 $(M_{\text{src}}, N_{\text{src}})$，目标图像尺寸为 $(M_{\text{dst}}, N_{\text{dst}})$，则目标位置 $(x_{\text{dst}}, y_{\text{dst}})$ 对应原图的坐标 $(x_{\text{src}}, y_{\text{src}})$ 可以由式（3.7）得出：

$$x_{\text{src}} = \left[x_{\text{dst}} \times \frac{M_{\text{src}}}{M_{\text{dst}}} \right],\quad y_{\text{src}} = \left[y_{\text{dst}} \times \frac{N_{\text{src}}}{N_{\text{dst}}} \right] \tag{3.7}$$

例如，将一个 3×3 的矩阵插值为 4×4 的矩阵，目标像素点（4,1）的位置在原图中的坐标为 $\left(\left[4 \times \frac{3}{4} \right], \left[1 \times \frac{3}{4} \right] \right) = ([3],[0.75]) = (3,1)$，因此像素点（4,1）所插入的值为原图中像素点（3,1）的像素值 122，插值后的结果如图 3.8 所示。最近邻插值法计算量较小，但可能会造成插值生成的图像灰度上的不连续，在灰度变化的地方可能出现明显的锯齿状。

255	30	2
100	80	12
122	65	200

→

255	30	30	2
100	80	80	12
100	80	80	12
122	65	65	200

图 3.8　最近邻插值举例

2. 双线性插值算法

双线性插值又称为双线性内插。在数学上，双线性插值是有两个变量的插值

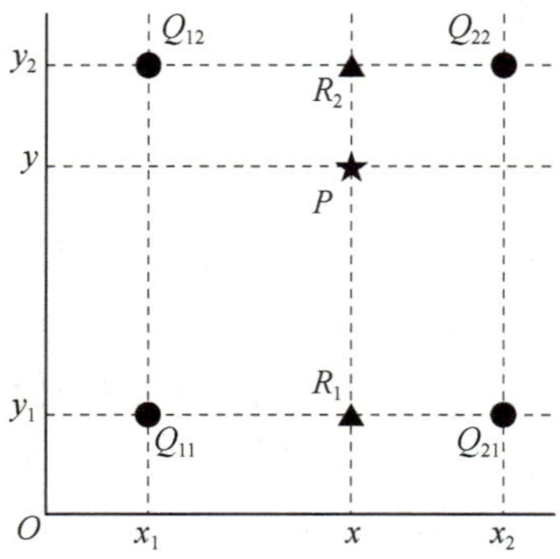

图 3.9　双线性插值算法图

函数的线性插值扩展，其核心思想是在两个方向分别进行一次线性插值，其算法原理如图 3.9 所示。

假如想得到未知函数 f 在点 $P(x,y)$ 的值，假设已知函数 f 在 $Q_{11}(x_1,y_1)$、$Q_{12}(x_1,y_2)$、$Q_{21}(x_2,y_1)$ 以及 $Q_{22}(x_2,y_2)$ 四个点的值。

首先在 x 方向进行线性插值，得到

$$\begin{cases} f(R_1) \approx \dfrac{x_2 - x}{x_2 - x_1} f(Q_{11}) + \dfrac{x - x_1}{x_2 - x_1} f(Q_{21}), R_1 = (x, y_1) \\ f(R_2) \approx \dfrac{x_2 - x}{x_2 - x_1} f(Q_{12}) + \dfrac{x - x_1}{x_2 - x_1} f(Q_{22}), R_2 = (x, y_2) \end{cases} \tag{3.8}$$

然后再在 y 方向进行线性插值，得到

$$f(P) \approx \frac{y_2 - y}{y_2 - y_1} f(R_1) + \frac{y - y_1}{y_2 - y_1} f(R_2) \tag{3.9}$$

这样就得到所要的结果 $f(x,y)$：

$$\begin{aligned} f(x,y) \approx & (x_2 - x)(y_2 - y)\frac{f(Q_{11})}{(x_2 - x_1)(y_2 - y_1)} \\ & + (x - x_1)(y_2 - y)\frac{f(Q_{21})}{(x_2 - x_1)(y_2 - y_1)} \\ & + (x_2 - x)(y - y_1)\frac{f(Q_{12})}{(x_2 - x_1)(y_2 - y_1)} \\ & + (x - x_1)(y - y_1)\frac{f(Q_{22})}{(x_2 - x_1)(y_2 - y_1)} \end{aligned} \tag{3.10}$$

如果选择一个坐标系统，使得 f 的四个已知点坐标分别为（0,0）、（0,1）、（1,0）和（1,1），那么插值公式就可以化简为

$$\begin{aligned} f(x,y) \approx & (1-x)(1-y)f(0,0) + x(1-y)f(1,0) \\ & + (1-x)yf(0,1) + xyf(1,1) \end{aligned} \tag{3.11}$$

或者用矩阵运算表示为

$$f(x,y) \approx [1-x \quad x]\begin{bmatrix} f(0,0) & f(0,1) \\ f(1,0) & f(1,1) \end{bmatrix}\begin{bmatrix} 1-y \\ y \end{bmatrix} \tag{3.12}$$

在 Matlab 中，为了使两个图像的几何中心重合，目标图像的每个像素之间都是等间隔的，并且都和两边有一定的边距，因此在计算对应坐标的时候将式（3.7）改为式（3.13）：

$$\begin{cases} x_{src} = \left[(x_{dst} + 0.5) \times \dfrac{M_{src}}{M_{dst}} - 0.5 \right] \\ y_{src} = \left[(y_{dst} + 0.5) \times \dfrac{N_{src}}{N_{dst}} - 0.5 \right] \end{cases} \tag{3.13}$$

例如，将一个 3×3 的矩阵插值为 4×4 矩阵，如图 3.10 所示。目标像素点(2,3)的位置在原图中的坐标为（0.625,1.375)（需要注意的是，在 Matlab 中，起始位置坐标为(1,1)，因此在用上述公式计算时应减 1 后再代入公式计算)，代入式(3.8)和式（3.9）可得

$$\begin{cases} f(R_1) \approx (1-0.625) \times 30 + (0.625-0) \times 80 = 61.25 \\ f(R_2) \approx (1-0.625) \times 2 + (0.625-0) \times 12 = 8.25 \\ f(P) \approx (2-1.375) \times 61.25 + (1.375-1) \times 8.25 = 41.375 \\ R_1 = (0.625,1), R_2 = (0.625,2), P = (0.625,1.375) \end{cases} \tag{3.14}$$

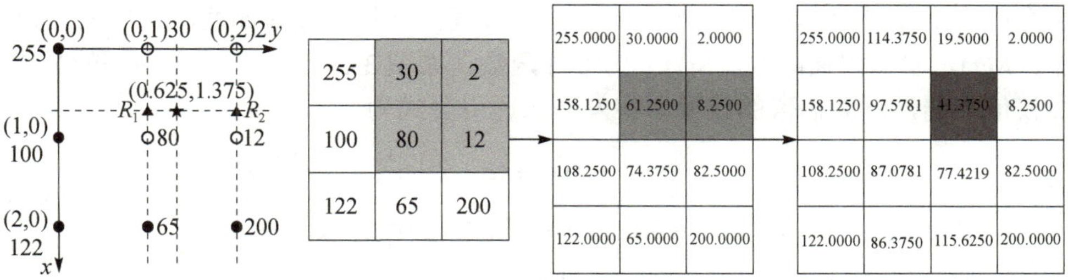

图 3.10　双线性插值举例

双线性插值法能有效地克服最近邻插值的马赛克现象，但是得到的高分辨率图像在边缘等细节上仍然比较模糊。

3. 双三次（立方）插值算法

双三次插值[14,15]是一种更加复杂的插值方式，它能创造出比双线性插值更平滑的图像边缘。双三次插值方法通常运用在一部分图像处理软件、打印机驱动程序和数码相机中，对原图像或原图像的某些区域进行放大。双三次插值又称立方卷积插值，该方法利用以采样点为中心的 4×4 邻域内的 16 个已知像素点的灰度值作为参考，然后在水平和垂直方向上分别进行三阶插值，最后得到待插像素点的灰度值。

假设 $(i-1,j-1)$、$(i-1,j)$、$(i-1,j+1)$、$(i-1,j+2)$、$(i,j-1)$、(i,j)、$(i,j+1)$、$(i,j+2)$、$(i+1,j-1)$、$(i+1,j)$、$(i+1,j+1)$、$(i+1,j+2)$、$(i+2,j-1)$、$(i+2,j)$、$(i+2,j+1)$ 和 $(i+2,j+2)$ 是原图像中相邻的 16 个像素，现要求解位于以上 16 个像素邻域内的一点 $(i+s,j+z)$ 的像素值。双三次插值算法首先在水平方向上求出像素点 $(i-1,j+z)$、$(i,j+z)$、$(i+1,j+z)$ 以及 $(i+2,j+z)$ 的值，然后再根据上面

求出的水平方向上的四个像素来求解垂直方向上像素点 $(i+s, j+z)$ 的值。对于位置 $(i+s, j+z)$ 处像素的灰度值（s 和 z 都是不大于 1 的正浮点数），其计算公式如下：

$$f(i+s, j+z) = A * B * C \tag{3.15}$$

式中，$A = [R(s+1) \quad R(s+0) \quad R(s-1) \quad R(s-2)]$，

$$B = \begin{bmatrix} f(i-1, j-1) & f(i-1, j+0) & f(i-1, j+1) & f(i-1, j+2) \\ f(i-0, j-1) & f(i-0, j+0) & f(i-0, j+1) & f(i-0, j+2) \\ f(i+1, j-1) & f(i+1, j+0) & f(i+1, j+1) & f(i+1, j+2) \\ f(i+2, j-1) & f(i+2, j+0) & f(i+2, j+1) & f(i+2, j+2) \end{bmatrix},$$

$$C = \begin{bmatrix} R(z+1) & R(z+0) & R(z-1) & R(z-2) \end{bmatrix}$$

等价于

$$f(i+s, j+z) = \sum_{\text{row}=-1}^{2} \sum_{\text{col}=-1}^{2} f(i+\text{row}, j+\text{col}) R(\text{row}-s) R(\text{col}-z) \tag{3.16}$$

注意：一定要区分 s、z 和 row、col 的对应关系，s 代表行数偏差，z 代表列数偏差。$R(x)$是卷积内插函数，$\mathrm{Sa}(\pi x)$为抽样函数，如图 3.11 所示。对于不同的公式，加权值不同，从而插值的效果会有差异。通用公式为

$$R(x) = \begin{cases} 1-(a+3)x^2+(a+2)|x|^3, & 0 \leqslant |x| \leqslant 1 \\ -4a+8a|x|-5ax^2+a|x|^3, & 1 < |x| \leqslant 2 \end{cases} \tag{3.17}$$

当 a 取不同值时，可以用来逼近不同的样条函数。

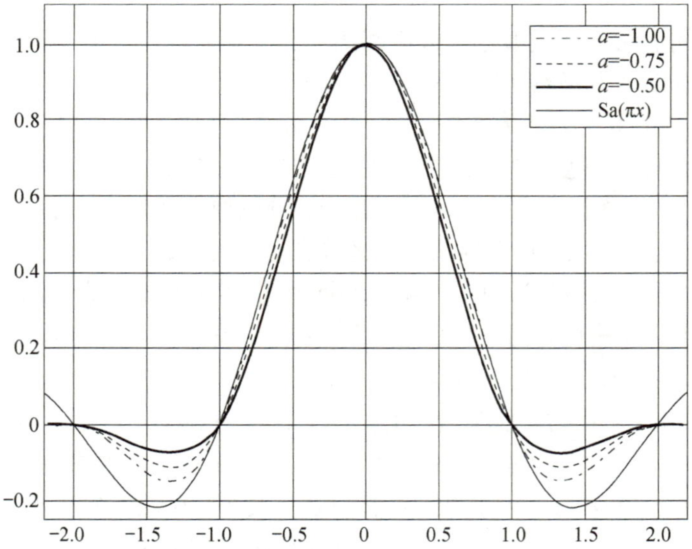

图 3.11　$R(x)$ 内插函数

由于双三次插值法不仅考虑到 4 个直接相邻点的灰度影响，而且考虑到各相邻像素间灰度值变化率的影响，因此可以得到更接近高分辨率图像的放大效果，但由此也导致了运算量的急剧增加的弊端。双三次插值在图像放大过程可以保留更多的图像细节，放大以后的图像带有反锯齿的功能。

3.2.2 基于稀疏表示的图像超分辨率重建

稀疏表示方法可以分为两类：一类是基于调和分析理论，根据简单的数学变换中的基的组合形成对信号的有效表示，如傅里叶变换、小波变换等；另一类是基于机器学习的方法，通过学习样本集来获得过完备字典。基于学习的稀疏表示方法可以根据具体的样本库来直接学习得到相应的过完备字典，对复杂的信号具有更好的稀疏表示能力。可以说，图像在过完备字典下的稀疏表示是图像离散傅里叶变换、小波变换等表示形式的扩展，目的就是找到一个更能反映特定图像的某种结构信息的过完备字典，并且在这个字典上能够使用一种紧的、稀疏的表示来近似原始图像。

1. ScSR 算法

记 $y\in R^n$ 是高分辨率图像块的向量化表示。假设已知 $D_H\in R^{n\times K}$ $(n\ll K)$是由高分辨率图像块样本集训练得到一个过完备字典。y 在过完备字典 D_H 下的稀疏表示定义为

$$y \approx D_H\alpha,\quad \min\|\alpha\|_0 \tag{3.18}$$

式中，α 是稀疏表示系数；$\|\alpha\|_0$ 表示 α 中非零元素个数。图像的稀疏表示即式（3.18），就是在保证能由系数α重构 y 的前提下，使α中非零元素个数尽量少。式（3.18）可通过如下优化问题求解：

$$\arg\min_{\alpha}(\|y-D_H\alpha\|_2^2+\lambda\|\alpha\|_1) \tag{3.19}$$

求解式（3.18）时，一般用$\|\alpha\|_1$范数来近似$\|\alpha\|_0$范数，通过求解式（3.19）可以得到高分辨率图像块 y 在字典 D_H 下的稀疏表示系数。

记 $x\in R^m$ 是 y 退化得到的低分辨率图像块的向量化表示，由图像退化模型可得 $x=DHy$。由 y 的稀疏表示式（3.18）可得

$$x = DHy = DHD_H\alpha = D_L\alpha \tag{3.20}$$

由式（3.18）和式（3.20）发现高分辨率图像块和低分辨率图像块可以由相同的稀疏表示系数重构，这就是基于稀疏表示的超分辨率算法的理论依据。在已知低分辨率图像块 $x\in R^m$ 和对应的过完备字典 D_H、D_L 的情况下，由于高、低分辨率图像块对具有相同的稀疏表示系数α，那么由 D_L 计算低分辨率图像块的稀疏表示系数α就可以重构出高分辨率图像块 $y\in R^n$。

那么问题的关键就是如何根据高、低分辨率图像块样本集训练得到过完备字典 D_H、D_L。Yang[16]第一次在图像超分辨率问题中引入了上述稀疏表示过完备字典的概念，通过图 3.12 的方式简单构造过完备字典。

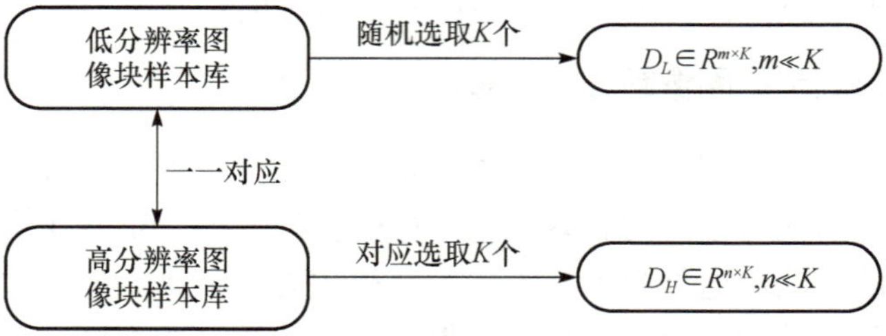

图 3.12　过完备字典选择方法

Yang[17]对字典构造方法做出了改进，即将图 3.13 的构造字典作为初始值，然后提出了联合 K-SVD 字典训练算法对高分辨率和低分辨率图像块样本集进行联合训练，其过程如图 3.13 所示。与直接利用图像块样本集构造字典相比，联合 K-SVD 训练算法可以获得更加紧致的字典，故能更好地反映图像库的结构信息。

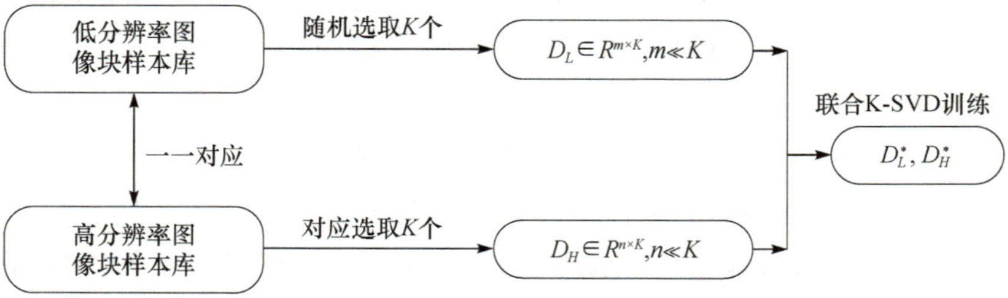

图 3.13　过完备字典联合训练

记 $Y=\{y_1, y_2,\cdots, y_T\}$和 $X=\{x_1, x_2,\cdots, x_T\}$分别是高、低分辨率图像块样本集向量化后构成的矩阵。通过求解式（3.21）的优化问题找到能更好地反映图像库的某种结构信息的过完备字典 D_H、D_L：

$$\begin{aligned} D_H &= \mathop{\arg\min}_{\{D_H, A\}} (\|Y - D_H A\|_2^2 + \lambda \|A\|_1) \\ D_L &= \mathop{\arg\min}_{\{D_L, A\}} (\|X - D_L A\|_2^2 + \lambda \|A\|_1) \end{aligned} \tag{3.21}$$

式中，A 是相应的稀疏表示系数矩阵。将图 3.12 得到的字典作为初始值，通过 K-SVD 算法[18]可以分别求解 D_H、D_L。

为保证对应的高分辨率和低分辨率图像块对之间具有相同的稀疏表示系数，Yang[17]采用了式（3.22）的联合训练算法：

$$\underset{\{D_H,D_L,A\}}{\arg\min}\left(\frac{1}{n}\|Y-D_HA\|_2^2+\frac{1}{m}\|X-D_LA\|_2^2+\lambda\left(\frac{1}{n}+\frac{1}{m}\right)\|A\|_1\right) \tag{3.22}$$

记 $Q=\begin{bmatrix}\frac{1}{\sqrt{n}}Y\\ \frac{1}{\sqrt{m}}X\end{bmatrix}$，$D_Q=\begin{bmatrix}\frac{1}{\sqrt{n}}D_H\\ \frac{1}{\sqrt{m}}D_L\end{bmatrix}$，则式（3.22）可简化为

$$D_Q=\underset{\{D_Q,A\}}{\arg\min}\left(\|Q-D_QA\|_2^2+\tilde{\lambda}\|A\|_1\right) \tag{3.23}$$

通过 K-SVD 算法，可以求解式（3.23）。

基于稀疏表示的超分辨率重建算法使得图像块在重建过程中的稀疏描述具有很好的自适应性，故重建的高分辨率图像效果较好。

2. ANR 算法

锚点邻域回归（anchored neighborhood regression，ANR）算法[19]也是一种基于样本学习的方法，可以认为是邻域嵌入算法与稀疏编码算法的结合。ANR 算法通过训练样本的离线学习而得到高低分辨率图像之间的映射关系，然后利用该映射矩阵对低分辨率图像进行重建，从而获得高分辨率图像。因为该算法在图像重建的过程中仅进行了一次乘法运算，所以大大提升图像的重建速度。

在稀疏编码的方法中，其目标函数是对编码系数加入 l_1 范数的正则项约束，如式（3.19）。这类方法需要迭代求得近似最优解，其运算量大，收敛速度慢。根据邻域嵌入的思想，可以把稀疏编码中的问题看作 l_2 范数约束下的最小二乘回归问题，如式（3.24）所示，其近似最优解可以通过求解脊回归问题得到：

$$\min_{\{\beta\}}\left(\|y_F-N_l\beta\|_2^2+\lambda\|\beta\|_2\right) \tag{3.24}$$

式中，y_F 表示低质图像的特征，该特征由低质图像训练得到的低质字典的稀疏编码表示；N_l 是低质空间中特征 y_F 的 K 个近邻，参数 λ 控制奇异问题并使得系数向量 β 有解，其代数解为

$$\beta=(N_l^{\mathrm{T}}N_l+\lambda I)^{-1}N_l^{\mathrm{T}}y_F \tag{3.25}$$

高质图像块就可以采用同样的系数，由与低质 N_l 对应的高质近邻 N_h 重建：

$$x=N_h\beta \tag{3.26}$$

式中，x 表示输出的高质图像块。

如果采用整个低质字典解决该优化问题，即 $(N_h,N_l)=(D_h,D_l)$，则可以得到该问题的全局解。根据式（3.25）和式（3.26），则可以得到

$$x=D_h(D_l^{\mathrm{T}}D_l+\lambda I)^{-1}D_l^{\mathrm{T}}y_F \tag{3.27}$$

这里定义投影矩阵为

$$P_G = D_h\left(D_l^{\mathrm{T}} D_l + \lambda I\right)^{-1} D_l^{\mathrm{T}} \tag{3.28}$$

投影矩阵可以离线计算，这就意味着在执行超分辨率重建算法的过程中，仅需将低质特征向量 y_F 与预先计算好的投影矩阵 P_G 相乘，就可以计算出高质图像块 x 。这种方法称为锚点邻域回归的全局回归（global regression, GR）算法。

全局回归算法通过每一个输入特征与预先计算好的投影矩阵相乘的方法将其投影到高质空间中。但是这个方法获得的是全局解，因此不能够根据输入特征的特点进行调整。如果不考虑整个字典计算投影矩阵，而是只考虑在一个给定大小的邻域内计算投影字典，那么这个方法会更灵活，这样就会得到多个投影矩阵和邻域。

首先，对字典中的每一个原子 d_j ，计算其最近的 K 个邻域，那么对每一个字典原子都可以得到一个独立的投影矩阵 P_j ，投影矩阵的计算可以参照式（3.28）求得。这样，参与计算的就不是整个字典了，而是在邻域中的字典原子，这一步同样也可以离线计算。最后重建时，根据每一个输入图像块的特征 y_{iF} 及其在字典中的最近邻原子 d_j 、预先计算好的高维矩阵 P_j 计算得到重建图像块，这就是 ANR 算法。

$$x_i = P_j y_{iF} \tag{3.29}$$

实验结果表明，在达到相同性能的条件下，ANR 算法可以取得更快的重建速度。

3.2.3　基于深度卷积神经网络的图像超分辨率重建

深度学习的概念由 Hinton 等[20]于 2006 年提出。深度学习是机器学习中一种基于对数据进行表征学习的方法，它的好处是用非监督式或半监督式的特征学习和分层特征提取高效算法来代替手工获取特征。基于深度学习的图像超分辨率方法依靠外部数据库，通过深度神经网络获得相应的先验信息，从而实现端到端的图像超分辨率重建。其重建框架主要分为以下几个步骤。

步骤 1：建立训练所需的外部图像数据库；

步骤 2：设计和构建网络模型；

步骤 3：对训练集数据进行训练，同时调整和优化网络参数，从而得到输入数据的特征表达以及先验知识；

步骤 4：将低分辨率图像输入重建模型，最终输出高分辨率图像。

1. SRCNN 算法

SRCNN（the super-resolution convolutional neural networks，基于卷积神经网络的超分辨率）算法[21,22]是深度学习用在单幅图像超分辨率重建上的开山之作。SRCNN 的网络结构非常简单，仅仅用了三个卷积层，其网络结构如图 3.14 所示。

SRCNN 首先使用双三次（bicubic）插值将低分辨率图像放大成目标尺寸，然后通过三层卷积网络拟合非线性映射，最后输出得到高分辨率图像。

该网络主要分为三层，即图像特征提取层、非线性映射层和图像重建层。

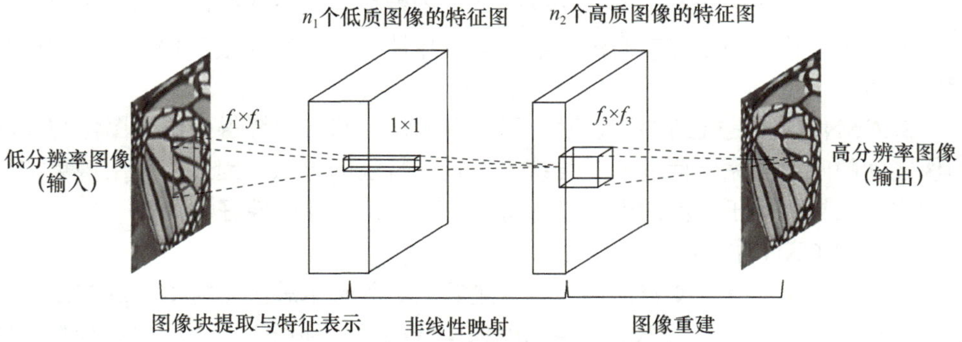

图 3.14　SRCNN 网络结构

1）图像特征提取层

假设 Y 表示经过插值放大后的低质图像，则经过第一层网络后其特征图像为 $F_1(y)$：

$$F_1(y) = \max(0, W_1 * Y + B_1) \tag{3.30}$$

式中，W_1 和 B_1 分别表示滤波器的权重和偏置；W_1 的尺寸是 $c \times f_1 \times f_1 \times n_1$，$c$ 为图像的通道数，f_1 表示卷积核的尺寸，n_1 表示滤波器的个数，因此输出结果是 n_1 个特征图；B_1 是一个与滤波器相关的 n_1 维向量。对卷积后的输出结果用修正线性单元（rectified linear unit，ReLU），$\max(0, x)$ 进行非线性映射。

2）非线性映射层

非线性映射层将图像块的 n_1 维特征非线性映射为 n_2 维特征，即

$$F_2(y) = \max(0, W_2 * F_1(Y) + B_2) \tag{3.31}$$

式中，W_2 的尺寸为 $n_1 \times 1 \times 1 \times n_2$；$B_2$ 是 n_2 维向量。每一个获得的 n_2 维向量可以理解为即将要恢复的高维图像块。

3）图像重建层

图像重建层定义一个卷积层来重建最终的高质图像，可表示为

$$F(Y) = W_3 * F_2(Y) + B_3 \tag{3.32}$$

式中，W_3 的尺寸为 $n_2 \times f_3 \times f_3 \times c$；$B_3$ 是 c 维向量。$F(Y)$ 即为重建出的高质图像。

4）损失函数

SRCNN 算法采用均方误差（mean squared error，MSE）作为网络中的损失函数，其作用一是测试训练模型的精确度，二是用于计算梯度从而更新权值参数。其表达式为

$$L(\Theta)=\frac{1}{n}\sum_{i=1}^{n}\left\|F(Y_i;\Theta)-X_i\right\|^2 \tag{3.33}$$

式中，n 是训练图像的个数；Y_i 是第 i 个低质图像块经双三次插值后的图像块；X_i 是与 Y_i 对应的第 i 个原始高频图像块；$F(Y_i;\Theta)$ 是在 Θ 网络参数条件下重建后的高质图像块。

SRCNN 算法是端到端的映射，利用多层神经网络训练得到低质图像与高质图像之间的映射关系，而并非是传统人工设计特征的方法。因此，采用该算法得到的重建效果要优于之前的人工设计特征的方法，且鲁棒性好。

2. MSRCNN 算法

该算法是对 SRCNN 算法的一种改进算法。其基本思想是将 GoogleNet 网络中的 inception 模块设计方式应用到 SRCNN 网络中，利用不同大小的并行卷积核提取图像特征，增加了第一层网络特征图像的多样性。该算法采用三种不同尺度的滤波器提取图像特征，且将不同特征融合为一个混合特征层作为下一层的输入。其算法的原理如图 3.15 所示[23]。

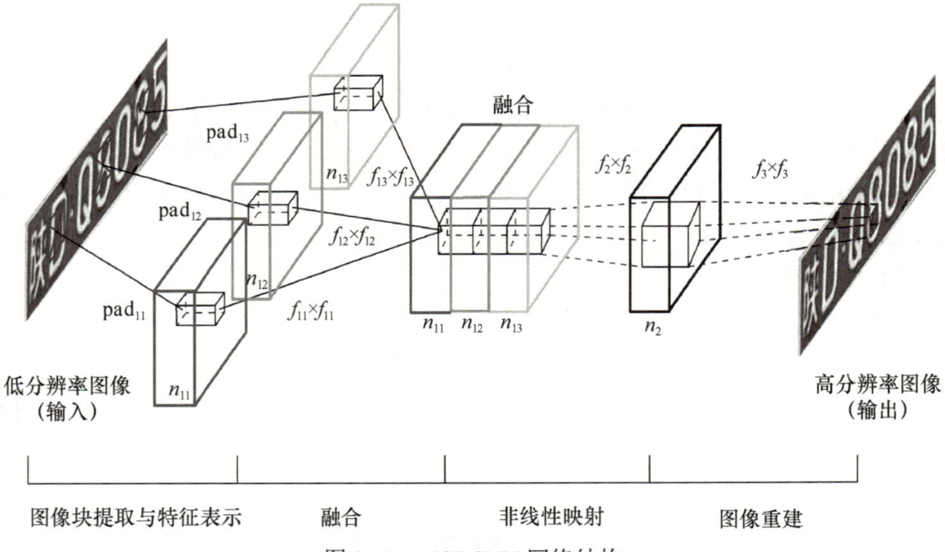

图 3.15　MSRCNN 网络结构

该算法与 SRCNN 算法的主要区别在于图像特征提取层，即

$$F_1(y)=\max(0,W_{11}*Y+B_{11})\oplus\max(0,W_{12}*Y+B_{12})\oplus\max(0,W_{13}*Y+B_{13}) \tag{3.34}$$

式中，W_{1i} 和 B_{1i} 分别表示滤波器的权重和偏置；W_{11} 的尺寸是 $c\times f_{11}\times f_{11}\times n_{11}$，$W_{12}$ 的尺寸是 $c\times f_{12}\times f_{12}\times n_{12}$，$W_{13}$ 的尺寸是 $c\times f_{13}\times f_{13}\times n_{13}$，$c$ 为图像的通道数，f_{11}、f_{12}、f_{13} 表示卷积核的尺寸，n_{11}、n_{12}、n_{13} 表示滤波器的个数；B_{11}、B_{12}、B_{13} 分别为 n_{11}、n_{12}、n_{13} 维向量；$\oplus$ 表示将三组不同的特征图像拼接融合为一个混合特

征图像。

该算法利用并行结构在特征提取层提取到了更多的图像特征，因此重建效果较好，但是因为增加了网络的宽度，从而使得计算量增加了。

3. FSRCNN 算法

FSRCNN（fast super-resolution convolutional neural networks，基于卷积神经网络的快速超分辨率）算法[24]是 SRCNN 算法的作者对 SRCNN 算法的改进，主要改进在三个方面：一是在网络的最后一层使用反卷积层放大尺寸，因此可以直接将原始的低分辨率图像直接输入网络中训练，而不是像之前 SRCNN 那样需要先通过双三次插值方法放大低质图像尺寸；二是改变特征维数，使用更小的卷积核和使用更多的映射层；三是可以共享其中的映射层，如果需要训练不同上采样倍数的模型，则仅需 fine-tuning（微调）最后的反卷积层，加快了训练速度。

由于 FSRCNN 不需要在网络外部进行放大图片尺寸的操作，同时通过添加收缩层和扩张层，将一个大层用一些小层来代替，因此 FSRCNN 与 SRCNN 相比有较大的速度提升。FSRCNN 在训练时也可以只 fine-tuning 最后的反卷积层，因此训练速度也更快。FSRCNN 与 SCRNN 的结构对比如图 3.16 所示[24]。

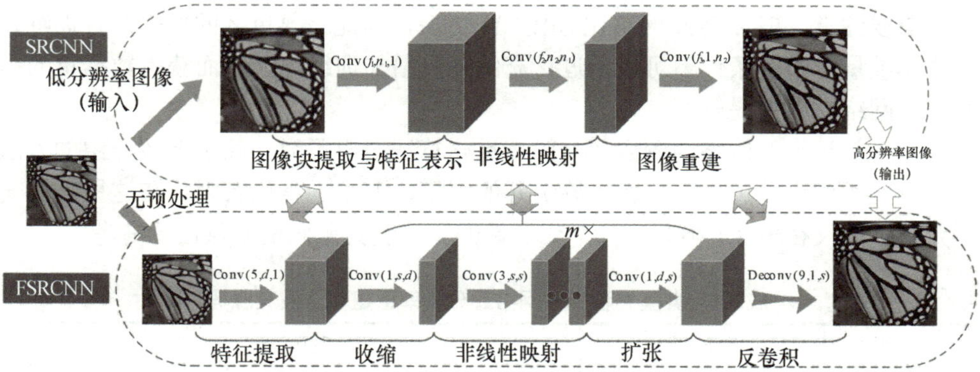

图 3.16　FSRCNN 与 SRCNN 网络结构对比

FSRCNN 网络分为以下五个部分。

1）特征提取层

SRCNN 中的输入是插值后的低分辨率图像，其尺寸比较大，因此在卷积时选取 9×9 的卷积核。而该算法直接对原始的低分辨率图像进行特征提取，其尺寸较小，因此可以选小一点的卷积核，设置为 5×5。

2）收缩层

该层通过应用 1×1 的卷积核对特征图进行降维，从而减少网络的参数，降低计算复杂度。

3）非线性映射层

在 SRCNN 算法中，采用的是 5×5 的卷积核，但是 5×5 的卷积核计算量比较大，因此在该算法中使用两个串联的 3×3 卷积核代替一个 5×5 的卷积核。可以计算出两个串联的小卷积核需要的参数（3×3×2=18）比一个大卷积核需要的参数（5×5=25）要小。FSRCNN 网络中通过 m 个大小为 3×3 的卷积核进行串联。

4）扩张层

在实验中发现使用低维度的特征导致图像的重建效果不好，因此在该层应用 1×1 的卷积核进行扩维，这一层相当于收缩层的逆过程。

5）反卷积层

这一层可以认为是卷积层的逆操作，也是该网络结构关键的一步。如果步长设为 n，那么将会使图像的尺寸放大 n 倍，实现了上采样的操作。而且对于不同尺度的重建要求，仅需对该层进行微调就可以获得重建结果，使得重建速度加快，训练复杂度更低。

FSRCNN 中的激活函数采用参数矫正线性单元（parametric rectified linear unit, PReLU），损失函数仍然使用均方误差。

需要注意，FSRCNN 网络比 SRCNN 更深，因此需要更多的样本进行训练。在样本数量有限的条件下可以通过扩充的手段增加训练集，从而获得数据量的提升以及网络性能的提升。

基于卷积神经网络的图像超分辨率重建算法层出不穷。除了上述介绍的方法外，研究者们设计了更复杂、效果更好的网络，但由于篇幅有限，在这里就不一一介绍了，仅在表 3.1 中列出几个代表性的算法及其源码资源供读者参考。

表 3.1　典型卷积神经网络超分辨率重建算法及其源码

年份/刊物	算法名称	源码地址
2014/ECCV	SRCNN[21,22]	http://mmlab.ie.cuhk.edu.hk/projects/SRCNN.html
2016/ECCV	FSRCNN[24]	http://mmlab.ie.cuhk.edu.hk/projects/FSRCNN.html
2016/CVPR	ESPCN[25]	https://github.com/drakelevy/ESPCN-TensorFlow
2016/CVPR	VDSR[26]	https://cv.snu.ac.kr/research/VDSR/
2016/CVPR	DRCN[27]	https://cv.snu.ac.kr/research/DRCN/
2017/CVPR	DRRN[28]	http://cvlab.cse.msu.edu/project-super-resolution.html
2017/CVPR	LapSRN[29]	http://vllab.ucmerced.edu/wlai24/LapSRN/
2017/CVPR	SRGAN(SRResNet)[30]	https://github.com/brade31919/SRGAN-tensorflow
2017/ICCV	SRDenseNet[31]	https://github.com/twtygqyy/pytorch-SRDenseNet
2017/CVPRW	EDSR[32]	https://github.com/LimBee/NTIRE2017
2018/CVPR	RDN[33]	https://github.com/yulunzhang/RDN

3.3　图像质量评价方法

目前，评价图像重建质量优劣主要有两种标准，一种是主观评价[34,35]，即设计实验，由观测者对图像质量进行打分；另一种是客观评价[36-40]，采用数学公式，用数值大小表示图像质量优劣。图像质量评价的目的就是评判图像质量的好坏，最好也最直接的方法就是让测评者直接观察，根据自身经验、视觉感知评测图像质量优劣。然而这种方法不能应用于实时系统，又容易受环境、测评者心态影响，所以主观评价方法一般作为客观评价的辅助方法进行。

3.3.1　主观评价

主观评价[34,35]指的是通过人眼对于图像的观察，对得到的高分辨率图像的视觉效果做出评价。那么，对于人眼观察的图像而言，如何评价其优劣呢？根据生物学中对人类视觉系统的研究，可以得到以下的观点：人类视觉系统是由一个个视觉神经元组成的，这些神经元单独去识别细小的特征，之后视觉系统会将这些特征逐个组合，得到整幅图像。这与调查结果相似，即大部分参与主观评价的测评人员在观察图像的时候，往往会优先注意到图像的细节部分，如边缘是否完整，是否存在不合理的锯齿化现象，局部是否存在不规则形变或重影等。基于以上研究结果，在对图像进行主观评价时，将重点放置于图像的细节部分，并且同时关注这些细节对于整体的影响，从而得到一个用于全面描述图像质量的评价结果。其一般流程如下。

步骤 1：按照预先制订的评价标准搭建实验环境；

步骤 2：选择若干非专家测评人员连续观测一系列图像，并根据预先制订的标准对图像质量进行评分；

步骤 3：对步骤 2 获取的全部数据进行汇总分析，计算平均评价分或者差异平均评价分，即为图像质量优劣的评价依据。

主观评价又可分为绝对主观评价和相对主观评价。绝对主观评价指的是隐藏原始图像信息，只给出不同重建方法得到的高分辨率图像，由观察者根据自身经验判断图像质量优劣，对所使用的重建算法进行打分，常用的有表 3.2 所示的双刺激损伤测量法以及表 3.3 所示的双刺激连续质量测量法。相对主观评价指在绝对主观评价的基础上给出原始图像信息，评价者参照原始图像得到打分结果，常用的为单刺激连续质量评价法。

无论是绝对主观评价还是相对主观评价，不同的观察者对同一幅图像进行评测时，会受到观测者专业背景、心理和动机等主观因素的影响，可能会给出不同的评价结果，可信度难以保证。出于上述考虑，研究者们提出了多种客观评价方法，即预先设计一种计算图像质量的公式，然后用计算得到的数值大小明确表示图像的插值质量。

表 3.2　双刺激损伤测量法中的五分制评价

分数	受损程度
1	感觉到极其明显的图像损伤，非常令人讨厌
2	感觉到明显的图像损伤，令人讨厌
3	感觉到图像损伤，稍微令人讨厌
4	感觉到图像损伤，但不令人讨厌
5	感觉不到图像损伤

表 3.3　双刺激连续质量测量法中的五分制评价

分数	主观感觉
1	非常差
2	差
3	一般
4	好
5	非常好

3.3.2　客观评价

客观图像质量评价方法可以分为三类：全参考评价方法、部分参考评价方法和无参考评价方法。所谓全参考评价方法就是假设原始参考图像是完全已知的无失真图像，通过比较待评价图像和原始图像之间的差异得到评价值；部分参考评价方法只提取原始参考图像中的部分关键信息，然后利用这些信息对图像质量进行评价；无参考评价方法则假设没有原始参考图像，仅根据视觉经验对评价图像的边缘、纹理等信息进行综合考虑，给出评价结果。其中，全参考评价方法是应用最广泛的一类客观图像质量评价方法，本小节主要介绍此类评价方法。

1. *均方误差*

均方误差（mean square error, MSE），它计算的是原图像和插值图像各像素点灰度值差异的平均数。MSE 的计算公式如下：

$$\mathrm{MSE}=\frac{\sum_{i=1}^{M}\sum_{j=1}^{N}\left[R(i,j)-I(i,j)\right]^2}{M\times N} \tag{3.35}$$

式中，$R(i,j)$ 和 $I(i,j)$ 分别表示重建图像和原始图像在位置 (i,j) 处的灰度值；

$M \times N$表示图像的尺寸。MSE 的值越小，表明重建图像R和原图像I的像素灰度值差异越小，即重建算法越好；反之，则表明两图像的差异越大，插值算法越差。

2. 峰值信噪比

峰值信噪比（peak signal to noise ratio, PSNR）是基于图像像素灰度值进行统计和平均的计算数据，是常用的衡量信号失真的指标。计算公式如下：

$$\mathrm{PSNR} = 10\lg(L^2/\mathrm{MSE}) \tag{3.36}$$

式中，MSE 表示图像之间的均方误差，计算公式如式（3.35）所示；$L=(2^n-1)^2$，n为每像素的比特数，一般为 8，即像素的灰度阶数为 256。PSNR 的单位是 dB，数值越大表示失真越小，也就是重建结果越好。MSE 和 PSNR 的优点都是计算复杂度低、公式含义简单易懂；缺点是它们都仅仅计算图像之间的灰度值差异，并没有考虑到图像像素之间的结构关系。这种做法将图像上所有像素点对人眼提供的信息同等对待处理，导致最后的评价结果不能与图像的视觉效果保持一致。

3. 结构相似度

结构相似度（structural similarity index, SSIM）[39]提供了与感知图像失真较相近的一种图像客观评价方法。SSIM 将原始图像和重建图像分块，从亮度、对比度和结构三个方面分别进行比较，加权乘积得到子图像的结构相似度，最后将所有子图像结构相似度取平均值获得最终的 SSIM 值，具体定义为

$$\mathrm{SSIM}(x,y) = [l(x,y)]^{\alpha}[c(x,y)]^{\beta}[s(x,y)]^{\gamma}$$
$$\begin{cases} l(x,y) = \dfrac{2\mu_x\mu_y + C_1}{\mu_x^2 + \mu_y^2 + C_1} \\ c(x,y) = \dfrac{2\sigma_x\sigma_y + C_2}{\sigma_x^2 + \sigma_y^2 + C_2} \\ s(x,y) = \dfrac{\sigma_{xy} + C_3}{\sigma_x\sigma_y + C_3} \end{cases} \tag{3.37}$$

式中，x和y分别表示原始图像和重建图像；$l(x,y)$、$c(x,y)$、$s(x,y)$分别为原始图像和插值图像间的亮度相关函数、对比度相关函数以及结构相关函数；μ_x和μ_y是两幅图像的亮度均值，反映亮度信息；σ_x和σ_y为标准差，反映对比度信息；σ_{xy}是协方差，反映结构信息的相似度；C_1、C_2和C_3取值为接近于零的常数，防止出现分母为零或接近于零而不稳定的现象；α、β和γ均为正数，用来调节亮度、对比度和结构相关度的权重。当$\alpha=\beta=\gamma=1$、$C_1=(k_1L)^2$、$C_2=(k_2L)^2$、$C_3=C_2/2$、$k_1 \ll 1$、$k_2 \ll 1$时（其中，L为图像的动态范围），式（3.37）可简化为

$$\mathrm{SSIM}(x,y) = \frac{(2\mu_x\mu_y + C_1)(2\sigma_{xy} + C_2)}{(\mu_x^2 + \mu_y^2 + C_1)(\sigma_x^2 + \sigma_y^2 + C_2)} \tag{3.38}$$

该相似性公式满足以下条件。

（1）对称性：$\mathrm{SSIM}(x,y)=\mathrm{SSIM}(y,x)$，改变原始图像和重建图像的输入顺序不会影响最后的相似性值。

（2）有界性：$0<\mathrm{SSIM}(x,y)\leqslant 1$，SSIM 值越接近 1，表明原始图像和重建图像的相似性越强，重建效果越好。

（3）唯一最大值：当原始图像和重建图像完全相同，即 $x=y$ 时，SSIM 取唯一最大值 1，否则，SSIM 的取值在 0 和 1 之间。

结构相似性给出了图像客观评价一个很好的研究方向。由于考虑了人眼视觉效果，相比于 MSE 和 PSNR，SSIM 具有很好的相关性。但是，SSIM 是基于人类视觉系统的主要功能就是提取场景中的结构信息这一假设而建立起来的方法，而实际生活中，人眼的视觉系统非常复杂，涉及方方面面，因此做这样的一个假设显得不太合理，所以利用该方法得到的评价结果与理想结果仍有一定差距。

4. 信息保真度

信息保真度（information fidelity criterion, IFC）[41]是通过计算原始图像和插值图像之间的互信息，从而度量图像的插值质量。IFC 首先基于小波变换对图像进行多通道分解，然后在每一个通道上基于高斯混合模型对自然图像进行建模，通过提取每个通道模型的参数进行互信息的测量。原始图像 C 和失真图像 D 的混合高斯模型如下：

$$\begin{cases} C = SU = \{S_i \cdot U_i : i \in I\} \\ D = GC + V = \{g_i c_i + v_i : i \in I\} \end{cases} \tag{3.39}$$

式中，$S=\{S_i : i\in I\}$ 是独立标量；$U=\{U_i : i\in I\}$ 是均值为零、方差为 σ_U^2 的高斯变量，下标 i 代表图像经小波分解的子带通道号；$G=\{g_i : i\in I\}$ 为衰减域，代表了图像的能量失真；$V=\{v_i : i\in I\}$ 是均值为零、方差为 σ_V^2 的加性高斯变量，代表了图像遭受的干扰。

通过测量高斯模型参数获得每个通道的互信息 $I(C^k;D^k\mid s^k)$ 如下：

$$I(C^k;D^k\mid s^k)=\frac{1}{2}\sum_{i=1}^{N}\log_2\left(1+\frac{g_{i,k}^2 s_{i,k}^2 \sigma_{U,k}^2}{\sigma_{V,k}^2}\right) \tag{3.40}$$

基于每个尺度通道互信息 $I(C^k;D^k\mid s^k)$ 的累加，获得失真图像的质量评价 IFC 如下：

$$\mathrm{IFC}=\sum_{k\in\mathrm{subbands}} I(C^k;D^k\mid s^k) \tag{3.41}$$

原始图像通过一定的退化通道得到处理后的图像。所以，当这个退化通道是重建算法时，原始图像信息和处理后的图像信息之间的互信息越高，就表明重建过程中丢失的信息越少，以此来衡量插值算法的好坏。

3.4　超分辨率重建技术在刑侦图像中的应用

3.4.1　数据库

1. 常用数据库

任何一种算法都需要数据支撑。在单幅图像超分辨率重建领域，有如下几个常用数据库。

1）Train91 数据库

Train91 数据库是 Yang 等[16]用于字典训练的数据库，有 91 幅图像，多数为花朵和植物的局部图像，如图 3.17 所示。

图 3.17　Train91 数据库

2）Set5 数据库

Set5 数据库是 Bevilacqua 等[42]使用的数据库，Timofte 把这个数据集合命名为“Set5”。这个数据集里面包含 5 张常用图像，“baby”的尺寸是 512×512，“bird”、“butterfly”、“head”和“woman”尺寸比较小，如图 3.18 所示。

3）Set14 数据库

Set14 数据库是 Zeyde 等[43]使用的数据库，中包含 14 幅常用的图像。这个集合的图像比 Set5 集合中的图像尺寸大，且更为丰富，如图 3.19 所示。

图 3.18　Set5 数据库

图 3.19　Set14 数据库

4）BSD100 数据库

BSD100 数据库来自于伯克利的分割数据库（Berkeley segmentation dataset）[44]，Timofte 等[45]将这个数据库用于超分辨率重建。该数据库中有 100 幅图像，包含了大量的现实生活场景，如图 3.20 所示。

图 3.20　BSD100 数据库

5）Urban100 数据库

Urban100 是 Huang 等[46]使用的数据库。该数据库包含 100 幅城市环境图像，这些图像具有重复的纹理结构，高度自相似，如图 3.21 所示。

图 3.21　Urban100 数据库

6）DIV2K 数据库

DIV2K 数据库是 Timofte 等[47,48]为 CVPR（IEEE Conference on Computer Vision and Pattern Recognition, IEEE 国际计算机视觉与模式识别会议）中基于样本重建的单幅图像超分辨率挑战赛采集的数据库。该数据库中包含 1000 幅高清图像，其中 800 幅图像用于训练，100 幅图像用于验证，100 幅图像用于测试，如图 3.22 和图 3.23 所示。

图 3.22　DIV2K 的训练集

图 3.23　DIV2K 的验证集

2. 车牌数据库

在案件处理过程中，车牌常常是重要的案件线索，但是目前还没有通用的车牌图像数据库，因此针对车牌图像的超分辨率重建算法研究需首先建立相应的数据库。通过视频监控采集了 10926 幅车牌图像，通过相机采集了 1002 幅清晰车牌图像，共建立了 11928 幅车牌图像数据库（为了保护车主隐私，隐去车牌部分号码），如图 3.24 和图 3.25 所示。

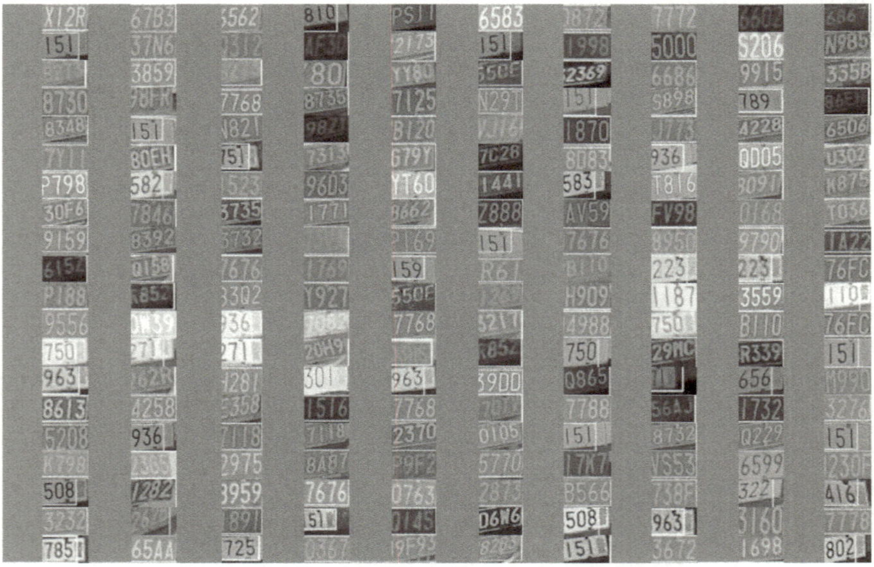

图 3.24　视频监控采集的车牌数据库

图 3.25　相机采集的车牌数据库

3.4.2　仿真实验

图 3.26　测试车牌数据

本小节主要针对车牌图像进行超分辨率重建算法研究。测试车牌如图 3.26 所示，第一行是从监控视频中选取的测试车牌图像，第二行是从相机采集的数据中选取的测试车牌图像，共计六幅车牌图像（为了保护车主隐私，隐去车牌部分号码）。

1. *基于插值算法的车牌图像超分辨率重建*

插值算法的原理如前所述。分别对测试图像进行 2 倍、3 倍和 4 倍超分辨率重建，并用 PSNR 值、SSIM 值、IFC 值和重建时间（time）四个客观评价指标对重建性能进行比较，其结果如表 3.4 所示，其中黑体数字表示算法中的最好结果。

表 3.4　插值算法性能比较

倍数	PSNR SSIM IFC time	车牌					
		P635	0916	G696	4M83	30V2	R979
×2	最近邻插值	22.12864 0.891540 5.042531 0	25.18483 0.900486 5.232397 0	**31.56351** 0.898120 4.163937 0	29.07472 0.896788 4.525846 0	28.19026 0.900845 4.604914 0	29.49959 0.909941 4.611353 0
	双线性插值	22.59332 0.919057 4.471139 0	24.09313 0.919007 4.426400 0	29.31671 0.899602 3.539582 0	30.40263 0.910166 3.681214 0	29.71911 0.915901 3.744744 0	30.78258 0.921147 3.712935 0
	双三次插值	**23.04012** **0.941566** **5.181343** 0	**25.50146** **0.942697** **5.259933** 0	31.24163 **0.933978** **4.194317** 0	**31.69550** **0.926381** **4.569738** 0	**31.08628** **0.931135** **4.656707** 0	**32.28595** **0.937615** **4.648999** 0

续表

倍数	PSNR SSIM IFC time	车牌					
		P635	0916	G696	4M83	30V2	R979
×3	最近邻插值	20.84205 0.787760 2.574975 0	**21.14446** 0.781703 2.669540 0	25.82520 0.758600 1.986187 0	25.73830 0.790373 2.407194 0	25.12856 0.806100 2.428628 0	26.28174 0.820954 2.483072 0
	双线性插值	21.47561 0.821536 2.844274 0	20.86026 0.827658 2.965274 0	26.02391 0.776350 2.110609 0	27.46586 0.836265 2.471959 0	26.91703 0.848145 2.576515 0	27.81797 0.855540 2.540753 0
	双三次插值	**21.71067** **0.849332** **3.136456** 0	21.02998 **0.853385** **3.279978** 0	**26.43967** **0.806637** **2.331833** 0	**28.26022** **0.851287** **2.814510** 0	**27.80057** **0.863748** **2.915922** 0	**28.68599** **0.870977** **2.888687** 0
×4	最近邻插值	19.45508 0.638083 1.423345 0	18.87799 0.649056 1.533268 0	24.01638 0.618571 1.049454 0	24.02176 0.700105 1.371091 0	23.13529 0.714508 1.464317 0	24.42537 0.738032 1.470821 0
	双线性插值	19.98261 0.674063 1.777852 0	18.82427 0.704005 2.015420 0	23.86017 0.623031 1.205659 0	25.46421 0.764447 1.602705 0	24.61387 0.771971 1.784374 0	25.56750 0.781773 1.663678 0
	双三次插值	**20.24842** **0.703277** **1.934811** 0	**19.05104** **0.738177** **2.225296** 0	**24.19926** **0.654983** **1.314422** 0	**26.24758** **0.780554** **1.838669** 0	**25.46285** **0.787816** **2.019669** 0	**26.37401** **0.797826** **1.888679** 0

从实验结果中可以看到，放大倍数越大，插值重建算法质量越差。相机采集的车牌图像其重建效果要优于视频监控车牌图像。在三种插值重建算法中，双三次插值算法效果最好，最近邻插值算法次之，而双线性插值算法效果最差。基于插值的算法重建速度非常快，因此重建时间均记为 0。部分实验结果如图 3.27 所示。

(a) 原始图像　(b) 最近邻插值算法　(c) 双线性插值算法　(d) 双三次插值算法

图 3.27　部分测试车牌数据重建结果（×3）

2. ANR 算法的车牌图像超分辨率重建

实验使用三组车牌数据集作为训练数据集，其中 Camera 990 数据集是用相机采集的车牌数据，其分辨率高、质量好；Video 10800 是用监控视频采集的车牌数据，其分辨率低、有光照和旋转变化、质量差；Mixture 11790 是将两个数据集混合在一起的混合数据集。ANR 算法中其字典大小为 1024。分别对测试图像进行 2 倍、3 倍和 4 倍超分辨率重建，并用 PSNR 值、SSIM 值、IFC 值和重建时间（time）四个客观评价指标对重建性能进行比较，其结果如表 3.5 所示，其中黑体数字表示算法中的最好结果。

表 3.5　ANR 算法性能比较

倍数	PSNR SSIM IFC time	车牌					
		P635	0916	G696	4M83	30V2	R979
×2	Camera 990	27.493029 0.9688415 6.2390218 **0.3588023**	**28.020977** 0.96581155 7.3363565 **0.3900025**	33.092928 0.9578294 5.8209563 **0.2028013**	36.341999 0.9649853 7.4272308 **0.7176046**	36.054252 0.9679383 **7.6518735** **0.4992032**	36.785310 0.9697550 7.5938178 0.7488048
	Video 10800	**29.247613** **0.9734095** **6.4647995** **0.3588023**	27.883822 **0.9687501** 7.2521853 **0.3900025**	**34.1169354** **0.9625348** **5.8984953** 0.312002	33.7670116 0.9471391 6.7360209 **0.7176046**	33.7670116 0.9471391 6.7360209 0.7176046	34.5662011 0.9573226 6.9555702 0.780005
	Mixture 11790	26.891956 0.9657357 6.07811357 0.4368028	27.210120 0.9635069 **7.3602471** 0.4056026	33.0491178 0.9558003 5.7031862 0.2808018	**36.502748** **0.9654582** **7.4364484** 0.8580055	**36.248597** **0.9681832** 7.6223644 0.624004	**36.995853** **0.9703090** **7.5953762** **0.6708043**
×3	Camera 990	29.8981177 0.9153323 3.3360798 **0.3276021**	27.148582 **0.9309430** **4.0850978** **0.2340015**	26.927867 0.8537301 2.7783693 **0.1092007**	**31.886090** **0.9235221** **4.3355034** 0.4836031	**31.822779** **0.9354128** **4.6879574** 0.4836031	**32.255855** **0.9352644** **4.4077152** 0.468003
	Video 10800	**31.746260** **0.9273269** **3.5156718** 0.3432022	**27.448532** 0.9157746 3.7072792 0.312002	**27.568927** **0.8618390** **2.8500853** 0.1872012	30.045557 0.8862708 3.7029521 0.4368028	29.626556 0.8963563 3.985395 **0.4368028**	30.366240 0.9009815 3.73112104 **0.4212027**
	Mixture 11790	29.907361 0.9151473 3.3254331 0.3432022	27.047377 0.9247384 4.0313642 0.2496016	26.648547 0.8492392 2.7921789 0.2028013	31.793678 0.9186670 4.2835546 **0.4212027**	31.659718 0.9294220 4.6227714 **0.4368028**	32.080277 0.9297578 4.3259987 0.5460035
×4	Camera 990	27.159058 0.7873209 1.9258389 0.2496016	**24.830482** **0.8629227** **2.5305562** **0.2964019**	24.138196 0.6884447 1.5377335 **0.1092007**	**28.665366** **0.8614050** **2.8345470** **0.3432022**	**28.312164** **0.8785273** **2.9475012** 0.4836031	**28.649980** **0.8785035** **2.89117318** 0.3432022

续表

倍数	PSNR SSIM IFC time	车牌					
		P635	0916	G696	4M83	30V2	R979
×4	Video 10800	**28.140639** **0.8063035** **2.0293331** 0.3276021	24.791585 0.8382733 2.3395847 **0.2964019**	**24.373044** **0.6930342** 1.5526666 0.2808018	27.160664 0.8022087 2.3060689 0.468003	26.659517 0.8174416 2.4034377 0.3588023	27.1184890 0.8241835 2.3314861 0.3744024
	Mixture 11790	27.139880 0.7864628 1.9261334 **0.2028013**	24.817019 0.8536177 2.5102262 0.3744024	24.052709 0.6896184 **1.5764040** 0.156001	28.554452 0.8544088 2.7642792 0.4368028	28.249812 0.8736544 2.9391483 **0.3276021**	28.644078 0.8734549 2.8819812 **0.2808018**

实验结果表明，ANR 超分辨率重建算法的性能优于插值算法。在不同的训练样本下，得到的重建结果有些许差异。经过比较发现，若训练样本和测试样本来自于同一个采集源，则其重建结果相对较好，否则其重建结果相对较差，这也说明了该算法的鲁棒性。混合训练数据集虽然增加了样本，但是对于 ANR 算法来说并没有改善其重建性能，反而略有下降。不同测试图像其重建时间不同，大多数图像的重建时间在 0.1～0.4s。部分实验结果如图 3.28 所示，为了计算客观评价指标，在重建过程中需对原始图像进行裁切，从而使得图像的尺寸是放大倍数的整数倍，因此在图 3.28 中，原始图像略大于重建图像。

(a) 原始图像　　(b) Camera 990训练　　(c) Video 10800训练　　(d) Mixture 11790训练

图 3.28　部分测试车牌数据重建结果（×3）

3. SRCNN 算法的车牌图像超分辨率重建

SRCNN 算法原理如前所述。实验采用 Mixture 11790 数据集对模型进行训练，各层的特征图如图 3.29 所示。

实验比较了在 5×10^5、1×10^6 和 5×10^6 三种迭代次数下，测试车牌图像放大 3 倍后的重建图像质量，其结果如表 3.6 所示，部分实验结果如图 3.30 所示，其中黑体数字表示算法中的最好结果。

(a) 测试图像

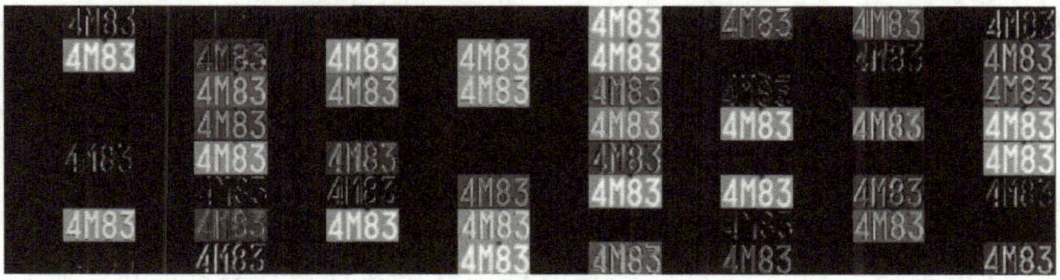

(b) 第一层特征图

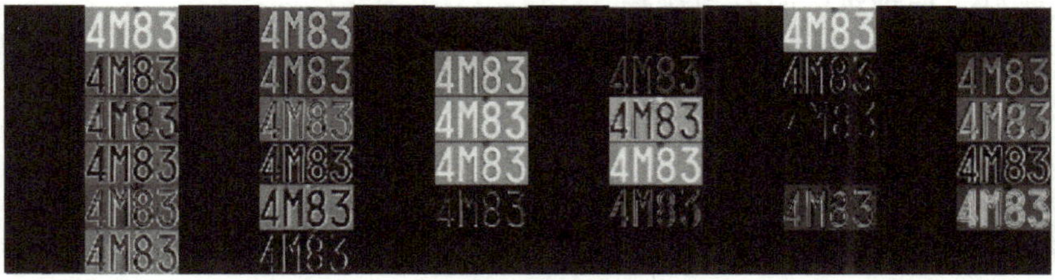

(c) 第二层特征图

(d) 第三层特征图（重建结果）

图 3.29　网络各层特征图

表 3.6　SRCNN 算法性能比较

训练数据集	PSNR SSIM IFC time	车牌					
		P635	0916	G696	4M83	30V2	R979
—	双三次插值算法	28.5411398 0.86760595 2.51218949 0	25.4952272 0.86727399 2.76835752 0	26.1470946 0.79732087 2.23071642 0	28.1677996 0.84960195 2.76833049 0	27.5889280 0.86132835 2.94610292 0	28.4726212 0.87000251 2.75605805 0
Mixture 11790	5×10^5 次迭代	**31.4629795** 0.93162684 3.38773257 **1.2636081**	27.4165217 0.92804406 3.48804863 1.3728088	27.1799845 0.85326548 **2.7162563** 1.1232072	32.4601736 0.92075021 4.01197619 2.2932147	32.6028083 0.93227835 4.2994743 2.4492157	32.4595660 0.92958430 3.90628129 2.340015
	1×10^6 次迭代	31.1579510 0.93556965 3.41142665 1.56001	27.6645261 0.93281360 3.57764029 **1.2636081**	27.4724771 0.85581215 2.70356749 1.1388073	33.2746407 0.93252344 4.26561823 2.4336156	33.3036208 0.94017495 4.51938831 **2.3244149**	33.0900939 0.93813050 4.10373735 **2.3868153**
	5×10^6 次迭代	31.3182434 **0.93762046** **3.44274721** 1.2948083	**27.8975123** **0.93597663** **3.73448915** 1.3572087	**27.7446451** **0.85903540** 2.62159629 **1.0764069**	**34.2033764** **0.94051207** **4.44903296** **2.1996141**	**34.4550485** **0.9482763** **4.63562112** 2.4648158	**33.9516127** **0.94583384** **4.33249177** 2.4804159

(a) 原始图像　　(b) 500000次迭代　　(c) 1000000次迭代　　(d) 5000000次迭代

图 3.30　部分测试车牌数据重建结果（×3）

实验结果表明，SRCNN 算法取得了较好的重建结果，而且迭代次数越多，重建效果越好，但训练的时长也越长。

参 考 文 献

[1] 刘明霞, 侯迎坤, 郭小春, 等. 新的纹理图像特征提取方法[J]. 计算机应用, 2009, 29(12):3434-3436.

[2] 图像超分辨率[EB/OL]. https://baike.baidu.com/item/%E5%9B%BE%E5%83%8F%E8%B6%85%E5%88%86%E8%BE%A8%E7%8E%87. [2015-08-30].

[3] 石爱业, 徐枫, 徐梦溪. 图像超分辨率重建方法及应用[M]. 北京:科学出版社, 2016.

[4] CANDES E J, FERNANDEZ G C. Towards a mathematical theory of super-resolution[J]. Communications on Pure and Applied Mathematics, 2014, 67(6):906-956.

[5] TSAI R Y, HUANG T S. Multiframe image restoration and registration[C]. Advances in Computer Vision and Image Processing, Green Wich: JAI Press, 1984:317-339.

[6] MILANFAR P. Super-Resolution Imaging[M]. New York:CRC Press, 2010.

[7] 苏衡, 周杰, 张志浩. 超分辨率图像重建方法综述[J]. 自动化学报, 2013, 39(8):1202-1213.

[8] VAN OUWERKERK J D. Image super-resolution survey[J]. Image and Vision Computing, 2006, 24(10):1039-1052.

[9] SUN J, ZHU J J, TAPPEN M F. Context-constrained hallucination for image super-resolution[C]. Proceedings of the 2010 IEEE Conference on Computer Vision and Pattern Recognition (CVPR), 2010:231-238.

[10] TAI Y W, LIU S C, BROWN M S, et al. Super resolution using edge prior and single image detail synthesis[C]. Proceedings of the 2010 IEEE Conference on Computer Vision and Pattern Recognition (CVPR), 2010:2400-2407.

[11] 杨宇翔. 图像超分辨率重建算法研究[D]. 合肥:中国科学技术大学, 2013.

[12] FARSIU S, ROBINSON D, ELAD M, et al. Fast and robust multi-frame super-resolution[J]. IEEE Transactions on Image Processing, 2004, 13(10):1327-1344.

[13] HADAMARD J. Lectures on Cauchy's Problem in Linear Partial Differential Equations[M]. New York:Dover Publications, 1952.

[14] HOU H S, ANDREWS H. Cubic splines for image interpolation and digital filtering[J]. IEEE Transactions on Acoustics Speech & Signal Processing, 1979, 26(6):508-517.

[15] KEYS R. Cubic convolution interpolation for digital image processing[J]. IEEE Transactions on Acoustics, Speech and Signal Processing, 1981, 29(6):1153-1160.

[16] YANG J C, WRIGHT J, HUANG T, et al. Image super-resolution as sparse representation of raw image patches[C]. Proceedings of the 2008 IEEE Conference on Computer Vision and Pattern Recognition (CVPR), 2008:1-8.

[17] YANG J C, WRIGHT J, HUANG T, et al. Image super-resolution via sparse representation[J]. IEEE Transactions

on Image Processing, 2010, 19(11):2861-2873.

[18] AHARON M, ELAD M, BRUCKSTEIN A. K-SVD: an algorithm for designing overcomplete dictionaries for sparse representation[J]. IEEE Transactions on Signal Processing, 2006, 54(11):4311-4322.

[19] TIMOFTE R, DE V, GOOL L V. Anchored neighborhood regression for fast example-based super-resolution[C]. IEEE International Conference on Computer Vision, 2013:1920-1927.

[20] HINTON G E, OSINDERO S, TEH Y W. A fast learning algorithm for deep belief nets[J]. Neural computation, 2006, 18(7):1527-1554.

[21] DONG C, LOY C C, HE K M, et al. Learning a deep convolutional network for image super-resolution[C]. Proceedings of European Conference on Computer Vision (ECCV), 2014:184-199.

[22] DONG C, LOY C C, HE K M, et al. Image super-resolution using deep convolutional networks[J]. IEEE Transactions on Pattern Analysis and Machine Intelligence, 2015, 38(2):295-307.

[23] YANG Y, BI P, LIU Y. License plate image super-resolution based on convolutional neural network[C]. 2018 3rd IEEE International Conference on Image, Vision and Computing(ICIVC), 2018:723-727.

[24] DONG C, LOY C C, TANG X O. Accelerating the super-resolution convolutional neural network[C]. Proceedings of European Conference on Computer Vision (ECCV), 2016:1-17.

[25] SHI W Z, CABALLERO J, HUSZ F, et al. Real-time single image and video super-resolution using an efficient sub-pixel convolutional neural network[C]. Proceedings of the 2016 IEEE Conference on Computer Vision and Pattern Recognition (CVPR), 2016:1874-1883.

[26] JIWON K, JUNG K L, KYOUNG M L. Accurate image super-resolution using very deep convolutional networks[C]. Proceedings of the 2016 IEEE Conference on Computer Vision and Pattern Recognition (CVPR), 2016:1646-1654.

[27] JIWON K, JUNG K L, KYOUNG M L. Deeply-recursive convolutional network for image super-resolution[C]. Proceedings of the 2016 IEEE Conference on Computer Vision and Pattern Recognition (CVPR), 2016:1637-1645.

[28] TAI Y, YANG J, LIU X M. Image super-resolution via deep recursive residual Network[C]. Proceedings of the 2017 IEEE Conference on Computer Vision and Pattern Recognition (CVPR), 2017:2790-2798.

[29] LAI W S, HUANG J B, AHUJA N, et al. Deep Laplacian pyramid networks for fast and Accurate super-resolution[C]. Proceedings of the 2017 IEEE Conference on Computer Vision and Pattern Recognition (CVPR), 2017:5835-5843.

[30] LEDIG C, THEIS L, HUSZ R F. Photo-realistic single image super-resolution using a generative adversarial network[C]. Proceedings of the 2017 IEEE Conference on Computer Vision and Pattern Recognition (CVPR), 2017:105-114.

[31] TONG T, LI G, LIU X J, et al. Image super-resolution using dense skip connections[C]. Proceedings of the 2017 IEEE International Conference on Computer Vision (ICCV), 2017:4809-4817.

[32] LIM B, SON S, KIM H, et al. Enhanced deep residual networks for single image super-resolution[C]. Proceedings of the 2017 IEEE Conference on Computer Vision and Pattern Recognition Workshops (CVPRW), 2017:1132-1140.

[33] ZHANG Y L, TIAN Y P, KONG Y, et al. Residual dense network for image super-resolution[C]. Proceedings of the 2018 IEEE Conference on Computer Vision and Pattern Recognition (CVPR), 2018:1-10.

[34] SHEIKH H R, BOVIK A C. Image information and visual quality[J]. IEEE Transactions on Image Processing, 2006, 15(2):430-444.

[35] LIU S, WU L, GONG Y, et al. Overview of image quality assessment[J]. Sciencepaper Online, 2011, 6(7):501-506.

[36] SAKOWICZ B, KAMINSKI M, RITTER R, et al. Methods of 3D images quality assessment[C]. IEEE International Conference on Mixed Design of Integrated Circuits & Systems, 2015:123-128.

[37] SHEIKH H R, SABIR M F, BOVIK A C. A statistical evaluation of recent full reference image quality assessment algorithms[J]. IEEE Transactions on Image Processing, 2006, 15(11):3440-51.

[38] WANG Z, LI Q. Information content weighting for perceptual image quality assessment[J]. IEEE Transactions on Image Processing, 2011, 20(5):1185-1198.

[39] WANG Z, GONG Y, SHEIKH H R, et al. Image quality assessment: from error visibility to structural similarity[J]. IEEE Transactions on Image Processing, 2004, 13(4):600-612.

[40] MOORTHY A K, SESHADRINATHAN K, SOUNDARARAJAN R, et al. Wireless video quality assessment: a study of subjective scores and objective algorithms[J]. IEEE Transactions on Circuits & Systems for Video Technology, 2010, 20(4):587-599.

[41] SHEIKH H R, BOVIK A C, VECIANA G D. An information fidelity criterion for image quality assessment using natural scene statistics[J]. IEEE Transactions on Image Processing, 2005, 14(12):2117-2128.

[42] BEVILACQUA M, ROUMY A, GUILLEMOT C, et al. Low-complexity single-image super-resolution based on nonnegative neighbor embedding[C]. Proceedings of the British Machine Vision Conference, 2012:135.1-135.10.

[43] ZEYDE R, ELAD M, PROTTER M. On single image scale-up using sparse-representations[C]. 7th International conference on curves and surfaces, 2010:711-730.

[44] MARTIN D, FOWLKES C, TAL D, et al. A database of human segmented natural images and its application to evaluating segmentation algorithms and measuring ecological statistics[C]. Proceedings of the 2001 IEEE International Conference on Computer Vision (ICCV), 2001:416-423.

[45] TIMOFTE R, SMET V D, GOOL L V. A+: adjusted anchored neighborhood regression for fast super-resolution[C]. Asian Conference on Computer Vision (ACCV), 2014:111-126.

[46] HUANG J B, SINGH A, AHUJA N. Single image super resolution from transformed self-exemplars[C]. Proceedings of the 2015 IEEE Conference on Computer Vision and Pattern Recognition (CVPR), 2015:5197-5206.

[47] TIMOFTE R, AGUSTSSON E, GOOL L V, et al. Ntire 2017 challenge on single image super-resolution: methods and results[C]. Proceedings of the 2017 IEEE Conference on Computer Vision and Pattern Recognition Workshops(CVPRW), 2017:1110-1121.

[48] AGUSTSSON E, TIMOFTE R. Ntire 2017 challenge on single image super-resolution: dataset and study[C]. Proceedings of the 2017 IEEE Conference on Computer Vision and Pattern Recognition Workshops(CVPRW), 2017:1122-1131.

第 4 章　高动态范围成像技术

现实世界的场景有非常宽广的亮度范围，亮度变化从 10^{-4}cd/m² 到 10^{-6}cd/m²，动态范围达 10 个数量级，而人类视觉系统(human visual system, HVS)在同一场景中可感知的动态范围也超过 5 个数量级[1]。但当前相机成像传感器单次曝光可捕获的动态范围却非常有限，最大动态范围不超过 3 个数量级，由于记录的像素值采用 8bit 每颜色通道来存储，导致生成的标准图像(也称低动态范围图像，low dynamic range, LDR)中常常会出现过曝光或者欠曝光的现象，丢失了部分场景信息。高动态范围(high dynamic range, HDR)成像技术弥补了成像传感器动态范围较低的不足。该技术可以精确捕获真实场景的相对辐射亮度，完整地保留场景信息，获得的 HDR 图像不仅有助于 HVS 对场景的辨识，而且在图像处理、计算机图形学等领域有重要的应用。

4.1　高动态范围成像概述

4.1.1　动态范围

动态范围（dynamic range）是一个无量纲量，表示某一个物理量变化的跨度，即其变化值的最小值到最大值之间的区域，通常以比值、数量级、分贝、“Ev”或者“f-stops”来度量。动态范围对于不同的对象有不同的表示方法，高动态范围成像中动态范围指光信号的变化跨度。

光的亮度（luminance）单位为坎德拉每平方米（cd/m²），常见光源的近似亮度值如图 4.1 所示。

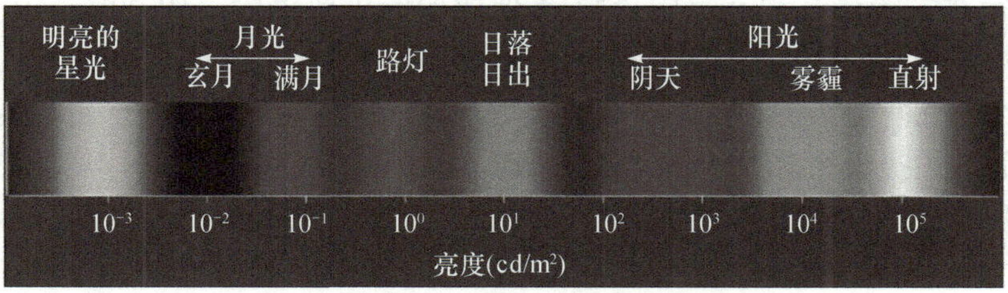

图 4.1　常见光源的亮度范围

场景的动态范围一般取决于两个因素：最大亮度与最小亮度。场景的动态范围表示如下：

$$DR = \lg \frac{L_{max}}{L_{min}} \tag{4.1}$$

式中，L_{max} 和 L_{min} 分别表示最大和最小场景亮度，获得的动态范围以数量级表示。

数码相机的动态范围取决于其成像传感器感光单元所能接收的最大亮度（感光单元饱和）与最小可感应亮度（读出噪声和统计噪声）。相机的感光度也会影响相机的动态范围，一般情况下感光度越低，受噪声影响越小，则动态范围越大。当然，相机的动态范围还与相机将光信号转换为数字信号的模数转换的位深度（bit depth）有关，位深度越大则记录的动态范围越大。数码相机的动态范围计算如下：

$$DR = \log_2 \frac{L_{saturation}}{L_{noise}} \tag{4.2}$$

式中，$L_{saturation}$ 为相机记录的最大饱和亮度；L_{noise} 为相机记录的最小可感知亮度。计算的结果表示为 f-stops（光圈条数）或者 Ev。

在实际的应用中，数码相机的动态范围以输出的 RAW 格式图像位深度作为一个重要的衡量标准。当前，大部分中高端数码单反相机的图像文件可以记录 10~14 位深度，因此理论上的动态范围为 10~14 个 f-stops。由于受噪声影响，实际上平均动态范围与理论动态范围还有 2 个 f-stops 左右的差距。当前数码相机的动态范围还比较有限。专业的相机评价机构 DxOMark 实验室对众多高端单反相机的动态范围测试结果表明，当前数码相机最大的动态范围能达到 12 个 f-stops（即 4096）左右已经算性能优异了[2]。常见图像的动态范围为图像中记录的最亮像素值与最暗像素的比，JPEG 格式的图像文件记录 8 位深度，其可记录的最大动态范围为 8Ev（256）。显示器的动态范围是显示器发出的最大亮度至最小亮度的整个数量级跨度范围，当前普通显示器的最大动态范围不超过 3 个数量级。

4.1.2　高动态范围成像关键技术

高动态范围成像技术源自于胶片时代的专业摄影技术，是专业摄影师和摄像师群体针对大场景高动态范围摄影/摄像成像的主要手段。19 世纪 50 年代的 Gustave 是当今主流多曝光合成高动态范围成像技术的先驱[3]。Gustave 在试图拍摄既有大海又有蓝天的场景时发现单次曝光难以捕获整个场景，于是 Gustave 使用一张胶片拍摄天空，另一张具有更长曝光时间的胶片拍摄大海，然后在暗室将两张胶片合成为一张既有大海又有天空的高动态范围照片。

随着数字成像技术的发展，尤其是近年来数字成像技术在分辨率方面的飞速发展，图像/视频的质量在分辨率方面日臻突破人类视觉可分辨极限。制约数字成像质量的另外一个主要因素——图像的动态范围，引起越来越多的研究者关注。在过去 20 年，HDR 成像技术获得了迅速的发展，静态场景的 HDR 成像技术已日臻成熟。现阶段面临的主要难题是动态场景的 HDR 成像，主要包括包围曝光图像的对齐和运动目标的去鬼影。2011 年，美国苹果公司发布的 iPhone 4s 搭载了高动态范围成像技术，使得高动态范围成像技术开始步入大众视野。

HDR 成像方法基于一个原理：捕获目标场景的包围曝光图像，如图 4.2 所示。由于当前传感器单次曝光捕获的动态范围有限，不同的曝光量捕获的亮度范围不同，通过对同一场景以不同的曝光量多次曝光（即包围曝光），实现覆盖整个场景的亮度范围，最终将这组覆盖场景亮度范围的图像合成为一张 HDR 图像。

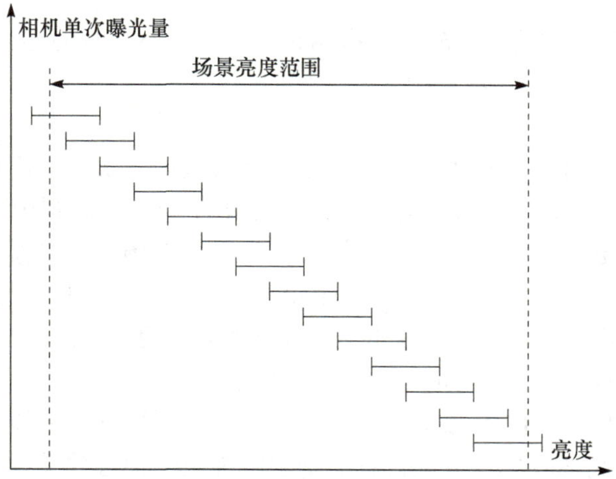

图 4.2　HDR 成像原理

高动态范围成像技术是一组技术的统称，通常包括：高动态范围场景的捕获；同一场景不同曝光图像对齐，去鬼影；高动态范围图像合成；色调映射；高动态范围图像显示。图 4.3 是当前广泛使用的多曝光 HDR 成像的流程。首先采用单部成像设备多曝光或特殊设计的成像设备单次同时曝光捕获一组目标场景的包围曝

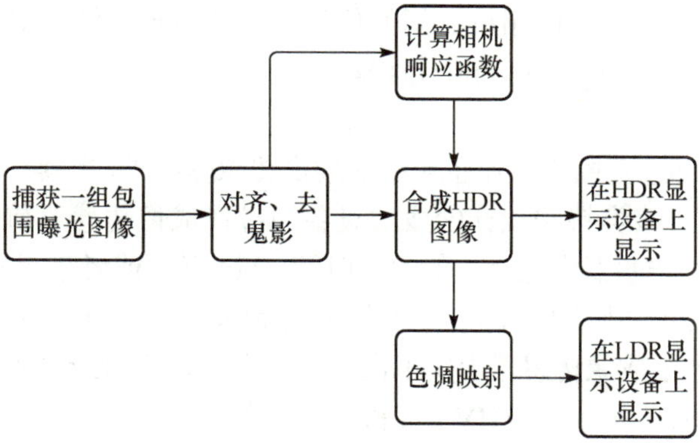

图 4.3　多曝光 HDR 成像流程图

光 LDR 图像；然后通过算法将包围曝光图像做对齐、去鬼影处理；将处理后的包围曝光图像以及图像对应的曝光参数作为输入参数求解方程解得相机响应函数(camera response function, CRF)；再将处理后的图像依据 CRF 合成为一张 HDR 图像；最后将 HDR 图像直接显示在 HDR 显示设备上或者将 HDR 图像色调映射后显示在 LDR 显示设备上。

4.1.3 高动态范围场景捕获

当前 HDR 场景的捕获策略主要有两种，一种是不同时的连续多次曝光捕获，另一种是基于硬件的单次曝光捕获。

1. 多曝光

多曝光是当前 HDR 成像中捕获场景主要采取的方式，使用单部成像设备对同一场景以不同的曝光时间连续拍摄多张 LDR 图像。然后利用成像设备的响应函数将这些图像合成为一张 HDR 图像[4-8]。对于静态场景，多曝光的方式可完整捕获场景动态范围且可合成高质量的 HDR 图像。当前数码单反相机以及移动终端中的 HDR 成像都是采用这种方式，但该方法只适用于静态场景的 HDR 成像，对于动态场景 HDR 成像会出现严重的鬼影问题。

为了解决多曝光 HDR 成像导致的鬼影问题，采用分光的模式并行多个成像单元同步曝光提高现有单个成像设备的动态范围是一种有效手段。专业设计的多传感器相机[9-11]利用分光器将进入相机镜头的光线分向每个传感器，实现同时包围曝光的目的。由于该方法将入射光分为多束，因此对于亮度高的场景可以实现高质量的 HDR 成像，但对于亮度低的场景则成像质量不能保证。

多部相机组合的装置[12-15]通过给每部相机设置不同的曝光时间、不同的光圈值或者不同的感光度实现每部相机的不同曝光，最后同时触发多部相机的快门实现同步单次包围曝光。该方案不局限于高光场景，相对于分光模式[9-11]成像可应用的自然场景更广。但是不同相机之间的位移差，使得该方法需对获得的包围曝光图像做视差校正(disparity correction)处理。

2. 单次曝光

单次曝光高动态范围成像设备包括对成像传感器[16-20]、光圈[21]或者快门[22]进行特殊设计的相机。该类特殊设计的成像设备通过在成像传感器前放置一个光学掩膜，或者通过控制传感器中像素点的曝光时间、感光度，或者采用专门设计的光圈、快门的相机镜头实现相邻像素间以不同的曝光量曝光，最终达到单次包围曝光的目的。但由于是在单个成像传感器上实现同时包围曝光，该方法会牺牲图像的分辨率，捕获的动态范围也远远达不到 HVS 可感知的动态范围。

3. 多曝光优化

迄今为止，HDR 成像的研究主要致力于如何将多张连续曝光的低动态范围图像合成为一张受鬼影、噪声、重影、运动模糊干扰更小的高动态图像，而关于低动态范围图像的获取步骤中最优的图像曝光集合即多曝光优化问题的研究则比较少。

针对当前 HDR 成像中包围曝光图像集合冗余多的问题，2003 年，文献[23]构造了三类高动态范围相机响应函数，并给出了相应的最佳曝光集合，但其给出的组合能获得的最大动态范围有限，不能根据场景的动态范围灵活地调整曝光集合以达到最优，同时对于不同场景的捕获还需要用户预先选择动态范围。2008 年，文献[24]提出了三个不同的算法分别实现最小系统包围、最小图像包围和基于反馈包围曝光组合。其中最小图像包围曝光算法获得的曝光组合最小，但需要预捕获目标场景。2015 年，文献[25]提出了一种简单有效的最小包围曝光集合求解算法，该算法首先依据相机响应函数建立曝光集合与动态范围的映射，然后采用测光表或者相机内置测光器直接获取目标场景最亮和最暗亮度，最后通过遍历的方法寻找涵盖目标场景动态范围的最小包围曝光集合。

如图 4.4 所示，优化后的曝光序列与图 4.2 中未经优化的曝光序列相比明显变少。此类多曝光优化算法在保证合成的 HDR 图像质量的前提下，可有效减少当前广泛采用的包围曝光方式捕获图像的数量，从而降低多曝光方式捕获 HDR 场景的总捕获时间，降低了合成的高动态范围图像中可能出现的重影噪声，同时节省了存储空间，也间接提高了后期高动态范围图像的合成效率[25]。因此，多曝光优化算法对于 HDR 成像中包围曝光图像捕获有很高的实用价值。

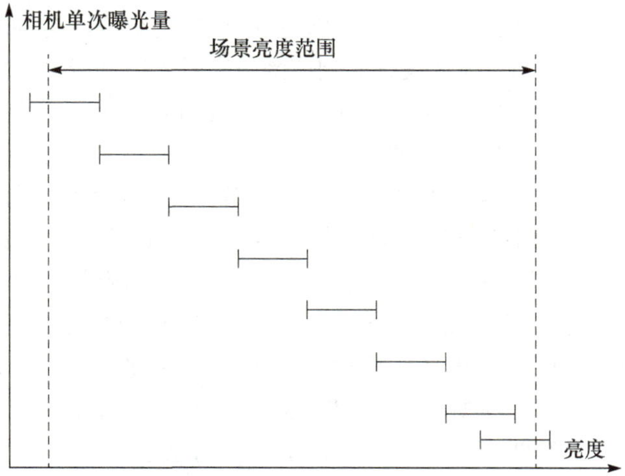

图 4.4　优化后的曝光序列

4.1.4　高动态范围图像的合成

当前合成 HDR 图像的方式主要分为两种：辐射亮度域合成和图像域合成，如图 4.5 所示。

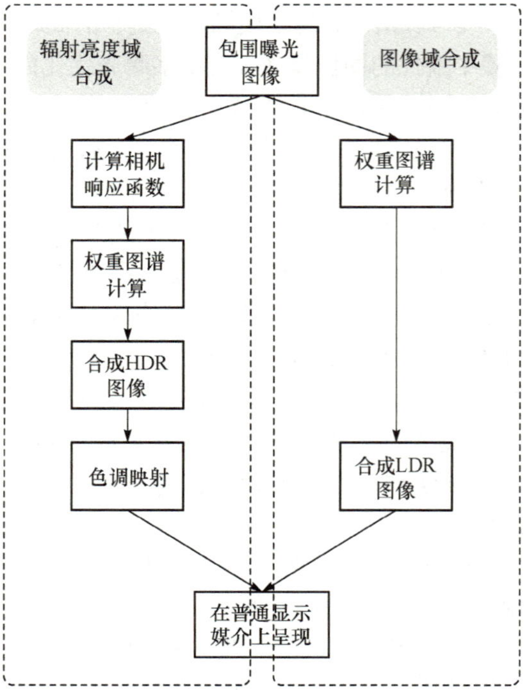

图 4.5　HDR 图像合成的两种方式

1. 辐射亮度域合成

合成 HDR 图像较早实现的方式是在辐射亮度域的合成，这种方式需要依据成像设备的响应函数来实现。成像设备的响应函数表示入射到成像传感器上的场景辐射亮度与成像设备记录的像素值之间的关系，是 HDR 图像合成的重要基础。响应函数的准确度直接影响合成的 HDR 图像的质量以及记录的亮度信息准确度。文献[4]～[6]最早提出了三种不同的相机响应函数求解方法，为 HDR 成像奠定了基础。在这些基础上，文献[26]充分考虑成像过程中各种噪声的影响来计算 CRF，并从噪声概率统计角度设计权重图谱。文献[27]根据所有相机响应共有的约束因子定义了相机响应的理论空间(theoretical space)，通过收集 201 部相机的 CRF 创建 CRF 数据库，结合相机响应的理论空间约束因子与 CRF 数据库建立了一个低维参数的相机响应实验模型，基于这个模型计算的 CRF 将更准确。文献[28]从一致性、精确性、鲁棒性以及运算效率等四个方面对一些 CRF 计算方法进行了评估[5, 6, 26, 27]，评估结果表明：文献[27]提出的算法精确度最高，文献[6]提出的算法一致性最好，并且抗噪声干扰能力也很强，文献[5]提出的算法抗噪声干扰能力最强。

通过上述的算法获得 CRF，根据 CRF 计算一组包围曝光的 LDR 图像相应的亮度值，然后以像素点或像素块为单位，对相同位置的单位亮度加权平均获得最终的 HDR 图像。加权平均的方法可以参考文献[1]。

2. 图像域合成

图像域合成[29,30]方法以保留包围曝光 LDR 图像组里每一张中曝光最优部分的方式，直接将多张图像合成为一张图像。合成的图像保留了场景的细节信息，但损失了场景的动态范围。算法不需要计算 CRF，而是直接对相同位置的像素加权平均获得最终的 HDR 图像，每张图像对应的权重图谱决定了最终的感知特性。本质上合成的这张 HDR 图像相当于 HDR 图像色调映射后的 LDR 图像。

4.1.5 色调映射

HDR 成像的最终目的是呈现真实世界的场景亮度感受给 HVS，但当前的普通显示设备能呈现的动态范围不超过 3 个数量级，远不能完整显示 HDR 内容[31]。色调映射技术可以压缩 HDR 图像的动态范围，同时保留最大可感知的细节信息，实现 HDR 内容在普通显示设备上的显示。

根据映射目的，可将色调映射算法分为三类[32]：①视觉系统模拟器算子[33,34]，该类算子模拟 HVS 在不同环境下对可见光的感知属性，实现感知上的真实性；②场景重构算子[35]，保留原始场景的信息，如对比度、锐度以及颜色等；③主观质量最优[36]，依据艺术目的或主观偏好映射 HDR 图像。

根据采用的算法原理，色调映射算法可以分为四类[37]：①全局映射算法[33, 38]，采用同一个映射函数对 HDR 图像中所有的像素值映射。该类方法复杂度低、运算速度快且保持了全局对比度，但可处理的动态范围有限，可能会丢失高亮或者昏暗区域的细节信息。②局部映射算法[39,40]，映射算法在像素空间上是变化的，算法中的参数根据 HDR 图像局部信息做调整。该类方法能够扩展局部较小的对比度，缩减局部较大的对比度，做到很好地保存细节信息，但其运算复杂且耗时，且容易出现色偏，导致映射后的场景整体明暗不协调。③分割算法[41,42]，HDR 图像被分割为许多子区域，不同的区域采用不同的映射算法。这类算法可以较好地保存细节信息和对比度，但复杂度比较高。④频域/梯度域算子[43,44]，对 HDR 图像的亮度图在梯度域进行多尺度压缩，再从压缩后的梯度分布中恢复出新的亮度图，从而实现了动态范围的压缩，同时很好地保留了细节及边缘信息，但可能会出现光晕效应。

色调映射算法调整了 HDR 图像中的对比度关系，映射后的 LDR 图像中较好地保留了场景的细节和局部对比度信息，但往往会出现色貌（color appearance）的改变。关于色调映射压缩亮度动态范围的算法很多，但关于色彩信息的研究则较少。近些年来，研究人员希望实现压缩动态范围的同时保持彩色信息不失真，这类技术主要介绍了如何在 LDR 图像中重建 HDR 图像的色貌。文献[45]基于图像色貌模型提出 iCAM06 算法。该算法采用双边滤波器将 HDR 图像分解为基本层和细节层，从而准确预测图像的复杂色貌，实现了图像色貌的再现，在视觉感知上更加真实，但该算法校正参数多且运算复杂度高。文献[46]提出了一个全自动色貌饱和校正算法，算法的输入为两张图像：色调映射后的 LDR 图像和原始的 HDR 图像，利用 HDR 图像中包含的原始饱和值和色度值来校正色调映射后的 LDR 图像。该方法可以自动校正色调映射后的图像色貌，使映射后的图像更加真实，且该方法可直接应用于已有的色调映射方法。

为了对比不同映射算法之间的差异性，文献[47]～[50]基于精神物理学对色调映射算法做了相关测试。测试结果显示，不同的色调映射算法在感知的不同方面有优越性，但没有一个算法能实现在感知的多个方面最优。基于这些评估，可以根据需要采用最合适的映射算法实现 HDR 内容在 LDR 显示媒介上的呈现。

4.1.6　动态场景高动态范围成像

HDR 成像的难点分类见表 4.1。当目标场景中不存在运动目标时，单部成像设备多曝光的方法获得的包围曝光图像可能会出现未对齐的问题。这种问题通常由相机抖动引起，在不同的 LDR 图像中出现全局运动，未对齐的包围曝光图像合成的 HDR 图像会出现运动模糊问题，使用三脚架固定相机拍摄可以缓解这种问题。而当场景中存在运动目标时，合成的 HDR 图像会发生同一个目标出现在不同位置的情况，也就是鬼影[7]，如图 4.6 所示。鬼影问题在这四种成像方法中都会遇到，是当前 HDR 成像中的最大难题。

表 4.1　HDR 成像的难点分类

相机状态	场景状态	难点
固定	静止	无
固定	动态	鬼影
运动	静止	对齐
运动	动态	对齐与鬼影

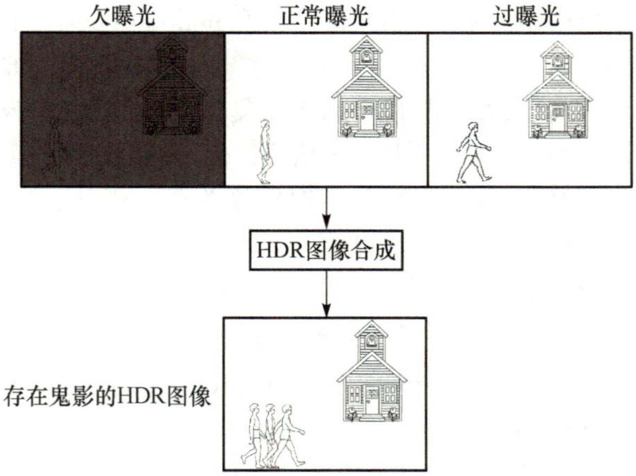

图 4.6　产生鬼影的原理

文献[51]提出了一种包围曝光图像对齐的算法，其思想是首先计算相邻图像间的运动向量，基于向量对相邻的图像变形，两两实现对齐，但该算法对于全局运动大的情况会失效。文献[52]提出的基于中值阈值位图（median threshold bitmap, MTB）的对齐方法能够准确地对齐有轻微全局运动的一组包围曝光图像，且运算效率高，许多 HDR 图像合成软件采用此方法。

由于相机抖动以及场景中的运动目标常常同时出现，因此许多算法的图像对齐与鬼影去除是同步进行的。近年来，研究者提出了不少的方法解决去鬼影问题[53,61]，大体上可分为两类：①鬼影检测及去除[55, 60]，此类方法首先检测出会产生鬼影的区域，然后根据检测结果去除鬼影；②直接去除鬼影[7, 53]，这类算法通过估算包围曝光之间的相关性，在合成 HDR 图像的同时去除鬼影。

1. 鬼影检测及去除

大多数去鬼影的方法是先检测会产生鬼影的区域，然后对这些区域做去鬼影处理。通常，一组曝光图像在全局上都对齐的情况下，鬼影检测算法依据某些准则判断图像组中相同像素坐标或者块坐标位置上的色彩是否具有一致性，以此来确定会产生鬼影的区域。这些准则包括计算 LDR 图像对应辐射亮度图的方差图谱（variance image, VI）[55]、LDR 图像对应的辐射亮度图两两之间的变化检测（change detection）[60]、局部邻域熵的差[55]、像素次序的关联[62]、灰度域像素值直方图的多级阈值[63]、属于背景像素的概率[58, 59]、不同曝光图像相同坐标位置像素值的相关性[64,65]、梯度方向之间的差[66]、不同曝光间像素关联的中值位图[67]等。

检测到的鬼影将通过两类方法去除[56]：①去除鬼影同时保留一个曝光中的运动目标[55, 57]，这类方法参考图像的选取依据饱和像素最少或者鬼影区域曝光最佳的准则；②彻底去除鬼影，不保留运动目标[59, 62]，这类方法适合运动目标非常小的场景。

2. 直接去除鬼影

直接去除鬼影的方法首先将包围曝光图像对齐，然后在应用算法合成 HDR 图像的同时去除鬼影。

文献[51]基于梯度域的光流（optical flow）计算运动区域的运动向量，根据向量对相邻帧的图像做一致性的处理，达到去鬼影的目的。但该方法只适用于运动幅度非常小的场景。在文献[51]的基础上，文献[68]提出了基于块的运动估计方法来提高相邻曝光间的一致性，同时根据色彩相似度优化了饱和区域的运动向量，但得到的 HDR 图像可能会出现块效应。文献[54]提出了基于能量的光流方法实现图像的对齐与鬼影去除，算法求得的密集位移域（dense displacement fields）可以表示任意复杂的运动，对于去鬼影有一定效果。但该方法对于运动幅度较大的目标以及运动目标遮挡过的背景 HDR 成像效果不好。文献[7]提出一种基于块的优化算法合成 HDR 图像的同时对齐了图像也去除了鬼影。该方法将曝光等级处在中间的一张 LDR 图像作为参考图像，其他图像基于块与其对齐、合并，通过最小化一个基于块的能量公式获得局部最优相似性，同时实现了 LDR 图像对齐和 HDR 图像的合成处理。由于选定了一张参考图像，因此参考图像的噪声可能会传播给最终的 HDR 图像，该方法对被运动目标遮挡过的 HDR 区域不能实现 HDR 成像。文献[53]提出了一种先进的自动去鬼影方法。通过计算空间一致性和最小化一个 MRF 类型的全局能量函数，获得一组图像中相同像素位置上具有一致性的彩色像素子集，然后加权平均这个彩色像素子集合成 HDR 图像。该算法不需要选择参考图像，也不需要对图像背景建模，但不能恢复 HDR 的运动目标的动态范围，还可能会发生运动目标出现不完整或者多次出现的情况。文献[69]构造了一个求解最小秩的框架合成 HDR 图像，场景背景表示为一个低秩矩阵，运动目标表示为一个稀疏矩阵，在鬼影区域的相关物理约束条件下，鬼影检测就相当于低秩矩阵的填充问题。文献[70]改进了文献[69]的算法，图像未对齐、运动目标、噪声以及其他非线性的干扰因素都被当作稀疏矩阵中的异常值，提出了一个秩最小求解算法，对齐图像的同时去除了稀疏矩阵中的异常值。该方法可以在一个参考图像上手动标出可能出现异常的区域，避免了在合成的 HDR 图像中出现运动目标重叠。

文献[56]和文献[71]对 HDR 成像中的去鬼影算法进行了评估，结果显示，对于某些特定场景这些算法都可能会失效，尤其对于存在复杂的非刚体运动目标的场景、运动目标与背景交界处出现高亮区域或阴影区域的场景以及运动目标为 HDR 的场景，很难实现完全的无鬼影 HDR 成像。当前，专门设计的 HDR 成像装置可以减轻这些问题[11,13,14]，但也不能完全实现无鬼影的 HDR 成像。要实现无鬼影的 HDR 成像，除了算法上的改进，还需要成像传感器性能上的提高。

4.1.7　高动态范围成像的发展趋势

鬼影是阻碍 HDR 成像发展的一大难点，当前去鬼影算法主要是针对多曝光捕获动态场景的包围曝光图像而提出的，为了在源头去除鬼影的影响，近些年有一些单次曝光捕获包围曝光图像的方法被提出。该类方法可实现同步捕获包围曝光图像，有效地避免了 HDR 图像重建中鬼影的影响。单次曝光的方法主要分为单传感器曝光和多传感器单次同时曝光。

1. 单传感器曝光

由于单个传感器空间上的多曝光是同步进行，因此该类方法可有效避免鬼影。2000 年，文献[16]提出了类似于拜耳模式的色彩滤波阵列方法，通过在单个传感器前放置光学掩膜实现空间域多曝光，从而实现 HDR 成像。图 4.7 为该方法采用的光学掩膜滤波阵列。光学掩膜以图 4.7 右侧的多曝光子像素为一个像素单元，子像素中不同的空间位置透光率不同，$e_3 > e_2 > e_1 > e_0$。该方法可同时曝光捕获一组包围曝光图像，对于动态场景的 HDR 成像受鬼影影响小，但该方法牺牲了图像分辨率，对于运动场景还会遇到运动模糊问题。

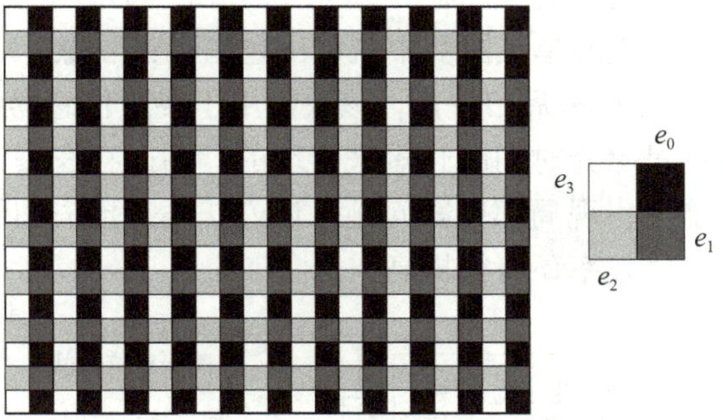

图 4.7　光学掩膜滤波阵列

2003 年，文献[19]提出了在时间域和空间域上自适应调整曝光的 HDR 成像方法，如图 4.8 所示。通过调整空间光调制器的透光率来避免传感器像素出现饱和。空间域上不同空间位置的入射光亮度不同，根据入射光亮度调整空间光调制器不同空间位置的透光率，从而实现成像传感器在空间域上的曝光自适应调整。在时间域上根据入射光的变化调整空间光调制器的透光率，从而实现成像传感器在时间域上的曝光自适应调整，同时获得透射率函数。根据透射率函数和捕获的图像数据恢复出 HDR 图像。由于空间光调制器 T_{t+1} 时刻的透射率需要根据成像传感器的前一时刻的反馈 I_t 来作为调整依据，因此该方法对于运动场景的 HDR 成像质量不能保证。

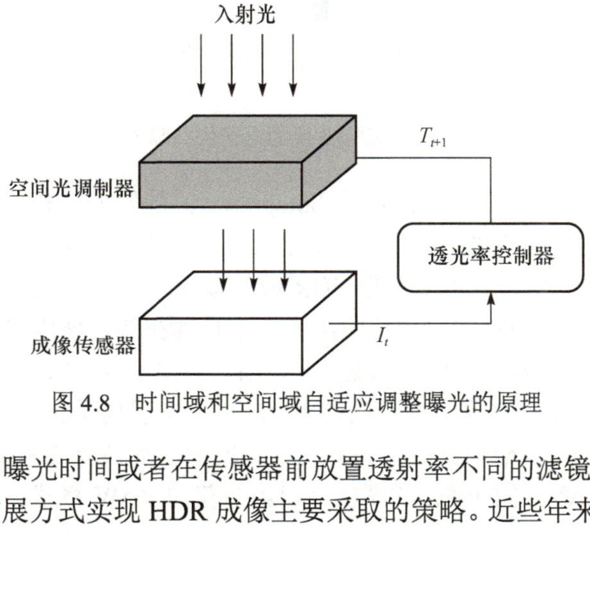

图 4.8　时间域和空间域自适应调整曝光的原理

设置不同的曝光时间或者在传感器前放置透射率不同的滤镜实现包围曝光是当前基于硬件扩展方式实现 HDR 成像主要采取的策略。近些年来，研究者提出了其他基于硬件的策略实现HDR成像。2014年，文献[22]通过编码的电子快门（coded electronic shutter）以行变换曝光的方式实现单次曝光捕获，如图4.9所示。EFCS（electronic front curtain shutter）表示电子前帘快门，对该电子快门编码，以不同行的电子快门开启曝光的时间起点不同、曝光的终止时间相同的方式实现传感器每行不同曝光，然后从捕获的单张图像中恢复出包围曝光图像。MRCS（mechanical rear curtain shutter）表示机械后帘快门，该快门用于终止传感器曝光。由于传感器行之间的曝光量是通过曝光时间的长短来实现的，因此存在曝光不同步的问题，对于运动的目标可能会出现局部鬼影问题。该方法还会损失图像分辨率，难以保证图像的锐度，且运算效率还有待提高。

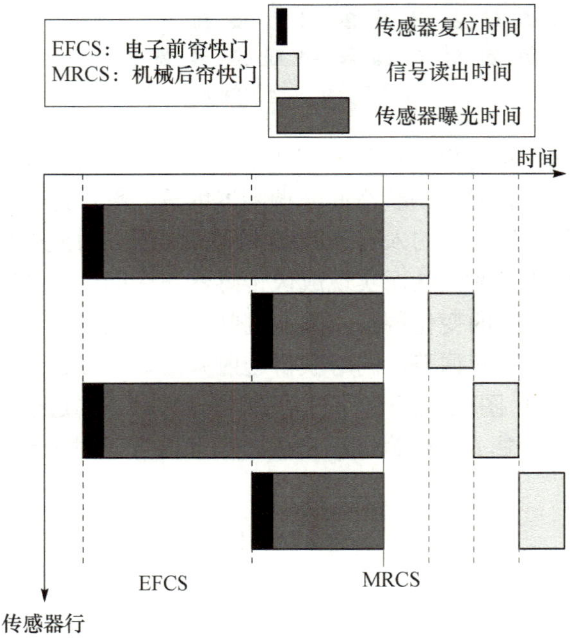

图4.9　以行变换的电子快门曝光

随着计算摄像学（computational photography）的发展，科研人员提出了一些有关HDR成像的理论框架。2014年，文献[21]提出了一个基于编码的光圈（coded aperture）同时捕获多个不同曝光的HDR成像理论框架。如图4.10(a)所示。所谓光圈编码，是指将光圈设计成特殊的图案而不是现在普遍使用的圆形或者正六面形光圈，编码的光圈就是有特殊图案的一个光学遮罩。编码的光圈可分解为N个不同的子光圈，每个子光圈实现不同的曝光，从而实现场景包围曝光图像的捕获，如图4.10(b)所示。该框架根据编码的光圈对应的解码滤波算法将捕获的单张RAW格式图像分解为N张不同曝光的图像。但当捕获的RAW格式图像中出现饱和像素时，该方法则无法准确恢复出饱和像素所对应的包围曝光像素点。

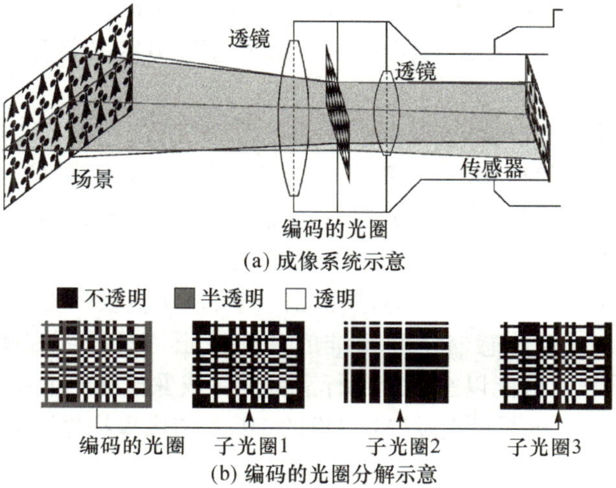

图 4.10　编码的光圈成像原理

2015 年，文献[72]提出了一种采用取模相机（modulo camera）实现无限制的高动态范围（unbounded high dynamic range, UHDR）成像框架。其核心思想为：在整个曝光过程中，当传感器像素单元饱和时，将饱和的像素单元清零（重置），像素单元可继续接收入射光，如果入射光亮度很高，则可能会进行多次清零。曝光结束后，最终获得的图像记录的是取模后的像素值，由于取模相机对光的响应是线性的，因此不需要计算相机响应函数，直接根据能量优化算法和自然图像的属性就能恢复 HDR 图像。图 4.11（a）是相机捕获的取模图像，可以看出在高亮的区域有条纹纹理，这些条纹纹理都是像素单元饱和后取模的结果；图 4.11（b）是由取模图像恢复的 HDR 图像色调映射后的结果。由于不知道传感器清零的次数，提出的算法对于亮度平滑变化的场景能够很好地恢复场景的 HDR 图像，但对

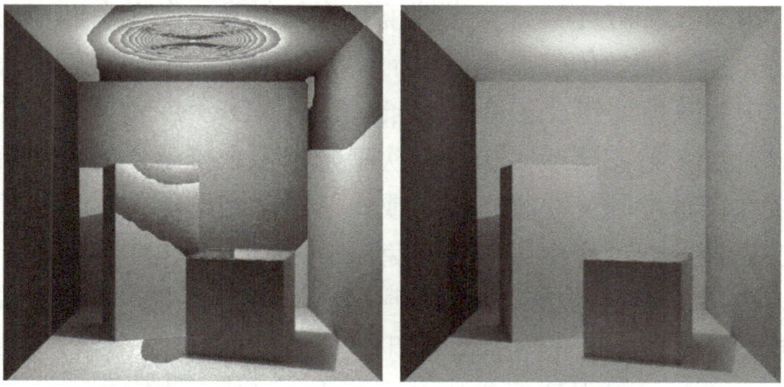

(a) 取模图像　　(b) 恢复的图像

图 4.11　取模图像与恢复的图像

于存在局部对比度变化剧烈的场景，则不能准确恢复场景的 HDR 图像。针对该问题又提出了多曝光的 UDHR 成像方法，此方法能以最少的曝光次数捕获场景的 HDR 图像。总地来说，文献[72]提出了一个新颖的 HDR 成像思路，为 HDR 成像发展提供了更多选择。

与上述通过硬件方式单次曝光扩展动态范围的方法不同，2015 年，文献[73]提出了基于软件控制的方法单次曝光扩展动态范围。该方法以空间上两行交替变化成像传感器增益（感光度 ISO）的方式捕获了一张混合的 RAW 格式图像，如图 4.12 所示。通过对捕获的 RAW 格式图像进行自适应调节滤波实现 HDR 图像的重构。与硬件扩展动态范围的方法相比，该方法不需要昂贵的专用硬件，也不需要复杂的设计以及传感器之间精准的几何校正，只需要在单反相机中安装 Magic Lantern 固件，就能以空间上两行交替变化成像传感器增益的方式捕获混合的 RAW 格式图像，再通过文献[73]提出的 HDR 图像重构算法即可获得 HDR 图像。

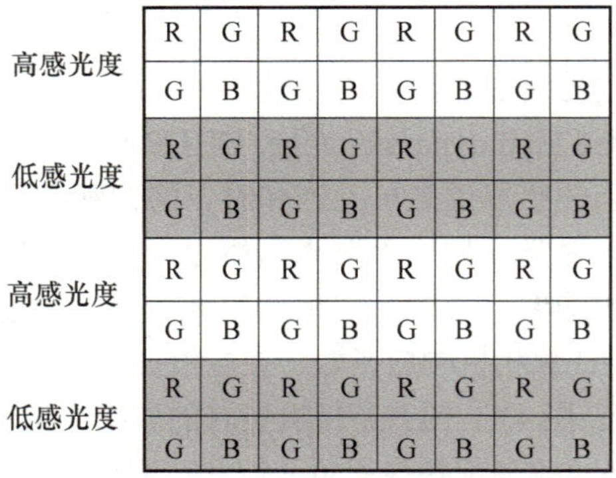

图 4.12　变换感光度的成像模式

2. 多传感器单次同时曝光

利用光学元件（如分光器、分光棱镜）将入射光分向多个同步的成像传感器实现动态范围扩展。成像传感器曝光量的调整可通过在传感器前放置不同透光率的光学滤镜（中性灰度滤镜，neutral density filter, NDF）或者设置不同的传感器感光度来实现。此类多传感器或多相机单次曝光指多个传感器或者相机同时以相同的曝光时间或快门速度曝光。曝光时间或快门速度相同的传感器或相机捕获的包围曝光图像在后期处理过程中可有效避免鬼影。

2011 年，文献[10]在相机镜头与传感器之间的不同空间位置上放置了两个分光器，通过多次反射实现了光路的再利用，提高了光的使用效率，如图 4.13 所示。对于成像设备来说，入射光的利用效率是至关重要的一个因素。该方法理论上对进入光圈后的光利用率可达 99.96%，远高于其他类似的多传感器 HDR 成像方法。

然而，一旦分光器的透光率确定，该系统的曝光组合就确定了，导致系统灵活性不够。

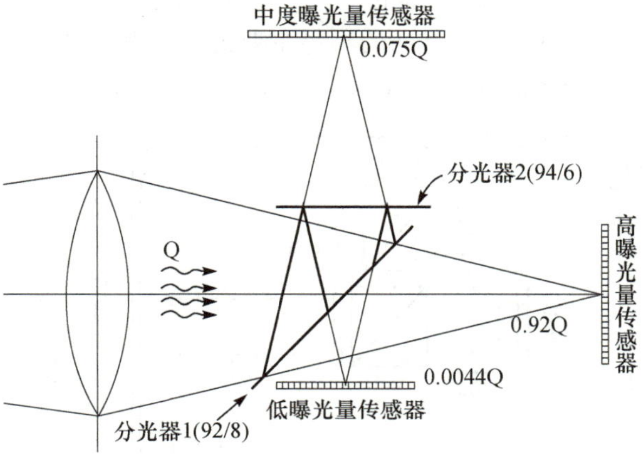

图 4.13　三个传感器成像结构

2014 年，文献[74]采用两部 Arri ALEXA 相机以图 4.14 的构造方式实现 HDR 视频捕获。将带抗反射涂层的玻璃板作为分光器，分光器的透射率为 94%，反射率为 6%，从而实现扩展 4f-stops 的动态范围。与文献[10]方法不同，文献[74]将分光器的放置位置由相机镜头与传感器之间变为相机镜头前。该方法最明显的优势就是不需要复杂的硬件设计，同时可灵活改变分光器的透光率，实现灵活调整曝光。但该成像系统也有以下几点不足：整个成像系统比较笨重；分光器面积较大导致该系统受杂散光和镜头光晕干扰；分光器还会导致最后捕获的高亮场景图像中出现双轮廓（double contours）；分光器还会导致光的偏振等；由于只采用了两部相机，该系统可捕获的最大动态范围约 18f-stops（约 2.6×10^5），还无法捕获高度逆光场景的整个动态范围。

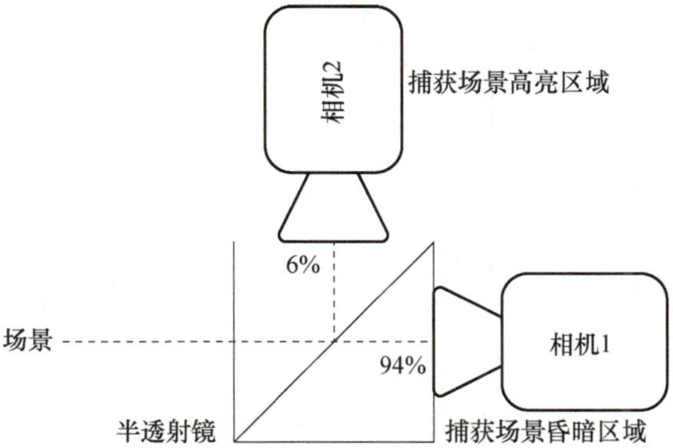

图 4.14　两部相机成像的垂直结构

文献[9]和文献[11]设计了多传感器的 HDR 成像系统，原理如图 4.15 所示。采用分光器将入射光四等分，分别入射到每个传感器上，传感器之间曝光的调整可通过在传感器前放置不同透光率的中性灰度滤镜，该方法捕获的动态范围很广，可达 24f-stops（约 1.68×10^7）。该方法的不足主要是光的利用率比较低，仅为 33.2%，由于光的利用率低也导致对场景的昏暗区域成像质量难以保证。

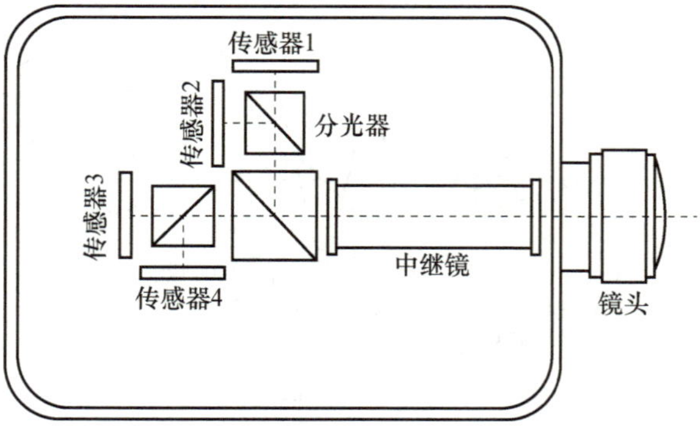

图 4.15　四个传感器成像结构

利用分光器将入射光分向不同的相机的方式对光的利用率比较低[74]。2014 年，文献[13]提出一个两部相机空间域包围曝光的方法，该方法可充分利用入射光，如图 4.16 所示。两部相机的曝光量调整通过在相机镜头前置 NDF 实现，这就保证了场景曝光的同步，缓解了在合成 HDR 图像时的鬼影问题。对两部相机拍摄图像的精确配准是该方法的主要难点，此处的配准工作主要为视差估计（disparity estimation），也称视差校正。文献[14]针对两部相机可能会遇到的遮挡（occlusion）问题，提出了类似于文献[13]的三部相机 HDR 成像方案，如图 4.17 所示。该方案可有效解决遮挡问题，同时可提高图像视差估计的准确度，合成的图像质量也优于两部相机的结果[75]。

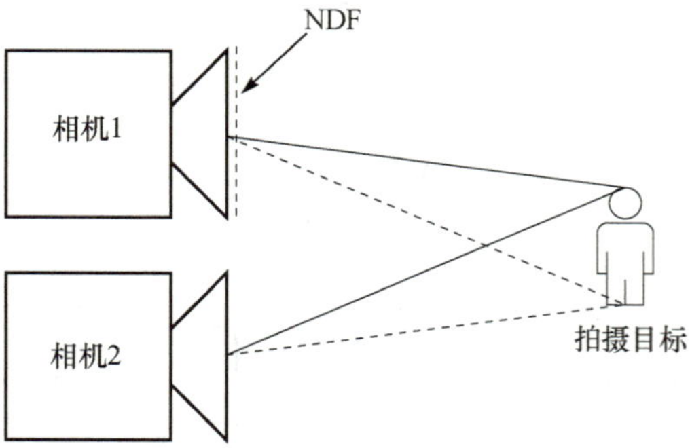

图 4.16　两部相机平行结构

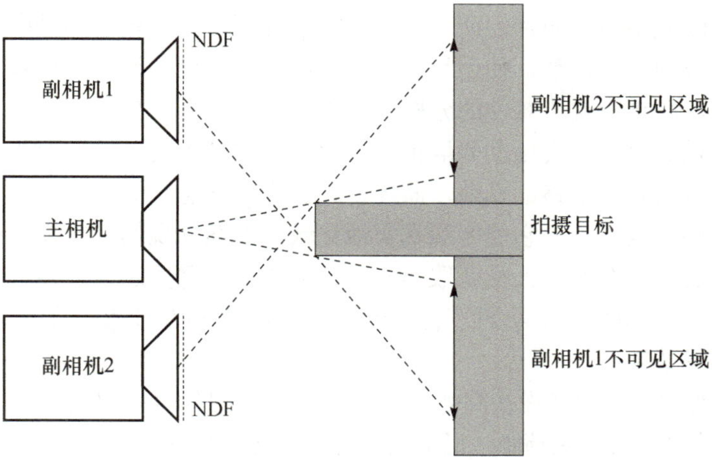

图 4.17　三部相机平行结构

4.1.8　高动态范围图像在刑侦中的应用

面对动态范围宽大的自然场景物体，人眼利用瞳孔的自动调节机制，通常能够观察到较大的动态范围，可分辨的亮度范围高达 10^8∶1。即使人眼不利用瞳孔进行自适应调节，对同一场景可分辨的动态范围也可达到 10^4∶1。自然界的亮度范围及人眼感受域的亮度范围如图 4.18 所示。

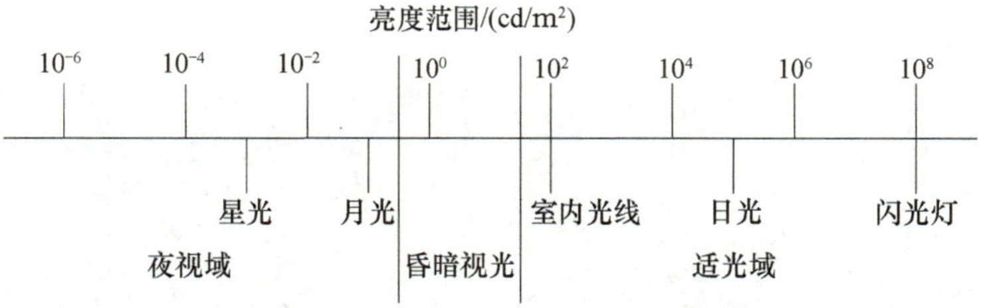

图 4.18　自然界的亮度范围及人眼感受域的亮度范围

但是，目前普通的采集、显示/输出设备受到软硬件水平的限制，使得数字图像的存储、传输、处理、显示等都是基于 8bit 整数来进行的，只能表示 256 个深度等级，此类普通图像称为 LDR（low dynamic range，LDR）图像，其亮度级别十分有限。

因此，自然场景、数字图像采集设备、显示设备、人眼四者亮度范围的不匹配，导致“所见”不能“所得”，人眼看到的场景不能用图像真实地记录下来。

在刑侦办案中使用数码相机等拍摄背光场景、室外大范围概貌照片、车灯路灯与较暗的夜色等场景时，不论如何调整相机光圈、曝光时间，都会有特别暗或者特别亮的区域，并且在这些区域内的细节信息丢失严重。这样，就会出现很多曝光过度和曝光不足的照片，所以一幅数字图像不能同时包含场景中亮度级别较高或较低地方的细节信息，使用目前的数字图像采集设备等无法记录较全面的犯罪现场概貌，严重影响了案件的分析、侦破。

而概貌摄影照片是现场勘验取证中必须提供的证据之一，调取监控设备复现犯罪现场是常规办案思路。目前，监控视频提供的信息已成为公共安全行业案件侦破的最主要线索之一，它能客观真实地记录刑事案件现场。案发后调取监控视频图像资料成为当今办案人员获取第一手证据资料的重要途径，各个专业侦察员不必全部到达现场就可以结合照片进行案情了解、分析和侦查，节省人力和物力，同时提高办案效率。

监控摄像设备一般架设在高处，以较大范围的场景为拍摄对象，试图将场景内所有物体、人物概况拍摄清晰，记录表现犯罪现场的完整面貌以及现场内各部分关系，它可以说明案件性质、特点、犯罪手段和犯罪过程等。其所反映的现场面貌，包括现场的范围、现场的整体状况和特点，能清楚地表现出现场范围的各个物体、犯罪痕迹和物证之间的相互关系和联系。因此，监控摄像图像必须全面，需要包括整个犯罪现场和现场内的所有物品、物证及犯罪痕迹，要多角度、多方位把现场全貌情况无遗漏地拍摄出来。完整的现场概貌图像对一些疑难案件寻找、分析、确定证据往往起着至关重要的作用，因此，要求图像内的所有内容尽可能清晰。

然而，许多视觉效果不尽人意的监控视频概貌图像（如夜间灯光下的人物和物体、刺眼车灯旁的车牌、光线偏暗和光线强烈的人像等），成为阻碍案件侦破的一大瓶颈，如图 4.19 所示。

(a) 车灯旁的车牌　　(b) 路灯下的人像

(c) 逆光的楼道

图 4.19　监控设备获取的高动态场景下的不清晰图像

上述高动态场景中信息丢失的根本原因在于真实场景的亮度范围超出了监控摄像设备本身能容纳的动态范围，采用高动态摄像设备能够弥补上述缺陷，但是由于目前监控摄像头的密集度大，成本较低，因此还不能具备高动态的功能。当前，学术界对于此类不清晰的视频图像多采用图像去噪、图像增强、图像去模糊、图像锐化等算法，使图像更加清晰，适合人眼观看，但是，图像清晰的效果仍然有限；工业界多采用更换高级的硬件设备，这无疑会增加成本，有时高级的硬件设备也不能拍摄到眼睛见到的图像。因此，需要寻找其他方式来解决由于光照强度不适导致的图像不清晰问题。“高动态图像”在一定程度上弥补这一不足，它能够解决由于光照不适导致的图像不清晰，尽量达到“所见即所得”的效果。

4.2　高动态范围图像编码

如何存储数字图像是数字图像处理领域的一个关键问题，高效的数字图像编码可以避免过多的磁盘空间占用和节约传输带宽。对于高动态范围图像，由于其记录了比标准 24 位 RGB 图像格式更加宽广的色域，有效的高动态范围（high dynamic range, HDR）图像编码就显得更加重要。数字图像的格式确定像素如何组成一幅完整的图像，而编码确定每一个像素的原始位表示。

4.2.1　高动态范围图像格式

高动态范围编码与低动态范围编码的主要差异在于它们具有不同的位宽。常见的低动态范围图像的 24 位 RGB 编码通常被归类为输出相关的编码，因为其记录的像素值（颜色）与目标输出设备相关。而大多数高动态范围图像是场景相关的，因为其记录的像素值与某个真实或者虚拟的场景中的某个点的实际亮度有直接的关系。之所以如此，是因为当前大多数输出设备的动态范围较低，而大多数场景动态范围却很高。

需要强调的是，所谓的场景相关的编码格式并非将场景中的所有光谱或颜色记录。实际上没有一种文件格式试图记录一个场景中的所有光。在大多数情况下，几乎不需要记录红外和紫外波长，或者对可见光进行完全采样。基于人类视觉感知原理和颜色表示的三原色理论，通过记录三个颜色通道以重现人类观察者所能看到的每一种颜色是足够的。这些可以由 CIE XYZ 三刺激空间定义，或者任何等效的三基数空间（如 RGB、YCbCr、CIELUV 等）定义。

表 4.2 列出了三种现有高动态范围图像格式，并比较了它们的一些关键属性。这些格式中的编码在表 4.3 中被列出，并给出了它们的基本参数。在某些情况下，一种格式可以支持多个编码（如 TIFF）。标准的 24 位 RGB（SRGB）编码为比较基准。

基于对数编码、LogLUV24 和 LogLUV32 的格式，在整个范围内保持恒定的相对误差。在大多数情况下，浮点编码、RGBE、XYZE、IEEE RGB 和 Half RGB 也保持恒定的相对误差。

表 4.2　常用高动态范围图像格式

格式	编码	公司
HDR	RGBE	open source software(radiance)
	XYZE	easy implementation
TIFF	IEEE RGB	public domain library(libtiff)
	LogLUV24	—
	LogLUV32	—
EXR	Half RGB	open source library(OpenEXR)

表 4.3　常用 HDR 文件格式编码

编码	位/像素	动态范围（log10）
sRGB	24	1.6 orders
RGBE	32	76 orders
XYZE	32	76 orders
IEEERGB	96	79 orders
LogLUV24	24	4.8 orders
logLUV32	32	38 orders
HalfRGB	48	10.7 orders

1. HDR 文件格式

“HDR”格式又称为“辐射”图片格式，最初于 1989 年作为辐射照明模拟与渲染系统的一部分而引入[76]，此后在图形学社区中得到广泛使用，特别是高动态范围摄影和基于图像的光照领域[77, 5]。HDR 文件格式由一个短的 ASCII 标题头组成，后面是一个定义图像大小和方向的解析字符串，接着是行程（run-length）编码的像素数据。像素数据有两种格式：4 字节 RGBE 编码[78]和 CIEXYZ 扩展格式 XYZE。

RGBE 中的四个分量与场景相关的颜色编码（如标准 RGB）之间的转换公式为

$$\begin{cases} E = \lceil \lg L_2(\max(R_s, G_s, B_s)) + 128 \rceil \\ R = \left\lfloor \dfrac{256R_s}{2^{E-128}} \right\rfloor \\ G = \left\lfloor \dfrac{256G_s}{2^{E-128}} \right\rfloor \\ B = \left\lfloor \dfrac{256B_s}{2^{E-128}} \right\rfloor \end{cases} \tag{4.3}$$

由 RGBE 到标准 RGB 的反变换公式为

$$\begin{cases} R_s = \dfrac{R+0.5}{256} 2^{E-128} \\ G_s = \dfrac{G+0.5}{256} 2^{E-128} \\ B_s = \dfrac{B+0.5}{256} 2^{E-128} \end{cases} \tag{4.4}$$

CIEXYZ 与 XYZE 的转换方式与标准 RGB 与 RGBE 的转换方式类似，将 CIEXYZ 的三个分量代换即可。因为编码不支持负值，所以使用 XYZE 代替 RGBE 可覆盖整个可见色域的范围。这些编码的动态范围相当大，超过 76 个数量级。对于大多数应用来说，精度是足够的。游程长度编码的平均压缩率为 25%（1∶1.3），使图像文件与未压缩的 24 位 RGB 文件一样大。

2. TIFF 浮点文件格式和 LogLUV 文件格式

TIFF 浮点文件格式包含了每通道 32 位的 IEEE 浮点 RGB 编码[79]。该标准编码在某种程度上被认为是 HDR 图像表示的最终形式，覆盖了近 79 个数量级。另一方面，它占用的空间比任何其他 HDR 编码占用的空间多三倍。因为浮点数据一般不会压缩得很好，大多数 TIFF 库不压缩这个编码。96 位/像素 RGB 浮点编码常用于无损的中间表示。TIFF 浮点数是快速写入/读取（无损）浮点帧缓冲区内容的完美编码。类似地，原生（Raw）浮点格式也适用于在高带宽本地连接上发送图像数据。

TIFF 文件格式还包含了两个更紧凑的编码表示：24 位和 32 位 LogLUV。LogLUV 编码是基于感知的场景相关颜色编码[80]，24 位/像素和 32 位/像素 LogLUV 在概念上是相同的，区别在于表示的动态范围和精度不同。LogLUV 将场景相关的数据转换成单独的亮度（Y）和 CIE（U，V）通道值，然后取亮度的对数，并将结果量化。两种编码的亮度量化范围是不同的，在 24 位编码的情况下，只有 10 位用于亮度量化。其量化与恢复的公式如下：

$$\begin{cases} L_{10} = \lfloor 64(\log_2 Y + 12) \rfloor \\ Y = 2^{\frac{L_{10}+0.5}{64}-12} \end{cases} \tag{4.5}$$

24 位 LogLUV 覆盖自然世界亮度（Y）范围从 0.000025 到 159 或 4.8 个数量级，在该范围之上或之下的自然世界，可通过除以一个基于场景亮度的常数实现。该常数又称校准因子，存储在 TIFF“STONITS”标签中。在解码文件时，应用程序参考该标签并相应地将提取的亮度相乘。

24 位 LogLUV 编码的其余 14 位用于表示色度，将 CIE（u，v）色域以 U 和 V 的统一步长为 0.0035 等间隔对可见色域划分，以查询表的形式查表获得相应的色度，2^{14}=16384 正好足够覆盖整个可见色域。

32 位 LogLUV TIFF 编码与 24 位 LogLUV 编码类似，但是允许更大的动态范围和精度。32 位 LogLUV 亮度转换公式如下：

$$\begin{cases} L_{15} = \lfloor 256(\log_2 Y + 64) \rfloor \\ Y = 2^{\frac{L_{15}+0.5}{256}-64} \end{cases} \tag{4.6}$$

32 位 LogLUV 亮度的 15 位编码覆盖了 5.5×10^{-20}：1.8×10^{19} 的范围，或 38 个数量级。32 位最左边的位表示亮度的符号，允许负值表示。CIE U 和 V 坐标每个 8 位编码，这允许足够小的步长对可见色域划分。

色度转换公式如下：

$$\begin{cases} U_8 = \lfloor 410u' \rfloor \\ V_8 = \lfloor 410v' \rfloor \\ u' = \dfrac{u_8 + 0.5}{410} \\ v' = \dfrac{v_8 + 0.5}{410} \end{cases} \tag{4.7}$$

TIFF16 位/通道格式、TIFF 16 位/通道（48 位/像素）编码已经使用了相当一段时间，尽管它一般不被认为是 HDR 格式。当像素被线性编码时，这或许是对的。当使用伽马编码，16 位覆盖完全充足的动态范围，以 5%误差水平最大可表示值达七个数量级。

3. OpenEXR 文件格式

OpenEXR 文件格式（.exr）是由 Industrial Light and Magic 公司于 2002 年以开源的 C++库的形式（http://www.openexr.org）提供的[81]。OpenEXR 文件格式基于 16 位半浮点类型，类似于具有较少比特的 IEEE 浮点编码。每个 RGB 像素总共 48 位，每通道分成 16 位字。OpenEXR 库还支持全 32 位/通道（96 位/像素）浮点类型和 24 位/通道（72 位/像素）浮点类型。由于 16 位/通道半浮点编码应用最多，以下主要介绍 16 位/通道半浮点编码。

16 位/通道半浮点编码也称为“S5E10”，RGB 三通道中的每通道 16 位，16 位/通道中的首位用于表示“符号”位，接下来 5 位是“指数”位（0～31），剩下来的 10 位（0～1024）用来表示小数部分（如 2.471 中的 0.471）。编码转换公式如下：

$$\begin{cases} (-1)^s 2^{E-15}\left(1+\dfrac{M}{1024}\right), & 1 \leqslant E < 30 \\ (-1)^s 2^{-14}\dfrac{M}{1024}, & E = 30 \end{cases} \tag{4.8}$$

式中，S 是符号位；E 是编码指数值；M 是编码的尾数。该编码的最大可表示值为

65504，最小值为 0.000061，具有 10 个数量级的总动态范围。该编码的一个主要优点是在大部分可表示的动态范围，其量化步长低于 0.1%，远远低于人眼的可感知门限。另一个主要优点是在 Nvidia 的 CG 语言与 CUDA 中采用同样的编码[82]。

OpenEXR 库包含用来读取和写入 EXR 图像文件的 C++类，支持无损压缩和 MIP 映射。压缩可使用 ZIP 库作为一种选择，或者使用 Industrial Light and Magic (ILM)公司更高效的“PIZ”无损小波压缩库。根据实验，与未压缩的 48 位/像素 RGB 相比，PIZ 压缩后数据平均减少了 60%。OpenEXR 还支持任意数据通道，包括 alpha、深度和用户定义的图像数据。与 TIFF 格式类似，OpenEXR 支持颜色空间、亮度校准、像素密度、捕获日期、相机设置等标准属性，也支持用户定义属性。OpenEXR 具有可显示图像的活动区域的“显示窗口”功能，该功能对于特殊效果合成特别有用。

4.2.2 高动态范围图像编码标准比较

考虑高动态范围图像文件的应用需求，高动态范围图像编码需满足以下条件：

（1）可覆盖可见光色域并基于三刺激颜色空间（XYZ、RGB 等）；

（2）覆盖全部范围的人眼可感知亮度；

（3）在所有级别的可视阈值下都有量化步骤；

（4）具有最小化存储成本以及编码和解码速度快。

考虑以上需求，可以排除上一小节中讨论的不覆盖可见光色域的 RGBE 编码和不覆盖全亮度范围的 24 位 LogLUV 编码。留下 XYZE 编码（.HDR）、IEEE 浮点和 32 位 LogLUV 编码（.TIF）和半浮点编码（.EXR）。考虑到 IEEE 浮点表示编码的高存储成本，以下三种编码格式都能很好地满足高动态范围图像的需求：

（1）32 位 XYE 编码；

（2）32 位 LogLUV 编码；

（3）48 位 OpenEXR 半浮点编码。

三种编码格式的读写性能测试显示[83]，32 位 XYE 编码格式具有最快的 I/O 性能，但会产生更大的文件；48 位 OpenEXR 半浮点编码 I/O 性能最慢，创建的文件大小介于其他两种编码之间；32 位 LogLUV TIFF 格式具有三者中间的 I/O 性能，并且生成的文件最小。

4.3 多幅不同曝光图像合成 HDR 图像

目前高动态范围图像获取的方法多是软件合成方法，即采用普通相机拍摄出多幅不同曝光的低动态范围图像[84,85]，利用它们的冗余性和互补性，经配准后（或者直接采集的图像无需配准）再使用相关的算法在短时间内生成效果较好的 HDR 图像[86,87]。此方法不仅可以用普通图像采集设备随意地拍摄自己感兴趣的自然世界中的任意场景，而且所需成本较低，可以更好地和实际应用需求结合起来。

主要讲述利用多幅不同曝光图像在图像域合成 HDR 图像，根据融合算法的不同，分为空间域融合算法和频率域融合算法[88, 89]，算法流程如图 4.20 所示。

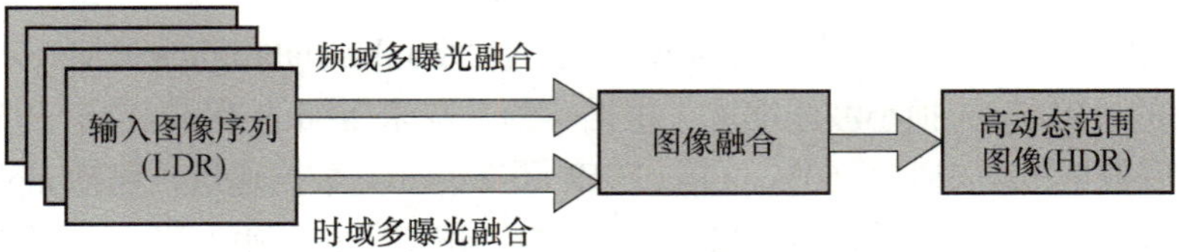

图 4.20　多幅不同曝光图像合成 HDR 图像流程图

在拍摄同一场景多幅不同曝光图像的过程中，一旦场景中有运动物体闯入或发生任何改变，最终在合成的 HDR 图像中都会出现半透明或模糊的影像，称之为“鬼影”。以下获取的多幅不同曝光的图像是经过严格配准的，并且图像中没有运动目标。

4.3.1　空间域合成 HDR 图像

一幅灰度图像可以看成是关于空间坐标的二维函数，是一个二维矩阵，每个像素点的灰度值与该矩阵中的元素成一一对应关系。而彩色 RGB 图像则是由三个二维矩阵组成，每个矩阵代表 R（红色）、G（绿色）、B（蓝色）三个颜色中的一个分量。因此，空间域的图像处理就是对一个（或者三个）二维矩阵进行处理，通过对矩阵中每个像素点的数值进行一系列的运算，达到所需的效果，因此空间域图像处理也称为像素域图像处理。

空间域合成 HDR 图像的算法也称为像素域合成 HDR 算法，主要是对多曝光图像序列基于一定的融合算子、融合策略生成 HDR 图像，合成后的图像能捕捉到实际场景中更宽动态范围场景中物体的细节，其算法系统如图 4.21 所示[90]。

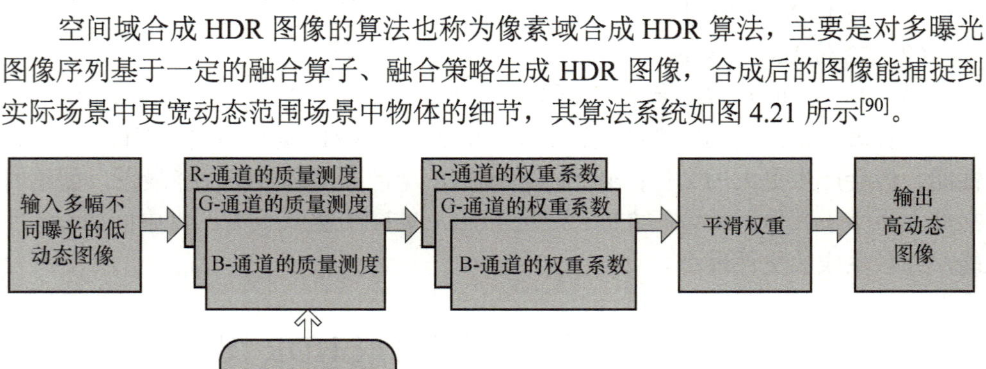

图 4.21　多曝光图像合成 HDR 图像算法流程

融合策略根据融合的级别不同分为像素级（pixel-level）、特征级（feature-level）和决策级（decision-level）融合。其中，像素级融合是基础的图像合成算法，算法简单但是合成效果较好。因为基于像素的融合是在图像的时域进行，而人的视觉评判图像质量好坏也是依赖于图像的时域表现，因此，像素级的融合是最直观、最容易评判融合效果的方法之一。

1. 基本模型

由于真实场景的动态范围与相机的动态范围不匹配，调整相机不同的曝光参数导致有些图像中暗处场景较清晰，有些图像中亮处场景较清晰。不同曝光图像融合的输入图像是同一场景曝光量不同的一组图像序列。这组图像中曝光量多的图像，能够保留场景中暗处的信息；曝光量不足的图像，能够保留场景中亮处的信息。从视觉角度来分析，图像越清晰，它所包含的细节特征就越多。空间域合成 HDR 图像算法，首先输入一组不同曝光的低动态范围图像；然后通过一定的质量评价指标评价每幅图像的每一个像素，该评价指标可以提取出每幅图像中的优质细节信息，进而设计每幅图像的像素对应的权重，并归一化权重值；最后融合生成一幅质量较好的 HDR 图像。

设不同曝光的图像序列 $Y_{l,c}(i,j)$ 表示为

$$Y_{l,c}(i,j) = X_{l,c}(i,j) + N_{l,c}(i,j), \quad l = 1,2,\cdots,p; c = \mathrm{R,G,B} \tag{4.9}$$

这里，$Y_{l,c}(i,j)$ 表示观测到的第 l 幅多曝光图像；下标 c 表示彩色图像的通道数；$X_{l,c}(i,j)$ 表示原始图像，即不含噪声的理想干净图像；$N_{l,c}(i,j)$ 表示在成像过程中形成的光电噪声和量化噪声等，通常认为是独立同分布的高斯白噪声，假设噪声的均值为零，方差为 $\sigma>0$； p 表示不同曝光图像的个数。

那么，融合后的图像表示为

$$\hat{Y}_c(i,j) = \sum_{l=1}^{p} w_{l,c}(i,j) \bullet Y_{l,c}(i,j) \tag{4.10}$$

式中，$\bullet$ 表示乘积；权重系数满足

$$\sum_{l=1}^{p} w_{l,c}(i,j) = 1, \quad 0 \leqslant w_{l,c}(i,j) \leqslant 1 \tag{4.11}$$

融合算法提取了各输入图像的优质信息。质量较好的像素（或者区域），权重系数大；反之，权重系数小。

根据式 (4.11)，设计合适的权重系数，能够将各图像中清晰的像素或者区域提取到融合图像中。例如，若 $w_{1,c}(i,j) = 1$， $w_{2,c}(i,j) = \cdots = w_{p,c}(i,j) = 0$，那么，融合图像在该位置处的像素完全来源于第一幅图像，而其他幅图像的像素没有被提取。

在上述融合算法中，希望将不同图像中的清晰部分提取到一幅图像中，舍弃原来图像中的过曝光或者欠曝光部分，获得整体较清晰的图像，同时展现较宽动态范围的场景，即通过合成方式获取高动态范围图像。该算法的关键问题有两个：一是如何表征图像的细节特征，即图像的质量测度；二是如何确定合成准则。下面分别介绍。

2. 质量测度提取

图像的细节特征丰富，说明图像的灰度变化明显，含有的信息量较丰富，因此，选用方差与均值作为描述细节特征的量[90]。为了避免分块融合中的边界效应，采取基于像素的融合方式，而某像素的细节特征是以某像素为中心的区域特征。当区域特征较大时，图像含有较多的细节信息，该像素作为优质资源被提取到最终的融合图像中；否则，认为是劣质资源，被舍弃。

像素 (i,j) 的质量测度 $Q(i,j)$ 定义为：以该像素 (i,j) 为中心的一个 $(2k+1)\times(2k+1)$ 的正方形窗的质量测度，其方差测度、均值测度、梯度测度、熵测度、对比度测度分别定义如下：

$$Q_{\text{var},l,c}(i,j)=\frac{1}{d}\sum_{m=i-k}^{i+k}\sum_{n=j-k}^{j+k}[Y_{l,c}(m,n)-\overline{Y}_{l,c}]^2 \tag{4.12}$$

$$Q_{\text{mean},l,c}(i,j)=\frac{1}{d}\sum_{m=i-k}^{i+k}\sum_{n=j-k}^{j+k}\left|Y_{l,c}(m,n)-\overline{Y}_{l,c}\right| \tag{4.13}$$

$$Q_{\text{grad},l,c}(i,j)=\frac{1}{d}\sum_{m=i-k}^{i+k-1}\sum_{n=j-k}^{j+k-1}\left(\left|Y_{l,c}(m+1,n+1)-Y_{l,c}(m,n)\right|+\left|Y_{l,c}(m,n+1)-Y_{l,c}(m+1,n)\right|\right) \tag{4.14}$$

$$Q_{\text{entr},l,c}(i,j)=\sum_{m=i-k}^{i+k}\sum_{n=j-k}^{j+k}-p(Y_{l,c}(m,n))\log_2 p(Y_{l,c}(m,n)) \tag{4.15}$$

$$\begin{cases} Y_{l,\text{gray}}(i,j)=0.30Y_{l,\text{R}}(i,j)+0.59Y_{l,\text{G}}(i,j)+0.11Y_{l,\text{B}}(i,j) \\ h=\begin{bmatrix}0&1&0\\1&-4&1\\0&1&0\end{bmatrix} \\ Q_{\text{contrast},l,c}(i,j)=\left|\sum_{k_1=1}^{3}\sum_{k_2=1}^{3}[Y_{l,\text{gray}}(k_1,k_2)\cdot h(i-k_1,j-k_2)]^2\right| \\ c=\text{R},\text{G},\text{B} \end{cases} \tag{4.16}$$

式中，$d=(2k+1)\times(2k+1)$，表示像素 (i,j) 周围区域像素的个数；$Y_{l,c}(m,n)$ 表示第 l 幅低动态图像 c 通道中像素 (i,j) 的亮度值；$\overline{Y}_{l,c}$ 表示区域窗内的平均亮度值，定义如下：

$$\overline{Y}_{l,c}=\frac{1}{d}\sum_{m=i-k}^{i+k}\sum_{n=j-k}^{j+k}Y_{l,c}(m,n) \tag{4.17}$$

从定义式(4.12)和式(4.13)来看，方差和均值反映了区域内各像素与该区域像素平均值的差异程度，差异程度越大，即方差和均值越大，反映出的图像细节越丰富，图像的质量越好。

式(4.14)的梯度定义式刻画的是该像素与相邻像素的差异，反映出图像的边界信息，梯度值越大，边界表现得越明显。

根据信息论，熵从统计学的角度刻画了信息包含的程度，某像素发生的概率越小，它的信息量越大，又因为概率是小于 1 的正数，根据定义式（4.15），求和式中的每一项都是概率的递减函数，因此，熵是关于概率的递减函数。即，概率越小，信息量越大，熵越大。而概率小的像素多表现为细节信息。

最后，图像的联合质量测度用$Q_{l,c}(i,j)$表示，定义如下：

$$Q_{l,c}(i,j)=Q^{\alpha}_{\text{var},l,c}(i,j)\cdot Q^{\beta}_{\text{mean},l,c}(i,j)\cdot Q^{\gamma}_{\text{grad},l,c}(i,j)\cdot Q^{\delta}_{\text{entr},l,c}(i,j)\cdot Q^{\zeta}_{\text{contrast},l,c}(i,j) \tag{4.18}$$

式中，$\alpha,\beta,\gamma,\delta,\zeta$ 取 0 或者 1，从而决定$Q_{l,c}(i,j)$是由方差、均值、梯度、熵、对比度中的一种或者几种构成。

另外，图像质量评价测度还可以采用图像的颜色饱和度、最佳曝光量[91]等，它们的定义分别如下。

饱和度：在一幅图像中，R、G、B 分别表示图像的三个颜色通道的灰度值，首先求取这三个灰度值的平均值，然后再根据平均值求得它们的标准差，即为饱和度S。

$$S=\sqrt{\frac{1}{3}[(R-\mu)^2+(G-\mu)^2+(B-\mu)^2]} \tag{4.19}$$

$$\mu=(R+G+B)/3 \tag{4.20}$$

最佳曝光量：同一像素点三个颜色通道灰度值的高斯曲线相乘，公式如下：

$$E=\mathrm{e}^{-\frac{(R-0.5)^2}{2\sigma^2}}\times\mathrm{e}^{-\frac{(G-0.5)^2}{2\sigma^2}}\times\mathrm{e}^{-\frac{(B-0.5)^2}{2\sigma^2}} \tag{4.21}$$

3. 权重系数

令$[Q_{1,c}(i,j),Q_{2,c}(i,j),\cdots,Q_{p,c}(i,j)]$表示 p 幅 LDR 图像各通道的质量测度矩阵，那么，由质量测度设计的第 l 幅图像的权重系数定义为

$$w_{l,c}(i,j)=\frac{Q_{l,c}(i,j)}{\xi+\sum_{l=1}^{p}Q_{l,c}(i,j)}(l=1,2,\cdots,p) \tag{4.22}$$

式中，ξ是一个远小于 1 的正数，其作用是避免分母为零，此处选择$\xi=10^{-7}$。那么，$\sum_{l=1}^{p}w_{l,c}(i,j)=1$，$0\leqslant w_{l,c}(i,j)\leqslant 1$，而且，权重系数正比于质量测度。

根据式（4.22），在不同 LDR 图像中同一坐标位置的像素赋予了不同的权重，这些权重因质量测度的不同而不同。质量“较好”的像素赋予了较大的权重，质量“较差”的像素赋予了较小的权重。那么，在最终的融合图像中，质量较好的像素对融合图像的贡献就大；反之，质量较差的就被保留很少的比例或者丢弃。例如，一些欠曝光或者过曝光的像素，其区域方差为零，就被丢弃，从而达到提高图像质量的目的。

最后，通过式（4.23）得到可视化的高动态图像为

$$\hat{Y}_c(i,j)=\sum_{l=1}^{p} w_{l,c}(i,j)*Y_{l,c}(i,j) \tag{4.23}$$

本节选取两组不同曝光的 LDR 图像（如图 4.22 所示）进行实验。第一组，西安邮电大学校门，由佳能 EOS 700D 相机拍摄，四幅 LDR 图像的曝光时间分别为 1/2500s、1/400s、1/200s、1/1000s，光圈值均为 $f/5$，相机的感光度 ISO 均为 100。第二组，哥伦比亚大学教堂，由尼康 D7000 拍摄，曝光时间分别为 1/250s、1/60s、1/20s、1/2s，光圈值均为 $f/20$，相机的感光度 ISO 均为 100。

图 4.22　不同曝光的 LDR 图像以及融合图像

如图 4.22 所示，初步合成的高动态图像是经过式（4.23）但是没有经过平滑处理的合成图像，图像中出现了很多“斑块”人工效应，视觉效果较差。而经过平滑后的“最终融合图像”，其视觉效果明显比原始图像好很多，较暗处的门也较清晰，并且图像细节清晰，内容清楚。

4.3.2　频域合成 HDR 图像

本小节介绍一种基于小波变换的图像融合算法，该算法充分考虑了小波变换的特点，其融合结构如图 4.23 所示，融合步骤如下：

（1）首先，精确配准待融合的每幅 LDR 图像，若图像在采集时即配准可忽略这一步骤；

（2）对参与融合的每幅 LDR 图像进行小波变换；

（3）图像经小波分解后分为低频分量和高频分量，对它们分别采取相应的融合规则进行融合处理，形成小波多分辨率图像；

（4）对上步得到的小波多分辨率图像进行小波逆变换，即得到 HDR 图像。

基于小波多分辨率分析的图像融合过程如图 4.23 所示。

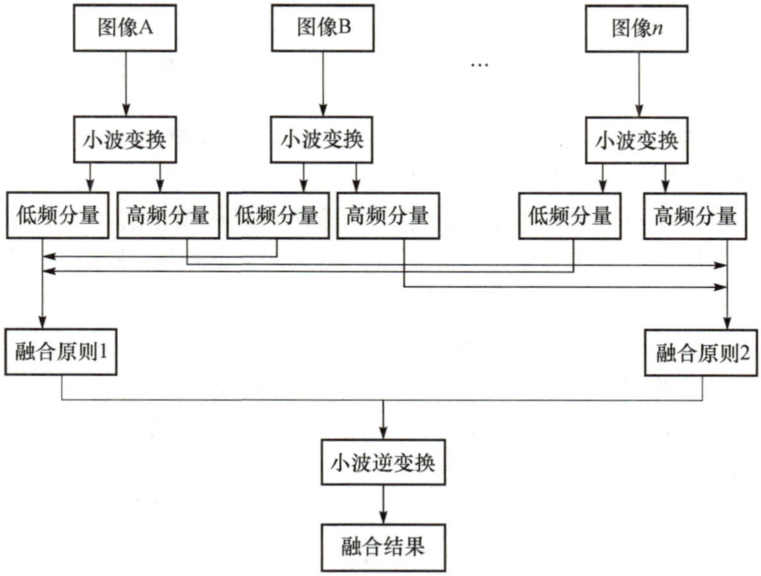

图 4.23　基于小波多分辨率分析的图像融合原理图

基于小波变换的图像融合算法是利用小波的多分辨率优势，在小波域更好地表现图像的细节特征和近似特征，设计与小波域特征有关的权重系数，从而更好地提取不同曝光源图像的优质特征，最终获得一幅质量较高的图像。

在上述融合步骤中，融合规则是最关键的部分。图像不同，则图像特征也不同。因此，对于不同类型的图像，利用小波变换对图像进行分解得到低频分量和高频分量，所采用的融合规则也不相同。在基于小波变换的多分辨率分析的图像融合过程中，融合规则起着关键性的作用。无论是 Curvelet 变换、Contourlet 变换还是小波变换，如何选择融合规则会直接影响融合结果图像的质量[90]，它是多幅图像在融合过程中的关键。

从原理图 4.23 可看出，图像经小波分解后得到低频分量和高频分量。由于低频分量和高频分量的特点不同，所以，融合规则分为低频分量的融合规则和高频分量的融合规则，而低频分量的融合规则较简单，高频分量的融合规则较复杂，下面分别介绍。

1）低频分量的融合规则

图像在小波域的低频分量在一定尺度下近似于原始图像，它主要是图像的平滑信息。因此，可采用平均法得到融合图像的低频分量，假设有 p 幅多曝光图像，则融合后的低频分量为

$$G(i,j)=\sum_{k=1}^{p} w_k G_k(i,j) \tag{4.24}$$

式中，$\sum_{k=1}^{p} w_k = 1$，$w_1 = w_2 = \cdots = w_p = 1/p$；$G_k(i,j)$ 是参与融合的源图像在小波域的低频分量；$G(i,j)$ 为融合后的低频分量；w_k 是权重系数。

2）高频分量的融合规则

一幅图像经小波分解后的高频分量对应于图像的细节信息，如边缘特征。为了保留图像边缘，如何选择合成三个方向上的高频系数[92]也是本算法的关键。下面主要讨论基于区域均方差最大高频融合准则。

第一步：计算高频分量各像素的均方差

假设待融合的源图像在小波域的高频分量为 $D(i,j)$，首先用式（4.24）分别计算 $D(i,j)$ 中以像素点 (i,j) 为中心 $(2k+1)\times(2k+1)$ 邻域内的像素平均值 $\overline{M}(i,j)$，然后用式（4.19）计算区域内的均方差 $C(i,j)$。

$$\overline{M}(i,j)=\frac{1}{d}\sum_{m=i-k}^{i+k}\sum_{m=j-k}^{j+k} D(m,n) \tag{4.25}$$

$$C(i,j)=\sqrt{\frac{\sum_{m=i-k}^{i+k}\sum_{m=j-k}^{j+k}[D(m,n)-\overline{M}(i,j)]^2}{d-1}} \tag{4.26}$$

式中，d 为 $(2k+1)\times(2k+1)$ 区域内像素点个数；$D(m,n)$ 是 (m,n) 点所对应的高频分量的值。

假设有 p 幅图像参与融合，那么高频分量的区域均方差为 $[C_1(i,j),C_2(i,j),\cdots,C_p(i,j)]$。

第二步：确定融合图像的高频分量

比较 $[C_1(i,j),C_2(i,j),\cdots,C_p(i,j)]$ 中参与融合的源图像的高频分量所对应的权重系数的大小，而最大的权重系数所对应的高频分量即为最终融合后的高频分量 $d(i,j)$。也就是说，如果

$$C_k(i,j)=\max[C_1(i,j),C_2(i,j),\cdots,C_p(i,j)] \tag{4.27}$$

则

$$d(i,j)=D_k(i,j) \tag{4.28}$$

此处输入的不同曝光图像均用三脚架固定相机拍摄，并且场景内无运动目标，

即假定各组不同曝光的图像是严格配准的[88]。下面根据图 4.23 所示的基于小波域的融合算法原理框图，通过两组实验图像序列进行验证。

第一组实验对基于区域均方差和基于区域均方差最大的高频融合准则进行了验证，结果如下。

图 4.24(a)是不同曝光时间拍摄的书房[1]，用 Canonn 相机拍摄，它的曝光时间分别为 1/4s、1s、4s、15s，分辨率为 1024×683。

图 4.24(b)融合图像保留了更多的原始图像信息，信息更丰富，所以基于区域均方差最大的高频融合准则更适合于各类图像的融合。

(a) 输入的多曝光图像序列

(b) 基于区域均方差合成结果

图 4.24　实验图组一

第二组实验是本书算法与文献[90]所提算法的对比验证，结果如下。

图 4.25(a)是哥伦比亚大学教堂，用 NIKON D7000 相机拍摄，它的曝光时间分别为 1/250s、1/60s、1/20s、1/2s，分辨率为 4928×3264。图 4.25(b)是基于小波变换合成的图像，图 4.25(c)是文献[90]合成的图像。

文献[90]提出的算法是在时域中得到的融合图形，从图中可以看出，虽然文献[90]合成的图像的视觉效果比本书算法得到的图像的视觉效果稍好，且保留了天空的细节，但是图 4.25(c)中教堂的墙壁及教堂前的树已失真，而本书算法得到的图像能更好地还原教堂的真实场景，保留了原始图像的更多细节。

(a) 输入的多曝光图像序列

(b) 本算法合成结果　　(c) 文献[90]合成结果

图 4.25　实验图组二

4.4　高动态范围图像色调映射算法

4.4.1　色调映射

高动态范围技术是在强烈光照的对比下使相机能够捕捉到场景亮度和细节的一门技术。当图像中同时存在处于较强光源（如太阳光、灯光或镜面反射光等）照射下的较亮区域和阴影、逆光等相对亮度较低的区域时，摄像机拍摄下的图像会出现因曝光过度成为白色的区域，或因为曝光不足成为黑暗的区域，严重影响着图像的质量。通常使用的拍摄设备无法同时获得高亮区域及黑暗区域信息，这是因为一般的图像是 8bit，其动态范围只能在 0～255 这个范围，而 HDR 图像的动态范围较宽广，能够将真实场景的可视动态范围完美展现出来。但是，传统显示设备的动态范围也是有限的（在 4.1.1 小节中已经详细说明），因此，HDR 图像与传统显示设备的动态范围不匹配，直接显示会导致 HDR 图像的数据溢出，不能展示完整的自然场景，如图 4.26 所示。

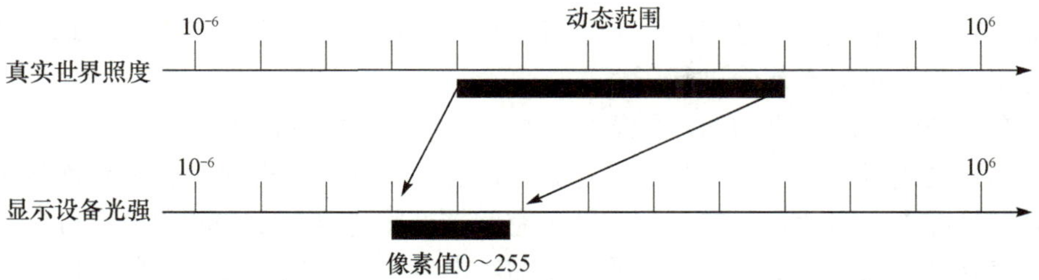

图 4.26　动态范围压缩

1. HDR 图像显示方法

（1）直接利用已开发的 HDR 显示器显示 HDR 图像。Ward 描述了一个 HDR 显示器的原型，该显示器用很亮的背景灯和 LEEPARV-1 透镜，能够显示最大 10000cd/m^2 的亮度，即动态范围可达到 10000∶1。虽然高动态范围图像显示器已经研制成功，但是该技术会使原本丰富的图像亮度信息丢失，还不够成熟，无法推广使用，并且价格昂贵，因此该类显示器在短时间内无法代替现有的各种 LDR 显示器。

（2）利用软件算法压缩 HDR 图像的动态范围，使其与 LDR 显示设备的动态范围相匹配，这就是色调映射。此方法不仅可以尽可能多地在普通显示器上保存原始曝光序列 LDR 图像中的颜色、细节、对比度等信息，而且还能将动态范围较宽的 HDR 图像压缩到普通显示器可以接受的动态范围，这就是色调映射的目的。图 4.27 所示是色调映射系统示意图。多幅曝光时间不同的 LDR 图像合成高动态范围图像，通过色调映射将 HDR 图像显示在 LDR 普通显示设备上，若观察者对真实场景的亮度范围的视觉感受与此一致，则说明色调映射效果比较理想。

2. 色调映射算法的分类

色调映射算法依据处理算子的不同分为全局算法和局部算法[93]。全局算法又叫作空域不变算法，该算法对图像的每一个像素采用相同的映射函数，实现点到点之间的映射。在全局算法中最简单的映射就是把 HDR 图像中最亮的和最暗的像素值分别与数字图像的最亮和最暗的值建立映射关系，在这中间的像素值采用线性插值法等进行直接映射。局部算法又叫作空域相关算法，该算法是根据每个

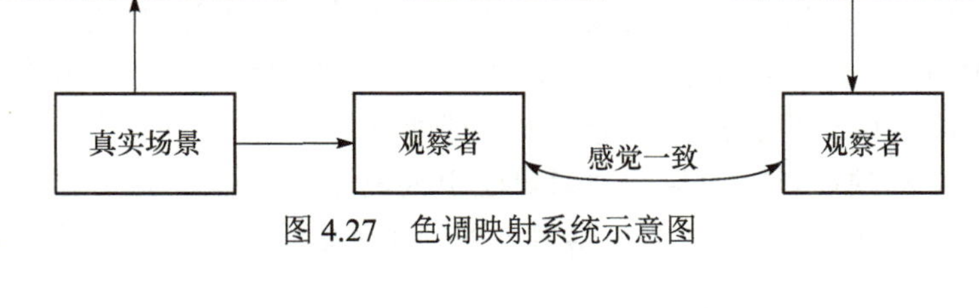

图 4.27　色调映射系统示意图

像素与其周围领域像素之间的关系进行映射，采用一个基于局部像素平均值的非均匀映射函数对动态范围进行压缩。

在对 RGB 格式的 HDR 图像进行映射处理时，R、G、B 三分量相关性非常大，如果直接对三个分量像素值进行处理，容易出现各个分量比例失调而导致颜色失真等现象。因此，一般要利用颜色空间转换将亮度分量和颜色分量分开，压缩亮度分量的动态范围，这样就能在压缩动态范围的基础上减少偏色现象。

1）全局色调映射算法

全局色调映射算法是对 HDR 图像的每一个像素进行统一的放大或者缩小，然后进行归一化处理，并且各像素独立于其相邻像素，映射之后动态范围减小，与 LDR 显示器匹配。全局算法没有把图像中像素之间空间上的相关性考虑在内，并对每一个像素都采用相同的压缩函数，并且函数还是单调的。全局算法的特点是能够维持原 HDR 图像的亮度大小序列，同时，避免了光晕效应等，算法原理简单、实现效率高。但是，由于对原图像的像素点全部采用同一个函数进行处理，并且这个处理是相互独立的，没有考虑到周围像素对该点像素的影响，最终会造成一定程度上的细节损失，颜色也会产生变化，使得视觉效果不够理想。

全局映射算法原理比较简单而且其运算复杂度低，只要已知动态范围压缩函数，就可以得到图像每一个像素压缩后的结果。但是，该类算法有个前提基础，就是用来使用的映射函数必须是单调的，这样可以使 HDR 图像与映射后图像的亮度值之间的比例趋于一致，其目的在于避免出现亮度逆转现象。此外，人类文明的不断发展，科学技术迅猛前进，促使各行各业迅速发展，人类实际生活对图像中细节信息需求逐渐增加。例如，刑侦图像检测中要对捕捉到的画面进行分析时，就需要大量的细节信息作为佐证。大多数全局算法在对图像处理时，亮度下降得比较快，细节特征损失严重，无法满足人们日常工作和生活的需求，越来越多的人着眼于局部色调映射算法的研究。

2）局部色调映射算法

局部色调映射算法是对 HDR 图像的不同区域（或者不同像素）采用不同的映射算子，对不同的动态范围可以采用不同的算子，达到根据用户需要选择压缩的强度，可以自适应的映射，或者基于需求做映射，这也是局部算法优于全局算法的地方。但是，这种算法也有缺点，例如，对某幅图像用不同基底的对数映射，当原来像素值 $10>8$，对其分别用以 10 为底的对数和以自然对数 e 映射，那么 $\lg10<\ln8$（$\lg10=1$，$\ln8\approx2$），这就会出现对原始像素值的逆转。当然，也可能出现 HDR 图像中原本亮度值相同的两个像素可能被映射到不同的亮度值；反之，原本亮度值不同的两个像素点，可能被映射成相同的值。

相比于全局映射算法，局部映射算法更为灵活，它可以保留原始图像中更多的细节信息。但也会引入噪声和振铃等问题，计算量大，而且由于受到邻域像素点的影响，对于亮、暗过渡较为明显的区域，容易产生光晕等现象，视觉效果不好。

下面介绍几种常见的色调映射算法。

4.4.2　线性色调映射算法

全局色调映射算法是色调映射领域较早的算法，采用一个线性函数进行色调映射处理[93,94]，其公式如下所示：

$$L_{\text{display}} = mL_{\text{world}} \tag{4.29a}$$

$$m = \left[\frac{1.219 + L_{\text{d}}^{0.4}}{1.219 + L_{\text{w}}^{0.4}}\right]^{2.5} \tag{4.29b}$$

式中，L_{d} 和 L_{w} 分别表示传统显示设备和真实场景中的亮度。该算法原理简单并且计算效率高，但是，得到的结果图效果较差，亮度级别降低的同时图像细节信息损失严重。

另外还有效果更好的全局线性映射算法[95]，它将对数亮度平均值看作是对场景关键点有用的近似值，并根据平均亮度值 L_{avg} 和亮度比例因子 α 进行一次线性放缩，公式如下：

$$L' = \frac{\alpha}{L_{\text{avg}}} L_{\text{w}} \tag{4.30}$$

对线性放缩后的亮度值进行第二次线性压缩变换：

$$L_{\text{out}} = \frac{L'}{1 + L'} \tag{4.31}$$

同时，引入 L_{white} 将上式扩展为一个可控函数，公式如下：

$$L_{\text{out}} = \frac{L'(1 + L / L_{\text{white}}^2)}{1 + L'} \tag{4.32}$$

4.4.3　对数色调映射算法

人眼对自然界的感知具有非线性关系[96]，而对数函数曲线比较符合人眼感知的曲线。对数变换采用的函数如下所示：

$$L_{\text{d}} = \frac{\log_{\text{base}}(L_{\text{w}} + 1)}{\log_{\text{base}}(L_{\text{w max}} + 1)} \tag{4.33}$$

式中，L_{d} 和 L_{w} 分别表示传统显示设备和真实场景中的亮度，base 表示对数的基底，可以取 2～10 中任意一个。

对上述基础对数映射进行改进，采用对数基底自适应的方法对亮度进行处理[38, 96]，根据每个像素的特点自适应地选择对数函数的基底 base，公式如下：

$$L_{\mathrm{d}}=\frac{L_{\mathrm{dmax}}\cdot 0.01}{\lg(L_{\mathrm{wmax}}+1)}\frac{\ln(L_{\mathrm{w}}+1)}{\ln\left[2+(\mathrm{bias}_b(t)\times 8)\right]} \tag{4.34}$$

式中，L_{dmax} 表示显示设备可以达到的最大亮度值，在这里，根据显示器的数据可以得到 L_{dmax} 取的值为 100；ln 表示自然对数；L_{wmax} 等于 L_{max} 与曝光量的乘积，而且曝光量可以根据情况进行调整。在这个算法中，对数的底数对映射结果产生的影响比较大，但是它是根据每个像素点的照度值大小来决定对数的基数大小，这样就避免了主观因素的影响。调整对数基数的函数公式如下所示：

$$\mathrm{bias}_b(t)=t^{\frac{\lg b}{\lg 0.5}}=\left(\frac{L_{\mathrm{w}}}{L_{\mathrm{wmax}}}\right)\frac{\lg b}{\lg 0.5} \tag{4.35}$$

式中，b 是输入参数变量，取值范围是 0.5～1.0。

4.4.4　伽马纠正色调映射算法

人眼视觉系统对输入的场景信息处理并不是线性的，可以利用类似于伽马值小于 1 的曲线对看到的场景信息进行处理。而且从心理角度出发，人眼视觉系统中看到的中灰色块在物理亮度值表示大约在白色块的 20%，通过用一个幂函数表示客观数值和主观心理感知之间的关系比较恰当。人们实际生活中所用到的显示设备的输出亮度值大小和输入电压的关系都是非线性的，而这种非线性关系可以利用一个指数函数来描述，也就是通常所说的伽马函数，其函数公式如下所示：

$$L_{\mathrm{d}}=L_{\mathrm{w}}^{\gamma} \tag{4.36}$$

式中，L_{w} 表示输入的电压大小，这里指图像像素的大小；γ 表示指数函数的指数值大小；L_{d} 表示输出的亮度值大小。这种算法虽然简单，但是如果对 HDR 图像采用该算法进行动态范围的处理，容易导致输出图像与原图像产生较大差别，其差别程度取决于 γ 值的大小。

为了解决这一问题，使其产生的结果尽可能地与原图像保持一致，就要对原有的函数进行改进。在基于伽马变换的色调映射[97]以对数亮度平均值作为特征值和 α 亮度比例因子对输入的亮度值进行线性放缩，α 在这里取值为 0.72，公式如下：

$$L_{\mathrm{c}}=\frac{\alpha}{L_{\mathrm{avg}}}L_{\mathrm{w}} \tag{4.37}$$

式中，L_{w} 是输入高动态范围图像的亮度值。接下来对线性缩放后的亮度进行伽马变换，该函数公式如下所示：

$$L_{\mathrm{d}}=\frac{(L_{\mathrm{c}})^{1/\gamma}-L_{\mathrm{c,min}}^{1/\gamma}}{L_{\mathrm{c,max}}^{1/\gamma}-L_{\mathrm{c,min}}^{1/\gamma}} \tag{4.38}$$

式中，伽马变换系数 γ 取值为 2.2。利用动态范围将亮度值进行归一化处理后，亮度值范围在[0,1]之间，保护了过渡区域内像素之间的相对密集度。从式（4.38）可以看出，对亮度的纠正就是对非线性关系的逆变换，而且γ纠正所采用的函数模型与 HVS 模型相似。

4.4.5　S 型曲线方程色调映射算法

根据韦伯定律可知人眼视觉系统对大自然界光亮的感知是非线性的[98]，因此采用基于 S 型曲线方程[99]的方法进行色调映射。S 方程提供了一个 0～1 范围的非线性关系曲线，数学公式如下：

$$S = \frac{1.0}{1.0 + e^{-x}} \tag{4.39}$$

曲线图如图 4.28 所示。

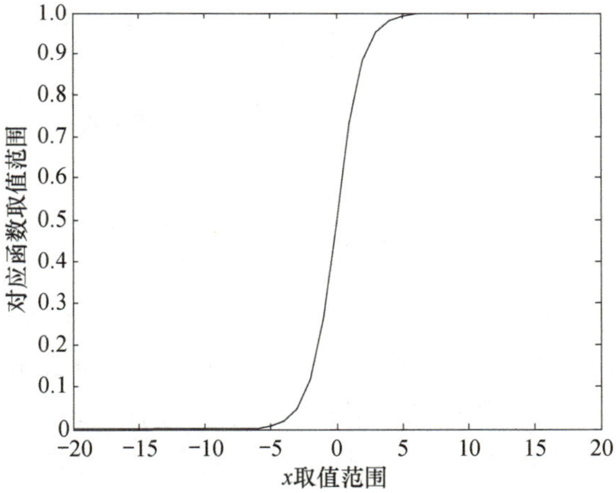

图 4.28　S 型曲线图

由图 4.28 可知，当 S 型曲线的自变量x在区间 [−5,5] 取值范围内，此时的因变量Y的取值斜率最大，说明该函数可以将动态范围在 [−5,5] 的像素迅速扩展到归一化后的动态范围区间 [0,1]，而高动态范围的像素缓慢扩展到区间 [0,1]。为了使得映射后的图像拥有较好的平滑效果，该算法采用对数变换$\log_5 L_w$，这样就可以把亮度大小转变到因变量斜率最大的范围内，即因变量取值为区间 [−5,5]。最后，通过一个类似 S 方程计算出新的亮度值，公式如下所示：

$$L' = \frac{1}{\lg(L_{wa\_max} + 1.0)} \times \frac{\log_5(L_{wa} + 1.0)}{1.0 + \exp(-\log_5(L_{wa}))} \tag{4.40}$$

式中，$L_{wa} = L_w / L_{avg}$；$L_{wa\_max} = L_{max} / L_{avg}$ 代表该图像的细节信息，L_{max} 代表着亮度最大值。再对新的亮度值进行伽马修正，修正系数γ为 2.2，公式如下：

$$L_d = (L')^{1/\gamma} \tag{4.41}$$

4.4.6　基于色貌模型的色调映射算法

基于色貌模型算法又叫作 iCAM 算法[45]，该算法首先将亮度分量和颜色分量分离开，对亮度分量进行处理，避免颜色信息的损失。

$$\begin{bmatrix} R \\ G \\ B \end{bmatrix} = M_{\text{CAT02}} \begin{bmatrix} X \\ Y \\ Z \end{bmatrix}, \quad M_{\text{CAT02}} = \begin{bmatrix} 0.7328 & 0.4296 & -0.1624 \\ -0.7030 & 1.6975 & 0.0610 \\ 0.0030 & 0.0136 & 0.9834 \end{bmatrix} \tag{4.42}$$

$$D = F\left[1 - \left(\frac{1}{3.6}\right) e^{\frac{-(L_A - 42)}{92}}\right] \tag{4.43}$$

式中，D 表示适应性因子；F 为环境参数。

$$R_c = \left[\left(Y_w \frac{D}{R_w}\right) + (1 - D)\right] R \tag{4.44}$$

$$G_c = \left[\left(Y_w \frac{D}{R_w}\right) + (1 - D)\right] G \tag{4.45}$$

$$B_c = \left[\left(Y_w \frac{D}{R_w}\right) + (1 - D)\right] B \tag{4.46}$$

式中，R_c、G_c、B_c 分别表示色适应变换后的视锥响应三刺激值。

色适应变换用于不同场景的颜色匹配，并利用图像的局部适应和全局白点进行转换，其适应场亮度 L_A 和适应白点 (R_w, G_w, B_w) 的计算方法更加有效。人眼在对任何一个像素产生刺激时都要受到周围其他像素产生的局部作用而影响主观感受，为了解决这个问题，原图像的色貌在适应场亮度和适应白点锥体响应信号的计算中全部采用图像本身的空域低通变换形式。该算法的计算操作如下所示：

$$\begin{bmatrix} X_{D65} \\ Y_{D65} \\ Z_{D65} \end{bmatrix} = M_{\text{CAT02}}^{-1} \begin{bmatrix} R_c \\ G_c \\ B_c \end{bmatrix} \tag{4.47}$$

$$\begin{bmatrix} L \\ M \\ S \end{bmatrix} = \begin{bmatrix} 0.4002 & 0.7075 & -0.0807 \\ -0.2280 & 1.1500 & 0.0612 \\ 0 & 0 & 0.9184 \end{bmatrix} \begin{bmatrix} X_{D65} \\ Y_{D65} \\ Z_{D65} \end{bmatrix} \tag{4.48}$$

$$\begin{cases} L' = L^{0.43F_L}, & L > 0 \\ L' = |L|^{0.43F_L}, & L \leqslant 0 \end{cases} \quad M', S' \text{ 同样成立} \tag{4.49}$$

$$\begin{bmatrix} I \\ P \\ T \end{bmatrix} = \begin{bmatrix} 0.4000 & 0.4000 & 0.200 \\ 4.4550 & -4.851 & 0.396 \\ 0.8056 & 0.3572 & -1.162 \end{bmatrix} \begin{bmatrix} L' \\ M' \\ S' \end{bmatrix} \tag{4.50}$$

该算法采用 IPT 彩色空间对图像动态范围进行压缩，因为 IPT 彩色空间容易转换并且对颜色的感知和预测效果较好，这样三个分量也就是相对独立的，如果对其中一个分量进行变换处理，就能保证到其他两个分量不会受到干扰。首先对亮度分量通过幂函数进行压缩，因为人眼视觉感知可以用幂函数来模拟，所以其符合人眼感知规律。然后对图像进行 IPT 逆变换、色适应逆变换和彩色空间转换，对图像中的像素进行处理，舍去那些处于 1%或者 99%的像素值，即对极亮处和极暗处像素处理，因为这部分像素人眼一般情况下感知不明显，因此可以忽略不计。最后，对亮度处理后图像的像素再进行伽马校正，使得图像更加自然和逼真。

4.4.7 iCAM06 色调映射算法

iCAM06 和 iCAM 算法是对 HDR 图像处理思路相似的两种算法[45, 100]。把图像从 RGB 空间转换到 XYZ 空间，并对图像采用双边滤波，从而把原始图像分成两层，分别是基础层和细节层，其中基础层包含平滑信息和大尺度的变化部分，细节层包含边缘、纹理等小尺度的变化部分，接着对基础层和细节层分别处理，合并后再进行 IPT 颜色空间的转换，最终输出 RGB 空间的彩色图像。

首先，将输入 sRGB 彩色图像变换到 CIE-XYZ 空间的彩色图像，公式如下：

$$\begin{bmatrix} X \\ Y \\ Z \end{bmatrix} = M_{\mathrm{sRGB}} \begin{bmatrix} R \\ G \\ B \end{bmatrix}, \quad M_{\mathrm{sRGB}} = \begin{bmatrix} 0.4124 & 0.2127 & 0.0193 \\ 0.3576 & 0.7152 & 0.1192 \\ 0.1805 & 0.0722 & 0.9504 \end{bmatrix} \tag{4.51}$$

其次，将图像采用双边滤波器将其分为基础层和细节层，能够将图像中的细节特征呈现出来，还能提高图像的局部对比度，减少了映射产生的光晕效应。其计算如下所示：

$$J_s = \frac{1}{k(s)} \sum_{p\in\Omega} f(p-s)g(I_p - I_s)I_p \tag{4.52}$$

$$k(s) = \sum_{p\in\Omega} f(p-s)g(I_p - I_s) \tag{4.53}$$

式中，$f(p-s)$ 表示空域内的高斯滤波函数；$g(I_p - I_s)$ 表示亮度域中的高斯滤波函数；I_s、I_p 分别表示像素 s、p 的亮度大小；Ω 表示整幅图像。

然后，对基础层进行色适应转换和对数色调压缩处理，公式如下所示：

$$\begin{bmatrix} R' \\ G' \\ B' \end{bmatrix} = M_{\mathrm{HPE}} M_{\mathrm{CAT02}}^{-1} \begin{bmatrix} R_{\mathrm{c}} \\ G_{\mathrm{c}} \\ B_{\mathrm{c}} \end{bmatrix} \tag{4.54}$$

$$M_{\mathrm{HPE}} = \begin{bmatrix} 0.38971 & 0.68898 & -0.078 \\ -0.229 & 1.18340 & 0.04641 \\ 0 & 0 & 1.0 \end{bmatrix} \tag{4.55}$$

$$M_{\mathrm{CAT02}}^{-1} = \begin{bmatrix} 1.096124 & -0.278869 & 0.182745 \\ 0.454369 & 0.473533 & 0.072098 \\ -0.00962 & -0.00569 & 1.015326 \end{bmatrix} \tag{4.56}$$

$$R_{\mathrm{a}}' = \frac{400\left(F_{\mathrm{L}} R' / Y_{\mathrm{w}}\right)^{p}}{27.13 + \left(F_{\mathrm{L}} R' / Y_{\mathrm{w}}\right)^{p}} + 0.1,\quad G_{\mathrm{a}}'、B_{\mathrm{a}}' \text{ 同样成立} \tag{4.57}$$

$$F_{\mathrm{L}} = 0.2k^{4}(5L_{\mathrm{A}}) + 0.1(1-k^{4})^{2}(5L_{\mathrm{A}})^{1/3}, k = 1/(5L_{\mathrm{A}}+1) \tag{4.58}$$

式中，R',G',B' 分别表示三刺激值；$R_{\mathrm{a}}',G_{\mathrm{a}}',B_{\mathrm{a}}'$ 分别表示经过压缩后的三刺激值；Y_{w} 表示局部适应白点图像的亮度值；p 一般取值为 0.75，且其取值越大，对比度就越大。

接着，采用幂函数对细节层进行处理，公式如下所示：

$$\mathrm{Details}_{\mathrm{a}} = \mathrm{Details}^{(F_{\mathrm{L}}+0.8)^{0.25}} \tag{4.59}$$

最后，将细节层与基础层合并，并进行颜色空间转换，不同参数的伽马矫正得到色调映射后的输出图像：

$$I_{\alpha} = I^{\gamma} \tag{4.60}$$

式中，γ 值为 1 时表示较暗的像素环境，γ 取值为 1.25 时表示中等亮度的环境，γ 取值为 1.5 时表示较亮的像素环境。该算法是在 iCAM 算法基础之上进行改进得来的，相较之下，该算法的优点是：采用了双边滤波对图像进行分层处理，不仅能够保留细节信息，而且能避免光晕效应；对图像的基础层进行压缩并采用了 CIECAM02 中的压缩函数，增强人眼感知性能；对图像进行三次模型转换使其能在自然环境复杂的情况下适用。

4.4.8　色调均化直方图算法

色调均化直方图算法的思想：首先根据公式得到每一个像素亮度分量值的大小，同时，画出 HDR 图像的亮度直方图[101]。然后对其进行均衡化处理，这是一个递归算法，在 HDR 图像的像素里找到一个点 C_0，这样就可以把原有的像素分成两个区间，分别是 $[a, C_0]$ 和 $[C_0, b]$，之后再在这两个区间内分别找到 $C_{1.0}$ 和 $C_{1.1}$，一直找到 255 个这样的点去划分像素区间，最后得到 256 段区间。利用公式确定 C_x 的值。对亮度分量处理完后，利用式（4.64）恢复彩色分量。

$$L = 0.299R + 0.578G + 0.144B \tag{4.61}$$

$$E_{\mathrm{b}}(c) = \frac{[c - 0.5(L_{\max} + L_{\min})]^2}{L^2} + \lambda \frac{\left[\left(\sum_{x=L_{\min}}^{c} h(x)\right) - 0.5N\right]^2}{N^2} \tag{4.62}$$

式中，L表示亮度分量值；N表示一幅图像中像素的总个数；λ是可变系数，它用来调整输出的视觉效果。

$$c = \arg(\min(E_{\mathrm{b}}(x))) \tag{4.63}$$

该式用来求解使$E_{\mathrm{b}}(x)$最小的x。

$$R_{\mathrm{out}} = \left(\frac{R_{\mathrm{in}}}{L_{\mathrm{in}}}\right)^{\gamma} L_{\mathrm{out}},\quad G_{\mathrm{out}} = \left(\frac{G_{\mathrm{in}}}{L_{\mathrm{in}}}\right)^{\gamma} L_{\mathrm{out}},\quad B_{\mathrm{out}} = \left(\frac{B_{\mathrm{in}}}{L_{\mathrm{in}}}\right)^{\gamma} L_{\mathrm{out}} \tag{4.64}$$

式中，指数参数γ在 0.4 到 0.6 之间取值。该算法是将亮度分量和彩色分量分离后进行处理，在对亮度分量均衡化后进行压缩，色调均化直方图的算法比较简单，并且易于实现。但是，均衡化降低了像素的亮度级，这样会丢失图像的细节信息。

4.4.9　基于亮度自适应分段的色调映射算法

首先将 HDR 图像从 RGB 彩色空间转化到 CIE XYZ 彩色空间，使颜色、亮度等分量之间是正交关系，减少相关性。再用亮度平均值作为关键值计算出该图像的两个阈值，将亮度划分成三个区域段：低光区、过渡区和高光区。然后，根据不同阶段亮度值分布的特点采用不同的亮度压缩算法，得到 LDR 图像的亮度值。最后，恢复彩色信息，得到最终的 LDR 图像。算法处理过程如图 4.29 所示。

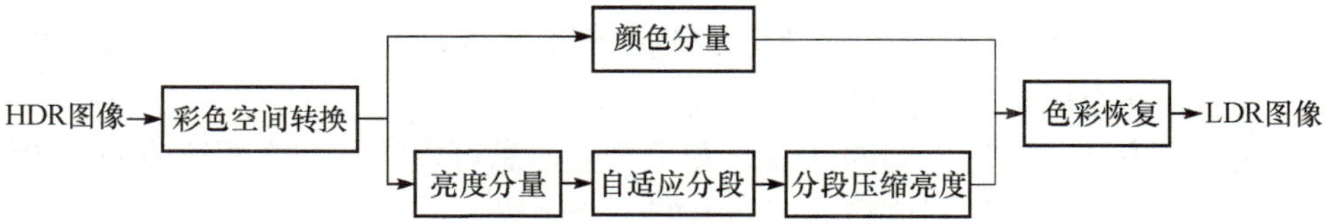

图 4.29　色调映射算法流程图

1. 彩色空间转换

采用 CIE XYZ 彩色空间，该颜色空间是一个正交空间模型，X、Y、Z三个分量是正交的关系，这样就大大降低了它们之间的相关性。因此，对图像处理前将输入的图像数据由 RGB 彩色空间转换到 CIE XYZ 彩色空间[102]，转换公式如下：

$$\begin{bmatrix} X \\ Y \\ Z \end{bmatrix} = M_{\mathrm{RGB-XYZ}} \begin{bmatrix} R \\ G \\ B \end{bmatrix} \tag{4.65}$$

$$M_{\text{RBG-XYZ}} = \begin{bmatrix} 0.4124 & 0.3576 & 0.1805 \\ 0.2126 & 0.7152 & 0.0722 \\ 0.0193 & 0.1192 & 0.9505 \end{bmatrix} \tag{4.66}$$

式中，Y代表亮度信息分量。

2. 自适应分段

HDR 图像是指亮度动态范围较高的图像，并且该图像内明暗处像素之间的灰度比值较大，意味着这些像素之间相互影响非常小，甚至可以忽略不计。因此，在进行色调映射时，可以对 HDR 图像的亮度值分布采用自适应分段进行处理[103,104]，以对数亮度平均值作为关键值 key 并归一化，公式如下：

$$\text{key} = \frac{L_{\text{avg}} - \lg L_{\min}}{\lg L_{\max} - \lg L_{\min}} \tag{4.67}$$

$$L_{\text{avg}} = (1/N)\sum_{x} \lg[\delta + L(x)] \tag{4.68}$$

式中，$L(x)$表示x坐标处的亮度值；L_{avg}表示对数亮度平均值；N是图像像素数；δ是极小正值；$L_{\min}$是亮度最小值，$L_{\max}$是亮度最大值。

根据 key 值计算低光区阈值和高光区阈值，将亮度信息自适应地划分为三个阶段：低光区、过渡区和高光区。阈值计算公式如下：

$$\begin{cases} L_1 = L_{\max} - (0.7 + 0.1\text{key})(L_{\max} - L_{\min}) \\ L_2 = L_{\min} - [0.5 + 0.4(1 - \text{key})](L_{\max} - L_{\min}) \end{cases} \tag{4.69}$$

式中，L_1为低光区阈值；L_2为高光区阈值；$L_{\max}$和$L_{\min}$分别是亮度分量Y归一化后的最大值和最小值，其中$L_{\max}$被归一化为 1。这样，根据两个阈值将像素亮度值分成三个区间，其中，值小于阈值L_1的划分到低光区，大于阈值L_2的划分到高光区，大小在两个阈值中间的像素划分到过渡区。

通过该方法，针对不同的 HDR 图像亮度信息可以计算与之相适应的分段情况，得到属于该图像的阈值和亮度信息的三个区段。

3. 分段式色调映射

根据多幅 HDR 图像的像素值，计算出每一幅图像的平均灰度值、最大灰度值、最小灰度值以及动态范围，通过这些数据来分析 HDR 图像像素分布特点，如表 4.4 所示。

表 4.4　高动态范围图像数据

高动态范围图像	平均值	最大值	最小值	动态范围
Memoria.hdr	6.3211	225.2	6.603×10^{-3}	10^5：1
AtriumNight.hdr	1.866	42.13	1.373×10^{-7}	10^8：1
window_series.hdr	0.0512	253	2.594×10^{-4}	10^6：1
tree.hdr	0.8423	9.539	1.472×10^{-6}	10^7：1

由表 4.4 中的像素相关数据可知，上述实验 HDR 图像的像素分布特点是：在亮度值取值较小的区间段内像素分布数量较多，也就是说，像素分布集中在低光区内，在过渡区和高光区内像素的数量并不是很多[105]。色调映射后得到的图像视觉效果不好的原因在于图像中绝大多数像素值处于较小的取值区间内，映射后像素的取值会变得更小，得到的图像整体视觉效果下降。

根据上述 HDR 图像像素分布特点可知，要想得到一个理想的色调映射结果，可以针对不同区域的像素特征采用与之相适应的压缩算法。在提出的色调映射算法中，先分析各个区间段内像素的特征，再根据这些特征选用不同的色调映射方法进行处理。

首先，通过表 4.4 的分析可知：低光区段像素分布紧密、数量集中，因此把较暗的灰度值相互拉开，使它们不再密集地集中在一起，这样就可以保存色调映射后图像的细节信息。根据上述分析，对于自适应分段中的低光区域，本书选用基于 S 曲线方程的色调映射方法。由图 4.28（S 型曲线图）可以看出，自变量取值范围在[−5,5]时，函数值的变化最大，也就是斜率最大。利用 S 曲线方程将低光区域的亮度值转换到[−5,5]，这样就可以将分布密集、数量集中的像素之间的距离拉开，使其在低光区域分布变得较为稀疏和分散，并且让低光区域内的像素值不是变得更小而是增大，并保护低光区域内的细节信息。

其次，由表 4.4 分析可知，在过渡区域内像素分布数量相较于低光区域并不是非常集中和密集，并且像素亮度级别处于中间段，动态范围也不是很大。根据过渡区域像素的这些特征，应把处于中间值的像素亮度信息保持相对不变地映射到 LDR 图像中去。人眼视觉系统对自然场景的处理可以近似看成是按照伽马值小于 1 的曲线进行处理的，这样符合人眼对图像的分辨特征。因此，采用基于伽马变换的色调映射方法，能将过渡区域像素的亮度信息相对平稳地映射到低动态范围内，并保留细节信息。

与此同时，研究人员从人类心理角度出发，分析当人类视觉感知中的中灰度亮度区间对应到物理上时，它的亮度值大约在白色块的 20%。因此，采用伽马变换，实质上也就是一个幂函数，来描述客观自然数值和主观心理感知之间的对应关系，能够保证过渡区域内像素值相对不变。同时，γ值取 2.2 对应的是人类心理上的中灰值，因此，在伽马变换时的γ值取 2.2。

最后，对于高光区来说，该区域像素分布稀疏并且数量较少，亮度级较高，需要把高光区内的大亮度值合并压缩到低动态范围内，并且此处的亮度信息处理对图像整体细节影响不大，因此采用线性变换压缩亮度级别。全局压缩动态范围方法中效果较好的方法有 Reinhard 遮光−曝光算法，因此，本节选用该算法对高光区域内的像素进行色调映射处理。

4. 恢复彩色信息

色调映射过程中，传统的恢复彩色信息方法是保留颜色比例[106]，公式如下：

$$C_{\mathrm{d}} = \frac{C_{\mathrm{w}}}{L_{\mathrm{w}}} \times L_{\mathrm{d}} \tag{4.70}$$

式中，C_{w} 表示 R、G、B 三个通道；L_{w} 和 L_{d} 表示色调映射前后的像素亮度。

随后，在彩色信息的恢复中引入了颜色饱和度控制系数 s，对色度信息进行了简单处理[107]，公式如下：

$$C_{\mathrm{d}} = \left(\frac{C_{\mathrm{w}}}{L_{\mathrm{w}}}\right)^{s} \times L_{\mathrm{d}} \tag{4.71}$$

根据上述内容，选用基于颜色和色差响应模型的算法恢复彩色信息。公式如下：

$$C_{\mathrm{d}} = \left[\left(\frac{C_{\mathrm{w}}}{L_{\mathrm{w}}} - 1\right)s + 1\right] \times L_{\mathrm{d}} \tag{4.72}$$

该算法得到的映射图像保护了亮度分量信息，仅仅针对颜色和色差进行处理。调整颜色饱和度控制系数 s 不会对亮度通道产生影响，还能增强图像饱和度，避免色度发生偏差。最后，结果图像的纹理特征丢失和色度失真能达到最小化，并产生较好的视觉效果。

选取三组 HDR 图像进行实验并对映射后的图像进行分析[108,109]。对不同场景的高动态范围图像分别采用 Reinhard 遮光–曝光、平均加权融合、S 型曲线以及本书算法进行色调映射，从主观上对处理后的实验结果进行对比和分析。实验结果如图 4.30～图 4.32 所示。

(a) Reinhard遮光-曝光　　(b) S型曲线

(c) 平均加权融合　　(d) 本书算法

图 4.30　图像 office 色调映射结果图（原始图像参考文献[5]）

(a) Reinhard遮光-曝光　(b) S型曲线　(c) 平均加权融合　(d) 本书算法

图 4.31　图像 AtriumNight 色调映射结果图（原始图像参考文献[5]）

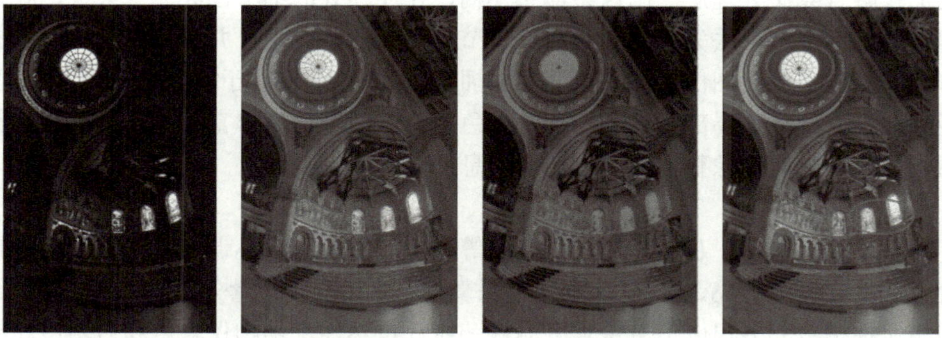

(a) Reinhard遮光-曝光　(b) S型曲线　(c) 平均加权融合　(d) 本书算法

图 4.32　图像 memorial 色调映射结果图（原始图像参考文献[5]）

图 4.30 中，Reinhard 遮光-曝光算法色调映射后的图像整体亮度变暗，窗户处的局部细节较为清晰，但是屋内环境的细节不清楚，且局部对比度较低；S 型曲线算法色调映射后的图像整体亮度较亮，较亮的窗户的局部细节比较清晰，但是窗户处的颜色发生了改变，屋内细节也比较清楚，但有局部信息丢失；平均加权融合算法色调映射后的图像整体较为模糊，亮度偏暗，窗户的细节明显丢失，对比度较低；本书算法色调映射后的图像能够保持原图像的整体亮度相对不变，在细节方面，窗户和屋内的局部纹理清晰，映射后图像对比度较好，层次清晰。

图 4.31 中，Reinhard 遮光-曝光算法压缩后的图像整体亮度变暗，灯处的细节清晰，轮廓明显，但是在屋顶处的细节信息丢失严重，并且整体图像的对比度较差，局部的细节信息丢失也比较严重；S 型曲线算法压缩后的图像整体亮度较好，但是最亮处也就是灯光周围不平滑；平均加权融合算法压缩后的图像整体较为模糊，亮处细节丢失后产生光晕，同时，图像中较暗区域的细节不清晰，映射后整体的对比度较弱；本书算法处理后的图像在亮度方面与原高动态图像基本一致，较亮区域也就是灯光周围的细节信息保存较好，局部细节清晰，图像亮度和细节从人眼视觉效果来看基本与原图相符。同时，图 4.31 反映出屋顶局部细节信息情况。相较之下，Reinhard 遮光-曝光算法的局部整体亮度偏暗，而 S 型曲线算法和平均加权融合算法的局部细节稍微有些模糊，本书算法在屋顶处的轮廓比较清晰，亮度较高，能够拥有高动态图像映射后暗处丰富的局部信息。

图 4.32 中，采用 Reinhard 遮光-曝光算法处理后的图像亮处细节非常清晰，但图像亮度级别大大降低，与原高动态图像相比暗处细节纹理丢失严重，墙壁上人物轮廓比较模糊；采用 S 型曲线算法处理后的图像整体亮度保持比较好，但是在亮处的细节有部分丢失，在屋顶和花色窗户处的细节不能够完全展现；采用平均加权融合算法处理后的图像整体感模糊，在屋顶处的细节已经完全丢失，花色窗户处的细节部分丢失，图像的局部细节信息保留不完整，并且清晰度低；本书算法得到的映射后图像仍然在亮度方面拥有较好的效果，对于较亮处屋顶的处理，能够展现出清晰的局部细节和轮廓，花色窗户的细节信息丰富，墙壁上的人物轮廓也比较清晰，图像整体颜色和亮度信息保存较好。

5. 客观评价

除了主观评价，也可使用 Yeganeh 等提出的专门用于色调映射图像的客观评价方法[110]。分别用 S、N、Q 代表结构保真度、自然度和质量分数。该方法基于结构相似性指数的多尺度信号保真度测量和统计自然性，结构保真度和自然度相结合就得到了质量分数指标，它能够给每一幅图像提供一个总的评价指标值。

结构保真度为

$$S=\prod_{i=1}^{L} S_l^{\beta_1} \tag{4.73}$$

式中，

$$S_l=\frac{1}{N_1}\sum_{i=1}^{N_1} S_{\text{local}}(x_i,y_i) \tag{4.74}$$

$$S_{\text{local}}(x,y)=\frac{2\delta_x\delta_y+C_1}{\delta_x^2+\delta_y^2+C_1}\frac{\delta_{xy}+C_2}{\delta_x\delta_y+C_2} \tag{4.75}$$

式中，S_{local} 代表局部的保真度；δ_x 表示高动态范围 HDR 图像局部标准差；δ_y 表示 LDR 图像的局部标准差；δ_{xy} 表示前两者的协方差；C_1、C_2 均是正数；S_l 是每个尺度下的保真度；N_1 是第 1 尺度下区域数量；x_i 和 y_i 分别为 HDR 图像和 LDR 图像的第 i 块区域；L 为尺度数量；β_1 是第 1 尺度的加权指数。其中，保真度越大，意味着该映射后图像的细节就越丰富。

自然度为

$$N = \frac{1}{K} P_m(m) P_d(d) \tag{4.76}$$

式中，$P_m(m)$ 是高斯概率密度函数；$P_d(d)$ 是 Beta 概率密度函数；K 在这里是归一化系数，且

$$K = \max\{P_m, P_d\} \tag{4.77}$$

结合结构保真度和自然度得到综合质量评价指标：

$$Q = aS^{\alpha} + (1-a)N^{\beta} \tag{4.78}$$

式中，$a \in [0,1]$ 确定了两个分量的重要性；α 和 β 决定了两个分量的敏感度。

根据上述内容，获得映射后图像的客观评价指标。实验选用图像 memorial、AtriumMorning、groveD，其客观评价指标如表 4.5～表 4.7 所示。

表 4.5　memorial 图像色调映射客观评价

算法	S	N	Q
平均加权融合	0.7524	0.1347	0.7827
Reinhard 遮光-曝光	0.8115	0.344e-05	0.7528
S 型曲线方程	0.9122	0.2060	0.8440
本书算法	0.8541	0.9328	0.9529

表 4.6　AtriumMorning 图像色调映射客观评价

算法	S	N	Q
平均加权融合	0.7524	0.1347	0.7827
Reinhard 遮光-曝光	0.8944	0.1485	0.8259
S 型曲线方程	0.9179	0.5299	0.9073
本书算法	0.8646	0.8942	0.9501

表 4.7　groveD 图像色调映射客观评价

算法	S	N	Q
平均加权融合	0.7410	0.6409	0.8763
Reinhard 遮光-曝光	0.8819	0.5849	0.9070
S 型曲线方程	0.9179	0.6740	0.9309
本书算法	0.8703	0.8323	0.9425

由表 4.5～表 4.7 分析可知，提出的算法在结构保真度、自然度和质量分数三个方面的质量值较好，定量地反映出算法的优越性，并结合主观上的分析评价，说明提出的算法不仅能获得高质量的映射图像，而且能够满足人类的视觉感知需求。

参 考 文 献

[1] REINHARD E, HEIDRICH W, DEBEVEC P, et al. High Dynamic Range Imaging: Acquisition, Display, and Image-based Lighting[M]. 2nd ed. San Mateo: Morgan Kaufmann, 2010.

[2] DxOMark. DxOMark sensor scores [EB/OL]. http://www.dxomark.com/About/Sensor-scores/Use-Case-Scores. [2016-12-20].

[3] GUSTAVE L G. Photographer [EB/OL]. http://www.getty.edu/art/exhibitions/le_gray/index.html. [2015-12-7].

[4] MANN S, PICARD R W. On being 'undigital' with digital cameras: extending dynamic range by combining differently exposed pictures[C]// Proceedings of IS & T' S 48th Annual Conference. Washington: Society for Imaging Science and Technology, 1995:442-448.

[5] DEBEVEC P E, MALIK J. Recovering high dynamic range radiance maps from photographs[C]//Proceedings of the 24th Annual Conference on Computer Graphics and Interactive Techniques. Los Angeles: ACM, 1997:369-378.

[6] MITSUNAGA T, NAYAR S K. Radiometric self calibration [C]//IEEE Computer Society Conference on Computer Vision and Pattern Recognition. Fort Collins: IEEE, 1999,1:374-380.

[7] SEN P, KALANTARI N K, YAESOUBI M, et al. Robust patch-based HDR reconstruction of dynamic scenes[J]. ACM Transactions on Graphics, 2012, 31 (6): 203.

[8] KALANTARI N K, SHECHTMAN E, BARNES C, et al. Patch-based high dynamic range video[J]. ACM Transactions on Graphics, 2013, 32 (6): 202.

[9] KRONANDER J, GUSTAVSON S, BONNET G, et al. A unified framework for multi-sensor HDR video reconstruction [J]. Signal Processing: Image Communication, 2014, 29 (2): 203-215.

[10] TOCCI M D, KISER C, TOCCI N, et al. A versatile HDR video production system [J]. ACM Transactions on Graphics, 2011, 30 (4): 41.

[11] KRONANDER J, GUSTAVSON S, BONNET G, et al. Unified HDR reconstruction from raw CFA data[C]// IEEE International Conference on Computational Photography. Cambridge: IEEE, 2013: 1-9.

[12] SUN N, MANSOUR H, WARD R. HDR image construction from multi-exposed stereo LDR images[C]// IEEE International Conference on Image Processing. Hong Kong, 2010: 2973-2976.

[13] BÄTZ M, RICHTER T, GARBAS J U, et al. High dynamic range video reconstruction from a stereo camera setup [J]. Signal Processing: Image Communication, 2014, 29 (2): 191-202.

[14] KEINERT J, WETZEL M, SCHÖBERL M, et al. Cost-effective multi-camera array for high quality video with very high dynamic range [J]. Digital Photography X, 2014, 9023 (1): 1-15.

[15] LEE B, SONG B C. Multi-image high dynamic range algorithm using a hybrid camera [J]. Signal Processing: Image Communication, 2015, 30: 37-56.

[16] NAYAR S K, MITSUNAGA T. High dynamic range imaging: spatially varying pixel exposures[C]//IEEE Conference on Computer Vision and Pattern Recognition. Hilton Head Island: IEEE, 2000: 472-479.

[17] CHENG H Y, CHOUBEY B, COLLINS S. A high-dynamic-range integrating pixel with an adaptive logarithmic

response [J]. Photonics Technology Letters, 2007, 19 (15): 1169-1171.

[18] AGUERREBERE C, ALMANSA A, GOUSSEAU Y, et al. Single shot high dynamic range imaging using piecewise linear estimators[C]// IEEE International Conference on Computational Photography. Santa Clara: IEEE, 2014: 1-10.

[19] NAYAR S K, BRANZOI V. Adaptive dynamic range imaging: Optical control of pixel exposures over space and time[C]// IEEE International Conference on Computer Vision. Nice: IEEE, 2003: 1168-1175.

[20] HAJSHARIF S, KRONANDER J, Unger J. HDR reconstruction for alternating gain (ISO) sensor readout[C]// Eurographics 2014-Short Papers. Strasbourg: The Eurographics Association 2014.

[21] TEIXEIRA R, AIZAWA K. Simultaneous acquisition of multiple images with higher dynamic range[C]// IEEE International Conference on Acoustics, Speech and Signal Processing. Florence IEEE, 2014:1355-1359.

[22] CHO H, KIM S J, LEE S. Single-shot High Dynamic Range Imaging Using Coded Electronic Shutter [J]. Computer Graphics Forum, 2014, 33(7):329-338.

[23] GROSSBERG M D, NAYAR S K. High dynamic range from multiple images: Which exposures to combine[C]// Proceedings of the ICCV Workshop on Color and Photometric Methods in Computer Vision (CPMCV). Nice: IEEE Computer Society, 2003, 3 (3):1-8.

[24] NEIL B, ICHOLAS A H, DARCIE T E. Minimal-bracketing sets for high-dynamic-range image capture [J]. IEEE Transactions on Image Processing, 2008, 17 (10): 1864-1875.

[25] 白本督, 范九伦. 高动态范围成像最小包围曝光方法[J]. 西安邮电大学学报, 2015, 20 (5): 43-47.

[26] ROBERTSON M A, BORMAN S, STEVENSON R L. Estimation-theoretic approach to dynamic range enhancement using multiple exposures[J]. Journal of Electronic Imaging, 2003, 12 (2): 219-228.

[27] GROSSBERG M D, NAYAR S K. Modeling the space of camera response functions[J]. IEEE Transactions on Pattern Analysis and Machine Intelligence, 2004, 26 (10): 1272-1282.

[28] AKYÜZ A O, GENÇTAV A. A reality check for radiometric camera response recovery algorithms [J]. Computers & Graphics, 2013, 37 (7): 935-943.

[29] MERTENS T, KAUTZ J, Van R F. Exposure fusion:A simple and practical alternative to high dynamic range photography[J]. Computer Graphics Forum, 2009, 28 (1): 161-171.

[30] ZHANG W, CHAM W K. Gradient-directed composition of multi-exposure images[C]//IEEE Conference on Computer Vision and Pattern Recognition. San Francisco: IEEE, 2010: 530-536.

[31] SEETZEN H, Ward G, WHITEHEAD L, et al. High dynamic range display systems [J]. ACM Transactions on Graphics, 2004, 23 (3): 757-765.

[32] EILERTSEN G, WANAT R, MANTIUK R K, et al. Evaluation of tone mapping operators for HDR-video [J]. Computer Graphics Forum, 2013, 32 (7): 275-284.

[33] PATTANAIK S N, TUMBLIN J, YEE H, et al. Time-dependent visual adaptation for fast realistic image display[C]//SIGGRAPH '00 Proceedings of the 27th Annual Conference on Computer Graphics and Interactive Techniques. New Orleans: ACM, 2000: 47-54.

[34] CYRIAC P, BERTALMIO M, KANE D, et al. A tone mapping operator based on neural and psychophysical models of visual perception[C]//Proceedings of SPIE 9394, Human Vision and Electronic Imaging XX. San Francisco: SPIE, 2015: 93941I-93941I-10.

[35] DALY S, MANTIUK R, KEROFSKY L. Display adaptive tone mapping [J]. ACM Transactions on Graphics, 2008, 27 (3): 68.

[36] AKYÜZ A O, HADIMLI K, AYDINLILAR M, et al. Style-based tone mapping for HDR images[C]//Proceedings

of SIGGRAPH Asia 2013 Technical Briefs. Hong Kong: ACM, 2013: 23.

[37] BANTERLE F, ARTUSI A, DEBATTISTA K, et al. Advanced High Dynamic Range Imaging: Theory and Practice[M]. Natick: CRC Press, 2011: 33-113.

[38] DRAGO F, MYSZKOWSKI K, ANNEN T, et al. Adaptive logarithmic mapping for displaying high contrast scenes[J]. Computer Graphics Forum, 2003, 22 (3): 419-426.

[39] REINHARD E, STARK M, SHIRLEY P, et al. Photographic tone reproduction for digital images [J]. ACM Transactions on Graphics, 2002, 21 (3): 267-276.

[40] ASHIKHMIN M. A tone mapping algorithm for high contrast images[C]//Proceedings of the 13th Eurographics workshop on Rendering. Pisa: Eurographics Association, 2002: 145-156.

[41] YEE Y H, PATTANAIK S. Segmentation and adaptive assimilation for detail-preserving display of high-dynamic range images[J]. The Visual Computer, 2003, 19 (7): 457-466.

[42] LISCHINSKI D, FARBMAN Z, UYTTENDAELE M, et al. Interactive local adjustment of tonal values [J]. ACM Transactions on Graphics, 2006, 25 (3): 646-653.

[43] FATTAL R, LISCHINSKI D, WERMAN M. Gradient domain high dynamic range compression [J]. ACM Transactions on Graphics, 2002, 21 (3): 249-256.

[44] CHOUDHURY P, TUMBLIN J. The trilateral filter for high contrast images and meshes[C]// Proceedings of the 14th Eurographics Workshop on Rendering Techniques. Leuven: The Eurographics Association, 2003: 1-11.

[45] KUANG J, JOHNSON G M, FAIRCHILD M D. iCAM06: A refined image appearance model for HDR image rendering [J]. Journal of Visual Communication & Image Representation, 2007, 18 (5): 406-414.

[46] POULI T, ARTUSI A, BANTERLE F, et al. Color correction for tone reproduction[C]// 21st Color and Imaging Conference.Albuquerque : Society for Imaging Science and Technology , 2013 (1): 215-220.

[47] AKYÜZ A O, FLEMING R, RIECKE B E, et al. Do HDR displays support LDR content? A psychophysical evaluation [J]. ACM Transactions on Graphics, 2007, 26 (3): 38.

[48] LEDDA P, CHALMERS A, TROSCIANKO T, et al. Evaluation of tone mapping operators using a high dynamic range display[J]. ACM Transactions on Graphics, 2005, 24 (3): 640-648.

[49] ČADÍK M, WIMMER M, NEUMANN L, et al. Evaluation of HDR tone mapping methods using essential perceptual attributes [J]. Computers & Graphics, 2008, 32 (3): 330-349.

[50] YOSHIDA A, BLANZ V, MYSZKOWSKI K, et al. Perceptual evaluation of tone mapping operators with real-world scenes[C]//Proceedings of SPIE 5666, Human Vision and Electronic Imaging X. San Jose: SPIE, 2005: 192-203.

[51] KANG S B, UYTTENDAELE M, WINDER S, et al. High dynamic range video[J]. ACM Transactions on Graphics, 2003, 22 (3):319-325.

[52] WARD G. Fast, robust image registration for compositing high dynamic range photographs from hand-held exposures [J]. Journal of Graphics Tools, 2003, 8 (2): 17-30.

[53] GRANADOS M, KIM K I, TOMPKIN J, et al. Automatic noise modeling for ghost-free HDR reconstruction [J]. ACM Transactions on Graphics, 2013, 32 (6): 201.

[54] ZIMMER H, BRUHN A, WEICKERT J. Freehand HDR imaging of moving scenes with simultaneous resolution enhancement[J].Computer Graphics Forum, 2011, 30 (2): 405-414.

[55] JACOBS K, LOSCOS C, WARD G. Automatic high-dynamic range image generation for dynamic scenes [J]. IEEE Computer Graphics and Applications, 2008, 28 (2): 84-93.

[56] SRIKANTHA A, SIDIBÉ D. Ghost detection and removal for high dynamic range images: Recent advances [J].

Signal Processing: Image Communication, 2012, 27 (6): 650-662.

[57] GROSCH T. Fast and robust high dynamic range image generation with camera and object movement[C]//Proceedings of Vision, Modeling and Visualization. Aachen: IOS Press, 2006: 277-284.

[58] KHAN E A, AKYIIZ A, REINHARD E. Ghost removal in high dynamic range images[C]//IEEE International Conference on Image Processing. Atlanta: IEEE, 2006: 2005-2008.

[59] PEDONE M, HEIKKILÄ J. Constrain propagation for ghost removal in high dynamic range images[C]//International Conference on Computer Vision Theory and Applications. Funchal: INSTICC, 2008: 36-41.

[60] SILK S, LANG J. Fast high dynamic range image deghosting for arbitrary scene motion[C]//Graphics Interface. Toronto: ACM, 2012: 85-92.

[61] LEE D K, PARK R H, CHANG S. Ghost and noise removal in exposure fusion for high dynamic range imaging[J]. International Journal of Computer Graphics & Animation, 2014, 4 (4): 1-18.

[62] SIDIBE D, PUECH W, STRAUSS O. Ghost detection and removal in high dynamic range images[C]//2009 17th European Signal Processing Conference. Glasgow: IEEE, 2009: 2240-2244.

[63] MIN T H, PARK R H, CHANG S. Histogram based ghost removal in high dynamic range images[C]//IEEE International Conference on Multimedia and Expo. New York: IEEE, 2009: 530 - 533.

[64] GALLO O, GELFAND N, CHEN W C, et al. Artifact-free high dynamic range imaging[C]//IEEE International Conference on Computational Photography. San Francisco: IEEE, 2009:1-7.

[65] RAMAN S, CHAUDHURI S. Bottom-up segmentation for ghost-free reconstruction of a dynamic scene from multi-exposure images[C]//Proceedings of the Seventh Indian Conference on Computer Vision, Graphics and Image Processing. Chennai: ACM, 2010: 56-63.

[66] ZHANG W, CHAM W K. Gradient-directed multiexposure composition[J]. IEEE Transactions on Image Processing, 2012, 21 (4): 2318-2323.

[67] PECE F, KAUTZ J. Bitmap movement detection: HDR for dynamic scenes[C]//Proceedings of Conference on Visual Media Production. London: IEEE, 2010: 1-8.

[68] MANGIAT S, GIBSON J. High dynamic range video with ghost removal[C]//Proceedings of SPIE 7798, Applications of Digital Image Processing XXXII. San Diego: SPIE, 2010, 7798: 1-8.

[69] LEE C, LI Y, MONGA V. Ghost-free high dynamic range imaging via rank minimization[J]. IEEE Signal Processing Letters, 2014, 21: 1045-1049.

[70] OH T, LEE J, TAI Y, et al. Robust high dynamic range imaging by rank minimization[J]. IEEE Transactions on Pattern Analysis and Machine Intelligence, 2014，37 (6): 1219-1232.

[71] HADZIABDIC K K, TELALOVIC J H, MANTIUK R. Comparison of Deghosting algorithms for multi-exposure high dynamic range imaging[C]//Proceedings of the 29th Spring Conference on Computer Graphics. Smolenice: ACM, 2013: 21-28.

[72] ZHAO H, SHI B, FERNANDEZ C, et al. Unbounded high dynamic range photography using a modulo camera[C]//2015 IEEE International Conference on Computational Photography. Houston: IEEE, 2015: 1-10.

[73] HAJISHARIF S, KRONANDER J, UNGER J. Adaptive dualISO HDR reconstruction[J]. EURASIP Journal on Image & Video Processing, 2015, 2015 (41): 1-13.

[74] FROEHLICH J, GRANDINETTI S, EBERHARDT B, et al. Creating cinematic wide gamut HDR-video for the evaluation of tone mapping operators and HDR-displays[C]//Proceedings. of SPIE9023, Digital Photography X. San Francisco: SPIE, 2014: 1-10.

[75] 白本督，范九伦. 高动态范围成像研究进展[J]. 西安邮电大学学报, 2016, 21 (3): 1-44.

[76] LARSON G W, SHAKESPEARE R A. Rendering with Radiance[M]. San Francisco: Morgan Kaufmann Publishers, 1998.

[77] DEBEVEC P E. Rendering synthetic objects into real scenes: bridging traditional and image-based graphics with illumination and high dynamic range photography [C]. SIGGRAPH98, 1998: 45-50.

[78] WARD G. Real pixels[C]. Graphics Gems Ii, James Arvo, 1991.

[79] ADOBE. Tiff 6.0 specification [EB/OL]. http://partners.adobe.com/asn/tech/tiff/specification.jsp. [1992-01-30].

[80] LARSON G W. Overcoming gamut and dynamic range limitations in digital images [C]. IS&T 6th Color Imaging Conference, 1998.

[81] KAINZ F, BOGART R, HESS D. The openexr image file format[C]. SIGGRAPH Technical Sketches, 2003.

[82] HALFHILL T R. Parallel Processing with CUDA[R]. Microprocessor Report, 2008.

[83] MARK W R, GLANVILLE R S, AKELEY K, et al. Cg: a system for programming graphics hardware in a C-like language [J]. ACM Transactions on Graphics, 2003, 22 (3): 896-907.

[84] 伍世虔, 李政国. 高动态范围成像[J]. 西安邮电大学学报, 2013, 18 (2): 1-13.

[85] HASINOFF S W, DURAND F, FREEMAN W T. Noise-optimal capture for high dynamic range photography[C]. IEEE Conference on Computer Vision & Pattern Recognition, 2010: 553-560.

[86] GUICQUERO W, DUPRET A, VANDERGHEYNST P. Multi-capture high dynamic range compressive imaging[C]. Asilomar Conference on Signals, Systems and Computers, 2013: 143-147.

[87] 刘卫华. 合成高动态图像有关技术综述分析[J]. 电子世界, 2014, 2 (4): 178.

[88] 李杏梅, 严国萍, 陈亮. 图像时域方向与频域方向的关系研究[J]. 计算机工程与应用, 2012, 48 (23): 128-130.

[89] 马洋花. 基于变换域的高动态范围图像获取算法研究[D]. 西安：西安邮电大学, 2018.

[90] LIU W H, WU S Q, LIU Y, et al. An improved HDRI acquisition algorithm based on quality measurement[C]. IEEE 10th Conference on Industrial Electronics and Applications, 2015: 614-619.

[91] MERTENS T, KAUTZ J, REETH F V. Exposure Fusion [C]. The 15th Conference on Computer Graphics and Application, 2007: 382-390.

[92] 张建勋, 牛文宾, 张凯文. 一种改进的基于小波变换的图像融合算法[J]. 重庆理工大学学报, 2012, 26(1): 61-65.

[93] FERWERDA J A, PATTANAIK S N, SHIRLEY P, et al. A model of visual adaptation for realistic image synthesis[C]// Conference on Computer Graphics and Interactive Techniques. ACM, 1996: 249-258.

[94] 彭国福, 林正浩. 图像处理中 Gamma 校正的研究和实现[J]. 电子工程师, 2006, 32 (2): 30-32.

[95] REINHARD E, WARD G, PATTANAIK S, et al. High dynamic range imaging, acquisition, display and image-based lighting[M]. San Mateo, CA: Morgan Kaufmann, 2005.

[96] 邵华, 郁梅. 一种人眼感知驱动的成分分解色调映射算法[J]. 光学技术, 2017, 43 (5): 415-422.

[97] TAKAO J, KAZUYA M, MASAHIRO O. HDR video tone mapping based on Gamma blending [C]. Proceedings of 2010 IEEE 17th International Conference on Image Processing. Hong Kong, 2010: 2521-2524.

[98] 徐少平, 杨荣昌, 刘小平. 信息量加权的梯度显著度图像质量评价[J]. 中国图象图形学报, 2014, 19 (2): 201-210.

[99] 胡傢. 高动态范围图像的色阶重建算法的研究与应用[D]. 广州：中山大学, 2006.

[100] 宋明黎, 王慧琼, 陈纯,等. 基于概率模型的高动态范围图像色调映射[J]. 软件学报, 2009, 20 (3): 734-743.

[101] SCHEEL A, STAMMINGER M, SEIDEL H P. Tone reproduction for interactive walkthroughs[J]. Computer Graphics Forum, 2000, 19 (3): 301-311.

[102] HUANG M L, HUANG H Y, CHAN Z Y. An s-function based of tone reproduction algorithm for digital

photographic[J]. IEEE Transactions on Image Processing, 2003, 6 (7): 230-234.

[103] 谭锐莘. HDR 到 LDR 图像的分段式对数映射算法[J]. 计算机应用, 2008, 28 (7): 1724-1725.

[104] SCHLICK C. Quantization Techniques for Visualization of High Dynamic Range Pictures[M]. Berlin: Springer Berlin Heidelberg, 1995.

[105] 刘冬梅. 高动态范围图像显示算法的研究[D]. 上海：上海交通大学, 2009.

[106] YEGANEH H, WANG Z. Objective quality assessment of tone-mapped images[J]. IEEE Transactions on Image Processing A Publication of the IEEE Signal Processing Society, 2012, 22 (2): 657.

[107] LARSON G W, RUSHMEIER H, PIATKO C. A visibility matching tone reproduction operator for high dynamic range scenes[J]. IEEE Transactions on Visualization & Computer Graphics, 1997, 3 (4): 291-306.

[108] 王倩. 基于亮度压缩的色调映射算法研究[D]. 西安：西安邮电大学, 2018.

[109] 刘颖, 王倩, 刘卫华. 基于亮度自适应分段的高动态图像色调映射算法[J]. 电视技术, 2018, 42 (1): 24-30.

[110] WANG G F, ZHANG K, LI Y J. Image fusion method based on wavelet multiresolution analysis [J]. Infrared and Laser Engineering, 2003, 32 (5): 513-515.

第5章 图像水印技术

在司法领域，数字图像通常被用作重要的物证，司法人员可以通过图像证据的细节做出权威的判断和裁决。在侦破各类刑事案件和民事案件中，发挥了揭露犯罪、证实犯罪和打击犯罪的巨大作用。相对于其他证据，数字图像证据的表现形式直观，但是数字图像的保存特性，决定了其在生成、传输、接收、存储、应用等诸多环节中都容易遭到外部攻击和恶意篡改，而且这些编辑篡改和窃取的痕迹往往不易被发现，使得数字图像所提供的真实性大大降低。这些问题会给公安系统的取证、案情分析以及法庭判决等造成极大的损害。此外，如果数字图像被窃取，还会泄漏案情机密等，影响案情的进展。而数字水印技术就是保障其安全的一种方式。

数字水印（digital watermarking）技术是信息隐藏研究领域的一个重要分支，但是二者要求的特性有区别。相较信息隐藏技术，数字水印在提取信息和精确恢复方面要求更宽松，但是数字水印在抗攻击性方面比信息隐藏要求更严格。因此设计水印算法时，应该比信息隐藏算法具有更强的抗攻击性。

5.1 数字图像水印的基本概念

5.1.1 数字图像水印的概念、产生及其特点

1992年，国际上正式提出信息隐藏的概念。1996年在英国剑桥牛顿研究所召开了第一届国际信息隐藏学术研讨会，标志着信息隐藏的正式诞生。数字水印技术[1]是信息隐藏技术的一个重要分支，是数字信号处理、图像处理、密码学应用以及算法设计等学科的交叉领域。它是将一些标识信息（即数字水印）直接嵌入数字载体（包括多媒体、文档、软件等）当中，但不影响原载体的使用价值，也不容易被人的知觉系统（如视觉或听觉系统）觉察或注意到。通过这些隐藏在载体中的信息，可以达到确认内容创建者和购买者、传送隐秘信息或者判断载体是否被篡改等目的。图像是使用最广泛的多媒体数据，包括彩色图像、卡通、设计图和二值图像等。水印加载在图像上，则为数字图像水印技术。数字图像水印主要是利用图像中的冗余信息和人的视觉特点来加载。

在学术界，大家一致认为数字水印是从印在传统载体（如纸币、邮票和船票等）上的水印发展而来的，可通过光照查看隐藏于其中的水印信息，以此判断它的合法性。造纸术起源于中国，最初的纸币也流传于中国。北宋时期，四川民间发

明了“交子”，票面金额在使用时填写，可以兑换和流通[2]。那时候，交子上的印记就已经涉及水印技术和消隐技术。

正是传统水印和消隐技术的悠久历史和源远流长，激发了数字水印的初次运用。数字水印起源于 1954 年，Frank[3]申请了一项名为“identification of sound and like signals”（声音和类似信号的鉴定）的专利。但是，直到 Tirkel 等 [4]初次提出“watermark”这个术语，数字水印技术才真正成为研究热点。早期的数字图像水印算法是基于空域提出的，最低有效位（least significant bit, LSB）算法[5]就是最早的、最典型的空域算法。但是实际应用中，由于许多图像表达和编码的国际标准采用离散余弦变换（discrete cosine transformation, DCT）和离散小波变换（discrete wavelet transformation, DWT），所以许多图像水印在 DCT 域和 DWT 域中进行嵌入和提取[6,7]。

数字图像水印技术的基本特点如下。

安全性：数字水印的信息是安全的，难以篡改或伪造，同时，有较低的误检测率。当原内容发生变化时，数字水印发生变化，从而可以检测原始数据的变更。数字水印同样对重复添加有很强的抵抗性。水印可以是任何形式的数据，如数值、文本、图像等。

隐蔽性：数字水印是不可感知的，而且不影响被保护数据的正常使用，不会降质。

鲁棒性：指在经历多种无意或有意的信号处理过程后，数字水印仍能保持部分完整性并能被准确鉴别。信号处理过程包括信道噪声、滤波、数/模、模/数转换、重采样、剪切、位移、尺度变化以及有损压缩编码等。版权保护的易损水印（fragile watermarking）主要用于完整性保护。这种水印同样是在内容数据中嵌入不可见的信息，当它的内容发生改变时，这些水印信息会发生相应的改变，从而可以鉴定原始数据是否被篡改。

水印容量：指载体在不发生形变的前提下可嵌入的水印信息量。嵌入的水印信息必须足以表示多媒体内容的创建者或所有者的标志信息，或购买者的序列号，这样有利于解决版权纠纷，保护数字产权合法拥有者的利益。尤其是隐蔽通信领域的特殊性，对水印的容量需求很大。

5.1.2　数字图像水印的分类以及应用

1. 数字图像水印的分类

数字图像水印种类很多，根据用途、技术和特性等，对数字图像水印技术有不同的分类方法。不同的分类方式可以得到不同类型的水印。

1）按特性划分

按水印的特性可以将数字图像水印分为鲁棒数字水印和易损数字水印两类。

鲁棒数字水印主要用于在数字作品中标识著作权信息，利用这种水印技术在多媒体内容的数据中嵌入创建者、所有者的标示信息，或者嵌入购买者的标示（即序列号）。在发生版权纠纷时，创建者或所有者的信息用于标示数据的版权所有者，而序列号被用于追踪违反协议而为盗版提供多媒体数据的用户。用于版权保护的数字水印要求有很强的鲁棒性和安全性，除了要求在一般图像处理（如滤波、加噪声、替换、压缩等）中生存外，还需抵抗一些恶意攻击。

易损数字水印与鲁棒数字水印的要求相反，易损数字水印主要用于完整性保护。这种水印同样是在内容数据中嵌入不可见的信息，当它发生改变时，这些水印信息会发生相应的改变，从而可以鉴定原始数据是否被篡改。易损数字水印应对一般图像处理（如滤波、加噪声、替换、压缩等）有较强的免疫能力（鲁棒性），同时又要求有较强的敏感性，即既允许一定程度的失真，又要能将失真情况探测出来。必须对信号的改动很敏感，人们根据易损水印的状态就可以判断数据是否被篡改过。

2）按检测过程划分

按水印的检测过程可以将数字水印划分为明文水印和盲水印。明文水印在检测过程中需要原始数据，而盲水印的检测只需要密钥，不需要原始数据。一般来说，明文水印的鲁棒性比较强，但其应用受到存储成本的限制。目前学术界研究的数字水印大多数是盲水印。

3）按内容划分

按水印的内容可以将数字水印划分为有意义水印和无意义水印。有意义水印是指水印本身也是某个数字图像（如商标图像）或数字音频片段的编码，无意义水印则只对应于一个序列号。有意义水印的优势在于，如果由于受到攻击或其他原因致使解码后的水印破损，人们仍然可以通过视觉观察确认是否有水印。但对于无意义水印来说，如果解码后的水印序列有若干码元错误，则只能通过统计决策来确定信号中是否含有水印。

4）按用途划分

不同的应用需求造就了不同的水印技术。按水印的用途，可以将数字水印划分为票证防伪水印、版权保护水印、篡改提示水印和隐蔽标识水印。

票证防伪水印是一类比较特殊的水印，主要用于打印票据和电子票据、各种证件的防伪。一般来说，伪币的制造者不可能对票据图像进行过多的修改，所以，诸如尺度变换等信号编辑操作是不用考虑的。但另一方面，人们必须考虑票据破损、图案模糊等情形，而且考虑到快速检测的要求，用于票证防伪的数字水印算法不能太复杂。

版权保护水印是目前研究最多的一类数字水印。数字作品既是商品又是知识作品，这种双重性决定了版权保护水印主要强调隐蔽性和鲁棒性，而对数据量的要求相对较小。

篡改提示水印是一种脆弱水印，其目的是标识原文件信号的完整性和真实性。

隐蔽标识水印的目的是将保密数据的重要标注隐藏起来，限制非法用户对保密数据的使用。

5）按水印隐藏的位置划分

按数字水印的隐藏位置，可以将其划分为时（空）域数字水印、频域数字水印、时/频域数字水印和时间/尺度域数字水印。

时（空）域数字水印是直接在信号空间上叠加水印信息，而频域数字水印、时/频域数字水印和时间/尺度域数字水印则分别是在DCT域、时/频变换域和DWT域上隐藏水印。

2. 数字图像水印的应用

随着数字图像水印技术的发展，各种水印算法层出不穷，水印的隐藏位置也不再局限于上述四种。应该说，只要构成一种信号变换，就有可能在其变换空间上隐藏水印。

随着数字图像水印技术的发展，数字图像水印的应用领域也得到了扩展，数字图像水印的基本应用领域是防伪溯源、版权保护、隐藏标识、认证和安全隐蔽通信。

1）数字图像、视频的知识产权保护

数字作品的版权保护是当前的热点问题。由于数字作品的拷贝、修改非常容易，而且可以做到与原作完全相同，所以原创者不得不采用一些严重损害作品质量的办法来加上版权标志，而这种明显可见的标志很容易被篡改。“数字水印”利用数据隐藏原理使版权标志不可见，既不损害原作品，又达到了版权保护的目的。

2）商务交易中的票据防伪

随着高质量图像输入输出设备的发展，特别是精度超过1200dpi的彩色喷墨、激光打印机和高精度彩色复印机的出现，货币、支票以及其他票据的伪造变得更加容易。另一方面，在从传统商务向电子商务转化的过程中，会出现大量过渡性的电子文件，如各种纸质票据的扫描图像等。即使在网络安全技术成熟以后，各种电子票据也还需要一些非密码的认证方式。数字图像水印技术可以为各种票据提供不可见的认证标志，从而大大增加了伪造的难度。

3）证件真伪鉴别

信息隐藏技术可以应用的范围很广，作为证件来讲，每个人都需要多个证件，证明个人身份的有身份证、护照、驾驶证、出入证等；证明某种能力的有各种学历证书、资格证书等。国内目前在证件防伪领域面临巨大的商机，由于缺少有效的措施，“造假”“买假”“用假”成风，已经严重地干扰了正常的经济秩序，对国家的形象也有不良影响。通过水印技术可以确认证件的真伪，使得证件无法仿制和复制。

4）图像、视频数据的隐藏标识和篡改提示

数据的标识信息往往比数据本身更具有保密价值，如遥感图像的拍摄日期、经/纬度等。没有标识信息的数据有时甚至无法使用，但直接将这些重要信息标记在原始文件上又很危险。数字水印技术提供了一种隐藏标识的方法，标识信息在原始文件上是看不到的，只有通过特殊的阅读程序才可以读取。这种方法已经被国外一些公开的遥感图像数据库所采用。

此外，数据的篡改提示也是一项很重要的工作。现有的信号拼接和镶嵌技术可以做到“移花接木”而不为人知，因此，如何防范对图像、录音、录像数据的篡改攻击是重要的研究课题。基于数字水印的篡改提示是解决这一问题的理想途径，通过隐藏水印的状态可以判断图像视频信号是否被篡改。

5）隐蔽通信及其对抗

数字水印所依赖的信息隐藏技术不仅提供了非密码的安全途径，更引发了信息战尤其是网络情报战的革命，产生了一系列新颖的作战方式，引起了许多国家的重视。

网络情报战是信息战的重要组成部分，其核心内容是利用公用网络进行保密数据传送。迄今为止，学术界在这方面的研究思路一直未能突破“文件加密”的思维模式，然而，经过加密的文件往往是混乱无序的，容易引起攻击者的注意。网络多媒体技术的广泛应用使得利用公用网络进行保密通信有了新的思路，利用数字化声像信号相对于人的视觉、听觉冗余，可以进行各种时（空）域和变换域的信息隐藏，从而实现隐蔽通信。

5.1.3　数字图像水印的性能分析

图像水印的性能应该从它的不可感知性和对载体的破坏程度分析。图像信息隐藏和数字图像水印的基础就是利用人眼对图像信号的不敏感性。人眼对图像有很大的感觉冗余，图像信息隐藏就是要求在视觉没有异常感觉的情况下将信息嵌入图像，水印嵌入可以看作是信息隐藏的一个特例，即隐藏的信息是水印信息。一般来说，对于相同隐藏算法，图像中嵌入的信息量越大，对宿主数据的修改就越大，图像的视觉效果就越差。因此，一个好的水印算法，应该是能够嵌入较多的信息而引起的视觉感知最小。

评价一个水印算法的优劣，应建立对水印的评价标准。它不仅包括对水印健壮性的评价，还包括由水印的嵌入引起的载体失真的主观和客观评价。

1. 主观评价

主观评价法又称为主观测试。主观评价指的是依赖于感官上的判断，对产生畸变的部分，如边缘、轮廓、细节处、角点等一处或几处进行判断，除了发生失真的位置，还包括对失真度大小的判断，直接反映了人对图像质量的感受。一般来说比较准确且有一定的实际价值，但是不同的人员之间的主观差异较大，并且需要大量的主观测试，即大量的人员及性能测试，因此结果的可重复性不强。表 5.1 为基于 ITU-R Rec.500 协议的图像质量等级和相应的不可感知性[7]。

表 5.1　基于 ITU-R Rec.500 协议的图像质量等级

等级级别	损害	质量
5	不可察觉	优
4	可察觉，但可忽略	良
3	轻微不可忽略	中
2	不可忽略	差
1	严重不可忽略	极差

主观的评价有其局限性，只能对图像水印的视觉不见性和鲁棒性作性能效果评价，鲁棒性也只是水印为图像的前提下，而对容量这一性能无法判断其效果。主观评价里面掺杂了评价者的个人情感色彩，评价效果受评价者当时的心理活动、思维活动、情绪、观测环境、观测动机等因素影响。因此，主观评价可能不是最合理的。

2. 客观评价

客观评价的方法又称为客观度量，即对主观上的失真度量。它的结果不依赖于主观评价，并且计算简单，可重复性强。常见评价指标有均方误差（mean square error, MSE）、信噪比（signal to noise ratio, SNR）、峰值信噪比（peak signal to noise ratio, PSNR）、加权峰值信噪比（weighted peak signal to noise ratio, WPSNR）、结构相似性（structural similarity index, SSIM）、归一化互相关系数（the normalized correlation coefficient, NC）、误比特率（bite error ration, BER）等。

1）MSE

MSE 的定义如下：

$$\text{MSE}=\frac{1}{M\times N}\sum_{x=1}^{M}\sum_{y=1}^{N}(I(x,y)-I_{\text{w}}(x,y))^2 \tag{5.1}$$

式中，$I_{\text{w}}(x,y)$ 表示含水印图；$I(x,y)$ 为原始图像；M、N 分别表示图像的长和宽。

2）SNR、PSNR、WPSNR

这三种信噪比的定义分别如下：

$$\text{SNR}=10\lg\frac{\sum_{x=1}^{M}\sum_{y=1}^{N}I(x,y)^2}{\sum_{x=1}^{M}\sum_{y=1}^{N}\left(I(x,y)-I_{\text{w}}(x,y)\right)^2} \tag{5.2}$$

式中，$I_{\text{w}}(x,y)$ 表示含水印图；$I(x,y)$ 为原始图像；M、N 分别表示图像的长和宽。

$$\text{PSNR}=10\lg\frac{255^2\times M\times N}{\sum_{x=1}^{M}\sum_{y=1}^{N}\left(I(x,y)-I_{\text{w}}(x,y)\right)^2} \tag{5.3}$$

在实际应用中，SNR 的计算复杂度较大，一般采用 PSNR 来代替 SNR，但是 PSNR 没有考虑图像的局部变化，而加权的 WPSNR 可以解决这个问题。在 PSNR 基础上加入一个权值函数，可得到加权的峰值信噪比公式如下：

$$\text{WPSNR}=10\lg\frac{255^2}{\left\|\sum_{x=1}^{M}\sum_{y=1}^{N}(I(x,y)-I_{\text{w}}(x,y))^2\right\|_{\text{NVF}}} \tag{5.4}$$

式中，NVF 是权值，在平稳高斯模型下定义为

$$\text{NVF}(i,j)=\frac{w(i,j)}{w(i,j)+\delta_x^2} \tag{5.5}$$

其中

$$w(i,j)=\gamma[\eta(\gamma)]^{\gamma}\frac{1}{\left\|r(i,j)\right\|^{2-\gamma}} \tag{5.6}$$

$$r(i,j)=\frac{x(i,j)-\overline{x}(i,j)}{\delta_x} \tag{5.7}$$

式中，δ_x^2 是整幅图像的方差；γ 表示形状参数，γ 的选择由参照的模型决定：

$$\eta(\gamma)=\sqrt{\frac{\Gamma\left(\frac{3}{\gamma}\right)}{\Gamma\left(\frac{1}{\gamma}\right)}} \tag{5.8}$$

$\Gamma(t)=\int_0^{\infty}\mathrm{e}^{-u}u^{t-1}\mathrm{d}u$ ，$\Gamma(t)$ 为伽马函数。

事实上，图像是服从平稳高斯分布的，而局部服从非平稳高斯分布。因此，WPSNR 在某些时候的评价也不够准确。

3）SSIM

SSIM 是一种衡量两幅图像相似度的指标。该指标首先由得克萨斯州大学奥斯汀分校的图像和视频工程实验室提出。其定义如下：

$$\text{SSIM}=l(I,I_{\text{w}})\times c(I,I_{\text{w}})\times s(I,I_{\text{w}}) \tag{5.9}$$

$$l(I,I_{\mathrm{w}})=\frac{2\mu_{\mathrm{I}}\mu_{\mathrm{I_w}}+c_1}{\mu_{\mathrm{I}}^2+\mu_{\mathrm{I_w}}^2+c_1} \tag{5.10}$$

$$c(I,I_{\mathrm{w}})=\frac{2\sigma_{\mathrm{I}}\sigma_{\mathrm{I_w}}+c_2}{\sigma_{\mathrm{I}}^2+\sigma_{\mathrm{I_w}}^2+c_2} \tag{5.11}$$

$$s(I,I_{\mathrm{w}})=\frac{\sigma_{\mathrm{II}}+c_3}{\sigma_{\mathrm{I}}\times\sigma_{\mathrm{I_w}}+c_3} \tag{5.12}$$

$$\mu_{\mathrm{I}}=\frac{1}{M\times N}\sum_{x=1}^{M}\sum_{y=1}^{N}I(x,y) \tag{5.13}$$

$$\mu_{\mathrm{I_w}}=\frac{1}{M\times N}\sum_{x=1}^{M}\sum_{y=1}^{N}I_{\mathrm{w}}(x,y) \tag{5.14}$$

$$\sigma_{\mathrm{I}}=\left[\frac{1}{M\times N-1}\sum_{x=1}^{M}\sum_{y=1}^{N}(I_{\mathrm{w}}(x,y)-\mu_{\mathrm{I}})^2\right]^{\frac{1}{2}} \tag{5.15}$$

$$\sigma_{\mathrm{I_w}}=\left[\frac{1}{M\times N-1}\sum_{x=1}^{M}\sum_{y=1}^{N}\left(I_{\mathrm{w}}(x,y)-\mu_{\mathrm{I_w}}\right)^2\right]^{\frac{1}{2}} \tag{5.16}$$

$$\sigma_{\mathrm{IIw}}=\left[\frac{1}{M\times N-1}\sum_{x=1}^{M}\sum_{y=1}^{N}(I_{\mathrm{w}}(x,y)-\mu_{\mathrm{I_w}})\times(I(x,y)-\mu_{\mathrm{I}})\right]^{\frac{1}{2}} \tag{5.17}$$

式中，$c_1=k_1\times L$；$c_2=k_2\times L$；$c_3=c_2/2$。所以结构相似度指数从图像组成的角度将结构信息定义为独立于亮度、对比度的反映场景中物体结构的属性，并将失真建模为亮度、对比度和结构三个不同因素的组合。用均值作为亮度的估计，标准差作为对比度的估计，协方差作为结构相似程度的度量。

4）NC

归一化互相关系数是表征两幅图像之间的相似性，其定义式为

$$\mathrm{NC}=\frac{\sum_{x=1}^{M}\sum_{y=1}^{N}I(x,y)\times I_{\mathrm{w}}(x,y)}{\sqrt{\left(\sum_{x=1}^{M}\sum_{y=1}^{N}I^2(x,y)\right)\times\left(\sum_{x=1}^{M}\sum_{y=1}^{N}I_{\mathrm{w}}^2(x,y)\right)}} \tag{5.18}$$

式中，$I_{\mathrm{w}}(x,y)$ 表示含水印图；$I(x,y)$ 为原始图像；M、N 分别表示图像的长和宽。

5）BER

误比特率的定义如下：

$$\text{BER} = \frac{\text{错误的比特数之和}}{\text{比特数总和}} \tag{5.19}$$

5.2　数字图像单水印原理

5.2.1　数字图像单水印的基本框架

对图像加水印也可以看作一种特殊的图像编码过程，它将水印编入图像。对图像加水印作为一种图像技术，根据处理域的不同，可分为基于空域的数字图像水印技术和基于变换域的数字图像水印技术。一般数字图像水印技术模型如图 5.1 所示。主要分为水印的嵌入和检测两部分。

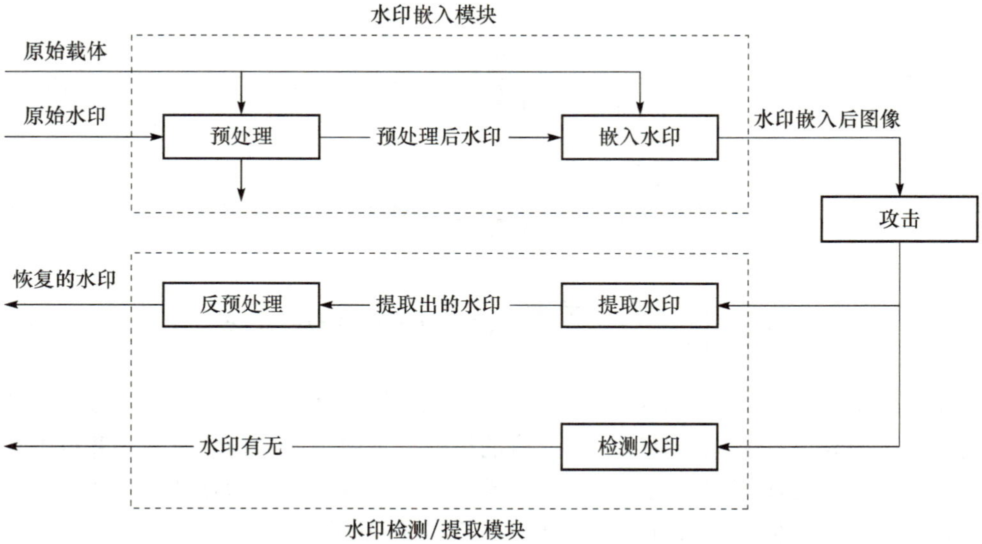

图 5.1　数字图像水印系统基本框图

1. 水印的嵌入

嵌入图像的水印有多种形式，如有意义的字符、伪随机序列、图像、伪随机数水印、扩频水印、混沌水印以及特征水印等。根据应用需求选择相应的水印。数字水印根据预处理的不同，可以分为空域水印和变换域水印，为了保护水印的安全，一般对水印进行加密处理，如图 5.2 所示。水印的嵌入应确保水印的唯一性、有效性及不可逆性等特点不变。

对于水印嵌入模块来说，不同的水印算法嵌入的位置以及方式不同。一般分为空域的水印嵌入和变换域的水印嵌入。

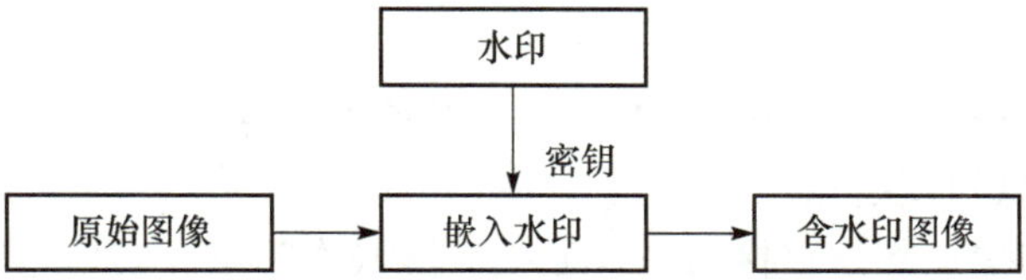

图 5.2　嵌入水印框图

2. 水印检测（提取）

水印的判断方式有相关检测和提取两种：无含义水印信号一般用检测的方法，有含义水印信号一般用提取的方法，也就是图 5.1 中的水印检测/提取模块。一般图像传输或存储过程中经常会受到如滤波、压缩和噪声等的攻击，水印检测器可以检测攻击后图像中的水印是否受到篡改，同时提取出其中的水印并做反预处理恢复出水印数据。通过对比原始水印和提取水印的相似程度，可以判别一个水印系统的好坏。

5.2.2　基于变换域的数字图像单水印算法

图像水印嵌入技术可以在空域进行，也可以在变换域进行。但是绝大部分数字图像水印技术在变换域进行。变换域的典型代表利用变换技术来实现在频率域的水印信号的叠加，并借用扩频/编码等技术对水印信号进行有效编码，以提高其鲁棒性和不可见性。变换域的主要优点包括：①水印信号的能量可全图分布，有利于保证不可见性；②可以方便地结合人类视觉系统的某些特性，有利于提高鲁棒性；③变换域方法与大多数国际标准兼容，可直接实现压缩域内的水印算法，提高效率。DCT 域和 DWT 域是变换域的典型代表，因此下面分别给出基于这两个域的图像水印技术[6-8]。

1. 基于 DCT 域的数字图像水印技术

DCT 域是一种常见的变换域。在 DCT 域中，图像常被分解为直流和交流分量，交流分量又分为高频和低频分量。从鲁棒性的角度看，水印应该嵌入图像中对人感觉最重要的部分，因此大部分的水印嵌入在图像中低频部分。首先把载体图像按 8×8 块尺寸分解，进行 DCT 变换，使用 Zig-Zag 扫描方式。因为 DCT 系数的直流分量和低频分量较大，代表了图像的大部分能量，对它们修改会影响图像的视觉效果，很容易觉察有水印嵌入。高频系数值很小，去掉它们基本不引起察觉，最好的水印嵌入区域就是嵌入在中频部分。因此，对水印图像信息进行 Arnold 置乱和混沌置乱，最后在载体图像每个子块的 DCT 中低频位置选定系数并按照一定的算法实现水印信息的嵌入。目前大部分的水印算法的核心是在中频区域选择多个组，每个组嵌入一个比特，通过调整每个组数据的相对大小来实现水印嵌入，再进行 DCT 逆变换，最后得到含水印图像。提取水印的算法是嵌入算法的逆操作。

下面介绍一种简单的基于 DCT 域的图像单水印算法。

1）水印信息的预处理

早期对水印信息都是直接操作，如果算法操作简单，实现难度低，这会导致水印信息的安全性差，易被恶意提取。如果嵌入之前先加密，这样可以提高水印信息的安全性。因此，目前绝大部分的水印在嵌入之前都先进行加密，如置乱、混沌加密等。

数字图像置乱技术作为一种信息隐藏技术，是通过一定的算法将有序的可辨认的图像转变为无序的没有实际含义的图像，其目的在于完成对数字图像的加密。对于研究数字图像水印算法而言，一个优越且稳定的图像置乱技术是整个算法安全性的保证。具体的数字图像置乱可用图 5.3 表示。

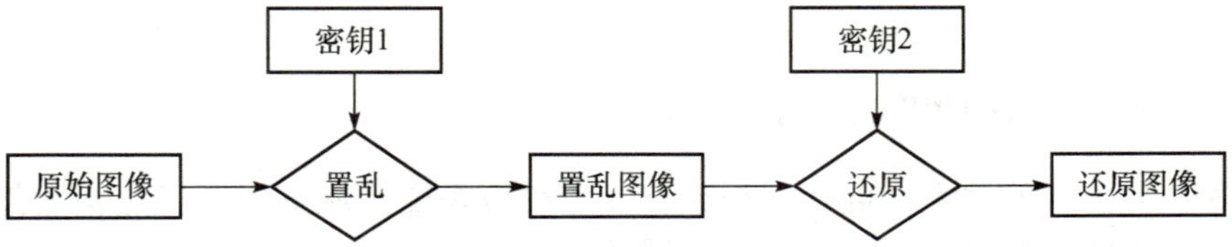

图 5.3　数字图像置乱流程图

常用的数字图像置乱方法有 Arnold 置乱和混沌置乱[7,8]。

（1）Arnold 置乱。

Arnold 变换，又称为猫脸变换。这种变换原理是将像素点位置通过特定的方式进行改变，从而使其杂乱无章。其变换公式如下所示：

$$\begin{bmatrix} x_{n+1} \\ y_{n+1} \end{bmatrix} = \begin{bmatrix} 1 & b \\ a & ab+1 \end{bmatrix} \begin{bmatrix} x_n \\ y_n \end{bmatrix} \operatorname{mod}(N) \tag{5.20}$$

式中，a、b、N 为正整数。把(x, y)视为矩阵（长与宽相等）坐标的时候，N 即为矩阵的宽度，即图像的宽度。当图像宽和高度不相等时较复杂。

特别地，当 $a=b=1$，$N=1$ 时，Arnold 变换的方程可写为式（5.21）的形式：

$$\begin{bmatrix} x_{n+1} \\ y_{n+1} \end{bmatrix} = \begin{bmatrix} 1 & 1 \\ 1 & 2 \end{bmatrix} \begin{bmatrix} x_n \\ y_n \end{bmatrix} \operatorname{mod}(1) \tag{5.21}$$

在实际应用中采用的变换矩阵形式如下：

$$\begin{bmatrix} x_{n+1} \\ y_{n+1} \end{bmatrix} = \begin{bmatrix} 1 & 1 \\ k & k+1 \end{bmatrix} \begin{bmatrix} x_n \\ y_n \end{bmatrix} \operatorname{mod}(N) \tag{5.22}$$

当 $k=1$时，即为标准 Arnold 置乱。对于数字图像水印来说，k 可以作为密钥，从而提高水印的安全性。

Arnold 置乱具有周期性，达到一定的迭代次数时可以恢复出原始图像，对此，文献[7]给出阶数 N 与变换周期 T 的关系，如表 5.2 所示。

表 5.2　不同阶数下 Arnold 变换周期

N 值	2	4	5	8	10	16	32	64	100	128	256	512
变换周期	3	3	10	6	30	12	24	48	150	96	192	384

观察表 5.2 可以看出，N 与 T 的关系并不是成比例对应增大。下面以 Lena 图像为例，如图 5.4(a)所示，进行 N=1 和 N=10 的 Arnold 置乱，如图 5.4(b)和图 5.4(c)所示。

(a) Lena　　(b) Lena置乱1次　　(c) Lena置乱10次

图 5.4　Arnold 置乱效果图

由此可见，Arnold 置乱仅需较低次数的迭代，原始图像便已经杂乱无章无法辨认，产生了非常不错的置乱效果。

（2）混沌置乱。

混沌定义为：一个非线性动力系统，在去除所有的随机性影响后，仍有貌似无规则的变化。混沌系统对于系统初值有极强的敏感性，初值产生的微小变化都有可能会演变出不同的状态，表明混沌系统具有很强的不可预测性。因此，通过混沌映射产生的混沌序列具有难以预测的特点，这点用来进行图像加密可以获得很好的安全性。

常用的混沌方法有 Logistic 映射、Chebyshev 映射和 Reny 映射等[8]。下面以 Logistic 映射为例进行说明。

Logistic 映射又叫 Logistic 迭代，其实就是一个时间动力系统，按照下面的方程进行反复迭代：

$$x_{n+1} = \mu x_n (1 - x_n) \tag{5.23}$$

式中，x_n 为映射变量；μ 为分支参量，即可调参数。为了保证映射得到的 x_n 始终位于[0,1]，则 $\mu \in [0,4]$，当 μ 满足 $3.5699456 < \mu < 4$ 时，Logistic 映射工作于混沌状态，使用 Logistic 混沌置乱时可以将初值 x_0 和参数 μ 的值作为密钥。当迭代 n 次后，得到 X_1、$X_2 \cdots X_n$ 这个序列，称为 Y。则置乱的序列 Z 可以通过下式得到：

$$Z = X \oplus Y \tag{5.24}$$

式中，“$\oplus$”表示异或。同样的道理，可以恢复原序列。下面以 Lena 图像为实验图像，进行 Logistic 混沌置乱。原始图像和置乱后的图像分别如图 5.5(a)和图 5.5(b)所示。

在本实验中，水印采用二值图像 I_{w}，如图 5.6 所示，其大小为 64×64，采用 Arnold 置乱，根据式（5.22），取 N=64，则得到置乱以后的水印图像 I'_{w}，如图 5.7 所示。

(a) 原始Lena图像　　(b) Logistic混沌置乱后的图像

图 5.5　Logistic 混沌置乱效果图

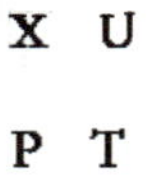

图 5.6　源水印

图 5.7　置乱后的水印图

2）水印信息的嵌入

在此，水印嵌入在 DCT 域上，嵌入的一般模型如图 5.8 所示。因为是在 DCT 域上嵌入水印，因此对载体图像进行 DCT 变换。首先对载体图像分块，然后对各子块（一般为 8×8 的子块）做 DCT 变换，在载体图像每个子块的 DCT 中频位置选定系数并按照一定的算法实现将加密处理后的水印信息的嵌入，然后对图像进行 DCT 逆变换，从而得到含水印图像。图 5.9 就是一种嵌入的例子，按照一定规律改变每个子块对角线的系数，即水印嵌入在图中※的位置。

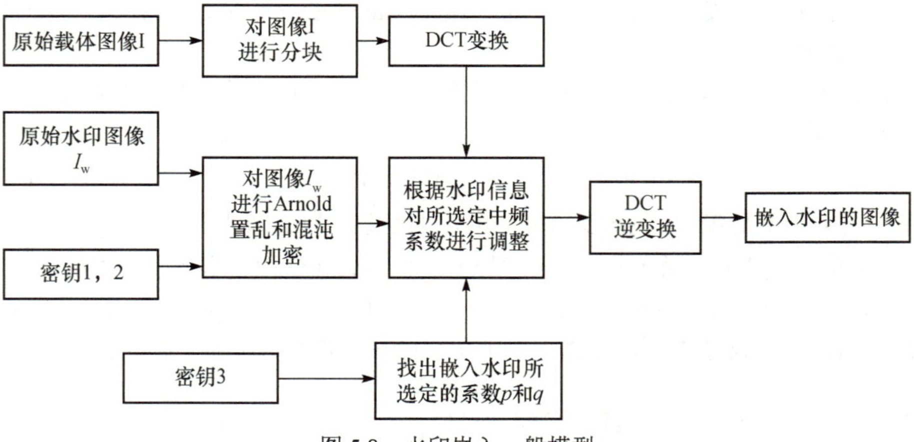

图 5.8　水印嵌入一般模型

实验载体图像如图 5.10(a)所示，将前面置乱之后的水印在 DCT 域嵌入载体图像，含水印如图 5.10(b)所示。比较两图可见，含水印图像和原载体图像视觉上很难感觉到水印的存在，因此满足视觉不可见性。

							※
						※	
					※		
				※			
			※				
		※					
	※						
※							

图 5.9　水印添加的位置

(a) 载体图　　(b) 含水印图

图 5.10　水印嵌入前后的对比

3）水印的检测

根据前面嵌入的算法，在嵌入水印的位置检测水印，并提取水印，提取水印过程如图 5.11 所示。图 5.12(a)显示了未攻击时提取的水印，并与图 5.12(b)的原始水印作比较，可以看出，在未攻击的条件下，恢复出来的水印与原始水印几乎无差别，此时的归一化互相关系数 NC 值为 0.9899。

一般地，水印算法要求能抵抗常见的攻击，即具有较强的鲁棒性。在此，从自建数据库中选取三幅不同纹理复杂度的图像作为测试载体，此数据库来源于实际图像数据。从不同攻击类型含水印图像中相应地提取水印和 NC 值分别显示在表 5.3 中，从实验结果可以看出，水印的鲁棒性在这几类载体图像上显示的差异不是很大。

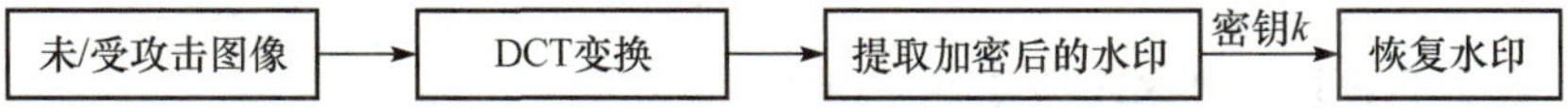

图 5.11　水印提取一般模型

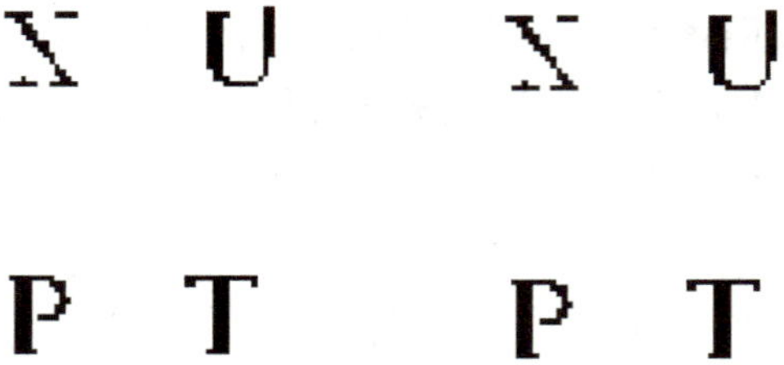

(a) 提取的水印图像　　　　(b) 原始水印图像

图 5.12　提取的水印与原始水印的对比

表 5.3　不同攻击类型下的对比

类别	载体图/源水印	不同攻击类型下含水印图像			
		未受攻击的	白噪声	低通滤波	JPEG 压缩
载体图/含水印图像	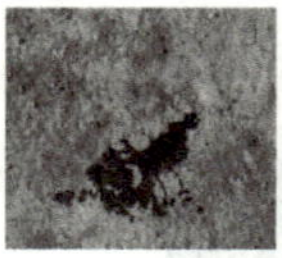	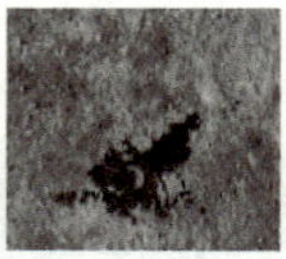	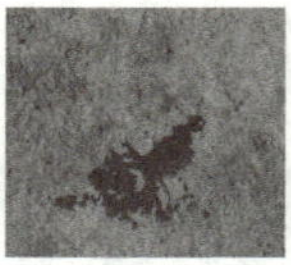	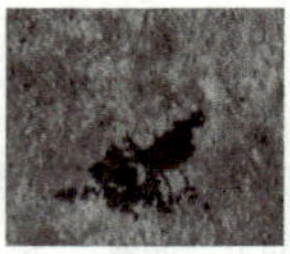	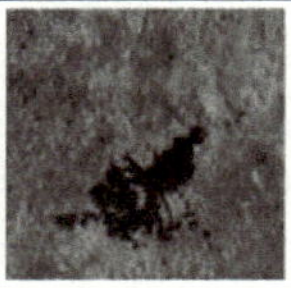
源水印/恢复的水印	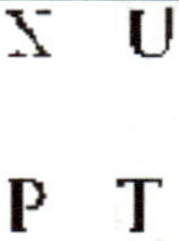	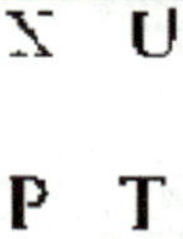	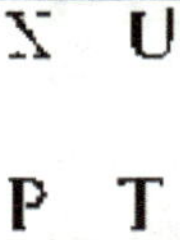	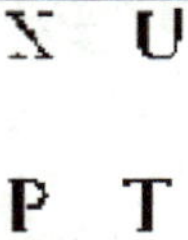	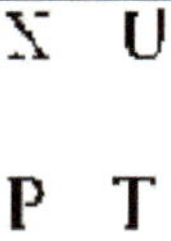
NC	/	1	0.9989	0.9995	1
载体图/含水印图像		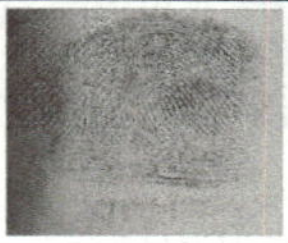	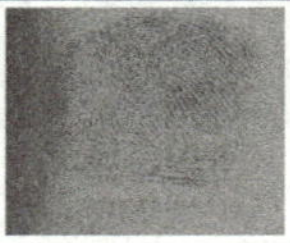		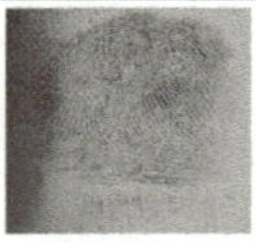
源水印/恢复的水印	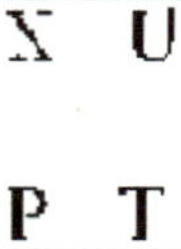	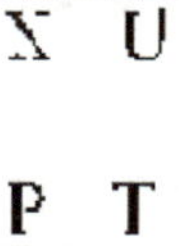	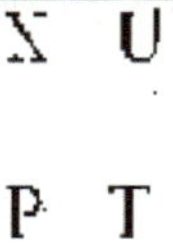	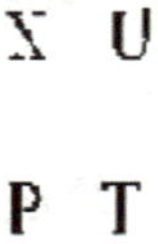	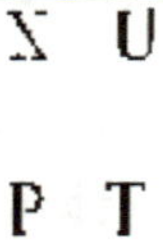
NC	/	1	0.9995	0.9992	1
载体图/含水印图像					
源水印/恢复的水印	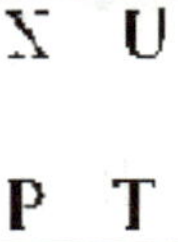	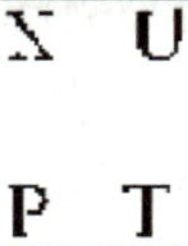	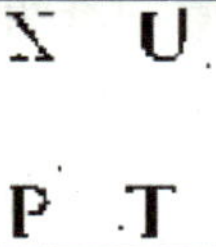		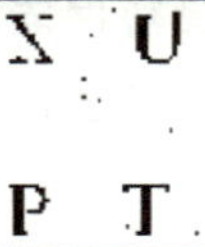
NC	/	1	0.9992	0.9106	0.9910

2. 基于 DWT 域的数字图像水印技术

小波变换（wavelet transform, WT）是 20 世纪 80 年代后期发展起来的新数学分支，通常用于工程和计算机科学。在图像处理、分子动力学、气象学和量子力学等学科领域，小波变换也有着重要的研究地位。目前，JPEG 2000、MPEG 4、H.264 等图像编码的国际标准都采用了 DWT 技术，因此在 DWT 域嵌入水印可以重复利用压缩中已获得的信息从而无需解码在压缩域中嵌入水印，这可在一定程度上减小在 DWT 域嵌入水印运算量较大的问题。

小波变换是一种新的变换分析方法，它继承和发展了短时傅里叶变换局部化的思想，同时又克服了窗口大小不随频率变化等缺点，能够提供一个随频率改变的“时间-频率”窗口，是进行信号时频分析和处理的理想工具。它的主要特点是通过变换能够充分突出问题某些方面的特征，能对时间（空间）频率的局部进行分析，通过伸缩平移运算对信号（函数）逐步进行多尺度细化，最终达到高频处时间细分和低频处频率细分，能自动适应时频信号分析的要求，从而可聚焦到信号的任意细节，解决了 Fourier 变换的困难问题，成为继 Fourier 变换以来在科学方法上的重大突破。

与之前的 DCT 变换相比，DWT 拥有更好的空间和频率局部化能力，更符合人类视觉系统。因此，随着 JPEG 2000 压缩标准（基于小波变换设计）的流行，小波变化在信息隐藏和数字水印领域的应用也越来越广泛。

对于图像来说，低频部分蕴含了信号的大部分能量，而高频部分则主要用来描绘“细节”。图 5.13 就是一个小波的一层分解的例子，cA_n 表示低频分量系数，cH_n 表示水平分量系数，cV_n 表示垂直分量系数，cD_n 表示对角分量系数，n 表示第几层分解。

(a) 一层小波分解　(b) Lena原图　(c) Lena的一层分解

图 5.13　小波分解

类似于基于 DCT 域的数字图像水印一般模型（图 5.8），基于小波域的数字图像水印是对载体图像进行 DWT 变换，将预处理后的水印按照一定的算法进行嵌入，再进行 DWT 逆变换，从而得到含水印图像。水印的恢复是对含水印图像进行 DWT 变换，然后根据嵌入算法在嵌入的位置提取水印并进行解密，恢复原始水印。

下面给出一个基于 DWT 域的水印算法实验。此处水印采取前面提到的 Logistic 混沌置乱，将秘密信息图像置乱一定的次数，完成加密操作，以满足水印的安全性需求。然后对载体进行 DWT 变换，得到相应的小波系数。接下来根据水印嵌入算法，将经过加密的消息内容嵌入载体图像中，最后进行 DWT 逆变换重构得到含水印图像。恢复水印与嵌入过程相反。本实验以 Lena 图像、事故车图像以及指纹图像为载体，如图 5.14 所示。水印以及置换后的水印如图 5.15 所示。表 5.4 为三幅图像在未受攻击、噪声（椒盐噪声和高斯噪声）和压缩攻击（质量因子 70）下水印提取结果的对比。纹理简单的指纹图像作为载体时，水印性能较差。

(a) Lena　　(b) 事故车　　(c) 指纹

图 5.14　载体图

(a) 水印　　(b) 置换后的水印

图 5.15　水印及置换后的水印

表 5.4　几种情况下水印恢复比较

	未受攻击的	不同攻击情况		
		JPEG 压缩 70	椒盐噪声	高斯噪声
含水印图像				

续表

	未受攻击的	不同攻击情况		
		JPEG 压缩 70	椒盐噪声	高斯噪声
恢复的水印	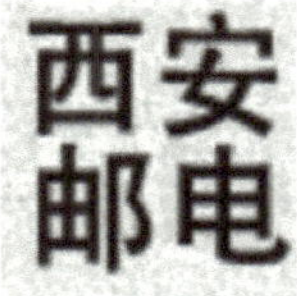			
NC	0.9996	0.9965	0.9292	0.9677
含水印图像				
恢复的水印	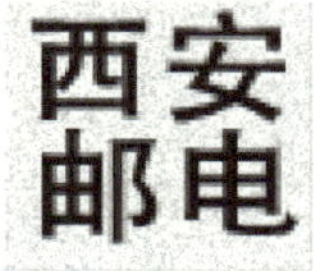			
NC	0.9978	0.9321	0.9372	0.9478
含水印图像				
恢复的水印				
NC	0.9581	0.9235	0.9044	0.9300

5.3　数字图像双水印原理

5.3.1　数字图像双水印技术分类

为了克服单一水印功能的局限性，图像双水印算法被提出。图像双水印[9-13]是一种特殊的半脆弱水印，它同时嵌入鲁棒水印和脆弱水印，实现了版权保护和完整性验证的双重功能。根据水印的生成、水印嵌入的次序和位置，目前图像双水印系统被分为以下三种方案。

方案一（图 5.16）：由脆弱水印和鲁棒水印生成双水印，然后将双水印嵌入原始图像中。这种方案与传统的水印方案相似，但是，水印是不同的。实际中，许多水印算法使用了这个方案的思想，有效地结合了脆弱水印和鲁棒水印，并将其嵌入原始图像中。但是这种方案的水印存在缺陷，如果攻击者破坏嵌入的双水印，系统将失去其双重功能。

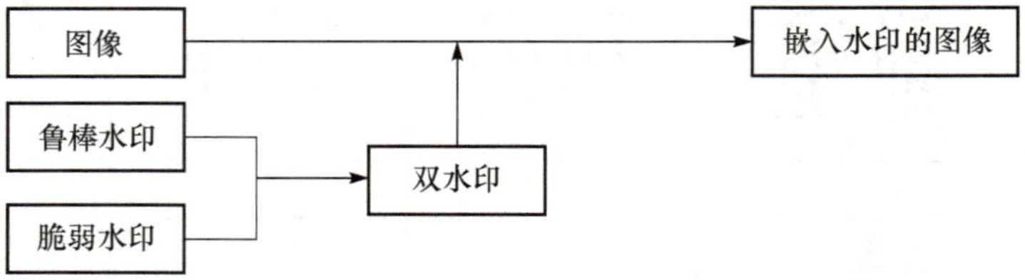

图 5.16 图像双水印方案一

方案二（图 5.17）：将鲁棒水印和脆弱水印依次嵌入原始图像中。此方案要求鲁棒水印和脆弱水印相互独立。

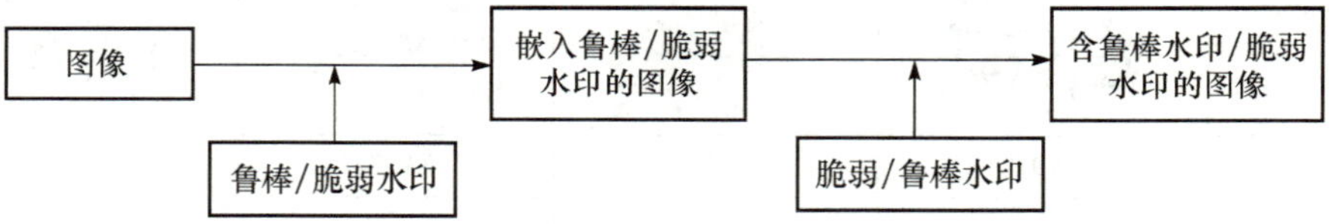

图 5.17 图像双水印方案二

方案三（图 5.18）：脆弱水印和鲁棒水印被嵌入图像的不同区域，使脆弱水印和鲁棒水印互不影响，有效地避免了第二种方案的相互约束，但也不影响第一种方案的脆弱性。目前，许多水印算法都是基于此方案的。它们将脆弱水印（认证水印）和鲁棒水印（恢复水印）嵌入图像的不同区域，其中一个用于检测篡改，另一个用于恢复篡改图像。

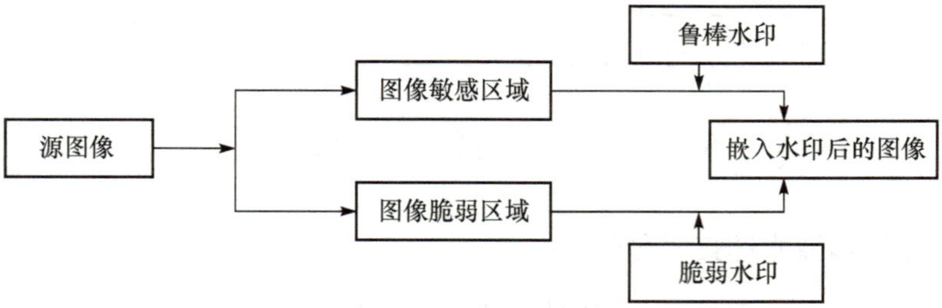

图 5.18 图像双水印方案三

双水印算法需要同一载体中嵌入两个水印信息，而基于变换域的双水印则是在图像经过调整到变换域后嵌入水印，其中的两个水印为鲁棒水印和脆弱水印。鲁棒水印抗攻击能力较强，即使伪装图像遭受较为严重的破坏，仍然能够从中提取到鲁棒水印信息。鲁棒水印相当于在载体中设下一个标识，标识载体的归属。依靠鲁棒水印的提取和验证，就可确定载体的所有者。因此，鲁棒水印可以用来进行版权保护。鲁棒性越强，提取到的标识信息越完整，其版权保护能力就越强。而脆弱水印抗攻击能力非常弱，对载体的任何修改都有可能使脆弱水印遭到破坏。如果无法正确提取出脆弱水印，说明此载体内容遭到了篡改。因此脆弱水印可以用来进行内容认证工作。

双水印算法中每个水印都有其各自的功能，互相之间不会造成破坏或干扰，但是却可以互相支持，完成单个水印不能完成的工作。这样就形成了双水印算法的多功能性。一般根据实际的需求进行水印功能的选取。目前常用的为第二种和第三种模式。下面给出一个基于曲波变换的图像双水印算法[13]。

5.3.2　基于曲波变换的图像双水印

曲波变换和小波变换的共同点是：它们都能对信号进行多分辨率分析。不同点是：曲波变换增加了方向特性，除了可以进行不同尺度下的信号分析之外，还可以进行不同方向上不同尺度下的信号分析。下面先来了解离散曲波变换。

1. 离散曲波变换

离散曲波变换(discrete curvelet transform，DCUT)的定义如下：

$$\mathrm{DCUT}(i,j,k)=\int \hat{f}(\omega)\tilde{U}_j(S_{\theta_l}^{-1}\omega)\mathrm{e}^{\mathrm{i}(b,S_{\theta_l}^{-1}\omega)}\mathrm{d}\omega=\int \hat{f}(S_{\theta_l}\omega)\tilde{U}_j(\omega)\mathrm{e}^{\mathrm{i}(b,\omega)}\mathrm{d}\omega \tag{5.25}$$

式中，$\tilde{U}_j(\omega)$ 是一个局部窗口，其定义式是

$$\tilde{U}_j(\omega)=\tilde{W}_j(\omega)V_j(\omega) \tag{5.26}$$

其中

$$\begin{cases}\tilde{W}_j(\omega)=\sqrt{\varphi_{j+1}^2(\omega)-\varphi_j^2(\omega)}\\ V_j(\omega)=V(2^{\lfloor j/2\rfloor}\omega_2/\omega_1)\end{cases} \tag{5.27}$$

$$\varphi_j(\omega_1,\omega_2)=\varphi(2^{-j}\omega_1)\varphi(2^{-j}\omega_2) \tag{5.28}$$

$\varphi(\cdot)$ 为两个低通滤波器窗口相乘。式(5.25)中的 S_{θ_l} 为旋转角度矩阵，定义为

$$S_{\theta_l}=\begin{bmatrix}1 & 0\\ -\tan\theta_l & 1\end{bmatrix} \tag{5.29}$$

式中，$\tan\theta_l=l\times 2^{-\lfloor j/2\rfloor},l=-2^{\lfloor j/2\rfloor},\cdots,2^{j/2}-1$，$\theta_l$ 为频域旋转的角度族。

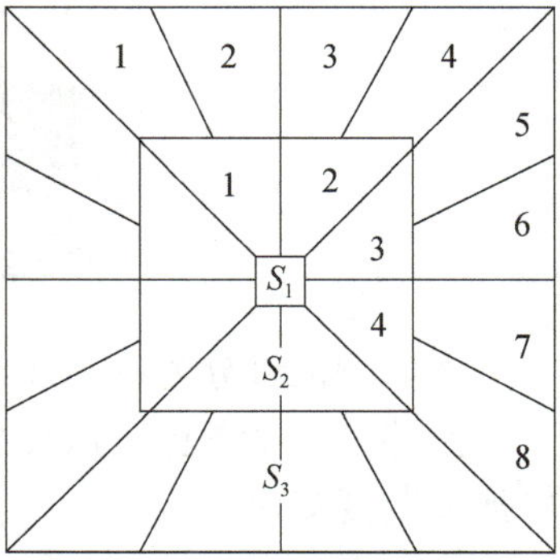

图 5.19　两层离散曲波变换的频带分布图

两层离散曲波变换的频带分布图如图 5.19 所示。图中央为低频子带，对原图经过一次曲波变换后被分为 4 个不同方向上的子带，经过两次变换之后，第一次变换之后的每个方向又被分为两个不同的小方向，第二层共 8 个不同的方向子带。在每一层的子带中，如果是实数

域的变换，第θ处的子带系数和第$\theta+\pi$处相同，若在复数域，则它们互为共轭。

2. 基于曲波变换的图像纹理特征的生成

纹理是图像固有的特征之一，与图像的其他一些特征相比，纹理特征的应用更为广泛。根据像素之间的关系，纹理特征可以理解为：具有某种规律的一群像素之间灰度、色度等综合特征的变化。纹理特征不是指某单个像素点的灰度、色度等特征，而是描述这些像素点之间综合特征信息的关系。纹理特征是一种全局信息，属于图像的低层特征。每幅图像的纹理特征都有其独特的物理特征，且是独一无二的，如人脸图像中人脸的肤色变化、轮廓等特征；花图像中花朵的轮廓变化、颜色分布等特征；树木图像中叶子的形状、树干的粗糙纹理等。这些特征都可以唯一地代表该图像。曲波变换是各向异性的，不仅是一种多尺度变换而且还具有很强的方向性，曲波金字塔包含了空间位置信息，因此非常有利于图像纹理特征的提取。图像的细节信息作为图像本身特征具有很强的代表性，而曲波作为一种具有方向性的多分辨率变换工具，可以将图像在不同尺度下、不同方向上的代表性信息表达出来，即变换到频域后的 Detail 层。因此从 Detail 层中频系数提取出的纹理特征能唯一地代表这幅图像，提取流程如图 5.20 所示。

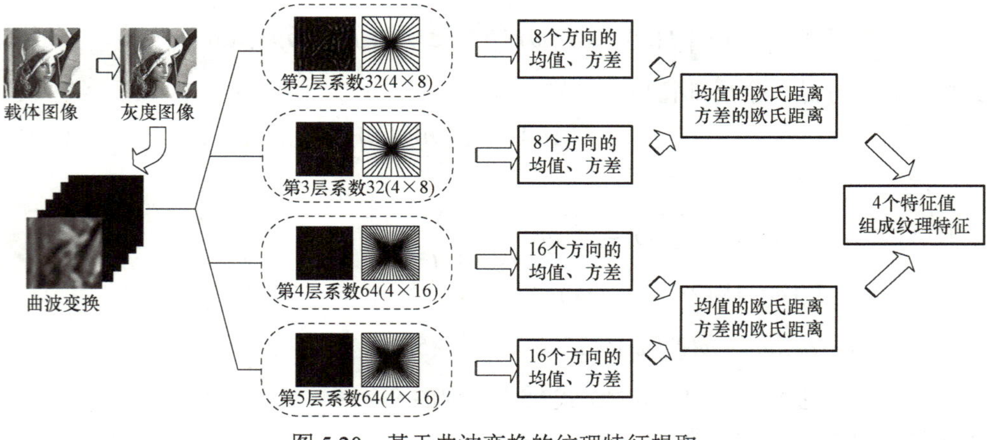

图 5.20　基于曲波变换的纹理特征提取

提取特征时分为以下几个步骤。

步骤 1：将彩色图像每个像素位置上的三个颜色通道的像素值求期望，最终转换成灰度图像。

步骤 2：对灰度图作曲波变换，得到 6 层不同尺度不同方向上的曲波系数，取出 Detail 层系数分别记为$C\{2\}$、$C\{3\}$、$C\{4\}$、$C\{5\}$。

步骤 3：分别求取$C\{2\}$、$C\{3\}$层 8 个不同方向上曲波系数的均值和方差，$C\{4\}$、$C\{5\}$层 16 个不同方向上曲波系数的均值和方差，并合成方向特征信息向

量 ave_i 和 var_i $(i=2,3,4,5)$ 。

步骤 4：计算向量 ave_2 和 ave_3、ave_4 和 ave_5 之间的欧氏距离及其向量 var_2 和 var_3、var_4 和 var_5 之间的欧氏距离。即为所要提取的纹理特征，记为 $t(k)$ ，$k=1,2,3,4$ 。

将提出的纹理特征 $t(k)$ ($k=1,2,3,4$)构造成一个特征水印。构造过程中，首先将特征参数值转换成 0、1 比特。其次，设置数据格式为 10bit 一个数据单元，将一个特征值转换成的比特存放在一个数据单元中。一个数据单元可以存放 1024 种不同的状态值，表示数据大小范围十进制为 0～1023。最后将四个数据单元拼接为一体表示提取出的一幅图像的特征，再将拼接在一起的数据单元进行扩展形成 64×64 纹理特征水印 W_1，如图 5.21 所示。

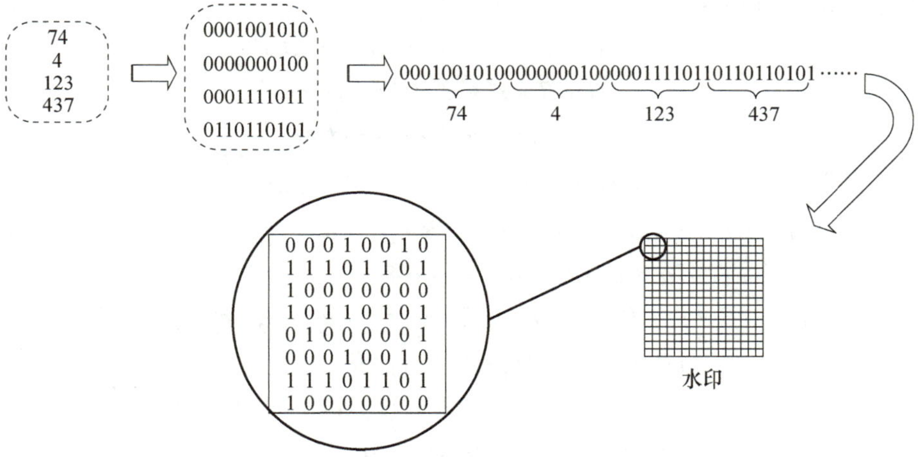

图 5.21　构造纹理特征水印流图

3. 改进的 YCbCr 颜色空间模型

YCbCr 是继 RGB 等颜色模型之后的另一种直接表示亮度分量和色度分量的颜色空间模型。其中 Y 是指亮度分量，Cb 指蓝色色度分量，Cr 指红色色度分量。通常的 RGB 颜色空间模型将亮度和色度混合起来，而 YCbCr 却将两者分离，便于使用。YCbCr 与 RGB 之间的转换公式为

$$\begin{bmatrix} Y \\ \text{Cb} \\ \text{Cr} \end{bmatrix} = \begin{bmatrix} 0.257 & 0.564 & 0.098 \\ -0.148 & -0.291 & 0.439 \\ 0.439 & -0.368 & -0.071 \end{bmatrix} \times \begin{bmatrix} R \\ G \\ B \end{bmatrix} + \begin{bmatrix} 16 \\ 128 \\ 128 \end{bmatrix} \tag{5.30}$$

将图像转换到 YCbCr 颜色空间进行水印的嵌入和提取，避免在 RGB 颜色空间嵌入时对某一个颜色通道扰乱过多而造成携带水印信息的图像质量大幅度下降。

但是相比于单水印，双水印不仅嵌入容量要大，而且要实现两个水印之间相互独立。独立嵌入和独立提取的前提是将两个水印嵌入原载体图的两个不同位置，

这两个位置之间不会产生信息干扰。三个通道的正交化是保证不产生信息干扰的前提。因此对原 YCbCr 模型进行修改，得到一种改进型的颜色空间模型 Y′Cb′Cr′，其推导过程如下。

假设有 RGB 颜色空间的一个像素点 $P(R,G,B)$，三个通道值分别为 R、G、B $\{0\leqslant R,G,B\leqslant 255\}$，将该像素点转换到 Y′Cb′Cr′ 颜色模型空间，转换公式为

$$\begin{cases} Y' = a_1\times R + a_2\times G + a_3\times B \\ \mathrm{Cb}' = b_1\times R + b_2\times G + b_3\times B \\ \mathrm{Cr}' = c_1\times R + c_2\times G + c_3\times B \end{cases} \tag{5.31}$$

得到该 Y′Cb′Cr′ 模型中对应位置像素点 $P(Y',\mathrm{Cb}',\mathrm{Cr}')$。再将该像素点从 Y′Cb′Cr′ 模型空间转回到 RGB 颜色空间，转换公式为

$$\begin{cases} R = \alpha_1\times Y' + \alpha_2\times \mathrm{Cb}' + \alpha_3\times \mathrm{Cr}' \\ G = \beta_1\times Y' + \beta_2\times \mathrm{Cb}' + \beta_3\times \mathrm{Cr}' \\ B = \theta_1\times Y' + \theta_2\times \mathrm{Cb}' + \theta_3\times \mathrm{Cr}' \end{cases} \tag{5.32}$$

为了得到原始的 RGB 图像，将式(5.31)代入式(5.32)，则

$$\begin{cases} R = [\alpha_1\times a_1 + \alpha_2\times b_1 + \alpha_3\times c_1]\times R + [\alpha_1\times a_2 + \alpha_2\times b_2 + \alpha_3\times c_2] \\ \quad \times G + [\alpha_1\times a_3 + \alpha_2\times b_3 + \alpha_3\times c_3]\times B \\ G = [\beta_1\times a_1 + \beta_2\times b_1 + \beta_3\times c_1]\times R + [\beta_1\times a_2 + \beta_2\times b_2 + \beta_3\times c_2] \\ \quad \times G + [\beta_1\times a_3 + \beta_2\times b_3 + \beta_3\times c_3]\times B \\ B = [\theta_1\times a_1 + \theta_2\times b_1 + \theta_3\times c_1]\times R + [\theta_1\times a_2 + \theta_2\times b_2 + \theta_3\times c_2] \\ \quad \times G + [\theta_1\times a_3 + \theta_2\times b_3 + \theta_3\times c_3]\times B \end{cases} \tag{5.33}$$

让 Y′Cb′Cr′ 颜色模型空间的该像素点携带水印信息，设该像素点的三个通道携带的水印信息分别为 Δ_y、Δ_{Cb}、Δ_{Cr}，则得到嵌入水印信息后的该像素点 $P(Y_1',\mathrm{Cb}_1',\mathrm{Cr}_1')$：

$$\begin{cases} Y_1' = Y' + \Delta_y = a_1\times R + a_2\times G + a_3\times B + \Delta_y \\ \mathrm{Cb}_1' = \mathrm{Cb}' + \Delta_{\mathrm{Cb}} = b_1\times R + b_2\times G + b_3\times B + \Delta_{\mathrm{Cb}} \\ \mathrm{Cr}_1' = \mathrm{Cr}' + \Delta_{\mathrm{Cr}} = c_1\times R + c_2\times G + c_3\times B + \Delta_{\mathrm{Cr}} \end{cases} \tag{5.34}$$

将携带信息后的 Y′Cb′Cr′ 颜色空间像素转换到 RGB 颜色空间，将式(5.34)代入式(5.32)，得

$$\begin{cases} R_1 = \alpha_1\times Y_1' + \alpha_2\times \mathrm{Cb}_1' + \alpha_3\times \mathrm{Cr}_1' \\ G_1 = \beta_1\times Y_1' + \beta_2\times \mathrm{Cb}_1' + \beta_3\times \mathrm{Cr}_1' \\ B_1 = \theta_1\times Y_1' + \theta_2\times \mathrm{Cb}_1' + \theta_3\times \mathrm{Cr}_1' \end{cases} \tag{5.35}$$

得到 RGB 颜色空间的含水印信息的该像素点。

现在提取出嵌入的水印信息，将含有水印的该像素点转换到 Y′Cb′Cr′ 颜色空

间，为了能够完全恢复提取，将式（5.35）代入式（5.31），

$$\begin{cases} Y'+\Delta_y = (a_1\times\alpha_1 + a_2\times\beta_1 + a_3\times\theta_1)\times(Y'+\Delta_y)+(a_1\times\alpha_2 + a_2\times\beta_2 + a_3\times\theta_2) \\ \qquad \times(\mathrm{Cb}'+\Delta_{\mathrm{Cb}})+(a_1\times\alpha_3 + a_2\times\beta_3 + a_3\times\theta_3)\times(\mathrm{Cr}'+\Delta_{\mathrm{Cr}}) \\ \mathrm{Cb}'+\Delta_{\mathrm{Cb}} = (b_1\times\alpha_1 + b_2\times\beta_1 + b_3\times\theta_1)\times(Y'+\Delta_y)+(b_1\times\alpha_2 + b_2\times\beta_2 + b_3\times\theta_2) \\ \qquad \times(\mathrm{Cb}'+\Delta_{\mathrm{Cb}})+(b_1\times\alpha_3 + b_2\times\beta_3 + b_3\times\theta_3)\times(\mathrm{Cr}'+\Delta_{\mathrm{Cr}}) \\ \mathrm{Cr}'+\Delta_y = (c_1\times\alpha_1 + c_2\times\beta_1 + c_3\times\theta_1)\times(Y'+\Delta_y)+(c_1\times\alpha_2 + c_2\times\beta_2 + c_3\times\theta_2) \\ \qquad \times(\mathrm{Cb}'+\Delta_{\mathrm{Cb}})+(c_1\times\alpha_3 + c_2\times\beta_3 + c_3\times\theta_3)\times(\mathrm{Cr}'+\Delta_{\mathrm{Cr}}) \end{cases} \tag{5.36}$$

将一个像素点彩色图像转换到 Y′Cb′Cr′ 颜色空间要能够转换到 RGB 颜色空间，三个通道实现隔离、相互之间没有信息干扰，且携带的水印信息要能够完全恢复提取出来，式（5.33）和式（5.36）应该同时成立，成立的条件为

$$\begin{cases} a_1\times\alpha_1 + a_2\times\beta_1 + a_3\times\theta_1=1 \\ a_1\times\alpha_2 + a_2\times\beta_2 + a_3\times\theta_2=0 \\ a_1\times\alpha_3 + a_2\times\beta_3 + a_3\times\theta_3=0 \\ b_1\times\alpha_1 + b_2\times\beta_1 + b_3\times\theta_1=0 \\ b_1\times\alpha_2 + b_2\times\beta_2 + b_3\times\theta_2=1 \\ b_1\times\alpha_3 + b_2\times\beta_3 + b_3\times\theta_3=0 \\ c_1\times\alpha_1 + c_2\times\beta_1 + c_3\times\theta_1=0 \\ c_1\times\alpha_2 + c_2\times\beta_2 + c_3\times\theta_2=0 \\ c_1\times\alpha_3 + c_2\times\beta_3 + c_3\times\theta_3=1 \\ \alpha_1\times a_1 + \alpha_2\times b_1 + \alpha_3\times c_1=1 \\ \alpha_1\times a_2 + \alpha_2\times b_2 + \alpha_3\times c_2=0 \\ \alpha_1\times a_3 + \alpha_2\times b_3 + \alpha_3\times c_3=0 \\ \beta_1\times a_1 + \beta_2\times b_1 + \beta_3\times c_1=0 \\ \beta_1\times a_2 + \beta_2\times b_2 + \beta_3\times c_2=1 \\ \beta_1\times a_3 + \beta_2\times b_3 + \beta_3\times c_3=0 \\ \theta_1\times a_1 + \theta_2\times b_1 + \theta_3\times c_1=0 \\ \theta_1\times a_2 + \theta_2\times b_2 + \theta_3\times c_2=0 \\ \theta_1\times a_3 + \theta_2\times b_3 + \theta_3\times c_3=1 \end{cases} \tag{5.37}$$

定义矩阵

$$A=\begin{bmatrix} a_1 & a_2 & a_3 \\ b_1 & b_2 & b_3 \\ c_1 & c_2 & c_3 \end{bmatrix},\quad B=\begin{bmatrix} \alpha_1 & \alpha_1 & \alpha_1 \\ \beta_1 & \beta_1 & \beta_1 \\ \theta_1 & \theta_1 & \theta_1 \end{bmatrix},\quad AB=E$$

A 和 B 满足互为逆矩阵，根据 RGB 颜色空间到 YCbCr 颜色空间转换模型的

定义，取

$$A=\begin{bmatrix}0.257 & 0.564 & 0.098\\ -0.148 & -0.291 & 0.439\\ 0.439 & -0.368 & -0.071\end{bmatrix}$$

则求得

$$B=\begin{bmatrix}1.088 & 0.023 & -0.411\\ 1.088 & -0.365 & -0.760\\ 1.088 & 2.043 & 1.798\end{bmatrix}$$

4. 双水印的嵌入

对于改进的颜色空间 Y′Cb′Cr′，因为三个颜色通道正交，通道之间相互独立且互不干扰，因此两个水印的嵌入顺序可以任意选择。在此选择水印的嵌入顺序为先纹理特征水印后标识水印。嵌入水印流程图如图 5.22 所示。

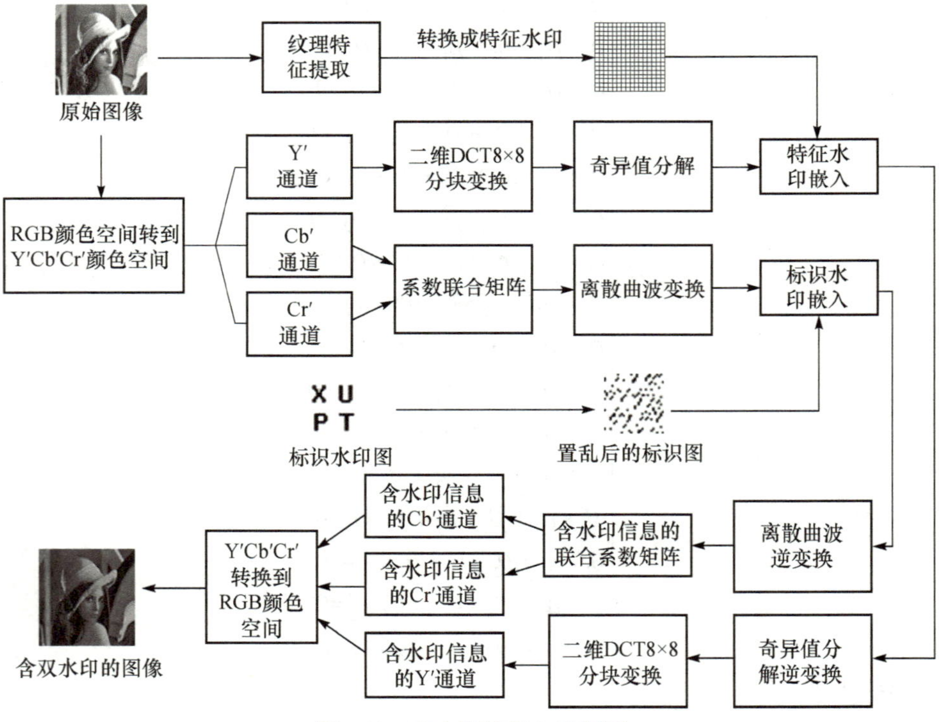

图 5.22　双水印的嵌入流程图

首先嵌入纹理特征水印，其过程如下所示。

步骤 1：将原彩色图像 I 转到 Y′Cb′Cr′ 颜色空间，并提取 Y' 通道图像 I_y。

步骤 2：在 I_y 进行 8×8 分块 DCT 变换，得到的每个小块记为 $D_{i,j}$ $(i,j=$

$1,2,\cdots,64)$。

步骤 3：将每个小块 $D_{i,j}\ (i,j=1,2,\cdots,64)$ 作 SVD 分解，即 $D_{i,j}=U_{i,j}S_{i,j}V_{i,j}$，其中，$i,j=1,2,\cdots,64$，$U_{i,j}$、$V_{i,j}$ 为正交矩阵，$S_{i,j}$ 为对角矩阵，并取出 $S_{i,j}\ (i,j=1,2,\cdots,64)$ 中最大的奇异值，记为 $\sigma_{i,j}$。

步骤 4：对每个奇异值进行量化索引调制嵌入：

$$\sigma'=\begin{cases}[\mathrm{round}(\sigma+d_0)/\varDelta]\times\varDelta-d_0, & W_1=0\\ [\mathrm{round}(\sigma+d_1)/\varDelta]\times\varDelta-d_1, & W_1=1\end{cases}\tag{5.38}$$

式中，$\varDelta$ 是量化步长，本书中为 120，一般选取载体数据大小的 0.01 倍左右；$d_0=-1$ 为任意选择的一个初始值；$d_1=d_0+\Delta/2$；W_1 是纹理特征水印。奇异值 σ 也因携带纹理特征水印信息变为 σ'，用 σ' 将 S 中的 σ 替换成为 S'。

步骤 5：对嵌入纹理特征的图像矩阵进行 SVD 逆变换：

$$D'_{i,j}=U_{i,j}S'_{i,j}V_{i,j}\quad i,j=1,2,\cdots,64\tag{5.39}$$

得到含有水印信息的 DCT 系数，然后再进行逆变换得到 Y′Cb′Cr′ 颜色空间的 Y' 通道含有水印信息的图像 I'_y。

步骤 6：用含有水印信息的 Y' 通道图像 I'_y 将 I_y 替换，再将图像由 Y′Cb′Cr′ 空间转到 RGB 空间得到含纹理特征图像 I_{TZ}。

在嵌入特征水印的基础上，再嵌入标识水印图 W_2，W_2 的嵌入是在曲波变换的低频域进行嵌入的，步骤如下。

步骤 1：含纹理特征水印的图像 I_{TZ} 从 RGB 颜色空间转换到 Y′Cb′Cr′ 颜色空间，分别提取 Cb′、Cr′ 通道的图像 $I_{\mathrm{TZCr'}}$，$I_{\mathrm{TZCb'}}$。

步骤 2：对 $I_{\mathrm{TZCb'}}$，$I_{\mathrm{TZCr'}}$ 分别作曲波变换，再取出各自的低频系数矩阵，记为 $C_{\mathrm{Cb'}}\{1\}$、$C_{\mathrm{Cr'}}\{1\}$。

步骤 3：计算联合系数嵌入矩阵 C，即 $C=C_{\mathrm{Cb'}}\{1\}+C_{\mathrm{Cr'}}\{1\}$，并根据能量分布的不同计算每个系数上嵌入时的强度，每个系数根据自身能量的不同自适应地选择嵌入该系数水印信息的强度，这样能够在保证鲁棒性的前提下尽可能较少水印信息嵌入量。计算时首先计算联合嵌入矩阵的均值 $\overline{C}$，然后再将联合矩阵中的系数和均值做比较 $E=C/\overline{C}$，得到自适应嵌入强度矩阵 E。

步骤 4：先将水印图像 W_2 用前面所提 Torus 自同构映射进行变换，得到加密图 W_2'，然后将 W_2' 嵌入联合系数 C：

$$C'=C+\alpha\times E\times W_2\tag{5.40}$$

由此得到含水印信息的联合系数嵌入矩阵 C'，其中 α 是嵌入强度。从视觉不见性和鲁棒性的角度，α 可以看作是两者之间的权衡系数。如果嵌入强度过大，则鲁棒性较好，但视觉不见性较差，反之则相反。经过实验分析，本算法选取 α =0.1。

步骤 5：计算嵌入量矩阵，由低频系数 Cb′ 和 Cr′ 计算权重系数矩阵 $Q_{\mathrm{Cb'}}=\mathrm{Cb}'/$

$(\mathrm{Cb}'+\mathrm{Cr}')$，$Q_{\mathrm{Cr}'}=\mathrm{Cr}'/(\mathrm{Cb}'+\mathrm{Cr}')$，按权重系数将嵌入量分配到$C_{\mathrm{Cb}'}\{1\}$、$C_{\mathrm{Cr}'}\{1\}$：

$$\begin{cases} V=C'-C \\ C'_{\mathrm{Cb}'}\{1\}=C_{\mathrm{Cb}'}\{1\}+Q_{\mathrm{Cb}'}\times V \\ C'_{\mathrm{Cr}'}\{1\}=C_{\mathrm{Cr}'}\{1\}+Q_{\mathrm{Cr}'}\times V \end{cases} \tag{5.41}$$

用$C'_{\mathrm{Cb}'}\{1\}$、$C'_{\mathrm{Cr}'}\{1\}$将$C_{\mathrm{Cb}'}\{1\}$、$C_{\mathrm{Cr}'}\{1\}$替换然后进行逆曲波变换，重建Cb′、Cr′通道的图像。

步骤6：再由Y′Cb′Cr′模型转到RGB模型，得到含双水印图像I_{TZW}。

5. 双水印的提取

提取过程分为两部分，即先提取纹理特征水印，并从中恢复出纹理特征，再提取第二个标识水印。提取过程如图5.23所示。

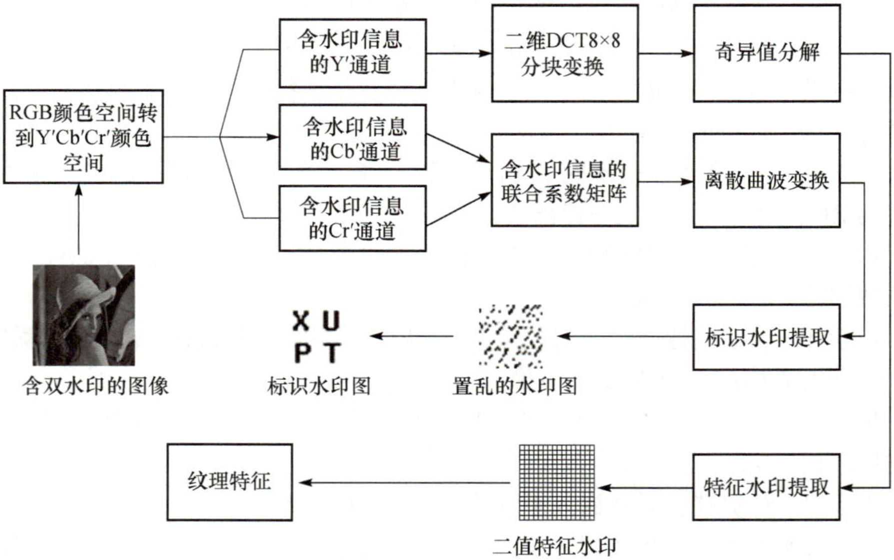

图5.23　双水印提取流程图

提取纹理特征水印的步骤描述如下。

步骤1：含双水印图像I_{TZW}从RGB模型转到Y′Cb′Cr′模型，并提取Y′通道图像$I_{\mathrm{TZW}_{Y'}}$。

步骤2：$I_{\mathrm{TZW}_{Y'}}$进行8×8的分块DCT变换，得到的每个小块记为$D_{i,j}$ $(i,j=1,2,\cdots,64)$。

步骤3：将每个小块$D_{i,j}$ $(i,j=1,2,\cdots,64)$作SVD分解，即$D_{i,j}=U_{i,j}S_{i,j}V_{i,j}$，得正交矩阵$U_{i,j}$、$V_{i,j}$，对角矩阵$S_{i,j}$，其中$i,j=1,2,\cdots,64$，并取出$S_{i,j}$ $(i,j=1,2,\cdots,64)$中的最大奇异值$\sigma_{i,j}$。

步骤 4：提取水印的表达式如下：

$$\begin{cases} y_0 > y_1, W'_{1i,j} = 1 \\ y_0 < y_1, W'_{1i,j} = 0 \end{cases} \quad i, j=1,2,3\cdots,64 \tag{5.42}$$

式中，

$$\begin{cases} y_0 = [\mathrm{round}(\sigma_{i,j} + d_0) / \varDelta] \times \varDelta - d_0 \\ y_1 = [\mathrm{round}(\sigma_{i,j} + d_1) / \varDelta] \times \varDelta - d_1 \end{cases} \tag{5.43}$$

其中，d_0、d_1、$\varDelta$ 的取值与嵌入时相同，则纹理特征水印被取出。

提取出的纹理特征水印是纹理特征值转换而来的 0,1 比特，而且是按照 10 个比特为一个数据单元的格式进行存放，4 个数据单元拼接在一起来表示一个完整的特征信息。若从 W'_1 中以 4 个数据单元为单位进行读取，则会产生不同特征值对应的不同数据单元中比特的相互干扰，只要有一个比特产生错误，其他三个特征值也会被判为错误。若以 1 个数据单元为单位进行读取就可以有效地避免这种比特间的干扰。没有任何攻击时 W'_1 和 W_1 完全相同，不会产生错误比特。每个特征值对应的数据单元中的状态出现的概率是 1/4，其他 1020 种状态出现的概率为 0。如果含有水印的图像遭到攻击，则 W'_1 会有错误比特产生。若在第 $4n+i$ ($i=1,2,3,4$，$n=0,1,2,3,\cdots,101$)数据单元中出现错误比特，则第 i 特征值对应的数据单元中比特状态出现的概率就会降低 1/408，而该错误状态出现的概率就会增加 1/408。实际出现的比特状态种类最多有 1024 种里面的 408 种，且每种错误比特状态出现的概率也是未知的。错误比特出现的概率和攻击强度呈正相关性，但是攻击之后纹理特征水印的基本信息整体上不会丢失，特征值对应的比特状态出现的概率要远远地大于错误比特状态的概率。统计完每种状态出现的概率之后概率由大到小排序，前四种比特状态就是四个特征值对应的四种比特状态。然后将 0、1 比特转换成纹理特征值，如图 5.24 所示。

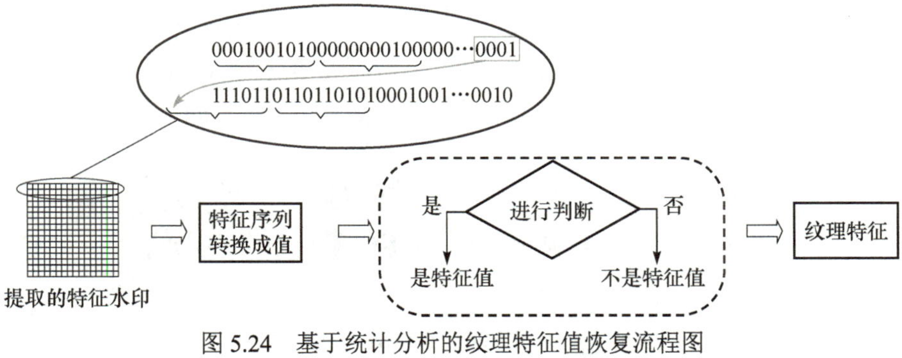

图 5.24　基于统计分析的纹理特征值恢复流程图

对于提水印图，因为是非盲水印，依赖于原始载体图像 I，提取步骤描述如下。

步骤 1：将原始彩色图像 I 和含双水印图像 I_{TZW} 由 RGB 颜色空间分别转到 Y′Cb′Cr′ 颜色空间，并分别提取 Cb′，Cr′ 通道图。

步骤 2：对 I 和 I_{TZW} 的 Cb′、Cr′ 颜色通道分别作曲波变换，再提取各自 Cb′、Cr′ 曲波系数的第 1 层系数矩阵，依次记为 $C_{\mathrm{Cb'}}\{1\}$、$C_{\mathrm{Cr'}}\{1\}$、$C'_{\mathrm{Cb'}}\{1\}$ 和 $C'_{\mathrm{Cr'}}\{1\}$。

步骤 3：计算联合系数嵌入矩阵 D 和 D'，即

$$\begin{aligned} D &= C_{\mathrm{Cb'}}\{1\} + C_{\mathrm{Cr'}}\{1\} \\ D' &= C'_{\mathrm{Cb'}}\{1\} + C'_{\mathrm{Cr'}}\{1\} \end{aligned} \tag{5.44}$$

式中，D、D' 分别是不含和含有水印的联合系数。同时计算自适应矩阵 E，计算方式和嵌入时相同。

步骤 4：提取标识水印 W_2'：

$$W_2' = \begin{cases} 1, & D' - D \geqslant \dfrac{\alpha}{2}E \\ 0, & D' - D < \dfrac{\alpha}{2}E \end{cases} \tag{5.45}$$

式中，α 为给定的嵌入强度。

6. 实验结果

载体图像以及相应的水印如图 5.25 和图 5.26 所示，未受攻击的性能见表 5.5。

(a) Lena　(b) Plane　(c) Village　(d) Chamber　(e) Door　(f) Car

图 5.25　载体图（尺寸为 512×512）

(a)	(b)	(c)	(d)
74　4 123　437	72　5 863　724	36　5 516　283	32　2 597　242

(e)	(f)
28　2 1007　310	98　5 905　445

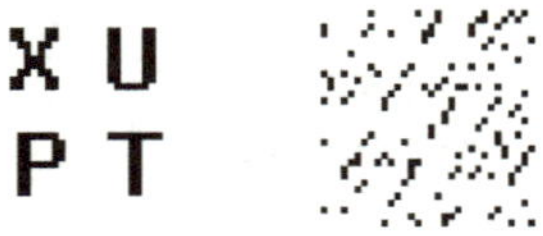

(g)　(h)

图 5.26　水印图

其中(a)～(f)依次为图 5.25 中(a)~(f)的纹理特征；(g)是标识水印，尺寸为 32×32；(h)是将图(g)进行置乱后的结果

表 5.5　含水印图未受攻击的性能指标

含双水印图像	PSNR	SSIM	特征水印的 BER	标识水印的 NC
	52.49380	1	0	0.99813
	51.94936	1	0.01221	0.98539
	53.97721	1	0	0.96780
	53.55004	1	0.04297	1
	52.87518	1	0.03467	0.95621
	52.88839	1	0	0.98201

图像在存储、传输、使用过程中会遭到主动或被动两大类攻击。对载体图像进行几种典型的攻击实验，如椒盐噪声、高斯噪声、裁剪、JPEG 压缩、旋转。表 5.6 列出了不同强度不同类型攻击下提取的标识水印。

表 5.6 不同类型不同强度攻击下提取的标识水印

攻击类型	Lena	Plane	Village	Chamber	Door	Car
未受攻击	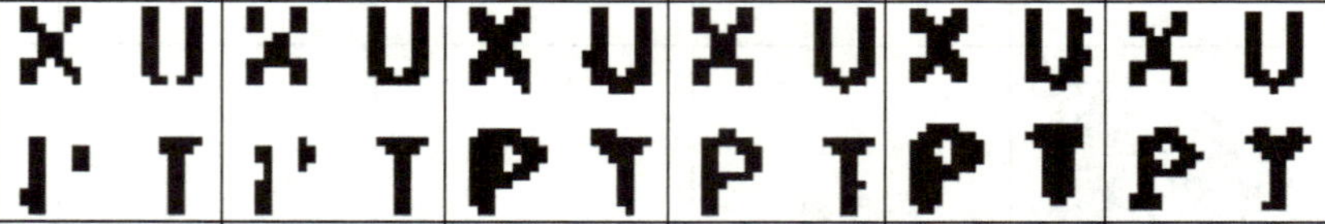					
椒盐噪声 0.01	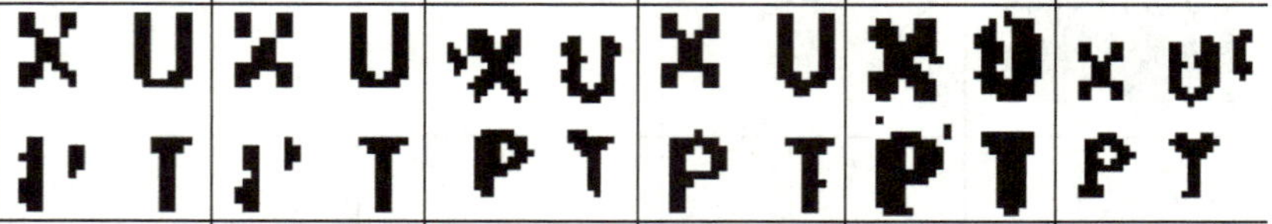					
椒盐噪声 0.02	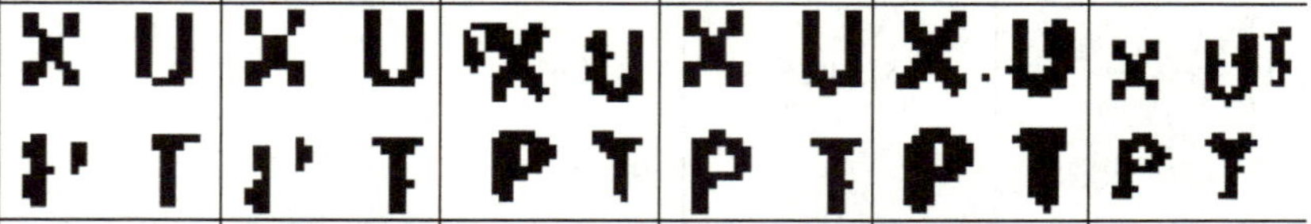					
椒盐噪声 0.03	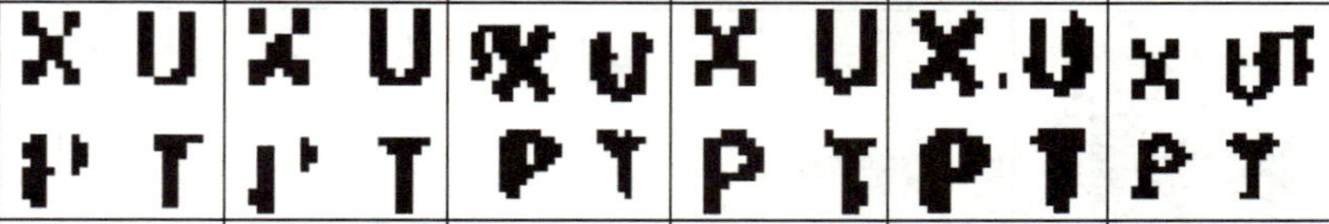					
椒盐噪声 0.04	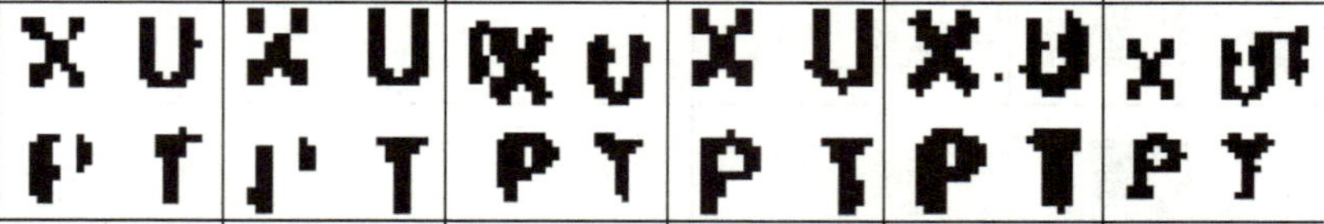					
椒盐噪声 0.05	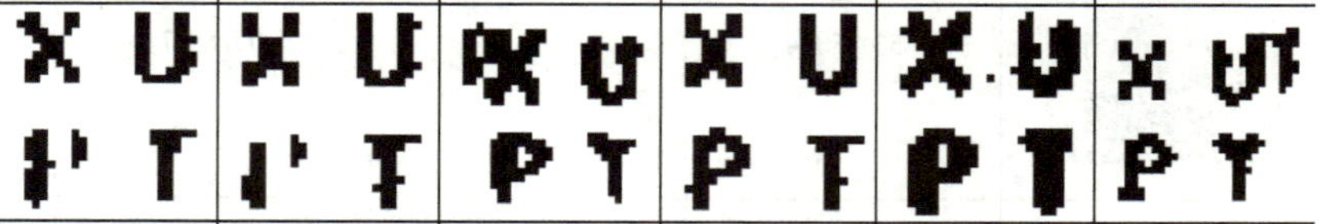					
椒盐噪声 0.06	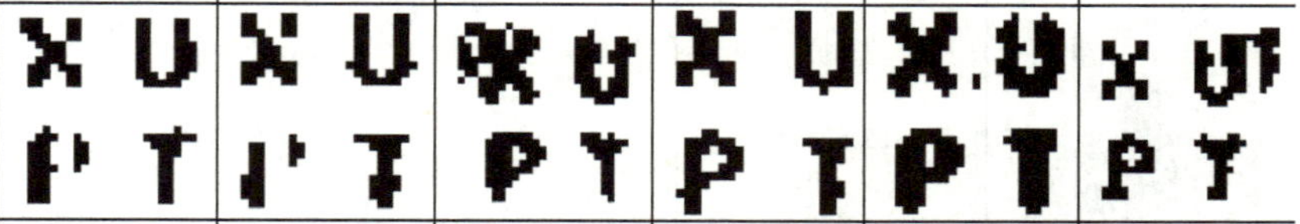					
椒盐噪声 0.07	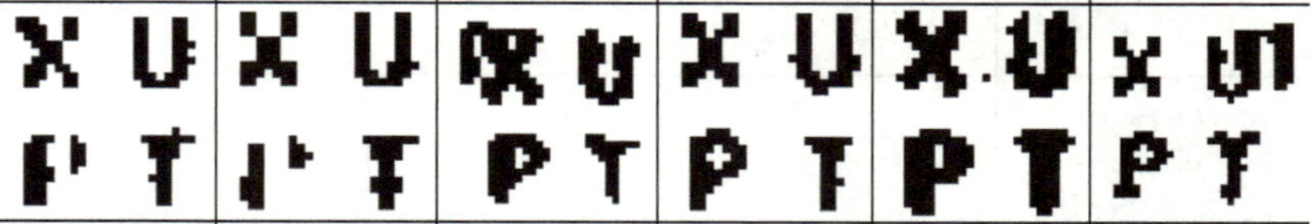					
椒盐噪声 0.08	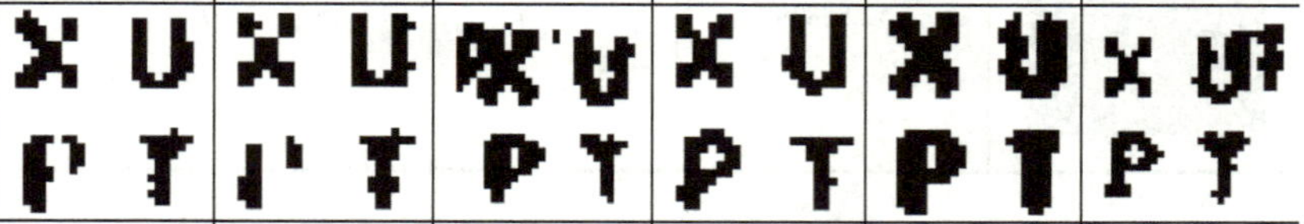					
椒盐噪声 0.09	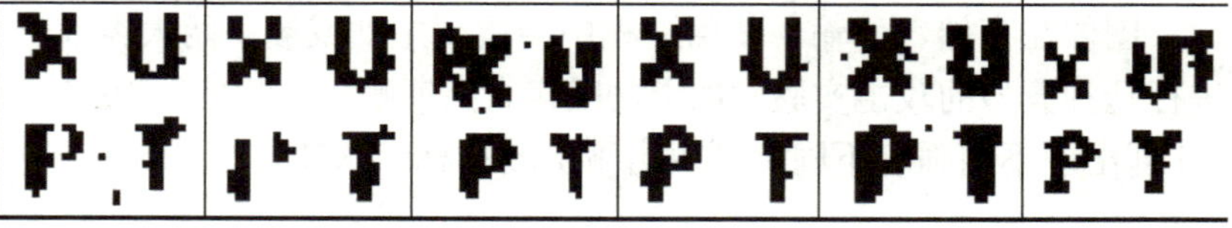					

续表

攻击类型	Lena	Plane	Village	Chamber	Door	Car
椒盐噪声 0.1	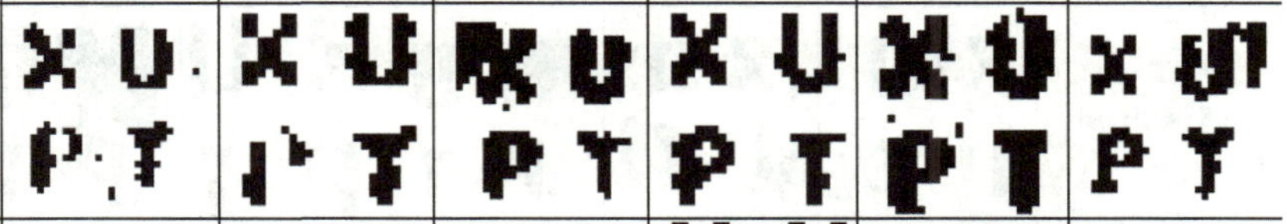					
高斯噪声 0.01						
高斯噪声 0.02						
高斯噪声 0.03						
高斯噪声 0.04	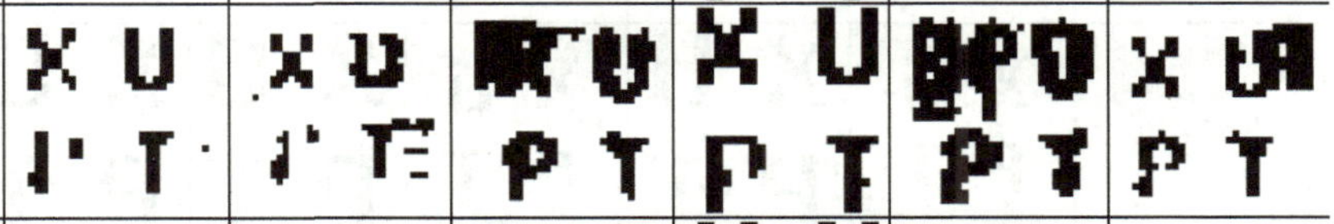					
高斯噪声 0.05	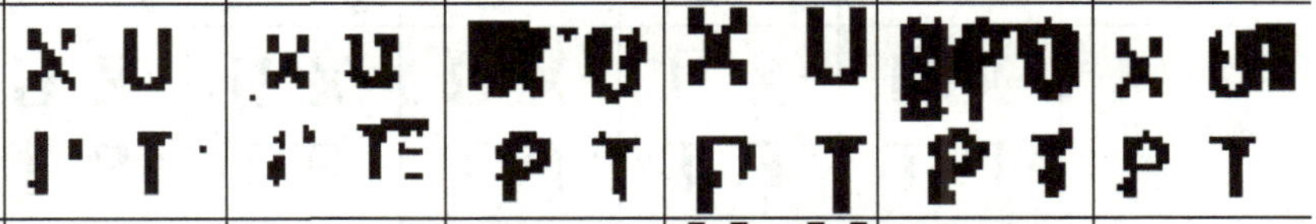					
高斯噪声 0.06	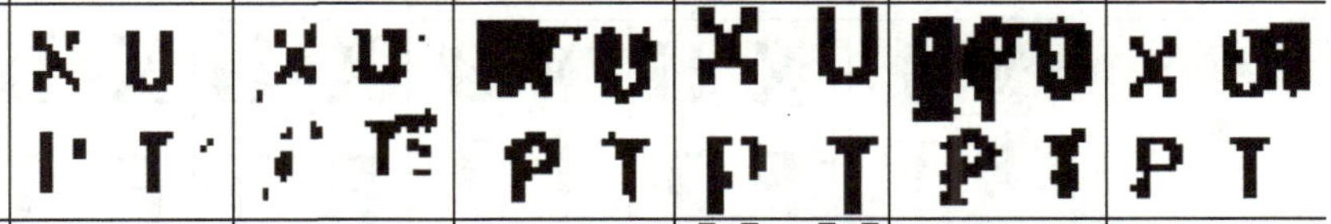					
高斯噪声 0.07						
高斯噪声 0.08	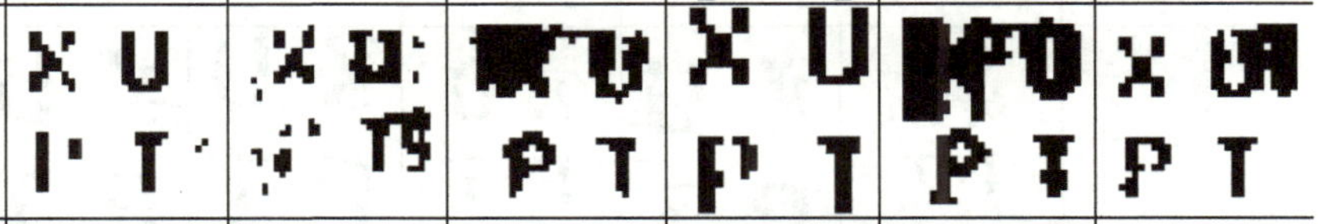					
高斯噪声 0.09	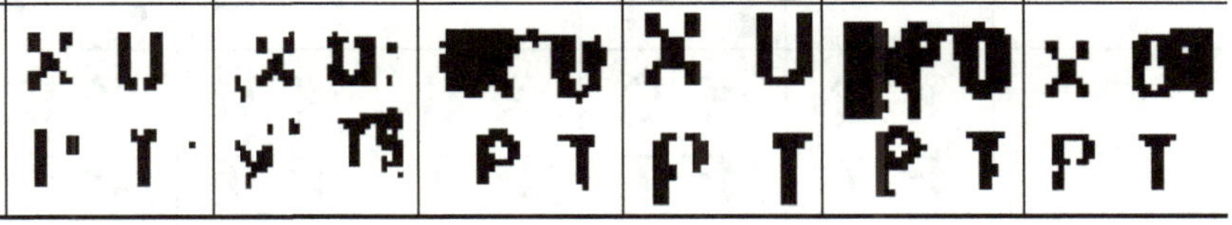					

续表

攻击类型	Lena	Plane	Village	Chamber	Door	Car
高斯噪声 0.1	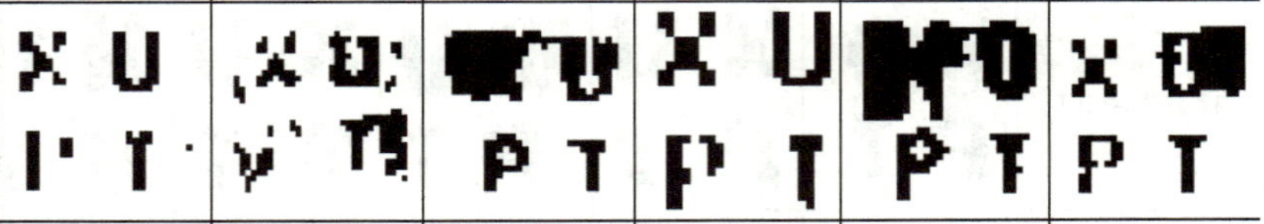					
裁剪 1/20	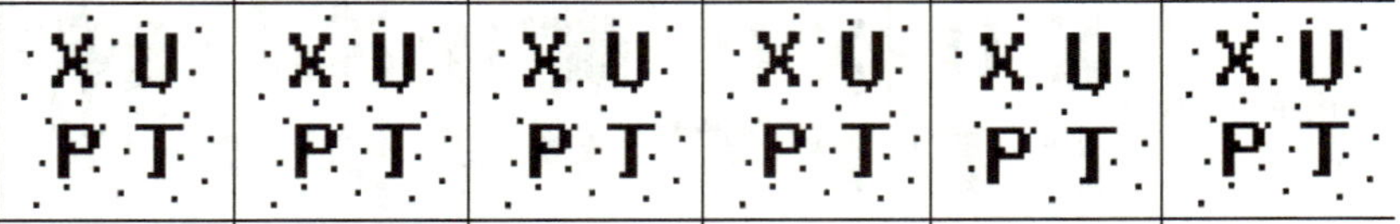					
裁剪 2/20	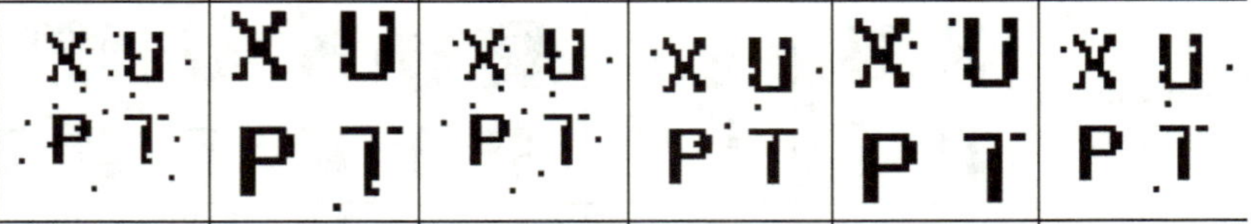					
裁剪 3/20	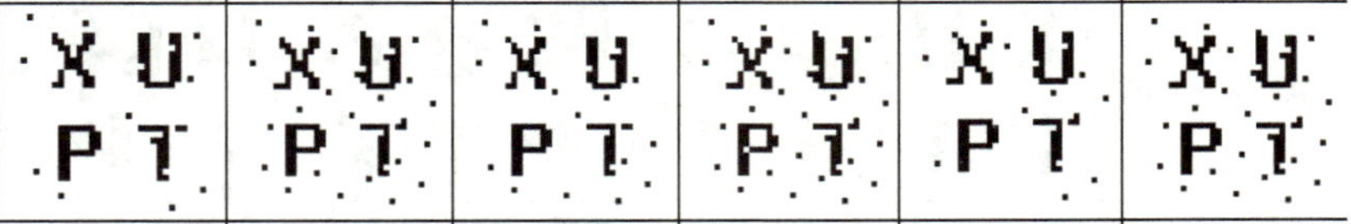					
裁剪 4/20	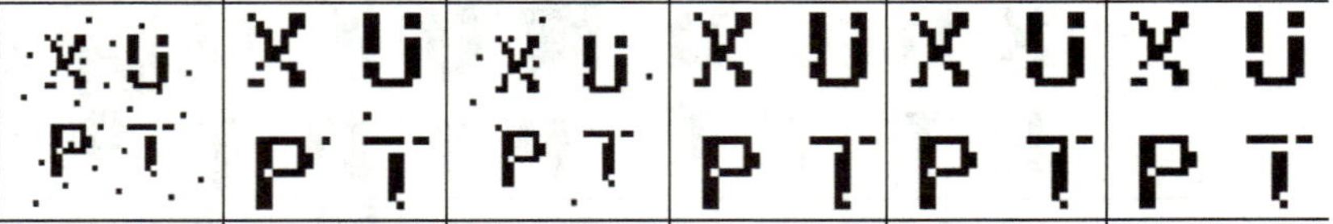					
裁剪 5/20	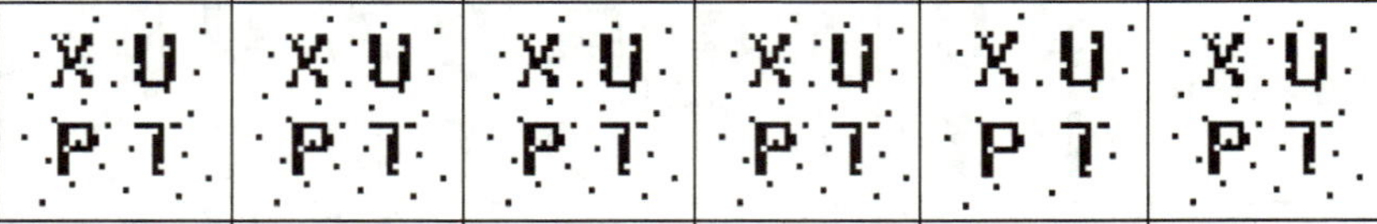					
裁剪 6/20	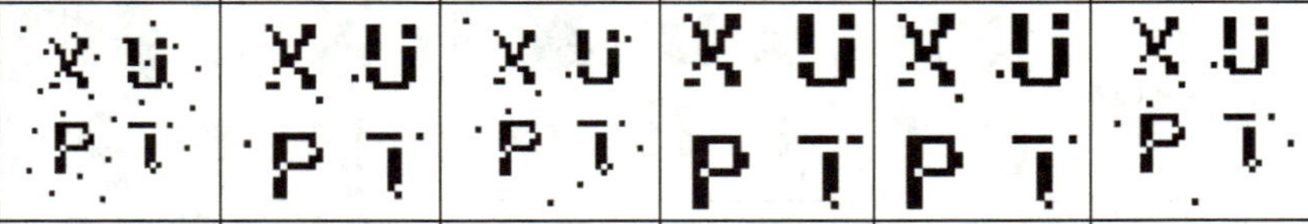					
裁剪 7/20	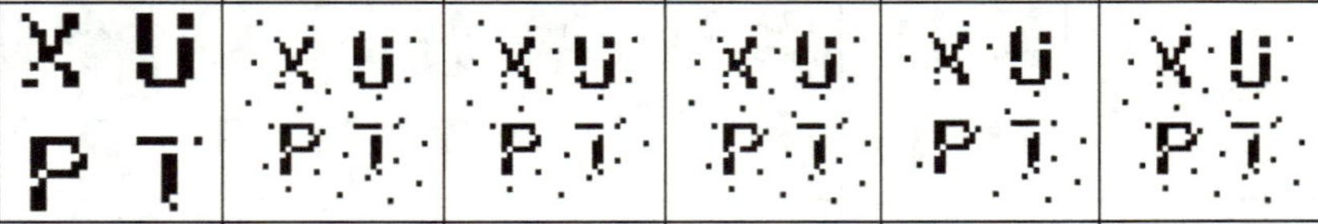					
裁剪 8/20	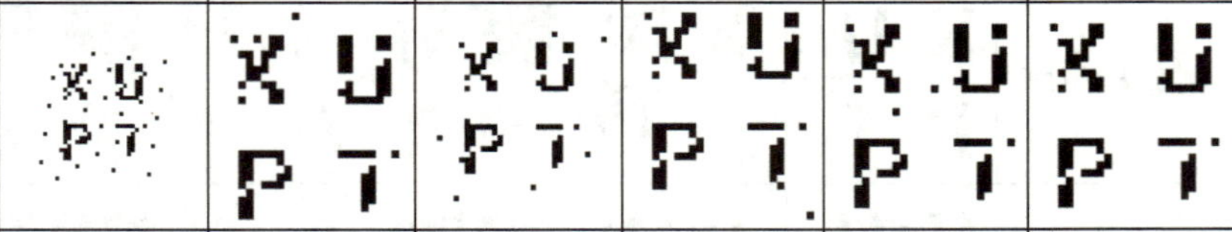					
裁剪 9/20	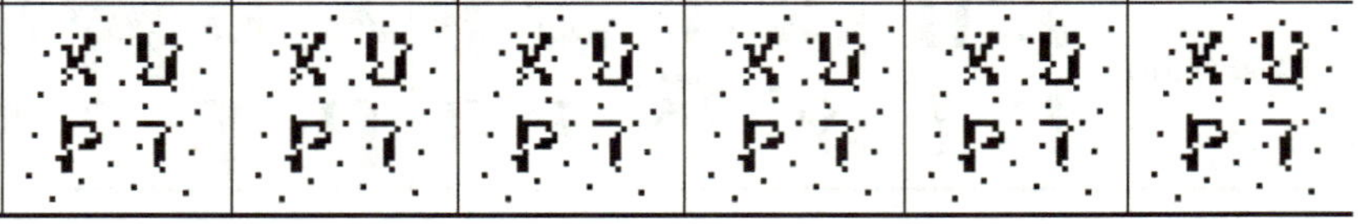					

续表

攻击类型	Lena	Plane	Village	Chamber	Door	Car
裁剪 10/20	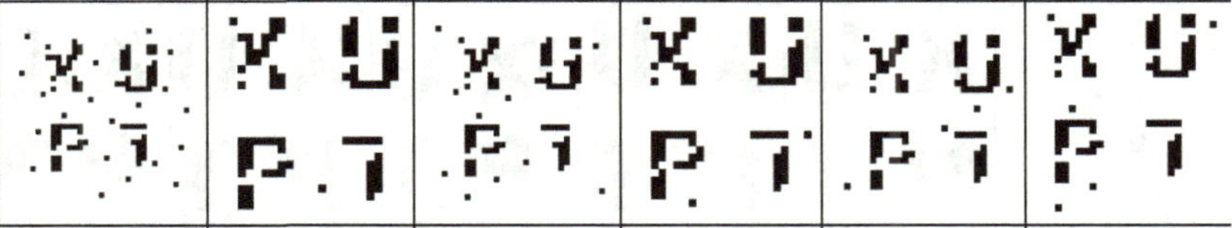					
JPEG 压缩 Q=95	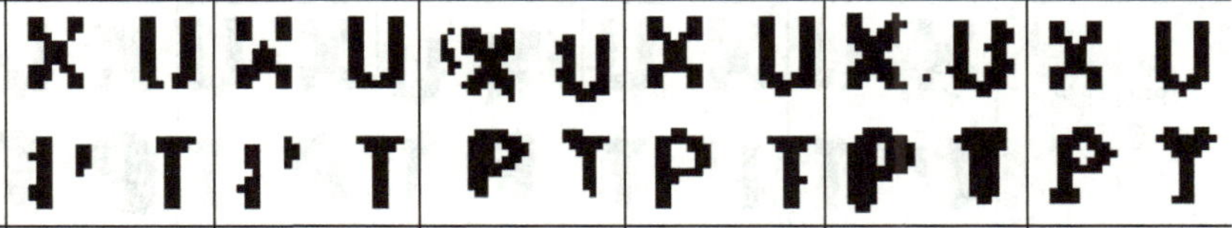					
JPEG 压缩 Q=90	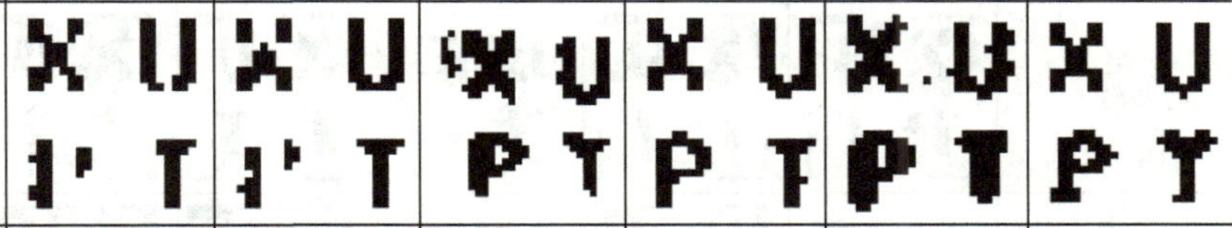					
JPEG 压缩 Q=85	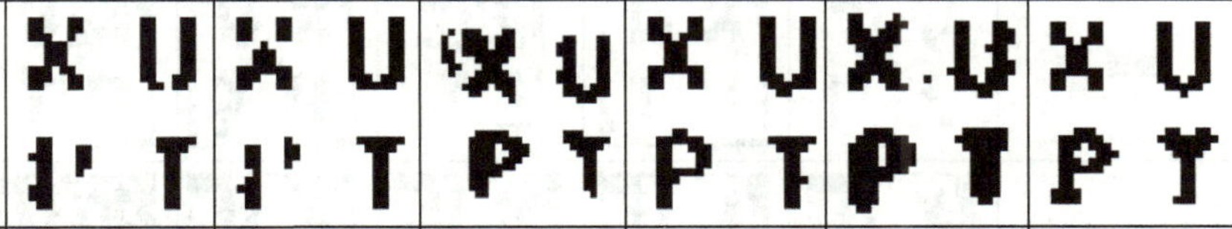					
JPEG 压缩 Q=80						
JPEG 压缩 Q=75	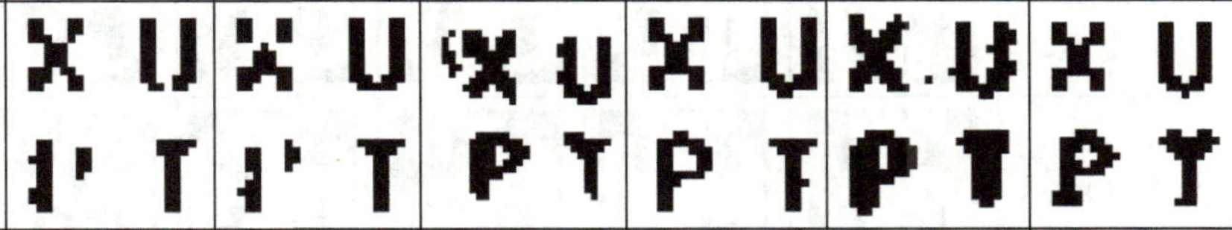					
JPEG 压缩 Q=70	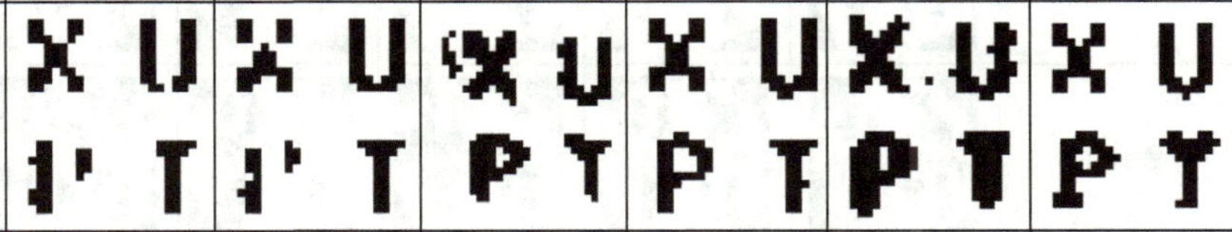					
JPEG 压缩 Q=65	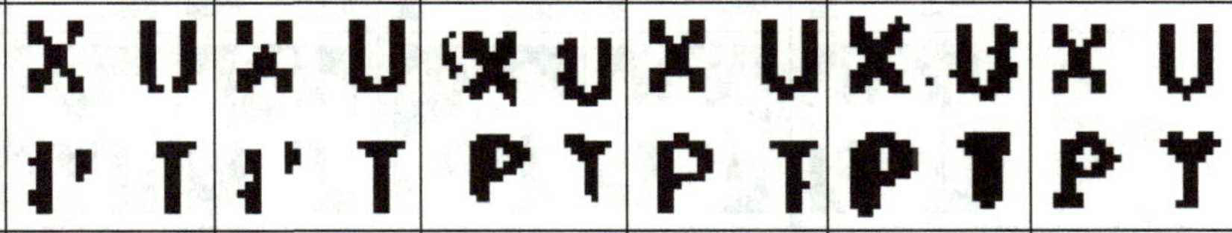					
JPEG 压缩 Q=60	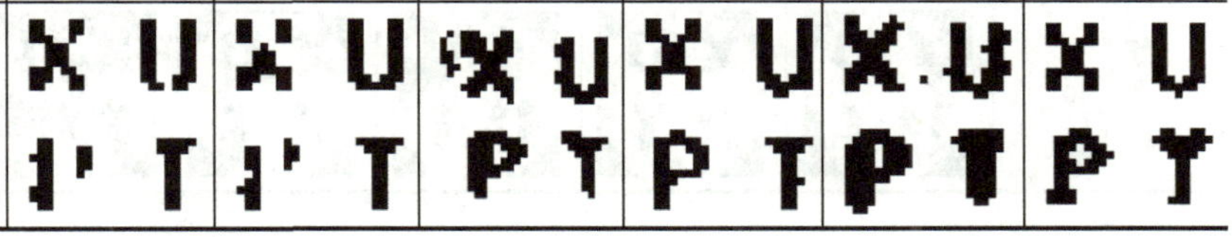					

续表

攻击类型	Lena	Plane	Village	Chamber	Door	Car
JPEG 压缩 Q=55	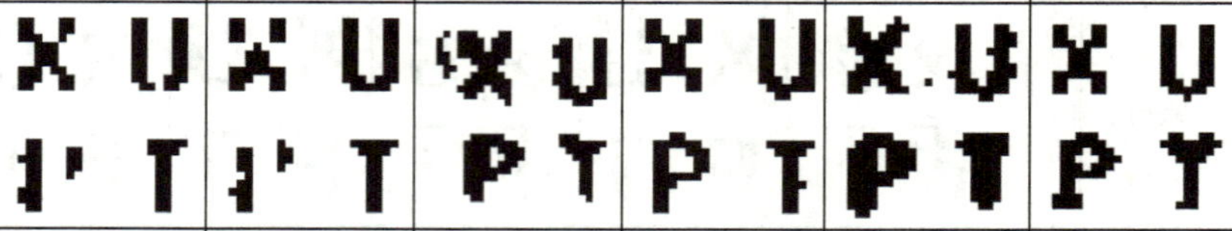					
JPEG 压缩 Q=50	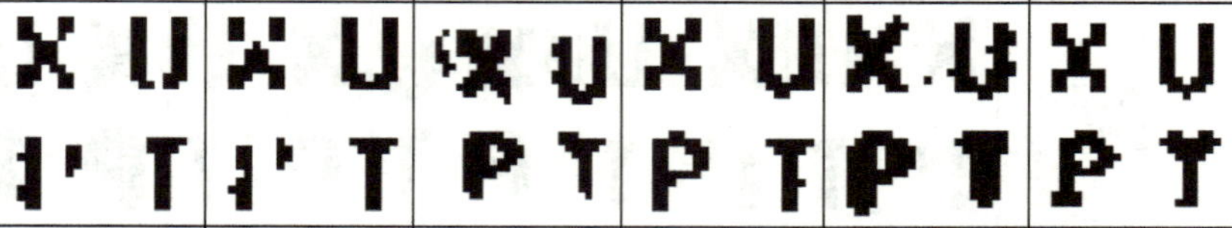					
旋转 5	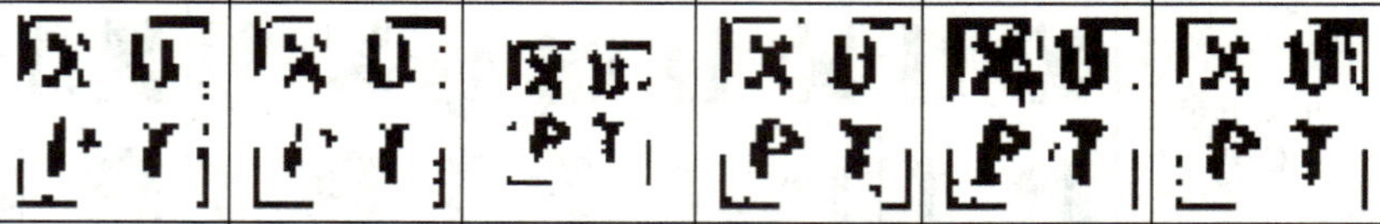					
旋转 10	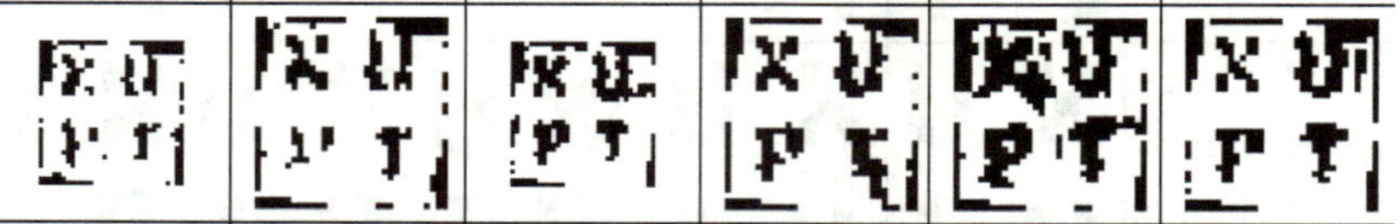					
旋转 15						
旋转 20						
旋转 25						
旋转 30						
旋转 35						
旋转 40						

续表

攻击类型	Lena	Plane	Village	Chamber	Door	Car
旋转 45						
旋转 50						

由实验数据可知，在同一类型不同强度的攻击下，随着攻击强度的增加，PSNR 减小，同时 SSIM 和 NC 也减小，BER 增大。

参考文献

[1] HARTUNG F, KUTTER M. Multimedia watermarking techniques[J]. Proceeding IEEE, 1999, 87(7):1079-1107.

[2] 王冬. 一种基于量化的自适应数字水印技术[D]. 长春:吉林大学, 2005.

[3] Frank H E. Identification of sound and like signals: US, US3004104[P]. 1961-10-10.

[4] TIRKEL A Z, RANKIN G A, SCHYNDEL R V, et al. Electronic watermark[C]. Digital Image Computing, Technology and Applications, 1993.

[5] 朱晓冬. 数字水印技术的研究[D]. 长春:吉林大学, 2005.

[6] CHEN B, WORNELL G W. Provably robust digital watermarking[C]. //Proceedings of the SPIE: Multimedia Systems and Application. Bellingham Society of Photo-Optical Instrumentation Engineers, Bellingham, 1999:43-55.

[7] COX I J, KILIAN J, LEIGHTON T, et al. Secure spread spectrum watermarking for images, audio and video[C]. IEEE International Conference on Image Processing, IEEE, 2002:243-246.

[8] 齐东旭. 分形及其计算机生成[M]. 北京: 科学出版社, 1994.

[9] 林雪辉, 蔡利栋. 基于 Hilbert 曲线的数字图像置乱方法研究[J].中国体视学域图像分析, 2004,9 (5): 224-227.

[10] SHI H, LI M C, GUO C, et al. A region-adaptive semi-fragile dual watermarking scheme[J]. Multimedia Tools & Applications, 2016, 75(1):465-495.

[11] LEE T Y, LIN S D. Dual watermark for image tamper detection and recovery[J]. Pattern Recognition, 2008, 41 (11): 3497-3506.

[12] SARRESHTEDARI S, AKHAEE M A. A source-channel coding approach to digital image protection and self-recovery[J]. IEEE Transactions on Image Processing A Publication of the IEEE Signal Processing Society, 2015, 24 (7): 2266-2277.

[13] 曹海龙. 可携带特征信息的数字图像水印算法研究[D]. 西安:西安邮电大学, 2018.

第 6 章　图像检索技术

随着现勘图像的采集和积累，现勘图像库不断增大。而在刑侦案件侦破时，常常需要对采集到的图像进行比对，以发现有用的线索或证据，这时需要图像检索技术的支持。

早期的图像检索技术为人工标注检索技术，这不但耗费人力，而且检索的准确度受图像标注者的主观影响很大。之后发展出基于内容的图像检索（content-based image retrieval, CBIR）技术，利用图像本身的数字特征或语义特征作为索引。具体而言，CBIR 技术利用从图像像素值中提取的图像数字特征（低层特征）或语义特征（高层特征）来描述图像内容，并通过图像特征向量间的距离来定义图像相似度，从而实现图像数据库检索。由于用户在搜寻图像时往往更愿意直接输入查询关键字（人类语义），基于语义的图像检索（semantic-based image retrieval, SBIR）技术作为 CBIR 技术发展的更新阶段，实际应用价值越来越大。SBIR 通过机器学习技术将图像数字特征转换为图像语义特征（即文字描述），以缩短数字特征和人类语言描述之间的“语义差距”。影响 SBIR 性能的关键技术环节包括数字图像特征提取、图像相似度度量以及图像语义学习。

6.1　数字图像特征

20 世纪 80 年代早期的 CBIR 系统[1,2]是依据图像视觉特征来比较图像相似度的，图像的数字特征（也称图像低层特征）是用图像空间域或者变换域的统计特性描述图像内容的特征矢量，包括色度特征（color feature）、纹理特征（texture feature）、形状特征（shape feature）、空间位置特征（spatial location feature），可以是描述整幅图像内容的全局特征(global feature)或描述图像中目标区域的局部特征（region feature）。

6.1.1　数字图像特征提取

文献[3]详细讨论了各种典型的图像数字特征提取算法。色度特征是应用最广泛的图像数字特征。常用的色度特征包括颜色直方图（color histogram）、颜色矩（color moments）、颜色聚合向量（color coherence vector）、颜色协方差矩阵（color covariance matrix）等[4]。但这些色度特征都不直接和高层语义相关，因此文献[5]定义了一种 HSV 域的“主色”（dominant color）作为区域色度特征。该算法首先计算 HSV 域颜色直方图（10×4×4bin），然后取最大的 bin，计算其中所有像素的平均颜色。实验表明这种方法更适用于基于语义的图像检索。图像纹理特征提取算法分空间域和频率域两种。Tamura 纹理是一种典型的空间域纹理特征[6]，而最常用的频率域纹理特征是小波特征和 Gabor 特征[3,7,8]。通常的纹理特征提取算法都是针对规则图像进行的，而图像分割后的区域一般是不规则的，为此，文献[8]提出了一种基于 POCS（projection-onto-convex-set，凸集投影）理论的纹理特征提取算法。先在不规则区域外填充适当的数字使其成为规则的正方形或者长方形，然后通过 POCS 迭代找到一组最能有效地描述该图像区域内容的 Gabor 系数，再计算这组系数中各子带中系数的均值和方差作为区域的纹理特征。形状特征包括宽高比（aspect ratio）、形状不变矩（moment invariants）、傅里叶形状描述（Fourier descriptor）、圆形度(circularity)等[3,9]。空间位置特征是针对图像中的目标物体而言的，最简单的是绝对空间位置，如“上、中、下”，也有的算法用目标区域的中心坐标点作为其位置特征。文献[5]将图像划分为九个同等大小的区域，根据目标物体的重心位置定义了九个绝对位置：左上、左中、右上、……、右下。而相对空间位置对图像语义学习来说比绝对位置更为重要[5,10]。

尽管图像数字特征提取算法已经相当成熟，但新的算法依然不断出现。文献[11]中定义了一种新的目标区域特征称为颜色-尺寸特征（color-size feature），其中包括颜色-尺寸直方图（color-size histogram）及矩（moments）。该特征将颜色与区域大小的分布信息结合起来，颜色分布信息用于描述图像内容，区域大小则作为图像匹配时的加权因子。文献[12]提出了一种基于颜色索引相关统计的色度特征提取算法，并结合数值统计得到具有一定尺度、平移和旋转不变性的特征向量，以更有效地表示图像的颜色和纹理特征。文献[13]提出了一种对图像尺度变化、图像旋转和图像变换都具有鲁棒性的特征提取算法，并将之用于网络图像检索。文献[14]针对纹理图像提出了一种基于非下采样 Contourlet 变换的纹理特征提取算法。利用轮廓波分解的方向性和能量变换特性，文献[15]提出了一种适用于纹理图像的特征提取算法，并在 63 幅纹理图像上进行了测试表明算法的有效性。文献[16]介绍了一种基于形状的图像检索系统，采用面积、形状矩等局部和全局特征来描述图像，实验表明，该文献中采用的特征能有效地实现汽车等目标的检索。

不同的图像数字特征从不同角度描述同一图像的内容，巧妙地结合不同特征能达到提高图像检索性能的效果[5,10,17]。以 HSV 域色度直方图和 Gabor 纹理特征作为全局特征，使用文献[5]中定义的局部色度和纹理特征，初步对 500 幅现勘图像通过 10 个查询的结果表明：对不同种类的图像，应使用不同的图像特征组合。图像检索系统应充分利用各种图像特征，并将这些特征有机地结合起来。例如，对某类图像，全局特征能更好地描述其内容（如图 6.1(a)中的指纹），而对有些图像来说，其中的局部目标区域更为重要（如图 6.1(b)中木地板上的鞋印）。此外，实验也证实纹理特征和色度特征结合比这两种特征单独使用的检索效果更好，如

图 6.2 所示。

(a) 指纹　　(b) 鞋印

图 6.1　图像示例

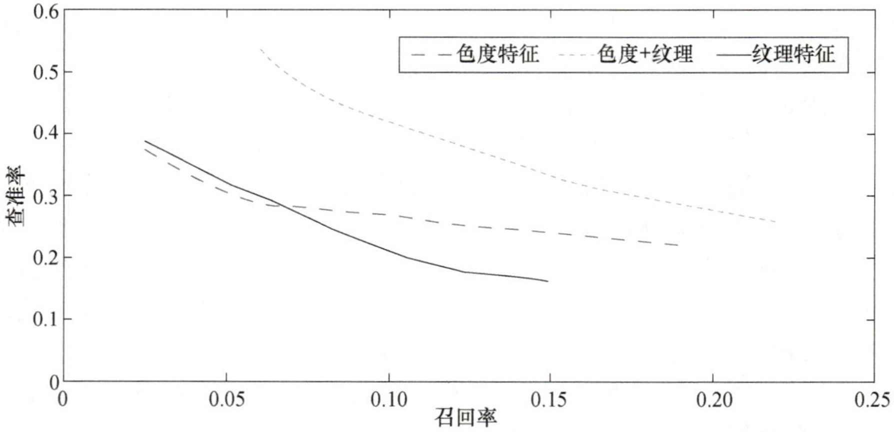

图 6.2　色度特征和纹理特征在图像检索中的作用

6.1.2　经典图像特征提取算法介绍

近年来，对亮度、平移、旋转、尺度等变化具有鲁棒性的图像特征研究越来越受到重视[9-13]。局部特征描述算子（scale invariant feature transform, SIFT）是由 Lowe 于 1999 年提出的，并于 2004 年给出了详细的特征提取算法[18,19]。SIFT 特征是图像的局部特征，对平移、旋转、尺度缩放、亮度变化、遮挡和噪声等具有良好的不变性，对视觉变化、仿射变换也保持一定程度的稳定性，因此被用于图像检索。SIFT 特征的缺点是计算量大，速度缓慢，此外，SIFT 特征对图像的适用性不是很强，如指纹、星图等图像特征点周围没有什么纹理，SIFT 算法就会失效[20,21]。

方向梯度直方图（histogram of oriented gradient, HOG）是用于目标检测的特

征描述算子，其核心思想是一幅图像中的物体的表象和形状可以用梯度或边缘的方向密度分布来描述。该算子将图像局部出现的方向梯度次数进行计数，其实现方法是先将图像分成小的方格单元连通区域，然后采集方格单元中各像素点的梯度方向或边缘方向直方图，这些直方图组合起来就可以构成特征描述子。Dalal 和 Triggs 首先在 2005 年的 CVPR 中提出 HOG[22]，用于静态图像或者视频中的行人检测。与其他描述子相比，HOG 特征保持了几何和光学转化不变性，但不具备方向不变性。因此 HOG 描述子尤其适合行人的检测。

“词袋”（bag of words , BOW）是一种有效的图像表示方法，将图像特征看作词。视觉词袋就是局部图像特征对应的词出现的次数，通过三个步骤获得：特征检测、特征描述、码书生成。检测特征时，每幅图像被抽象为几个局部块。特征描述的目标是用数字矢量来表示图像块，这些矢量最后被转换为码字[23]。词袋将图像表示为一组无序的局部特征集合，缺点是没有考虑图像的空间分布信息。空间金字塔匹配（spatial pyramid matching, SPM）克服了这一缺陷。SPM 是在 BOW 基础上改进而来的[24]。对图像进行分层细化的分割，并计算所得分块的特征点。最终，两幅图像的匹配是基于计算图像中对应分块的相似度。SPM 被证明是一种非常有效的图像特征。

局部二值模式（local binary patterns, LBP）算子是一种非参数化的图像局部空间结构表述算子，是一种有效的纹理描述算子，可以提取图像的局部纹理特征，具有旋转不变性和灰度不变性。LBP 算子的主要思想是通过判断图像圆形邻域中周围像素和中心像素的灰度值的大小关系，从而将灰度图像转换为由二进制码组成的特征向量[25]。

1. SIFT

SIFT 算法即尺度不变特征变换算法，该算法由 Lowe 在 1999 年最早提出，并于 2004 年对算法进行了完善。鉴于该算法检测出的特征点对于图像的尺度缩放、旋转等变换具备一定的健壮性，因而该算法被频繁地应用在图像特征提取方面。以下是利用 SIFT 算法提取图像特征点的基本思路[26]。

步骤一：构建高斯尺度空间，利用原始图像 $I(x,y)$ 与高斯核函数 $G(x,y,\sigma)$ 卷积得到图像的高斯尺度空间 $L(x,y,\sigma)$：

$$\begin{cases} G(x,y,\sigma)=\dfrac{1}{2\pi\sigma^2}\exp\left[-(x^2+y^2)/(2\sigma^2)\right] \\ L(x,y,\sigma)=G(x,y,\sigma)*I(x,y) \end{cases} \tag{6.1}$$

式中，$\sigma=(0,1)$ 是尺度空间因子；“$*$”是卷积符号。

步骤二：寻找极值点，首先需要构造高斯差分尺度空间，在这里需要用到高斯差分函数 $\mathrm{Dog}(x,y,\sigma)$：

$$\begin{aligned} \mathrm{Dog}(x,y,\sigma)&=(G(x,y,\sigma)-G(x,y,k\sigma))*I(x,y) \\ &=L(x,y,\sigma)-L(x,y,k\sigma) \end{aligned} \tag{6.2}$$

式中，k 为常数。极值点的检测只需使某一像素点的值与其同层 8 邻域和上下两层 9 邻域共 26 个点的值比较大小。若此点的值均大于这 26 个点的值，该点就被认定为特征点。

步骤三：剔除不稳定特征点，对上一步检测出的特征点需要过滤掉低对比度和边缘不稳定的特征点，以便后续图像匹配的稳定性和抗噪能力有所提高。

步骤四：确定关键点方向，由局部图像梯度模值和方向着手，赋予每个特征点一或多个方向。

步骤五：生成特征点描述子，基于每个特征点的邻域对图像局部的梯度值进行计算，以便产生特征点描述子。

2. HOG

HOG 特征目前普遍应用于主流的行人检测算法中，但其对旋转变换敏感，故应用范围受到很大局限，且 HOG 特征的特征向量维数很高，严重影响了算法的运行效率。经典的 HOG 特征提取主要包括两个步骤：方向梯度直方图提取和特征构建。

步骤一：计算图像局部区域各像素点的梯度幅值和梯度方向。对于一幅图像 $I(x,y)$，点 (x,y) 处沿 x,y 方向的导数、梯度幅值 $G(x,y)$ 和梯度方向 $\alpha_0(x,y)$ 分别为

$$G_x(x,y)=I(x+1,y)-I(x-1,y) \tag{6.3}$$

$$G_y(x,y)=I(x,y+1)-I(x,y-1) \tag{6.4}$$

$$G(x,y)=\sqrt{G_x(x,y)^2+G_y(x,y)^2} \tag{6.5}$$

$$\alpha_0(x,y)=\tan^{-1}\left[\frac{G_y(x,y)}{G_x(x,y)}\right],\alpha_0\in\left[-\frac{\pi}{2},\frac{\pi}{2}\right] \tag{6.6}$$

式中，$G_x(x,y)$、$G_y(x,y)$ 分别是点 (x,y) 处的水平和垂直方向导数。

步骤二：将 $I(x,y)$ 划分为若干个 8×8 像素大小的单元（cell）；把 $\alpha_0(x,y)$ 的采样区间[−π/2, π/2]均匀量化为 9 个方向子区间 s (bin)；在每个单元内，根据各像素点的 $\alpha_0(x,y)$ 所在的 s 对所有像素点的 $G(x,y)$ 进行直方图统计，得到一个 9 维特征向量。再由相邻 4 个单元构成一个较大的图像区域，称为块（block），将一个块内 4 个单元的 9 维特征向量串联，得到该块的 36 维特征向量。最后，以单个块大小的区域为扫描窗口，以一个单元为扫描步长对 $I(x,y)$ 进行扫描。将扫描后若干个块的 36 维特征向量串联，便得到图像 $I(x,y)$ 的 HOG 纹理特征向量，对特征向量进行归一化处理，即得到图像的 HOG 特征。

3. BOW

BOW 最初应用于文本处理领域，用来对文档进行分类和识别。其基本原理为将文档看作是无序的关键词的集合，通过统计每个关键词在单个文档中出现的频率来对文档进行向量表示，从而进行分类[27]。应用到图像分类中，考虑 SIFT 特征

提取所得到的特征数据量较大，则采用构建 BOW 模型，对图像的 SIFT 特征向量进行优化[28]。

用 BOW 进行图像分类主要包括以下三个步骤：SIFT 特征提取，视觉关键词词袋构造，生成 BOW 模型。

步骤一：给定一幅图像，采用 SIFT 特征提取得到特征数据。

步骤二：采用 K-Means 聚类方法对由步骤一得到的相似 SIFT 特征向量进行聚类。假设 H_{a} 和 H_{b} 为两个 SIFT 特征向量样本，利用欧几里得距离计算两个向量之间的相似度

$$\| H_{\mathrm{a}} - H_{\mathrm{b}} \| = \sqrt{\| H_{\mathrm{a}} \|^2 + \| H_{\mathrm{b}} \|^2 - 2H_{\mathrm{a}} \times H_{\mathrm{b}}^{\mathrm{T}}} \tag{6.7}$$

式(6.7)的值越小，向量相似度越高，反之相似度越低。相似度高的向量聚类形成聚类中心，聚类中心内具有较高相似度，不同聚类中心之间具有较低相似度。把每一个聚类中心作为 BOW 模型的视觉关键词，每个关键词对应一个索引号，再将关键词对应的索引号组合在一起作为视觉关键词词袋。

步骤三：统计词袋中不同索引号出现的频率形成词频直方图，即生成了 BOW 模型。

4. SPM

BOW 模型生成的视觉关键词互相独立，未记录视觉关键词在原始图像中的位置信息，个别不同场景图像间的视觉词相似度可能较高，导致误判为同一场景下的图像，为此，引入其空间位置信息加以区别。通常采用 SPM 对 BOW 模型得到的不同层视觉词袋进行层次划分。构建 SPM 的方法[28]如下。

步骤一：将金字塔第 l 层作为划分标记为

$$L = \sum_{j=0}^{\infty} l(j \in N) \tag{6.8}$$

将其作为图像空间金字塔的总层数。将图像按照层数序号 $l = 0,1,2,\cdots$ 分别划分成 $1\times1, 2\times2, 4\times4$ 等小块，j 是常数，代表第 l 层的小块个数，一个小块的图像特征构成了一个该小块特征 BOW 模型，同层的不同小块构成了该层的图像特征集合。

步骤二：计算第 l 层下的特征匹配数量。令 H_X^l 与 H_Y^l 为图像 X 与图像 Y 在第 l 层下的两个特征向量，$H_X^l(i)$ 与 $H_Y^l(i)$ 为图像 X 与图像 Y 的图像特征分别落在第 i 个块子集上的数目，V_l 为 l 层下的匹配数量为

$$V_l = \sum_{i=1}^{D} \min\{H_X^l(i), H_Y^l(i)\} \tag{6.9}$$

由式(6.9)得到金字塔匹配核 $K^L(X,Y)$ 为

$$K^L(X,Y) = V^l + \sum_{i=0}^{L} \frac{1}{2^{L-1}}(V^l - V^{l+1}) = \frac{1}{2^L}V^0 + \sum_{l=0}^{L} \frac{1}{2^{L-l+1}}V^l \tag{6.10}$$

式中，$1/2^{L-1}$为第l层的权重。

步骤三：构建直方图。利用式（6.10）对图像相似的特征进行匹配，分别得到该层图像特征直方图，即构建了该层的视觉词典直方图。各层视觉词典直方图组合即建立了SPM。

样本图像划分的层数越多，区域越密，权重越大，同时带来了计算量的急剧增加；但是，划分层数较少，将会影响图像分类的准确率。所以，选择合适的划分层，需要考虑图像的分类准确率和计算量综合效果。

5. LBP

LBP可以用来表征局部纹理特征。不同的物体具有不同的物理属性，这种属性差异会导致物体的灰度信息不同，而LBP特征能够很好地表示这种灰度信息。LBP算子最开始是由Ojala等于1994年提出来并在3×3的邻域内定义的，固定的半径范围无法满足图像尺寸和纹理的需要，为了改善其不足，Ojala等用任意的圆形邻域代替3×3的正方形邻域，改进后的圆形邻域内像素点的个数P可以是任意的，半径R也可以是任意的，记为LBP[29,30]。

LBP算子是一种非参数化的图像局部空间结构表述算子，是一种有效的纹理描述算子，可以提取图像的局部纹理特征，具有旋转不变性和灰度不变性。公式定义如下：

$$\text{LBP}_{P,R}(x_c, y_c) = \sum_{n=0}^{7} \delta(g_n - g_c) 2^n \tag{6.11}$$

式中，$\delta(x)$为符号函数，定义如下：

$$\delta(x) = \begin{cases} 1, & x > 0 \\ 0, & \text{其他} \end{cases} \tag{6.12}$$

LBP算子是通过重叠选取像素3×3的子区域窗口，然后对所有非边界像素进行LBP编码操作。通常采用的编码方式是以窗口中心点的灰度值作为阈值，然后对窗口内其他像素作二值化处理，并将周围8个像素的灰度值与中心像素比较，如果大于中心像素则标记为1，否则标为0。这样3×3的窗口周围的8个值以一定的顺序组成一个8位的二进制数，然后根据像素的不同位置进行加权求和，进而得到一个以十进制数来表示该窗口中心点的LBP值，该LBP值表示该中心像素点的细节纹理信息。

6.2 图像相似度度量

获取图像特征后，图像间的相似度（不相似度）度量是决定检索性能的另一个重要环节。文献中通常采用的是特征空间的邻域搜索法，计算两幅图像特征矢量之间的距离，常用的有欧氏距离、曼哈顿距离[3,31]。如果图像用若干个区域的特征来描述，则图像相似度的度量可分为两种方法：一对一匹配，指检索图像中的每个区域仅允许匹配目标图像中的一个区域，反之亦然；多对多匹配，指检索图像中的每个区域允许匹配目标图像中一个以上的区域，反之亦然。一种被广泛应用的方法称为推土机距离（earth moving distance , EMD）[32,33]，基于传统运输问题，可度量由一种分布转化为另一种分布所要求的最低成本，运用线性优化可有效求解此类问题。给定两种分布，一种看作散于空间的“土”的质量，另一种看作相同空间内“洞”的总数量。EMD 可度量出用土填满洞所需的最少的工作量。上述这些度量方法都是基于图像特征空间分布的几何位置，这类方法的效果随着图像特征维度的增加而变差，这就是所谓的“维度灾难”现象[34,35]，其检索效果也随着数据分布的变化而变化。当维数增加时，特征空间的体积呈指数增加，数据变得很稀疏，判断图像的相似性变得困难。

很多心理学家表示，用这种几何模型来度量图像的相似度存在问题，应该考虑数据分布的影响。心理学实验很清楚地表明两幅图像的相似度与测量的环境和邻近的其他图像有关。学者们提出，更接近人类认知特性的相似度度量应为：密集区域的两个实例（instance）比稀疏区域的同等距离的两个实例的相似度要小（不相似度更大）。例如，在图 6.3 中，两只苹果和其他种类的水果（梨子）相比的相似度比与其他苹果相比的相似度要更大。

图 6.3　数据分布对图像相似度的影响

Aryal 等首次提出了与数据相关的相似度测量方法，即“m_p 不相似度”（m_p-dissimilarity）测量，主要根据在每个维度上包含两个实例的区域中所含的实例数目来计算其不相似度[36,37]，最终的不相似度由各个维度上的不相似度的 ℓ_p 范数（ℓ_p – norm）来表达。实验表明，这种方法能够提供更有效的图像匹配结果[36]。还有其他一些数据相关的不相似度测量方法被提出，但结果都不符合人们的认知判断特性，没有显示比传统的测量方法更好的性能[38]。

基于数据分布的“m_p不相似度”（简作 MP）符合人类认知特性。在使用 MP 进行图像检索的实验中，比较了基于颜色直方图的 MP 和欧氏距离。测试中使用了 3000 幅 Corel 图像数据集中的图像（分别属于 30 个类别，每个类中 100 幅图像）。数据库中每幅图像的 RGB 空间颜色直方图作为图像的色度特征，RGB 颜色空间的每个通道被用 8 量化，所以每个通道有 32 个 bin，特征向量的维度为 96。随机选取 10 幅图像作为查询，与欧氏距离进行性能比较，平均检索效果曲线如图 6.4 所示，结果显示 MP 比 ED 效果更好。

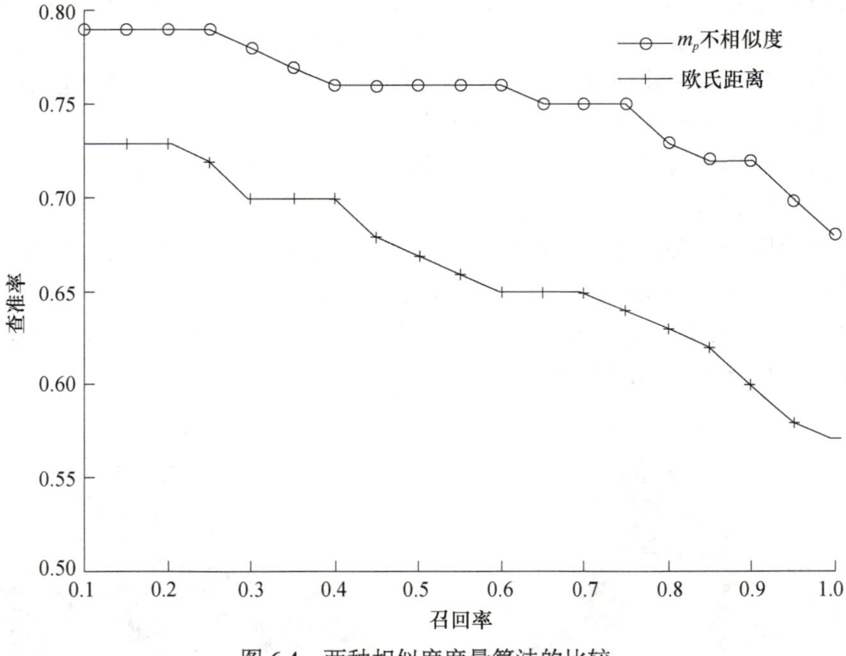

图 6.4　两种相似度度量算法的比较

6.3　图像语义学习

为了使图像检索更接近人类语义并方便用户直接用关键字进行查询，CBIR（object-based image retrieval，基于目标的图像检索）系统引入了图像语义学习技术[3,5,11,13,16,17]。通常，人们更感兴趣的是图像中的目标物体而非整幅图像。因此，多数图像语义学习算法是基于目标区域的。也就是说，先对图像进行分割获得目标物体，然后计算目标物体的数字特征，再提取图像语义。

文献[3]对图像语义学习技术的各个技术环节进行了深入的分析和讨论，比较了各种不同算法的优缺点。图像语义学习算法可分为五个大类：利用用户反馈（relevance feedback）、利用常识和本体知识（ontology）、利用图像模板（template）、利用机器学习（machine learning）技术、融合图像视觉特征和文本信息的结合[3]。其中最常用的是通过机器学习算法来获取图像语义，包括支持向量机（support vector machine, SVM）、神经网络（neural network）、K 近邻（k-nearest neighbor, KNN）算法等[3]。近几年来，这方面的研究还在继续。文献[39]基于量子粒子群优化（quantum-behaved particle swarm optimization），提出了一种新的多示例学习（multi-instance learning, MIL）算法 QPSO-MIL。该算法在多示例学习的框架下将基于区域的图像标注问题描述成一个有监督的学习问题。文献[5]结合图像模板和判决树(decision tree)技术学习了 19 类自然风景图像。新加坡南洋理工大学 ER 实验室的成员们则利用类本体知识通过神经网络技术成功地对特定类图像（恐怖活动类图片）进行了语义提取[40]。文献[41]采用 K 近邻法对一组图像进行了分类学习。文献[42]结合区域显著性分析，并针对用户参与反馈的情况，通过流形排序（manifold-ranking）算法学习出用户感兴趣的查询目标概念。

虽然这些算法都取得了一定的效果，但要将这些技术应用到实际的图像数据库检索中，存在一个普遍的问题：语义学习的词汇量（图像的类别）有限，远不能满足实际图像检索的需求。一旦图像种类增加，检索准确度就迅速下降[3]。例如，文献[41]中对 10 个词汇的学习准确度达到 68.2%，而对 20 个词汇的学习准确度只有 40.3%。多数图像语义学习技术只能分析几十个图像类别，而在实际应用中人类语义包括 5000～30000 个词汇概念[43]。

图像语义学习技术不断发展，学者们的研究热点已经从学习几十种图像类别转移到学习上千甚至上万种图像。所用的训练和测试数据集也从中等数量级的数据库（几千到几万幅图片）转移到包含上百万甚至上亿张图片的大规模数据库[44-48]，如根据 WordNet[49]名词层状结构构建的 ImageNet 图像数据库，现已有上万个种类的近千万幅图片[50]。ILSVRC 2010 是 ImageNet 的一个子集，其中包含 1000 个图像种类的 120 万幅图像，是用于 2010 年“大规模视觉识别测试挑战”（large scale visual recognition challenge）的图像数据库[51]。

研究者们发现，设计复杂的多任务学习算法[52,53]在大词汇量大规模数据库检索中失去了优势，相反，一些简单的算法被证明更为适用，如近邻搜索（nearest neighbour search）[54]、最小平方回归（least square regression）[55]，或组合几千个二进制分类器[56]。此外，实验表明标签树（label tree）技术和语义层状（semantic hierarchy）结构在大词汇量学习中体现出潜力[44-47]。文献[44]利用各类图像间的语义关系构建了分层结构，在加速并行梯度（accelerated parallel gradient）算法基础上，设计出了一种简称为 APPLET 的算法来进行语义学习。训练和测试数据集来自于 ILSVR 2010。测试数据表明了 APPLET 算法的有效性。文献[45]提出一种改进的标签树算法，该算法在确定树结构的同时学习出每个树节点的分类器。所用的数据集是 ILSVR 2010 和 ImageNet10K（含九百万幅、10184 种图像）。实验表明这种改进算法相比 Bengio 等提出的标签树算法[47]提高了图像分类的准确度。

不过，要用于实际的大规模图像数据库检索，现有算法的语义学习准确度还有待进一步提高。例如，文献[45]ILSVR 2010 测试的准确度为 10%左右。文献[44]中的 APPLET 算法，虽然以某些图像作为查询例图时检索准确度达 90%以上，但是对其他一些图像的检索准确度只有 10%左右。

总体来说，以语义丰富的大规模图像数据库作为训练集，巧妙运用层状语义结构关系和判决树技术等分类算法，是解决大词汇量语义学习的有效途径。但图像语义学习在海量图像检索中的实际应用还需要进一步研究。

文献[5]所提出的语义模板和判决树结合的图像语义学习算法（DT-ST）在对 5000 幅自然风景图像的测试中说明了其有效性。通过重新定义语义模板和本体知识结构，该算法可用于其他领域的图像语义学习。对现勘图像数据集进行测试的实验结果表明了该算法的可拓展性。此外，实验结果也说明，当图像语义学习的准确度足够高时，图像语义将在图像检索中发挥切实的作用，如图 6.5 所示。

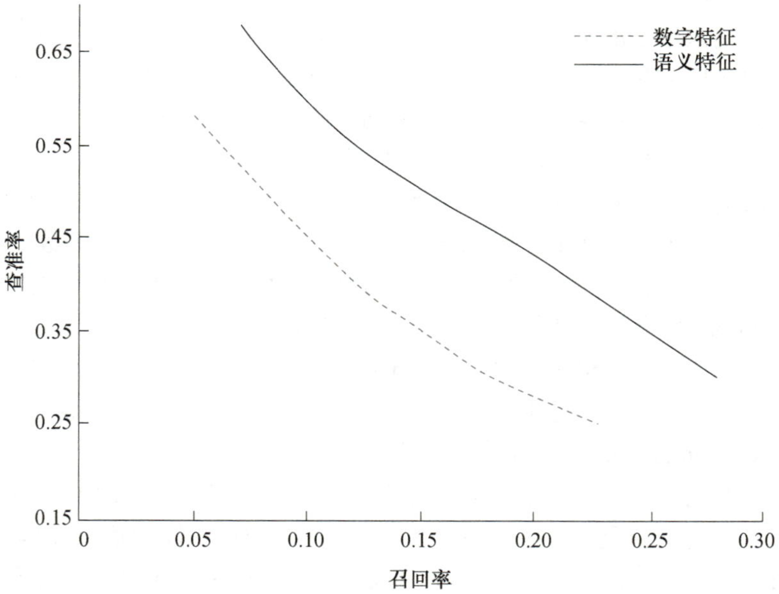

图 6.5　数字特征和图像语义在图像检索中的作用

参 考 文 献

[1] FALOUTSOS C, BARBER R, FLICKNER M, et al. Efficient and effective querying by image content[J]. Journal of Intelligent Information Systems, 1994, 3 (3-4): 231-262.

[2] PENTLAND A, PICARD R W, SCAROFF S. Content-based manipulation for image databases[J]. Inter Journal of Computer Vision, 1996,18 (3): 233-254.

[3] LIU Y, ZHANG D S, LU G, et al. A survey of content-based image retrieval with high-level semantics [J]. Pattern Recognition, 2007, 40 (1): 262-282.

[4] STANCHEV P L, GREEN D, DIMITROV B. High level dolor similarity retrieval[J]. International Journal Information Theories & Applications, 2003, 10: 283-287.

[5] LIU Y, ZHANG D S, LU G. Region-based image retrieval with high-level semantics using decision tree learning[J]. Pattern Recognition, 2008, 41 (8): 2554-2570.

[6] TAMURA H, MORI S, YAMAWAKI T. Texture features corresponding to visual perception[J]. IEEE Trans. Syst. Man Cybernet, 1978, 8 (6): 460-473.

[7] MA W Y, MANJUNATH B S. NeTra: a toolbox for navigating large image databases[C]. International Conference on Image Processing(ICIP). IEEE Computer Society, 1997:568.

[8] LIU Y, ZHANG D S, LU G, et al. Study on texture feature extraction in region-based image retrieval system[C]// Proceedings. of Multimedia Modeling Conference (MMM), 2006:264-271.

[9] ZHANG D S, LU G. Review of shape representation and description techniques[J]. Pattern Recognition ,2004, 37 (1): 1-19.

[10] PAPADOPULOS G T, SAATHOFF C, ESCALAN H J, et al. A comparative study of object-level spatial context techniques for semantic image analysis[J]. Computer Vision and Image Understanding, 2011, 115 (9): 1288-1307.

[11] CHIANG C C, HUNG Y P, YANG H, et al. Region-based image retrieval using color-size features of watershed regions[J]. Journal of Visual Communication and Image Representation, 2009, 20 (3): 167-177.

[12] 董小丽，张力和，米晓莉. 基于颜色索引相关统计的彩色图像特征提取[J]. 光电子·激光，2011，22 (4): 623-628.

[13] WANG Z, JIA K, LIU P. An effective web content-based image retrieval algorithm by using SIFT feature[C]. World Congress on Software Engineering(WCSE), 2009: 291-295.

[14] 刘明霞，侯迎坤，郭小春，等. 新的纹理图像特征提取方法[J]. 计算机应用，2009, 29 (12): 3434-3436.

[15] 赵一凡，夏良正，潘泓. 基于轮廓波的纹理图像特征提取方法[J]. 信号处理，2010，26 (2): 161-165.

[16] 成晓翁，胡学龙，尹翔. 一种基于形状的图像检索系统[J]. 国外电子技术测量，2011，30 (10): 22-25.

[17] ZHANG R, ZHANG L, WANG X J, et al. Multi-feature pLSA for combining visual features in image annotation [C]. Proc. of the 19th ACM Inter. Conf. on Multimedia (ACM MM), 2011: 1513-1516.

[18] LOWE D G. Distinctive image features from scale invariant key points[J]. International Journal of Computer Vision, 2004, 60 (2): 91-110.

[19] DAVID G L. Object recognition from local scale-invariant features[C]//Proceedings of the Seventh IEEE International Conference on Computer Vision(ICCV), IEEE Computer Society Press, 1999:1150-1157.

[20] BAKAR S A, HITAM M S, YUSSOF W. Content-based image retrieval using SIFT for binary and grey-scale images[C]//Proceedings of IEEE International Conference on Signal and Image Processing Applications (ICSIPA), 2013:83-88.

[21] SOLTANSHAHI M A, MONTAZER G A, GIVEKI D. Content based image retrieval system using clustered scale invariant feature transforms[J]. Optik - International Journal for Light and Electron Optics, 2015, 126(18) : 1695-1699.

[22] DALAL N, TRIGGS B. Histograms of oriented gradients for human detection[C]. IEEE Computer Society Conference on Computer Vision and Pattern Recognition (CVPR). IEEE, 2005:886-893.

[23] FEI-FEI L, PERONA P. A Bayesian hierarchical model for learning natural scene categories[C]. IEEE Computer Society Conference on Computer Vision and Pattern Recognition (CVPR). IEEE, 2005:524-531.

[24] LAZEBNIK S, SCHMID C, PONCE J. Beyond bags of features: spatial pyramid matching for recognizing natural scene categories[C]// IEEE Computer Society Conference on Computer Vision and Pattern Recognition(CVPR). IEEE, 2006: 2169-2178.

[25] 周丽芳, 杜跃伟, 李伟生, 等. 一种基于分治策略的Huffman-LBP多姿态人脸识别[J]. 小型微型计算机系统, 2018, 39 (8): 1835-1841.

[26] 赵悟. SIFT与Harris算法在图像特征点提取中的适用性研究[D]. 济南: 山东师范大学, 2016.

[27] 赵春晖, 王莹, MASAHIDE K. 一种基于词袋模型的图像优化分类方法[J]. 电子与信息学报, 2012, 34 (9): 2064-2070.

[28] 林椹尠, 李妮, 惠小强. 基于空间金字塔的BoW模型图像分类方法[J]. 西安邮电大学学报, 2018, 23 (3): 31-37.

[29] 陈鹏展, 胡超, 陈晓玥. 融合Gabor、LBP与LPQ特征的面部表情识别[J]. 测控技术, 2018, 37 (8): 16-20.

[30] 程海鹰, 王凤随, 朱树明. 基于HOG-LBP特征和SVM分类器的视频摘要方法[J]. 四川理工学院学报(自然科学版), 2018, 31 (4): 43-48.

[31] RJAM F, VALLI S. A survey on content-based image retrieval[J]. Life Science Journal, 2013, 10 (2): 2475-2487.

[32] JING F, LI M, ZHANG L, et al. Learning in region-based image retrieval[C]. International Conference on Image and Video Retrieval (CIVR), 2003: 206-215.

[33] RUBNER Y, TOMASI C, GUIBAS L J. A metric for distributions with applications to image databases[C]. IEEE International Conference on Computer Vision (ICCV). IEEE Computer Society, 1998: 59-67.

[34] BELLMAN R E. Dynamic Programming[M]. United Kingdom : Dover Publications Incorporated, 2003.

[35] BELLMAN R, BELLMAN R E. Adaptive Control Processes: A Guided Tour[M]. Princeton: Princeton University Press, 1961.

[36] ARYAL S, TING K M, HAFFARI G, et al. Mp-dissimilarity: a data dependent dissimilarity measure[C]. IEEE International Conference on Data Mining (ICDM). IEEE Computer Society, 2014: 707-711.

[37] ARYAL S, TING K M, HAFFARI G, et al. Beyond Tf-Idf and cosine distance in documents dissimilarity measure[C]// Asia Information Retrieval Societies Conference(AIRS), 2015: 363-368.

[38] DEZA M M, DEZA E. Encyclopedia of Distances [M]. Berlin Heidelberg: Springer, 2013.

[39] 李大湘，彭进业，卜起荣. 基于QPSO-MIL算法的图像标注[J]. 计算机科学, 2010, 37 (6): 278-282.

[40] NUYEN L D, YAP G E, LIU Y, et al. A Bayesian approach integrating regional and global features for image semantic learning[C]// IEEE International Conference on Multimedia and Expo (ICME). IEEE Press, 2009:546-549.

[41] YANAI K. Web image mining toward generic image recognition[C]. International World Wide Web Conference (WWW), 2003: 1.

[42] 冯松鹤，郎丛妍，须德. 一种融合图学习与区域显著性分析的图像检索算法[J]. 电子学报，2011，39 (10): 2288-2294.

[43] BIEDERMAN I. Recognition by components: a theory of human image understanding[J]. Journal of Psychological Review, 1987, 94: 115-147.

[44] ZHAO B, LI FF, XING E. Large-scale category structure aware image categorization [C]. International Conference on Neural Information Processing Systems (NIPS), 2011: 1251-1259.

[45] JIA D, SATHEESH S, BERG A C, et al. Fast and balanced: efficient label tree learning for large scale object recognition[J]. Nips, 2011, 25 (6): 567-575.

[46] DENG J, BERG A C, LI K, et al. What does classifying more than 10000 image categories tell us[C]. European Conference on Computer Vision (ECCV), Part V, 2010: 71-84.

[47] BENGIO S, WESTON J, GRANGIER D. Label embedding trees for large multi-class tasks[C]. International

Conference on Neural Information Processing Systems (NIPS), 2010: 163-171.

[48] BINDER A, KAWANABE M. On Taxonomies for Multi-class Image Categorization[M]. Holland: Kluwer Academic Publishers, 2012.

[49] KILGARRIFF A. Wordnet: an electronic lexical database, by Christiane Fellbaum[J]. Library Quarterly Information Community Policy, 1998, 25 (2): 292-296.

[50] DENG J, DONG W, SOCHER R, et al. A large-scale hierarchical image database[C]// IEEE Computer Society Conference on Computer Vision and Pattern Recognition(CVPR). IEEE, 2009: 248-255.

[51] RUSSAKOVSKY O, DENG J, SU H, et al. Imagenet large scale visual recognition challenge[J]. International Journal of Computer Vision, 2015, 115 (3): 211-252.

[52] JACOB L, BACH F, VERTJ P. Clustered multi-task learning: a convex formulation[C]. Advances in Neural Information Processing Systems (NIPS), 2008: 745-752.

[53] BAKKER B, HESKES T. Task clustering and gating for bayesian multitask learning[J]. Journal of Machine Learning Research, 2003, (4): 83-99.

[54] BOIMAN O, SHECHTMAN E, IRANI M. In defense of nearest-neighbor based image classification[C]// IEEE Computer Society Conference on Computer Vision and Pattern Recognition(CVPR). IEEE, 2008: 1-8.

[55] FERGUS R, BERNAL H, WEISS Y, et al. Semantic label sharing for learning with many categories[C]// European Conference on Computer Vision (ECCV), Part I, 2010: 762-775.

[56] LIN Y, LU F, ZHU S, et al. Large-scale image classification: fast feature extraction and SVM training[C]// IEEE Computer Society Conference on Computer Vision and Pattern Recognition(CVPR). IEEE, 2011: 1698-1696.

第 7 章　监控视频高效编码技术

中华人民共和国公安部、中华人民共和国科学技术部、中华人民共和国国家发展和改革委员会等九部委于 2015 年 5 月联合发布了《关于加强公共安全视频监控建设联网应用工作的若干意见》（发改高技〔2015〕996 号），就加强公共安全视频监控建设联网应用工作的指导思想、基本原则、主要目标等提出了明确的意见。意见指出，到 2020 年，基本实现“全域覆盖、全网共享、全时可用、全程可控”的公共安全视频监控建设联网应用。

视频监控系统被大量应用在刑事侦查、安全防卫等领域，并为异常事件监测、判断及快速处置提供了有效保障。随着高清视频监控摄像头的大量普及，摄像头采集的原始视频的体量已经达到了海量等级。这就使海量的原始数据与有限的硬件处理能力（包括存储、传输等）之间的矛盾尖锐化，而开发高效的视频编码技术是有效解决或有效缓解这一矛盾的关键。视频编码的目的是在满足给定的传输带宽的限制下，尽可能减少编码重建视频中的失真，即提高视频编码的率失真（rate-distortion）性能。

7.1　视频基本知识

人类之所以能够看清楚周围的世界，产生视频的认知，这与人类的视觉系统是息息相关的。一方面，人类视觉系统（human visual system）可以认为是一个功能强大的信息编码系统，它可以帮助人类实时地感知周围五彩斑斓的世界；另一方面，人类视觉系统又是一个功能非常局限的系统，在各种外界刺激的感知上表现出典型的非线性、非均匀、低通等特性。本节将首先介绍人类视觉系统的相关知识，包括人类视觉系统结构组成及一些典型的视觉特性，并进一步结合这些知识说明视频数字化的过程、数字视频中的冗余以及监控视频的内容特性。

7.1.1　人类视觉系统

1. 人类视觉系统结构组成

按照信号的处理顺序，人类视觉系统[1]主要包含眼球、视网膜、视神经交叉与视束、视觉皮层四个部分。眼球与视网膜的构造相当于一台照相机，眼球包括角膜、前房后房、虹膜、晶状体、玻璃体等，完成的作用相当于照相机的镜头。视网膜作用是将光信号转化为生物电脉冲信号，完成的作用相当于照相机的胶卷。视网膜的颜色为深红色，反光很弱，其上面布满感光细胞。视网膜上正对眼球中心有一个黄色区域，称为黄斑。黄斑中心有一小凹，称为中央凹。视网膜上的感光细胞主要分成两种，即视锥细胞与视杆细胞。感光细胞的作用是将光信号转换为生物电脉冲信号。视锥细胞只对较强的光敏感，可以感知颜色。视杆细胞无法感知颜色，但光强灵敏度非常高，可以感知非常暗的光强。视锥细胞在黄斑处非常集中，尤其在中央凹处最为密集，可以对物体产生清晰视觉。视杆细胞在黄斑处较少，其他区域分布均匀。视交叉是由来自鼻子处的视觉纤维和普通皮层的纤维构成的。从视交叉出来的神经又分叉成视束，视束神经细胞的作用是将视网膜传来的视觉信号传递给大脑的不同部分进行处理。视觉皮层简称为视皮层，位于大脑的后半部分，视频信号的主要处理工作都在这里进行。视皮层中有大量不同类型的神经细胞，它们分别响应不同类型的信号，如某些细胞只响应特定方向的空间模式或特定方向的运动信息。神经细胞的这种响应选择特性被认为是人类视觉系统具有多通道特性的根本原因。

2. 几种典型的人类视觉系统感知特性

1）人眼的空、时域分辨力

在空域上，数字图像可以认为是像素点的二维矩阵。在时域上，数字视频可以认为是一系列数字图像的集合。人眼的空域分辨力是指人眼区分两个相邻像素点的能力。当两个像素非常接近时，人眼是无法区分出这两个像素的，所以人眼的空域分辨能力是有限的。为了更加直观地理解这一特性，可以做如下小实验：首先取一张白纸，然后在纸上画一个直径 2 厘米的圆，用笔在白纸上点点。当点足够密集时，将白纸放在远处观察，这时会很难观测到点与点之间的空隙，从而主观上认为圆是一个实心的圆。另外，研究也表明，人眼对于像素亮度的分辨能力要强于对像素色度的分辨能力。

人眼的时域分辨力是指人眼区分相邻图像的能力。当外界物体反射的可见光通过眼球到达视网膜时，其引起的刺激不会随着可见光的消失而立即消失，而是会持续一段时间（t_{vp}），这即为视觉暂留效应。所以当视频相邻两幅图像之间的刷新间隔小于 t_{vp} 时，人眼就会察觉不出图像之间的间隔，主观认为图像是连续播放的。t_{vp} 的取值因人而异，大约为 1/24s。而相应的，目前视频帧率的典型取值有 30 帧/s、50 帧/s、60 帧/s 等，帧率的有效取值还与图像的空间分辨率等因素相关。

2）掩盖效应

掩盖效应是人类视觉系统的一个重要特性，在图像处理过程中，特别是在描述视觉激励的相互作用时起着非常重要的作用。当一种激励的存在导致另一种激励感知阈值的改变，致使人眼对其的感知能力下降或者消失，就产生了掩盖效应。下面介绍两类常见的掩盖效应，即空域掩盖效应和时域掩盖效应[1]。

常见的一些空域掩盖效应，如亮度掩盖效应、纹理掩盖效应、边界掩盖效应等，已经被有效地应用于视频编码、视频质量评估等研究中。相关研究[2,3]表明，人眼对于编码视频中失真激励的感知敏感程度受视频亮度、纹理复杂度、边界等内容特性的显著影响。具体地，相比于亮度适中的区域，人眼对于视频中很亮或很暗区域失真的感知不敏感；相比于纹理平坦的区域，人眼对于视频中纹理复杂区域失真的感知不敏感；相比于非边界区域，人眼对于视频中边界区域失真的感知不敏感。即视频区域的亮度、纹理复杂度、边界等信息“掩盖”了失真激励的感知。

时域掩盖又称为运动掩盖，即视频的运动特性影响了其他激励的感知敏感程度。相关研究[2]表明，视频中物体的运动快慢会显著影响失真激励的感知。相比于运动慢的物体，人眼对于运动很快的物体失真感知更不敏感。下面用一组实例说明物体运动对于物体纹理感知的影响。当运动物体运动非常慢时，如手表时针，人眼是感知不到其运动的，主观认为手表时针是静止的。此时人眼能够清楚地看清手表时针表面的纹理信息；当物体运动适中时，如步行的人，人眼既能够看清楚这个人又能够感知到人在运动；当物体运动较快时，如高速转动的电扇叶片，此时人眼只能够感知到电扇叶片是在运动的，但是看不清电扇叶片表面的纹理；当物体运动特别快时，如射出的子弹，此时人眼已经感知不到子弹的存在。

3）选择注意机制

在视频信息处理过程中大脑对外界信息并不一视同仁，而是表现出某种特异性，称为选择注意机制。选择注意能够使人类视觉系统快速高效地筛选视觉场景中部分重要信息并进行处理。选择注意机制的存在有如下两方面的原因。

首先是人眼结构的限制。视网膜的中央凹分布着密度极高的光感受器，主要是视锥细胞，并且越远离中央凹，视锥细胞的密度会越快速下降。中央凹区域能够提供的视角大约为 2 度[4]。因此，当人在注视视频场景的某一点时，以该点为中心的有限区域感知的空间频率分辨率较高，而离该中心点较远的区域感知的空间频率分辨率将变低。受中央凹具有的这种感知机制限制，人类视觉系统在观察视频场景时并不能在瞬间就接收到全部信息，某一时刻传入大脑的信息只是所观测物体的一个小区域。为了解决这个问题，人类视觉系统会通过眼动控制眼球，从而把中央凹定位到视频场景的不同区域，并最终完成对整个视频场景的感知。相关研究表明[4]，人眼每秒钟一般有 2～3 次聚焦的能力。

其次是大脑处理与存储能力的限制。大脑处理信息的速度与存储容量远远低于感受系统提供的信息总量，这在人类视觉系统中尤为突出。据估计，视网膜每秒提供的信息量为 10^8～10^9bit，而大脑皮层细胞的总数仅为 10^8～10^9 个，这就是通常所说的信息处理的瓶颈效应。在此情况下，要实时处理全部信息是不可能的，为此人类视觉系统只能有所选择地对一部分信息进行处理。

选择注意机制的存在为人类视觉系统高效处理视频信息提供了保证。在实际生活中，并不是全部的外界视频信息都是重要的，所以大脑只需要对部分重要的信息做出响应并进行控制即可，这也是人类视觉系统高度进化的结果。目前选择注意机制已经被有效地应用于感兴趣区域视频处理研究领域[4]中。感兴趣区域是人们观察和理解图像时产生兴趣的区域。以感兴趣区域的方式表示图像能够体现图像不同区域的不同重要程度，突显图像的主要内容，消除背景信息的干扰。

7.1.2　视频数字化

实际生活中的场景可以认为是模拟视频，即视频中图像的时间间隔及图像中像素的空间间隔都可以看作是无穷小的，并且像素的取值也是连续的。但是相比于数字图像来说，模拟图像很难进行有效处理，例如，传输模拟图像就存在抗干扰能力弱、保密性差等显著的问题。并且如 7.1.1 小节所述，人类视觉系统是一个非常有限的系统，其只能够感知到处在一定强度范围的外界刺激信号，所以也可以有效利用人类视觉系统的相关特性，对模拟视频进行数字化，去除人眼不能够感知到的信号，最终达到有效减少处理数据还不影响视频内容感知的目的。下面简单介绍视频数字化过程中的两个主要过程：抽样及量化。

1. 抽样

抽样的目的是将模拟连续信号按照一定的采样间隔获得数字离散信号。并且抽样定理已经证明，当采样间隔满足一定条件时，就可以由数字信号无失真地回复出原始的模拟信号。具体抽样定理的数学描述及证明可参见《数字信号处理》（卢光跃等编著，人民邮电出版社，2012 年 6 月出版）等相关教材。

对信号进行抽样除了考虑抽样定理，能在满足一定条件下可以由抽样后的信号无失真的回复出原始信号外，还考虑了人类视觉系统的相关视觉特性。传统的抽样定理可以认为是以像素值偏差为客观失真测度的，将抽样信号无失真地回复出原始信号的理论基础。而人类视觉系统的相关视觉特性可以认为是以人眼主观感知为失真测度的，抽样信号可以无失真地表征出原始信号全部信息量的理论基础。

首先，基于人眼空域的分辨力特性，对模拟图像进行采样获得数字图像。当采样的像素点距离足够近时，人眼主观上感知数字图像是连续的，所以就可以用尽量少的原始像素点表征一幅连续的图像。另外考虑到人眼对于色度的分辨力较低的特性，可以用更少的色度分量来表征图像颜色信息。例如在视频编码中常用的 YUV 4:2:0 格式的视频，其色度分量数据（UV 数据）只有亮度分量数据（Y 数据）的 1/2。

其次，基于人眼时域的分辨力特性，可以通过合理选择视频帧率的方式最终达到用更少的播放图像获得视频主观连续播放的感知效果。7.1.1 小节已提到，目前视频帧率的典型取值有 30 帧/s、50 帧/s、60 帧/s 等。除了考虑视觉暂留效应外，还可以结合视频图像的空间分辨率、内容特性等因素自适应地选择有效的帧率。

2. 量化

在视频处理系统中，量化技术被广泛使用。第 7 章主要介绍模拟信号数字化中的量化技术及视频编码中的量化技术。模拟信号数字化中的量化技术的输入是抽样后的信号，将在本小节介绍。编码中的量化技术的输入则是视频经过预测、变换后的变换系数，这部分内容将在 7.3 节介绍。

模拟信号的像素取值可以认为是连续的，模拟信号的像素值经过量化后即被离散化。按照量化间隔是否相等，可以将量化分成均匀量化与非均匀量化。当前，通常的灰度图像采用的是 2^8 个均匀量化等级，而黑白图像则是采用的 2 个均匀量化等级。一般来说，量化等级越多，量化误差就越小，但需要更多的比特编码及传输数据。使量化误差最小的量化方法称为最佳量化方法。衡量量化误差的测度按照是否考虑人类视觉系统感知特性可以分为以下两类：①不考虑人类视觉系统感知特性，只是衡量原始像素值与量化后像素值之间差别的测度，如均方差（mean square error，MSE）；②考虑人类视觉系统感知特性的测度，如恰可察觉差值（just noticeable difference）等级[2, 3, 5]。

按照一次量化处理的像素个数，又可以将量化分为标量量化与矢量量化。矢量量化又称为分组量化，即将需要量化的多个像素分成一组同时进行量化。这样可以有效考虑组内各像素的统计特性，有利于提高量化的效率。

7.1.3　数字视频中的冗余

数字视频中包含的数据存在很强的相关性，即存在很多冗余。按照信息论的理论，视频可以认为是信息与冗余的集合。可以通过一些方法降低视频数据中的相关性，即去除冗余，从而可以用更少的编码比特表示视频数据中的信息。所以对视频中冗余数据的分析对于后续提出有效的视频编码方法非常重要。

1. 空域冗余

图像相邻像素的像素值存在很强的相关性，即存在很多的空域冗余。图 7.1 所示为一空域冗余示例。图 7.1(a)为十字路口（crossroad）[6]序列的第 1 幅图像。目前的视频编码标准，如 H.264/AVC[7]、H.265/HEVC[8]都是采用基于预测变换量化的混合编码框架，最小的编码基本单元都是正方形的像素块。在 H.264/AVC 中编码基本单元称为宏块，其边长为 16 个像素。而在 H.265/HEVC 中，编码基本单元称为编码树状单元（coding tree unit, CTU），最大边长为 64 个像素。取图 7.1 (a)中背景区域的边长为 16 个像素的正方形块，然后将处于其中的像素亮度分量值显示在图 7.1 (b)中。由图 7.1 (b)中的取值可以明显看出，像素的亮度分量值非常接近，即其相关性很强，包含很多的空域冗余。

块的像素亮度分量值

Y	0	1	2	3	4	5	6	7	8	9	10	11	12	13	14	15
0	112	111	112	114	114	112	111	111	111	112	112	112	112	111	111	111
1	111	112	112	113	112	113	112	112	111	114	120	110	110	112	112	112
2	112	113	114	104	104	118	109	110	110	111	112	113	112	112	111	111
3	109	109	109	111	112	109	110	110	111	111	110	118	117	112	111	107
4	110	111	112	112	111	110	110	110	110	110	110	111	112	111	111	112
5	110	109	110	110	109	108	110	111	111	111	111	101	111	111	111	110
6	111	112	112	112	112	112	111	112	108	111	111	111	111	109	110	110
7	110	111	111	111	111	112	112	112	110	101	111	111	111	110	111	112
8	113	112	112	112	111	112	111	112	111	112	111	111	111	111	111	111
9	113	112	112	112	111	112	112	112	112	112	112	112	111	111	111	111
10	113	113	112	112	113	114	106	113	113	113	105	108	112	112	112	112
11	113	114	114	112	113	112	113	114	114	114	113	113	113	112	113	111
12	115	114	113	113	113	114	114	114	115	114	113	113	113	113	113	113
13	116	115	114	114	114	113	114	114	115	115	115	114	114	120	113	112
14	115	114	112	113	113	113	115	115	115	114	115	115	114	115	114	114
15	116	115	114	114	114	114	114	114	115	115	115	116	115	114	113	113

(a) 十字路口序列第1幅图像　　(b) 块的像素亮度分量值

图 7.1　空域冗余示例

2. 时域冗余

视频相邻图像相同空间位置的像素值存在很强的相关性，即存在很多的时域冗余。图 7.2 为一时域冗余示例。图 7.2 (a)、(c)分别为十字路口序列的第 1、2 幅图像[6]，图 7.2 (b)、(d)分别为相同空间位置块像素亮度分量值。由图 7.2(b)、(d)中

块的像素亮度分量值

Y	0	1	2	3	4	5	6	7	8	9	10	11	12	13	14	15
0	112	111	112	114	114	112	111	111	111	112	112	112	112	111	111	111
1	111	112	112	113	112	113	112	112	111	114	120	110	110	112	112	112
2	112	113	114	104	104	118	109	110	110	111	112	113	112	112	111	111
3	109	109	109	111	112	109	110	110	111	111	110	118	117	112	111	107
4	110	111	112	112	111	110	110	110	110	110	110	111	112	111	111	112
5	110	109	110	110	109	108	110	111	111	111	111	101	111	111	111	110
6	111	112	112	112	112	112	111	112	108	111	111	111	111	109	110	110
7	110	111	111	111	111	112	112	112	110	101	111	111	111	110	111	112
8	113	112	112	112	111	112	111	112	111	112	111	111	111	111	111	111
9	113	112	112	112	111	112	112	112	112	112	112	112	111	111	111	111
10	113	113	112	112	113	114	106	113	113	113	105	108	112	112	112	112
11	113	114	114	112	113	112	113	114	114	114	113	113	113	112	113	111
12	115	114	113	113	113	114	114	114	115	114	113	113	113	113	113	113
13	116	115	114	114	114	113	114	114	115	115	115	114	114	120	113	112
14	115	114	112	113	113	113	115	115	115	114	115	115	114	115	114	114
15	116	115	114	114	114	114	114	114	115	115	115	116	115	114	113	113

(a) 十字路口序列第1幅图像　　(b) 块的像素亮度分量值

块的像素亮度分量值

Y	0	1	2	3	4	5	6	7	8	9	10	11	12	13	14	15
0	111	112	111	112	114	112	112	112	112	112	111	111	112	111	111	111
1	112	112	112	112	112	112	112	112	112	112	113	113	112	112	112	112
2	111	119	112	104	112	111	111	112	111	110	111	112	113	112	112	112
3	111	112	111	103	110	111	111	111	111	111	112	112	111	113	114	114
4	114	110	110	111	111	111	111	109	109	110	109	103	110	112	112	112
5	111	111	111	111	110	110	110	110	111	110	110	113	110	106	111	111
6	111	111	111	111	111	111	111	112	111	112	111	110	110	110	111	112
7	111	112	111	109	109	110	111	111	111	111	111	111	108	112	119	111
8	114	111	112	112	111	112	113	112	112	111	111	110	111	112	111	111
9	113	114	112	111	112	111	111	111	111	111	111	112	112	111	111	112
10	113	113	113	114	112	112	112	112	112	110	111	110	106	112	111	106
11	112	113	113	113	112	113	113	113	113	112	112	114	111	109	112	112
12	115	115	115	114	116	114	113	113	113	114	115	104	111	115	114	114
13	118	107	114	117	114	114	114	114	115	115	115	115	115	114	114	113
14	115	114	114	115	111	113	116	115	113	114	114	113	116	117	116	115
15	112	113	113	114	115	114	112	107	112	113	115	115	115	115	114	113

(c) 十字路口序列第2幅图像　　(d) 块的像素亮度分量值

图 7.2　时域冗余示例

的数据可以看出，这两个像素块中相同空间位置像素的亮度分量取值非常接近，存在很强的相关性，包含很多的时域冗余。

3. 信息熵冗余

信息论指出信息中符号出现概率的不均匀性导致了信息熵冗余。若用相同的码长表示信息中所有的符号，一定会造成一些比特数的浪费，从而产生信息熵冗余。而采用可变长编码技术，用短的码字表征信息中出现概率大的符号，用长的码字表征信息中出现概率小的符号，则可以有效降低信息熵冗余。

这里通过一个例子说明信息熵冗余。假如当前要编码传输一组信息为{0,3,3，1,3,3,3,2,3,3}，如果采用等长编码技术，则可以选择的一组编码码字为{00,11,11,01,11,11,10,11,11},平均码长为 2。采用可变长编码技术可以选择的一组编码码字为{100,0,0,101,0,0,0,110,0,0}，平均码长为 1.6。所以采用可变长编码技术可以有效降低信息熵冗余。目前很多性能优异的可变长编码技术已经被提出，如经典的霍夫曼编码技术，H.265/HEVC 采用的基于上下文的自适应二进制算术编码（context-adaptive binary arithmetic coding, CABAC）技术。不同的可变长编码技术，其消除信息熵冗余的能力也存在显著差别。

4. 视觉冗余

如前所述，人类视觉系统在感知外界各种刺激时表现出带通或低通的特性，即只能感知到一定强度的刺激。另外，人类视觉系统在感知外界刺激时表现出各种视觉特性，这些视觉特性是视频中存在视觉冗余的重要原因。视频中人眼无法感知到的信息即是视觉冗余。去除这些视觉冗余不会影响人眼对于视频内容的感知，并且还可以用更少的比特编码视频。下面通过人类视觉系统对于视频编码失真的感知这一具体例子说明视觉冗余。

相关研究[5]发现，人眼对于视频编码客观失真的感知是呈阶梯状的。即当客观失真较小时，人眼是感知不到失真的。只有当客观失真大到一定程度后，人眼才能够感知到失真的变化。编码视频的客观失真常用 MSE 或峰值信噪比（peak signal to noise ratio，PSNR）衡量。图 7.3 为一视觉冗余示例。将 BQSquare 序列的第一幅图像（大小为 147kB）采用 H.265/HEVC 标准的官方测试模型 HM16.17[9]编码。第一次编码使用的量化参数（quantization parameter，QP）为 22，编码后对应的码流文件大小为 28kB，编码重建图像的 PSNR 为 42.41dB。第二次编码使用的 QP 为 32，编码后对应的码流文件大小为 12kB，编码重建图像的 PSNR 为 34.03dB。

图 7.3 (a)～(c)分别表示原始图像、第一次编码重建图像、第二次编码重建图像及其相关编码数据。由图可以明显得到以下结论，与原始图像相比，第一次编码重建图像主观看上去没明显差别，即两幅图像的主观质量近似，但与原始图像相比，第二次编码重建图像的主观质量已经出现了明显的下降。例如，对比

图 7.3(a)与图 7.3 (c)中太阳伞的区域，可以明显看出图 7.3 (c)对应的区域变得更加模糊了，丢失了一些原始图像中的纹理信息。从两次编码后重建图像对应的 PSNR 值可以看出，与原始图像相比，两次编码重建图像在像素取值上都已经有了偏差，即有了客观失真。只是第一次编码重建图像的客观失真比较小，还未达到人眼能够察觉的阈值，所以人眼很难感知到失真。

(a) 原始图像，147kB

(b) 第一次编码重建图像，QP=22，28kB，42.41dB

(c) 第二次编码重建图像，QP=32，12kB，34.030dB

图 7.3　视觉冗余示例

7.1.4　监控视频的内容特性

与电影、电视等应用中的视频相比，视频监控应用中的视频在内容上具有一些显著的差别。其中，在视频编码标准中已经被广泛应用的一个内容特性是背景冗余（或称为场景冗余）特性。

根据物理设备的不同，可以将当前的视频监控系统分为如下几类：一是固定安装视频监控系统，这是最常见的一类监控系统，摄像头通常被安装在固定的支架上，如公路或小区里安装的监控系统；二是车载视频监控系统，主要就是行车记录仪；三是单兵视频监控系统，目前公安干警出警时都需要带单兵视频监控系统来拍摄执法时的视频，作为后续事件处理的重要依据。单兵视频监控系统包括手持式或佩戴式等。由以上监控设备拍摄的监控视频都存在一个很明显的特点，即在一段时间内其背景是近似不动的。特别地，执法记录仪等单兵监控设备，其在拍摄时为了拍摄质量，拍摄人主观上也会尽量保持拍摄设备的平稳，所以背景稳定的视频仍然会占大多数。监控视频中背景长时间近似不变的特性即带来了大量的背景冗余。

目前国内针对监控视频提出的视频编码标准 AVS-S2，其核心思想即是通过引入背景建模等一些新的编码技术有效地去除了监控视频中的背景冗余。据相关研究报道[10]，针对监控视频，AVS-S2 的编码效率要优于 H.265/HEVC。7.3 节将介绍 AVS-S2 及 H.265/HEVC 使用的编码技术。

7.2　监控视频编码概述

到目前为止，视频监控系统经历了三个发展阶段，即本地模拟视频监控系统、基于数字硬盘录像机的数字视频监控系统、基于 IP 网络和智能处理技术的网络视频监控系统。与其他两类系统相比，网络视频监控系统具有监控范围大、组网简单（可基于运营商宽带网络组网）、可实现多级扩展、可实现远程管理、智能化处理节省大量人力物力等优点。

图 7.4 为网络视频监控系统简图。在视频监控系统中，视频信号经历采集、编码、传输、解码、智能分析、显示等操作，其中编码是非常重要的一部分。原始未经编码视频的数据量是非常庞大的。特别是随着“平安城市”“科技强警”等国家政策的大力支持，当前在刑事侦查等领域高清晰化监控摄像头被大量普及，监控视频数据量已经达到了海量等级。监控视频必须要经过编码才可能被有效地传输与存储，为异常事件快速处置、后续调取监控视频进行有效的刑事侦查提供必要的保证。另一方面监控视频作为一种承载信息的信号，其含有空域、时域、信息熵、视觉等多种冗余信息，所以其也可以被有效地编码。

在网络视频监控系统中，由摄像机、录音设备及报警设备等采集的信号传输给视频服务器。视频服务器对信号进行编码等处理后，将数据经由交换机上传到 IP 网络。一些被授权的用户可以通过 IP 网络访问这些数据。视频服务器负责对下载的访问数据进行解码等操作。其他监控设备完成监控视频码率的存储及视频智能分析操作。显示大屏幕可以对多路数据进行分屏播放。控制中心对整个系统进

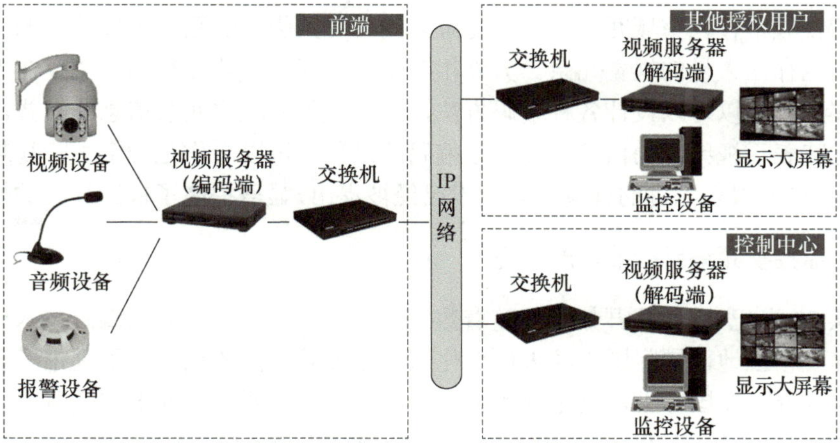

图7.4　网络视频监控系统简图

行远程控制与管理。在网络视频监控系统中需要传输多种信号，如视频、音频、报警信号、控制信号等，而视频是其中最核心的一种。

视频在网络视频监控系统中主要经过采集、编码、传输、解码、显示等处理。摄像机对周围场景进行视频采集。根据不同的应用需求，选择的摄像机也有差别。例如，对于广场、车站、机场等人流高密度复杂的监控场所，一般选择云台可以快速旋转的高速球摄像机。采集的视频可以直接进行编码、传输、解码、显示操作后供控制中心及授权用户查看，也可以在这些过程中进行智能处理操作，进行异常事件的判断。目前研究主要集中在对采集后的数据、对传输接收的码流数据、对解码后的数据进行相应的智能处理。这些处理各有优势，可以应用于不同场景。例如，在监控摄像头端，可以集成异常行为分析的算法。算法实时分析监控摄像头采集的视频，发现盗窃、打架斗殴、群体性踩踏、恐怖袭击等异常行为后及时向监控中心报警，从而缩短出警时间，尽量减少人员伤亡及财产损失，也可以在监控中心集成异常行为分析的算法。发生案件后，算法自动分析与案件有关的监控视频（如案发地点周边区域的监控视频），固定嫌疑人、发现犯罪嫌疑人踪迹等，从而节省了大量人力物力时间，为尽快破案提供有效的技术支撑。

7.3　适用于监控视频的编码标准

开发高效的视频编码技术是非常必要的，可以有效减少表征视频原始信息所用的比特数，有效降低视频存储及传输的代价。但在开发视频编码技术时，也需要根据具体应用需求，结合网络及硬件的支持能力，有效权衡编码比特数与编码视频质量的关系。编码重建视频的最终接收端是人类视觉系统。如7.1.3小节所述，在原始视频中存在空域冗余、时域冗余。同时受人类视觉系统感知特性的影响，视频中也存在大量的视觉冗余。另外相对于普通视频，监控视频中也存在大量的背景冗余。所以可以设计各种编码方法，通过去除视频中冗余信息的方式，用更少的比特表示视频中的信息。而视频编码的过程也可以看作是一个去除视频冗余的过程。目前很多先进的视频编码技术已经被提出，显著提高了视频编码的效率。

7.3.1　监控视频编码标准发展历程

从 20 世纪 80 年代开始，伴随着数字视频的发展，数字视频编码技术也被深入研究。相应地，国际国内各大标准化组织也针对不同的视频应用制定了多种视频编码标准。在国际上，制定视频编码标准的组织主要是国际电信联盟电信标准化部（International Telecommunication Union Telecommunication Standardization Sector，ITU-T）、国际标准化组织（International Standardization Organization，ISO）以及国际电工委员会（International Electrotechnical Commission，IEC）。但目前为止，ITU-T、ISO/IEC 还未单独针对监控视频制定标准。其制定的 H.264/AVC、H.265/HEVC 等标准可以认为是一种普适性的标准，对于电影电视、视频监控、视频会议等都普遍适用。在国内，制定标准的组织主要是数字音视频编解码技术标准工作组（Audio and Video Coding Standard Working Group，AVS）[11]，其制定了针对监控视频的特定标准。下面简述相应的视频编码标准发展历程。

1989 年，国际电话与电报顾问委员会（International Telephone and Telegraph Consultation Committee，CCITT）基于 ISDN 视频会议应用发布了第一个数字视频编码标准——H.261。1992 年，CCITT 更名为 ITU-T。针对视频会议，ITU-T 在 H.261 标准之后，陆续制定了基于模拟电话线路和连接到 Internet 的桌面/移动终端的 H.263 标准和基于 ATM/宽带视频会议的 H.262/MPEG-2。H.263 是在 H.261 建议的基础上发展起来的，是 ITU-T 关于码率低于 64kbps 的窄带信道视频编码建议。ITU-T 在 1998 年和 2000 年又分别推出了 H.263+和 H.263++等编码标准。针对在 CD-ROM 上存储电影和其他消费级视频应用，ISO/IEC 制定了基于 1.2Mbps 视频带宽的 150MPEG-1。针对广播和在 DVD 上存储数字视频，ISO/IEC 制定了基于 2-15Mbps 视音频带宽的 MPEG-2。针对面向分离的视音频对象的编码，ISO/IEC 制定了 MPEG-4。在 MPEG-4 中强调了多媒体通信的交互性和灵活性。MPEG-4 中的传输码流速率及图像清晰度可以在一定范围内变化，这样可以满足不同用户的需求。并且 MPEG-4 中有错误掩盖技术，当出现丢包或传输错误时，减小了解码视频的性能损失。

为了进一步提高视频编码效率，提供一个“网络友好”的视频表示，ITU-T 与 ISO/IEC 在 2001 年 12 月组成联合视频小组（Joint Video Team），并于 2003 年 5 月发布了视频编码标准 H.264/AVC。为适应不同码率及质量的需求，2006 年在

H.264/AVC 编码架构基础上又增加了可伸缩视频编码（scalable video coding）。可伸缩视频编码产生的码流在时间域、空间域、质量域等均具有可伸缩性，可以根据不同的网络传输环境和应用终端要求对可伸缩视频流进行截取，只对截取后的码流继续传输并进行解码，从而有效解决视频网络传输中的网络异构、终端多样化等问题。为了顺应视频高清晰化的发展，2010 年 4 月，由 ITU-T 与 ISO/IEC 联合成立了视频编码联合合作小组（joint collaborative team on video coding）来制定针对高清视频的高效率视频编码（high efficiency video coding, HEVC）标准，并于 2013 年发布了 H.265/HEVC 标准。H.265/HEVC 的核心目标是在 H.264/AVC 基础上，在同等的重建视频主观质量下，压缩码率节省 50%。凭借其高效的编码性能，H.265/HEVC 也逐渐获得了广泛的应用。目前，面向 4k 等更高清晰度视频的编码标准 H.266/VVC 也正在制定过程中。

为了适应国内多媒体产业发展的需求，成立于 2002 年 6 月份的 AVS 工作组负责为国内工业界制定音视频编码标准，并于 2006 年 2 月颁布了 AVS 标准。从 2007 年开始，面向不同的行业应用，开始制定基于 AVS 标准的定向扩展标准。其中面向视频监控应用的 AVS-S1（SVAC1.0）标准于 2009 年制定完成，并于 2011 年确定为国家标准。2010 年 3 月，AVS 工作组启动了第二代视频监控标准——AVS-S2（SVAC2.0）的制定工作，并于 2011 年完成标准起草，于 2013 年颁布为 IEEE 国际标准，于 2017 年确定为国家标准。AVS 系列标准的制定极大地推动了国内相关产业和应用的发展。

7.3.2　第三代视频编码国际标准 H.265/HEVC

H.265/HEVC 采用图 7.5 所示的基于预测、变换、量化的混合编码框架，将原始图像划分成图像块，首先对原始图像块进行预测编码[8]。预测编码分为帧内预测与帧间预测两部分。帧内预测通过已编码的重构图像块信息来预测当前图像块，可以有效去除图像中的空域冗余。帧间预测将已编码的图像作为当前图像的参考图像，并通过这些参考图像来预测当前图像块，可以有效去除图像中的时域冗余。预测后的残差块再依次经过变换、量化模块。通过变换模块可以去除残差数据中的频域相关性，将能量集中到低频区域。在量化模块通过选择不同的编码 QP，可以对图像块进行不同程度的压缩，去除了一定程度的视觉冗余（特别是在高码率下）。最后将变换量化后的系数进行熵编码，去除数据中的信息熵冗余。在编码端，变换量化后的系数还需要经过反变换、反量化等模块进行重建。为了尽量提高重建视频的主观质量和编码率失真性能，编码器中还引入了环路滤波模块。滤波后的图像被存储在解码图像缓存中，作为后续编码帧的参考帧。另外滤波器数据，帧间、帧内等数据也需要编码，并作为编码码流的头信息传输。下面详细说明 H.265/HEVC 标准中各编码模块使用的技术。

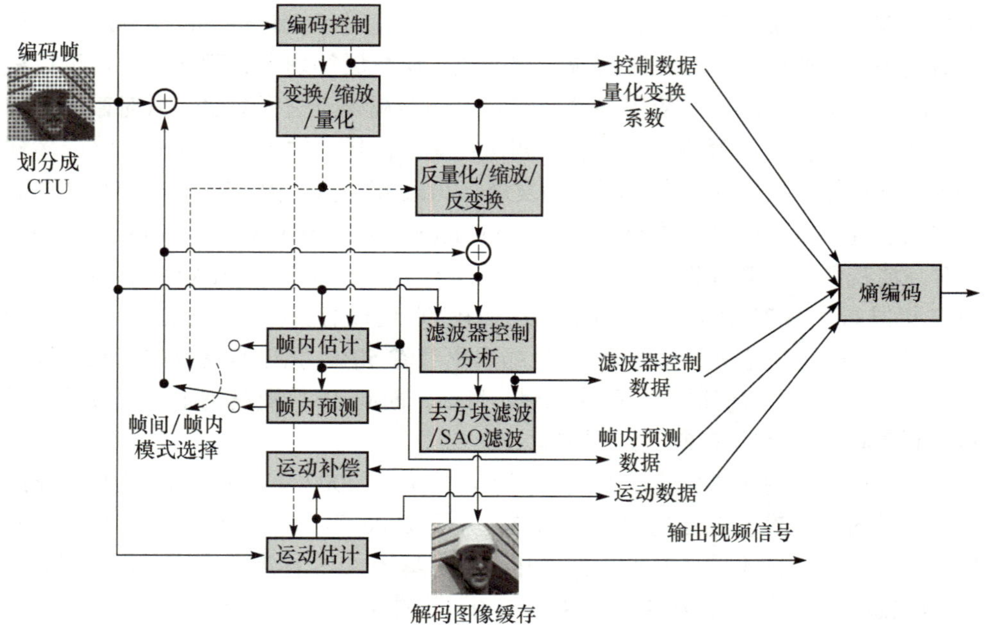

图 7.5　H.265/HEVC 标准编码框架

H.265/HEVC 的编码过程主要包括预测、变换、量化、熵编码、环路滤波等模块。考虑高清视频特性，在这些模块中采用了更多先进的技术进一步提高视频编码的性能。H.265/HEVC 的基本处理单元是 CTU。CTU 的大小可以由编码器设定，最大为 64×64 像素。一个 CTU 由一个亮度编码树块（coding tree block，CTB）、两个色度 CTB 和一些关联的语法元素组成。为了更加有效地适应不同视频的内容，H.265/HEVC 定义了一套新的图像划分分割模式，包括编码单元（coding unit）、预测单元（prediction unit）、变换单元（transform unit）。

H.265/HEVC 在预测部分引入了一些新的编码技术。例如，为了更加准确地反映纹理信息，得到准确的预测误差，H.265/HEVC 提供了多达 35 种的帧内预测模式。在编码时，可以根据编码区域的特性自适应地选择更加合理的帧内预测模式，有效地去除了空间冗余信息。在帧间预测中，H.265/HEVC 引入了运动信息融合（motion information merge）、先进的运动矢量预测（advanced motion vector predictor）等技术来更加有效地去除视频中的时域冗余信息。

为了减小编解码的运算量，H.265/HEVC 也将原理上独立的变换与量化两个部分结合。H.265/HEVC 依然采用整数离散余弦变换（discrete cosine transform），但对变换的尺寸进行了扩展，可以支持 32×32、16×16、8×8 和 4×4 的变换大小，并对采用帧内编码模式的 4×4 大小的亮度残差块使用整数离散正弦变换（discrete sine transform）。H.265/HEVC 中采用 CABAC 进行熵编码，并且支持并行处理。

在环路滤波部分中，除了为了抑制方块效应采用的去方块滤波器外，H.265/HEVC 还引入了像素自适应补偿（sample adaptive offset，SAO）滤波技术。SAO 通过给重建图像增加一个偏移量的方式，使重建图像像素值尽可能的接近于原始图像像素值，有效提高了视频编码的率失真性能。

如上所述，在 H.265/HEVC 中使用了很多编码技术，其对应会产生很多编码参数的组合。H.265/HEVC 的编码目标就是选择一组最优的编码参数，从而在满足给定的码率限制条件下尽可能减少重建视频的失真，即提高视频编码的率失真性能。为了获得最优的编码参数组合，可以通过遍历的方式获得每一组编码参数对应的失真及比特数，从而选择出满足目标比特数限制下失真最小的那一组编码参数为最优的编码参数组合。但是这种遍历方式的计算复杂度很高，在实际应用中很难使用。在 H.265/HEVC 中，拉格朗日率失真优化技术[12]贯穿了编码的整个过程，有效地权衡了编码码率与失真的关系。在视频编码中通过拉格朗日率失真优化技术来选择最优编码参数已经被证明是行之有效的方法。

7.3.3　第二代视频编码国家标准 AVS-S2

2013 年开始制定的 AVS-S2 标准，其制定目标要比 AVS-S1 标准压缩性能提高一倍，即在获得同等感知质量重建视频的前提下，减少约 50%的编码比特。AVS-S2 标准编码框架如图 7.6 所示，其编码过程与 H.265/HEVC 类似，也是主要包括预测、变换、量化、熵编码、环路滤波等模块[10]。相比于 H.265/HEVC，AVS-S2 的主要创新是通过引入场景视频编码技术（背景建模、背景预测等）[6]有效消除了监控视频中的背景冗余。下面说明 AVS-S2 的场景视频编码技术，而其他与 H.265/HEVC 类似的编码技术则不再赘述。

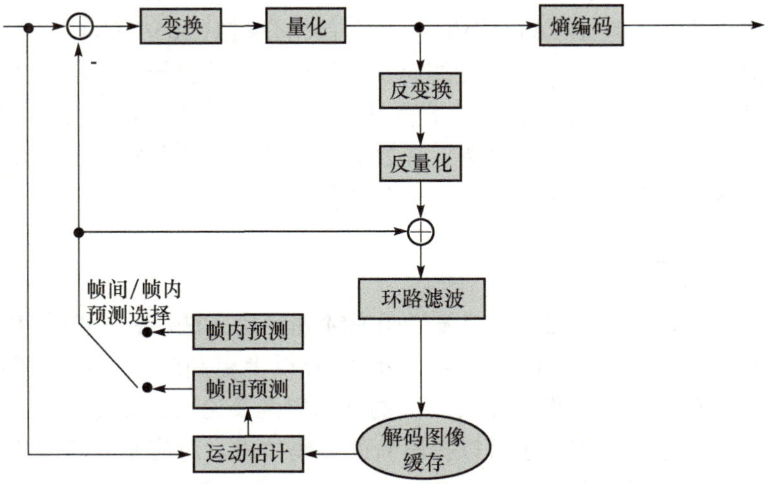

图 7.6　AVS-S2 标准编码框架

在 H.265/HEVC 中主要包含三种帧类型，即 I 帧、P 帧、B 帧，且这三种帧都可以作为参考帧。考虑监控视频背景长时间不变的特性，在 AVS-S2 中引入了一种新的帧类型，即背景帧。背景帧可以长期作为后续编码帧的参考帧，能够显著降低背景区域的冗余。因为背景帧对后续帧的编码结果的影响较大，所以在编码时要优先保证背景帧的编码质量。背景帧包含两个种子类型，即 G 帧与 GB 帧。G 帧是要解码显示的背景帧，而 GB 帧是不需要解码显示的背景帧。特别地，在实际编码过程中，视频的第一幅图像被指定为 G 帧，然后后续经过一段时间的训练会生成新的 GB 帧。新的 GB 帧会取代第一幅图像作为后续编码帧的背景帧。另外在场景切换时，也需要重新训练生成新的背景帧。AVS-S2 并未规定背景帧生成的方式，任何背景建模方法都可以用来生成背景帧。

H.265/HEVC 支持三种编码结构，即全帧内（intra-only）结构、低时延（low-delay）结构及随机接入（random-access）结构。其中随机接入结构是面向视频点播等应用领域的一种分级预测编码结构，其通过定期插入 I 帧的方式实现了“随机访问”的功能。而在 AVS-S2 中则是通过引入一种新的帧类型，即 S 帧来实现“随机访问”的能力。首先与 I 帧类似，S 帧编码时只允许使用帧内预测技术。另外在背景建模及预测时，其也只能参考显示顺序在其前面的背景帧。所以在用 AVS-S2 编码时，在 S 帧处即可实现“随机访问”的能力。

7.4　H.265/HEVC 测试模型 HM 使用说明及性能仿真

H.265/HEVC 所有相关技术提案及其官方推荐测试模型的开源代码都可以在网上公开获得[9,13]。且相比于 AVS-S2，H.265/HEVC 目前被国际上更加广泛的研究。所以本节主要针对 H.265/HEVC 标准，首先介绍 H.265/HEVC 官方推荐的测试模型 HM 的使用说明，然后进行编码实验测试其对于监控视频的编码率失真性能。特别地，选择以 H.264/AVC 标准官方推荐的测试模型 JM 的编码性能为比较对象，说明 HM 的编码率失真性能。H.264/AVC 的所有相关技术提案及其官方推荐测试模型的开源代码也都可以在网上公开获得[14,15]。

7.4.1　HM 使用说明

本小节结合版本 HM16.17，简要说明 HM 的使用方法。在下载了 HM16.17 且安装了 Microsoft Visual Studio 软件（2010 及以上更高版本）后，就可以打开 HM16.17 源代码。然后，即可结合相关的技术提案及论文阅读源代码，理解 HM 中的编码技术及过程。同时也可以提出新的编码技术，对应修改相应代码，最终调试生成新的编码器。本节要测试 HM16.17 的编码性能，不需要修改代码，直接生成编码器即可。

除了已经生成的编码器外，进行视频编码还需要另外三个文件，即原始视频、配置文件以及批处理文件。HM16.17 中的配置文件都默认保存在名为“cfg”的文件夹里。配置文件包含了所有编码参数的设置，并且对于不同的编码结构有相应的配置文件。具体这些编码参数的含义及其相应配置可阅读 HM 的使用说明书 software-manual.pdf，这一文件默认保存在名为“doc”的文件夹下。批处理文件中命令行的书写格式也参见文档 software-manual.pdf 中的说明。

7.4.2　HM 性能仿真测试

本小节将通过编码实验说明 HM 的编码性能。使用文献[6]中的银行（bank）、十字路口（crossroad）、办公室（office）、天桥（overbridge）序列作为测试序列。

前面已经提到，H.265/HEVC 支持三种编码结构，即全帧内结构、低时延结构及随机接入结构。这三种结构采用了不同的编码技术，所以其面向的应用场景及最终的编码性能也存在显著差别。本小节首先测试了 H.265/HEVC 中三种不同编码结构的性能。然后考虑到相比于其他两种编码结构，随机接入结构由于采用了更加先进的双向帧间预测技术，其编码率失真性能最高，所以本小节又与 H.264/AVC 中的分级 B 帧结构比较，进一步说明了随机接入结构的性能。通过这一比较，也能直观地看出 H.264/AVC 与 H.265/HEVC 标准的性能差别。这里特别说明，H.265/HEVC 中的随机接入结构在本质上也可以认为是一种分级 B 帧结构。

另外，本小节主要从编码率失真性能及重建视频的主观质量两个方面评价不同编码方法的编码性能。采用 BD-rate 衡量视频编码的率失真性能。按表 7.1 所示的五分制平均主观分数（mean opinion score，MOS）衡量视频的主观质量。具体获得 MOS 的主观实验设计将在后续内容中进行描述。

表 7.1　五分制 MOS 测度

测度等级	失真说明
5	感知不到失真（imperceptible）
4	能感知到失真，但不讨厌（perceptible, but not annoying）
3	稍微令人讨厌（slightly annoying）
2	令人讨厌（annoying）
1	非常讨厌（very annoying）

1. H.265/HEVC 推荐的编码结构性能比较

使用 HM16.17 对测试序列编码。三种编码结构对应的主要参数配置分别如表 7.2～表 7.4 所示，其他编码参数分别按照配置文件 encoder_intra_main.cfg、encoder_lowdelay_P_main.cfg、encoder_randomaccess_main.cfg 中的默认值设置。

表 7.2　全帧内结构主要参数设置

参数	设置
Profile	main
IntraPeriod	1
GOPSize	1
FastSearch	1
SearchRange	64
QP	22, 27, 32, 37
RDOQ	1
SAO	1

表 7.3　低时延结构主要参数设置

参数	设置
Profile	main
IntraPeriod	-1
GOPSize	4
FastSearch	1
SearchRange	64
QP	22, 27, 32, 37
RDOQ	1
SAO	1

表 7.4　随机接入结构主要参数设置

参数	设置
Profile	main
IntraPeriod	约 1s
GOPSize	16
FastSearch	1
SearchRange	384
QP	22, 27, 32, 37
RDOQ	1
SAO	1

表 7.5 所示为编码结果，在计算 BD-rate 时以全帧内结构对应的编码失真及码率为基准值（benchmark）。由表中的结果可以看出，相比于全帧内结构，使用低时延结构或随机接入结构编码可以获得更高的编码率失真性能，并且随机接入结构对应的编码率失真性能最高。所有测试序列对应的编码率失真曲线如图 7.7 所示。由图 7.7 也容易直观地得到上述结论。

表 7.5　编码结构的编码率失真性能（BD-rate）

序列	低时延结构	随机接入结构
银行	−95.91	−93.61
十字路口	−86.49	−88.27
办公室	−85.63	−87.38
天桥	−95.86	−93.72

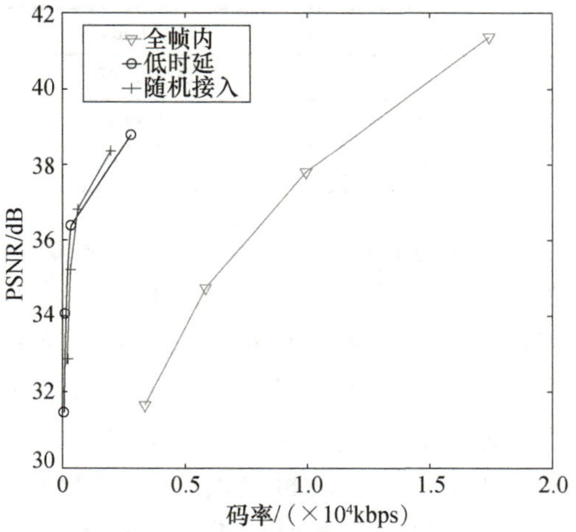

(a) 银行

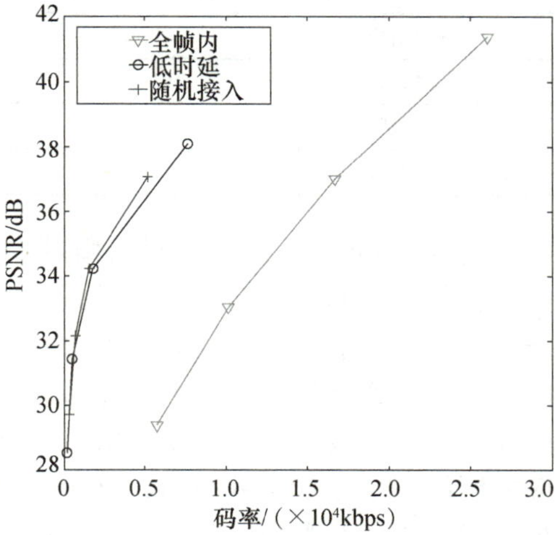

(b) 十字路口

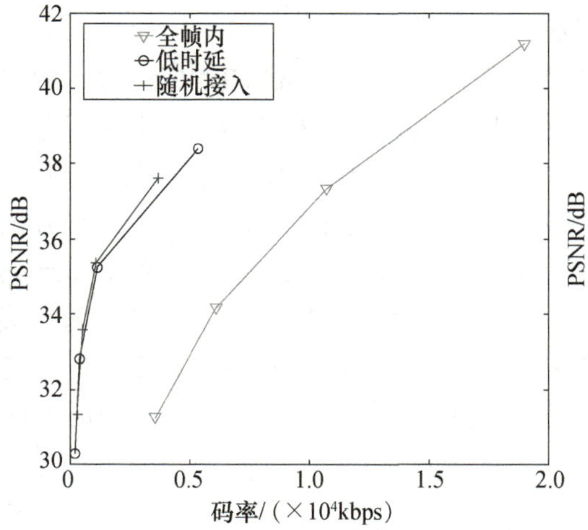

(c) 办公室

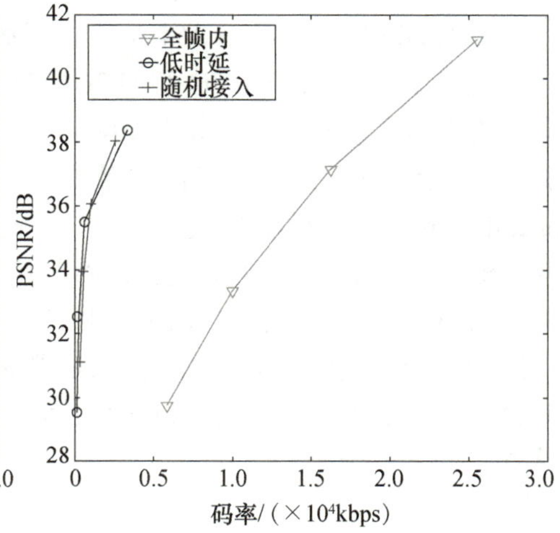

(d) 天桥

图 7.7　H.265/HEVC 三种编码结构对应的率失真曲线

下面以十字路口序列为例比较三种不同编码结构对应重建视频的主观质量。按照文献[16]的规定，设计视频主观观测实验。测试者为 15 名非视频处理领域的学生。年龄在 19～28 岁。男生 8 名，女生 7 名。15 名测试者均具有正常的视觉感知能力。观测距离为视频图像显示高度的 3 倍。采用双激励损伤评测（double stimulus impairment scale，DSIS）[16]播放原始视频及测试视频。以 QP=22，三种不同编码结构下产生的重建视频为测试视频，按照表 7.1 规定的测度获得每一个测试视频的 MOS。最终获得的 MOS 如表 7.6 所示。

表 7.6　十字路口序列三种编码结构（QP=22）对应的实验结果

编码结构	MOS	PSNR/dB	码率/kbps
全帧内	5	41.38	26057.2248
低时延	5	38.10	7641.5984
随机接入	5	37.07	5191.8072

由表 7.6 所示，三种编码结构对应重建视频的 MOS 都是 5，即测试者认为重建视频与原始视频的主观质量是一样的。但三个重建视频对应的 PSNR 是不一样的，即三个重建视频像素值与原始视频像素值的偏移程度不同。因为像素的偏移程度都还没有超过人眼能够感知的阈值，所以不会引起主观质量的差别。另外，由表中最后一列可以看出，全帧内、低时延及随机接入三种编码结构对应的编码码率是依次减小的。即相比于其他编码结构，随机接入结构可以用更少的编码比特获得相同主观质量的重建视频，即其具有最高的编码主观率失真性能。

2. H.265/HEVC 与 H.264/AVC 编码性能比较

这里比较 H.265/HEVC 和 H.264/AVC 的编码性能。H.265/HEVC 中采用的编码结构为随机接入结构，其主要编码参数如表 7.4 所示。H.264/AVC 中采用分级 B 帧结构编码，其主要编码参数如表 7.7 所示，其他编码参数按照配置文件 encoder_main.cfg 中的默认值设置。另外分别采用 HM16.17 及 H.264/AVC 官方推荐的测试模型 JM17.2 编码视频。随机接入结构及分级 B 帧结构的图像组（group of pictures，GOP）大小都为 16。I 帧的 QP 都分别设置为 22，27，32，37。随机接入结构中的其他帧间图像 QP 按照配置文件 encoder_randomaccess_main.cfg 中的值设置。分级 B 帧结构中的其他帧间图像的 QP 按照提案 JVT-P014[17]中的方法设置。

表 7.7　分级 B 帧结构主要参数设置

参数	设置
ProfileIDC	77
LevelIDC	40
IntraPeriod	0

续表

参数	设置
IDRPeriod	0
SearchRange	32
NumberReferenceFrames	12
NumberBFrames	15

具体编码结果如表 7.8 所示，在计算 BD-rate 时，分级 B 帧结构对应的编码失真及码率为基准值（benchmark）。由表中实验结果可以看出，相比于分级 B 帧结构，随机接入结构显著提高了视频编码的率失真性能。由图 7.8 的率失真曲线也可以得到以上结论。所以相比于 H.264/AVC 标准，H.265/HEVC 显著提高了监控视频的编码率失真性能。

表 7.8　随机接入结构的编码率失真性能（BD-rate）

序列	随机接入结构
银行	−37.64
十字路口	−29.75
办公室	−36.27
天桥	−30.02

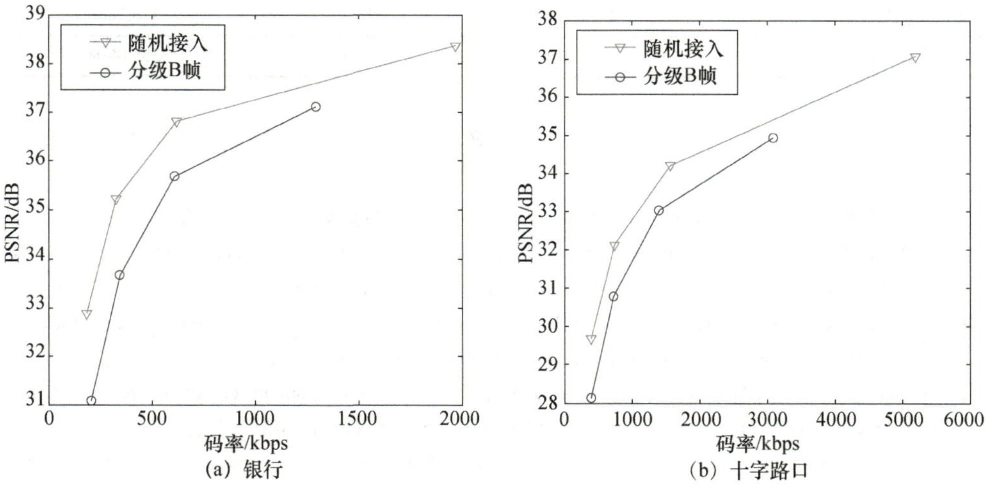

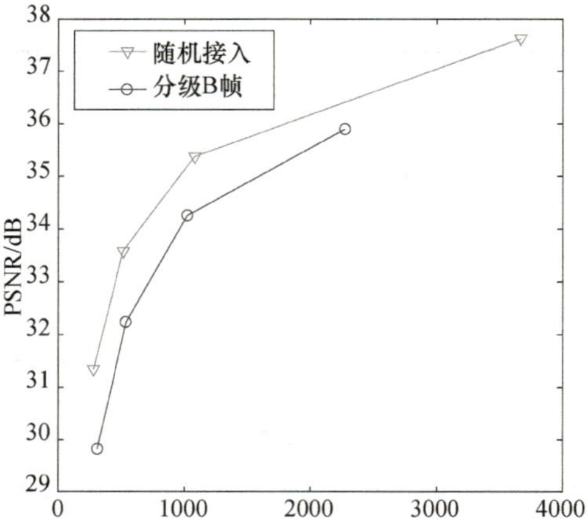

(c) 办公室

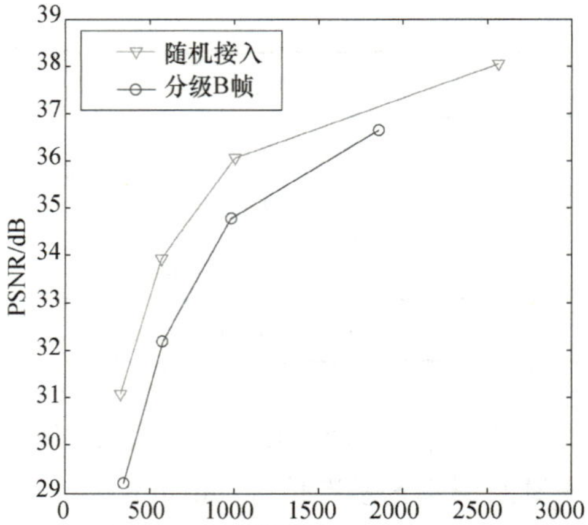

(d) 天桥

图 7.8　分级 B 帧结构与随机接入结构对应的率失真曲线

下面以天桥序列为例比较分级 B 帧结构及随机接入结构编码重建视频的主观质量。主观实验的设计与前面描述的一致，只是测试视频换成了分级 B 帧结构和随机接入结构编码产生的重建视频。实验结果如表 7.9 所示。类似表 7.6 中数据的分析，由表 7.9 中数据也可明显看出：相比于分级 B 帧机构，随机接入结构可以用更少的编码比特获得更高主观质量的重建视频。即相比于 H.264/AVC 标准，H.265/HEVC 显著提高了视频编码的主观率失真性能。

表 7.9　天桥序列（QP=22）对应的实验结果

编码结构	MOS	PSNR/dB	码率/kbps
分级 B 帧结构	4.1	32.21	576.7800
随机接入结构	4.6	33.94	568.0008

参 考 文 献

[1] WU H R, RAO K R. Digital Video Image Quality and Perceptual Coding [M]. Boca Raton : CRC Press, 2006.

[2] YANG X, LIN W, LU Z, et al. Motion-compensated residue preprocessing in video coding based on just-noticeable-distortion profile [J]. IEEE Transactions on Circuits and Systems for Video Technology, 2005, 15 (6): 742-752.

[3] YANG K, WAN S, GONG Y, et al. Perceptual based SAO rate-distortion optimization method with a simplified JND model for H.265/HEVC [J]. Signal Processing: Image Communication, 2015, 31 (2): 10-24.

[4] GONG Y, WAN S, YANG K, et al. A visual-masking-based estimation algorithm for temporal pumping artifact region prediction [J]. Circuits Systems and Signal Processing, 2017, 36 (3): 1264-1287.

[5] YANG K, WAN S, WU H R, et al. Detection and estimation of supra-threshold distortion levels of pictures based on just-noticeable difference [C]. Visual Communications and Image Processing, 2016: 1-4.

[6] ZHANG X, TIAN Y, HUANG T, et al. Optimizing the hierarchical prediction and coding in HEVC for surveillance

and conference videos with background modeling [J]. IEEE Transactions on Image Processing, 2014, 23 (10): 4511-4526.

[7] WIEGAND T, SULLIVAN G, BJONTEGAARD G, et al. Overview of the H.264/AVC video coding standard [J]. IEEE Transactions on Circuits and Systems for Video Technology, 2003, 13(7): 560-576.

[8] SULLIVAN G, OHM J, HAN W, et al. Overview of the high efficiency video coding (HEVC) standard [J]. IEEE Transactions on Circuits and Systems for Video Technology, 2012, 22 (12): 1649-1668.

[9] Heinrich-Hertz-Institute. HEVC Software[EB/OL]. https://hevc.hhi.fraunhofer.de/svn/svn_HEVCSoftware/tags/. [2018-09-08].

[10] MA S, HUANG T, READER C, et al. AVS2—making video coding smarter [J]. IEEE Signal Processing Magazine, 2015, 32 (2): 172-183.

[11] 数字音视频编解码技术标准工作组. 数字音视频编解码技术标准工作组官方网页[EB/OL]. http://www.avs.org.cn/. [2018-09-08].

[12] GONG Y, WAN S, YANG K, et al. Rate-distortion-optimization-based quantization parameter cascading technique for random-access configuration in H.265/HEVC.[J]. IEEE Transactions on Circuits and Systems for Video Technology, 2017, 27 (6): 1304-1312.

[13] JCT-VC. JCT-VC document management system[EB/OL]. http://phenix.int-evry.fr/jct/. [2018-09-08].

[14] JVT. H.264/AVC software[EB/OL]. http://iphome.hhi.de/suehring/tml/download/old_jm/. [2018-09-08].

[15] JVT. JVT meetings and proposal documents[EB/OL]. http://ftp3.itu.ch/av-arch/jvt-site/. [2018-09-08].

[16] ITU-T. Methodology for the subjective assessment of the quality of television pictures [S]. ITU-R BT.500-13, 2012.

[17] SCHWARZ H, MAPRE D, WIEGAND T. Hierarchical B pictures [S]. JVT-P014, 2005.

第 8 章　视频目标检测与跟踪技术

基于机器视觉的视频自动分析系统，通过对视频序列中用户感兴趣的目标进行自动检测、跟踪和识别，来进一步理解和描述目标的行为，并对异常行为及异常事件进行预警，减少意外伤害的发生。该系统包括三个主要部分：用于发现感兴趣对象的检测器，在后续视频序列中生成检测对象轨迹的跟踪器，用于身份识别、行为识别或系统控制的高层模块。其中，目标检测与跟踪是理解视频内容、分析并识别目标属性的关键技术。

8.1　运动目标检测

运动目标检测[1]的主要目的是从视频图像中提取出运动目标，并获得运动目标的特征信息，如颜色、形状、轮廓等。提取运动目标的过程实际上就是一个图像分割的过程，而运动物体只有在连续的图像序列中才能体现出来。运动目标提取的过程就是在连续的图像序列中寻找差异，并把由于物体运动而表现出来的差异提取出来。运动目标检测常用的方法包括帧间差分法、背景消减法和光流法等。

8.1.1　目标检测数据集和评价标准

1. 数据集

为了评价不同运动目标检测算法的性能，需要采用相同的数据集进行测试。目前，目标检测常用的公开数据集包括以下几类。

（1）CDNET（change detection net）[2,3]：包括 Dataset 2012 和 Dataset 2014 两个数据集，均来自实际的监控视频，包括室内和室外场景。Dataset 2012 中包含了 6 类视频，每一类里又包含了 4～6 个视频序列，主要包括了动态背景、相机抖动、间歇性物体运动、影子等干扰因素。在 Dataset 2012 的基础上，Dataset 2014 又增加了恶劣天气、低帧速率、夜间采集、PTZ 相机采集等相关视频，一共包含 11 类视频，而每一类包含 4～6 个视频序列，进一步加大了运动目标检测的难度。

（2）BMC（background model challenge）[4]：为 ACCV 第一届背景建模大赛提供的数据集，分为学习阶段与评测阶段两种应用，学习阶段的场景不会发生变化，而评测阶段会出现场景变化（如起雾、太阳升起等），其余则基本相同。该数据集一共包含了 Street 和 Rotary 两种场景，每种场景模拟了 5 类与现实监控相似的动态变化，如多云天气（cloudy, C）、多云天气加相机噪声（cloudy and noise, CN）、太阳升起加相机噪声（sunny and noise, SN）、起雾加相机噪声（foggy and noise, FN）

和刮风加相机噪声（wind and noise, WN），分别用于学习和评测。除此以外，该数据集还提供了 9 段真实的监控视频，包括较强噪声、树叶晃动、光线变化等干扰。

2. 评价标准

评价运动目标检测算法性能时，通常采用以下指标[2]。

1）准确率

准确率（precision）反映了前景正确检测点数占所有被检测为前景点数的比例。计算方法如下：

$$\text{Precision} = \frac{\text{TP}}{\text{TP} + \text{FP}} \tag{8.1}$$

式中，TP 表示前景检测正确点数；FP 表示背景误检为前景点数。

2）查全率

查全率（recall）反映了前景正确检测点数占所有前景点数的比例。计算方法如下：

$$\text{Recall} = \frac{\text{TP}}{\text{TP} + \text{FN}} \tag{8.2}$$

式中，FN 为前景误检为背景点数。

3）F 评价值

F 评价值（F-measure）综合了准确性和查全率两个指标，对算法性能反映较为全面。计算方法如下：

$$\text{F-measure} = 2 \times \frac{\text{Recall} \times \text{Precision}}{\text{Recall} + \text{Precision}} \tag{8.3}$$

8.1.2　帧间差分法

帧间差分法[5]是一种通过对视频图像序列中相邻帧（常用的是相邻两帧、相邻三帧）作差分运算，来检测运动目标的方法。当监控场景中出现运动目标时，帧与帧之间通常会出现较为明显的差别，通过相邻帧图像相减，得到其亮度差的绝对值，进一步判断它是否大于设定的阈值，来分析视频图像序列的运动特性，从而确定其中是否存在运动目标。

下面以相邻两帧图像作差分为例，说明帧差法原理。用 $V(x,y,t)$ 表示视频第 t 帧中位于第 x 行、第 y 列的像素灰度值，那么相邻两帧中同一位置的像素灰度差的绝对值表示如下：

$$\text{Diff}(x,y,t) = |V(x,y,t) - V(x,y,t-1)| \tag{8.4}$$

通常，把 Diff 视为差分图像。

设定阈值 T，通过判断 $\text{Diff}(x,y,t)$ 与 T 的大小关系，可以进一步确定前景图像 FG：

$$FG(x,y,t)=\begin{cases}1, & \mathrm{Diff}(x,y,t)\geqslant T \\ 0, & \mathrm{Diff}(x,y,t)<T\end{cases} \tag{8.5}$$

当 $\mathrm{Diff}(x,y,t)\geqslant T$ 时，认为当前像素的灰度值变化较大，属于前景；否则，认为其灰度值变化较小，属于背景，从而得到一幅二值图像。其中，为 1 的像素对应了目标，为 0 的像素对应了背景。

基于帧间差分法的运动目标检测流程如图 8.1 所示。首先从视频序列中读取相邻两帧图像，并按式（8.4）计算差分图像 Diff，然后，按式（8.5）进行二值化处理，最后得到前景图像 FG，其中，运动目标用 1 表示，背景用 0 表示。

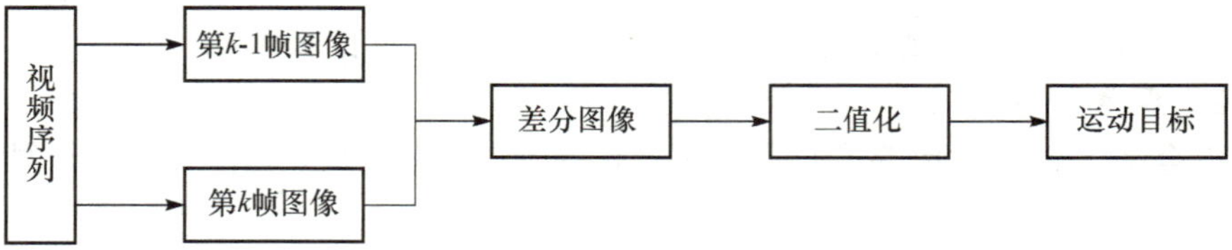

图 8.1　帧间差分法

帧间差分法的优点是：算法实现简单，程序设计复杂度低；对光线等场景变化不太敏感，能够适应各种动态环境；稳定性较好，适用于存在多个运动目标和摄像机移动的情况。其缺点是：不能提取出对象的完整区域，只能提取出边界；同时依赖于选择的帧间时间间隔。对快速运动的目标，需要选择较小的时间间隔，若时间间隔过大，目标会因为在前后两帧中没有重叠，而被检测为两个分开的目标；而对运动较慢的目标，应该选择较大的时间间隔，否则，当目标在前后两帧中几乎完全重叠时，则检测不到目标。

图 8.2 为帧间差分法的实验结果。其中，图 8.2(a)～(c)表示原图，图 8.2(d)和(e)

(a) 第9帧　(b) 第10帧　(c) 第11帧

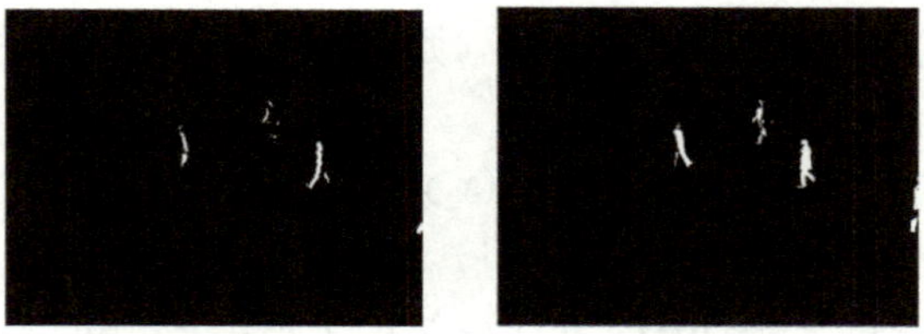

(d) 相邻两帧差分法　(e) 相邻三帧差分法

图 8.2　帧间差分法实验结果

分别表示相邻两帧和三帧作差分后的二值化结果，其中白色的部分表示目标，黑色表示背景。由于该视频序列中的运动目标运动较慢，相邻三帧差分法较相邻两帧差分法，不仅能检测出运动目标的轮廓，而且目标区域更加饱满。

8.1.3　背景消减法

背景消减法[6]是利用当前帧与建立的背景图像进行相减操作，从而得到差分图像，然后利用设定的阈值 T 来进行判别，当差值的绝对值小于 T 时，则认为是背景；反之，则认为是前景。

尽管不同方法建立背景和更新背景的原理不同，但背景消减法的基本流程相同，主要包括获取背景图像，读取当前图像，求得差分图像，二值化处理，背景更新等步骤，其处理流程如图 8.3 所示。

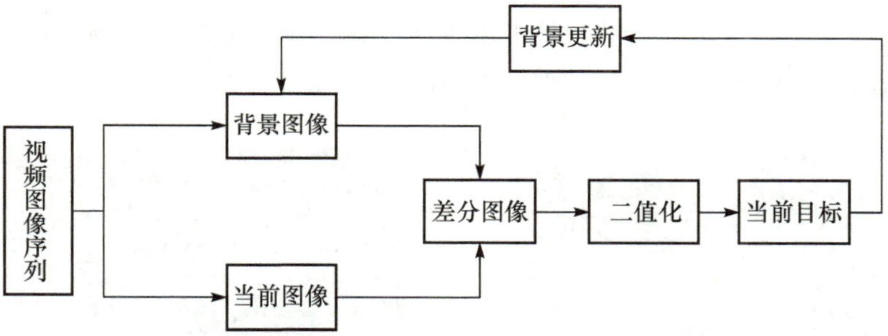

图 8.3　背景消减法

具体过程如下：首先根据选定的背景建模方法得到背景图像，记为 BG，然后将当前帧的图像 V 与背景图像 BG 做减法并取绝对值，得到图像 E。

$$E(x,y,t)=\left|V(x,y,t)-\mathrm{BG}(x,y,t)\right| \tag{8.6}$$

设定阈值 T，通过判断 $E(x,y,t)$ 与 T 的大小关系，进一步确定前景图像 FG：

$$\mathrm{FG}(x,y,t)=\begin{cases}1, & E(x,y,t)\geqslant T\\ 0, & E(x,y,t)<T\end{cases} \tag{8.7}$$

式中，T 为设定的阈值。

由于现实中，背景不是一成不变的，因此，需要对背景进行实时更新以应对其变化。常用的方法是：采用当前背景与前景加权更新的方式。

$$\mathrm{BG}(x,y,t+1)=\begin{cases}(1-\alpha)\mathrm{BG}(x,y,t)+\alpha V(x,y,t), & V(x,y,t)\text{属于背景}\\ (1-\beta)\mathrm{BG}(x,y,t)+\beta V(x,y,t), & V(x,y,t)\text{属于前景}\end{cases} \tag{8.8}$$

式中，α,β 表示背景更新速率，$0\leqslant\alpha,\beta\leqslant 1$。

背景消减法的优点是检测结果比较准确，可以提取出较为完整的目标信息。但是，背景图像建立的准确程度会直接影响到目标检测结果是否精确。常见的背景建模方法包括直方图法、平均值法、单高斯背景建模法以及高斯混合背景建模法等。

1. 多帧平均法

多帧平均法是对连续的若干帧图像中位于同一位置的像素点的灰度值先求和，再取平均值，并将其作为对应像素点的背景灰度值。其表达式为

$$\mathrm{BG}(x,y)=\frac{1}{n}\sum_{k=1}^{n}V(x,y,k) \tag{8.9}$$

式中，BG 为背景图像；n 表示用于背景估计的总帧数。

图 8.4 为多帧平均法建立背景的实验结果。实验中，对前 100 帧求平均，建立的背景图像如图 8.4(b)所示。其中出现了鬼影，原因是前 100 帧内该区域一直都有目标活动，因此，在求平均时，目标信息也被平均到背景图像中。

(a) 实验场景　　(b) 建立的背景

图 8.4　多帧平均法实验结果

2. 统计中值法

统计中值法假设时间序列上的连续多帧图像中背景的灰度值占主要部分，并且其灰度值在一段时间内变化较缓慢，因此统计单个像素点在连续多帧图像中的灰度值，然后将其按由小到大的顺序排列，取中值作为对应像素点的背景灰度值，如下所示：

$$\mathrm{BG}(x,y)=\underset{k\in\{1,2,\cdots,m\}}{\mathrm{median}}[V(x,y,k)] \tag{8.10}$$

式中，m 表示用于背景估计的总帧数；median 表示取中值操作。

图 8.5 为统计中值法建立背景的实验结果。实验中，对前 100 帧求中值，建立的背景图像如图 8.5(b)所示。统计中值法建立的背景比平均值法要干净些，但是由于取中值时恰好取到目标的灰度值，因此，背景中仍然有目标。

(a) 实验场景 (b) 建立的背景

图 8.5 统计中值法实验结果

3. 统计直方图法

直方图法是通过统计像素灰度变化的方法来建立背景模型。其基本思想是：统计 L 帧图像中每个像素在不同灰度出现的次数，然而将该像素出现次数最多的灰度值作为背景值，从而得到背景图像。

令 $p_m(x,y)$ 表示位于 (x,y) 位置的灰度值 m 在连续 L 帧中出现的次数，则该像素对应的背景值 $\mathrm{BG}(x,y)$ 可表示为

$$\mathrm{BG}(x,y)=\max p_m(x,y) \tag{8.11}$$

式中，灰度值 $m=0,1,\cdots,255$ 。

图 8.6 为统计直方图法建立背景的实验结果。实验中，对前 100 帧统计其直方图，建立的背景图像如图 8.6(b)所示。由于它将 100 帧中出现次数最多的灰度作为背景，不可避免地背景中仍然存在着目标的干扰。

(a) 实验场景 (b) 建立的背景

图 8.6 统计直方图法实验结果

4. 单高斯背景建模法

最常用的描述背景像素灰度值的概率密度函数是高斯分布，而高斯背景模型是一种简单有效的建模方法。单高斯背景模型认为：对背景图像，像素灰度值的分布满足高斯分布，那么可以对图像中每一个像素建立单高斯模型，假设其服从均值为 μ 和标准差为 σ 的高斯分布，并且每一点的高斯分布是相互独立的，那么有

$$p(I)=\frac{1}{\sqrt{2\pi}\sigma}\mathrm{e}^{-\frac{(I-u)^2}{2\sigma^2}} \tag{8.12}$$

统计一段时间内视频序列中每个像素的均值 μ 和标准差 σ 作为背景模型。对视频帧 V，计算每个像素点 (x,y) 为背景的概率，如果满足

$$\frac{1}{\sqrt{2\pi}\sigma(x,y,t-1)}\mathrm{e}^{-\frac{[V(x,y,t)-u(x,y,t-1)]^2}{2\sigma(x,y,t-1)^2}}\geqslant T \tag{8.13}$$

则认为该像素点是背景点，否则为前景点。

为了适应背景中的光照变化等，需要对背景进行更新，常用的方法是按照下式对均值 μ 和标准差 σ 分别更新：

$$\mu(x,y,t)=(1-\alpha)\times\mu(x,y,t-1)+\alpha\times V(x,y,t) \tag{8.14}$$

$$\sigma^2(x,y,t)=(1-\alpha)\times\sigma^2(x,y,t-1)+\alpha\times\left[V(x,y,t)-\mu(x,y,t)\right]^2 \tag{8.15}$$

式中，α 代表更新速率，$0<\alpha<1$。α 取值越大，说明参数更新越快；反之，参数更新越慢。

由于单高斯背景模型算法简单，因此，能够高效地处理有关单峰分布的场景。然而当场景比较复杂，目标运动没有规律，背景像素值呈多峰分布时，单高斯背景模型难以准确描述背景。

图 8.7 为基于单高斯背景建模的运动目标检测实验结果。图 8.7(a)为当前帧图像，图 8.7(b)为当前帧与单高斯法建立的背景作差分后，进行二值化后的图像。由于背景建模不够准确，目标出现了重影。

(a) 当前帧　　(b) 检测出的运动目标

图 8.7　基于单高斯背景建模的运动目标检测实验结果

5. 高斯混合背景建模法

在自然界中，水面上的波纹、树叶的摆动等会使得特定位置的像素值不断发生改变，表现出非单峰分布的特点。这时，仍采用单高斯建模法往往难以准确地描述背景的变化，那么可以采用多个高斯分布模型来描述。

高斯混合模型（Gauss mixture model，GMM）[7]对单高斯模型进行了简单的

扩展，GMM 使用多个高斯分布的组合来刻画数据分布。高斯混合模型能够用于背景建模的原因在于：它能够根据像素点的颜色值的统计信息来对各个高斯分布的权重、均值、协方差等参数进行训练，使得背景像素值分布收敛于某几个高斯分布，对于偏离高斯分布均值较远的像素点判别为前景点，否则为背景点，从而实现对背景的建模。

令随机变量 X 的观测数据集为 $(x_1,x_2,\cdots,x_n)$，其中，x_t 表示 t 时刻像素的观测样本，它服从以下的混合高斯分布，其概率密度函数为

$$p(x_t)=\sum_{i=1}^{o} w_{i,t}\times\eta(x_t,\mu_{i,t},\Sigma_{i,t}) \tag{8.16}$$

$$\eta(x_t,\mu_{i,t},\Sigma_{i,t})=\frac{1}{(2\pi)^{\frac{d}{2}}\left|\Sigma_{i,t}\right|^{\frac{1}{2}}}\mathrm{e}^{-\frac{1}{2}(x_t-\mu_{i,t})^{\mathrm{T}}\Sigma_{i,t}^{-1}(x_t-\mu_{i,t})} \tag{8.17}$$

$$\sum_{i=1}^{o} w_{i,t}=1 \tag{8.18}$$

式中，o 为分支数，一般在 3～5 取值，该值越大，表明处理背景波动的能力越强，但复杂度也越高；$\eta(x_t,\mu_{i,t},\Sigma_{i,t})$ 代表 t 时刻第 i 个高斯分布的概率密度函数；$\mu_{i,t}$ 为该分布的均值；$\Sigma_{i,t}$ 为该分布的协方差矩阵；$w_{i,t}$ 为 t 时刻第 i 个高斯分布的权重；d 表示数据 x_t 的维数。

对于 t+1 时刻的像素灰度值 x_{t+1}，需判断它是否与现有的 o 个分支匹配。如果 x_{t+1} 处于高斯混合模型中某一分支标准差的 l 倍范围之内，则认为该特征与该分支匹配，其中 l 为标量，通常取 2.5。

假设该特征与第 i 个分支匹配，则该分支的参数按如下规则更新：

$$w_{i,t+1}=(1-\alpha)w_{i,t}+\alpha \tag{8.19}$$

$$\mu_{i,t+1}=(1-\rho)\mu_{i,t}+\rho x_{t+1} \tag{8.20}$$

$$\sigma_{i,t+1}^2=(1-\rho)\sigma_{i,t}^2+\rho(x_{t+1}-\mu_{i,t+1})^{\mathrm{T}}(x_{t+1}-\mu_{i,t+1}) \tag{8.21}$$

式中，α 为权重的更新速率；ρ 为均值和方差的更新速率：

$$\rho=\alpha\eta(x_{t+1}\mid\mu_{i,t},\sigma_{i,t}) \tag{8.22}$$

对于未匹配上的分支 j，其 μ 和 σ^2 保持不变，只更新其权重：

$$w_{j,t+1}=(1-\alpha)w_{j,t} \tag{8.23}$$

如果像素值与高斯混合模型中 o 个分支都匹配不上，则 $\dfrac{w}{\sigma}$ 取值最小（出现概

率最低）的分支将被新的高斯分布所取代，该分布被初始化为以当前值为均值，并被赋予较大的标准差及较小的权重。

为了确定具体的背景模型，对图像中每个像素点，按$\frac{w}{\sigma}$值从大到小的顺序将o个高斯分布进行排序，并按下式选取前B个分支来构建新的背景：

$$B = \arg\min_{b}\left(\sum_{k=1}^{b} w_k > T\right) \tag{8.24}$$

式中，T为阈值。如果T取值较小，高斯混合模型将退化为单高斯模型；如果T取值较大，则可以为复杂的动态背景（如水面的波动、树叶的摇摆等）建立多个高斯分布的混合模型。

图 8.8 为基于混合高斯背景建模的目标检测实验结果。实验中，混合高斯模型采用三个分支，图 8.8(a)为当前帧图像，图 8.8(b)为当前帧与高斯混合法建立的背景作差分后进行二值化后的图像，较准确地将运动目标检测出来。由于相机的抖动等因素的影响，人行道边缘也被当作目标检测出来。

(a) 当前帧

(b) 检测出的运动目标

图 8.8　基于混合高斯模型的运动目标检测实验结果

8.1.4　光流法

光流法[8]是一种重要的图像运动目标检测方法，主要根据物体表面上的点的运动速度来完成目标的运动描述，具有简单实用等十分明显的优势。

在光流法的处理中，设定$I(x,y,t)$为像素点在t时刻的强度，同时假设在很短的时间Δt内，x、y分别增加Δx、Δy，可得

$$I(x+\Delta x, y+\Delta y, t+\Delta t) = I(x,y,t) + \frac{\partial I}{\partial x}\Delta x + \frac{\partial I}{\partial y}\Delta y + \frac{\partial I}{\partial t}\Delta t \tag{8.25}$$

假设物体在t时刻位于(x,y)点，在$t+\Delta t$时刻位于$(x+\Delta x, y+\Delta y)$点，那么有

$$I(x+\Delta x, y+\Delta y, t+\Delta t) = I(x,y,t) \tag{8.26}$$

于是，下式成立：

$$\frac{\partial I}{\partial x}\Delta x+\frac{\partial I}{\partial y}\Delta y+\frac{\partial I}{\partial t}\Delta t=0 \tag{8.27}$$

等式两边同时除以 Δt ，得到

$$\frac{\partial I}{\partial x}\frac{\Delta x}{\Delta t}+\frac{\partial I}{\partial y}\frac{\Delta y}{\Delta t}+\frac{\partial I}{\partial t}\frac{\Delta t}{\Delta t}=0 \tag{8.28}$$

最终，可得出结论：

$$\frac{\partial I}{\partial x}V_x+\frac{\partial I}{\partial y}V_y+\frac{\partial I}{\partial t}=0 \tag{8.29}$$

式中，V_x、V_y 为 $I(x,y,t)$ 的光流，或称为 x 和 y 方向的速率；$\frac{\partial I}{\partial x}$、$\frac{\partial I}{\partial y}$ 和 $\frac{\partial I}{\partial t}$ 为图像强度在 t 时刻特定方向的偏导数。

I_x、I_y 和 I_t 的关系表述如下：

$$I_xV_x+I_yV_y=-I_t \tag{8.30}$$

无论是拍摄时相机发生的运动，还是场景中目标的运动都会引起光流的改变，而光流法就是确定每一个像素位置的“运动”，接着利用数据之间的相互关联来研究场景中灰度图像的变化，包括时域上的变化以及空域上物体结构的变化。光流的计算方法大致可以分为三类：基于匹配的方法、基于频域的方法和基于梯度的方法。

1. 基于匹配的方法

基于匹配的光流计算方法包括基于特征和基于区域的两种方法。其中，基于特征的方法通过不断对目标的主要特征进行定位和跟踪来计算光流，尤其是对大目标的运动和亮度变化具有较好的鲁棒性，但是获得的光流通常很稀疏，并且特征提取和精确匹配比较困难。基于区域的方法先对类似的区域进行定位，然后通过相似区域的位移计算光流。这种方法在视频编码中得到了广泛的应用，然而，它所得到的光流仍不稠密。

2. 基于频域的方法

基于频域的方法又称基于能量的方法，利用速度可调的滤波组输出频率或相位信息。虽然能获得较高精度的初始光流估计，但往往涉及复杂的计算。此外，进行可靠性评价也十分困难。

3. 基于梯度的方法

基于梯度的方法利用图像序列亮度的时空微分来计算光流。该算法简单易操作，可以取得很好的光流估计，在计算机视觉领域有着十分广泛的应用。但是，在计算光流时，常面临着可调参数和可靠性评价因子选择困难、预处理对计算结果的影响以及噪声对光流的影响等问题。

将上述帧间差分法、背景消减法和光流法进行对比分析，结果见表 8.1。

表 8.1　运动目标检测算法对比

方法	优点	缺点
帧间差分法	实现简单 程序设计复杂度低 实时性高 对动态场景有较好的适应性	易出现“双影”和“空洞”现象 运动区域大小与速度有关 不能提取出对象的完整区域，只能提取出边界
背景相减法	实现简单 运动目标的提取相对完整	受环境光线变化的影响 需要加入背景图像更新机制 不适用于摄像头运动或者背景灰度变化很大的情况
光流法	在摄像机运动存在的前提下也能检测出独立的运动目标 可用于动态场景	算法复杂度较高 对噪声敏感，抗噪性差

当前视频监控系统中，运动目标检测的研究和应用还处于特定场景处理阶段。当背景较简单或者检测内容单一时，设计的方法或系统可以较好地工作；但是当背景较复杂时，由于缺乏对复杂环境的自适应能力，往往表现平平。随着对人类视觉系统认识的不断深入，让机器具有更高层次的自动化和智能化水平是当前计算机视觉的主要研究目标。

8.2　运动目标跟踪

目标跟踪作为视频分析中的一项关键技术，涉及模式识别、图像处理、随机过程、概率论与数理统计等多个学科的内容，既是智能分析的前提，也是人机交互、目标识别和目标分类的基础。基于视频的运动目标跟踪，通过对视频图像序列中用户感兴趣的目标（如车辆、行人、飞机等）提取特征、建立模型以及检测跟踪，从而得到各个目标的位置以及相关的运动参数和轨迹，为下一步的目标识别和分类、行为理解和分析、基于对象的编码以及基于内容的视频检索等应用奠定基础。因此，目标跟踪技术既具有重要的理论研究价值，也有着广阔的应用前景。

根据建模原理的不同，基于外观模型的跟踪方法[9,10]大致可以分为两大类：产生式方法和判别式方法。产生式方法旨在为跟踪目标建立鲁棒的外观模型，并在后续帧中搜索与该模型具有最小误差的区域作为跟踪目标。这类方法主要包括产生式混合建模法、核跟踪法和子空间学习法等。判别式方法把目标跟踪当作一个分类问题对待，通过训练得到一个分类器，它能将目标从背景中分离出来。为了提高跟踪的准确性，需要对分类器进行及时更新。这类方法主要包括基于 SVM 的跟踪方法、基于多示例学习的跟踪方法、基于相关滤波的跟踪方法和基于随机学习的跟踪方法等。目前，判别式方法已成为跟踪领域的一个重要发展方向。

8.2.1　目标跟踪数据集和评价标准

1. 数据集

为了评价各种跟踪算法的性能，需要采用相同的数据集进行测试。目前，视觉跟踪领域综合性的公开数据集包括以下几类。

（1）OTB（object tracking: a benchmark，目标跟踪数据集）[11]：共包含了 100 个视频序列，图 8.9 列举了其中一部分。每个视频截图下方的文字分别表示该视频序列的名称以及该视频的属性。这些属性主要包括照明条件改变（illumination variation, IV）、目标被遮挡（occlusion, OCC）、目标尺度变化（scale variation, SV）、形变（deformation, DEF）、快速运动（fast motion, FM）、运动模糊（motion blur, MB）、平面外旋转（out-of-plane rotation, OPR）、平面内旋转（in-plane rotation, IPR）、目标出视场（out-of-view, OV）、背景杂波干扰（background clutters, BC）、低分辨率（low resolution, LR）等。其网址为：http://cvlab.hanyang.ac.kr/tracker_ benchmark/datasets.html。

图 8.9　OTB 数据集部分截图

（2）VOT（visual object tracking，视觉目标跟踪）[12]：为视觉跟踪领域的一项

国际竞赛，自 2013 年起，每年举行一次。共包含了近 200 个测试视频，其属性由 10 维特征向量表示。与 OTB 数据集相比，其特点是：包含了更多类型的测试视频；目标用可旋转的矩形框标识，标定的目标位置与实际情况更吻合；对视频序列中的每帧图像都进行了标记，用特征向量表示其属性。其网址为：http://www.votchallenge.net。

2. 评价标准

评价跟踪算法性能时，通常采用以下指标。

1）中心位置误差

中心位置误差（center location error，CLE）用来表示跟踪结果和真实目标之间中心位置的距离，以像素为单位。该值越小，说明跟踪结果与目标的真实位置越接近，跟踪精度越高；反之，说明跟踪误差越大。其定义如下：

$$\text{error}_k = \sqrt{(\text{center}_k - \text{gt}_k)^2} \tag{8.31}$$

式中，error_k 为第 k 帧的中心位置误差；center_k 为跟踪算法求得的目标中心点在第 k 帧中的位置；gt_k 为目标中心点在第 k 帧中的真实位置。

2）成功率

成功率（success rate，SR）是指正确跟踪的帧数占总帧数的百分比。该值越大，说明正确跟踪的帧数越多，跟踪效果越好；反之，说明跟踪效果越差。

如果 $\dfrac{G \cap T}{G \cup T} > 0.5$，则认为当前帧目标跟踪成功；否则，认为跟踪失败。其中，T 为当前帧中跟踪算法所获取的目标的外接矩形区域；G 为当前帧中目标真实位置所对应的矩形区域。

3）帧率

帧率（frame per second，FPS）是指跟踪算法每秒能处理的帧数，以帧/s 为单位。该值越大，说明单位时间内处理的帧数越多，算法的实时性越好；反之，实时性越差。

8.2.2 基于 Kalman 预测与全局特征匹配的目标跟踪

基于 Kalman 预测与全局特征匹配的目标跟踪方法[13]采用预测与数据关联相结合的技术，根据目标历史时刻的位置信息来预测当前位置，然后根据全局特征，在预测位置附近进行帧间目标匹配。该方法具有原理简单、易于实现、实时性高等优点，因而被广泛应用于目标跟踪领域。

1. Kalman 滤波器

1960 年，美国学者 Kalman 和 Bucy 提出了一种递推最优线性均方误差估计的方法——Kalman 滤波方法，它实现了从被提取信号的有关观测中估计出所需信号。Kalman 滤波器是一个线性递归滤波器，是基于系统上一状态序列对下一状态做最优估计。目前，Kalman 滤波方法在目标跟踪领域得到了广泛的应用，主要用来预测目标在下一时刻的位置，并以此作为数据关联算法匹配搜索的初始起点，从而达到缩小目标的搜索范围，提高算法计算效率的目的。

Kalman 滤波器的结构如图 8.10 所示。

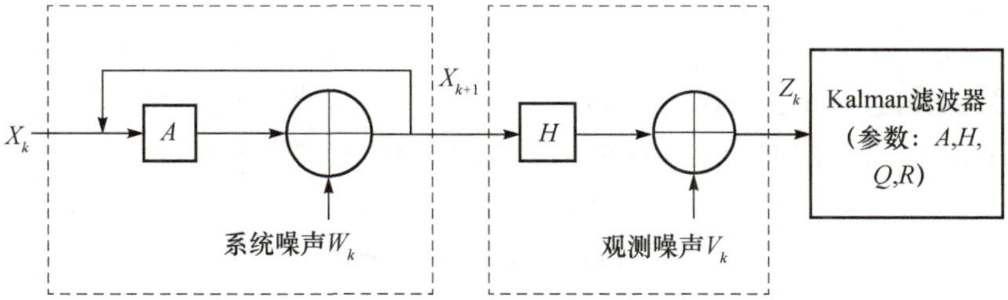

图 8.10　Kalman 滤波器的结构

图 8.10 中，X_k 是系统第 k 时刻的 n 维状态矢量；A 是系统 $n\times n$ 维的状态转移矩阵，表示动态系统在 k 到 $k+1$ 时刻之间的状态转移关系；W_k 是系统第 k 时刻 n 维的噪声矢量。系统的当前状态仅和系统的前一状态有如下线性关系：

$$X_{k+1}=AX_k+W_k \tag{8.32}$$

设 Z_k 为系统在 k 时刻的 m 维观测向量，对系统的状态矢量 X_k 做观测，H 是 $m\times n$ 维的观测矩阵，V_k 是 k 时刻的 m 维观测噪声矢量，于是有

$$Z_k=HX_k+V_k \tag{8.33}$$

Kalman 滤波的目标是：根据观测向量 Z_k、观测矩阵 H 及观测噪声矢量 V_k 来恢复出 X_k。其基本过程如下：设 Y_k 是 k 时刻 Kalman 滤波器对 X_k 的预测值，也就是 Kalman 滤波器的输出；P_k 是 X_k 的协方差的预测值。随机给定初始值 Y_0 和 P_0。

第一步，预测：

$$Y_k'=AY_{k-1} \tag{8.34}$$

$$P_k'=AP_{k-1}A^T+Q \tag{8.35}$$

式中，Y_k' 和 P_k' 分别代表 Y_k 和 P_k 的预测值。

第二步，根据观测结果对预测值进行修正：

$$\mathrm{Kg}_k=P_{k-1}H^T(HP_{k-1}H^T+R)^{-1} \tag{8.36}$$

$$Y_k=Y_k'+\mathrm{Kg}_k(Z_k-HY_k') \tag{8.37}$$

$$P_k=(I-\mathrm{Kg}_kH)P_k' \tag{8.38}$$

其中，Kg_k 为 Kalman 增益。循环以上两个步骤，则得到各时刻的系统状态估计值。

可以看出，当观测噪声矢量的协方差矩阵中的元素值越大，那么 Kalman 增益就越小，对预测值的修正也就越小，估计值更加接近预测值。

2. 全局特征提取与目标匹配

1）全局特征提取

通常，对运动目标提取以下全局特征。

（1）跟踪窗口的大小。

跟踪窗口是运动目标的外接矩形，可以较准确地反映运动目标的尺寸和位置。为了求得第 m 个运动目标跟踪窗口 w_m 的大小，通常按照从上到下、从左到右的顺序，扫描二值前景图像，分别求出运动目标在 x 和 y 方向的最大值和最小值，分别记为 $\max_{mx}$、$\min_{mx}$、$\max_{my}$ 和 $\min_{my}$，同时定义窗口的宽度和高度分别为 width_m 和 height_m，通过下面的公式可以求出跟踪窗口 w_m 的宽度和高度：

$$\text{width}_m = \max_{mx} - \min_{mx} \tag{8.39}$$

$$\text{height}_m = \max_{my} - \min_{my} \tag{8.40}$$

（2）目标区域的质心。

目标区域的质心是目标的一个重要特征，在忽略目标大小的情况下，通常将物体假设为质点模型。对质心进行跟踪的算法通过对二维图像进行处理和计算，来确定目标在视频各帧内的中心位置。令前景图像为 FG，其定义如下：

$$\text{FG}(x,y)=\begin{cases}1, & \text{运动目标}\\ 0, & \text{背景}\end{cases} \tag{8.41}$$

则运动目标的质心按下式计算：

$$\begin{cases} x_m = \dfrac{\sum\limits_{x=1}^{NN}\sum\limits_{y=1}^{MM} x\times \text{FG}(x,y)}{\sum\limits_{x=1}^{NN}\sum\limits_{y=1}^{MM}\text{FG}(x,y)} \\ y_m = \dfrac{\sum\limits_{x=1}^{NN}\sum\limits_{y=1}^{MM} y\times \text{FG}(x,y)}{\sum\limits_{x=1}^{NN}\sum\limits_{y=1}^{MM}\text{FG}(x,y)} \end{cases} \tag{8.42}$$

式中，x_m 和 y_m 代表目标质心位置；NN 和 MM 分别代表跟踪窗口 w_m 长和宽方向上的像素总数。

（3）目标的面积。

运动目标的面积 area 就是跟踪窗口 w_m 内目标的像素总数，记为

$$\text{area} = \sum_{x=1}^{NN}\sum_{y=1}^{MM}\text{FG}(x,y) \tag{8.43}$$

2）特征匹配

假设 t 时刻有 m 个运动目标，即存在 m 个带标记的连通区域，记为

$$R_t = \{r_{1,t}, r_{2,t}, \cdots, r_{m,t}\} \tag{8.44}$$

在 t+1 时刻有 k 个运动目标，即存在 k 个带标记的连通区域，记为

$$R_{t+1} = \{r_{1,t+1}, r_{2,t+1}, \cdots, r_{k,t+1}\} \tag{8.45}$$

定义一个相似函数：

$$\Delta(i,j) = \phi(r_{j,t+1}, r_{i,t}) \tag{8.46}$$

当 $\Delta(i,j)$ 满足一定条件时，则认为 t 时刻的第 i 个运动目标和 t+1 时刻的第 j 个运动目标是匹配的，即为同一目标。

设经过 Kalman 滤波预测后，t 时刻第 i 个运动目标在 t+1 时刻的预测位置为 $(x'_{i,t+1}, y'_{i,t+1})$，则质心的相似函数 $D(i,j)$ 定义如下：

$$D(i,j) = \left| \frac{\sqrt{(x'_{i,t+1} - x_{j,t+1})^2 + (y'_{i,t+1} - y_{j,t+1})^2}}{\sqrt{(x'_{i,t+1} - x_{i,t})^2 + (y'_{i,t+1} - y_{i,t})^2}} \right| \tag{8.47}$$

目标宽度和高度的相似函数 $W(i,j)$ 和 $H(i,j)$ 定义如下：

$$W(i,j) = \left| 1 - \frac{\text{width}_{j,t+1}}{\text{width}_{i,t}} \right| \tag{8.48}$$

$$H(i,j) = \left| 1 - \frac{\text{height}_{j,t+1}}{\text{height}_{i,t}} \right| \tag{8.49}$$

目标面积的相似函数 $A(i,j)$ 定义如下：

$$A(i,j) = \left| 1 - \frac{\text{area}_{j,t+1}}{\text{area}_{i,t}} \right| \tag{8.50}$$

于是，得到相似函数 $\Delta(i,j)$：

$$\Delta(i,j) = \alpha \times D(i,j) + \beta \times W(i,j) + \beta \times H(i,j) + \gamma \times A(i,j) \tag{8.51}$$

其中，α, β, γ 为权重，满足如下条件：

$$\alpha + 2\beta + \gamma = 1 \tag{8.52}$$

在连续帧间目标运动变化较小，因此，$D(i,j)$ 越小，说明连续帧间目标位置越靠近，$W(i,j)$、$H(i,j)$ 和 $A(i,j)$ 越小，则说明连续帧间目标的形状越相似。可见，$\Delta(i,j)$ 的值越小，代表相似度越高，为同一个运动目标的可能性越大。

将相似函数 $\Delta(i,j)$ 与设定阈值 T 进行比较，来判断是否为同一个运动目标。对于 t 时刻第 i 个连通区域，如果在 t+1 时刻能够找到匹配结果比 T 小的连通区域，则取令 $\Delta(i,j)$ 取最小值的区域作为跟踪结果；如果它与 t+1 时刻所有连通区域的匹配结果都比 T 大，则认为第 i 个运动目标在 t+1 时刻消失了，不排除目标因被遮挡或形变等因素干扰而导致匹配失败的情况。

3）目标跟踪

用 Kalman 滤波方法对目标位置和运动速度进行预测后，可以缩小搜索范围，

提高算法的执行效率。在跟踪过程中，由于帧间间隔较短，目标瞬间状态变化较小，因此假设目标在较短时间间隔内是匀速运动的。定义 Kalman 滤波器的系统状态为x_k，它是一个四维向量$x_k=(c_x,v_x,c_y,v_y)^{\mathrm{T}}$，分别代表目标的 x 轴坐标、x 方向速度、y 轴坐标和 y 方向速度，并定义状态转移矩阵 A：

$$A=\begin{bmatrix}1 & \Delta t & 0 & 0\\ 0 & 1 & 0 & 0\\ 0 & 0 & 1 & \Delta t\\ 0 & 0 & 0 & 1\end{bmatrix} \tag{8.53}$$

式中，Δt 表示相邻两帧图像的时间间隔。

状态方程为

$$x_t = Ax_{t-1} + w_{t-1} \tag{8.54}$$

式中，x_{t-1}为系统在 t-1 时刻的状态向量；A 为状态转移矩阵，描述系统从 t-1 时刻到 t 时刻的状态转移关系；w_{t-1}为噪声向量，描述状态转移过程中的加性噪声或误差。

定义观测向量z_t，它是一个二维向量$(cc_x,cc_y)^{\mathrm{T}}$，表示匹配得到的目标位置坐标。由系统状态和观测状态之间的关系可知，观测矩阵为

$$H=\begin{bmatrix}1 & 0 & 0 & 0\\ 0 & 0 & 1 & 0\end{bmatrix} \tag{8.55}$$

观测方程为

$$z_t = Hx_t + v_t \tag{8.56}$$

式中，z_t为系统在 t 时刻的观测向量；H 为观测矩阵；v_t为观测噪声向量。

假设w_{t-1}和v_t是均值都为零且互不影响的噪声向量，因此设w_{t-1}和v_t的协方差矩阵分别为

$$Q=\begin{bmatrix}1 & 0 & 0 & 0\\ 0 & 1 & 0 & 0\\ 0 & 0 & 1 & 0\\ 0 & 0 & 0 & 1\end{bmatrix} \tag{8.57}$$

$$R=\begin{bmatrix}1 & 0\\ 0 & 1\end{bmatrix} \tag{8.58}$$

运动目标跟踪系统中的 Kalman 滤波器描述如下。

系统状态预测方程为

$$x(t|t-1) = Ax(t-1|t-1) + \mathrm{BU}(t) \tag{8.59}$$

式中，$x(t|t-1)$表示根据上一状态预测的结果；$x(t-1|t-1)$表示上一状态最优的结果；$\mathrm{BU}(t)$表示现在状态的控制量，如没有控制量，则取 0。

误差协方差预测方程为

$$P_k' = AP_{k-1}A^{\mathrm{T}} + Q \tag{8.60}$$

式中，P_k' 和 P_{k-1} 分别为 $x(k|k-1)$ 和 $x(k-1|k-1)$ 对应的协方差；A^{T} 为 A 的转置；Q 是系统过程的协方差。

Kalman 增益系数方程为

$$\mathrm{Kg}_t = P_t' H^{\mathrm{T}} (HP_t' H^{\mathrm{T}} + R)^{-1} \tag{8.61}$$

其中，Kg_t 为 Kalman 增益；H 为观测矩阵。

状态修正方程为

$$x(t|t) = x(t|t-1) + \mathrm{Kg}_t[z_t - Hx(t|t-1)] \tag{8.62}$$

误差协方差修正方程为

$$P_t = (I - \mathrm{Kg}_t H) P_t' \tag{8.63}$$

概括起来，目标跟踪过程中采用 Kalman 滤波器估计目标的运动主要分为滤波器初始化、状态预测、特征匹配和状态更新四个过程。其缺点是：系统噪声是由于运动物体加速度而导致的，其协方差矩阵难以确定；观察噪声的协方差矩阵也是必需的，但其难以量化；求 Kalman 增益时，需要计算矩阵的逆，计算复杂度高。

8.2.3　基于 Mean Shift 的目标跟踪

Mean Shift 向量最早是由 Fukunaga 等于 1975 年在一篇关于概率密度梯度函数的估计中提出的，用于表示偏移的均值向量。Mean Shift 理论的发展使得 Mean Shift 的含义发生了变化，Mean Shift 算法变成了一个迭代的步骤，即先算出当前点的偏移均值，将该点移动到其偏移均值，然后以此为新起点继续移动，直到满足一定的约束条件。Mean Shift 跟踪算法是一个迭代寻优的过程，通过自适应步长迭代寻找概率密度分布的局部极值点[14,15]。

设 x_1，x_2，…，x_n 分别是落在以 x 为中心，h 为半径的 d 维超立方体 R^d 中的样本集合 $\{x_i\}$，i=1，…，n，$K(x)$表示空间的核函数，窗口半径为 h，那么在点 x 处的多变量核密度估计表示为

$$\hat{f}(x) = \frac{1}{nh^d}\sum_{i=1}^{n} K\left(\frac{x - x_i}{h}\right) \tag{8.64}$$

在 Mean Shift 理论中，最常用核函数有 Epanechnikov 核函数和高斯核函数。Epanechnikov 核函数表示如下：

$$K_E(x) = \begin{cases} \dfrac{1}{2}c_d^{-1}(d+2)(1-\|x\|^2), & \|x\|<1 \\ 0, & \text{其他} \end{cases} \tag{8.65}$$

式中，c_d 为 d 维的单位球面积。

高斯核函数表示如下：

$$K_{\mathrm{N}}(x)=(2\pi)^{-\frac{d}{2}}\exp\left(-\frac{1}{2}\|x\|^2\right) \tag{8.66}$$

Mean Shift 算法的核心问题是计算 Mean Shift 向量。为了求出概率分布的最大值，对式（8.64）求导，得

$$\begin{aligned}\hat{\nabla} f_K(x) \equiv \nabla\hat{f}_K(x) &= \frac{2}{nh^{d+2}}\sum_{i=1}^{n}(x-x_i)k'\left(\left\|\frac{x-x_i}{h}\right\|^2\right)\\ &= \frac{2}{nh^{d+2}}\sum_{i=1}^{n}(x-x_i)g\left(\left\|\frac{x-x_i}{h}\right\|^2\right)\\ &= \frac{2}{nh^{d+2}}\times\left[\sum_{i=1}^{n}g\left(\left\|\frac{x-x_i}{h}\right\|^2\right)\right]\times\left[\frac{\sum_{i=1}^{n}x_i g\left(\left\|\frac{x-x_i}{h}\right\|^2\right)}{\sum_{i=1}^{n}g\left(\left\|\frac{x-x_i}{h}\right\|^2\right)}-x\right]\end{aligned} \tag{8.67}$$

式中，$k(x)$ 满足 $k(x)=k(\|x\|^2)$，是核函数的轮廓函数；$g(x)$ 满足 $g(x)=-k'(x)$。式（8.67）中，第 2 个中括号内即为 Mean Shift 向量，记为

$$M_{h,G}(x)=\frac{\sum_{i=1}^{n}x_i g\left(\left\|\frac{x-x_i}{h}\right\|^2\right)}{\sum_{i=1}^{n}g\left(\left\|\frac{x-x_i}{h}\right\|^2\right)}-x \tag{8.68}$$

x 点处的密度估计用核函数 $G(x)$ 表示为

$$\hat{f}_G(x)=\frac{C}{nh^d}\sum_{i=1}^{n}g\left(\left\|\frac{x-x_i}{h}\right\|^2\right) \tag{8.69}$$

则密度梯度估计为

$$\hat{\nabla} f_K(x)=\hat{f}_G(x)\frac{2}{Ch^2}M_{h,G}(x) \tag{8.70}$$

那么，Mean Shift 向量可表示为

$$M_{h,G}(x)=\frac{Ch^2}{2}\frac{\hat{\nabla} f_K(x)}{\hat{f}_G(x)} \tag{8.71}$$

以上表明，在 x 点处基于核函数 $G(x)$ 的 Mean Shift 向量与基于核函数 $K(x)$ 的密度梯度估计仅相差一个常量的比例系数。梯度指向密度变化的最大方向，所以 Mean Shift 向量也总是指向密度变化的最大方向。

Mean Shift 算法迭代步骤如下：

（1）计算 Mean Shift 向量 $M_{h,G}(x)$；

（2）根据 $M_{h,G}(x)$ 移动核（窗）$G(x)$。

要保证 $M_{h,G}(x)$ 经过一定的迭代后收敛，核函数必须满足收敛条件。如果核函数 $K(x)$ 的轮廓函数 $k(x)$ 是凸的、单调递减的，那么序列 $\{x_i\}$ 和 $\{\hat{f}(x_i)\}$ 收敛。

Mean Shift 算法的优点在于：计算量不大，可以做到实时跟踪；采用核函数直方图模型，对边缘遮挡、目标旋转、变形和背景运动不敏感。但是，Mean Shift 算法也存在着如下缺点：缺乏必要的模板更新，因此不能应对目标外观的显著变化；跟踪过程中由于窗口大小保持不变，不能实现变尺度跟踪；当目标速度较快时，跟踪效果不好。

Mean shift 算法在 OTB 数据集 Jogging 上的跟踪结果如图 8.11 所示，其中矩形框所标注的区域为 Mean Shift 算法的跟踪结果。

图 8.11　Mean Shift 跟踪结果

在跟踪的过程中，Mean Shift 跟踪算法因为目标的快速运动而导致跟踪漂移，在目标被完全遮挡的情况下，跟踪失败。

8.2.4　基于 CamShift 的目标跟踪

CamShift（continuously adaptive Mean Shift）是连续的自适应 Mean Shift 算法，能自适应地调整跟踪窗口的大小。对于图像序列中的每一帧采用 Mean Shift 来寻找目标位置，再采用 CamShift 算法动态调整下一次搜索窗口的大小，大大改善了跟踪效果，已被广泛应用于目标跟踪[16]。

CamShift 实现动态调整搜索窗口的原理如下。

假设视频序列图像的反向投影图为$I(x,y)$，按下式计算图像的零阶矩：

$$M_{00}=\sum_x\sum_y I(x,y) \tag{8.72}$$

按下式计算图像的二阶矩：

$$M_{20}=\sum_x\sum_y x^2 I(x,y)，\quad M_{02}=\sum_x\sum_y y^2 I(x,y)，\quad M_{11}=\sum_x\sum_y xyI(x,y) \tag{8.73}$$

于是，可计算目标的方向角：

$$\theta=\frac{1}{2}\arctan\left[\frac{2\left(\frac{M_{11}}{M_{00}}-x_c y_c\right)}{\left(\frac{M_{20}}{M_{00}}-x_c^{\ 2}\right)-\left(\frac{M_{02}}{M_{00}}-y_c^{\ 2}\right)}\right] \tag{8.74}$$

式中，(x_c,y_c)是搜索窗口的中心点。

再令$a=\frac{M_{20}}{M_{00}}-x_c^2,b=2\left(\frac{M_{11}}{M_{00}}-x_c y_c\right),c=\frac{M_{02}}{M_{00}}-y_c^2$，则可计算出下一次搜索窗口的宽度$w$和高度$h$：

$$\begin{cases} w=\sqrt{\dfrac{(a+c)-\sqrt{b^2+(a-c)^2}}{2}} \\ h=\sqrt{\dfrac{(a+c)+\sqrt{b^2+(a-c)^2}}{2}} \end{cases} \tag{8.75}$$

CamShift 跟踪算法采用颜色统计直方图作为目标特征，一方面对图像信息进行降维处理大大降低了计算量，另一方面颜色特征对物体的形态变化不敏感，使得它能够用于非刚性目标的跟踪。但在实际环境中，由于目标运动状态和背景信息的复杂多变，CamShift 的准确性和稳定性仍不能满足实际需求。

CamShift 算法在 OTB 数据集 Jogging 上的跟踪结果如图 8.12 所示，其中椭圆形框所标注的区域为 CamShift 算法的跟踪结果。

图 8.12　CamShift 跟踪结果

目标的快速运动以及在运动的过程中出现不同程度的遮挡，增加了跟踪的难度。CamShift 算法对目标的位置以及尺度估计不准，导致跟踪失败。

8.2.5　基于 MIL 的目标跟踪

1. MIL 基本理论

20 世纪 90 年代末，在预测药物活性的研究中，首次正式提出了多示例学习（multiple-instance learning，MIL）[17]的概念。研究的目的是通过机器学习的方式，找出分子低能形状与其活性的关系，能正确预测新分子的活跃程度，进而判断其是否适合于制造药物。这将有利于制药公司把主要的资源集中于那些具有开发潜质的活跃分子研究上，从而加快新药品的研发进程，提升公司的市场竞争力。通过实验发现：药物分子通过与较大的蛋白质分子（如酶等）绑定来产生活性，而绑定的程度决定了其药效。当药物分子与蛋白质分子耦合越紧密，说明该分子活性越大，其药效越大；反之，其药效越小。换言之，当某个分子不适合制药时，那么它的所有低能形状和较大的蛋白质分子都将耦合得不好；相反，当某个分子适合制药时，那么它的某种低能形状和较大的蛋白质分子将会耦合得很紧密。

然而，正确预测药物分子活性的难点在于：即使是同一个分子，在不同的外部条件下，也会呈现出多种不同的低能形状。如图 8.13 所示，因为其中某一个化学键发生了旋转，同一个分子表现出了两种不同的低能形状。然而，只知道哪些分子适合于制造药物，却不知道对该分子的活性起决定性作用的低能形状究竟是哪一种。如果使用传统的监督学习的方法来训练分类器，通常的做法是：将不适合制药的分子的所有低能形状都作为负样本，而将适合于制药的分子的所有低能形状都作为正样本，那么会因为正样本中噪声比例过高，而导致分类器的分类准确性下降。究其原因，药物分子会因为外界条件的不同，而表现出多种不同的低能形状。根据分子制药实验可知，只要在众多的低能形状中有一种是适合于制造药物，那么这个分子就适合于制药。换言之，即使是一个适合于制药的分子也有可能表现出不适合制药的低能形状。

为了解决药物活性预测的问题，引入了多示例学习的框架。一个包（bag）对应了一个药物分子，而包中的每个示例（instance）则对应于该药物分子的每一种低能形状。如果某一个分子不适合于制药，那么它所对应的包为负包（negative bag）；否则，它所对应的包为正包（positive bag）。值得注意的是，在训练过程中，只需要知道包的标记，而无需知道包中示例的标记。通过特征向量来描述分子可能出现的低能形状，其具体方法如图 8.14 所示：在标准位置和朝向上固定药物分子，接着从分子的中心点出发，均匀地放射出若干条射线，一共 162 条。然后测量每条射线从分子中心点到其表面的线段长度，并将其作为描述分子低能形状的一个属性。另外，再加上 4 个描述固定的氧原子位置的属性。最终，分子的某一低能形状（即包中的示例）由一个 166 维的特征向量来表示。多示例学习方法通过对带标记的训练包的学习，来实现对训练集之外的包标记，进行最大可能的正确预测。

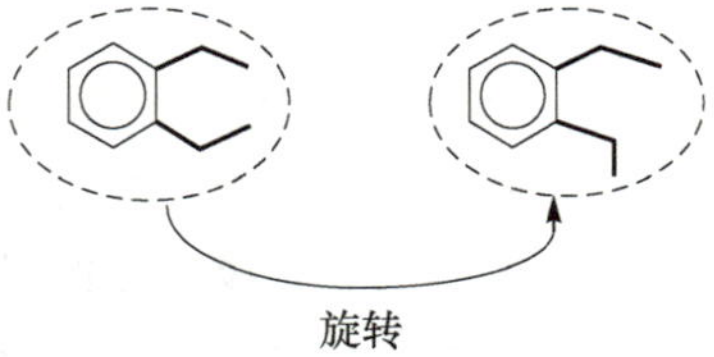

图 8.13　同一分子的两种不同低能形状

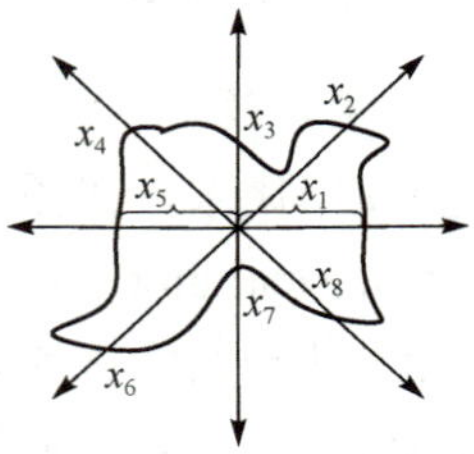

图 8.14　用射线表示分子的低能形状

与传统的机器学习方法不同的是，在 MIL 框架中，若干个具有标记的包构成了训练集，而每一个包又由若干个不同的示例（各包中示例数目可能不等）构成。如果一个包中全是负示例，那么这个包为负包；相反，如果包中至少有一个正示例，那么这个包为正包。在训练的过程中，无需知道包中示例的标记，而只需知道包的标记即可。

与非监督学习相比，多示例学习中的训练包是都有标记的，而非监督学习中的所有训练样本却是没有标记的；与有监督学习相比，多示例学习中示例的标记在训练阶段是未知的，而有监督学习中的所有训练样本却是有标记的；与强化学习相比，多示例学习中没有时效延迟的概念，而在强化学习中却有这一概念。在传统的机器学习框架中，示例和样本之间是一一对应的关系，也就是说，一个样本就是一个示例。然而，在多示例学习框架中，样本被称作包，它和示例之间是一对多的关系。由此可见，多示例学习完全不同于传统的非监督学习、有监督学习和强化学习。正因如此，对于分子活性预测这类问题，传统的机器学习方法不再适用，而多示例学习方法中设计的基于包的学习机制却能够较好地描述和解决。目前，多示例学习已成功地应用于图像检索、目标分类、数据挖掘、股票预测中。

2. 基于 MIL 的跟踪框架

在传统的监督学习算法中，是以样本为单位进行训练和测试的。通过对样本进行训练，旨在得到一个分类器，通过估计新样本为正样本的概率来实现对新样本标记的正确预测。然而，在基于 MIL 的跟踪框架中，把图像块以及图像块构成的集合分别视为示例和包[18,19]。根据多示例学习的定义，只要图像块的集合中有一个图像块对应着目标，那么这个包就被标记为正包；而当集合中所有的图像块都不包含目标时，这个包就被标记为负包。记训练集为 $\{(X_1,y_1),\cdots,(X_n,y_n)\}$，其中 $X_i=\{x_{i1},\cdots,x_{im}\}$ 表示第 i 个包，x_{ij} 表示第 i 个包中的第 j 个示例，y_i 表示第 i 个包的标记（其中，负包用 0 表示，正包用 1 表示）。而包标记定义为

$$y_i=\max_j(y_{ij}) \tag{8.76}$$

式中，y_{ij} 表示第 i 个包中的第 j 个示例的标记（其中，负示例用 0 表示，正示例用 1 表示）。在训练阶段，训练包中各示例的标记是未知的。

基于多示例学习的目标跟踪算法的基本思路如图 8.15 所示。算法用到的先验信息包括目标在视频第一帧中的位置和尺寸。记目标在 t−1 帧中的位置为 l_{t-1}^*，在其邻域内，分别提取正包 X^{γ} 和负包 $X^{\gamma,\beta}$ 以更新分类器。在第 t 帧中，寻找使得该分类器响应取得最大值的图像块作为跟踪目标，记录其位置 l_t^*，并在其附近提取正负包以更新分类器。依次循环处理，直到所有的视频帧处理完毕。

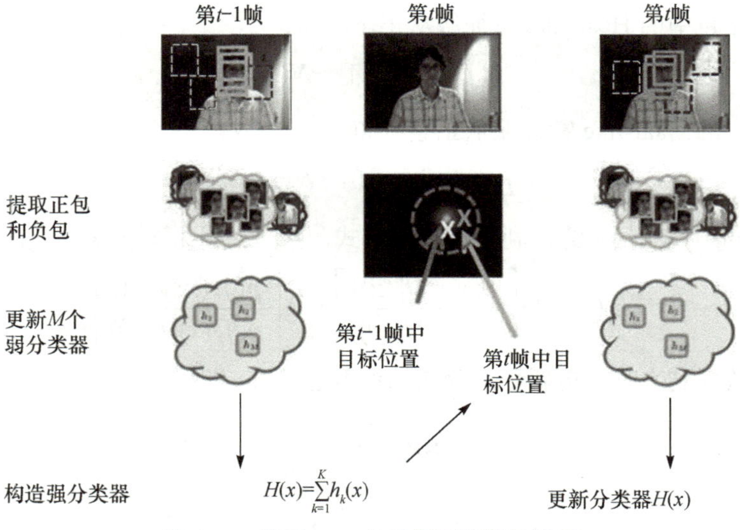

图 8.15　基于 MIL 的目标跟踪算法流程

该算法的具体过程描述如下。

算法 8.1　基于多示例学习的跟踪算法。

输入：目标在第一帧中的位置 l_1^*、视频序列 V。

输出：第 t 帧中目标所在位置，更新后的强分类器。

（1）选定跟踪目标，并初始化算法参数：γ,β,s，令 t=1。

（2）在 l_t^* 的邻域范围内，分别采集两个图像集合 $X^{\gamma,\beta}=\{x:\gamma<\|l(x)-l_t^*\|<\beta\}$ 和 $X^{\gamma}=\{x:\|l(x)-l_t^*\|<\gamma\}$，作为负包和正包来训练强分类器。其中，$\gamma,\beta$ 为标量，以像素为单位。

（3）令 $t=t+1$，若超出视频帧号范围，则停止计算，否则，跳转步骤（4）。

（4）在第 t 帧中，采集图像集合 $X^{s}=\{x:\|l(x)-l_{t-1}^*\|<s\}$，并计算集合中每个图像块 x 的特征。其中，$l(x)$ 为图像块 x 的位置，用其中心点的二维坐标表示，s 为搜索半径，X^S 中的任意图像块与 t–1 帧中目标的距离均小于 s。

（5）使用已训练好的强分类器，计算 $l_{\mathrm{T}}^*=l(\arg\max\limits_{x\in X^s} p(y=1|x))$，即找出 X^S 中概率最大的图像块作为跟踪目标，并记录其中心点位置坐标，跳转步骤（2）。

如何训练并更新强分类器是该算法的关键所在。

3. 构造弱分类器

为每一个图像块（即包中的示例）提取 Haar-like 特征，每一个 Harr-like 特征由随机产生的 2～4 个矩形区域构成，每一个矩形对应一个权值，该特征由这些矩形区域内像素点的和进行加权得到。利用积分图像可实现对 Haar-like 特征的快速计算。

假设正包中的 Haar-like 特征服从正态分布：

$$p(f_k(x_{ij})|y_i=1)\sim N(\mu_1,\sigma_1^2) \tag{8.77}$$

负包中的 Haar-like 特征服从正态分布：

$$p(f_k(x_{ij})|y_i=0)\sim N(\mu_0,\sigma_0^2) \tag{8.78}$$

令 $p(y=1)=p(y=0)$，利用贝叶斯公式，按下式计算弱分类器 $h_k(x)$：

$$h_k(x)=\lg\left[\frac{p(y=1|f_k(x))}{p(y=0|f_k(x))}\right]=\lg\left[\frac{p(f_k(x)|y=1)}{p(f_k(x)|y=0)}\right] \tag{8.79}$$

当新数据到来时，更新正态分布的参数 μ_1,σ_1^2，即

$$\mu_1=\alpha\mu_1+(1-\alpha)\frac{1}{n}\sum_{j|y_i=1} f_k(x_{ij}) \tag{8.80}$$

$$\sigma_1^{\ 2}=\alpha\sigma_1^3+(1-\alpha)\frac{1}{n}\sum_{j|y_i=1}(f_k(x_{ij})-\mu_1)^2 \tag{8.81}$$

式中，$0<\alpha<1$ 代表参数更新的速度。参数 μ_0、σ_0^2 按类似方法更新。

4. 构造强分类器

将求出的弱分类器级联就得到了强分类器，其作用是：将目标准确地从背景中分离出来。具体的构造方法如下：从 Q 个弱分类器 $\phi=\{h_1,h_2,\cdots,h_Q\}$ 中依次选出 s 个，使其满足

$$h_k = \arg\max_{h \in \phi} \mathrm{LF}(H_{k-1}(x) + h(x)) \tag{8.82}$$

且

$$\mathrm{LF} = \sum_i \left[y_i \lg p_i + (1 - y_i) \lg(1 - p_i) \right] \tag{8.83}$$

式中，LF 是包的对数似然函数； p_i 为第 i 个包为正包的概率； $H_{k-1}(x) = \sum_{m=1}^{k-1} h_m(x)$ 是从ϕ中依次选出的 k-1 个弱分类器级联而成的强分类器。值得注意的是：似然函数 LF 是针对包定义的，而不是示例，这是因为在训练过程中，示例的标记是未知的。

由上可知，在构造强分类器的过程中，需要用到包的概率 p_i 和弱分类器 h 。下面就介绍其求解方法。

假设包中的示例是独立同分布的，采用 Noisy-OR（NOR）模型，从示例的角度对包概率建模，可以得到第 i 个包为正包的概率：

$$p(y_i \mid X_i) = 1 - \prod_j (1 - p(y_i \mid x_{ij})) \tag{8.84}$$

式中， $p(y_i \mid x_{ij})$ 代表 x_{ij} 为正示例的概率。当包中的示例为正示例的概率较大时，那么这个包为正包的概率也较大。

由于示例概率 $p(y_i \mid x_{ij})$ 是未知的，因此还需要对其建模，采用如下方法：

$$p(y_i \mid x_{ij}) = p_{ij} = \sigma(H(x_{ij})) = \frac{1}{1 + \mathrm{e}^{-H(x_{ij})}} \tag{8.85}$$

式中， $\sigma(x) = \dfrac{1}{1 + \mathrm{e}^{-x}}$ 是 sigmoid 函数；$H(x)$ 是上面提到的强分类器，其构造方法如下。

算法 8.2　构造强分类器。

输入：数据集 $\{X_i, y_i\}_{i=1}^n$ ，其中 $X_i = \{x_{i1}, \cdots, x_{im}\}$ ， $y_i \in \{0,1\}$ 。

输出：分类器 $H(x) = \sum_{k=1}^{s} h_k(x)$ 。

（1）用数据 (x_{ij}, y_i) 更新 Q 个弱分类器 $\{h_j(x)\}_{j=1}^Q$ ；

（2）对所有的 i 和 j，初始化 $H_{i,j}(x) = 0$ ，并令 $k = 1$；

（3）依次遍历 Q 个弱分类器，将它和强分类器 $H_{i,j}(x)$ 组合得到 $H_{i,j} + h$ ，并利用式（8.85）计算示例 x_{ij} 为正示例的概率 p_{ij}^q ；

（4）利用式（8.84）计算包 X_i 为正包的概率 p_i^q ；

（5）利用式（8.83）计算每个包的对数似然函数 LF^q ；

（6）按式（8.82），从 Q 个 LF^q 中选出使得 LF^q 取得最大值的弱分类器，并记为 $h_k(x)$ ；

（7）把该弱分类器添加到强分类器中，即 $H_{i,j}(x)=H_{i,j}(x)+h_k(x)$；

（8）如果 $k=s$，停止计算；否则，令 $k=k+1$，跳转步骤（3）。

综上所述，基于多示例学习的方法为目标跟踪提供了一个全新的解决方案，只要包标记准确就能正确学习，从而得到一个可用于跟踪的分类器，它允许包中示例标记不准确，无需太多参数调整，即可实现对目标的跟踪。

基于 MIL 的跟踪算法在 OTB 数据集 Jogging 上的跟踪结果如图 8.16 所示，其中矩形框所标注的区域为 MIL 跟踪算法的跟踪结果。

图 8.16　MIL 跟踪结果

在遮挡发生之前，基于 MIL 的跟踪算法能比较准确地跟踪目标，但是当目标从部分遮挡到完全遮挡再到无遮挡的过程中，由于 MIL 跟踪算法没有对遮挡进行判断，那么在遮挡情况下用错误的跟踪结果更新外观模型，最终导致跟踪失败。

8.2.6　基于 DF 的跟踪算法

分布场（distribution field, DF）[20]的本质是一个概率分布矩阵，它反映了图像中每个像素特征值的分布情况。以灰度图像为例，每个像素的亮度值取值范围为 0～255，它实际上反映了像素点取某个亮度值的概率。

分布场可用矩阵 $d \in$ ～2 + N 来表示，其中，维数的前 2 维分别表示图像的宽度和高度，而后 N 维则表示特征空间的维数。例如，所选择的特征为像素灰度值，那么，一幅大小为 $M\times N$ 的图像将会产生大小为 $M\times N\times G$ 的三维分布场，其中 G 为灰度级数目。如果选择的是诸如梯度的高维特征，那么将会获得更高维的分布场。

求与灰度图像 I 对应的分布场 d 的方法如下：

$$d(x,y,k)=F(I)=\begin{cases}1, & I(x,y)=k\\0, & I(x,y)\neq k\end{cases} \tag{8.86}$$

式中，k 代表像素点的灰度值，介于 0～255；$F(\cdot)$ 是关于灰度的函数。

对固定的 k，当取遍图像中所有的像素点时，得到的三维矩阵称为分布场的第 k 层。不难发现，分布场具有如下特点：

$$\sum_{k=0}^{255} d(x,y,k)=1 \tag{8.87}$$

每个像素点位于各层的概率之和为 1，也就是说，对于图像中第 x 行第 y 列的像素点在分布场的某一层对应位置取值必为 1，而在其余层取值均为 0。分布场作为图像的另一种表示方式，它保留了与原始图像用二维数组表示完全相同的信息。

理论上，分布场可以划分为 256 层，但是实际应用中，为了提高算法的执行速度，通常分布场的层数取值较小。图 8.17 展示了当分布场为 8 层时图像的分布场表示形式。其中，图 8.17(a)为原始灰度图像，图 8.17 (b)为分 8 层的原始分布场图像。具体做法是：将 0～255 这 256 个灰度值均分为 8 个区间，即每个区间包含 32 个值。当某像素的灰度值位于 0～31 时，那么分布场第 1 层的对应位置被置为 1，其余 7 层的对应位置被置 0；当某像素的灰度值位于 32～63 时，那么分布场第 2 层的对应位置被置为 1，其余 7 层的对应位置被置 0；以此类推，最终得到包含 8 层的分布场表示。

(a) 原图　　(b) 原始分布场图像　　(c) 平滑后的分布场图像

图 8.17　图像的分布场表示

为了让分布场能适应各种复杂环境下的目标外观表示，Sevilla 等[20]提出对原始的分布场进行高斯平滑，这样做的好处是：引入了不确定性，使得采用分布场建立的外观模型能适应环境和外观的变化。高斯平滑分两步进行：先进行空间域平滑，再进行特征域平滑。

空间域平滑是在图像的 x、y 方向上进行的，具体方法描述如下：

$$d_s(k)=d(k)*h_{\sigma_s} \tag{8.88}$$

式中，$d(k)$ 代表第 k 层的分布场；$d_s(k)$ 代表经过空间域平滑处理的分布场；h_{σ_s} 表示标准差为 σ_s 的二维高斯核函数；*代表卷积操作。

空间域平滑实际上是针对分布场的每一层单独进行高斯平滑，这样将位置的不确定性引入目标外观建模中。在空间域平滑之前，目标分布场的第 k 层中像素对应位置取值为 1，那么意味着在原始图像相同位置，像素点的灰度值为 k。在空间域平滑之后，目标分布场的第 k 层中有非零值，则意味着目标出现在原始图像的该位置附近。

空间域平滑之后进行的是图像特征域的平滑，它能有效地应对图像中光照改变、目标被遮挡等情况。特征域平滑是对空间域平滑之后的分布场，利用一维高斯函数进行卷积，具体定义如下：

$$d_{ss}(x,y)=d_s(x,y)*h_{\sigma_f} \tag{8.89}$$

式中，h_{σ_f} 表示标准差为 σ_f 的一维高斯核函数。

用经过空间域和特征域平滑之后的分布场来描述目标的外观，图 8.17(c)为经过平滑的分布场图像。将一幅图像用分布场表示，并对它进行平滑处理，可以视为在外观建模的过程中引入了不确定性。分布场实际上是图像的另一种表示形式，它由一系列相邻的图像构成。这些图像中包含了原始图像中目标外观的微小变化以及目标位置的移动。该理论有个重要的假设是：目标在运动过程中，大部分区域是保持不变的，而只有少部分区域会发生改变。

采用平滑后的分布场为目标建立外观模型后，接下来就是要在视频的每一帧中找到与外观模型最为相似的图像区域作为跟踪结果，也就是说，要找到与模型分布场最为接近的分布场图像。因此，需要定义两个分布场之间的距离。采用 l_1 范数来定义两个分布场 d_1 和 d_2 之间的距离，公式如下：

$$\mathrm{Dist}(d_1,d_2)=\sum_{x,y,k}\left|d_1(x,y,k)-d_2(x,y,k)\right| \tag{8.90}$$

在跟踪的过程中，周围环境以及目标的外观等都在不断改变，为了适应这些变化，需要对外观模型进行及时更新。通常的做法是：将已建立的外观模型和当前的观察模型进行加权求和，具体方法如下：

$$d_t(x,y,k)=\lambda d_{t-1}(x,y,k)+(1-\lambda)d_t'(x,y,k) \tag{8.91}$$

式中，$d_t(x,y,k)$ 代表 t 时刻建立的外观模型；$d_t'(x,y,k)$ 代表 t 时刻观察得到的目标模型；λ 为更新因子，并且 $0<\lambda<1$。

归纳起来，基于分布场理论的目标跟踪算法具体步骤如下。

算法 8.3　基于分布场的跟踪算法。

输入：视频序列 V 及其总帧数 S，初始目标区域 I_0 及其中心位置坐标(x_0,y_0)，空间域平滑参数 σ_s，特征域平滑参数 σ_f，分布场的层数 b，更新因子 λ。

输出：第 t 帧中目标所在位置坐标 l_t，更新后的外观模型。

初始化外观模型：$d_m^i=F(I)*h_{s(i)}*h_f, i\in\{1,2,\cdots,|\sigma_s|\}$

for t=2:S do

for i=1: $|\sigma_s|$ do

$d_t^i = F(I_t) * h_{s(i)} * h_f$

$(x', y') = \underset{(x,y)}{\arg\min}\, \mathrm{Dist}[d_t^i(x,y), d_m^i(x,y)]$

$(x, y) = (x', y')$

end for

$d_m^i = \lambda d_{m-1}^i + (1-\lambda) d_t^i$

end for

基于分布场的目标跟踪算法原理简单，易于实现。其具体跟踪过程为：首先在第一帧中选定跟踪目标，计算其分布场图像并进行平滑，建立外观模型。然后根据目标在前一帧中的位置，在当前帧中确定候选区域，对其在空间域和特征域进行高斯平滑，并沿着梯度下降的方法搜索与外观模型最为相似的候选区域，直到达到局部极小值为止。由于该方法是一种求解局部最优解的方法，因此，当目标运动相对较快时，容易陷入局部最优解，从而导致跟踪失败。

8.2.7　基于 CF 的目标跟踪

近年来，基于相关滤波（correlation filter，CF）的目标跟踪方法取得了显著的进展，引起了国内外学者的广泛关注。对于视频中用户感兴趣的目标，相关滤波器会产生相应的响应峰值，而对于背景区域，则产生较低的响应值，因此，可以将其作为跟踪器使用。相关滤波的典型算法包括：MOSSE[21]、KCF[22]、SAMF[23]、DSST[24]等。下面对 MOSSE 和 KCF 算法原理进行介绍。

1. MOSSE

MOSSE（minimum output sum of squared error，最小均方误差和输出）算法的基本思想是：构造一个相关滤波器 h，使用该滤波器与图像中的候选区域 f 积运算，根据得到的响应输出 g 定目标在新的一帧图像中的具体位置：

$$g = f * h \tag{8.92}$$

式中，*表示卷积运算。

对输入图像块 f 进行二维快速傅里叶变换（fast Fourier transformation，FFT），有 $F = F(f)$，而滤波器 h 的 FFT 结果为：$H = F(h)$。

根据傅里叶变换的性质，可以将时域的卷积运算转化为频域的点乘运算，从而提高运算速度，得到如下公式：

$$G = F \cdot H^* \tag{8.93}$$

式中，H^* 为 H 的共轭复数；$\cdot$ 表示点乘运算。

最后，再将相关滤波的结果利用逆 FFT 变换转换到时域中，找到响应最大值，并将它所对应的图像块作为相关滤波的跟踪结果。

基于相关滤波的目标跟踪算法的核心是：通过滤波器与图像块做卷积运算来确定目标的位置，因此，关键问题就变成了如何求得这个滤波器。

假设有一组训练图像 f_i 及其对应的输出 g_i，其中，g_i 服从二维高斯分布。f_i 与 g_i 经过 FFT 处理后，分别记为 F_i 与 G_i。那么可以求出频域的滤波器：

$$H_i^* = \frac{G_i}{F_i} \tag{8.94}$$

其中，除法是元素间除法。

为了获得一个能够将所有训练样本映射到期望输出的滤波器，MOSSE 算法对所有训练样本的实际输出与期望输出之间的误差平方和进行了最小化，并将使得目标函数取得最小值的滤波器作为目标跟踪过程中的滤波器。目标函数表示如下：

$$\min_{H^*} \sum_i \left| F_i \cdot H^* - G_i \right|^2 \tag{8.95}$$

值得注意的是：上述目标函数是一个包含复变量的实值函数。上式中的运算都是元素间的运算，因此，可以对 H（由 w 和 v 索引）的每个元素单独求解，于是得到

$$\min_{H_{wv}^*} \sum_i \left| F_{iwv} \cdot H_{wv}^* - G_{iwv} \right|^2 \tag{8.96}$$

该目标函数是一个实值、非负的凸函数，因此只有一个最优解。把 H_{wv}^* 看作独立变量，通过对其求 H_{wv}^* 的一阶偏导数，并令其等于 0，即

$$\frac{\partial}{\partial H_{wv}^*} \sum_i \left| F_{iwv} \cdot H_{wv}^* - G_{iwv} \right|^2 = 0 \tag{8.97}$$

求得其最优解如下：

$$H^* = \frac{\sum_i G_i \cdot F_i^*}{\sum_i F_i \cdot F_i^*} \tag{8.98}$$

在跟踪的过程中，目标的尺度、姿态和所处的光照环境都会发生变化，为了对目标进行准确的跟踪，需要不断更新滤波器。MOSSE 算法采用加权平均策略进行实时更新，具体方法如下：

$$H_i^* = \frac{A_i}{B_i} \tag{8.99}$$

$$A_i = \eta G_i \cdot F_i^* + (1-\eta) A_{i-1} \tag{8.100}$$

$$B_i = \eta F_i \cdot F_i^* + (1-\eta) B_{i-1} \tag{8.101}$$

式中，η 为更新速率，$0 < \eta < 1$；i 表示视频帧号。

MOSSE 算法在 OTB 数据集 Jogging 上的跟踪结果如图 8.18 所示，其中矩形框所标注的区域为 MOSSE 算法的跟踪结果。

图 8.18　MOSSE 跟踪结果

在遮挡发生之前，MOSSE 算法能较准确地跟踪目标，当遮挡发生后，该算法仍能正确地跟踪目标，但是该算法不够鲁棒，在跟踪的过程中，会出现轻微的跟踪漂移。

2. KCF

KCF（kernelized correlation filter）表示核相关滤波算法[23]，在跟踪的过程中要训练一个分类器，将目标从当前帧的背景中分离出来，然后使用新的跟踪结果去更新分类器。在训练时，选取目标区域为正样本，背景区域为负样本。KCF 将回归的标签设为一个高斯函数，在上一帧的位置标签设为 1，从中心到四周依次递减。

1）岭回归

设训练样本集为 (x_i, y_i)，那么其线性回归函数为 $f(x_i) = w^{\mathrm{T}} x_i$，其中，$w$ 为列向量，表示权重系数。问题就转化为求出合适的 w，使得标签的预测值与真实值之间的误差平方和最小。为了防止过拟合，引入正则项参数 λ，目标函数表示如下：

$$\min_{w} \sum_{i} (f(x_i) - y_i)^2 + \lambda \|w\|^2 \tag{8.102}$$

写成矩阵形式为

$$\min_{w} \|Xw - y\|^2 + \lambda \|w\|^2 \tag{8.103}$$

式中，$X = [x_1, x_2, \cdots, x_n]^{\mathrm{T}}$，其每一行代表一个样本；$y$ 为列向量，其每个元素对应一个样本的标签。其最优解具有如下形式：

$$w = (X^{\mathrm{T}} X + \lambda I)^{-1} X^{\mathrm{T}} y \tag{8.104}$$

式中，I 为单位阵。

后续计算是在频域中进行的，涉及复矩阵，因此，将结果统一写成复数域中的形式：

$$w = (X^{\mathrm{H}} X + \lambda I)^{-1} X^{\mathrm{H}} y \tag{8.105}$$

式中，X^{H} 表示 X 的共轭转置矩阵。

2）循环移位

在求解 w 的过程中，需要求方阵的逆，这会增加计算的复杂度。为了简化计算，利用循环移位的方法来构造数据矩阵 X。

KCF 运用稠密采样的方法获取负样本。将 n 维的列向量 $x=\left[x_1,x_2,\cdots,x_n\right]^{\mathrm{T}}$ 作为正样本，用来表示目标的特征，而负样本则通过对正样本的循环移位得到。需要构造置换矩阵 P：

$$P=\begin{bmatrix} 0 & 0 & \cdots & 0 & 1 \\ 1 & 0 & \cdots & 0 & 0 \\ 0 & 1 & \cdots & 0 & 0 \\ \vdots & \vdots & & \vdots & \vdots \\ 0 & 0 & \cdots & 1 & 0 \end{bmatrix} \tag{8.106}$$

根据矩阵乘法，可求得向量 $Px=\left[x_n,x_1,x_2,\cdots x_{n-1}\right]^{\mathrm{T}}$，它代表的是将向量 x^{T} 循环右移一位的结果。由此，定义样本集合 $\left\{x_l = P^l x \middle| l=0,1,\cdots,n-1\right\}$，表示将基样本 x^{T} 向右移动 l 位。当 l 为 0 时，为基样本。于是，可得到循环移位矩阵 X 如下所示：

$$X=C(x)=\begin{bmatrix} x_1 & x_2 & x_3 & \cdots & x_n \\ x_n & x_1 & x_2 & \cdots & x_{n-1} \\ x_{n-1} & x_n & x_1 & \cdots & x_{n-2} \\ \vdots & \vdots & \vdots & & \vdots \\ x_2 & x_3 & x_4 & \cdots & x_1 \end{bmatrix}_{n\times n} \tag{8.107}$$

式中，第一行为基样本 $x^{\mathrm{T}}=[x_1,x_2,\cdots,x_n]$，第二行是基样本 x^{T} 向右循环移动一位的得到的结果，以此类推。

3）循环矩阵对角化

所有的循环矩阵都能够在傅里叶空间中对角化：

$$X = F\mathrm{diag}(\hat{x})F^{\mathrm{H}} \tag{8.108}$$

式中，$\hat{x}$ 表示基样本的傅里叶变换，即 $\hat{x}=\mathrm{DFT}(x)=\sqrt{n}Fx$，$F$ 是离散傅里叶矩阵，是与 x 无关的常数矩阵，如下式所示：

$$F=\frac{1}{\sqrt{n}}\begin{bmatrix}1 & 1 & \cdots & 1 & 1\\ 1 & w & \cdots & w^{n-2} & w^{n-1}\\ 1 & w^2 & \cdots & w^{2(n-2)} & w^{2(n-1)}\\ \vdots & \vdots & & \vdots & \vdots\\ 1 & w^{n-1} & \cdots & w^{(n-1)(n-2)} & w^{(n-1)^2}\end{bmatrix}_{n\times n} \tag{8.109}$$

4）对角化后的岭回归

将式（8.108）代入式（8.105），得到

$$\begin{aligned} w &= (F\mathrm{diag}(\hat{x}^*)F^{\mathrm{H}}F\mathrm{diag}(\hat{x})F^{\mathrm{H}}+F\lambda F^{\mathrm{H}})^{-1}F\mathrm{diag}(\hat{x}^*)F^{\mathrm{H}}y \\ &= \left[F\mathrm{diag}(\hat{x}^*\cdot\hat{x}+\lambda)F^{\mathrm{H}}\right]^{-1}F\mathrm{diag}(\hat{x}^*)F^{\mathrm{H}}y \\ &= F\mathrm{diag}\left(\frac{\hat{x}^*}{\hat{x}^*\cdot\hat{x}+\lambda}\right)F^{\mathrm{H}}y \end{aligned} \tag{8.110}$$

进一步，可得

$$\hat{w}=\frac{\hat{x}\cdot\hat{y}}{\hat{x}\cdot\hat{x}^*+\lambda} \tag{8.111}$$

这样就可以使用向量的点积运算代替矩阵运算，特别是矩阵的求逆运算，从而大大提高计算效率。

最后，将 $\hat{w}$ 进行逆 FFT 变换，即 $w=F^{-1}(\hat{w})$，最终求得权重向量 w。

5）核空间的岭回归

当数据在低维空间中不再线性可分时，需要找到一个非线性映射函数 $\varphi(x)$，使得映射后的样本在新空间中线性可分。那么在新空间中可使用岭回归来寻找一个分类器 $f(x)=w^{\mathrm{T}}\varphi(x)$，其中，$w$ 满足

$$w=\sum_i \alpha_i\varphi(\boldsymbol{x}_i) \tag{8.112}$$

优化变量 w 的问题就变成了在对偶空间中优化 α，其目标函数如下：

$$\alpha=\min_{\alpha}\|\varphi(X)\varphi(X)^{\mathrm{T}}\alpha-y\|^2+\lambda\|\varphi(X)^{\mathrm{T}}\alpha\|^2 \tag{8.113}$$

引入核矩阵，α 可表示为

$$\alpha=(K+\lambda I)^{-1}y \tag{8.114}$$

式中，K 为核矩阵，其元素 $K_{ij}=\kappa(x_i,x_j)=\varphi^{\mathrm{T}}(x_i)\varphi(x_j)$；$I$ 为单位矩阵；标签向量 y 的元素是 y_i。

当取高斯核、多项式核时，K 是循环矩阵，它可以利用离散傅里叶变换实现对角化，可进一步简化 α 的求法：

$$\hat{\alpha}=\frac{\hat{y}}{\hat{k}^{xx}+\lambda} \tag{8.115}$$

式中，操作符“∧”表示 FFT 操作，k^{xx} 表示核矩阵 $K=C(k^{xx})$ 的第一行。

6）快速检测

由训练样本训练得到相关滤波器，其中训练样本由目标区域及其循环移位得到的若干样本构成，而对应的样本标签是根据距离正样本越近、标签值越大的原则进行赋值，然后可以计算得到 α。

为了确定目标所在的位置，需要对搜索区域内的候选样本 z 进行逐一检验，并分别计算分类器的响应输出值。对于每个候选样本，分类器的响应输出表示如下：

$$f(z)=(K^{z})^{\mathrm{T}}\alpha \tag{8.116}$$

通过对核矩阵对角化，可得到

$$\hat{f}(z)=\hat{k}^{xz}\cdot\alpha \tag{8.117}$$

可见，$\hat{f}(z)$ 为核互相关系数 $\hat{k}^{zx}$ 与权重 α 的线性组合。接下来利用逆 FFT 将其还原到时域，那么每个候选样本 z 得到一个响应值 $f(z)$，取其中最大响应值对应的位置作为目标中心点位置，从而实现对目标的跟踪。

KCF 算法通过循环移位产生大量样本，来解决分类器训练过程中样本过少的问题，并且通过 FFT 将信息处理转换到频域中进行，避免了复杂的矩阵求逆操作。因而，该算法具有复杂度不高、跟踪效果好和实时性高等优点。

KCF 算法在 OTB 数据集 Jogging 上的跟踪结果如图 8.19 所示，其中矩形框所标注的区域为 KCF 算法的跟踪结果。

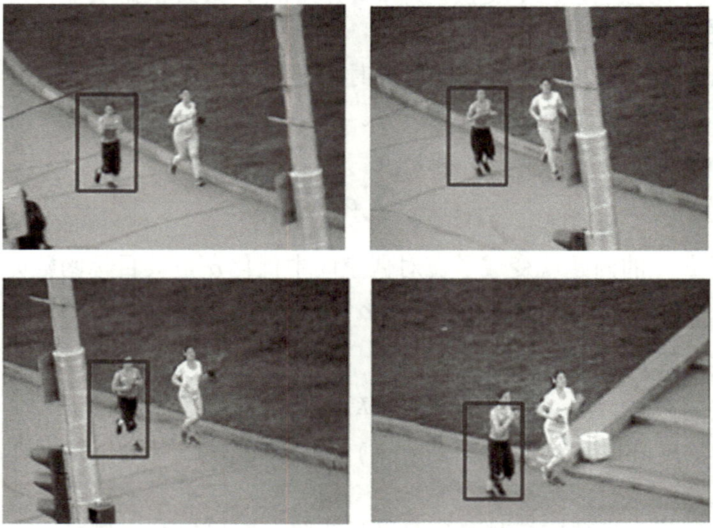

图 8.19　KCF 跟踪结果

在遮挡发生前后，KCF 算法都能较准确地跟踪目标，与 MOSSE 相比，其准确性和鲁棒性更好。

8.3　运动目标跟踪技术在监控视频中的应用

视频监控系统已被广泛部署于机场、港口、车站、学校、银行、超市等公共场所。为了降低成本，大多数采用的是普通的摄像头，只有极少数场所会根据业务需求采用高清摄像头。在普通的摄像头采集的视频图像中，除了包含普通视频中的照明改变、外观变化、形状改变、运动模糊、遮挡等情况外，还存在着图像分辨率较低、噪声强度较大和光照不均等情况，这都进一步加大了目标跟踪的难度。但是，这些因素却常常被忽略，未被考虑到跟踪算法中。为了解决这些问题，对基于位平面的跟踪方法展开叙述，并进行了相关对比实验。

8.3.1　图像位平面

当图像在计算机中存储时，一个像素通常用多个比特位来表示。例如，在一幅包含了 256 个等级的灰度图像 $I \in \mathbb{R}^{M\times N}$ 中，第 x 行第 y 列的像素的灰度值记为 $I(x,y)$，用 8 个比特位来表示，得到

$$I(x,y)=\sum_{k=1}^{8}2^{k-1}a_{x,y,k} \tag{8.118}$$

式中，$a_{x,y,k}$ 是第 k 个比特位的取值，且满足 $a_{x,y,k}\in\{0,1\}$； 2^{k-1} 可以视为第 k 个比特位所占的权重。

换言之，像素的灰度值 $I(x,y)$ 可由 8 个比特位构成的二进制序列表示，即 $a_{x,y,8}a_{x,y,7}a_{x,y,6}a_{x,y,5}a_{x,y,4}a_{x,y,3}a_{x,y,2}a_{x,y,1}$。取出所有像素的第 k 个比特位 $a_{x,y,k}(x=1,2,\cdots,M;y=1,2,\cdots,N)$，就构成了该图像的第 k 个位平面，记为 BP(k)。图 8.20(b)中列出了图 8.20(a)的 8 个位平面，按从左到右、从上到下的顺序依次是：第 8 个、第 7 个……直到第 1 个位平面。由图可以看出，较高位平面图像中包含了有效的视觉信息，而较低位平面图像中通常包含了图像的一些细节信息以及噪声。简而言

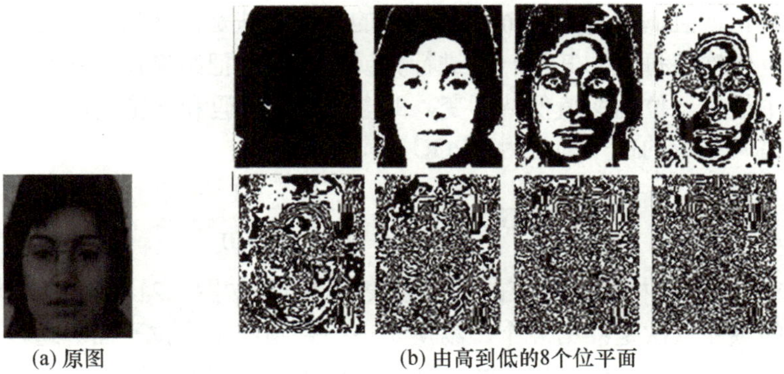

(a) 原图　　(b) 由高到低的8个位平面

图 8.20　图像的位平面

之，图像的位平面就是从每个像素的灰度值所对应的二进制序列中取出特定的比特位而构成的集合，它包含了和原图像相同的信息，其定义如下：

$$\mathrm{BP}(x,y,k)=\begin{cases}1, & a_{x,y,k}=1\\0, & a_{x,y,k}=0\end{cases} \tag{8.119}$$

式中，$\mathrm{BP}(x,y,k)$ 表示第 x 行第 y 列的像素的灰度值在第 k 个位平面上的取值，并且满足 $\mathrm{BP}(x,y,k)\in\{0,1\}$ 。

仔细观察会发现：像素灰度值用二进制序列表示有一个缺点，两个灰度值在数值大小上非常接近，然而它们的二进制表示却有可能大不相同。如表 8.2 所示，127 和 128 是相邻数，然而它们的二进制表示分别是 01111111 和 10000000，其中 8 个比特位取值各不相同。同样，127 和 129 的值相差不大，但是其对应的二进制表示中，却有 6 个比特位取值不同。如果直接根据像素灰度值对应的二进制序列建立位平面，那么灰度值的微小变化有可能同时引起多个位平面的显著变化，这对外观建模是十分不利的。由格雷码的定义可知：任意两个相邻数的编码只有一位二进制数不同，并且在其有效范围内的最大值与最小值之间也只有一位二进制数发生变化。因此，可采用格雷码来解决这一问题。

表 8.2　自然二进制码和格雷码

灰度值	自然二进制码	格雷码
127	01111111	01000000
128	10000000	11000000
129	10000001	11000001

利用下式将自然二进制码转化为格雷码：

$$b_{x,y,k}=\begin{cases}a_{x,y,k}\oplus a_{x,y,k+1}, & 1\leqslant k\leqslant 7\\a_{x,y,k}, & k=8\end{cases} \tag{8.120}$$

式中，$\oplus$ 代表异或操作；$b_{x,y,k}$ 代表图像第 x 行第 y 列像素灰度值的格雷码表示中第 k 个比特位，且满足 $b_{x,y,k}\in\{0,1\}$ 。转化的具体方法是：从自然二进制码的最右一位开始，依次将每位与其左一位进行异或操作，并把结果作为对应格雷码该位的值，其中最左一位的取值保持不变，即自然二进制码和格雷码的最高位相同。

用格雷码表示的位平面记为 BPGC，其定义如下：

$$\mathrm{BPGC}(x,y,k)=\begin{cases}1, & b_{x,y,k}=1\\0, & b_{x,y,k}=0\end{cases} \tag{8.121}$$

将图 8.20(a) 用格雷码对应的位平面表示，结果如图 8.21 所示。按从左到右、从上到下的顺序依次是：第 8 个、第 7 个……直到第 1 个位平面。通过观察可以发现：与较低位平面（编号较小的位平面）相比，较高位平面中包含了更多的视觉信息，而较低位平面中包含了更多的随机信息，这意味着图像的内容更多地反映在了较高位平面上。并且，用格雷码表示位平面的优势在于：任意两个相邻数的编码只有一位二进制数不同，灰度值的微小改变不会影响到所有的位平面。因此，采用格雷码表示的位平面建模要明显优于用自然二进制码表示的位平面。

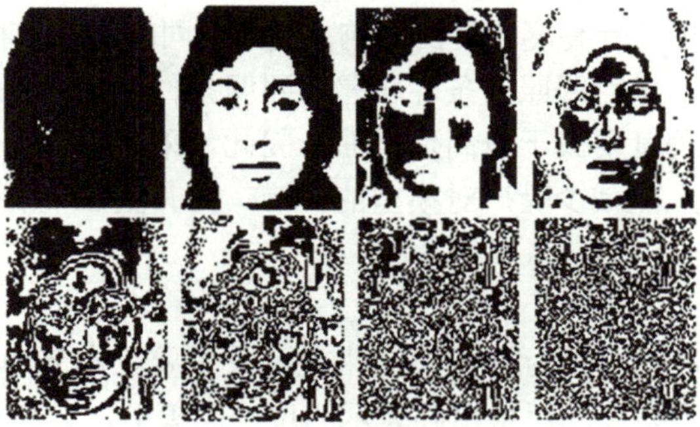

图 8.21 格雷码表示的位平面

式（8.118）可记为

$$I(x,y)=\sum_{k=1}^{8}c_k \tag{8.122}$$

式中，$c_k=\begin{cases}0, & a_{x,y,k}=0\\ 2^{k-1}, & a_{x,y,k}=1\end{cases}$。

以较低的 3 个位平面为例，$c_1\in\{0,1\},c_2\in\{0,2\}$，$c_3\in\{0,4\}$。显然，$c_i(i=1,2,3)$的取值很容易受噪声的影响而改变，换句话说，较低位平面对噪声更加敏感。相比较而言，$c_8\in\{0,128\}$，$c_7\in\{0,64\}$，只有严重的噪声才会引起较高位平面对应值的改变。通过进一步的实验发现：当图像被噪声污染时，较低位平面的信息改变要多于较高位平面。如图 8.22 所示，噪声更多地集中在了较低位平面上，而较高的位平面（也叫作重要位平面）中不仅包含了主要的图像内容，而且具有对噪声不敏感的特点。因此，考虑用格雷码表示的重要位平面对目标外观进行建模。

(a) 含噪声的图像

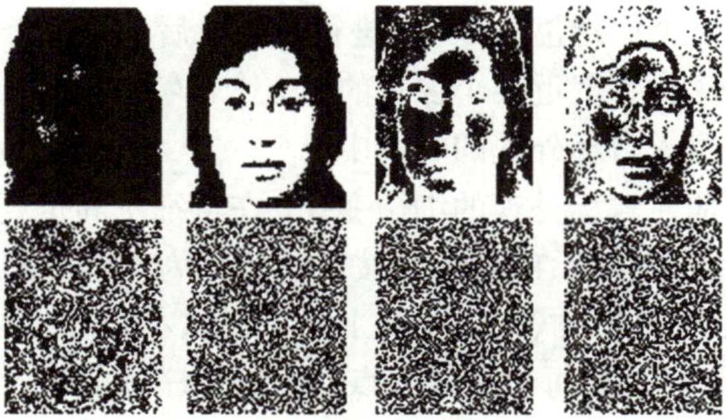

(b) 格雷码表示的噪声图像的位平面

图 8.22 含噪声图像的位平面

8.3.2　基于位平面的跟踪算法

在视频监控中经常会发生照明条件改变或是照明条件较差的情况，这时，仅仅依靠亮度信息是无法进行准确目标跟踪的。由于 LBP 算子能够较好地描述目标的纹理特征，而又不易受亮度改变的影响，因此，同时提取目标的亮度和 LBP 特征进行位平面建模，以克服照明条件较差和照明条件改变的问题。考虑到噪声对较低位平面的影响程度要大于较高位平面，因此，采用重要位平面对目标外观建模，这在一定程度上能减少噪声对模型的影响，尤其是在夜晚，可以取得较鲁棒的跟踪结果[25]。

1. 外观建模

鲁棒的外观模型对于目标跟踪算法来说至关重要。本节为目标外观建立了两个模型，一个是基于亮度的用格雷码表示的位平面模型，记为 M_1；另一个是基于 LBP 特征的用格雷码表示的位平面模型，记为 M_2。

下面将以亮度模型 M_1 为例，详细说明其创建过程，纹理模型 M_2 按类似方法建立。将高斯核卷积引入目标表示中，起到了平滑图像的作用，这一操作也可以被视为去噪的过程。不同于均值滤波，高斯滤波利用邻域内像素值的加权结果替代中心像素值，而邻域内各像素的权重值与中心点的距离成反比，即距离中心点越远的像素，其权重值越小，距离中心点越近的像素，其权重值越大。图像的边界属于局部特征，如果距离中心点较远的那些像素点在卷积的过程中仍然具有重要的作用，那么平滑后的图像将会失真。因此，对每一个亮度位平面的前两维信息，采用一个二维的高斯滤波器对其进行卷积，利用下式可以计算得到第 k 个经空间域平滑后的用格雷码表示的位平面 $\mathrm{BPGC}_s(k)$：

$$\mathrm{BPGC}_s(k) = \mathrm{BPGC}(k) * h_{\mu_s,\sigma_s} \tag{8.123}$$

式中，h_{μ_s,σ_s} 代表二维的高斯滤波器，其均值为 μ_s，标准差为 σ_s；*表示卷积操作；$\mathrm{BPGC}(k)$为用格雷码表示的第 k 个亮度位平面。

在进行卷积之前，若第 k 个位平面上某一像素点对应的值为 1，则说明该像素点的第 k 个比特位为 1。而进行卷积之后，第 k 个位平面上任意位置的非零值，则意味着该位置附近某个像素的第 k 个比特位为 1。这样，通过卷积运算，位置的不确定被引入目标外观的表示中。

为了应对目标外观的细微变化，在特征空间也要进行平滑处理。将式（8.123）中平滑后的位平面 $\mathrm{BPGC}_s(k)$按下式转化为一维的向量，记为BPGC'_s。具体做法是：以列优先的方式，按照从上到下、从左到右的顺序，依次遍历目标对应的图像块$T \in \mathbb{R}^{p\times q}$上的每一个像素点，并按顺序抽取每一个像素在 8 个位平面上的取值，然后拼接为一个列向量BPGC'_s。

$$\mathrm{BPGC}_s'\{[(y-1)\times m+(x-1)]\times 8+k\} = \mathrm{BPGC}_s(x,y,k) \tag{8.124}$$

式中，BPGC_s 是经空间域平滑后的以格雷码表示的位平面，其大小为 $p \times q \times 8$。

接着，采用一维的高斯滤波器对列向量 BPGC_s' 进行卷积操作，得到最终平滑后的位平面，记为 BPGC_{ss}'。

$$\mathrm{BPGC}_{ss}' = \mathrm{BPGC}_s' * h_{\mu_f,\sigma_f} \tag{8.125}$$

式中，h_{μ_f,σ_f} 代表一维的高斯滤波器，其均值为 μ_f，标准差为 σ_f。

式（8.125）中经平滑后的位平面 BPGC_{ss}' 是以列向量的形式表示的。接下来，将其转化为以 8 个位平面表示的形式，并记为 M_1，即得到了目标外观的亮度模型，如图 8.23 所示，从左到右、从上到下依次展示了从第 8 个位平面到第 1 个位平面所对应的图像内容。与图 8.21 中原始的以格雷码表示的位平面相比，平滑后的格雷码表示的位平面包含了更多的图像信息。以第 8 个位平面为例，图 8.23 中经平滑处理的位平面包含了更多人脸的信息，而在原始的以格雷码表示的位平面中，如图 8.21 所示，除了目标的轮廓，几乎难以获取面部的任何信息。通过卷积操作，图像在空间域和特征域中都得到了平滑，尽可能多地保留了原始图像中的信息，这也正是对位平面进行卷积操作，从而建立外观模型的原因。

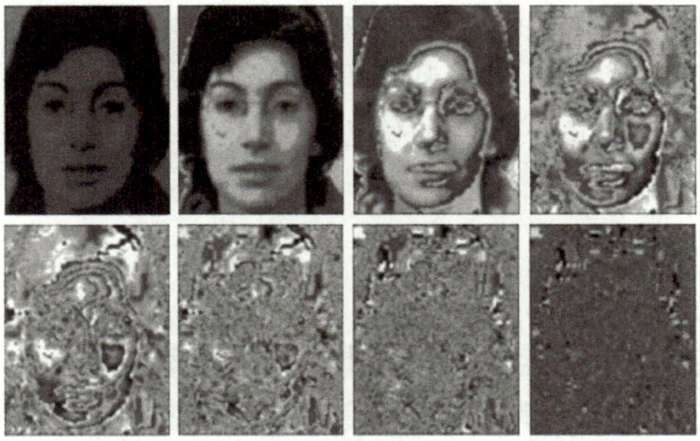

图 8.23　空间域和特征域平滑后的以格雷码表示的位平面

按照类似的方法，对 LBP 特征所对应的以格雷码表示的位平面，进行空间域和特征域的平滑，将最终得到的位平面作为纹理模型，并记为 M_2。把建立的亮度模型 M_1 和纹理模型 M_2 作为目标的外观模型，用于后续目标的跟踪过程中。

为了度量候选区域与目标外观模型的相似度，按如下方式进行计算：

$$\mathrm{Distance}(M_1, M_2, C_1, C_2) = w\mathrm{Dist}(M_1, C_1) + (1-w)\mathrm{Dist}(M_2, C_2) \tag{8.126}$$

式中，w 为权重，并满足 $0 \leqslant w \leqslant 1$；$C_1$ 和 C_2 分别代表与候选区域对应的平滑后的亮度位平面和纹理位平面，其建立方法与外观模型的建立方法类似，只需将处理对象由目标区域替换为候选区域即可；距离函数 $\mathrm{Dist}(\cdot)$ 定义如下：

$$\mathrm{Dist}(\mathrm{BP}_1, \mathrm{BP}_2) = \sum_x \sum_y \sum_k |\mathrm{BP}_1(x,y,k) - \mathrm{BP}_2(x,y,k)| \tag{8.127}$$

式中，BP_1 和 BP_2 代表两个图像块的位平面。

为了应对跟踪过程中的照明变化、外观改变、形变等，外观模型需要实时更新。以亮度模型为例，将已建立的亮度模型和新的观测值进行加权，从而得到更新后的亮度模型，如下式所示：

$$M_{1,t}(x,y,k)=\lambda M_{1,t-1}(x,y,k)+(1-\lambda)C_{1,t}(x,y,k) \tag{8.128}$$

式中，$0<\lambda<1$ 表示模型更新速率；$M_{1,t-1}$ 表示第 t-1 帧中建立的亮度模型；$C_{1,t}$ 表示第 t 帧中目标区域对应的经平滑处理的亮度位平面。

基于 LBP 特征的纹理模型也按类似方法更新：

$$M_{2,t}(x,y,k)=\lambda M_{2,t-1}(x,y,k)+(1-\lambda)C_{2,t}(x,y,k) \tag{8.129}$$

式中，$M_{2,t-1}$ 表示第 $t-1$ 帧中建立的纹理模型；$C_{2,t}$ 表示第 t 帧中目标区域对应的经平滑处理的纹理位平面。

2. 运动估计

为了在跟踪过程中缩小目标的搜索区域，减少程序的运行时间，引入了运动估计。记第 i 帧中目标中心点的位置坐标为 (x_i,y_i)，其中，x_i 和 y_i 分别对应中心点像素的 x 坐标和 y 坐标（以图像的左上角为坐标原点，水平方向为 x 方向，垂直方向为 y 方向，位置坐标均以像素为单位）。假设目标运动具有连续性，且前后两帧中目标位置变化不会太大，那么利用当前帧以及前一帧中目标中心点的位置，按下式可以估计出目标在下一帧中的位置 (x'_{i+1},y'_{i+1})：

$$\begin{cases} x'_{i+1}=x_i+\Delta x_i \\ y'_{i+1}=y_i+\Delta y_i \end{cases} \tag{8.130}$$

式中，$\Delta x_i=x_i-x_{i-1}$ 并且 $\Delta y_i=y_i-y_{i-1}$。

值得注意的是：目标在运动的过程中，其尺度有可能会发生改变。因此，在设计跟踪算法时，应该充分考虑目标尺度改变的问题。记在第 i 帧中目标中心点的位置坐标为 (x_i,y_i)，并且其对应的尺度为 s_i。为了应对目标尺度的改变，引入一个新的参数 δ，它代表进行尺度搜索时所采用的步长。假设跟踪算法已成功跟踪了 i 帧，并且得到了目标在第 i 帧中的位置以及对应的尺度大小，当新的一帧（即第 i+1 帧）到来时，可利用式（8.130）先预测目标可能出现的位置，并记为 (x'_{i+1},y'_{i+1})。然后在以该位置为中心、r 为搜索半径的区域范围内，按不同尺度 $s_i\times(1\pm\delta)$ 采集一系列的图像块，并将其作为候选目标区域。接着，从这些候选区域中选出与目标模型最为相似的图像块，作为当前帧中的目标，并记录其中心点位置坐标 (x_{i+1},y_{i+1})，以及对应的尺度 s_{i+1}。

3. 算法描述

基于位平面的跟踪算法利用的先验信息包括：目标在第一帧中的位置 l_1（由目标中心点的 x 坐标和 y 坐标以及尺度 s_1 组成）。该算法的基本流程如图 8.24 所示，其具体步骤详见算法 8.4。

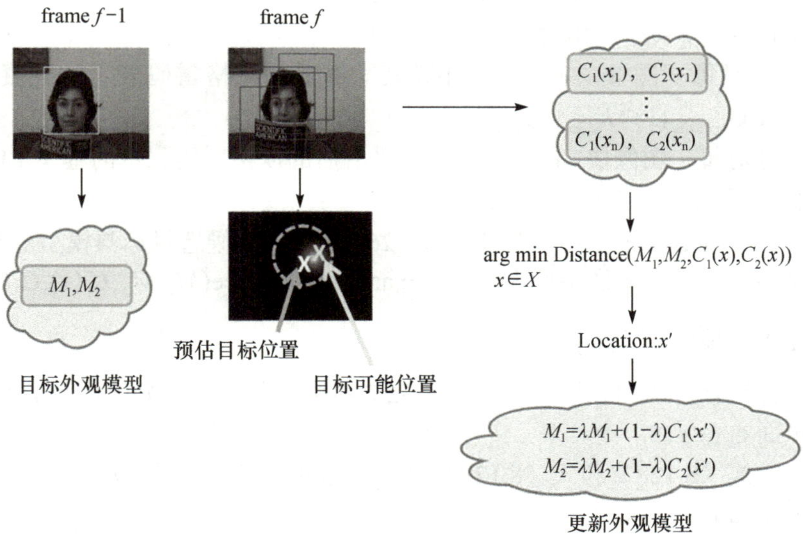

图 8.24　基于位平面的跟踪算法基本流程

由于已经获取目标的初始位置，可分别为其建立亮度模型 M_1 和基于 LBP 特征的纹理模型 M_2。令 $l(x)$ 代表图像块 x 在原图像中所处的位置。当下一帧 f 到来时，利用式（8.130）预先估计目标在第 f 帧中可能出现的位置，并记为 l'_f，然后在以该位置为中心、r 为半径的邻域范围内采集若干不同尺度的图像块 $X=\{x:\|l(x)-l'_f\|<r\}$ 作为候选目标，这些可选的尺度记为：$s_{f-1}\times(1\pm\delta)$，其中 s_{f-1} 代表目标在前一帧中的尺度大小，δ 为尺度步长，即在当前帧中选择候选目标时，以目标在前一帧（第 $f-1$ 帧）中的尺度大小为参考，考虑其尺度可能发生改变，因此增加或者减少相应尺度步长。这里有一个重要假设：目标中心点不会移动出以 l'_f 为中心点、r 为半径的圆形区域。为了适应跟踪过程中目标外观的变化，采用式（8.128）和式（8.129）逐帧更新已经建立的亮度模型 M_1 和纹理模型 M_2。

4. 基于位平面的跟踪算法

输入：测试视频序列 V，视频序列总帧数 S，目标在视频第一帧中的位置 $l_1=(x_1,y_1,s_1)$。

输出：目标在每一帧中的位置 l_f。

（1）初始化目标的亮度模型 $M_1=\text{BPGC}_{\text{Intensity}}(I_{l_1})*h_{\mu_s,\sigma_s}*h_{\mu_f,\sigma_f}$ 和纹理模型 $M_2=\text{BPGC}_{\text{LBP}}(I_{l_1})*h_{\mu_s,\sigma_s}*h_{\mu_f,\sigma_f}$；

（2）for f=2 to S do;

（3）根据目标在第 $f-1$ 帧中的位置，采用式（8.130）预先估计出目标在当前

帧中的位置 l'_f；

（4）以尺度 $s_{f-1}\times(1\pm\delta)$，在以 l'_f 为中心、r 为半径的范围内，采集图像块集合 $X=\{x:\|l(x)-l'_f\|<r\}$，作为候选目标范围；

（5）针对每一图像块 $x\in X$，计算其平滑后的以格雷码表示的亮度位平面 $C_1(x)=\mathrm{BPGC}_{\mathrm{Intensity}}(x)*h_{\mu_s,\sigma_s}*h_{\mu_f,\sigma_f}$；

（6）针对每一图像块 $x\in X$，计算其平滑后的以格雷码表示的基于 LBP 特征的纹理位平面 $C_2(x)=\mathrm{BPGC}_{\mathrm{LBP}}(x)*h_{\mu_s,\sigma_s}*h_{\mu_f,\sigma_f}$；

（7）在候选目标范围内，利用式（8.126）分别计算候选目标与模型的相似度，选择距离小者对应的图像块作为目标 $x'=\arg\min\limits_{x\in X}\mathrm{Distance}(M_1,M_2,C_1(x),C_2(x))$，并定位其在当前帧中的位置 $l_f(x')=(x_f,y_f,s_f)$；

（8）分别计算当前帧中目标区域对应的用格雷码表示的亮度位平面 $C_1(x')$ 和纹理位平面 $C_2(x')$；

（9）按式（8.128）和式（8.129）更新目标外观模型 M_1 和 M_2；

（10）end for。

为了评价基于位平面的目标跟踪算法的性能，将它与 DSST 和 SAMF 算法在 6 个真实的监控视频中进行了对比实验。这些测试视频的特点如表 8.3 所示，其中 BC 代表背景杂波，SV 代表尺度变化，LR 代表低分辨率，HN 代表噪声强度较大，BI 代表照明条件较差，OCC 代表遮挡。与公开的测试视频序列相比，实际的监控视频具有光照不均匀、分辨率较低、噪声强度较大等特点，而且叠加到视频上的文字对跟踪也形成了干扰。实验是在主频为 3.10GHz 的双核 CPU、2.85G 内存的 PC 上进行，采用 Matlab 编程实现。

表 8.3　监控视频属性

编号	监控视频名称	总帧数	图像大小	BC	SV	LR	HN	BI	OCC
1	加油站	101	352×288	√	√				
2	摩托车	64	352×288	√		√	√	√	
3	摩托车 2	156	352×288		√	√			√
4	出租车	126	720×576		√		√		
5	行人 4	294	352×288		√	√			
6	行人 5	262	720×576	√	√	√	√	√	

图 8.25 展示了 3 种跟踪算法在这 6 个监控视频上跟踪效果的截图。表 8.4 列出了跟踪结果的中心位置误差和成功率，其中，粗体表示最佳跟踪结果，与之对应的中心位置误差曲线如图 8.26 所示。

(a) 加油站

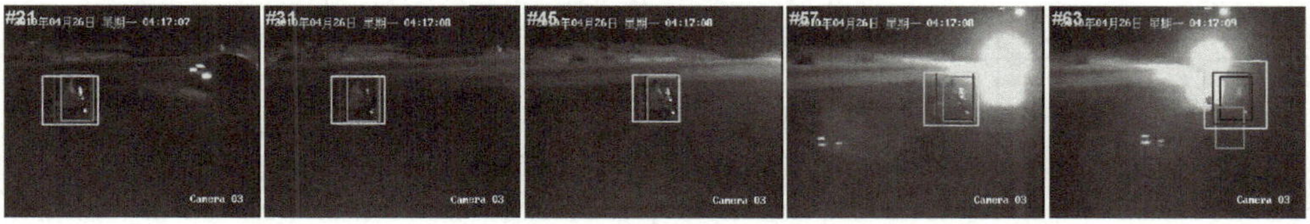

(b) 摩托车

(c) 摩托车2

(d) 出租车

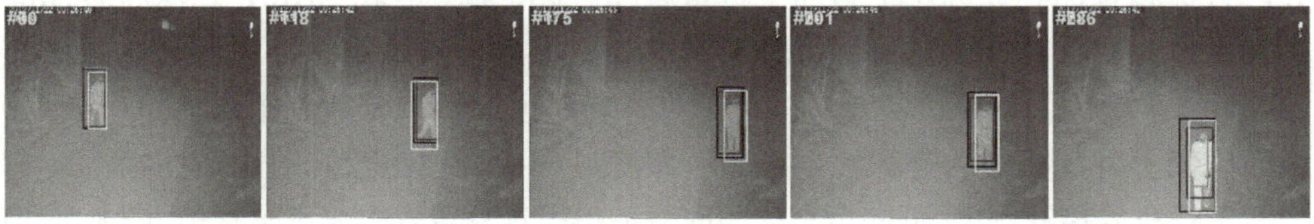

(e) 行人4

(f) 行人5

——— DSST ——— SAMF ——— 本书算法 ——— 真实位置

图 8.25　监控视频跟踪结果截图

表 8.4　监控视频的平均中心位置误差（单位：像素）和成功率（单位：%）

监控视频名称	DSST		SAMF		基于位平面的跟踪算法	
	CLE	SR	CLE	SR	CLE	SR
加油站	113.19	9.52	122.46	4.76	**10.74**	**52.38**
摩托车	8.29	**100**	11.30	96.88	**5.36**	**100**
摩托车 2	6.25	80.01	33.91	43.75	**3.67**	**81.25**
出租车	5.49	**100**	7.63	**100**	**4.71**	**100**
行人 4	7.34	**100**	8.95	**100**	**7.14**	**100**
行人 5	4.93	**100**	5.13	**100**	**4.02**	**100**
平均值	24.25	81.58	31.26	74.75	**5.94**	**88.94**

出租车、行人 4 和行人 5 监控视频中，目标分辨率较低，存在尺度变化和较大噪声，尤其是在行人 5 中，图像被噪声严重污染。3 种算法在这 3 个测试视频上都能较好地跟踪目标，其中，基于位平面的跟踪算法具有最小的平均位置误差，因为该算法中利用重要位平面对目标外观建模，在一定程度上滤除了噪声，提高了跟踪的准确性。

在监控视频中，通常会叠加相应的文字信息（如场所、通道编号、时间等），起到对视频图像的补充说明作用。一般情况下，会在非感兴趣区域内叠加相应的文字，目标跟踪不受影响。然而，当目标与叠加的文字信息重叠时，跟踪算法容易把叠加的文字也作为目标的一部分，从而导致跟踪失败。加油站监控视频中，如图 8.25(a) 所示，从第 20 帧开始，DSST 和 SAMF 都出现了漂移，然而基于位平面的跟踪算法可以较准确地跟踪目标。通过观察可知，在该视频序列的开始部分，目标和叠加到视频左下角的字符重叠在一起，DSST 和 SAMF 算法将叠加的文字也作为目标对待。当目标离开字符叠加区域后，跟踪算法出现漂移，跟踪失效。而基于位平面的跟踪算法，将字符对外观建模的影响分散到不同的位平面上，从而确保了外观模型的鲁棒性，在整个跟踪过程中表现出较好的稳定性。

摩托车监控视频中，低照度和光照改变使得很难从背景中分离出目标。图 8.25(b) 中第 57 和 63 帧中出现了明显的照明条件改变，SAMF 算法出现了漂移，而 DSST 和基于位平面的跟踪算法实验效果较好。从表 8.4 可知，基于位平面的跟踪算法具有更小的平均位置误差，这是因为它采用亮度和 LBP 特征建立外观模型，在低照度情况下，适当减小亮度特征的权重，增大 LBP 特征的权重，从而取得较好的跟踪结果。

摩托车 2 监控视频中，存在目标尺度变化、部分遮挡、低分辨率以及噪声干扰，SAMF 算法跟踪失败。如图 8.25(c) 和图 8.26(c)所示，基于位平面的跟踪算法在 3 种跟踪算法中具有最小的平均位置误差和最高的成功率。由于采用重要位平面建模，该算法对低分辨率和含噪声的视频比较鲁棒。

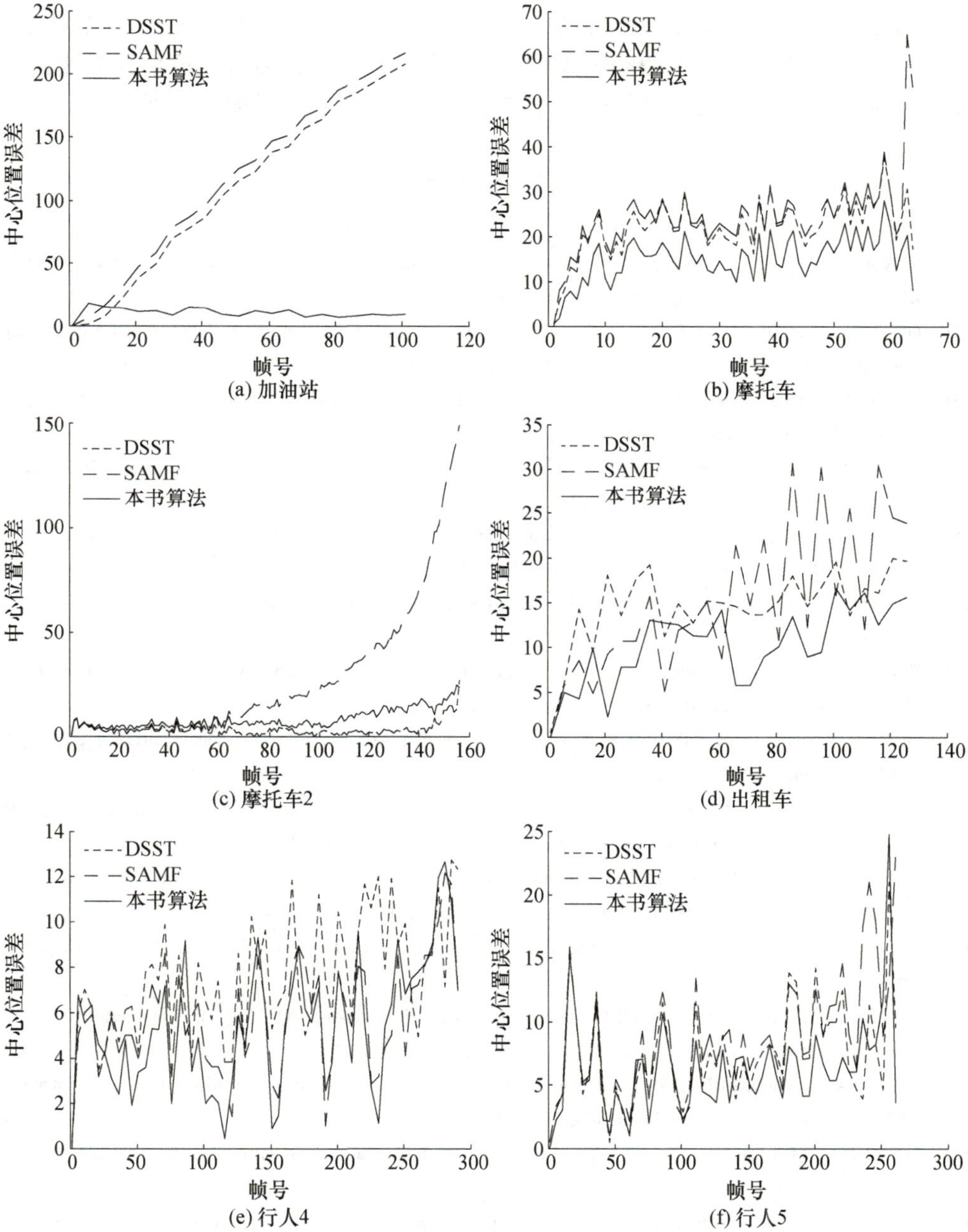

图 8.26　监控视频跟踪的中心位置误差曲线

如表 8.4 所示，基于位平面的跟踪算法与 DSST 和 SAMF 算法相比，具有更高的跟踪成功率和最小位置误差，并且对低分辨率、不均匀光照、含噪声以及叠加了字符的视频序列的跟踪表现出更好的鲁棒性。

实验结果表明：基于位平面的跟踪算法对低分辨率、不均匀光照、包含噪声和叠加了字符的视频序列跟踪结果较好。但是该算法中，目标尺度估计方法较为简单，不能应对目标大尺度的快速改变以及目标快速旋转导致的外观变化。

参考文献

[1] PARMAR K, VIRANI S. Survey paper on object detection in dynamic background for outdoor surveillance system[J]. Biometrics and Bioinformatics, 2018, 10 (6): 109-114.

[2] GOYETTE N, JODOIN P M, PORIKLI F, et al. Changedetection.net: a new change detection benchmark dataset[C]. Computer Vision and Pattern Recognition Workshops, 2012: 1-8.

[3] WANG Y, JODOIN P M, PORIKLI F, et al. CDnet 2014: an expanded change detection benchmark dataset[C]. Computer Vision and Pattern Recognition Workshops, 2014: 393-400.

[4] VACAVANT A, CHATEAU T, WILHELM A, et al. A benchmark dataset for outdoor foreground/background extraction[C]. International Conference on Computer Vision, 2012: 291-300.

[5] LIANG R, YAN L, GAO P, et al. Aviation video moving-target detection with inter-frame difference[C]. International Congress on Image and Signal Processing, 2010: 1494-1497.

[6] ELGAMMAL A, HARWOOD D, DAVIS L. Non-parametric model for background subtraction[C]. European Conference on Computer Vision, 2000:751-767.

[7] ZIVKOVIC Z. Improved adaptive Gaussian mixture model for background subtraction[C]. International Conference on Pattern Recognition, 2004: 28-31.

[8] OHTA N, KANATANI K, KIMURA K. Moving object detection from optical flow without empirical thresholds[J]. IEICE Transactions on Information and Systems, 1998, 81 (2): 243-245.

[9] SALTI S, CAVALLARO A, STEFANO L D. Adaptive appearance modeling for video tracking: Survey and evaluation[J]. IEEE Transactions on Image Processing, 2012, 21 (10): 4334-4348.

[10] FAN C S, LIANG J M, LIN Y T, et al. A survey of intelligent video surveillance systems: History, applications and future[J]. Frontiers in Artificial Intelligence and Applications, 2015, 274: 1479-1488.

[11] WU Y, LIM J, YANG M H. Online object tracking: a benchmark[C]. Computer Vision and Pattern Recognition Workshops, 2013: 2411-2418.

[12] KRISTAN M, ELDESOKEY A, XING Y, et al. The visual object tracking VOT 2017 challenge results[C]. IEEE International Conference on Computer Vision Workshop, 2017: 1949-1972.

[13] SULIMAN C, CRUCERU C, MOLDOVEANU F. Kalman filter based tracking in a video surveillance system[J]. Advances in Electrical & Computer Engineering, 2010, 10(2):30-34.

[14] CHENG Y. Mean shift, mode seeking, and clustering[J]. IEEE Transactions on Pattern Analysis and Machine Intelligence, 1995, 17(8): 790-799.

[15] COMANICIU D, MEER P. Mean shift: A robust approach toward feature space analysis[J]. IEEE Transactions on Pattern Analysis and Machine Intelligence, 2002, 24(5):603-619.

[16] EXNER D, BRUNS E, KURZ D, et al. Fast and robust CAMShift tracking[C]. Computer Vision and Pattern Recognition Workshops, 2010: 9-16.

[17] DIETTERICH T G, LATHROP R H, LOZANO-PEREZ T T. Solving the multiple-instance problem with axis-parallel rectangles[J]. Artificial Intelligence, 1997, 89 (1-2): 31-71.

[18] BABENKO B, YANG M H, BELONGIE S. Robust object tracking with online multiple instance learning[J]. IEEE Transactions on Pattern Analysis and Machine Intelligence, 2011, 33(8): 1619-1632.

[19] ZHANG K, SONG H. Real-time visual tracking via online weighted multiple instance learning[J]. Pattern Recognition, 2013, 46 (1): 397-411.

[20] SEVILLA-LARA L, LEARNED-MILLER E. Distribution fields for tracking[C]. Computer Vision and Pattern Recognition, 2012: 1910-1917.

[21] BOLME D S, BEVERIDGE J R, DRAPER B A, et al. Visual object tracking using adaptive correlation filters[C]. Computer Vision and Pattern Recognition, 2010: 2544-2550.

[22] HENRIQUES J F, RUI C, MARTINS P, et al. High-speed tracking with kernelized correlation filters[J]. IEEE Transactions on Pattern Analysis and Machine Intelligence, 2015, 37 (3): 583-596.

[23] LI Y, ZHU J. A scale adaptive kernel correlation filter tracker with feature integration[C]. Computer Vision - ECCV Workshops, 2014: 254-265.

[24] DANELLJAN M, HAGER G, KHAN F S, et al. Accurate scale estimation for robust visual tracking[C]. British Machine Vision Conference, 2014:1-5.

[25] LI N, ZHAO X, LIU Y, et al. Object tracking based on bit-planes[J]. Journal of Electronic Imaging, 2016, 25(1): 1-15.

第 9 章　视频检索技术

近年来，多媒体技术把文字、图形、图像、声音、视频等媒体信息与计算机技术集成于统一的数字环境中。越来越多的用户已经习惯通过互联网的方式来获取并分享这些媒体信息，互联网也逐渐成为媒体信息的主要载体，其中视频数据在这些信息中占有着很大的比重。然而，视频信息的数据量很大，难以大量存储起来。同时随着互联网的迅速发展，音频、图像和视频等多媒体信息也逐渐增多，人们急于解决对这些包含非结构化信息且大量的数据进行组织、管理、查询及检索等问题。与此同时，基于海量视频大数据的应用也急剧增加，如视频分类、视频索引、视频标注、视频检索、视频分析等。

9.1　视频检索概述

最初的视频检索方法主要是基于文本数据库的检索方法，但这种方法不能对视频数据库内的视频数据进行自动表示，这样会造成数据资源的大量浪费。基于内容的视频检索技术就是为了帮助用户从视频数据库中精确地找到所需要的视频，它能够依据视频数据中的运动物体以及视频的颜色、形状、纹理、运动矢量等特征进行检索。当前，基于内容的视频检索的工作主要集中在首先对视频数据进行镜头边界检测，将连续的视频帧分割成一个个镜头，然后对关键帧进行提取并提取静态特征及动态特征，通过这些特征形成用来表达镜头的特征空间，之后依据对视频段之间特征空间的比较，通过采用相似性匹配的方法逐步求精以获得最终的查询结果。为了实现基于内容的视频检索，需要把各式各样的技术和各种类型的知识点应用到视频检索中。视频检索覆盖的范围较为广泛，从计算机的理论基础与数学角度而言，涵盖了人工智能、最优化理论、统计方法学、计算视觉和模式识别、图像处理与分析、信号处理、数据库、计算机网络等学科，除此之外，还要从美学和人体工程学、心理学、认知科学、人工智能、人机交互、数据库管理系统和信息检索等领域引入新的媒体数据表示和数据模型，进而设计出可靠的、有效的检索算法和系统结构以及友好的人机界面[1]。

目前，基于内容的视频检索主要研究特征的提取及描述（包含颜色、纹理和形状等视觉特征及运动特征和对象特征等）、镜头边界检测、关键帧提取、高层语义的提取等方面。基于内容的视频检索的系统如图 9.1 所示。首先对视频进行分析，将视频帧序列分割成一个个镜头，然后在镜头中选取关键帧，这是实现一个高效的视频检索系统的基础和关键。接下来，提取镜头以及关键帧的特征，将其作为检索机制存入到视频数据库中，以提供视频的检索和浏览。其中，基于内容的视频检索的系统中镜头边界检测及关键帧提取是其实现的重要基础。基于内容的视频检索的研究目标是在无人参与的状态下能够提供自动地理解或识别图像视觉特征的方法，如数字图书馆的视频资料检索、因特网上的视频搜索（video on demand, VOD）中的特定影片查找、刑侦视频检索（surveillance video retrieval）等。但是对视频进行浏览或检索却是一件非常烦琐耗时的工作，因为原始的视频数据都是最大粒度为整个文件，最小粒度为单帧的媒体流，没有任何中间的层次结构[2]，要想对视频进行浏览或检索，只能用快进和快退的方式进行人工查找。因此需要一种新的视频浏览和检索方法，使用户能够“一目了然”地浏览大容量视频的内容，或者用户只要给出示例图像或特征描述，系统就能够自动地找到所需要的视频片段，这种浏览和检索方式被称为基于内容的浏览和检索。

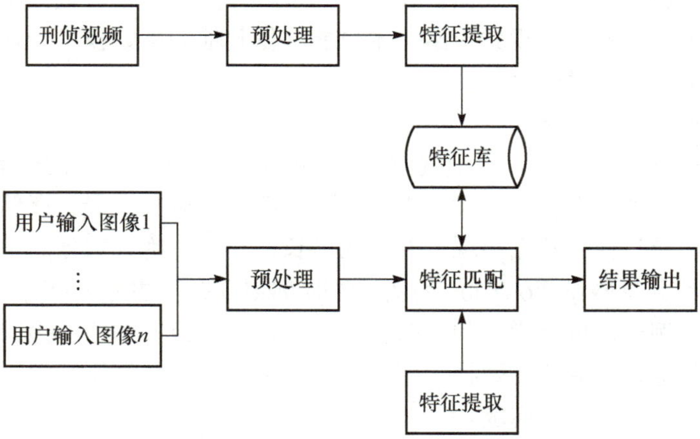

图 9.1　视频检索结构图

视频检索的一个重要前提工作就是对视频中的镜头进行分割，再从镜头中提取关键帧来表达镜头单元的内容。分割视频中的镜头主要是通过检测镜头之间的分界来确定镜头的转换。不同于使用切变、叠化、淡入淡出等传统的镜头编辑手法，监控视频镜头的转换一般是由于目标进入或者离开监控视野而产生的。监控摄像机连续拍摄录制一段视频，其中包含许多段镜头单元。

监控视频中的镜头单元一般表示一个或多个目标从进入视野到离开视野这一段过程中的活动行为。分割出镜头后，每个镜头可作为独立的单元供检索。监控视频中镜头的内容同样使用关键帧来表达，最后通过检索匹配关键帧就实现了对镜头的检索，从而完成了对视频的检索，如图 9.1 所示。

可视特征能够抽象代表视频中的内容，这一特点和人类观察所得出的结果具有相似性，通过可视特征所得的结果符合人类的主观感受，因此，一般情况下，基于内容的视频检索是将视频的视觉内容信息作为视频的主要研究内容，然后查询视频数据库并匹配视频，最后将结果回馈给用户的过程。

基于内容的视频检索具有如下的特点。

（1）突破了传统的基于文本检索所产生的局限性。基于文本的检索不能够客观形象地描述视频内容，导致检索的结果不够精准，同时也会使用户对视频的查询受到一定的限制。基于内容的视频检索可以直接对视频中的信息进行研究，然后从中提取特征。提取的图像特征有颜色、形状、纹理等。利用这些反映视频内容的特征建立索引，然后进行检索。

（2）基于内容的视频检索属于近似性匹配。在视频检索的过程中，它利用近似匹配的方法依次迭代找到最优来得到最终的查询结果。即检索查询的过程是一个迭代过程，它通过持续缩小查询结果的范围，以达到定位的目标。

（3）大型数据库的快速检索。在现有的多媒体数据库中，数据量是复杂的而且有很多种类，因而要求视频检索技术也能够像其他的检索技术一样，达到快速地对视频信息进行检索的目的。

视频数据的特点如下。

（1）数据存储量巨大。由于视频数据存储信息丰富，表达的信息更加生动，因此越来越多的领域在使用视频数据。另外，存储介质的发展、存储量的增大和价格的降低，导致视频数据出现爆发式的增长，其中占绝大部分的是数字视频。以著名的视频分享网站 YouTube 为例，时时刻刻都在产生着 terabyte（TB）级的数据。另一个例子是世界道路的闭路视频网络，千千万万的路口摄像头时时刻刻产生着大量的道路交通监控数据。即使目前使用了各种数据压缩编码压缩算法，仍然不能解决存储量大的问题。

（2）视频数据具有复杂的结构。相对于传统的文本数据和音频数据，视频数据融合图像、音频和文本信息于一体，体现出复杂的结构，相比普通媒体信息的组合，视频又具有时间的属性，所以视频数据是一种多维数据表示方式，不同的组合可以表示不同的意义。因此，面对高维度视频数据难以对视频数据的意义进行有效的分析，而对如此复杂的结构进行数据建模也变得非常困难。

（3）视频数据表达语义的模糊性和多样性。一个视频数据由多种媒体信息组成，如图像、音频、字幕等，每一种媒体信息都可以表示不同的信息，又由于视频数据是一种动态的数据表达方式，同一个视频片段可以表达的含义有很多，不同的人可以有不同的认识与理解，因此不能使用一成不变的文本关键字来代表该视频片段所表示的语义。这种语义表达上的多样性同样构成了基于内容的视频分析的难点，因为很难表示用户到底期望从海量的视频数据库中查询什么。

要实现对视频的浏览和检索，需要对视频数据进行结构化处理。视频数据可用场景、镜头和帧单元进行描述，这些视频结构元素的概念如下。

1）视频帧

帧（frame）是一幅静态的图像，是组成视频的最小逻辑单元。将时间上连续的帧序列按等时间间隔连续播放，便形成了动态视频。

2）视频镜头

镜头（shot）是由一系列帧组成的一段视频。摄像机的连续拍摄形成一个镜头，描绘一个事件、场面的一部分。

3）视频场景

场景（scene）可能包含多个镜头，针对的是同一环境下的同一批对象，但拍摄的角度和技法不同，它是一个有意义的故事单元，通过组织形成一个故事情节。极端的情况下，一个场景可以只包含一个镜头。

4）视频序列

视频序列（video sequence）是视频的最高层次。在这一层可以加入一些针对视频文件属性和内容的全局解释，如图 9.2 所示。

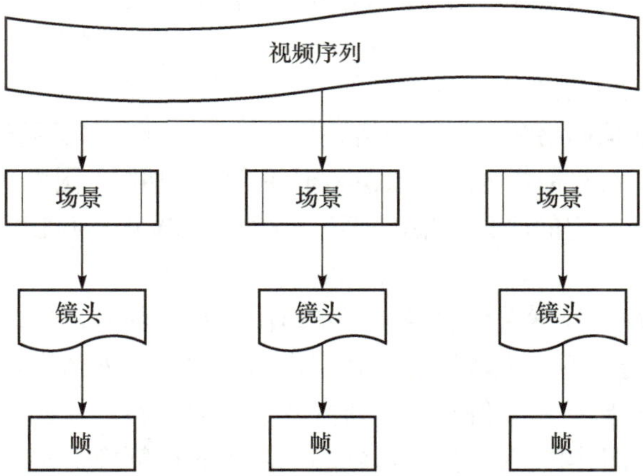

图 9.2　视频数据的结构化

自 20 世纪 90 年代以来，国外很多研究者投入了大量的人力物力在基于内容的视频检索领域开展了深入的研究工作，在学术研究上和商业应用上都取得了一些成果，一些系统原型已经开发出来，其中具有代表性的主要有以下几个系统。

1）Visual SEEK/Web SEEK

Visual SEEK/Web SEEK 是哥伦比亚大学研究人员开发的一款在线的图像、视频检索系统。该系统采用客户端/服务器的结构，检索的实现主要基于颜色特征、空间形态以及使用了小波变换的纹理特征，同时支持通过文本和目录进行检索。其高效性和准确性得到了实际验证，因此赢得市场的认可。

2）Video Q

Video Q 是由哥伦比亚大学的图像与高级电视实验室研制的一个原型系统，它是在基于关键词和目录的基础上提出的综合多种视频图像特征如颜色、纹理、形态特征及视频序列中蕴含的时空关系的查询手段。

3）Netra

Netra 系统是由美国加州大学研发，首先对图像的区域进行分割，获取感兴趣的目标区域，再从其中获得颜色、纹理、形状和空间信息等特征，对提取到的特征从数据库中查找相似的区域。该系统的纹理特征提取通过 Gabor 滤波器的纹理分析，图像分割基于边缘流的图像分割技术。

4）QBIC

QBIC 系统是一个已经投入商业使用的图像检索系统，它的最初版本由 IBM 公司 Almadea 研究中心于 1993 年开发成功。该系统通过图像的颜色、纹理、形状三种特征进行检索，系统主要由数据库生成模块、数据库查询模块构成。在其最新版本中可提供联合文本和基于内容相结合的查询方式。

5）VSAM

VSAM 系统是美国军方研究开发的一个视频监控系统，它将图像处理、计算机视觉、计算机通信网络和传感器网络等技术进行融合，实现了对城市、战场的自动监控，并实现了对目标行为进行预警和事件检索的功能。国内一些科研机构在视频检索领域也取得一定的研究成果，如清华大学的 TVJI、浙江大学的 Web scope_CBVR 等。

以上介绍的视频检索系统已经在一定范围内投入使用，但是这些系统使用大多限定在特定的场合下，不能满足各种用户的需求；另外由于知识产权的限制，没有更多开源的视频检索系统提供给研究者进行学习参考。在这样的背景下很多国内外学者和科研机构投入力量参与到基于内容的视频检索技术研究中来。

目前在视频检索领域的研究主要集中在镜头分割、关键帧提取和特征提取与特征匹配等几个方面。

镜头是摄像机不间断拍摄获得的帧序列，从视频中分割出的镜头能相对完整地表达一个内容。当前很多检索算法是将镜头作为最基本的检索单元，镜头边界根据切换的快慢可分为突变和渐变两种。在当前研究成果中，对突变检测的效果比较好，而对渐变的检测效果不理想，准确度很难满足需要。

关键帧是能够用来描述镜头主要内容的图像帧，提取关键帧的目标是根据镜头内容的复杂程度以及检索精度、检索速度的需要，将镜头用一个或几个关键帧图像来表达。提取关键帧主要通过视频的语义和图像的底层特征，而视频的语义如动作、事件等很难通过一般性的语义分析得到，因此在当前对关键帧提取算法的研究中主要是基于图像的底层特征。一般来说，在实际应用中，如果只用一个关键帧可能无法代表镜头的全部内容，通常需要几个关键帧来完整表达镜头的内容。

提取到关键帧后，再从关键帧中提取出颜色、纹理、形状特征以及空间关系等底层特征，存入特征数据库待在接下来的关键帧检索匹配中使用。

9.2　镜头边界检测

一般而言，一个镜头表达一个事件，镜头内的帧之间具有很高的相似度，表达相同的含义。因此，在不同结构层次（即帧、镜头、场景等）中，镜头级别的检测在基于内容的视频检索和分析系统中起着非常重要的作用，其检测结果的好坏直接影响到后续视频分析的最终结果。

9.2.1　镜头边界检测介绍

镜头边界检测（shot boundary detection，SBD）又称镜头分割（shot segmentation，SS），是视频结构层次化的基础，要求能够正确检测出各种复杂编辑的镜头边界，并能够有效地分辨镜头内的运动变化，排除它们对镜头边界识别的干扰。关键帧是镜头的代表，也是视频检索的重要依据，关键帧要能够反映镜头中的主要运动和变化。

根据转换处编辑特性的不同，镜头间的转换可分为突变（abrupt change，AC）和渐变（gradual change，GC）两类。

1. 突变

突变是指一个镜头与另一个镜头之间没有过渡，由一个镜头直接转换到另一个镜头，也叫直接切换或切变；渐变则是指一个镜头在转换处渐渐转变为后续视频镜头的编辑方式。在实际视频信号编辑中，镜头渐变一般是通过线性特性的光学组件或视频编辑设备来完成的。

2. 渐变

渐变包括淡入（fade in）、淡出（fade out）、溶化（dissolve）、扫换（wipe）[3]等。画面逐渐加强称为淡入；画面逐渐关闭消失称为淡出；一个画面消失的同时另一个画面逐渐出现称为溶化；图像从画面的某一部分开始逐渐地被另一画面取而代之称为扫换。扫换是由特技发生器产生出来的，方式有上百种。从视频编辑的角度看，渐变主要通过色彩编辑和空间编辑得到，色彩编辑即通过视频帧色彩的逐渐变化过渡到下个镜头的处理方式，如溶化、淡入、淡出等；空间编辑即通过对视频帧的空间位置的逐步调整过渡到下一个镜头的处理方式，如翻页、扫换等。

通常检测两个相继镜头的内容有较大的不同性，因此可以用定量的方法来确定帧序列之间的差别：如果这种差别超出了给定的阈值，就可以提取出镜头的边界，因此，关键是利用合适的内容转换检测方法发现帧序列的内容变换点。但是，镜头的检测并不是那么简单，首先由于镜头边界编辑方式的多样性，渐变镜头的检测就是一个难题；另外镜头内还可能包含其他类型的变化，从而影响镜头边界的判别，如摄像机或视频对象的运动、光照的变化以及其他的噪声等。

由于一个镜头只能拍摄相邻地点连续发生的事情，它的描述能力有限，所以大多数的视频是由许多镜头通过编辑连接而成。有的视频镜头切换频繁，镜头的持续时间短，如电视新闻节目、电影等，这些视频通过镜头的切换来反映不同地点或不同时间发生的事情；也有的视频切换比较少，每个镜头的持续时间较长，如体育节目的转播。

镜头的切换点即视频序列中两个不同镜头之间的分隔和衔接。镜头切换主要有突变和渐变两种，渐变参见表 9.1。这些镜头切换的技巧使得镜头之间的连接更加紧密。

表 9.1　常见的渐变类型

渐变名称	英文名	详细描述
淡入	fade in	下一镜头是从全黑屏中逐渐出现，亮度逐渐增加
淡出	fade out	前一镜头缓慢均匀地变为全黑屏，亮度逐渐降低
上拉	pull up	下一镜头首帧通过画面底部逐渐上升至顶部，最终填满屏幕
下拉	pull down	下一个镜头首帧通过画面顶部逐渐降至底部，最终填满屏幕
翻转	flip	上一镜头最后帧逐渐翻转，从另一面显露下一镜头的首帧
旋转	spin	下一镜头首帧从屏幕中旋转出来覆盖前一镜头的最后帧
弹进	pop on	下一镜头首帧弹出到屏幕中，并最终填满屏幕画面
弹出	pop off	上一镜头最后帧从当前屏幕弹出，并自动填充下一镜头首帧

9.2.2　镜头边界检测存在的问题

实现基于内容的视频检索必须先对视频进行镜头分割（即镜头边界检测）以及关键帧提取，然后才能利用视频段与视频段之间特征空间的对比来实现视频检索。因此，镜头边界检测和关键帧提取是基于内容的视频检索的重要基础与前提，检测的效果将直接影响到整个视频检索系统的完整性、准确性及高效性，同时也出现了如下棘手的问题。

1. 有效特征的缺乏

在对镜头边界进行检测的系统中，能够表达视频内容的特征非常多，如何利用这些特征或多种特征的组合反映视频帧间的差异性，是解决镜头边界检测的一个关键性的问题。基于边缘变化率和像素差的算法对具有噪声以及运动的图像都较为敏感，从而会产生误检；而基于颜色直方图的算法会失去位置的相关信息，产生漏检的现象。

2. 阈值的选取

在分类的过程中，阈值的选取尤为重要，阈值过大，会漏掉转换镜头，如帧间差异较小的镜头边界处；阈值过小，则会造成误检，如将镜头内物体对象或摄像机的运动误检测为转换镜头。现有的文献中阈值选取方法大多采用依靠经验人工的方式，这样不利于镜头边界检测的实现。采用时间因子和运动差异因子设定自适应阈值并用在 MPEG-2 压缩域中，取得了较好的结果。但是对于视频类型以及镜头变换种类的多样性，阈值的选取方法还是有着一定的局限性。

3. 闪光与切变的混淆

镜头边界检测所面对的一个重要的问题就是闪光对镜头边界检测所造成的影响。闪光现象在镜头内会引起显著的不连续的特征，其特征与切变的特征非常相似，若是不加以区分，极易造成镜头的误检结果。复杂的闪光现象持续的时间不确定，这使得镜头边界检测的难度加大。通过分析新闻视频帧的参数模型差异曲线特征排除了闪光镜头。还有一些学者试图利用光照不变特征的方法来解决闪光所引起的镜头边界检测问题，但是这些方法在去除由光照突然改变引起的一系列问题的同时失去了一些与光照改变有关的重要的视频特性。

4. 摄像机和物体运动的影响

运动速度较快的物体或摄像机和切变镜头类似，同样会造成一定的视频内容信息的变化。由于摄像机/物体运动与镜头渐变都会使视频帧间的差异性发生缓慢的变化，帧间差异的表现形式十分类似，因此，仅仅通过使用颜色特征区别较快的运动与渐变十分困难。一些学者通过对运动进行补偿或结合运动特征对其进行检测。文献[4]采用块匹配方法估计和补偿运动，从而减少了物体运动对象对镜头边界检测所产生的影响。当物体运动速度非常快时，其效果与突变镜头极其类似，由于此类现象比较少，因此在对镜头进行边界检测时，一般忽略掉这种情况。

5. 渐变检测

在镜头边界检测中，渐变检测一直是一个讨论热点。与突变检测相比，渐变检测更为困难，尤其是渐变中的溶解、扫换等。可以从两个连续镜头的时间和空间相互关系入手，进行深入分析。第一，渐变方式种类非常多，包括溶解、淡入、淡出、扫换等，每一种方式对应着不同的时域特性；第二，渐变持续的时间不确定，有可能是几帧，也有可能是上百帧甚至是更多；第三，渐变过程中的帧间连续性比镜头内部的帧间连续性小一些，但是仍然类似，没有突变的效果明显；第四，渐变的时域模式与摄像机或物体运动非常类似。

9.2.3　突变镜头检测

镜头边界检测的基础是两个相继镜头的内容有较大的不同性，因此可以用定量的方法来确定帧序列之间的差别：如果这种差别超出了给定的阈值，就可以提取出镜头的边界。因此，关键是利用合适的内容转换检测方法发现帧序列的内容变换点。但是，镜头的检测并不那么简单，首先镜头边界编辑方式的多样性，使得渐变镜头的检测就是一个难题；另外镜头内还可能包含其他类型的变化，从而影响镜头边界的判别，如摄像机或视频对象的运动、光照的变化，以及其他的噪声等。图 9.3 给出镜头分割的传统方法。

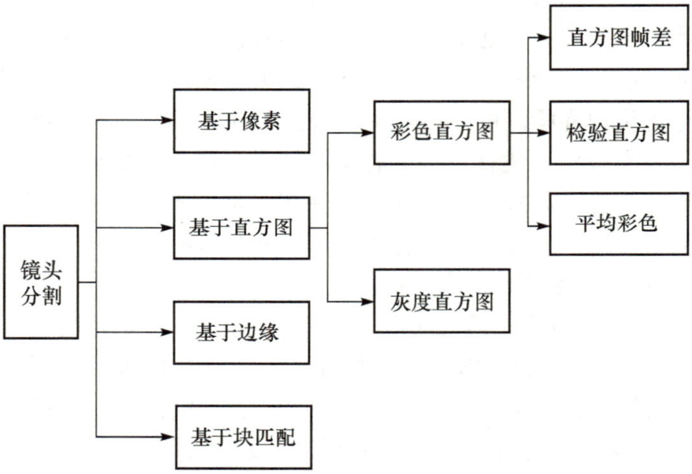

图 9.3　镜头分割的传统方法

1. 基于像素

像素法首先要计算相邻的两个图像帧之间相对应的像素点某些特征之差的绝对值，再对绝对值进行加权，计算结果作为帧间差：

$$D(f_a,f_b,i,j)=\sum_{i=1}^{M}\sum_{j=1}^{N}\sum_{r=1}^{k}\left|p(f_a,C_r,i,j)-p(f_b,C_r,i,j)\right| \tag{9.1}$$

式中，f_a，f_b 表示相邻两帧图像；D 表示帧间差；p 表示图像在像素点(i, j)处的颜色分量值；颜色分量的个数用 k 表示；M 和 N 表示图像的大小。当帧间差大于设定的阈值时，则认为存在镜头边界。

基于像素的镜头分割计算过程简单，但是存在很多缺点，其原理是计算相邻两帧之间每个对应的像素点上的亮度变化。这种方法使得帧之间语义距离的表达对于镜头中研究对象的运动和光线的变化过于敏感，用在监控视频的镜头分割上不太合适。

2. 基于直方图

直方图法通过图像间灰度或颜色散布情况的类似程度来判断镜头边界。可以利用计算直方图的加权距离的方式增加某一区域在直方图中所占的权重比例。基于直方图的方法一般分为基于灰度直方图与基于彩色直方图两种。基于灰度直方图的方法针对的是灰度图像，也就是对灰度图像进行直方图帧差的计算。这里主要介绍基于彩色直方图的方法，计算方法如下。

1）直方图帧差法

已知两个图像的直方图，那么直方图帧差计算公式可以表示如下：

$$D = \frac{1}{2T}\sum_i \left| h_1(i) - h_2(i) \right| \tag{9.2}$$

式中，T 为图像帧像素的总数；$h_1(i)-h_2(i)$表示的是相邻的两个视频帧在 i 这个直方图单位上面的距离。直方图采用的语义距离的计算方法主要有两种：欧几里得距离（Euclidean distance）与巴氏距离（Bhattacharyya distance）。

不仅可以利用上述的图像颜色值或亮度来统计直方图特征，还可以采用 RGB、YUV、HSV 等颜色空间模型来统计直方图特征。对于一般的切变镜头，若设置的阈值适当，直方图算法能够得到较为理想的结果。

2）检验直方图法

为了使直方图帧差更好地反映两帧间的差别，可把直方图帧差按下式归一化：

$$\mathrm{Fd} = \begin{cases} \dfrac{1}{N^2}\sum\limits_i \dfrac{(h_1(i) - h_2(i))^2}{h_2(i)}, h_2(i) \neq 0 \\ \dfrac{1}{N^2}\sum\limits_i \dfrac{(h_1(i) - h_2(i))^2}{h_1(i)}, h_2(i) = 0 \end{cases} \tag{9.3}$$

3）平均彩色法

把一幅直方图平均彩色差定义为

$$h_{\mathrm{avg}}\{i\} = \sum_i h(i)c(j,i), j = 0,1,2 \tag{9.4}$$

式中，j 代表彩色坐标轴（如 R，G 或 B）；$c(j,i)$是直方图第 i 帧第 j 维值（对于 RGB 彩色空间，$c(j,i)=1$），则帧差为

$$\mathrm{Fd} = (h_{1\mathrm{avg}} - h_{2\mathrm{avg}})^2 \tag{9.5}$$

上述直方图差值度量方法除平均彩色方法只适用于 1-D 直方图外，其他方法都适用于 1-D、2-D 或 3-D 直方图。一帧彩色图像的直方图可以表示成三个独立的 1-D 分布，或者亮度轴以外另两个坐标轴的 2-D 分布或者一个 3-D 分布。RGB 彩色空间没有 2-D 分布。在 2-D 分布中忽略了亮度分量是考虑到一帧图像中亮度分量可能与帧内内容的变化关系不大。

3. 基于边缘

在镜头发生转换时，图像中的边缘特征会随着内容的改变而改变，基于边缘的镜头边界检测方法是依据这种边缘的改变情况来判断镜头是否发生了转换。边缘特性用于镜头分割，首先计算出帧间的总体位移，以此进行配准，然后计算边缘的数量和位置。帧差由边缘变化的百分比表示，即边缘从一帧到另一帧移进和移出的比例。

由于该方法是先进行配准，然后才进行边缘比较，因此该方法对于运动是稳健的，但是帧差的计算比较复杂。设 P_k 为 k 帧中与 k+1 帧中最近边缘的距离大于给定阈值 T_1 的边缘像素数目的百分比，P_{k+1} 为 k+1 帧中与 k 帧中最近边缘的距离大于给定阈值的边缘像素数目的百分比，那么帧差为

$$\mathrm{Fd} = \mathrm{Max}(P_k, P_{k+1}) \tag{9.6}$$

4. 基于块匹配

块匹配方法先将图像分为一个个区域块，在块与块之间计算特征距离。若距离较大的块数超过一定的值时，则认为此处为镜头变换的位置。该方法不做运动补偿匹配，而是按下面公式计算两帧间相应块之间的差值：

$$\lambda = \frac{\left[\dfrac{\sigma_1^2 + \sigma_2^2}{2} + \left(\dfrac{\mu_1 - \mu_2}{2}\right)^2\right]^2}{\sigma_1^2 \sigma_2^2} \tag{9.7}$$

式中，μ，σ 分别代表块中灰度的均值和方差。所有相应块差值的总和并且归一化便可代表两帧间镜头的变化。这里的分块尺寸可选为 40×40。

为了减小摄像机运动所产生的镜头帧差值的变化以及局部运动物体的影响，有些学者对经过运动补偿的块进行分块处理，但这种方法的计算量较大。

9.2.4 渐变镜头检测

镜头渐变过渡是指视频序列中场景内容的平缓变化，而不是急剧变化，因此帧差的变化也是平缓的。镜头渐变是指视频特技中画面的隐现、淡入、淡出，在视觉特性上还是存在差别的，这也导致在镜头边界检测的过程中镜头的渐变检测要比镜头的突变检测困难很多。

目前，镜头渐变的检测主要方法有双阈值比较法、模糊聚类法、B 样条拟合法、光流法、模型法等。

1. 双阈值比较法

镜头渐变的双阈值比较法具体为：设置两个阈值 T_h 和 T_l，当帧差大于 T_h 时，存在镜头突变；当帧差小于 T_h 而大于 T_l 时，存在镜头渐变。当连续帧的帧差开始超过 T_l 时，这一帧称为镜头渐变的起始帧。然后同时计算两种帧差：一种帧差是上述统称的连续帧的帧差，即相邻两帧的帧差 $f(k,k+1)$；另一种帧差是相隔帧的帧

差 l，即相隔 l 帧的帧差。

当镜头渐变的起始帧检出后，便开始计算 l，即 k 逐渐增加时，也同时逐渐增加 l。显然，相隔帧的帧差随着相隔帧数 k 的增加而增加，因而相隔帧的帧差是一个累计帧差。当相隔帧的帧差 l 累计超过 T_h，而连续帧的帧差低于 T_l 时，这一帧便为镜头渐变的终止帧。注意，上述两种帧差是同时计算的，在相隔帧差开始累计后，同时观察接续帧的帧差 $f(k,k+1)$，如果 $f(k,k+1)$ 小于 T_l，则废除该起始帧，接着重新寻找起始帧。公式如下：

$$T_l < f(k) < T_h \sum f(k) > T_h, t \in [t_b, t_l] \tag{9.8}$$

近年来提出了许多自适应双阈值方法，阈值选取的普遍方法是根据视频底层特征的局部变化来计算出不同时刻 t 的阈值 $T(t)$：

$$f(k) > T(t) \tag{9.9}$$

2. 模糊聚类法

它不但可用于检测镜头突变，也可用于检测镜头的渐变。把一段视频进行模糊聚类后便得到各帧属于明显变化（significantly changed，SC）、可能镜头变化（suspicious shots changed, SSC）和非明显变化（non-significant changed，NSC）三类场景的隶属度。如果某帧属于 SC 的隶属度大于属于 NSC 的隶属度，则该帧属于明显变化类，并用二进制 1 表示；反之用 0 表示。这样便把这段视频表示成二进制序列，如 0011100111110001010000…。

视频序列中镜头突变和渐变具有一定的模式，因此，可对视频二进制序列进行模式判别，便可检测镜头突变和渐变。例如，可以把 010 模式表示镜头突变，而 011 或 110 模式表示镜头渐变。该方法对由灰度帧差特征和直方图帧差特征组成的线性特征空间进行模糊聚类，为了提高模糊聚类的精度，建议当隶属度在 0.4 至 0.6 区间时采用由灰度帧差特征和直方图帧差特征相乘组成的非线性特征空间进行模糊聚类，这可拉大两类的差别，从而提高模糊聚类的精度。

$$\mathrm{H\_SSC}(k) \geqslant \mathrm{param} \times [0.5 \times (\mathrm{H\_SC}(i) + \mathrm{H\_SC}(i+1))] \tag{9.10}$$

式中，H_SSC(k)是 SSC(k)的直方图差值，即帧差值；H_SC(i)和 H_SC(i+1)分别为 SC(i)和 SC(i+1)的帧差值。其主要优点是，不需要设定阈值和加入 SSC 类，从而对一些边缘性的情况可以做出更加合理的判断。

3. B 样条拟合法

人工编辑造成的隐现、淡入、淡出过程可用两幅画面的线性叠加模型来描述，然后根据统计特性进行镜头渐变检测。由于相机或目标的运动、编码压缩、滤波等各种处理，实际的镜头渐变过程不可能与理想模型完全一致，因此基于理想模型的方法不可避免地造成检测误差。

用样条拟合法进行镜头渐变检测，取得较好的效果。该方法首先设置一个滑动的时段窗口（如窗口长度为 30 帧），该窗口沿时间轴滑动，计算每个像素在窗口时段内沿时间轴的标准方差，然后对图像尺寸内所有像素计算总方差。窗口沿时间轴滑动，便可计算出总方差沿时间轴的曲线。

统计表明，存在镜头渐变和相机或目标运动的场景的总方差比静态场景或较少运动的场景的总方差大，因此用总方差曲线便可检测出存在镜头渐变和相机或目标运动的场景。为了把镜头渐变场景与相机或目标运动的场景分开，采用样条拟合法，即在窗口时段内对每个像素沿时间轴的灰度曲线用 B 样拟合，然后计算拟合误差。

在镜头渐变位置拟合误差小，因为在镜头渐变的区域灰度曲线呈现类似线性增加或减少的单调特征，这种单调特征曲线很好拟合，因而拟合误差小。相反在相机或目标运动的区域灰度曲线变化很大，甚至随机变化，这种灰度曲线很难拟合，造成拟合误差大。因此根据拟合误差便可把镜头渐变场景与相机或目标运动的场景分开。

4. 光流法

基于光流方法的渐变检测认为产生镜头运动的主要原因是镜头内物体的运动或者是镜头本身的拉伸、旋转、平移。这些运动应该符合某种特定的光流类型，而镜头转换则没有这样的变化规则。这种方法可以获得一定的检测效果，但是计算的时间复杂度高，计算量很大，而且对视频采集的条件要求很高，而当视频内容中光线条件变化较大时，基于光流方法的渐变检测通常难以发挥其作用。

5. 模型法

基于模型的镜头分割方法要事先将各种镜头转换的方法模型化，建立镜头转换模型库。通过匹配模型库查找对应的切换模型来确定视频序列中镜头切换的位置和类型。视频编辑模型主要有 3 种类型：编辑效果模型、编辑结果模型和装配模型[5]。

淡入、淡出和溶解是一种色彩方面的效果变化，可以建模为

$$S(x,y,t)=S_1(x,y,t)\left(1-\frac{t}{l_1}\right)+S_2(x,y,t)\left(1-\frac{t}{l_2}\right) \tag{9.11}$$

其优点是有非常明确的物理意义，可对一些较为复杂的编辑效果进行检测，但是基于模型的镜头分割算法需要先验的模型知识且对目标的运动敏感，此外一些视频如监控视频的镜头切换并没有任何模型，所以模型法适应性有限。

6. 评价指标

对于不同方法的比较，采用的评价指标是通用的查全率（recall）、查准率（precision）和综合性能指标（F）。查全率和查准率分别通过计算检测到的边界个数在所有边界数目中和在所有检测到的边界数目中所占的比例得到的，F 参数的

优点在于当查全率和查准率均取值较高时它的取值才较高。

查全率、查准率和综合性能指标三者的计算方法分别如下所示：

$$\mathrm{Re}=\frac{N_{\mathrm{correct}}}{N_{\mathrm{correct}}+N_{\mathrm{miss}}} \tag{9.12}$$

$$\mathrm{Pr}=\frac{N_{\mathrm{correct}}}{N_{\mathrm{correct}}+N_{\mathrm{false}}} \tag{9.13}$$

$$F=\frac{2\times\mathrm{Re}\times\mathrm{Pr}}{\mathrm{Re}+\mathrm{Pr}} \tag{9.14}$$

式中，N_{correct} 为正检；N_{miss} 为漏检；N_{false} 为误检。查准率和查全率越高，表明镜头边界检测方法的效果越好；一般来说，查全率和查准率是一对矛盾，当要求精度较高时，查全率较低，反之亦然。因此，一般认为这两者之间达到一个比较好的平衡点时，就获得了较好的镜头边界检测效果。

9.3　关键帧提取

9.3.1　关键帧提取技术

1. 视频的视觉特征

视频的特征提取在视频进行分析和处理中是最基本的一步。视频的特征是视频数据本身所具有的物理特性，可以从多个角度去反映视频内容。由于视频的特殊性，视频特征一般包括视觉特征和运动特征。

1）视觉特征

视频的视觉特征的提取一般是针对视频序列中的一帧图像，是一种静态特征，可以采用图像处理的方法，主要包括颜色特征、纹理特征、形状特征等。

视频由帧图像前后相连组成，处理图像可以选择包括颜色、纹理、形状等特征信息。其中作为图像的颜色特征应用最为广泛和有效，自然成为处理视频的一个显著特征，这是因为，一方面并非所有的帧图像都有显著的纹理、形状等可视特征，但它们几乎都具有颜色特征，且颜色往往和图像中所包含的物体或场景十分相关；另一方面在实际应用中，颜色特征对图像本身的尺寸、方向、视角及背景复杂度等的依赖性较小，因此较为可靠[6,7]。在视频检索中，可以利用颜色直方图描述帧图像中各颜色区间所包含的像素的数量，反映的是颜色的统计信息，是不同色彩在整幅图像中所占的比例。另一种非常简单而有效的颜色特征是由Stricker 和 Orengo 所提出的颜色矩[8]。这种方法的数学基础在于图像中任何颜色分布均可以用它的矩来表示，此外，由于颜色分布信息主要集中在低阶矩，因此仅采用颜色的阶矩（mean）、二阶矩（variance）和三阶矩（skewness）就足以表达图像的颜色分布。与颜色直方图相比，该方法的另一个好处在于无需对特征进行向量化。

纹理特征是不依赖于颜色或灰度的反映图像中同质现象的视觉特征。它是所有物体表面共有的内在特性。例如，云彩、树木、砖块、织物等都有各自的纹理特征。基于人类对纹理的视觉感知的心理学研究，谭颖等提出了纹理特征的表达[9]。Tamura 纹理特征的 6 个分量对应于心理学上纹理特征的 6 种属性，分别是粗糙度（coarseness）、对比度（contrast）、方向度（directionality）、线状度（line-likeness）、规则度（regularity）和凹凸度（toughness）。此外，还有其他一些纹理特征，如共生矩阵、小波变换（wavelet transform）、小波变换系数可以表达纹理的频率特性。

形状特征的表达必须以图像中物体或区域的划分为基础，把图像提取出来，再用各种方法进行匹配测量。由于人们对物体形状的变换、旋转和缩放主观上不太敏感，因此，合适的形状特征必须与变换、旋转和缩放无关。通常，形状特征有两种表示方法，一种是轮廓特征，一种是区域特征，前者只用到物体的边界，而后者则关系到整个形状区域。基于轮廓特征的傅里叶形状描述符（Fourier shape descriptors）的基本思想是用物体边界的傅里叶变换作为其形状描述。

2）运动特征

运动特征是视频区别于一般静态图像的特有特征。视频中的运动通常可以分为摄像机运动，如平移、伸缩等，产生的全局运动和视频中对象物体运动而产生的局部运动。运动特征不是直观的，它通常隐藏在其他的视觉特征中，如颜色、纹理、形状等特征的变化中，需要运用特定的方法将它们提取出来。主要的运动特征提取方法有基于光流方程的方法、基于块、像素递归的方法和贝叶斯方法等。

除了上述特征之外，在视频的镜头分割中还可以使用音频特征。对于一些特殊的视频节目，由于其自身具有结构特点，如新闻节目，一般每个报道单元以播音员帧开始，且常常有字幕出现，都可以作为镜头切换的线索来使用。

2. 关键帧提取技术

关键帧（又名代表帧）适用于描述一个镜头的关键图像帧，它通常会反映一个镜头的主要内容。如果想在短时间内呈现整个视频或从大量视频中检索到用户需要的视频文件，视频摘要成为最佳的选择。关键帧提取已经成为视频分析中非常重要的工作，它可以为用户提供一个适当的视频摘要，使用该视频摘要可以进行视频索引、浏览和检索。

由于每个镜头都是在同一场景下拍摄的，同一个镜头中的各帧图像有相当大的重复信息。视频数据流中 t 时刻的图像帧和 t+1 时刻的图像帧在视觉特征内容上差别不大，从由成千上万存在冗余的图像帧中提取出“关键图像帧”，而且使用这些关键图像帧表示视频会更加简洁。这是在视频内容分析中提取视频关键帧的原因之一。

对于只想了解大致视频内容的用户而言，他们并不愿意花很多时间将视频看完，提取关键帧可以极大地节约用户的欣赏时间。用户通过关键帧，能了解整个视频数据流所蕴含的内容。通过提取关键帧的底层信息来建立索引，方便用户对视频内容的查询。

另外，用关键帧作为视频流的索引，比用原始的视频数据要有效得多，同时也为检索和浏览视频提供了一个有效的组织框架。由于一般情况下，一个镜头内的视觉特征基本保持不变，因此用关键帧来表示一个镜头更有意义。

首先，由于视频数据量巨大，在存储容量有限的情况下，可以只存储视频镜头的关键帧，来达到数据压缩的效果。其次，用关键帧来代表镜头，作用类似于文本检索中的关键词，从而可以用图像检索的有关技术对视频镜头进行分析和处理。第三，在进行镜头的相似性度量和聚类形成场景时，就可以直接利用从关键帧中提取出的颜色、纹理、形状等低层特征作为镜头的特征。关键帧提取可以减少视频数据流在内容上的冗余度，其提取原则既要在数量上精简，又要能够较完整地反映视频内容。

关键帧提取的原理是用关键帧来代表视频节目的某个（或某些）特征。如果将所有的视频图像重叠起来（即在图像坐标系下考虑问题），即可将第一幅图像的每个特征与后续图像中的特征连接起来，这样既可得到一条视频流图像特征进行“跟踪”的过程，也是对轨迹上关键的特征值（及其对应的帧）进行记录的过程。

关键帧的提取是基于内容的视频检索的核心组成部分[10]。由于视频数据的特殊性和复杂性等，至今还没有统一的适合于各种类型视频的关键帧提取方法和统一的评价标准。通过对各种关键帧提取方法的研究和比较，下面给出提取关键帧需要注意的几个问题[11]。

1）提取关键帧的数目

一个镜头内的关键帧数目的确定可以有两种方式：一种是给定一定的数目（或一定比例），这个参数在关键帧提取之前给定；第二种是根据不同的视频内容动态地确定关键帧的数目。但是对于不同的视频，规定特定数目的关键帧是不太合理的，同时也是非常困难的。因此根据不同的视频提取出一定数目的关键帧是至关重要的。

2）提取的层次

视频结构化分析后，具有一定的层次结构，自顶向下为视频、场景、镜头和帧。

提取关键帧必须要根据一定的准则，就是根据哪种原理来提取关键帧。目前文献中，关键帧提取准则有如下几种：视频中物体的运动、摄像机的运动、信息论的相关知识、视频帧的低层特征等。对于不同的视频，根据哪种准则提取的关键帧更能代表视频的内容，也是值得考虑的。在实际应用中，针对不同的视频类型如监控视频、竞赛视频、新闻视频等，可以考虑选择合适的标准。在对镜头进行关键帧提取时，可以在原始视频流中进行，也可以对压缩后的视频即在压缩域中进行。在不同的域中进行提取各有优缺点：在原始视频流中进行提取时，可用的视频低层特征较为丰富，但由于大部分视频都是经过压缩的，所以要先进行解压缩，这需要花费时间，且解压后的视频数据量非常大，处理起来较为复杂。在压缩域中进行关键帧提取时，不用进行视频解压，节省了时间，但是可用的视频信息特征较少。所以，对于在原始视频流还是在压缩域中进行关键帧的提取，也是值得考虑的。

3. 关键帧提取结果的评价

到目前为止，并没有统一的标准和一致的框架来系统地评价关键帧提取算法的性能。通常关键帧的提取要具有代表性，抽取出的关键帧应该能够很好地表现原始视频压缩比。一般来说，实际中进行检索的运算量和对视频特征数据进行存储的存储量越小，实用性也就越强。但是绝不能单纯地追求较低的压缩比，要以所提取的关键帧能较好地代表视频镜头的主要内容为前提。

1）视频检索率

这主要是在基于关键帧的视频检索中，根据提取的关键帧形成的索引进行视频检索结果的好坏来间接地评价关键帧提取算法[12]。

2）效率

从算法复杂度的角度来说，效率就是关键帧提取算法的时间复杂性。关键帧提取算法的效率是指提取某一镜头的关键帧所花费的时间。尤其在实时性要求较高的场合中，效率显得尤为重要。

3）视频抽样差异

根据关键帧的定义，提取的关键帧应该能够最大程度地准确表达原始视频的主要内容。在离散的视频序列中，视频抽样差异（video sampling error，VSE）有以下公式：

$$\mathrm{VSE}(f,k)=\sum_{i=1}^{k}\sum_{j=1}^{f_{\mathrm{num}}}d^2(f(i),k(j)) \tag{9.15}$$

式中，k 为镜头中关键帧的数目；$k(j)$为提取的关键帧；$f(i)$为一个镜头的第 i 帧；$d(\cdot)$代表一种距离测量，可以选用欧几里得距离等。由公式的定义可知：$\mathrm{VSE}(f,k)$越小，说明提取的关键帧越能代表原始视频的内容信息[13]。

4）保真度

保真度也是用来比较抽取出的关键帧序列与原始视频段之间的内容差异的测量指标，定义如下。

假设$f(t)$为一个视频镜头，$t=1,2,3,\cdots,f_{\mathrm{num}}$，其中$f_{\mathrm{num}}$为镜头的总帧数。$\mathrm{key}(i)$为提取的此镜头的关键帧，$i=1,2,3,\cdots,k_{\mathrm{num}}$，$k_{\mathrm{num}}$为关键帧的数目。视频镜头 $f(\cdot)$中

的第 t 帧与关键帧 key(·)的距离用以下公式计算：

$$\text{dist}(t)=\min\{\text{Diff}(f(t),\text{key}(j))\mid j=1,2,3,\cdots,k_{\text{num}}\} \tag{9.16}$$

式中，Diff(·)为一个合适的帧间距离测度，如欧几里得距离。视频镜头 $f(\cdot)$ 与关键帧 key(·)的距离定义为

$$d(f,\text{key})=\max\{\text{dist}(t)\mid t=1,2,3,\cdots,f_{\text{num}}\} \tag{9.17}$$

保真度定义为

$$\text{Fid}(f,\text{key})=\text{MaxDiff}-d(f,\text{key}) \tag{9.18}$$

MaxDiff 是 Diff(·)函数所能产生的最大值。Fid 越大，说明抽取出的关键帧序列更能代表原始视频镜头的整体信息[14]。

5）有效性

所谓有效性就是所提取的关键帧能准确有效地代表镜头的主要内容。这主要靠人为主观的观察和评价。可以通过类似问卷调查的形式，用户观察提取的关键帧后给出主观的感受，并进行评价打分，然后对评价结果进行分析。这是目前比较通用的方法。

现有的关键帧提取方法在原始视频流和压缩域中都有研究，下面分别介绍一些传统的关键帧提取技术。

9.3.2　传统关键帧提取技术

传统的关键帧提取方法主要分为基于镜头的方法、基于内容分析的方法、基于运动分析的方法、基于聚类的方法、基于压缩域视频的方法。

1. *基于镜头的方法*

早期的提取关键帧的方法主要是采用颜色特征。最简单的一种方法是选择镜头片段的首帧、中间帧或末帧作为关键帧。显然这种提取关键帧的方法是不准确的。在基于镜头的方法中，比较经典的方法有帧平均法和直方图平均法[15]。帧平均法是从镜头中取所有帧在某个位置上像素值的平均值，然后将镜头中该点位置的像素值最接近平均值的一帧作为关键帧。直方图平均法则是将镜头中所有帧的统计直方图取平均，然后选择与该平均直方图最接近的帧作为关键帧。

这些方法的优点是计算比较简单，所选取的帧具有平均代表意义；缺点是只从一个镜头中选取一个关键帧，无法处理运动强度较高的镜头。一般来说，从镜头中选取一帧或固定数目的关键帧的方法并不是很好，因为当处理变化很少的镜头时，这样选取的关键帧过多，而对于运动较多的镜头，用一两个关键帧又无法充分描述某内容，所以有人提出了基于内容分析的方法。

2. *基于内容分析的方法*

在拍摄视频影像时，由于场景中目标的运动或摄像机本身的操作（如变焦、

摇镜头等）的影响，一个镜头仅用一幅关键帧不能很好地代表该镜头的内容，常需用几幅关键帧。原则上讲，关键帧应能提供一个镜头的全面概要，或者说应能提供一个内容尽量丰富的概要。从这个角度说，关键帧的提取可看作一个优化过程。根据信息论的观点，不同（或相关性较小）的帧图像比类似的帧图像携带更多的信息，所以当需要提取多幅关键帧时，用于关键帧提取的准则主要是考虑它们之间的不相似性。

从理论上说，由于镜头是由时间上连续、内容上相关性很高的帧图像组成的，因此选取其中最不相关的几帧作为镜头关键帧才能包含最多的信息。一种简单的方法是将镜头的第一帧定为关键帧，并将第一帧设为参考帧，然后计算各后续帧与参考帧的差异，当差异值大于预定的阈值时，则选该后续帧为关键帧，再将刚选出的关键帧设为参考帧，继续重复上述检测过程，直到当前镜头的结束帧。下面是基于此方法的一种比较简单有效的算法，可以根据镜头的不同特点，自动提取 1 到 3 帧图像作为关键帧。

令 f 表示一帧图像，$S=\{f_m,m=1,2,\cdots,N\}$ 表示具有 N 帧的一个镜头，取帧图像 f_1，f_{N1} 和 f_N 作为候选关键帧。先定义两幅图 f_i 和 f_j 间的差异距离为

$$D(f_i,f_j)=\sum_{x,y}\left|f_i(x,y)-f_j(x,y)\right| \tag{9.19}$$

提取关键帧时，先计算两两候选关键帧之间的距离，并将它们与一个预定的阈值 T 比较，按下列规则确定关键帧：

（1）如果都比 T 小，说明它们之间比较接近，此时取 $f_{N/}$为关键帧；

（2）如果都比 T 大，说明它们之间差距较大，此时将这三帧都取为关键帧；

（3）其他情况下，取距离最大的两帧图像作为关键帧，

另外，还有学者在此基础上提出关键帧提取距离累加算法，具体步骤如下：

（1）选择 f_1 为关键帧输出；

（2）i=1，m=2；

（3）计算 $\mathrm{sum}d=\sum_{i-1}^{m-1}d(f_1,f_2)$，若 $\mathrm{sum}d>\delta$，则选择 f_m，并令 i=m，m=m+1；

（4）若 $m>n$，则算法结束。

其中，$d(f_1, f_2)$是利用颜色布局特征和运动信息度量得到的两相邻视频帧之间的距离，δ个阈值用来控制关键帧的选择数目，δ值越大，提取的关键帧数量越少；反之，就越多。

基于内容分析的方法可以根据镜头内容的变化程度选择相应数目的关键帧，但是它的缺点是所选取的帧不一定具有代表意义，而且在有镜头运动时，容易选取过多的关键帧。

3. 基于运动分析的方法

上述两类方法都没有考虑运动特征。基于光流分析（optical flow analysis）的算法规则通过光流分析来计算镜头中的运动量，在运动量取局部最小值处选取关键帧，反映了视频数据中的静止，往往表示一种强调的实际情况。

首先计算光流，对每个像素光流分量的模求和，作为第 k 帧的运动量 $M(k)$，即

$$M(k)=\sum_i\sum_j\left|O_x(i,j,k)\right|+\left|O_y(i,j,k)\right| \tag{9.20}$$

式中，$O_x(i,j,k)$是 k 帧内像素(i,j)光流的 x 分量；$O_y(i,j,k)$是光流的 y 分量。

然后寻找 $M(k)$的局部最小值。从 $k=0$ 开始，扫描 $M(k)$：k 曲线，找到两个局部最大值 $M(k_1)$和 $M(k_2)$，$M(k_2)$的值与 $M(k_1)$的值至少相差 $p\%$（由经验设定），如果 $M(\varsigma)=\min[M(k)]$，$k_1<k<k_2$，则把 k_{ς} 选为关键帧。然后把 k_2 作为当前的 k_1，继续寻找下一个 k_2。这种基于运动的方法可以根据镜头的结构选择相应数目的关键帧。如果先把图像中的运动对象从背景中取出，再计算对象所在位置的光流，可以取得更好的效果。

4. 基于聚类的方法

视频聚类研究的是镜头间的关系，它是将内容上有关系的镜头结合起来，以描述视频节目中有意义的事件或活动，有的学者也称其为场景转换、情节分割、镜头聚集等。这样的镜头集合体也常用不同的词来代表，如场景（scene）、（视频）片段（clip）、情节（episode）、故事单元（story unit）等。根据聚类目的的不同，视频聚类一般分为两种类型。

一类是把同属一个场景的镜头进行聚类，以形成层次型的视频结构——场景和电影。这种聚类不但要考虑镜头内容上的相似性，还要考虑其时间上的连续性。例如，对于两个内容上很接近的镜头，即两个镜头的特征向量之间的距离很小，如果它们在时间上相距得很远，也不能把它们归于同一个场景。将镜头聚类为故事单元后，其数量明显减少。以一部典型的连续剧为例，半小时的节目中约有 300 个镜头，经过聚类后可形成约 20 个故事单元。

另一类是对视频进行分类。这种聚类只考虑特征相似性，而不考虑时间连续性。根据镜头的重复程度，视频一般可分为对话型、动作型和其他类型三类。对话型视频是指一段实际的对话或者像对话一样由两个或多个镜头重复交替出现的视频。动作型视频则反映故事的展开，镜头不是固定在一个地点或跟随一个事件，因而很少发生镜头的重复。另外根据镜头的持续时间可以对动作型视频进一步分类。例如，一个有很多短镜头的视频可以认为是“快动作”型的。

5. 基于压缩域视频的方法

在压缩域直接提取关键帧可以在一定程度上降低计算复杂度，以下简单介绍两种较经典的方法。

（1）从 MPEG 视频流中通过提取宏块类型信息获得特征向量，然后利用高斯滤波拟制噪声，再使用离散轮廓改良法（discrete contour evolution，DCE）简化特征曲线。DCE 特性在于降低曲线复杂度、消除圆顶点等。最后，关键帧的位置即为简化后曲线局部最小位置。

（2）就 MPEG 视频而言，每一视频序列均由一连串的图像组（group of picture，GOP）构成，其中，*P* 帧最能表明 GOP 的运动。针对每一个 *P* 帧，提取运动向量，并根据运动向量定义 9 个特征属性，可以分为三类，分别是运动活跃强度、宏块类型和运动空间分布。根据这些属性建立决策表，使用模糊粗糙集理论获取决策规则，从而决定出关键帧。该算法运行速度较快，提取出的关键帧不重叠。

6. 基于数学理论和智能算法的关键帧提取算法

除了以上常用方法以及多种改进和延伸的方法外，还有很多学者将一些数学理论、智能算法等应用到关键帧提取中，也取得了不错的效果：基于 QR 分解的关键帧提取，利用 QR 分解对视频进行分析，从而来衡量镜头的动态性；基于粗糙集的关键帧提取，通过对视频进行分析，形成一个视频的信息系统，然后利用粗糙集的不可分辨关系、属性约简等理论对视频信息进行数据挖掘；基于模糊推理算法的关键帧提取，提取不同的视频特征，然后根据模糊理论的相关知识，在分析视频的基础上，制订相关合理的推理规则，从而根据规则提取关键帧；基于神经网络的关键帧提取函数和目标函数，利用遗传算法找出最优的能代表视频的关键帧；基于支持向量机的关键帧提取等。这些方法将一些数学方法和理论及一些智能优化算法应用到关键帧提取中，取得了非常好的效果。

7. 特殊视频的关键帧提取

视频数据一个很大的特点就是种类繁多。某些特殊的视频，如监控视频、会议视频、讲座视频、体育竞赛、新闻视频、动画视频等，都有各自的特点，对于关键帧的选取也会有所不同。例如，交通监控视频，摄像机几乎是静止的，所以视频图像的背景比较稳定，关键帧提取时会比较注重视频中人物或车的行为；讲座视频可能会出现较多的多媒体幻灯片的镜头：足球体育竞赛视频中有很多镜头的运动（平移、缩放等），关键帧提取时会比较注重射门、进球等镜头；新闻视频播放模式比较固定，编辑手段也是有限制的，关键帧提取时比较注重新闻内容。针对这些特殊视频的特点，一般视频的关键帧提取方法可能具有局限性，研究基于特殊视频的关键帧提取也是很有必要的，现在已经有很多专家学者开始在这方面进行研究，如图像表情关键帧的提取、基于文字和图像信息的新闻视频的关键帧提取、监控视频的关键帧提取、足球竞赛视频中的关键帧提取、动画视频的关键帧提取、生活日志视频的关键帧提取、运动捕获数据的关键帧提取等。

8. 其他方法

对于上述总结的多种关键帧提取的方法，国内外的研究人员也提出了许多改进的或新的算法思想。在运动分析方面，摄像机运动所产生的图像变化也是提取关键帧的一个重要依据，摄像机运动造成的图像变化分为两类：一类是摄像机焦距变化的结果，可以选择首尾两帧为关键帧；一类是摄像机角度变化的结果，那么如果当前帧与上一关键帧重叠小于 30%，则将其选为关键帧。在视频聚类方面，基于直方图的模糊 C 均值聚类算法的优点是不需预先设定阈值，而带有聚类正确性分析的划分聚类算法，为镜头选择最优的聚类数，最靠近聚类中心的帧选为关键帧。在压缩视频方面，国内研究人员根据视频序列中相邻画面一般具有相似性和连续性的理论依据，提出通过分析 I 帧信息及其频域直流分量的信息来提取关键帧的方法。

9.3.3 基于深度学习的关键帧提取技术

如果要描述原始视频中的每帧图像的特征，需通过对帧间的特征差异值比较，提取出原始视频的关键帧。所以提取关键帧的第一步，是获取帧信息特征。

关于图像特征提取，从 2012 年的 AlexNet 到 2014 年的 VGGNet 和 GoogleNet，近几年的 ILSVRC（ImageNet 大规模视觉识别挑战赛）已经使得图片分类和特征提取达到了近乎完美的境界。故关键帧提取中的图片摘要工作基本无需耗费时间，利用已有的图片分类网络，提取出视频每一帧的图片特征信息即可解决。

但是人们在阅读一篇文章或观看一段视频的时候，往往不是根据单一的帧或单词进行理解，而是需要与前后所看过的内容相结合，完成对整体内容的理解。传统的神经网络不能做到这点，因此，往往需要一种特殊的神经网络——循环神经网络（recurrent neural networks，RNN）。RNN 是一种具有循环结构的网络，它可以持续保存前面的信息，其大致网络结构如图 9.4 所示。

这样的一个神经网络，可以在做视频文本摘要中保留一部分前文的信息，达到衔接上下文关系的目的，因此，它被广泛运用在文本类、摘要类的实验中。但传统的 RNN 网络依旧存在弊端，它无法连接到较远的前文信息。例如，当用户要预测“I grew up in France/I speak fluent French”中的最后一个词“French”时，需要与距离当前文较远的“France”取得联系，但是，当两个词间隔十分大的时候，

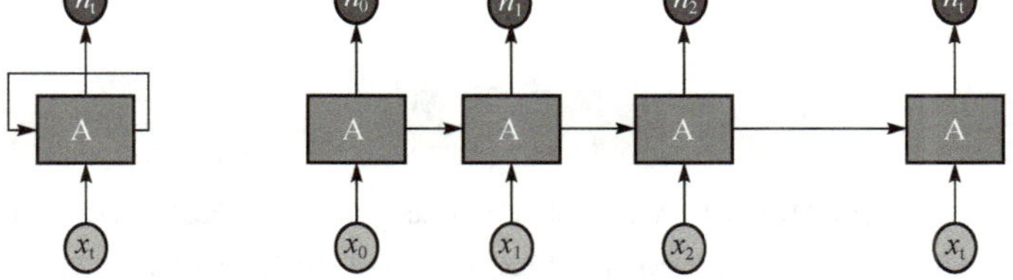

图 9.4　RNN 结构

RNN 就会丧失远距离的学习能力。这个问题被称为长期依赖问题。

为了解决这个问题，一种新的网络 LSTM（long short term）被提出，是一种特殊的循环神经网络，被认为可以解决 RNN 所不能解决的长期依赖问题。与 RNN 不同，它利用一个叫作“输入门限层”的 Sigmoid 层来决定需要丢弃或更新的值，保证在每一步状态中各个信息实时存在且为最新的状态。这样的网络被广泛用于需要上下文相关的实验模型中。

文献[16]利用了 LSTM 来完成视频摘要，其主要模型如图 9.5 所示。

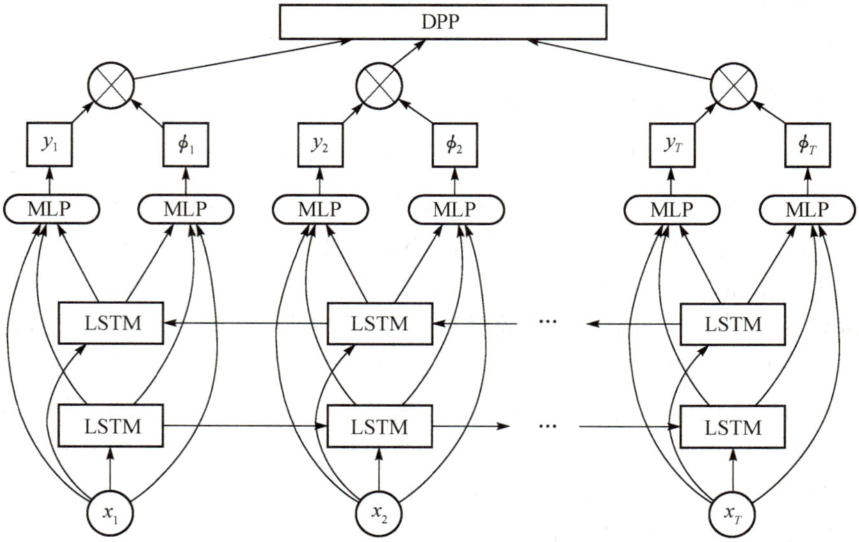

图 9.5　LSTM 视频摘要模型

首先，利用 GoogleNet 网络获取视频每帧的关键信息，即图 9.5 中的 $x_1 \cdots x_T$。将特征信息输入网络中，经过双层 LSTM 之后，获得 $y_1 \cdots y_T$ 即帧的分值和帧间的相似性 $\phi_1 \cdots \phi_T$。通过图 9.5 模型，利用获得的帧间相似性对整体视频进行时间分割，以避免关键帧重复。得到每一帧的关键性分值之后，根据分值大小以及所需要的关键帧数目获得关键帧。最后，根据客户需求或视频不同内容，可以将获得的关键帧处理为关键图集或对其进行聚类后重新组合，获得概括内容的短视频。

参 考 文 献

[1] FANAN N G, KHOBRAGADE A S. A fast robust technique for video shot boundary detection [C]. Online International Conference on Green Engineering and Technologies (IC-GET), Coimbatore, 2016:1-6.

[2] 朱耀麟，李倩. 视频检索常用的镜头分割方法的研究[J]. 电视技术, 2014, 38 (3): 178-181.

[3] SANTOS A C S, PEDRINI H. Adaptive video shot detection improved by fusion of dissimilarity measures[C]. 2016

IEEE International Conference on Systems, Man, and Cybernetics (SMC), 2016: 2948-2953.
[4] 韩全磊. 基于内容的视频镜头分割及检索技术研究[D]. 济南: 山东大学, 2009.
[5] 钱刚, 曾贵华. 典型视频镜头分割方法的比较[J]. 计算机工程与应用, 2004, 40 (32): 51-55.
[6] LI Z, LIU X, ZHANG S. Shot boundary detection based on multilevel difference of colour histograms [C]. 2016 First International Conference on Multimedia and Image Processing (ICMIP), 2016: 15-22.
[7] 王帅. 基于运动特征的视频检索技术[D]. 哈尔滨: 哈尔滨工业大学, 2007.
[8] 孙君顶. 图像低层特征提取与检索技术[M]. 北京: 电子工业出版社, 2009.
[9] 谭颖. 基于内容的视频检索关键技术的研究与实现[D]. 成都: 电子科技大学, 2008.
[10] 谭枫. 镜头边界检测及关键帧提取[D]. 哈尔滨:哈尔滨工程大学, 2006.
[11] 王毅, 李弼程, 彭天强. 视频摘要技术[J]. 信息工程大学学报, 2009, 10(4): 493-497.
[12] 贺鹏. 基于自适应阈值的压缩域上 MPEG 视频关键帧提取算法的研究[D]. 北京: 北京交通大学, 2010.
[13] LIU T, KENDER J R. Computational approaches to temporal sampling of video sequences [J]. ACM Transactions on Multimedia Computing, Communications, 2007, 3(2) :7.
[14] CIOCCA G, SCHETTINI R. An innovative algorithm for key frame extraction in video summarization[J]. Journal of Real-Time Image Processing, 2006, 1(1):69-88.
[15] 殷杰. 基于镜头鉴别力分析的视频检索方法研究[D]. 上海: 上海交通大学, 2012.
[16] 牛德姣, 詹永照, 叶敬福. 基于视频序列图像的表情关键帧提取[C]. 全国虚拟现实与可视化技术及应用学术会议, 北京, 2005.

第 10 章 现勘三维现场重建

在计算机视觉中，三维重建（three-dimension reconstruction，3D Reconstruction）是指将二维的单视图或者多视图的图像信息重构成三维信息的过程，用一组图像（多于两幅图像）来恢复空间点三维坐标。三维重建是计算机图形学、虚拟现实、数字媒体创作等领域共同的科学问题和核心技术。相比于传统的二维图像，三维图像具有更强的表现能力，并且日益发展的计算机科学技术提供了描述三维场景的中介，已有大量软件技术对创建的三维场景进行描述。

10.1 案件现场重建概述

案件现场（或称犯罪现场）的重建，是指运用科学方法、物证和演绎推理以及它们间的相互关系，获得围绕犯罪的一系列事件的清晰认识[1]。案件现场重建是发现犯罪行为并在法庭上认定犯罪事实，同时也是运用实物证据证明案件事实的一种有力方法。案件现场重建学已经成为一门系统、独立的法庭科学分支学科。

美国是世界上运用案件现场重建较早且较有成效的国家。20 世纪 90 年代初，侦查人员和法医法证人员在案件现场重建、犯罪剖绘、现场分析三者理论结合的基础上，逐渐形成了案件犯罪现场重建理论并对其加以应用[2]。例如，成立于 1991 年的美国犯罪现场重建协会（The Association for Crime Scene Reconstruction，ACSR），由来自美国各地和其他国家的执法调查人员、法医专家和教师组成，专门对犯罪现场重建进行研究，逐步实现对犯罪现场的全面认识[3]。

在我国，对犯罪现场重建理论的研究还比较欠缺，侦查基础理论缺乏、现存司法鉴定制度不成熟，加之国内与国外刑事体制上的差异以及未确立证据裁判主义等是造成这种现状的主要原因。目前，国内已经有部分科研机构结合虚拟现实等相关技术，投入犯罪现场重建的研究中。

对案件现场的记录方法通常包括到场的公安技术人员通过人工绘制案件现场情况的图纸、拍摄现场照片、法证、法医鉴定结论以及现场勘验人员的口头描述等综合的方法来反映现场信息。用这些传统的方法所得到的信息来反映案件现场的信息存在一定的主观性和局限性。随着高科技的不断发展，案件现场的勘查手段、现场物证发现、提取、法证、法医鉴定技术的不断提高，如何将这些不断发展的侦查技术高效地应用到当代犯罪现场中，并将现场的信息快速、广泛地传送到相关人员的手中，成为当前案件现场侦查工作中亟待解决的问题。目前，大多数案件现场的勘察工作主要还是以人工手段为主，拍照、摄像、取证和记录侦查文字信息是最主要的工作方法。由于相关公安人员分工明确，并分散管理现场提取到的各种物证，影响了刑侦现场整体信息的获取效果，并且使得各个物证之间原本存在的内在联系变得难以充分挖掘，同时在现场侦查结果共享方面还存在短板。在破案过程中，多个部门之间时常需要通过照片和平面图相互交流信息。虽然平面图使得展现刑侦现场的整体结构成为可能，但是人们还是更加偏好于观察三维空间的事物，并且平面图还容易丢失一些重要证据或者线索。总地来说，无论是现场照片还是平面图都远远不够直观、不够形象。虽然录像可以为刑侦人员提供多角度的观察图像，但对于拍摄内容，包括拍摄角度、距离和时间等要素完全由实际现场拍摄人员掌握，对于拍摄者没有拍到的部分以及未能达到实际需求的拍摄内容，刑侦人员只能通过想象和假设进行判断，为还原案件现场工作带来一定困难。

针对上述限制，如果采用三维信息来描述案件现场，无论相关办案人员是否亲临现场，都可以通过合适的技术方法不受时间空间限制地观察案件现场，使办案人员有最直观、最形象的侦查体验。将三维信息与传统方法获取到的刑侦现场信息相结合，将进一步提高身临其境的观感，为案件侦破过程，尤其是现场关键元素联系的建立提供极大的便利。基于此，案件现场及物证信息的深度获取、优化管理和数据挖掘，尤其是针对侦查现场的三维信息获取及其合适表现就变得格外重要了。

在计算机内生成物体三维表示有两种主要的方法：第一种方法是几何建模技术，应用建模软件生成物体的三维几何模型。该模型具有人机交互功能，即通过计算机外设对模型进行相应的操作。几何模型建模的实现技术已经非常成熟，有很多的软件支持建模，如 AutoCAD、3DMAX、Maya、UG 等，这些软件一般使用数学表达式的曲线曲面来表示几何形状。第二种方法是几何形状建模技术（又称为图像建模技术），应用某些成像设备获得物体的几何形状（图片），一般称之为三维重建过程。该过程是指利用二维投影来恢复物体三维信息（形状等）的数学过程及计算机技术，包括原始图像采集及数据获取、图片预处理、点云拼接和特征分析等步骤。

三维重建的基本方法包括：欧几里得几何意义下三维重建、欧几里得几何意义下基于表面提取的三维重建、射影几何意义下的三维重建、射影几何意义下直线对应的三维重建等。三维重建的关键步骤是图像上对应点的确定、摄像机的标定、两幅图像间摄像机运动参数的确定。

在三维重建领域研究最多的国家是日本，美国和英国紧随其后[4]。发达国家在该领域技术研究起步比较早，研究也比较深入和成熟。20 世纪 90 年代初，“摄像机自标定”概念的提出[5]，使在摄像机位置不确定且场景地点未知的任意运动的情况下的三维标度成为可能，如图 10.1 所示。

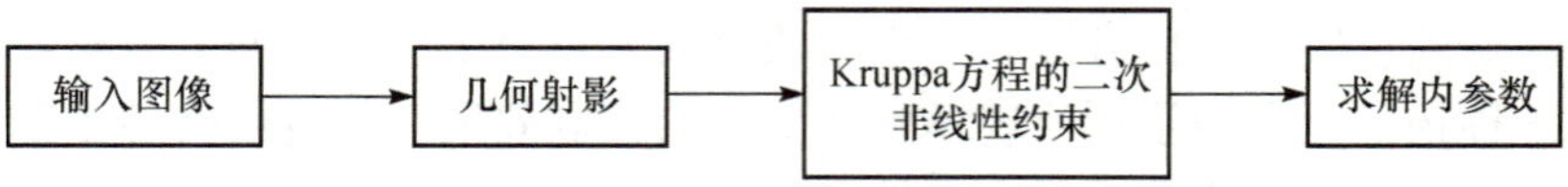

图 10.1　摄像机自标定方法

此后，根据摄像机自标定方法，利用逐步标定的思想，出现了包括 QR 分解法、绝对二次曲面法、模约束法等[6]具有实用意义的标定方法。同时对于在实际应用中摄像机内部参数会随着外部环境及运动实时改变的情况，研究出了可变内参数下的摄像机自标定方法[7]。1995 年，日本东京大学用物体反射的 M-arraycoded 光源影像对物体表面进行三维重建取得进展[8]。应用该方法，可用简单的设备完成三维重建。1997 年，加拿大 NRC（National Research Council）将激光扫描仪和 CCD 照相机固定在一个小车上，通过小车匀速前进进行拍摄，通过整合采集到的照片信息，得到了一个数据采集和配准系统（DCR, Data Collection and Registration）[9]，并于 1998 年在原有系统的基础之上实现了一个室内场景的三维建模系统[10]。

2001 年，在室内真实场景建模的基础上，Yu 等[11]提取了一些事物场景，完成了物体的三维模型编辑和移动的功能。2002 年，Stamos 等[12]实现了一个能同时获取室外大型建筑的深度图像和彩色图像，并最终恢复出建筑物具有照片真实感的三维模型系统，并于 2003 年在历史古建筑的三维建模上使用此系统，效果良好。

自 2000 年以来，北京大学的三维视觉与机器人实验室应用具有不同扫描特性的激光扫描仪全方位摄像系统与高分辨率数码相机完成了对建模对象的几何模型与纹理数据采集，并通过配准这些数据和无缝拼接完成了三维物体模型或三维场景的建立[13]。另外，2005 年，首都师范大学三维空间信息获取与地学应用教育部重点实验室给出了一种基于激光扫描数据的室外场景表面重建方法，可完成建筑物单一表面的重建[14]。

10.2　基于二维图像的三维现场重建

目前，通过将多幅二维图像拼接形成三维场景的方法较为流行。例如，谷歌地图、百度地图的街景功能，就是采用多个相机组成的阵列从一个点拍摄其周围全部场景，然后将照片拼接为一幅全景照片，观察者可以通过键盘或鼠标查看任意角度的图像，从而在视觉上实现身临其境的三维效果。

10.2.1　全景图生成过程

一幅全景图可以完整地展示一个场景的环境信息，相当于观察者站在某一点并围着该点转一圈所看到的景象。对观察者而言，全景图是建立在图像基础上的立体的多角度的图形环境。全景图生成流程如图 10.2 所示。

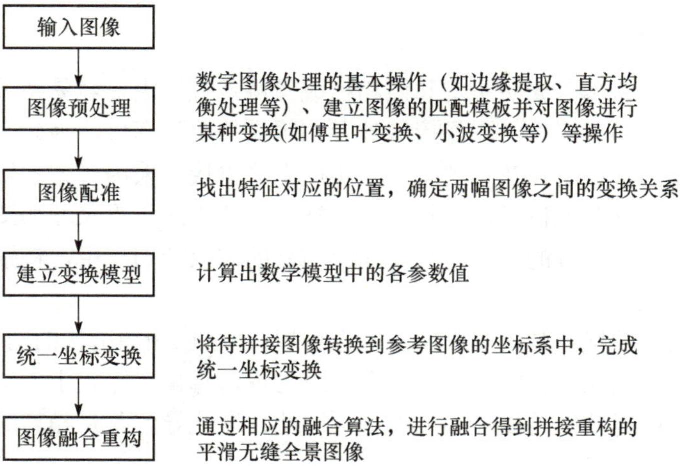

图 10.2　全景图生成流程

目前常见的全景图有三类：球面全景图、多面体全景图和柱面全景图。在图像处理方面，柱面全景图比球面全景图和多面体全景图更加方便，因此被广泛应用。

10.2.2　图像采集

全景图像的采集仅需要一台照相机和一个可以连续转动的三脚架。现有的数码相机和手机基本已具备全景拍摄的功能，可以快速采集 360 度全景图像。将照相机固定在三脚架上，通过旋转三脚架，可以拍摄一组相互间有一定边缘重合的离散图像，该组图像作为全景图像生成的原始输入。

由于图像在拍摄时不在同一个方向，有一定的夹角，因此它们的投影平面相应地也存在一定的夹角。在图像预处理的时候，必须把它们统一投影到柱面上。在得到投影图像后，进行图像配准和融合后通过无缝拼接便可得到没有图像畸变的全景图像，如图 10.3 所示。

(a) 原始图像　　(b) 柱面投影后的图像

图 10.3　柱面投影前后图像

10.2.3　图像预处理

被拍摄的场景本身光照不均和照相机成像特点等原因，容易使采集到的图像灰度不均匀，使得拼接后的图像接缝处存在明显的明暗变化。因此在图像拼接前需要对待拼接的图像进行灰度校正，以实现无缝拼接。采用直方图均衡化的方法对待拼接图像进行灰度校正是一种常用的技术。该方法常用来增加图像整体的对比度，对于背景和前景的亮度与暗度非常明显的图像特别有用，特别适合处理曝光过度或者不足的照片的细节。

该方法最大的优点是具有可逆的操作过程，即在已知均衡化的函数的条件下，均可以恢复原始图像的直方图，且整个处理过程运算量也比较小。但是，该方法也有不足之处：对数据的处理不加选择，因此，可能导致背景噪声的对比度变大且减小有用信号的对比。

直方图均衡化对图像的灰度校正具有较好的效果，尤其是对前、后景都较模糊的照片效果更加明显，因此，使用该方法可以对任何情况下拍摄的照片进行校正，均能取得良好的拼接效果。

10.2.4　图像配准

图像配准（image registration）技术[15]是寻找一组（两幅或者两幅以上）照片中相似的部分，将其进行配准、叠加的过程，是图像拼接的关键技术之一。最常用的图像配准方法是基于图像的特征匹配。选取具有良好不变性和准确性的特征提取方法是提高匹配精度的关键。

目前，最常用的配准算法是基于图像灰度和特征的配准[16]。图像配准的流程如图 10.4 所示。

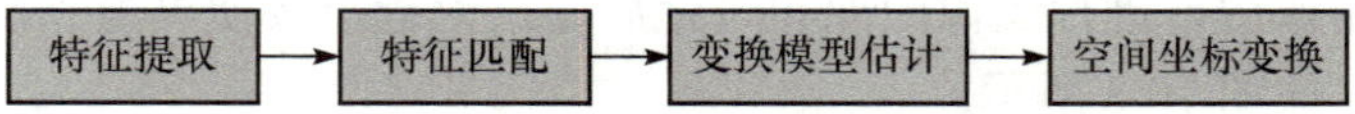

图 10.4　图像配准的流程图

1. 特征提取

特征提取是指分别提取两幅图像中共同的图像特征。通常，该特征是指两幅图像对一些常用的变换保持均匀一致的特征。对一幅图像的特征提取通常包括对其点、线、面特征的提取。

点特征是最常用的一种图像特征，包括物体边缘点、角点等，常见的提取方法如下。

（1）Harris 算法（Harris corner detector，哈里斯角点检测）[17]：与自相关函数相关的矩阵 M，M 矩阵的特征值是自相关函数的一阶曲率，如果两个曲率值都高，则认为该点是角点，此方法对图像旋转、视角变化、亮度变化噪声的影响都具有很好的鲁棒性。

（2）Susan 算法（Susan corner detector，苏珊角点检测）[18]：使用一个圆形的模板在图像上滑动，把位于圆形模板中心的待检测的像素点称为核心点。对于非纹理图像，根据亮度值将其核心点的区域分为两部分：第一部分是亮度值等于或者接近于核心点亮度值的区域，称为核值相似区（univalue segment assimilating nucleus，USAN）；第二部分是亮度值与核心点不相似的区域。

（3）Harris-Laplace 算法[19]：Harris 算子能稳定地在图像旋转、透视变换、光照变化条件下提取二维平面特征点，而归一化的 Laplace 算子是三维尺度空间中最稳定、高效的特征尺度探测算子。Harris-Laplace 特征点具有和 SIFI 特征点一样的尺度和旋转不变的特性，并且对光照变换和小角度的视角变化具有稳定性。

（4）SIFT 特征点提取（Scale Invariant Feature Transform，尺度不变特征变换）[20]：SIFT[21]是基于尺度空间的，对图像旋转、缩放甚至仿射变换保持不变的图形局部特征算子。SIFT 不但能提取出大量的稳定的特征点，而且具有独特性较高的特征描述符，在大多数情况下具有较高的匹配率[22]。使用高斯差分（difference of Gaussian，DoG）滤波器来建立尺度空间，在尺度空间上提取极值点。

（5）SURF 特征点提取[23]：基于 Hessian 矩阵，依靠 Hessian 矩阵行列式的局部最大值定位兴趣点位置。

线特征是图像中比较明显的线段特征。线特征常用的特征提取方法包括 Robert、Sobel、Kirsch、Gauss-Laplace 方法等。面特征是指图像中明显的区域信息。面特征常用的提取方法是 Mser 方法。

2. 特征匹配

特征匹配分两步实现。

（1）对特征作描述：目前主要特征描述子有 SIFT 特征描述子、SURF 特征描述子、对比度直方图、DAISY 特征描述子、矩方法等。

（2）利用相似度准则：常见的特征匹配有欧氏距离、马氏距离、豪斯多夫（Hausdorff）距离等。

SIFT 特征描述子：一种基于图像梯度分布的特征描述子。特点是抗干扰性好，但维数高，计算复杂度大。

SURF 特征描述子：将特征点的周围区域分成几个子区域，用每个子区域内像素点方向的偏导和及其绝对值的和组成特征点的描述子。特点是有较好的抗亮度变化能力，不过该描述子要求使用积分图像，应用范围有限。

对比度直方图：将特征点周围区域的像素点与特征点的对比度形成直方图来描述该特征点。特点是比基于梯度的描述子要快，但描述力比基于梯度的要略微弱一点。

DAISY 特征描述子：受 SIFT 算法和 GLOH 算法的启发，将梯度加权和用几个高斯方向偏导的滤波器与原图像进行积分代替。特点是有和 SIFT 特征算子相似的优点，但是速度比 SIFT 特征算子要快。

3. 变换模型估计

变换模型作为图像配准的一个非常重要的因素，在所有的配准技术中都需要考虑。常用的空间变换模型包括以下四种：投影变换、仿射变换、刚体变换和非线性变换。

4. 图像空间坐标变换

由上述可知，在得到待配准的两幅图像之间的变换参数后，对第一幅图像（输入图像）作相应参数的变换，使其与第二幅图像（参考图像）处在同一个坐标系下。变换后的第一幅和第二幅图像作为后续图像融合时的输入图像。一般来说，第一幅图像（输入图像）经过变换后所得到的点的坐标不一定是整数像素，在这种情况下，应对它进行插值处理。常用的插值算法有双线性插值法、最近邻域法和立方卷积插值法等。

10.2.5　图像融合

图像融合（image fusion）技术作为信息融合技术的一个重要分支，在短短几十年内得到了迅速发展。可追溯的最早的图像融合技术是 1979 年将雷达图像和地面资源卫星数据图像进行合成用于地质数据解释[24]，这个数据合成的过程是最简单的图像融合。

通常意义上的图像融合，是指将两幅或者两幅以上的图像应用一定的方法合成一幅没有明显噪声、更加清晰、更利于人们观察等特性的新的图像的技术。合成的新的图像保留原图像良好的信息和特征。

采用图像融合技术将多幅图像进行特征信息的综合与提取，融合后的图像可以提供比单一传感器得到的图像更加可信、可靠、精准、完整的信息，提升原始图像的空间分辨率和光谱分辨率，有利于人眼观察以及计算机的进一步处理[25]。

图像融合能够处理不同阶段信息的图像，在不同层次上对图像进行融合，按照图像融合层次的级别高低一般分为数据级融合、特征级融合、决策级融合三个层次[26]。

数据级融合又称为像素级融合，是对成像设备获得的原始图像经过图像预处理后直接融合的过程。像素级融合最大限度地保留了源图像的信息，是图像融合技术三个层次中精度最高，同时也是特征级和决策级图像融合的基础，也是目前图像融合研究的重点领域之一[27]。像素级融合最大的优点是融合中心尽可能多地获得图像原始信息，获得特征级融合和决策级融合所不能获得的细微信息。像素级融合的缺点是需要花费大量的时间去处理大量的数据，对图像的配准要求比较高。

特征级图像融合属于像素级之上决策级之下中间层次上的融合。特征级图像融合的最大优点是对图像序列信息进行压缩[28]，实现了数据实时自动处理，不过它的精度相对来说不是很高。

决策级图像融合是图像融合中最高层次的融合，是对多幅图像的数据信息进行逻辑推理或统计推理的过程。

图像融合的目的是将待拼接的两幅图像重叠部分的颜色值进行修正使其相近，应用相应的算法使它们平滑过渡，以实现图像的无缝合成，来提高拼接图像质量。采用加权平滑算法实现图 10.5 两幅图像的融合，融合效果如图 10.6 所示。

(a) 图像1　　　　(b) 图像2

图 10.5　原始图像

图 10.6　融合后的图像

10.2.6　实景全景图

图像经过采集到预处理、图像的灰度校正以及无缝拼接和融合后，即可完成一幅完整的全景拼接图。

室内场景的重建效果如图 10.7 所示，室外场景的重建效果如图 10.8 所示。

图 10.7　室内场景重建效果

图 10.8　室外场景重建效果

在实际应用中，使用专门的显示软件展现全景图，即可实现三维场景的体验。

10.3　基于深度图像的三维现场重建

10.3.1　主要技术简介

将一组二维平面照片拼接为全景图，实现方式比较简单，具备拍照功能的手机就可以实现数据的采集和拼接，可以方便查看拍摄点四周，并具有拍摄点之间的漫游功能，所以在民用市场被广泛应用。但是，由于在场景、景物采集过程中二维图像数据无法提供物体的空间位置信息，因此在对需要距离、尺寸等关键物理信息的行业应用场景中实用性不高。例如对道路、桥梁、隧道、文物古迹、案件现场的三维重建中，侦查人员不但关注场景中的物体，同时也关注各种物体的空间位置和物理尺寸。

近年来，随着虚拟现实技术、三维可视化技术和计算机图形学的发展，重建各种复杂逼真三维场景的计算机应用技术越来越成熟。三维场景重建技术根据获取的场景信息类型可分为两类，分别是基于纹理信息和基于深度图像的三维重建技术[29]。基于纹理的重建方法通过从图像中寻找特征点或特征区域来得到物体特征来构建模型。尽管这种方法可以使用成本较为低廉的硬件设备，但由于物体表面纹理色彩信息受环境光照影响较大，一般很难设计出一个鲁棒性高的算法，而且从本身缺失第三维度深度图像的二维图像中反推三维信息的过程包含大量经验和假设，其重建精度在大多数情况下一般不能满足实际要求。

基于深度图像的重建技术则是利用深度传感器获取目标场景的深度距离进行三维模型的重建。目前把常见的深度图像获取方式分为两类：接触式和非接触式，其中非接触式又可分为主动扫描和被动扫描两种方法。常见的非接触式主动扫描有手持激光系统、飞行时间法（time of flight，ToF）相机、结构光系统以及深度传感器等。

手持激光系统对待测物体发出激光点或线性激光束，用感测元件测量待测物体与测量设备之间的距离，通常需搭配校正装置。这种方法可以得到较准确的深度数据，但需要额外的设备辅助，而且一次只能得到一个点或一条线的深度数据，需要多次扫描才能获取完整的数据。ToF 相机利用激光束探测目标物，通过计算激光束脉冲往返一趟的时间换算出物体与设备之间的距离，从而获取深度数据。这种方法可以快速简便地得到深度数据，不需多余的仪器来辅助，缺点是价格高昂、数据信息量过大。结构光系统利用可变光源在时间上连续调整光线的强弱，通过观察图像每个像素的亮度变化与光的相位差，计算出距离深度。结构光系统的优点在于获取图像数据的质量较好，但需要多个摄像头进行协调配合工作，且受光照条件影响较大。基于深度图像三维重建的基本步骤主要归纳为两部分[30]：一是几何处理，二是面的表示。几何处理是以多帧深度图像作为输入，包括预处理、配准、误差补偿、融合、后处理及优化等步骤。面的表示是以彩色纹理信息作为输入，与几何信息相结合，进行光照不变性的计算及最后的纹理映射。近年来基于深度图像三维重建技术的一些研究进展见表 10.1。

表 10.1　一些基于深度图像的三维重建技术

年份	核心方法	采用设备	运行成本
2000	几何融合算法、移动立方体法	激光扫描仪[31]	较高
2004	迭代最邻近点、向量场	激光扫描仪[32]	较高
2004	迭代最邻近点、自适应	结构光系统[33]	一般
2004	正弦相移法、梯形相移法	结构光系统[34]	一般
2009	多视角融合框架、能量函数优化	ToF 相机[35]	高
2010	超分辨率技术、概率方法、全局配准	ToF 相机[36]	高

10.3.2　基于 Kinect 的三维重建

微软公司于 2013 年 5 月推出了第二代 Kinect 传感器。基于 Kinect 的三维场景重建技术无论在娱乐应用还是在科研项目中都得到了发展和研究。

普通的相机只能得到二维彩色 RGB 图片，而 Kinect 不像传统 ToF 简单地通过检测光发射再返回的时间乘以光速计算设备与物体之间的距离，而是发射一个强度随时间周期变化的正弦信号，通过获得接收信号与发射信号的相位差计算出所需的深度图像。这样就可以在相同传感器分辨率的情况下得到更高的精度，不受光照条件的影响，在获得彩色图像的同时，能获得在测量范围内被测物体到摄像头的深度图像。

1. 三维场景重建步骤

利用 Kinect 完成三维场景重建的方法有很多种，其中不乏相对成熟的解决方案。但总地来说这些方法都由以下三个主要步骤构成[30]：三维点云数据的获取与预处理、三维点云的配准以及三维点云重建与纹理映射。

1）三维点云数据的获取与预处理

Kinect 通过发出人眼看不见的红外激光，并使其透过镜头前的光栅或扩散片将红外激光均匀地投射在测量空间中，从而形成激光散斑。然后通过红外线摄影机记录下空间中的每个散斑，通过计算提取到的原始数据并生成具有 3D 深度信息的图像。Kinect 在获取深度图像的同时，它的彩色摄像头也在实时拍摄场景彩色图像。由于深度摄像头和彩色摄像头从不同角度拍摄同一场景，得到的原始数据的坐标是尚未经过校正的。为了方便后续纹理映射等操作[30]，两个相机产生的视差问题需要通过 OpenNI 的校正函数修正，使得目标物体的两种图像对齐到相同的位置。接下来，获取到的深度数据转化为在同一空间坐标系下表达目标空间分布和目标表面特性的海量数据点的集合（也称为点云）。

结合激光测量原理和摄影测量原理，得到的点云数据包括三维坐标信息、激光强度信息和彩色信息，其中空间分辨率、点位精度以及表面法向量等是点云数据的主要属性。值得注意的是，在此之前 Kinect 传感器获取用于转化成为点云的深度数据量过大，并且含有不稳定的噪声点，尤其是在物体边缘处。因此有必要提出一种有效的滤波方法对噪声数据进行降噪处理，否则会严重影响后续的三维模型重建精度。通过对深度数据选择合适的滤波操作，可以在去除深度噪声点的同时充分保留物体边缘信息。

2）三维点云的配准

为了方便后续步骤的处理以及模型重建和应用，Kinect 从不同视角下获取的三维点云数据经过合适滤波处理后，需要一种方法将它们对齐并整合到一个单一的点云模型中。这种将不同数据集对齐到完整统一模型中的过程就称为配准。

配准的示意图如图 10.9 所示，其最终目的效果就是将这两组点云数据变换到统一的坐标系下，使得两者之间的交集区域重叠，其主要方法就是要找出两组点云数据集的空间变换关系，即旋转和平移向量。

目前通常将三维配准过程分成两大类：粗配准和精细配准[37]。前者是为了缩小两个模型之间的差异，为后面更精细地配准提供更好的初始位置来大大增加迭代收敛到最优变换的概率。粗配准一般通过求出近似的配准变换，使经过变换后的两组点云数据尽可能靠近。而精细配准一般建立在粗配准的基础上，并且为了

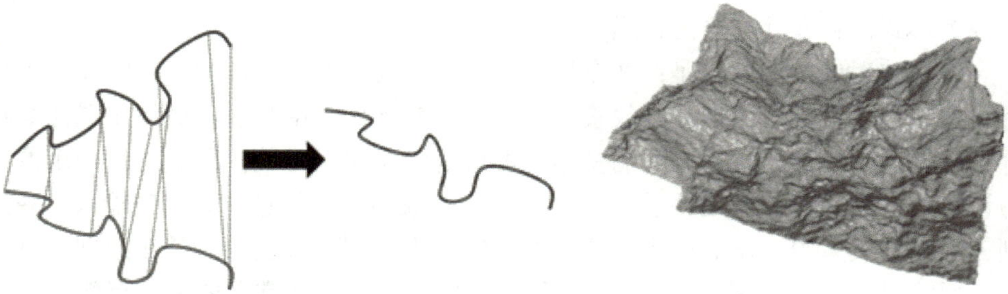

(a) 二维曲线配准 (b) 三维曲面配准

图 10.9 二维曲线配准以及三维曲面配准

获得更好的变换参数，常采用逐渐逼近最佳结果的迭代方式。

粗配准由于无法获取精确的控制点，往往很难达到较高的精度。而在精细配准中，迭代最邻近点（iterative closest point，ICP）算法是使用最为广泛并且改进较为成熟的精确配准算法。下面重点介绍 ICP 算法的相关概念和具体改进方法。

3）三维点云重建与纹理映射

当相邻帧点云完成了配准，即点云之间进行了坐标转换之后，还需要将这些不同视角的点云进行融合，因为它们还没有成为一个完整的三维模型。点云融合的最终结果是不同视角下的点云重叠区域不出现重复的数据点。

点云融合过程主要包括三个基本步骤：面元更新、面元增加和面元移除。在计算机图形学中，面元是局部近似物体表面形状和阴影属性的零维 n 元组，是多边形建模的一种选择。由于目标物体通常是由一个稠密的点集表达，所以面元非常适合建模动态几何形状。而相对于三角网格，面元表达的关键优势在于，对于无结构的面元发生任意变动的时候非常容易保持一致。

融合时，对应面元与扫描输入首先通过融合深度的测量进行更新，所有面元更新后，输入数据有效且满足置信度要求时，新的面元会增加到还未被模型面元覆盖的扫描深度图中；相反的，如果置信度低的模型面元与输入扫描出现冲突，则会被移除并剔除那些不太可能被重复看见的外点。在此过程中，为了避免出现外点，可以采用表面增长的策略，即面元只在有一些模型面元接近相似方向的时候才会被增加。另外可以根据输入设备的理论精度限制设置合适的面元半径估计，从而实现通过将目标物体靠近摄像头来增加模型的细节水平效果。需要注意的是，点云融合效果的好坏会直接影响后续完整三维模型的重建精度。

当点云融合为完整的模型后，需要为待重建的目标模型加入纹理信息，以达到可视化效果。给对象表面添加细节的常用方法即是利用纹理模式将细节映射到对象表面。纹理模式又称为纹理映射，通常利用矩形数组或修改对象表面光强度值的过程来定义。二维图像由照片扫描输入或由应用程序生成后，以被称为纹素的数组形式储存在处理器内存里。

纹理映射的一般过程是：在参数坐标系下建立曲线或者曲面，同时在纹理坐标系中识别要被影射图像上的纹素，然后在世界坐标系中映射，最终生成图像在屏幕坐标系中。进行纹理映射的基本问题就是定义映射函数，即找到每一个像素与该对象上点的一一对应关系。利用 Kinect 获取的彩色信息作为纹理输入，映射到三维点云模型中，从而得到可视化的真实三维模型。纹理映射是在绘制三维模型最后阶段实现的，这种实现方式对可视化的三维重建非常必要并且有效。

2. Kinect Fusion

Kinect Fusion 是基于 Kinect 的开发工具包，目前已支持.obj 及.stl 等三维数据格式的自动导出和储存，能够使用 Kinect 传感器来进行真实场景的三维几何重建。Kinect Fusion 技术在支持 GPU 加速的数据处理单元上能够对物体进行实时的三维建模。和传统的三维建模方式相比，Kinect Fusion 最大的优势是高效便捷。Kinect Fusion 在工业设计、3D 打印、游戏制作和医疗教育等众多领域都有着广阔的应用空间和发展潜力。

Kinect Fusion 将从多个角度得到的深度图像数据进行融合，并重建物体的单帧光滑表面模型。

第一步，深度图像数据转换和预处理。Kinect Fusion 首先将传感器获取的原始深度帧数据转化为浮点数据并优化，然后通过获取传感器的坐标信息，将这些浮点数据转换为和传感器朝向相同的点云数据。

第二步，传感器追踪及点云配准。传感器追踪通过计算传感器的位置和朝向等姿势信息，并在 Kinect 移动时不断地获取其姿势，计算出当前传感器相对于起始帧时的相对姿势。配准时，Kinect Fusion 将从传感器深度影像数据中获取的点云与从重建目标计算得来的点云进行配准，同时配准同一场景不同视场角下的数据。

第三步，体元数据融合。将从已知姿势传感器生成的深度数据逐帧、连续地融合成代表传感器视场内场景的模型体元，并加入平滑算法来降低噪声的影响，同时一定程度上解决了场景内的动态变化问题。原始图像中没有捕捉到的部分则随着 Kinect 的移动陆续捕捉到，重建场景中的空洞也会被相继填充。

第四步，渲染场景，并根据光线跟踪方法，预测传感器即将接收到的环境数据，重建的同时也反馈给第二步进行配准。

通过上述步骤，Kinect Fusion 通过其独特的体绘制技术完成了精度能够达到毫米级别的较高质量模型重建，并且与传统的重建方法相比，效率较高，极大地改善了消费级传感器实时三维场景的重建效果，为三维场景重建创造了良好的用户体验，甚至提供了基于重建场景人机交互应用的可能，如图 10.10 所示。

(a) 场景的彩色照片

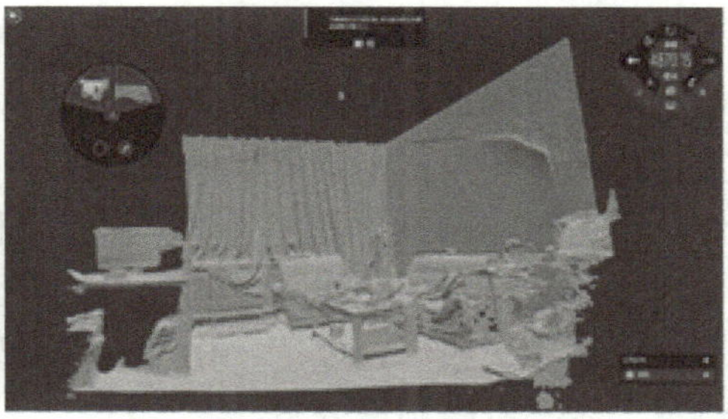

(b) Kinect Fusion制作出的三维模型

图 10.10　使用 Kinect Fusion 制作三维场景模型

10.3.3　基于三维激光扫描的现场三维重建

激光雷达是激光探测及测距系统的简称，是用激光器作为发射光源，采用光电探测技术手段的主动遥感设备，由发射系统、接收系统、信息处理等部分组成。激光雷达利用激光进行探测和测量，多应用在地形图绘制、地形测量、无人驾驶等机载、移动测量场景。

三维激光扫描（terrestrial laser scanning，TLS）技术，也称作地基激光雷达，是 20 世纪 90 年代中期出现的一项新技术。通过高速激光扫描测量的方法，可以快速获取大面积、高分辨率的物体表面三维数据，为构建物体的三维实体模型提供了一种全新的技术手段，多应用于工程、结构等固定位置测量应用场景。该项技术具有快速性、非接触性、主动性，实时获取数据具有高密度、高精度的优点，是一项革命性的测绘技术。其概念与激光雷达部分重合，一般认为三维激光扫描是激光雷达的一种。

1. *原理和应用*

三维激光扫描仪主要由测距系统和测角系统以及其他辅助功能系统构成，如内置相机以及双轴补偿器等。工作原理是通过测距系统获取扫描仪到待测物体的距离，通过测角系统获取扫描仪至待测物体的水平角和垂直角，进而计算出待测物体的三维坐标信息。在扫描的过程中再利用本身的垂直和水平马达等传动装置完成对物体的全方位扫描，这样连续地对空间以一定的取样密度进行扫描测量，就能得到被测目标物体密集的三维彩色的点云数据。

最近几年，三维激光扫描技术不断发展并日渐成熟，三维扫描设备也逐渐商业化。三维激光扫描仪的巨大优势就在于可以快速扫描被测物体，不需反射棱镜即可直接获得高精度的扫描点云数据。这样一来可以高效地对真实世界进行三维建模和虚拟重现。因此，其已经成为当前研究的热点之一，并在文物数字化保护、土木工程、工业测量、自然灾害调查、数字城市地形可视化、城乡规划等领域有广泛的应用。

测绘工程领域：大坝和电站基础地形测量，公路测绘，铁路测绘，河道测绘，桥梁、建筑物地基等测绘，隧道的检测及变形监测，大坝的变形监测，隧道地下工程结构，测量矿山及体积计算。

（1）结构测量方面：桥梁改扩建工程、桥梁结构测量、结构检测、监测、几何尺寸测量、空间位置冲突测量、空间面积、体积测量、三维高保真建模、海上平台、测量造船厂、电厂、化工厂等大型工业企业内部设备的测量；管道、线路测量、各类机械制造安装。

（2）建筑、古迹测量方面：建筑物内部及外观的测量保真、古迹（古建筑、雕像等）的保护测量、文物修复、古建筑测量、资料保存等古迹保护、遗址测绘、赝品成像、现场虚拟模型、现场保护性影像记录。

（3）紧急服务业：反恐怖主义、陆地侦查和攻击测绘、监视、移动侦查、灾害估计、交通事故正射图、犯罪现场正射图、森林火灾监控、滑坡泥石流预警、灾害预警和现场监测、核泄漏监测。

（4）娱乐业：电影产品的设计、电影演员和场景的设计、3D 游戏的开发、虚拟博物馆、虚拟旅游指导、人工成像、场景虚拟、现场虚拟。

2. 案件现场三维重建过程

国外公司的三维激光扫描产品仍然占据市场主导地位，具有代表性的公司有奥地利 Riegl、加拿大 Optech、瑞士 Leica、美国 Trimble、日本 Topcon 等，其三维扫描激光设备表见表 10.2。

表 10.2　代表性三维激光扫描设备表

公司名称	Riegl	Optech	Leica	Trimble	Topcon
仪器型号	VZ-6000	ILRIS-LR	HDS7000	TX 8	GLS-2000
扫描模式	—	—	相位式	脉冲式	脉冲式
角度精度/（角秒）	1.8	80	12	16	6
测距范围/m	5~6000	3000	187	120	350
扫描视场	360×60	40×40	360×270	360×317	360×270
扫描速度/（点/s）	300000	—	1000000	1000000	120000
扫描精度/m	15/150	—	4/50	2/100	3.5/150
尺寸/mm	236×226×450	320×320×320	286×170×395	335×386×242	288×293×412
质量/kg	14.5	14	15	10.6	10

随着三维激光扫描技术应用普及程度的不断提高，国内产品也纷纷涌现，主要有中海达公司、北科天绘公司、思拓力公司等。国产激光三维扫描设备的出现将设备单台成本从百万元人民币的级别降低到了十万元级别，大大降低设备采购成本，为激光三维重建技术的普及打下了坚实的基础。

目前，已有国内产品提供了包括三维扫描设备、三维数据处理软件等软硬件一体化解决方案，可以方便快捷地实现对案件现场的采集和重建。例如，思拓力公司出产的 X300，是一款基于脉冲式的三维激光扫描仪，用于精密测量和快速获取复杂环境下海量的三维点云数据，工作距离为 3～300m，内置两部专业工业相机和一台 1070 万像素数码相机，不需要外设相机，并保证扫描与照相在同一条件下进行。具备 GPS 连接器，高速 USB 和以太网接口，点云数据能够同步输出，图像点云自动匹配。整机质量约 6kg，便于携带，配备备用电池两块，每块常温工作时间 6h，可保证野外一天的工作时间。其水平扫描角度为 360°，竖直方向为 180°，激光波长 915nm，属于不可见红外光，扫描速度为每秒 4 万次。

下面以思拓力公司的 X300 为例，介绍现场三维重建的主要步骤。

1）扫描准备

根据现场环境，预先制订工作计划，计划中需在地图标注好路径、测站的地点，根据实际地形图和测量条件在地图上选择扫描路径、测站地点和标靶的位置，再到校园内进行实地勘察，并根据实际情况进行二次调整，确保扫描工作的顺利开展。同时注意以下几点：

（1）场景内主要建筑物都要在选择的路径中出现。

（2）在满足基本的测量条件下，尽量避免行人、车辆、树木的影响。

（3）两个相邻测站间，扫描仪扫描范围重叠部分不可过大，也不宜太小，若重叠部分过大，将降低后期数据处理效率；若过小，则找不到公共点，造成图像无法拼接。

（4）要根据建筑物形状的复杂程度随时调整扫描仪与建筑物之间的位置距离。

2）三维数据采集

（1）选好站点，架设扫描仪。

（2）开机启动，设置参数，如分辨率、曝光值、扫描角度等。

（3）对目标物体进行扫描。

（4）获取目标物体的点云数据，必要时可选择照片获取，用于后期处理和比对。

3）数据处理

（1）将扫描后的数据进行格式转换，使拼接软件能够读取和处理。

（2）点云拼接：每站的点云数据都是独立坐标系下的点云，因此必须将不同坐标系的点云数据转换到同一坐标系下，才能实现数据拼接。拼接有多种方法，如自动拼接、手动拼接、面面拼接、球面拼接，可根据案件现场的复杂程度来确定采用哪种拼接方法。

（3）点云合并：拼接完成的物体的不同点云合并为同一点云。

（4）点云降噪：扫描过程的仪器误差、人为影响、外界干扰等因素可能会影响到点云数据，因此需要进行点云降噪。

（5）点云滤波：根据需求为了得到更加准确的测量数据，可在降噪之后对点云进行滤波处理，同时还可以减小一定的数据量。

4）应用阶段

在完成数据处理后，根据不同应用的需求，应用对应的软件实现不同的效果。例如，在文物保护过程中，使用 AutoCAD 软件，将物体表面纹理信息与三维数据相结合，生成三维模型，用于记录文物的形状和物理尺寸等信息，如图 10.11 所示；将多个三维模型合并，实现多个观测点的漫游；对特殊场景进行空间测量、空间分析等。

图 10.11　文物三维模型重建

10.3.4　应用案例

1. 三维数字校园

（1）利用地图软件查找校园地形地图，根据校园地形地貌以及特征性建筑物制订野外扫描方案，其站点设置如图 10.12 所示。

（2）按照扫描方案建立测站，获取所需求场景的点云数据。点云数据可能包括建筑物、树木、道路、路灯等。扫描结果如图 10.13 所示。

（3）利用数据处理软件建立漫游工程，其中包括测站信息、点云信息、时间信息等。由于需要完整地呈现出整个校园的场景，所以一共创建了十余个漫游工程。

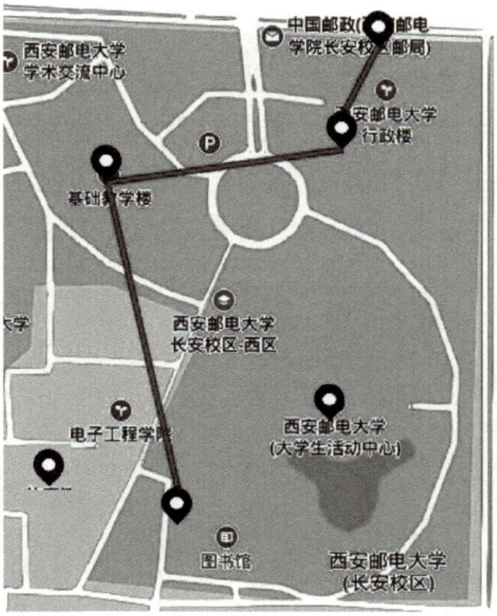

图 10.12　站点设置

图 10.13　测站扫描结果

（4）可根据用户的需要建立两个场景或多个场景之间的切换。在单站点三维图像中单击扫描仪图标即可实现站点间的切换，如图 10.14 所示。

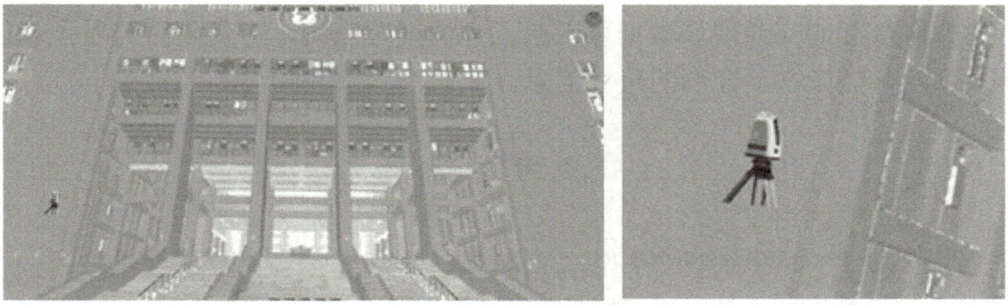

图 10.14　站点间切换

2. 交通事故现场

（1）在交通案件现场处理过程中，为了保证交通的正常运行，需要根据道路交通情况选择适当的采集位置。如图 10.15 所示，分别在道路两边的人行道上各架设一个扫描点，其中图 10.15(b)右侧中部的圆形深色区域是激光扫描仪下方的盲区。采用普通扫描模式，每个站点约需要 20min 扫描时间。

(a) 现场扫描　　(b) 现场顶视图

图 10.15　交通现场采集

（2）通过扫描仪自带的 WiFi，将点云数据下载至电脑，使用专用软件将两个站点采集的点云数据进行拼接，最终重建交通现场的三维场景。拼接后的三维场景可以实现缩放、旋转、顶视、侧视等查看功能，并可以利用鼠标操作，实现距离、位置测量，如图 10.16 所示。

(a) 点云数据　　(b) 拼接后建模数据

图 10.16　交通现场三维拼接数据

（3）拼接后的交通现场数据可以录入交通管理系统，方便随时查看现场的空间结构以及各类景物、证物的尺寸信息。

参 考 文 献

[1] BEVEL T. Crime scene reconstruction[J]. Journal of Forensic Identification, 1991, 41(4): 248-254.

[2] 李昌钰, 邓洪. 神探李昌钰[M]. 北京: 海天出版社, 2000.

[3] 张羽. 论犯罪现场重建[J]. 法制与社会, 2012, (31): 100-101.

[4] 王大中, 李纯钢, 梁志伟. 犯罪现场新概念[J]. 政法学刊, 2000, (1): 62-67.

[5] 张峰, 史利民, 孙凤梅, 等. 一种基于图像的室内大场景自动三维重建系统[J]. 自动化学报, 2010, 36(5): 625-633.

[6] POLLEFEYS M, VAN GOOL L, VERGAUWEN M, et al. Visual modeling with a hand-held camera[J]. International Journal of Computer Vision, 2004, 59(3): 207-232.

[7] SINHA S N, FRAHM J M, POLLEFEYS M, et al. Feature tracking and matching in video using programmable graphics hardware[J]. Machine Vision and Applications, 2011, 22(1): 207-217.

[8] 刘瑞华. 场景几何的三维度量重建在刑侦现场勘查中的研究与应用[D]. 西安：西北大学, 2007.

[9] 刘修国, 王红平, 于明旭, 等. 基于激光扫描技术的三维模型重建[J]. 激光与光电子学进展, 2011, 48(8): 112-117.

[10] EL-HAKIM S F, BOULANGER P, BLAIS F, et al. System for indoor 3D mapping and virtual environments [C]. Optical Science, Engineering and Instrumentation'97. International Society for Optics and Photonics, 1997: 21-35.

[11] YU Y, FERENCZ A, MALIK J. Extracting objects from range and radiance images[J]. IEEE Transactions on Visualization and Computer Graphics, 2001, 7(4): 351-364.

[12] STAMOS I, ALLEN P K. Geometry and texture recovery of scenes of large scale[J]. Computer Vision and Image Understanding, 2002, 88(2): 94-118.

[13] 李寒. 基于激光扫描数据的三维场景重建技术的研究[D]. 大连：大连理工大学, 2006.

[14] 孟志义, 钱林. 基于点云数据的文物精细建模[J]. 测绘通报, 2011, (12): 40-43.

[15] BO G, CAO J, ZHOU Z, et al. A robust image registration algorithm used for panoramic image mosaic[C]. Image Analysis and Signal Processing (IASP), 2012 International Conference on. IEEE, 2012: 1-4.

[16] 陈高. 基于特征与灰度的医学图像配准方法[D]. 厦门：厦门大学, 2009.

[17] GUO C G, LI X L, ZHONG L F, et al. A fast and accurate corner detector based on Harris algorithm [C]. IITA 2009 Third International Symposium on IEEE, 2009, 2: 49-52.

[18] LI H, GUO L, CHEN T, et al. The corner detector of teeth image based on the improved SUSAN algorithm [C]. Biomedical Engineering and Informatics (BMEI), 2010 3rd International Conference on. IEEE, 2010, 2: 609-612.

[19] DAI X, ZHANG H, SHU H, et al. Blurred image registration by combined invariant of Legendre moment and Harris-Laplace detector[C]. Image and Video Technology (PSIVT), 2010 Fourth Pacific-Rim Symposium on. IEEE, 2010: 300-305.

[20] PAN X, LU S. Detecting image region duplication using SIFT features[C]. Acoustics Speech and Signal Processing (ICASSP), 2010 IEEE International Conference on. IEEE, 2010: 1706-1709.

[21] LOWE D G. Distinctive image features from scale-invariant key points[J]. International Journal of Computer Vision, 2004, 60(2): 91-110.

[22] 崔得龙, 弓云峰, 左敬龙. 基于改进 SIFT 的图像拼接算法[J]. 电子设计工程, 2013, 21(2): 34-37.

[23] HUIJUAN Z, QIONG H. Fast image matching based-on improved SURF algorithm[C]. Electronics, Communications and Control (ICECC), 2011 International Conference on. IEEE, 2011: 1460-1463.

[24] DAILY M I, FARR T, ELACHI C, et al. Geologic interpretation from composited radar and landsat imagery [J]. Photogrammetric Engineering and Remote Sensing, 1979, (45): 1109-1116.

[25] 郭雷, 李晖晖, 鲍永生. 图像融合[M]. 北京：电子工业出版社, 2008.

[26] GUNATILAKA A H, BAERTLEIN B A. Feature-level and decision-level fusion of noncoincidently sampled sensors for land mine detection[J]. IEEE Transactions on Pattern Analysis and Machine Intelligence, 2001, 23(6): 577-589.

[27] WANG Z, TIE Y, LIU Y. Design and implementation of image fusion system[C]. Computer Application and System Modeling (ICCASM), 2010 International Conference on. IEEE, 2010, 10: V10-140-V10-143.

[28] GHASSEMIAN H. A retina based multi-resolution image-fusion[C]. Geoscience and Remote Sensing Symposium, 2001. IGARSS'01. IEEE 2001 International. IEEE, 2001, 2: 709-711.

[29] 叶日藏. 基于 Kinect 深度传感器的三维重建技术应用研究[D]. 广州：华南理工大学, 2013:1.

[30] BERNARDINI F, RUSHMEIER H. The 3D Model Acquisition Pipeline[C]. Computer Graphics Forum. Blackwell Publishers Ltd, 2002:149-172.

[31] HILTON A, ILLINGWORTH J. Geometric fusion for a hand-held 3D sensor[J]. Machine Vision & Applications, 2000, 12(1):44-51.

[32] TUBIC D, HEBERT P, DESCHENES J, et al. A unified representation for interactive 3D modeling[C]. 3D Data Processing Visualization and Transmission, International Symposium on. IEEE Computer Society, 2004:175-182.

[33] KONINCKX T P, JAEGGLI T, VAN GOOL L. Adaptive scanning for online 3D model acquisition [C]. IEEE workshop on real-time 3d sensors and their use, 2004: 32.

[34] HUANG P, ZHANG S. High-resolution, real-time 3D shape acquisition[C]. 2012 IEEE Computer Society Conference on Computer Vision and Pattern Recognition Workshops. IEEE Computer Society, 2004: 28.

[35] KIM Y M, THEOBALT C, DIEBEL J, et al. Multi-view image and ToF sensor fusion for dense 3D reconstruction[C]. Computer Vision Workshops (ICCV Workshops), 2009 IEEE 12th International Conference on. IEEE, 2009:1542-1549.

[36] CUI Y, SSHVON S, DEREK S. et al. 3d shape scanning with a time-of-flight camera [J]. Computer Vision and Pattern Recognition, 2010, 23 (3): 1173-1180.

[37] 肖慧敏. 点云数据的配准算法[D]. 西安：西安电子科技大学, 2012.

第 11 章　现勘图像检索技术

现勘图像是公安机关在案发现场获取的与案件相关的图像，是现场勘验信息的重要组成部分。现勘图像检索可为刑侦破案提供物证线索，在串并案中起到重要作用。随着摄像设备的普及，现勘图像数量的积累增加，高效的现勘图像数据库检索对提高公安机关的工作效率、节省人力物力资源越来越重要。

11.1　现勘图像检索

现勘图像源于案发现场，内容有其固有特色：图像中目标物体背景复杂，甚至有些无法确定目标物体；有些图像是目标物体的局部，如受损的车门等。而学术界常用的图像往往背景简单，目标物体明确，因此用于普适自然图像的 CBIR 算法不一定适用于现勘图像数据库检索（crime scene investigation image retrieval, CSIR），从而需要设计适用于现勘图像的检索算法[1-9]。

目前文献中对 CSIR 的研究相对较少[9]，大部分只针对某一类现勘图像进行，如新加坡南洋理工大学的掌纹图像数据库和皮肤图像数据库[10]、密歇根州立大学计算机科学与工程学院的纹身图像数据库[11]、首都师范大学的鞋印图像数据库[12]等。而随着大数据的出现，快速有效地从多渠道多种类大型现勘图像数据库中快速获取有效线索越来越受到重视。本书从公安系统获取了大量实际现勘图像作为实验测试数据库（CIIP crime scene investigation image database, CIIP-CSID）[9,13,14]。CIIP-CSID 包含了 11456 幅实际案例现勘图像，分为 46 个类别，包括生物物证、血迹、车辆、指纹、物证、现场平面图、鞋印等。这是目前学术界所用较大的多类混合的现勘图像数据库。部分例图如图 11.1 所示。

现有文献中对现勘图像检索的研究主要集中在图像低层特征提取和高层语义学习。现勘图像的低层特征提取根据现勘图像的类别和特点来设计。例如，在鞋印图像的检索中，常常提取鞋印图案的纹理特征作为其低层特征[15]；而对于纹身图像，常常提取其尺度不变特征变换（scale-invariant feature transform，SIFT）特征来作为图像的低层特征[16]。对于毛发图像，则利用 Gabor 滤波器、局部二值模式 （local binary pattern，LBP）、局部 Gabor 二值模式（local Gabor binary pattern，LGBP）等来提取特征[17]。对于多种类现勘图像检索，目前经常使用颜色特征、纹理特征来作为其低层特征，如图像主导颜色描述符特征、灰度共生矩阵特征、多尺度分维数特征等[18,19]。这些适用于常规测试图像数据的特征提取算法对内容特殊的现勘图像

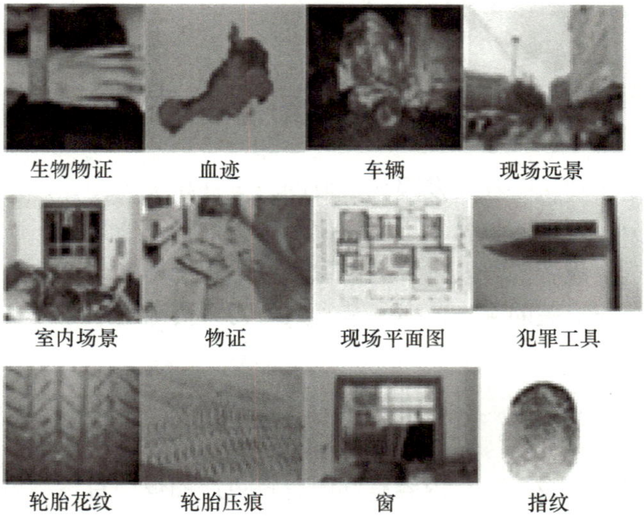

图 11.1　CIIP-CSID 现勘图像例图

却并不适用。为了更有效地描述多种类现勘图像的内容，提高检索准确率，提出了一种多低层特征融合的特征提取算法，从颜色、纹理、图像的场景信息这三个不同方面来描述现勘图像的内容。实验结果验证了该算法的有效性。

为进一步提高检索性能，学者们采用机器学习等算法来提取图像高层语义以缩短语义鸿沟。文献[20]采用 K 近邻（K-nearest neighbor，KNN）分类器来对车牌号码进行识别。对于毛发图像则采用人工神经网络（artificial neural network，ANN）的方法来训练模型，利用训练出的模型对查询图像和数据库图像进行匹配[21]。文献[22]采用词袋（bag-of-words, BOW）模型来对纹身图像进行检索。下面提出一种将低层特征和高层语义结合的检索机制，对基于融合特征的检索结果进行分析。根据其中各类图像所占比例的最大值 n，分为三种情况处理：如果 n 足够大（大于阈值 T_1），则对数据库中该类图像进行排序得到最终的检索结果；如果 n 偏小（小于阈值 T_2），则保留初检结果；否则将利用支持向量机（support vector machine, SVM）分类器判断查询图像类别，并对数据库中此类图像排序得到最终检索结果。在实际现勘图像数据库上测试的实验结果表明所提算法明显提高了现勘图像检索准确率。

11.2　基于融合特征及检索结果优化的现勘图像检索算法

现勘图像的内容相比学术界常用的图像数据有明显的行业特色，包括血迹、生物物证等特色数据。设计适用于现勘图像的低层特征提取算法是提高现勘图像检索效率的基础。本书提出了一种融合颜色、纹理及场景内容三种特征的现勘图像低层特征，并通过检索结果优化机制将现勘图像低层特征及高层语义特征结合来提高现勘图像检索的准确率，检索流程图如图 11.2 所示。

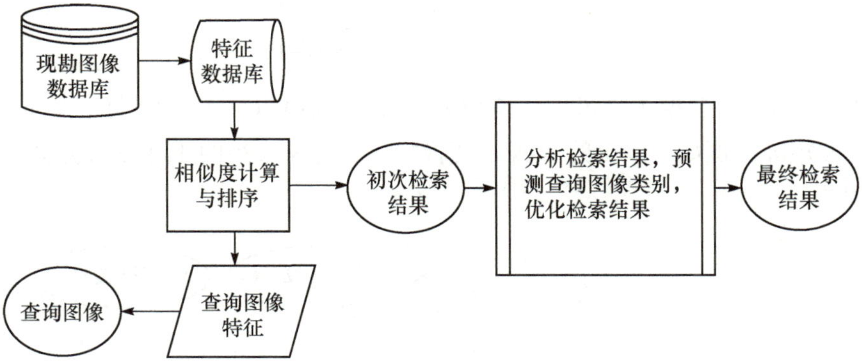

图 11.2　检索流程图

11.2.1　融合特征

1. 颜色特征

本书采用 HSV 颜色直方图[23]作为现勘图像的颜色特征。图像转换到 HSV 空间后，将得到的 H、S、V 分量非等间隔量化，分别量化为 16 级、4 级、4 级。最后，根据量化级将图像中点(i,j)处的三维 HSV 值转化为一维的，使用如下公式：

$$L(i,j)=H(i,j)\times 16+S(i,j)\times 4+V(i,j) \tag{11.1}$$

之后进行直方图统计，便可以获得 HSV 空间域的颜色直方图，表示为 1×256 维向量，即图像的颜色特征向量。

2. 纹理特征

离散余弦变换（discrete cosine transform，DCT）[24-27]是经典的图像频域信息分析工具，可用于图像纹理特征提取。小波（wavelet）是通过时间频率分析，将数据或信号分解成不同频率分量的数学函数。通过小波变换可以分析不连续和尖锐的信号[28]。将 Kekre 变换矩阵生成的 Kekre 波作用在 DCT 系数矩阵上，能够得到 DCT 波[28]。Kekre 变换矩阵可以是任意 $N\times N$ 大小：

$$K_{N\times N}=\begin{bmatrix} 1 & 1 & 1 & \cdots & 1 & 1 \\ -N+1 & 1 & 1 & \cdots & 1 & 1 \\ 0 & -N+2 & 1 & \cdots & 1 & 1 \\ \vdots & \vdots & \vdots & & \vdots & \vdots \\ 0 & 0 & 0 & \cdots & 1 & 1 \\ 0 & 0 & 0 & \cdots & -N+(N-1) & 1 \end{bmatrix} \tag{11.2}$$

用于生成 Kekre 变换矩阵的元素 K_{xy} 的公式为

$$K_{xy}=\begin{cases}1, & x \leqslant y \\ -N+(x-1), & x=y+1 \\ 0, & x>y+1\end{cases} \tag{11.3}$$

利用 Kekre 变换矩阵可以构造 $(2N)\times(2N),(3N)\times(3N),\cdots,(N^2)\times(N^2)$ 大小的 Kekre 波矩阵。例如，3×3 的 Kekre 变换矩阵构造 $3^2\times3^2$ 的 Kekre 波矩阵，如图 11.3 所示。

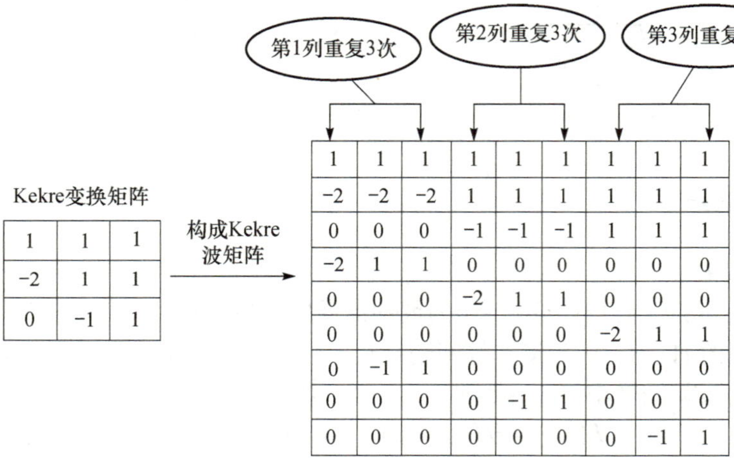

图 11.3　3×3 的 Kekre 变换矩阵构造 $3^2\times3^2$ 的 Kekre 波矩阵

采用 16×16 的 Kekre 变换矩阵来构造 $16^2\times16^2$ 的 Kekre 波矩阵。在得到 Kekre 波矩阵之后，将 Kekre 波矩阵与正交变换的 DCT 变换系数进行运算，便得到 DCT 波。

$$[F]=[\mathrm{kw}]d[\mathrm{kw}]^{\mathrm{T}} \tag{11.4}$$

式中，kw 为 Kekre 波矩阵；d 为 DCT 变换系数；F 为最终得到的 DCT 波。

学术界常常利用 DCT 变换技术进行图像数字水印的嵌入，而将图像的 DCT 变换用于图像特征提取并不常见。文献[24]提出一种 DCT 域纹理特征提取算法，提取图像 R、G、B 三通道 DCT 系数的直流分量来构成图像的纹理特征。实验结果表明这种算法太过简单，仅仅使用直流分量做特征并不能很好地表达图像内容，因此检索效率往往很低。为了利用 DCT 变换以及小波变换的特性，巧妙地将图像 DCT 变换系数的统计分量与图像 DCT 波相结合，提出一种更有效的 DCT 纹理特征提取算法。该算法分为三个步骤：DCT 特征提取，DCT 波特征提取，DCT-DCT 波特征提取。

1）DCT 特征提取

将现勘图像分成四块，如图 11.4 所示，对每一小块进行 DCT 变换；分别计算变换系数的均值、方差以及 R、G、B 三个通道 DCT 变换的直流分量来构成每一小块的纹理特征；最后将所有小块的纹理特征连接起来构成整幅现勘图像的纹理特征，表示为 1×20 维的特征向量。

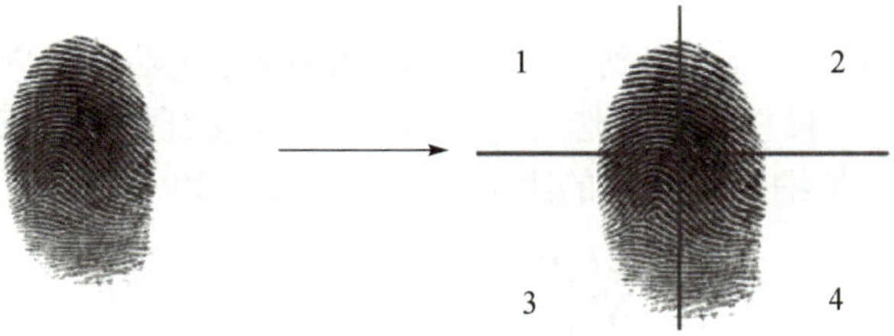

图 11.4　图像分块示意图

2）DCT 波特征提取

同样，将现勘图像分成四块，对每一小块的 R、G、B 三通道进行 DCT 变换；将得到的 DCT 变换矩阵与 Kekre 波矩阵进行运算得到 DCT 波系数；计算 DCT 波系数的均值、方差，构成每一小块的特征向量；最后将所有小块的特征向量连接起来构成整幅现勘图像的纹理特征，表示为1×24 维的特征向量。

3）DCT-DCT 波特征提取

将上述得到的 DCT 特征向量与 DCT 波特征向量归一化后，按 DCT 特征权重 0.4、DCT 波特征权重 0.6 相融合（经实验测试此权重比例为最佳），构成表示现勘图像纹理特征的 DCT-DCT 波特征向量，为 1×44 维的特征向量。此算法复杂度不高，且与文献[20]中的纹理特征相比，检索准确率能够得到明显提高。

3. GIST 特征

现勘图像中包含很多对现勘场景进行描述的图片，GIST 描述子[29]常用于场景分类，因此本书首次将 GIST 描述子用于现勘图像检索中。GIST 描述子用一系列统计属性来描述图像，如粗糙度、自然度等。有学者认为 GIST 描述子应属于低层特征，因为它使用低层特征来表示图像，然而不像真正的低层特征，它是用低层特征来量化场景的高层语义属性[30]。用不同方向不同尺度的 Gabor 滤波器组对图像进行滤波，将滤波后得到的图像划分为网格，在每个网格内取平均值，并将每个网格的均值级联起来，得到图像的 GIST 特征。一幅大小为 $h \times w$ 的灰度图像 $f(x,y)$用 m 尺度 n 方向，即 n_c 个通道的 Gabor 滤波器进行滤波($n_c = m \times n$)，得到的 GIST 特征为

$$G(i,j) = \underset{n_c}{\operatorname{cat}}\left(f(i,j) * g_{mn}(i,j)\right) \tag{11.5}$$

按照 Oliva 和 Torralba[31,32]提出的方法，将图像划分成 4×4 的网格，用 4 个尺度 8 个方向的 Gabor 滤波器组处理得到图像的 GIST 特征，则整幅图像的 GIST 特

征维数为 4×4×32=512 维。

初步的实验结果表明，GIST 特征在指纹、现场平面图、犯罪工具这三类图像中能够得到很好的检索结果，与 HSV 直方图特征、DCT-DCT 波纹理特征相比，平均检索查准率高 20.3%左右。而在纹身、物理物证这两类图像中 GIST 特征的平均检索查准率较 HSV 直方图特征、DCT-DCT 波纹理特征低 25.6%左右。

4. 特征融合

将以上三种特征融合，得到一个从不同角度描述现勘图像内容的融合特征。经过实验测试，各分量权重比例选为 3∶5∶2。各类特征要进行归一化处理，以避免取值范围不同及量纲不同带来的影响，归一化采用如下公式：

$$\overline{f}_I^c(t)=\frac{f_I^c(t)}{\sum_t f_I^c(t)},\quad c\in\{\text{hsv},\ \text{dct},\ \text{gist}\} \tag{11.6}$$

式中，$f_I^c(t)$ 是特征 c 的第 t 个分量；$\overline{f}_I^c$ 是归一化后的特征向量值。

最后，图像 I 的融合特征 F_I 由下式所得：

$$F_I=\left\{0.3\overline{f}_I^{\text{hsv}},0.5\overline{f}_I^{\text{dct}},0.2\overline{f}_I^{\text{gist}}\right\} \tag{11.7}$$

式中，$\overline{f}_I^{\text{hsv}}$ 是颜色特征；$\overline{f}_I^{\text{dct}}$ 是 DCT-DCT 波纹理特征；$\overline{f}_I^{\text{gist}}$ 是 GIST 特征。

5. 融合比例的选取

上述第一步中按权重比例 2∶3 将 DCT 特征向量与 DCT 波特征融合为了 DCT-DCT 波特征向量；第四步中将 HSV 直方图特征、DCT-DCT 波特征、GIST 特征按权重比例 3∶5∶2 融合为了一个新的融合特征。以上两小节中的特征融合都采用了加权融合，而加权融合中权值的选择采用如下算法：

特征 W={X×HSV 特征，Y×DCT−DCT 波特征，Z×GIST}，其中 $X,Y,Z\geqslant 0$，且 $X+Y+Z=1$。

（1）首先随机选取 X,Y,Z 的值，计算特征 W，用此特征 W 做检索得到 $K=10,20,30,40,50$ 五个平均检索查准率；

（2）步长选为 0.1，遍历所有的 X,Y,Z 值，分别计算出 $K=10,20,30,40,50$ 的平均检索查准率；

（3）分别选出 $K=10,20,30,40,50$，使平均检索查准率值最高的 5 组权重组合。

若一个特征不发散即方差接近于 0，也就意味着样本在这个特征上基本没有什么差别，这个特征对于样本的区分基本没有用，因此从五组权重组合中选择平均方差最大的那组权重组合作为最终的权重系数。

11.2.2　基于检索结果优化的现勘图像检索算法

实现图像检索有两种方式，一种是利用图像低层数字特征向量间的相似度比较，对数据库图像进行排序，得出与查询图像最为相似的图像；一种是利用机器学习算法获得图像高层语义，与用户查询关键字进行匹配。本书提出的检索结果优化机制将上述两种方式结合来提高检索准确率。算法流程图如图 11.5 所示。

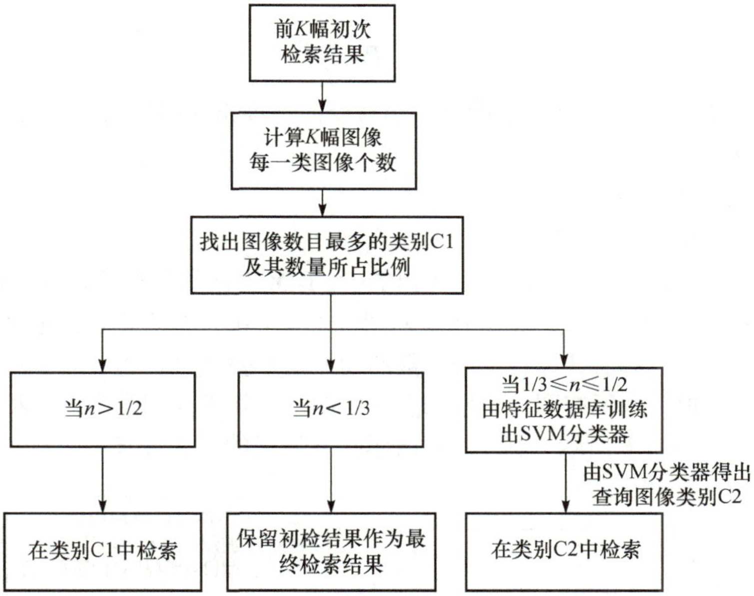

图 11.5　基于检索结果优化的现勘图像检索流程

检索时，先对查询图像进行特征提取，然后用街区距离与图像数据库中的图像特征进行相似度计算并排序，检索出与查询图像最相似的前 K 幅图像。这 K 幅图像往往属于不同的语义类，找出其中图像数量最多的类 C1，设其数量所占比例为 n。

（1）若 $n>1/2$，那么查询图像的语义类别为 C1，并在 C1 类图像中进行相似度计算及排序，得到最终检索结果；

（2）若 $n<1/3$，实验结果发现并利用 SVM 分类，增加了运算复杂度却并没有带来检索准确率的提高，因此直接保留此 K 幅图像作为最终的检索结果；

（3）若 $1/3\leqslant n\leqslant 1/2$，那么利用事先训练好的 SVM 分类器预测出查询图像类别为 C2，并在 C2 类别的图像中进行相似度计算与排序，得到最终检索结果。

其中设置了三个判断分支，且经过大量的对比实验，分支判断标准选取为 1/3、1/2 这两个值，检索的平均查准率最高。

11.2.3　实验结果

1. 实验数据库及检索性能评价参数

所有实验均在 CIIP-CSID 数据库上进行，数据库包含生物物证、血迹、车辆、室内、现场平面图、纹身、犯罪工具、轮胎等 15 个语义类 10082 幅图像。

利用平均查准率作为检索性能评价指标，该指标越大，表明检索结果越好，其计算公式为

$$P=\frac{S}{K} \tag{11.8}$$

式中，S为一次查询中算法返回的结果中包含的正确相关图像的数目；K 为一次查询中算法返回的图像总数。

2. 实验结果与分析

1）基于 DCT 的纹理特征

在 CIIP-CSID 数据库上比较所提出的 DCT-DCT 波纹理特征、小波纹理特征、文献[24]所提出的 DCT 纹理特征在现勘图像检索中的性能表现，其中小波纹理特征采用三层小波分解后计算各子带系数的均值与方差并组合为 1×20 维的纹理特征向量。以数据库中所有图片分别为查询例图，计算平均查准率，三种算法的检索结果比较如图 11.6 所示，其中，K 表示检索结果的前 K 幅图片。

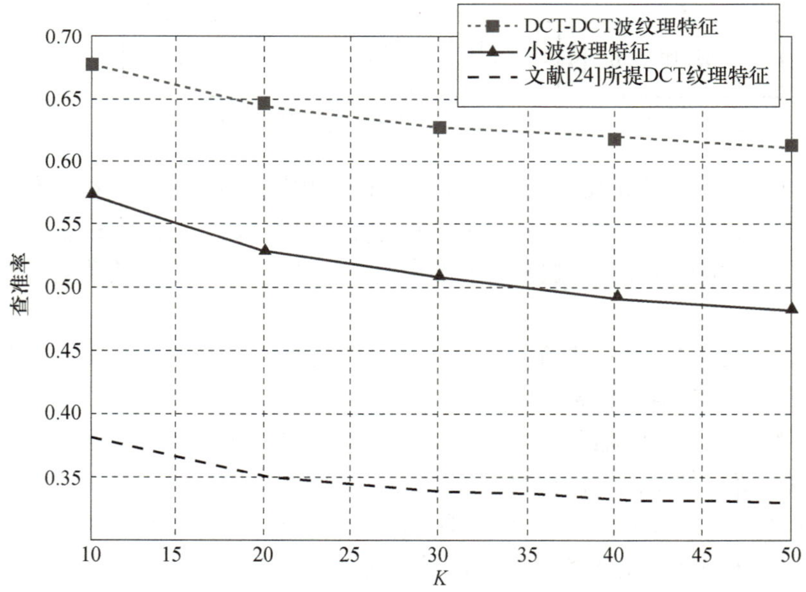

图 11.6　不同纹理特征的检索性能比较

在 CIIP-CSID 数据库上提取 SIFT 特征需要 48s/幅，10082 幅图像约需 134h，而提取 DCT-DCT 波纹理特征需要 0.52s/幅，因此将图像尺寸设置为 256×256 提取 SIFT 特征、LBP 特征、分层梯度方向直方图特征（pyramid histogram of oriented gradients，PHOG)、HSV 特征、GIST 特征与提出的 DCT-DCT 波纹理特征进行对

比，实验结果如图 11.7 所示。

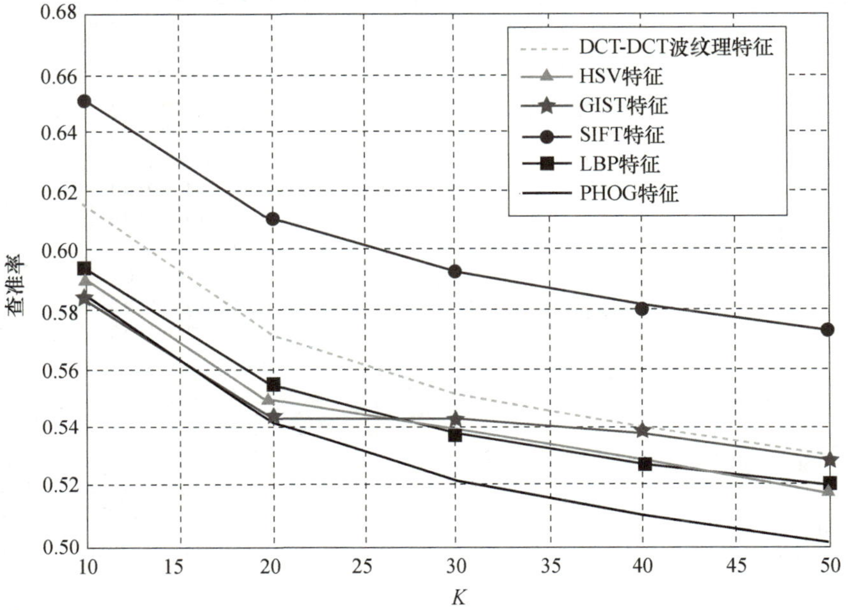

图 11.7　不同图像特征的检索性能比较

实验结果表明，所提出的 DCT-DCT 波纹理特征平均查准率比文献[24]中的 DCT 纹理特征及经典的小波纹理特征有明显提高。例如，K=10 时，三种纹理特征的平均查准率分别为：67.7%，38.4%，57.3%。DCT-DCT 波纹理特征平均查准率比文献[24]中的 DCT 纹理特征提高了约 29.2%，比小波纹理特征提高了 10.3%，DCT-DCT 波纹理特征的维度比 SIFT 低，提取速度也比 SIFT 特征快很多。各特征的维度以及在 256×256 尺寸图像上提取特征所用时间如表 11.1 所示。

表 11.1　特征维度及特征提取时间对比

特征	DCT-DCT 波	HSV	GIST	SIFT	LBP	PHOG
维度	44	256	512	500	1024	680
时间/（s/幅）	0.70	0.76	0.85	3.62	1.49	0.83

2）融合特征测试

在 CIIP-CSID 数据库上比较不同融合系数对融合特征的影响以及本书所提出的融合特征与各单一特征包括 DCT-DCT 波纹理特征、HSV 特征、GIST 特征在现勘图像检索中的性能，结果如图 11.8 和图 11.9 所示。

可以看出，所提出的融合特征查准率比单独使用任何一种特征时的查准率都高。例如，当 K=10 时，融合特征比 DCT-DCT 波纹理特征、HSV 颜色直方图特征、GIST 描述子特征的平均查准率分别提高 8.0%、8.9%、10.1%。

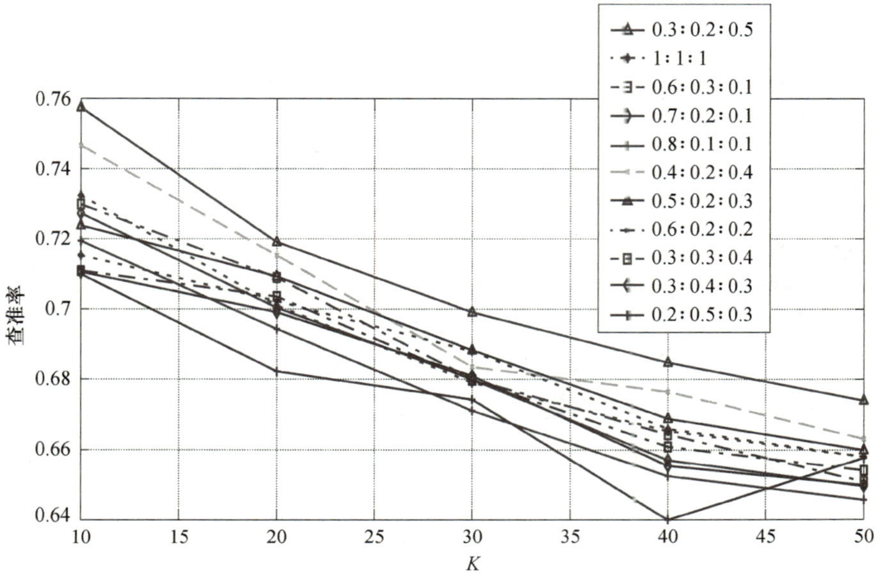

图 11.8　不同融合系数的检索性能比较

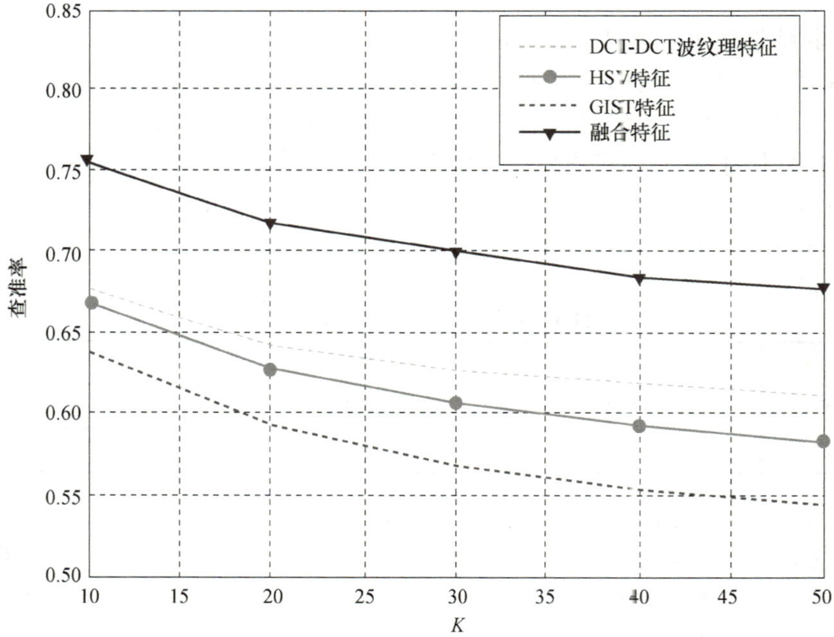

图 11.9　融合特征与单一特征的性能比较

3）基于 SVM 分类的现勘图像检索实验

在 CIIP-CSID 数据库上进行基于 SVM 分类的现勘图像检索实验。实验随机选择每个语义类样本数的 3/4 作为训练样本，按照一对一（one-against-one, OAO）方法构造 SVM 分类器，将剩余 1/4 数据作为测试样本，测试分类准确率。这样的过程进行 10 次，取平均值作为最终结果。实验中使用了 LibSVM[33]工具包，核函数取 RBF（radial basis function）[34]核，并采用网格搜索法寻找最优参数。图 11.10 给出了实验结果。

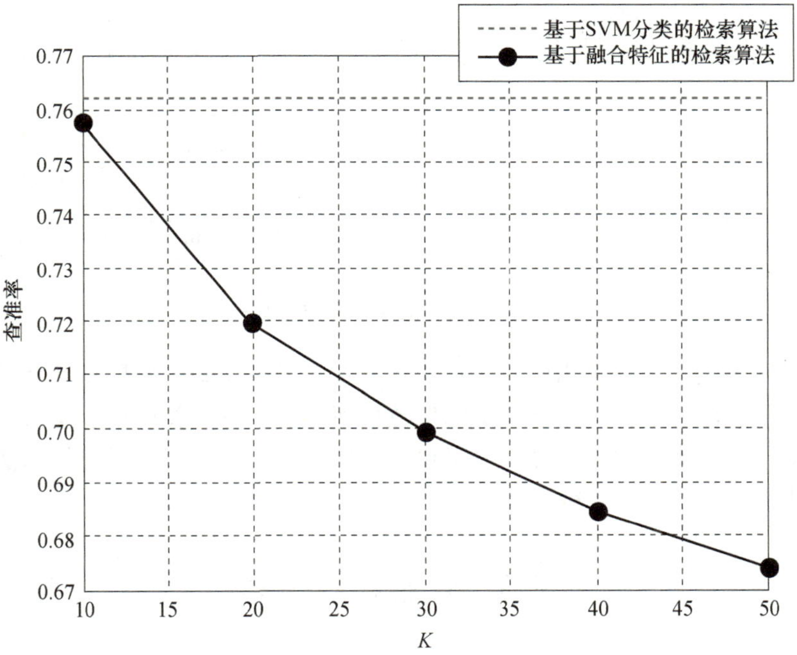

图 11.10　基于融合特征的检索与基于 SVM 分类的检索结果对比

由图 11.10 可以看出，在 K=10 时，两种算法的检索查准率相差不大，但随着 K 值的增大，基于 SVM 分类的检索算法的查准率明显高于基于融合特征的检索算法。此外，基于 SVM 分类的检索方法不需要在整个数据库中进行匹配，而只需要对数据库中某一类图像进行排序匹配，平均检索速度提高了大约一倍。

4）基于检索结果优化的现勘图像检索实验

在 CIIP-CSID 数据库上，随机选择每个语义类样本数的 3/4 作为训练样本，训练 SVM 分类器，将剩余 1/4 数据作为测试样本，测试基于检索结果优化的现勘图像检索算法的检索效果，并与其他两种检索算法进行比较。此检索过程共进行 10 次，取平均值作为最终结果，如图 11.11 所示。

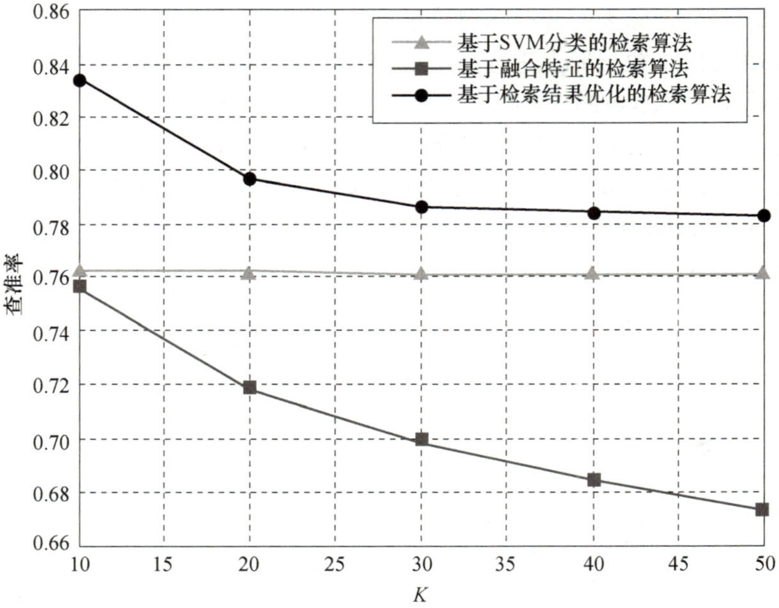

图 11.11　三种检索算法性能比较

实验结果表明，所提出的检索算法查准率明显高于基于低层特征及基于语义特征的检索算法。这说明对于现勘图像数据库来说，有些类适用于用低层特征来进行检索，有些类适用于用高层语义特征来进行检索。本书所提出的算法综合了两者的优势，提高了检索效率。

11.3　轮胎花纹检索

轮胎花纹图像是现勘图像中的一个特殊种类，在交通事故处理和刑事犯罪案件侦破中能够提供重要线索，是一种重要的物证信息。高效准确的轮胎花纹图像检索（tire pattern image retrieval，TPIR）技术对提高交警和公安干警工作效率具有重要的实际应用价值[35, 36]。此外，汽车轮胎花纹设计在轮胎制造和汽车生产的商业领域，也时常因侵犯专利权而发生商业纠纷[37]。因此，研究设计高效的轮胎花纹图像检索算法具有重要意义。

轮胎花纹图像具有纹理复杂、颜色特征单一、边缘清晰、噪声信息少，且不同型号的轮胎花纹具有视觉效果相似的特点。现有文献中描述轮胎花纹图片的低层特征主要为纹理特征[35, 38]，也有少数其他特征如边界特征[39, 40]。而文献中关于轮胎花纹图像检索的算法以纹理特征为主。由于轮胎花纹图像内容的特殊性，常规基于内容的图像检索技术不一定适用于轮胎花纹图像数据[2, 41, 42]。要提高轮胎花纹图像检索的准确性，需要充分考虑轮胎花纹图像数据的特点，研究适合于该种数据的检索算法[41]。

由于缺乏公用的标准测试数据集，目前学术界对 TPIR 的研究并不多。近年来的文献中，根据实验所用数据类型的不同，对轮胎花纹检索的研究可分为四类：轮胎表面花纹检索[38-60]，轮胎压痕检索[61-66]，轮胎花纹磨损特征提取[67-70]，视频中轮胎花纹检索[71]。其中以研究轮胎表面花纹及轮胎压痕图像的文献较多。图 11.12 展示了四类轮胎花纹图像数据例图。

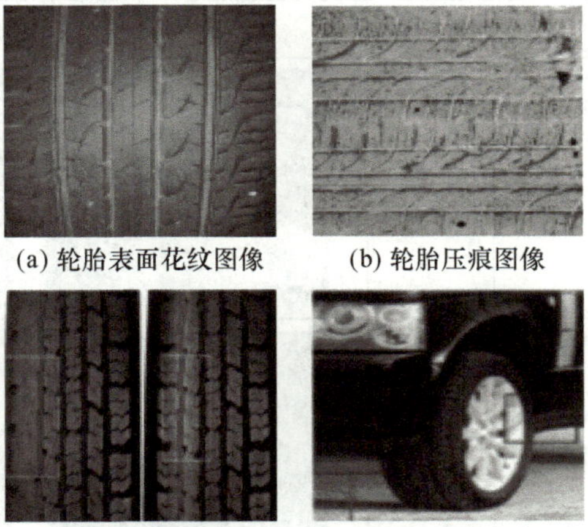

(a) 轮胎表面花纹图像　(b) 轮胎压痕图像

(c) 轮胎花纹磨损图像　(d) 视频中轮胎花纹图像

图 11.12　不同类型轮胎花纹图像

轮胎表面花纹是指车胎表面的花纹（tire tread pattern，或简称 tire pattern）。下面集中介绍轮胎表面花纹检索（简称轮胎花纹检索）技术。

11.3.1　轮胎花纹图像数据库

文献调查显示，目前在 TPIR 领域比较活跃的研究团队有西安邮电大学[38,2,41-52]、陕西师范大学[53-55]、台湾大叶大学[56]、斯洛伐克的 Matej Bel 大学[57]、美国密歇根州立大学[58]、韩国大学[59]、瑞士苏黎世大学[60]等。表 11.2 总结了部分轮胎表面花纹图像数据库信息。

在汽车轮胎制造的商业领域，青岛橡胶谷集团有限公司[37]和美国 TireRack 汽车轮胎公司[72]建立了大型轮胎表面花纹图像数据库。青岛橡胶谷集团有限公司于 2014 年建立了一个大型轮胎花纹数据库，该库包含中国、日本、韩国、美国、欧盟共计 8 万件轮胎花纹的外观专利，共计 52 万张图像。美国 TireRack 汽车轮胎公司建立了约包含 5530 幅图像的轮胎表面花纹图像数据库。

轮胎花纹图像来源和应用场景特殊，难以大量获取。虽然某些公司有大量数据，但由于受到专利的保护而没有对学术研究公开。高校的研究学者所建的轮胎图像数据库情况也各不相同。例如，西安邮电大学在不同时间、不同环境（光照及气候）及不同拍摄条件（距离、尺度、仿射角）下采集轮胎花纹图像 5100 幅[73]。陕西师范大学学者通过第三方单位提供和自建的方式，建立了包含 210 幅轮胎表面花纹图像数据库。韩国大学的科研团队建立了 10 类共计 60 幅的轮胎表面花纹数据库。大叶大学建立了 15 类共计 120 幅轮胎花纹图像数据库。

表 11.2　部分轮胎花纹图像数据库

研究机构/企业	数据量	轮胎花纹图像例图
青岛橡胶谷集团有限公司	52 万	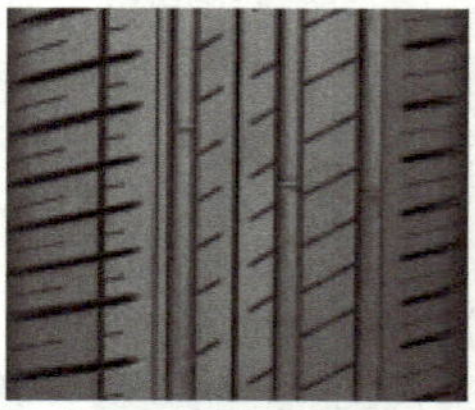 
美国 TireRack 汽车轮胎公司	5530	 
西安邮电大学图像与信息处理研究所	5100	 
陕西师范大学计算机科学学院	210	 
韩国大学	60	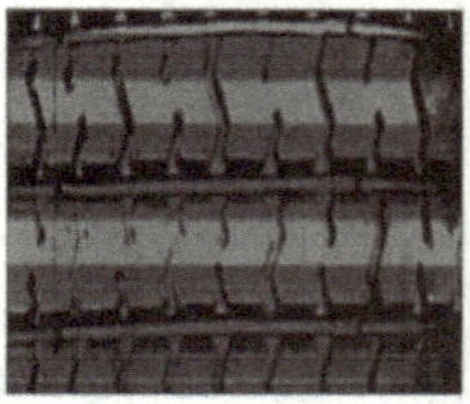 

续表

研究机构/企业	数据量	轮胎花纹图像例图
大叶大学	120	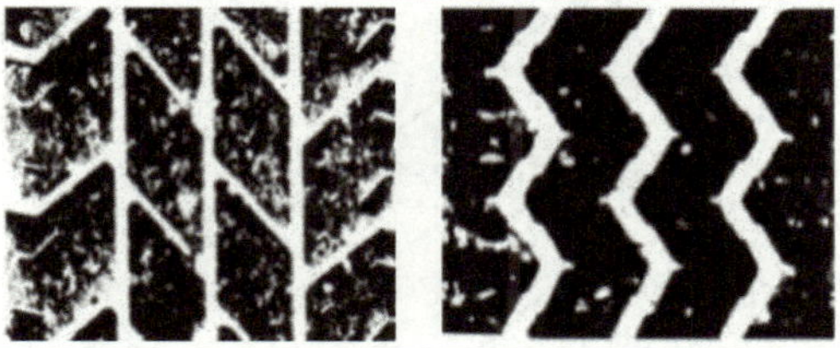

11.3.2　算法测试比较

为了验证传统图像低层特征在轮胎花纹图像上的表现性能，利用经典的 DWT 特征[74]、HSV 特征[75]、GIST 特征[76]、LBP 特征[77]、HOG 特征[78]、SIFT 特征[79]进行检索实验。由于缺乏标准的轮胎花纹测试数据库，利用西安邮电大学团队建立的轮胎花纹图像数据库进行实验。该数据库共 102 类，每类 50 幅，共计 5100 幅轮胎花纹图像。实验所用图像数据例图如图 11.13 所示，查准率曲线如图 11.14 所示。

图 11.13　轮胎花纹图像例图

由图 11.14 实验结果可知，在所测试的低层特征中，SIFT 特征对于轮胎花纹描述效果最佳，其次是 HOG 和 GIST。虽然 SIFT 特征给出了最高平均查准率，但由于该特征计算复杂度大、运行时间长，不适于实时处理。因此，作者也正在进行优化 SIFT 特征算法的实验，并取得初步成效。

目前文献中出现的轮胎花纹低层特征提取算法主要是纹理特征提取，也有少数其他类型的轮胎花纹特征，如文献[39]和[40]中提出的轮胎花纹边界特征提取算法。如果将轮胎花纹纹理特征与其他种类的特征巧妙结合，或许能更好地描述轮胎花纹图片的内容，从而进一步提高检索效率。

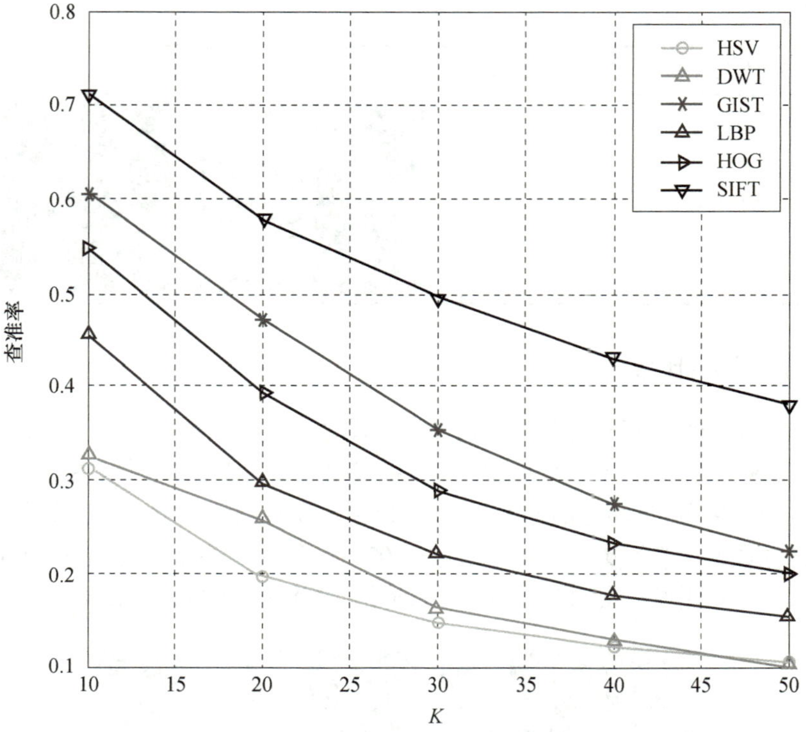

图 11.14　不同特征查准率曲线

参 考 文 献

[1] 韩宁，陈巍. 基于聚类分析的串并案研究[J]. 中国人民公安大学学报:（自然科学版），2012，18（1): 53-58.

[2] LIU Y, ZHANG D, LU G, et al. A survey of content-based image retrieval with high-level semantics[J]. Pattern Recognition, 2007, 40(1):262-282.

[3] 刘颖. 基于语义的图像检索 [M]. 北京：科学出版社，2016.

[4] ARYAL S, KAI M T, HAFFARI G, et al. Beyond TF-IDF and cosine distance in documents dissimilarity measure[C]. Asia Information Retrieval Symposium(AIRS). Springer International Publishing, 2015:400-406.

[5] KAUR N, JINDAL S, KAUR B. Relevance feedback based CBIR system using SVM and bayes Classifier[C]. Second International Conference on Computational Intelligence & Communication Technology(ICICT). IEEE, 2016:214-218.

[6] ANANDH A, MALA K, SUGANYA S. Content based image retrieval system based on semantic information using color, texture and shape features[C]. International Conference on Computing Technologies and Intelligent Data Engineering(ICCTIDE). IEEE, 2016:1-8.

[7] BELATTAR K, MOSTEFAI S. Similarity measures for content-based dermoscopic image retrieval: a comparative study[C]. First International Conference on New Technologies of Information and Communication (NTIC). IEEE, 2016:1-6.

[8] RUIKAR S D, KABADE R S. Content based image retrieval by combining feature vector[C]. International Conference on Wireless Communications, Signal Processing and Networking(WiSPNET). IEEE, 2016:1517-1523.

[9] 刘颖，黄源，高梓铭. 刑侦图像检索中的特征提取及相似度度量研究[J]. 西安邮电大学学报，2014，19(6):11-16.

[10] KONG A, ZHANG D, KAMEL M. A survey of palmprint recognition[J]. Pattern Recognition, 2009, 42(7):1408-1418.

[11] LEE J, JIN R, JAIN A, et al. Image retrieval in forensics: tattoo image database application[J]. IEEE Multimedia, 2012, 19(1):40-49.

[12] 黎向阳，吴敏华，施智平. 基于Gabor变换域的积分直方图鞋印图像检索[J]. 计算机应用与软件，2015(3):215-219.

[13] LIU Y, LI Z. Study on texture feature extraction from forensic images with watermark[C]// IEEE International Conference on Industrial Electronics and Applications(ICIEA). IEEE, 2014: 1471-1475.

[14] LIU Y, YAN H, LIM K P. Study on rotation-invariant texture feature extraction for tire pattern retrieval[J]. Multidimensional Systems & Signal Processing, 2017, 28(2): 757-770.

[15] TANG C Q, DAI X J. Automatic shoe sole pattern retrieval system based on image content of shoeprint[C]// International Conference on Computer Design and Applications. IEEE, 2010: V4-602-V4-605.

[16] KANAMADI M, BHOSLE D. Content based forensics tattoo image retrieval and identification method for database applications [J]. Journal of Information, Knowledge and Research in Computer Engineering, 2010, 3 (2): 651-656.

[17] SUDHAI K G, RASJESWARI S V. Hair patterns and skin marks for criminal and victim identification using RPPSM approach [J]. International Journal of Advanced Research in Computer Science and Software Engineering, 2015, 5 (4): 65-66.

[18] GULHANE S A, GURJAR A A. Content based image retrieval from forensic image databases[J]. International Journal of Engineering Research & Applications, 2015, 5 (3): 66-70.

[19] 刘伟, 刘颖, 李大湘, 等. 一种两层体系刑侦现勘图像检索方法[J]. 西安邮电大学学报, 2016, (6): 35-39.

[20] AZAD R, AZAD B, SHAYEGH H R. Real-time and efficient method for accuracy enhancement of edge-based license plate recognition system[J]. Computer Science, 2014: 146-155.

[21] PRAVEENR J. Study of identification of criminals and dupe by androgenic hair patterns [J]. International Journal of Current Advanced Research, 2015, 4(10): 431-435.

[22] MANGER D. Large-scale tattoo image retrieval[C]// Ninth Conference on Computer and Robot Vision(CRV). IEEE, 2012: 454-459.

[23] SHEN X M, ZHOU J X, XU T W. Minority costume image retrieval by fusion of color histogram and edge orientation histogram[C]// International Conference on Computer and Information Science(ICIS). IEEE, 2016:1-7.

[24] VIBHA B, SANDEEP B P. CBIR using DCT for feature vector generation [J]. International Journal of Application or Innovation in Engineering & Management (IJAIEM), 2012, 1(2):196-200.

[25] 秦军，罗国明. 一种基于 DCT 域的图像快速检索技术[J]. 计算机系统应用，2005，14(5):29-31.

[26] REEVES A R, KUBIK K, OSBERGER W M. Texture characterization of compressed aerial images using DCT coefficients[J]. Proc. Spie, 1997, 3022(3022):398-407.

[27] LAY J A, GUAN L. Image retrieval based on energy histograms of the low frequency DCT coefficients[C]. IEEE International Conference on Acoustics, Speech, and Signal Processing Proceedings (ICASSP). IEEE, 1999:3009-3012.

[28] KEKRE D H B, ATHAWALE A, SADAVARTI D. Algorithm to generate Kekre's wavelet transform from Kekre's transform [J]. International Journal of Engineering Science & Technology, 2010, 2(5): 756-767.

[29] DESAI R, SONAWANE B. Gist, HOG, and DWT-based Content-based image retrieval for facial images [C].

Proceedings of the International Conference on Data Engineering and Communication Technology, Lavasa, India, 2017: 297-307.

[30] 肖保良. 基于 Gist 特征与 PHOG 特征融合的多类场景分类[J]. 中北大学学报(自然科学版)，2014, (6): 690-694.

[31] OLIVA A, TORRALBA A. Modeling the shape of the scene: a holistic representation of the spatial envelope [J]. International Journal of Computer Vision, 2001, 42 (3):145-175.

[32] OLIVA A, TORRALBA A. Scene-centered description from spatial envelope properties[C]// International Workshop on Biologically Motivated Computer Vision (BMCV). Springer-Verlag, 2002:263-272.

[33] CHANG C C, LIN C J. LIBSVM: a library for support vector machines[J]. 2011, 2(3):1-27.

[34] GOWDA S N. Fiducial points detection of a face using RBF-SVM and adaboost classification[C]// Asian Conference on Computer Vision(ACCV), 2016:590-598.

[35] 刘颖, 范九伦, 李宗, 等. 现勘图像数据库检索技术实例探讨[J]. 西安邮电大学学报, 2015, 20 (3): 11-20.

[36] 张琪. 图像检索在公安图像侦查领域的发展[J]. 中国安防, 2015, (19): 59-62.

[37] 钱伯章. 国内首个轮胎花纹专利数据库开始运营[J]. 橡胶科技, 2015, 13(1): 47.

[38] 刘颖, 燕皓阳. 具有旋转不变性的轮胎纹理特征提取[J]. 西安邮电大学学报, 2015, 20(6):10-13.

[39] 张荣团, 董玉德, 宋忠辉, 等. 轮胎胎面花纹边界特征提取方法研究[J]. 轮胎工业, 2017, 37(1):18-23.

[40] 董玉德, 宋忠辉, 陈进富, 等. 面向轮胎点云的胎面花纹边界特征提取[J]. 计算机辅助设计与图形学学报, 2017, 29(5):939-949.

[41] 李志文, 王洪添, 于治楼. 图像检索中基于复杂图像特征的相似度计算[J]. 信息技术与信息化, 2008, (4):44-47

[42] 刘颖, 范九伦. 基于内容的图像检索技术综述[J]. 西安邮电大学学报, 2012, 17 (2):1-8.

[43] LIU Y, LI Z, GAO Z M. An Improved Texture Feature Extraction Method for Tyre Tread Patterns [M]. Berlin Heidelberg: Springer Press, 2013:705-713.

[44] LIU Y, LI Z. Study on texture feature extraction from forensic images with watermark[C]. International Conference on Industrial Electronics and Applications (ICIEA). IEEE, 2014:1471-1475.

[45] YAN H, LIU Y. An improved texture feature extraction method based on radon transform[C].Seventh International Symposium on Computational Intelligence and Design (ISCID). IEEE, 2015:481-485.

[46] WANG S, LIU Y, LI D X, et al. An improved SIFT feature extraction method for tyre tread patterns retrieval[C]. Seventh International Symposium on Computational Intelligence and Design (ISCID). IEEE, 2015:539-543.

[47] LI Z, LIU Y, LI D X. A new texture feature extraction method for image retrieval[C]. International Conference on Intelligent Control & Information Processing(ICICIP). IEEE, 2013:482-486

[48] 王帅. 基于 SIFT 特征的轮胎花纹图像相似性检索技术研究[D]. 西安: 西安邮电大学, 2015.

[49] 贾世英, 马姣婷. 基于小波变换和灰度共生矩阵的轮胎花纹检索[J]. 计算机测量与控制, 2016, 24(6):210-213.

[50] LIU Y, YAN H Y, LIM K P. Study on rotation-invariant texture feature extraction for tire pattern retrieval [J]. Multidimensional Systems & Signal Processing, 2017, 28(2):757-770.

[51] 李宗. 用于轮胎花纹检索的纹理特征提取算法研究[D]. 西安: 西安邮电大学, 2014.

[52] 燕皓阳. 含有隐藏信息的刑侦图像纹理特征提取算法研究[D]. 西安: 西安邮电大学, 2016.

[53] 艾玲梅, 郭春. 基于分频和奇异值分解的轮胎图像增强方法[J]. 计算机应用研究, 2012, 29(3):1178-1180.

[54] 艾玲梅, 郭春. 基于组合特征提取与多级 SVM 的轮胎花纹识别[J]. 计算机工程与应用, 2013, 49(20):179-182.

[55] 乔丽, 刘继华, 薛艳峰. X 光轮胎图像的增强处理研究[J]. 长治学院学报, 2012, 29(5):27-29.

[56] HUANG D Y, HU W C, WANG Y W, et al. Recognition of tire tread patterns based on gabor wavelets and support

vector machine[C]. International Conference on Computational Collective Intelligence(ICCCI). Berlin Heidelberg: Springer Press, 2010:92-101.

[57] MICHALÍKOVÁ A, VAGAČ M. A tire tread pattern detection based on fuzzy logic [C]// Flexible Query Answering Systems (FQAS). Ghent: Springer Press, 2016: 381-388.

[58] COLBRY D, CHERBA D, LUCHINI J. Pattern recognition for classification and matching of car tires [J]. Tire Science & Technology, 2005, 33(1):2-17.

[59] JUNG S W, BAE S W, PARK G T. A design scheme for a hierarchical fuzzy pattern matching classifier and its application to the tire tread pattern recognition [J]. Fuzzy Sets & Systems, 1994, 65(2-3):311-322.

[60] THALI M J, BRAUN M, BRÜSCHWEILER W, et al. Matching tire tracks on the head using forensic photogrammetry [J]. Forensic Science International, 2000, 113(1):281-287.

[61] 陈强, 李江, 吴想, 等. 轮胎印痕识别算法及实例分析[J]. 吉林大学学报(工学版), 2005, 35(1):39-43.

[62] 陈强, 李江, 吴想, 等. 基于小波网络的轮胎印痕识别[C]// 2004 国际公路安全研讨会, 北京: 人民交通出版社，2004.

[63] 于清. 现场轮胎痕迹花纹检索算法研究[D]. 大连: 大连海事大学, 2015.

[64] 周奇智. 交通事故现场轮胎痕迹的鉴别研究[D]. 西安: 长安大学, 2011.

[65] WANG Z, WANG Y P, LI S W. Image matching algorithm for tire impression based on SIFT-Gabor transform[J]. Optics and Precision Engineering, 2011, 19(2): 291-297.

[66] LIN L, SUN J, WANG Z, et al. Recognition method and application to classify a tire image combined curve evolution and characteristic matching [J]. Chinese Journal of Scientific Instrument, 2011, 32(12): 56-60.

[67] WEI D, PHLYPO R, ADALI T. Adaptive feature split selection for co-training: application to tire irregular wear classification[C]. IEEE International Conference on Acoustics, Speech and Signal Processing(ICASSP). IEEE, 2013:3497-3501.

[68] 张超, 程荫杭. 改进阈值法的轮胎表面磨损的特征提取[J]. 北京交通大学学报, 2007, 31 (2): 57-61.

[69] ZHANG C, CHENG Y H. A hybrid template match approach based on wavelet analysis and threshold segmentation for detecting tire surface wear [C]// IEEE International Conference on Control and Automation (ICCA). IEEE, 2007: 1079-1084.

[70] 张超. 轮胎磨损图形化分析的研究[D]. 北京: 北京交通大学, 2008.

[71] BULAN O, BEMAL E A, LOCE R P, et al. Tire classification from still images and video[C]// International IEEE Conference on Intelligent Transportation Systems(ITSC). IEEE, 2012:485-490.

[72] Tire Rack in USA. Tire Image Database[EB/OL]. www. Tirerack.com. [2016-11-15].

[73] LIU Y, HU D, FAN J L, et al. Multi-feature fusion for crime scene investigation image database retrieval [C]. The International Conference on Digital Image Computing: Techniques and Applications (DICTA). IEEE, 2017:1-7.

[74] 党妮, 胡方明, 曹越. 基于小波变换的图像检索技术[J]. 电子科技, 2012, 25 (12): 137-140.

[75] SHEN X M, ZHOU J X, XU T W. Minority costume image retrieval by fusion of color histogram and edge orientation histogram [C] // International Conference on Computer and Information Science (ICIS). IEEE, 2016:1-7.

[76] DESAI R, SONAWANE B. Gist, HOG, and DWT-Based Content-Based Image Retrieval for Facial Images [M]. Singapore: Springer Singapore, 2017: 297-307.

[77] OJALA T, PIETIKAINEN M, HARWOOD D. Performance evaluation of texture measures with classification based on kullback discrimination of distributions[C]. International Conference on Pattern Recognition(ICPR). IEEE, 2002: 582-585.

[78] DALAL N, TRIGGS B. Histograms of oriented gradients for human detection[C]. IEEE Computer Society Conference on Computer Vision & Pattern Recognition(CVPR). IEEE, 2005: 886-893.

[79] LOWE D G. Distinctive image features from scale-invariant key-points [J]. International Journal of Computer Vision, 2004, 60 (2): 91-110.

第 12 章 刑侦案件智能串并

串案和并案（简称串并案）是侦破系列案件非常有效的方法。所谓系列案件的串并是指把不同地域或不同时间发生的多起案件，通过对案件中发现的各种痕迹、线索进行分析，认为这些案件可能为同一犯罪主体所为，因而把这些案件进行合并侦查的办案手段。案件的串并可以把看似无关联的线索和物证进行综合分析，找出足够的证据锁定犯罪嫌疑人。串并案件有利于从多方面获取犯罪证据，并及时掌握犯罪分子的全部罪行。对串并案而言，一般是根据已发案件的某些特征，到案件数据中进行检索，找到相关联的案件，将其串并在一起，从而获得更多的线索。

12.1 概 述

案件的智能串并方法为发现犯罪行为的规律、趋势与关联提供了一种高效的手段。随着交通和信息传播的高速发展，技术型团伙作案有向深层方向发展趋势。串并案的实现有利于加强跨地区的刑侦合作，共享犯罪信息资源以及主动出击，预防犯罪。在许多系列案件中，作案时间、作案地点、作案手段、侵害目标等都具有相对的稳定性和规律性，尤其指纹、足迹、工痕等现勘数据具有高度的一致性和相关性，而且现场勘验时效性和精确度的要求非常高，所以基于现勘数据的智能串并案是高速破案的关键，也是趋势所在。

随着成像设备的普及和图像处理与模式识别技术的发展，利用各种自动化分析技术逐渐成为刑侦破案的重要手段。基于现勘图像的信息化破案技术也越来越受到办案人员的重视。现勘图像所携带的二维的犯罪现场信息提供了丰富、真实、完整的破案线索，它在信息化破案中具有潜在优势。如果能将这些信息智能串并在一起，有望实现以下数据分析任务：发掘人眼未能识别的线索，自动检测异常事件的发生以及在大数据库中关联相关信息，这些通常是基层办案人员在短时间内无法通过人工方式完成的。

为了能够全方位地反映犯罪现场信息，使各警种通过现场信息的联动，实现共享和相互间的配合，公安系统已经意识到了电子信息技术在破案过程中的重要性。但是由于学科交叉人员的匮乏，系统功能的不完善等原因，这些技术未能在实际的破案工作中发挥其应有的能效。其原因有三个方面。

(1)现勘图像中最有价值的破案线索往往是局部异常信息。在数据录入阶段，现有的技术需要录入现场勘验采集到的图像信息、视频信息、时间信息等犯罪现场信息；在后期分析阶段，需要对这些生成数据进行加工、特征提取、编码以及填写标签等操作。而现有的分析系统大多是依赖这些加工后的辅助信息才能完成信息的检索，极少数的方法是基于图像内容对现勘数据实现分类以及自动识别等功能。也就是说，多数基于现勘图像的自动分析技术往往是基于宏观特征的。例如，在数据库中检索一把匕首，检索的结果是将数据库中的所有匕首都检索出来，如图 12.1 所示。它们都具有类似的形状。这样的关联结果对于数据的管理具有非常重要的意义，但是对于挖掘新线索是没有意义的，现勘图像中最有价值的破案线索往往是局部异常信息。例如这把匕首的特殊形状或者残缺、指纹图像的脊线以及交通工具的碰撞痕迹等细节信息。

图 12.1　基于宏观特征对匕首的检索结果

（2）数据分析结果往往过分依赖于数据采集的质量。任何利用计算机实现数据分析、自动识别等功能的应用都是基于基础数据的，而且大多数模式识别和机器学习问题是基于统计的，那么就需要大量的数据作为分析的基础。在刑侦破案过程中，真实场景中的异常检测容易受环境因素的影响。更重要的是，每一个案件的情况千差万别，所需要检测的对象也形形色色，被检测的目标通常处于变化无常的背景中。在所有影响异常检测结果的因素中，最主要的三个因素是拍摄的角度和尺度的变化、光照的变化和被检测对象的平移与旋转等变化。这些因素都能影响异常的判定，导致将正常状态误判为异常，因此实际案件中现勘图像异常检测是一个非常有意义和具有挑战性的工作。

（3）案件的时空跨度对于串并破案是挑战更是机遇。随着犯罪职业化、团伙化、流窜化的趋势日益凸显，案件的时间跨度和空间跨度都非常大，这就造成了案件数据库的异常庞大和复杂。这些信息的规模从 GB 开始，不断向 TB、PB 级别发展，而其中对破案有用的异常事件发生的频率同大量的正常事件相比仅仅是很少的一部分。串并破案就是利用多种数据的相关性发现线索，理论上数据越多，得到的线索越丰富、越准确。但是对于动辄 GB 级的现勘图像数据库，如果只依赖于人工分析，不仅大大降低了破案的速度，而且由于人眼易疲劳，缺乏可靠性的特点也很难发现有价值的破案线索。

12.2　刑侦案件智能串并的要素

12.2.1　刑侦案件数据库中的图像信息

现勘图像数据所携带的犯罪现场信息提供了丰富、真实、人眼短期内未发现的破案线索。现场勘查（以下简称现勘）是侦查机关对犯罪场所及其遗留痕迹和其他物证所进行的勘验和调查，目的是发现、获取犯罪痕迹和其他物证，了解和研究罪犯实施犯罪的情况和案件性质，确定侦查方向和范围，为侦查和审判案件提供线索和证据。现勘信息对了解犯罪行为在客观环境中造成的种种变化，掌握犯罪人员的相关信息具有非常重要的意义。办案人员根据现勘信息对犯罪事件的有关情况做出初步判断，为侦查工作提供一定的客观依据。所以，现勘是刑事案件侦查的起点和基础，是获取案件线索和证据的丰富源泉。

本节基于实地勘察采集到的犯罪现场的数据实现关联多个案件信息。除了现场采集的其他数据，图像数据包含许多人眼短期内无法发现的线索，需要进一步进行分析和特征提取。采用现勘图像作为研究对象的优势在于以下三个方面：

（1）图像数据可以获得二维真实、完整的现场信息；

（2）图像、视频数据的采集和录入简单；

（3）高性能、高可靠性的图像处理和模式识别技术日益成熟。

从图像处理和模式识别技术应用于刑侦图像分析的研究状况来看，很多研究已经取得了一些成果，这些大多是成熟的机器视觉技术在现勘数据上的直接应用。但是现勘数据与以往传统的模式识别领域所使用的数据存在很大差异，这些成熟的算法如果不加改进直接使用在现勘数据上会存在很多问题。这些问题列举如下。

（1）有些方法只适用于某种拍摄条件下的图像，而如果拍摄的光照条件、拍摄角度发生变化，这些方法则会失效。例如，提取形状边界用于表征现勘图像的轮廓信息的方法只能表征有突出形状特征的事物，然而拍摄的角度和尺度极大地影响了拍摄对象的形状。而对于足迹、轮胎痕迹等，由于主要特征表现在纹理的排列和方向等细节上，用于表征这类信息的特征必须对尺度和方向的变化具有不变性。犯罪现场非常复杂，背景变化多端，拍摄条件更是千差万别，如何将已有的特征提取方法进一步改进和提高，从而有效地表征现勘图像的本质特征，是一个很有意义且值得深入研究的问题。

（2）信息化破案的研究才刚刚起步，传统的侦查模式已经深入人心。在案发后，办案人员在短时间内对犯罪现场勘查，但在很短的时间内对当前案情的认知可能只是冰山一角，各种现象背后还存在很多未解的谜题等着办案人员去侦查和研究。而机器视觉领域中，人的认识被认为是评价算法性能的标准。这就形成了图像处理和模式识别技术用于现勘图像分析最大的障碍之一。在现有已开发的刑侦破案系统中，融入了太多的人的主观经验知识。例如，犯罪现场“应该”提取的特征点、现勘图像的分类和管理以及填写的各种信息标签往往都是由基层办案人员主观决定的。现勘数据存在很多的不确定性，用于研究现勘图像的方法应该具备处理数据不确定性的能力，面对这样的研究领域，研究人员应该挖掘现勘数据本身的、最本质的特征。最终，在验证方法有效性和可行性的基础上，为信息化破案的研究提供新思路和新见解。

（3）多起犯罪的发生与案情的变化具有一定的关联性和相似性。单就一起案件而言，采集的现勘图像多达上千甚至上万幅，而这些数据中人们所真正关心的异常事件却只占到很小的比例。因此，在这些小概率事件发生时，及时有效地检测，对于破案具有非常重要的价值和意义。没有行之有效的现勘图像内容的表征方法，成为现勘数据的自动化分析的瓶颈。大多数基于图像内容的现勘图像分析还只能依赖于人工分析，大大降低了破案的速度，经日积月累产生的珍贵而且庞大的现勘数据成为闲置资源。

12.2.2 刑侦案件智能串并的策略

在有生物识别信息的条件下，多个案件的信息可以通过对比这类信息的相似度实现关联。目前，已有文献提出了利用 DNA 技术实现系列案件的串并[1]。文献中罗列出 DNA 技术的三点技术优势：犯罪现场 DNA 易提取性、DNA 极高的个体识别性及 DNA 数据库资源全国共享并且不断丰富更新。利用 DNA 技术确实对于系列案件串并提供一定帮助，但由于 DNA 属于生物数据，在提取、包装、保存、送检等环节规范要求极高，同时要求现场勘查人员具有极其熟练的提取方法，这些都限制了 DNA 技术进行刑侦案件的串并。

目前的智能串并案分析研究基本上是利用关键词实现案件的串并。文献[2]采用了基于图的聚类算法进行串并案分析。文中采用 Spark Graph 计算案件相似度，之后采用图聚类对案件进行串并分析。其案件特征数据提取同样依赖人工经验得到的案情关键词，缺乏对现勘图像细节特征的提取分析，造成现勘数据资源浪费。同时聚类中特征提取需要人工参与，不利于案件串并的自动分析。

文献[3]基于文本特征词的文本分析方法，利用模糊 C 均值（fuzzy C-means, FCM）聚类算法可以实现自动串并案分析模型，从而实现系列案件的自动聚类。该文献中，采用聚类操作以后，将数据库中的案件按照一定的判断标准分成若干类。案件信息的表述采用的是文本特征词的文本分析方法，而特征词来自办案人员的主观录入的简要案情。这些关键词本身就是人对当前案件在短时间内的理解，而且这些关键词通常是一些格式化的语义描述，即便是办案人员对犯罪现场有了一定深度的了解，而在对案情进行录入的时候，又会对一些信息进行过滤，格式化的特征词还不能完全反映人对场景、细节等信息的理解。

目前的基于图像内容的智能串并案研究是基于图像全局特征的。例如，2008 年获得的发明专利“一种刑事案件的串并案智能分析方法”对图像提取多维特征提取，用一个一维特征向量描述一幅图像[4]。类似的方法如发明专利“移动式视频侦查方法”同样是提取一幅图像中的运动目标，对其进行表征[5]。刑侦案件中采集的图像和视频往往具有以下三个特点：①多目标；②背景复杂；③最有价值的破案线索往往是局部异常信息。

基于固定的模板和格式的特征无法表征案件的异常信息。例如，2016 年公开的发明专利“在案件串并和嫌疑人排查中的数据挖掘方法”采用了固定的标签模板[6]；2014 年公开的发明专利“一种案件特征串并的分析方法”采用了串并项打分模板[7]；2016 年公开的发明专利“一种串并案分类方法及串并案分类系统”采用 6 维特征信息描述当前案件[8]。然而，在刑侦破案过程中，最有价值的破案线索往往是局部异常信息，这些异常信息无法用模板进行表达。

综上所述，现有的案件的智能串并方法没有考虑实际案件中采集的现勘图像的多目标性，忽略了细节信息在案件串并中的作用，从而限制了图像处理及机器学习的方法在刑侦破案方面的应用。因此，如何有效地表征现勘视觉信息的局部信息，如何更为有效地度量少量细节信息的关联程度，成为实现高效、准确的串并案件的关键问题。

12.3　智能串并在真实破案中存在的实际问题

现实案件侦破过程中，案件的串并主要依靠物证检验技术人员对痕迹物证进行甄别和挖掘串并条件，依据串并条件认定为同一犯罪主体就可以进行串并案。在模式识别研究领域中，系列案件的智能串并分析其实是信息的分类和检索问题，串并条件的确定对应特征提取问题，这两个都是模式识别里的经典问题，因此模式识别中一些成熟算法模型可以起到很好的借鉴作用。但实际的案件侦破工作不同于以往传统的模式识别研究的问题，线索是破案的根本，找到串并条件是实现串并破案的核心。而且串并条件也有其特殊性，串并条件分为确定性条件和可能性条件。确定性条件是指两个以上刑事案件过程中被发现的能够完全认定为同一犯罪主体的痕迹和物证，如 DNA 信息。可能性条件是指两个以上刑事案件过程中具有相关性但不能完全认为是同一犯罪主体的痕迹和物证，如作案人员的犯罪时间和对象。如果两起案件的犯罪嫌疑人具有相同犯罪时间和对象，那么这两起案件可能为同一犯罪主体所为，也可能不是。换句话说，如果串并条件的熵越大（发生的概率越小），它的确定性越高，这一特征的可识别性就越好。可见，由于线索的未知性、稀缺性、不稳定性等特点，串并条件又不同于特征提取。这些都成为了实现案件智能串并的新挑战，这就需要不断精心钻研发现适合刑侦案件智能串并的算法。

随着交通和信息传播的高速发展，技术型团伙作案有向深层方向发展趋势。串并案的实现有利于加强跨地区的刑侦合作，共享犯罪信息资源以及主动出击，预防犯罪。在许多系列案件中，作案时间、作案地点、作案手段、侵害目标等都具有相对的稳定性和规律性，尤其指纹、足迹、工痕等现勘数据具有高度的一致性和相关性，而且现场勘验的时效性和精确度的要求非常高，所以基于现勘数据的智能串并案是高速破案的关键，也是趋势所在。

随着信息化破案技术日臻完善，公安机关的信息获取、传输以及存储处理能力得到了飞速发展。这些信息的规模以 TB 计，与此形成对比的是分析技术的滞后。为了实现串并破案，侦查人员需要花费好几个星期才能完成对这些数据的查看，所以基于多模态数据的串并案分析在信息化破案中具有非常广阔的应用前景。

12.4 刑侦案件的信息提取

12.4.1 案件信息提取的关键技术

案件的智能串并会涉及多种视频和图像的分析技术。

（1）现勘图像的目标检测和识别技术。有价值的信息往往是异常信息或者细节信息，因此串并条件不再是整幅图像、宏观信息、固定长度的特征向量或者人工标签等，而是由细节和小目标信息构成的多层现勘元素。为了构建现勘元素库，需要构建现勘视觉信息小目标库，本章采用区域生成网络的目标识别方法，这一方法能够有效检测出图像当中的细节和小目标信息。

（2）现勘图像的表征方法。为了避免目前常用的图像特征提取方法出现的细节信息被淹没的现象，设计了现勘视觉信息树，在小目标块上针对破案需求生成衍生信息层。它具有放大细节信息的功能，使检索目的更明确。

（3）监控视频自动分段技术。海量的监控视频实时、持续地记录案发现场，但是由于分析技术的滞后，关键线索的检测和甄别现阶段还需要人工来完成，很难保证破案线索的时效性和准确性。在冗长的监控视频中选取有价值的异常信息是为串并案提供线索的保证。本章用变化检测方法将监控视频自动分段，筛选出有异常变化的时刻。

（4）X 射线安检图像处理和检索技术。安检闸口的设置是案发后最有效获取嫌疑人信息的方式，案件成像设备为串并案提供了高质量的视觉信息。现有的筛查 X 射线安检图像的方法实时性不高且耗费的人工成本较大，因人工操作涉及的隐私问题不可避免，为此提出一种基于 GB 彩色纹理字典的 X 射线安检图像自动检测算法。X 射线安检图像对于不同材质的物体呈现不同颜色的特性，通过分析目标物体的颜色分布特点，构建色彩权值矩阵，提取多通道图像的局部纹理特征，结合词袋模型生成多通道优化的图像字典，然后通过色彩加权矩阵映射到 GB 彩色纹理字典，最终通过训练支持向量机对输入的测试图像进行检测。

12.4.2　案件视频信息分析

监控视频为案件的破获提供了大量、持续的信息。但是由于采集质量差和数量巨大等原因，利用监控视频获得线索需要大量人工的操作，实时性和准确性大大影响了案件线索的时效性。

为了从大量监控视频中获取线索构建串并元素库，利用变化曲线的方法对监控视频分段。对于一般视频数据的研究，提取视频的动态特征已经有很多较为成熟的算法[9, 10]，本章介绍一种经典的 volume 局部二元模式（volume local binary pattern，VLBP）算法[10]。首先提取输入的彩色动态纹理，通过 RGB 时空局部二元编码；然后，在 RGB 三个通道分别统计模式分布直方图；最后，将得到的直方图级联起来表征动态纹理。这一动态纹理的表征方法既避免了颜色转换的复杂运算，又保留了彩色动态纹理图像的色彩和结构分布之间的关系。

设动态纹理图像序列有 S 帧，t_c 表示中间帧图像所在的序号，$t_c \pm L$ 分别表示与该中间帧图像间隔时间为 L 的前后相邻帧图像，$g^R_{t_c,p}(p=0,\cdots,N_p-1)$ 表示中间第 t_c 帧图像上第 p 个邻域点 R 通道像素值，$g^G_{t_c,p}(p=0,\cdots,N_p-1)$ 为第 t_c 帧图像上第 p 个邻域点 G 通道像素值，$g^B_{t_c,p}(p=0,\cdots,N_p-1)$ 为第 t_c 帧图像上第 p 个邻域点 B 通道像素值。$g^R_{t_c\pm L,c}$、$g^G_{t_c\pm L,c}$ 和 $g^B_{t_c\pm L,c}$ 分别表示与中间帧时间间隔为 L 的前（后）相邻帧的中心点 R 通道像素值、G 通道像素值、B 通道像素值。分别提取动态纹理图像序列各个通道的颜色信息，得到该序列的 R 红色通道信息、G 绿色通道信息和 B 蓝色通道信息；在颜色通道序列上定义局部邻域：

$$\begin{cases} V^R = v(g^R_{t_c-L,c}, g^R_{t_c,c}, g^R_{t_c,0}, L, g^R_{t_c,p-1}, g^R_{t_c+L,c}) \\ V^G = v(g^G_{t_c-L,c}, g^G_{t_c,c}, g^G_{t_c,0}, L, g^G_{t_c,p-1}, g^G_{t_c+L,c}) \\ V^B = v(g^B_{t_c-L,c}, g^B_{t_c,c}, g^B_{t_c,0}, L, g^B_{t_c,p-1}, g^B_{t_c+L,c}) \end{cases} \tag{12.1}$$

随着动态纹理序列图像帧间的间隔增大，两帧图像之间的相关性会逐渐减小。为了避免动态纹理特征维数过高，中间帧图像邻域数取 $N_p = 4$，与中间帧图像时间间隔为 L 的前后帧只取中心像素点。在 3 个通道里分别将每个采样点像素值减去中间帧中心点的像素值：

$$\begin{cases} V_1^R = v(s(g_{t_c-L,c}^R - g_{t_c,c}^R), s(g_{t_c,0}^R - g_{t_c,c}^R), \cdots, s(g_{t_c,p-1}^R - g_{t_c,c}^R), s(g_{t_c+L,c}^R - g_{t_c,c}^R)) \\ V_1^G = v(s(g_{t_c-L,c}^G - g_{t_c,c}^G), s(g_{t_c,0}^G - g_{t_c,c}^G), \cdots, s(g_{t_c,p-1}^G - g_{t_c,c}^G), s(g_{t_c+L,c}^G - g_{t_c,c}^G)) \\ V_1^B = v(s(g_{t_c-L,c}^B - g_{t_c,c}^B), s(g_{t_c,0}^B - g_{t_c,c}^B), \cdots, s(g_{t_c,p-1}^B - g_{t_c,c}^B), s(g_{t_c+L,c}^B - g_{t_c,c}^B)) \end{cases} \tag{12.2}$$

类似 VLBP，根据差值的符号给各采样点编码 0 或者 1，为简化表达式 V_1^R、V_1^G、V_1^B，令 $V_1^* = v(v_0^*, v_1^*, \cdots, v_q^*, \cdots, v_{p+2}^*)$，$* = \{R,G,B\}$，为每个分量分配一个权重因子 2^q，将 V_1^R、V_1^G、V_1^B 分别转换为唯一的十进制数值，即

$$\begin{cases} V_2^R = \prod_{q=0}^{p+2} v_q^R 2^q \\ V_2^G = \prod_{q=0}^{p+2} v_q^G 2^q \\ V_2^B = \prod_{q=0}^{p+2} v_q^B 2^q \end{cases} \tag{12.3}$$

式中，V_2^R、V_2^G 和 V_2^B 分别表示 R 红色通道、G 绿色通道以及 B 蓝色通道上的十进制模式值。

图 12.2 为对动态纹理序列非边界点像素进行 RGB 空间的时空局部二元编码示意图。如图所示，左侧立方体表示动态纹理序列中的三帧彩色图像，里面的小立方体代表其中某一中心像素点的 3×3×3 邻域，分别提取此邻域 R、G、B 三个通道颜色信息，得到右侧红绿蓝（分别用虚线、半滑线、实线表示）三种颜色空间里的邻域像素值。接着在每一个颜色空间中以相应色彩空间中间帧的中心点像素值为阈值，进行二值化编码。然后根据权值模板，将每个通道的二进制码转换为十进制数值。这些十进制数代表该 3×3×3 邻域的中心像素点在三个颜色通道的模式值。

将一段彩色动态纹理序列除边界点以外的像素点通过 RGB 时空局部二元编码器，分别统计三个通道的模式分布直方图并记为 H^R、H^G 和 H^B，最后将其级联起来得到 192 维的彩色动态纹理特征。RGB 空间动态纹理提取过程如图 12.3 所示。

$$H = \left[H^R, H^G, H^B \right] \tag{12.4}$$

由于动态纹理图像序列帧间间隔变大，两帧图像上像素值的相关性会减弱，故本章提出的算法对间隔时间为 L 的前后帧不必取与当前帧同样多的邻域点。RGB 空间的动态纹理特征维度为 192，而基本 VLBP 算法提取的特征维度为 16384(2^{14})。RGB 空间的动态纹理特征不仅表达了动态纹理图像序列的纹理信息、运动信息以及颜色信息，而且大大减少了特征提取的运算量。

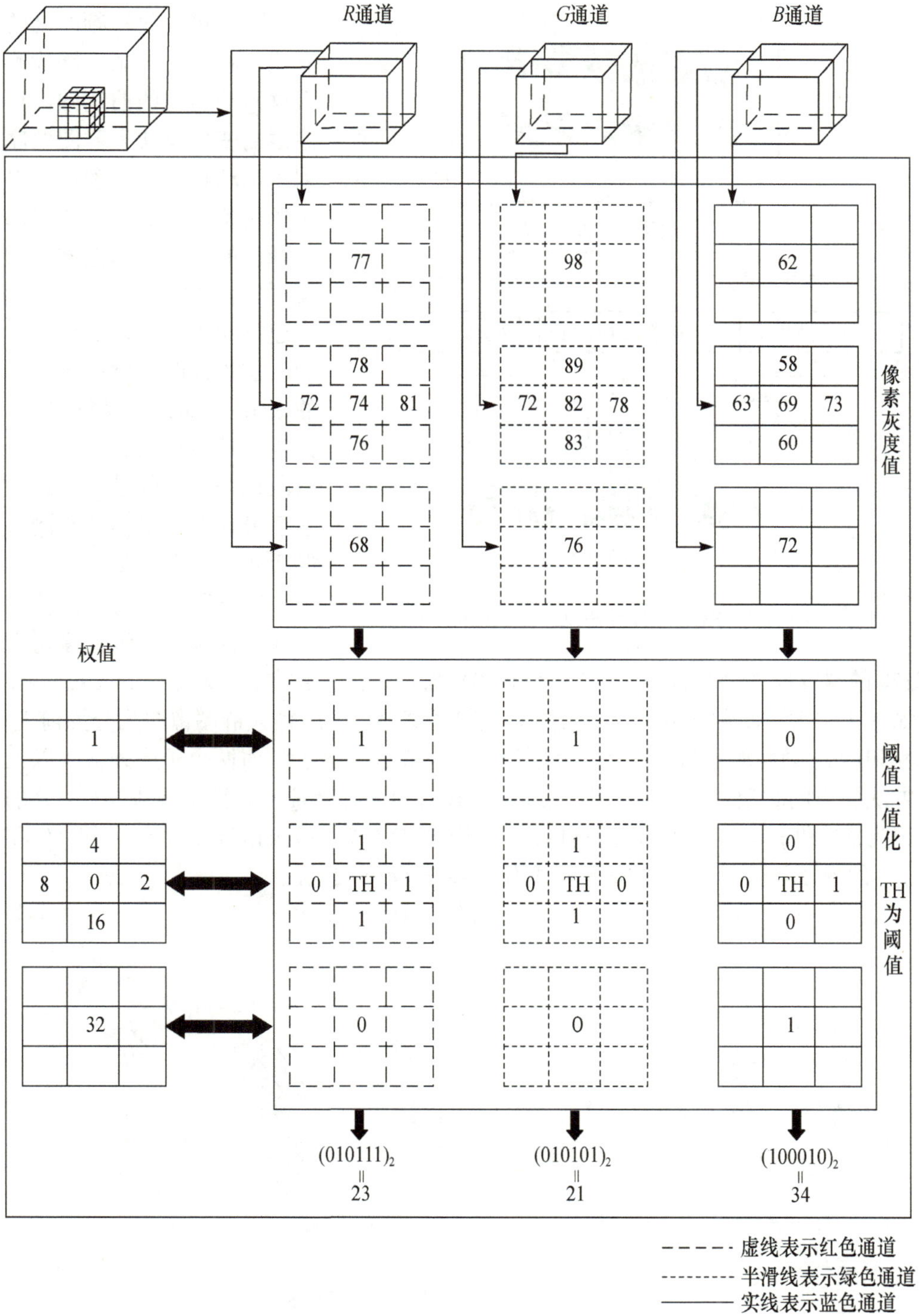

图 12.2　RGB 空间的时空局部二元编码

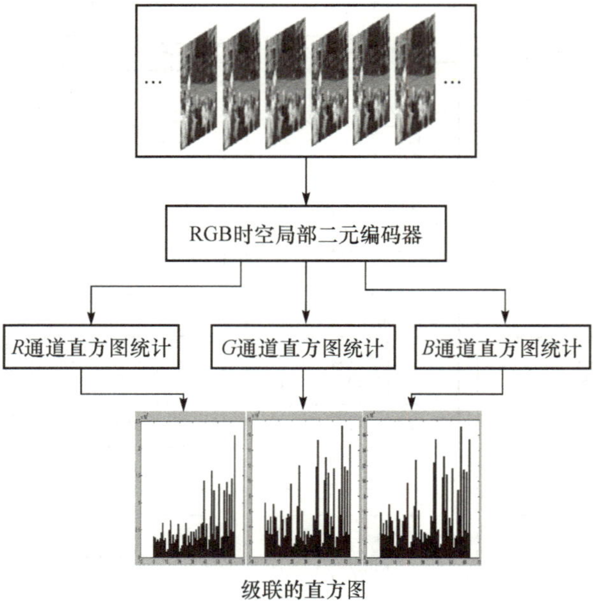

图 12.3　RGB 空间动态纹理提取过程

为了可视化视频序列的变化，将构造一条能够检测人群活动变化的曲线图，该曲线的变化反映人群图像序列的运动特征、纹理特征以及颜色特征的变化。曲线局部峰值的出现表示人群活动发生变化的时刻，从而实现快速检测人群活动变化的目的。首先提取人群视频序列的 RGB 动态纹理特征，然后计算滑动窗口内连续的前后两段视频序列的差异，最后继续滑动滑窗来构造检测人群活动变化的曲线。

对一段长度为L_0的待检测人群视频序列进行窗宽为$2T_w$的滑窗操作，将时间滑窗从视频起始位置滑向结束位置，每次滑动步长为 1 帧。如图 12.4 所示，将第$t(t=1,\cdots,L_0-2T_w)$次滑窗内的$2T_w$帧人群图像序列分为前T_w帧和后T_w帧两段子视频序列，分别记为S_{pre}^t和S_{post}^t。然后，将两个子序列输入以上方法提出的时空二元编码器中，提取 RGB 时空统计特征来表征子视频序列，分别记为f_{pre}^t和f_{post}^t。度量当前滑窗内前后两段监控视频序列的差异，通过计算f_{pre}^t和f_{post}^t的χ^2距离，将得到的值赋给变化曲线在t时刻的值：

$$d_{cha}(t)=\chi^2(f_{pre}(t),f_{post}(t)) \tag{12.5}$$

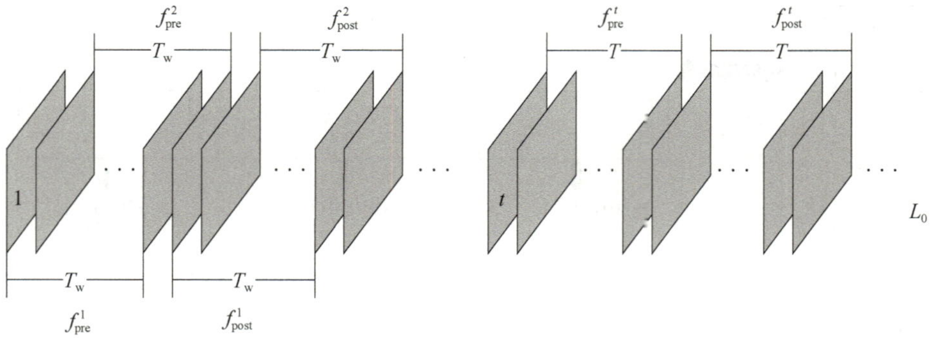

图 12.4　产生变化曲线的滑窗示意图

式中，$d_{\mathrm{cha}}(t)$ 反映了人群行为活动在 t 时刻的变化情况。t 从 1 增加到 L_0-2T_{w} 时就得到一条表述监控视频变化的曲线。构造人群活动变化曲线步骤如图 12.5 所示。

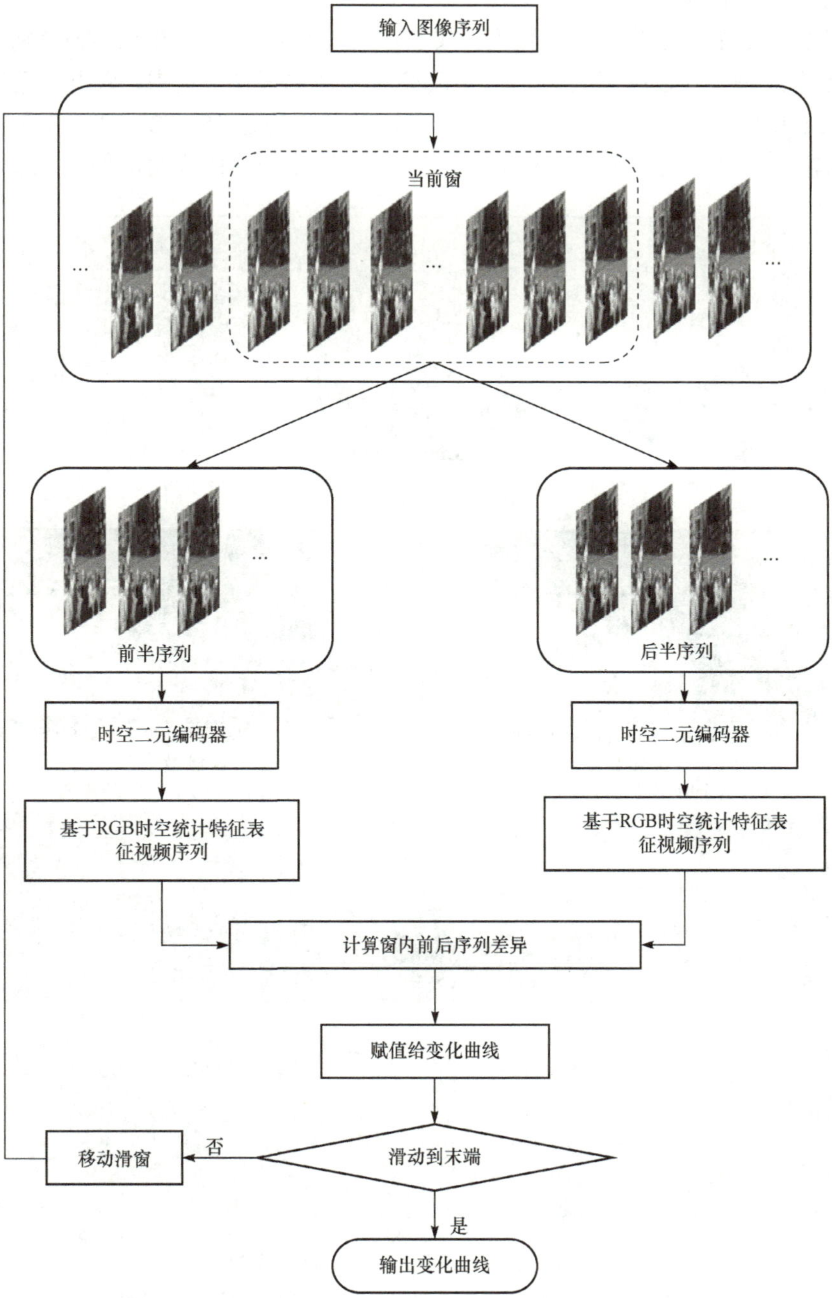

图 12.5　构造人群活动变化曲线的流程图

为了验证 RGB 空间动态纹理表征方法的有效性，选取公共人群数据集中的多个视频序列。由于篇幅有限，这里显示了三个视频序列的变化曲线检测结果，分别如图 12.6～图 12.8 所示。

图 12.6(a)是一段监控视频数据，共 532 帧，图 12.6(b)和图 12.6(c)分别为基于 RGB 动态纹理及 VLBP 算法的人群活动变化检测曲线图。其中，人群活动变化曲线图 12.6(b)出现了 8 个局部峰值，分别在视频序列的第 35、72、324、362、408、446、470 和 513 帧处。取第 35 帧、第 72 帧和第 470 帧作说明，如图 12.6(d)所

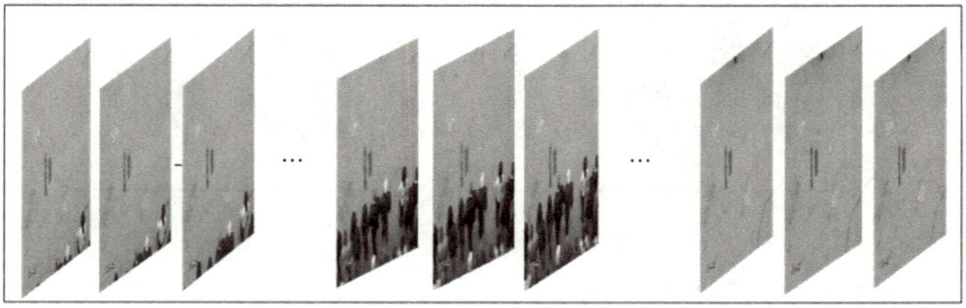

(a) 行走人群视频序列

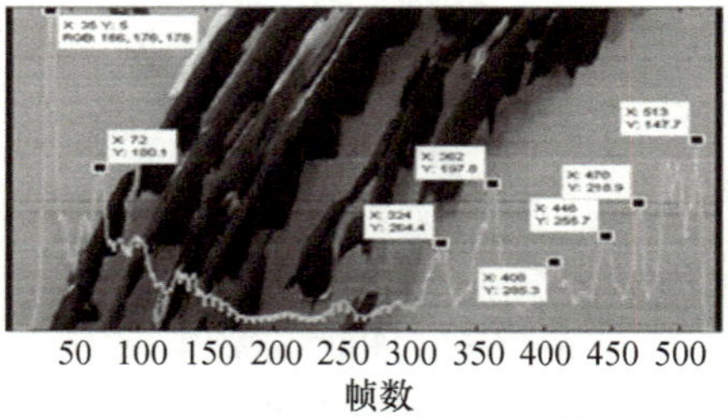

(b) 基于RGB动态纹理的检测图

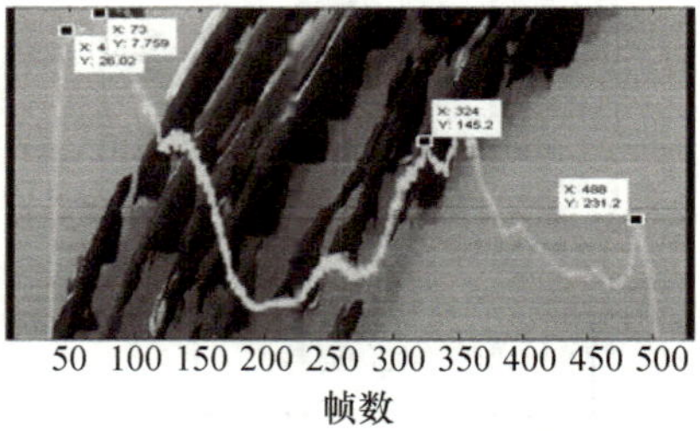

(c) 基于VLBP算法的检测图

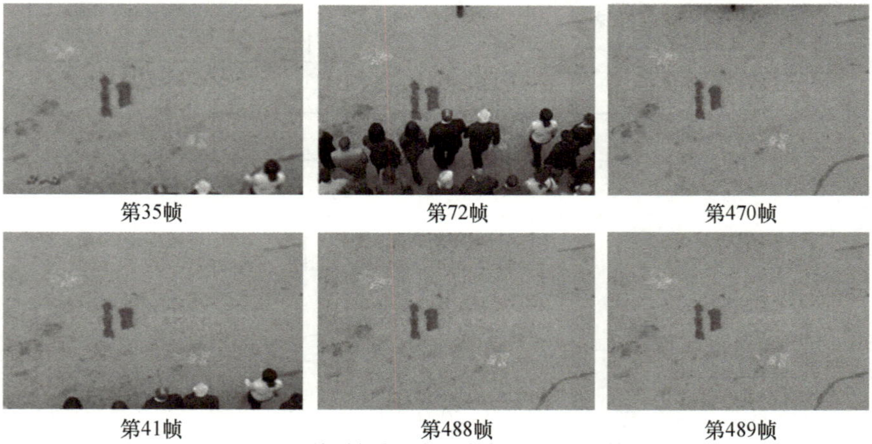

(d) 检测曲线图中部分峰值所在关键帧

图 12.6　行走人群活动变化曲线图及部分峰值所在关键帧

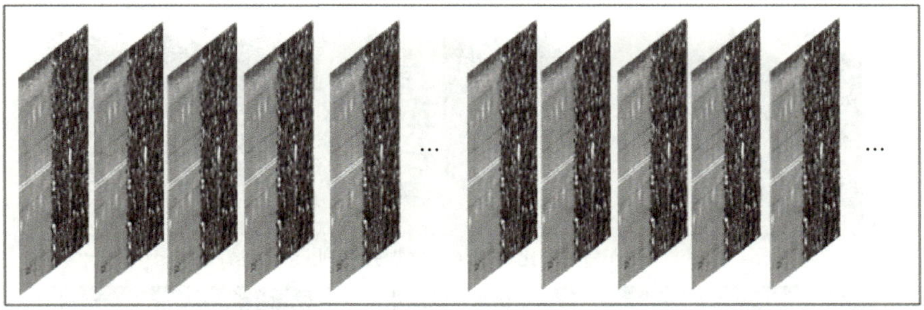

(a) 起跑人群视频序列

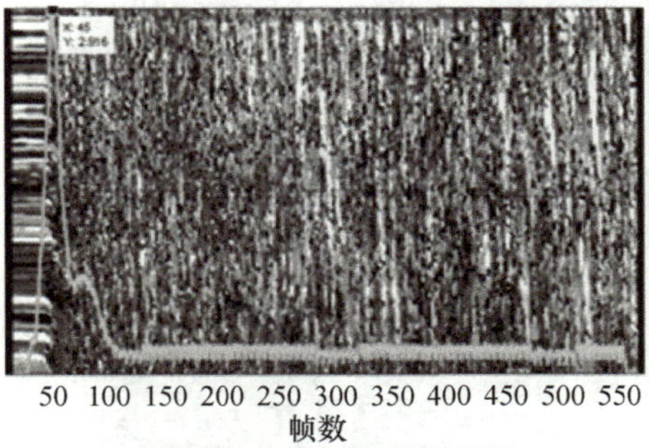

(b) 基于RGB动态纹理的检测图

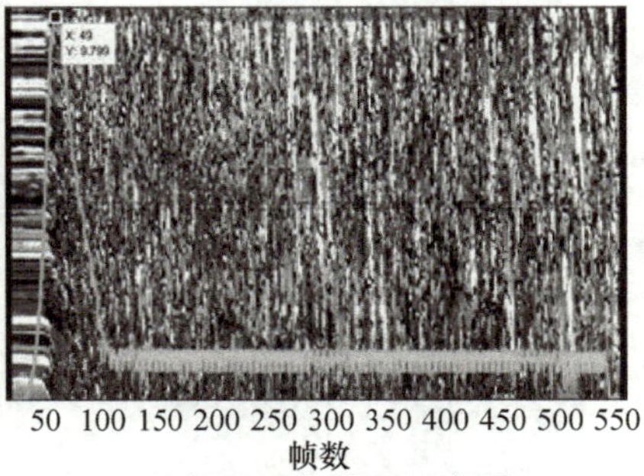

(c) 基于VLBP算法的检测图

(d) 第45帧视频图像

图 12.7 马拉松起跑人群活动变化曲线图及峰值所在关键帧

示，在第 35 帧时，人群开始进入监控视频画面中，从无到有，变化曲线出现局部峰值；在视频的第 72 帧处，有一人突然从人群行进方向迎面走过来，视频前后帧发生显著变化，曲线出现局部峰值；在第 470 帧时，由于人群在监控画面中逐渐消失，大部分人已经走出监控区域，曲线出现局部峰值。如图 12.6(c)所示，基于 VLBP 算法的人群活动变化检测曲线图中出现了 4 个局部峰值，在第 73 和 324 帧时，VLBP 算法一定程度上可以检测到人群活动的变化，但在第 41 帧和第 488 帧附近，查看原视频序列时并没有发现明显变化。通过第一个行走人群视频实验可知，本节所提方法在检测人群活动的变化时出现更多的局部峰值，且能够准确地检测出变化时刻。另外，在时间复杂度方面，所提算法的运行时间是 VLBP 算法用时的 69.27%。

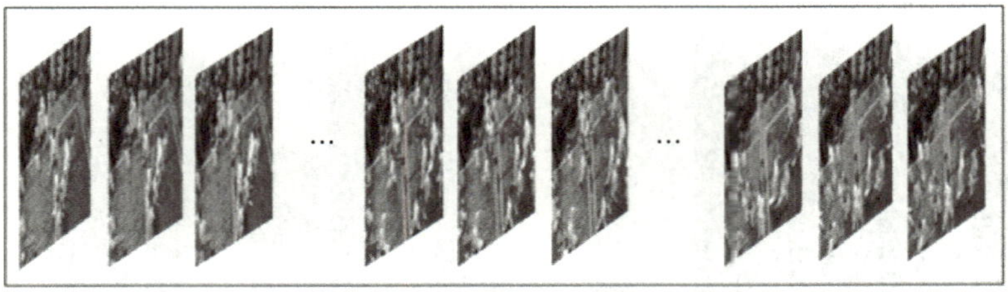

(a) 马拉松比赛现场人群视频序列

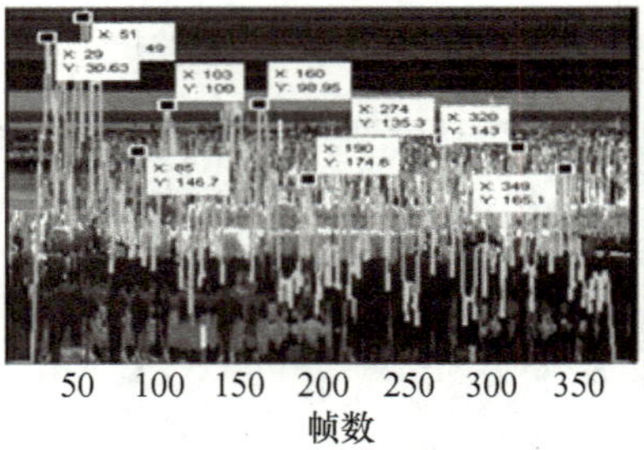

(b) 基于RGB动态纹理的检测图

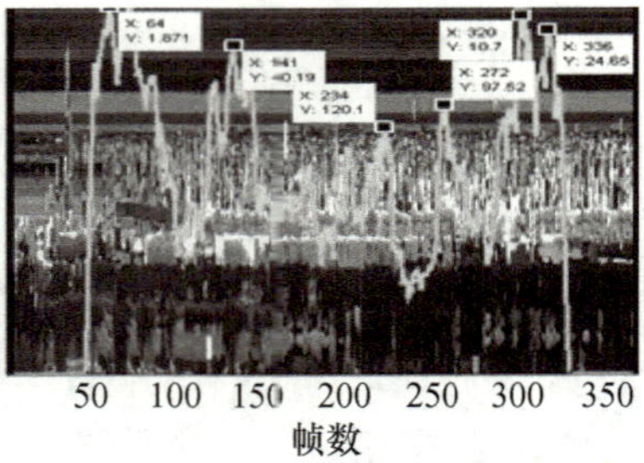

(c) 基于VLBP算法的检测图

(d) 第29帧

(e) 第51帧

(f) 第103帧

(g) 第349帧

图 12.8　马拉松比赛现场人群活动变化曲线

图 12.7（a）所示为马拉松起跑人群视频序列，共计 587 帧，图 12.7（b）为基于 RGB 动态纹理的人群活动变化检测曲线图，在第 45 帧时，曲线出现一个局部峰值。通过查看原视频序列，该帧图片显示人群听到起跑信号后，突然起跑。图 12.7（c）为基于 VLBP 算法的检测曲线图，曲线的局部峰值出现在第 49 帧，尽管起跑后会有加速，但是前后相邻帧速度变化趋于平稳。因此，局部峰值出现在起跑瞬间第 45 帧更合理。在起跑人群活动变化检测实验中，该方法的运行时间是 VLBP 算法的 71.84%。

视频序列数据如图 12.8(a)所示，视频序列为马拉松比赛现场的人群。图 12.8(b)表示基于 RGB 动态纹理表征的马拉松比赛现场的人群活动变化曲线图，该曲线图出现了 9 个局部峰值，取第 29、51、103、349 帧作说明。图 12.8(d)为视频的第 29 帧画面，此时货车快速驶入监控范围的赛道，曲线出现局部峰值。图 12.8(e)为第 51 帧图像，由于运动员经过两旁挤满呐喊加油的人群时，突然提高赛跑速度，步伐明显加快，曲线在第 51 帧时出现局部峰值。图 12.8(f)为在第 103 帧时，比较多的人群涌进监控范围内，运动员也很集中地出现在监控内的赛道上，因此在第 103 帧时，曲线出现局部峰值。图 12.8(g)为第 349 帧画面，此时接近马拉松终点，监控中运动员冲刺加速，人群也开始欢呼，出现局部峰值。图 12.8(c)为基于 VLBP 算法表征的马拉松比赛现场人群活动变化曲线图，此曲线图出现了 6 个局部峰值。从图 12.8(b)和图 12.8(c)两幅图可以看出提出的方法能够出现较多的局部峰值，能更精确地检测到人群活动的变化，算法用时是 VLBP 算法所用时间的 71.70%。

以上实验结果显示：基于 RGB 动态纹理的人群活动检测图都能够准确反映人群活动的变化情况，与实际的监控视频画面相吻合。本节算法与基本 VLBP 算法对比，因为融合重要的颜色信息，能够检测出更多的局部峰值，即能够更精确地检测到人群活动的变化。

12.4.3 安检图像特征提取

X 射线安检系统的成像原理是通过射线源发出的 X 射线束穿透目标物体并反映到探测器上，透视成像对于高密度、强 X 射线吸收能力的物质具有显著的辨识能力，对实现行李物品中的金属类违禁品，特别是枪支、刀具、雷管等物品的检查具有重要作用。其不仅能够显示目标物体的 X 射线图像，还可以给出目标物体质地的有效原子序数和密度等信息，并根据不同范围的有效原子序数对目标物体赋予不同的颜色，因此不同质地的物体在 X 射线成像系统中呈现出特殊的颜色。由于手机属于金属及其混合物，在安检图像中绿色、蓝色信息分布在亮度较大的范围，且考虑到 X 射线安检图像具有多角度、有遮挡、细节纹理性强等特点，本章拟将多通道的颜色信息与图像的局部二值模式（local binary pattern，LBP）算子结合来描述图像，以求有效利用 X 射线安检图像的颜色特征和纹理特征，提高图像特征的表征能力，进而对输入的测试安检图像进行检测。

行包中不同的物品具有不同的纹理特征，且大多违禁物品所呈的 X 射线安检图像具有特殊的纹理结构。例如，药片的纹理通常为成片的堆积状结构，如图 12.9(a)所示；多部手机的纹理通常为多个目标的连续性结构，如图 12.9(b)所示；且由于摄像头、闪光灯的位置关系，也使手机在安检成像系统中具有有别于其他物体的特殊的纹理结构，如图 12.9(c)所示。因此，可以考虑提取描述局部纹理特征的 LBP 算子来实现对 X 射线安检图像目标物体的检测。

(a) 药片的安检图像　　(b) 多部手机的安检图像　　(c) 手机的安检图像

图 12.9　不同目标物体的 X 射线安检图像

通常对于一副彩色图像，在提取 LBP 特征前都要将其转化为灰度图。设输入图像 I 的大小为 $M\times N$，(x,y) 表示像素点的位置，LBP 算子定义公式如下：

$$\mathrm{LBP}_{P,R}(x,y)=\sum_{p=0}^{P-1}s(g_p-g_c)2^p,\quad s(x)=\begin{cases}1, x\geqslant 0\\ 0, x<0\end{cases}\tag{12.6}$$

式中，P 表示邻域像素的个数；R 表示邻域半径；g_c 表示圆周中心像素的灰度值；g_p 表示邻域中其他像素的灰度值；其中 $x=1,2,\cdots,M$，$y=1,2,\cdots,N$。为实现对 LBP 算子的降维，采用算子均匀模式的 LBP（Uniform LBP），只需要统计二进制数的跳变次数，最多允许两次 1 到 0 或 0 到 1 的跳变。其公式表达如下：

$$\mathrm{LBP}_{P,R}^{U}=\left|s(g_{P-1}-g_c)-s(g_0-g_c)\right|+\sum_{p=1}^{P-1}\left|s(g_p-g_c)-s(g_{p-1}-g_c)\right|\tag{12.7}$$

邻域像素个数 P 设置为 8，则 Uniform LBP 的维数为 $p\times(p-1)+3=59$ 维，这样就可以把原始 256 维的 LBP 算子降为 59 维的均匀模式 LBP 算子。X 射线安检图像的单通道局部纹理特征提取过程如图 12.10 所示。

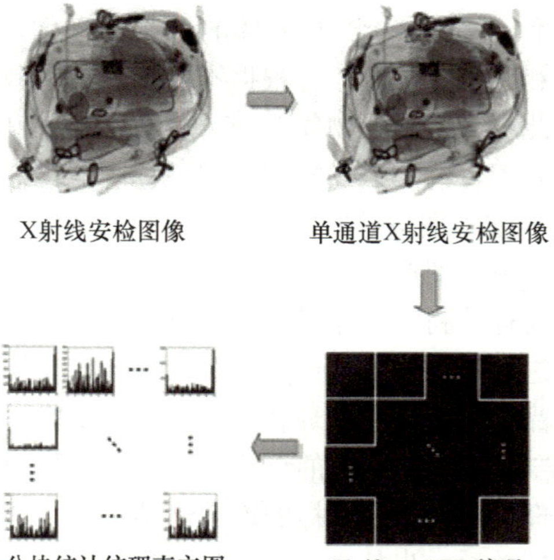

图 12.10　X 射线安检图像的单通道局部纹理特征提取

因为X射线安检图像的颜色信息比较丰富，使用单通道的LBP算子未能有效利用图像的颜色特征，所以考虑通过构建色彩权值矩阵，有针对性地提取多通道的LBP算子来描述图像。不同的物体在X射线成像系统中通常具有不同的颜色，这些颜色是物体密度、质量和数量的反映，如蓝色常见于铜、铁、锌等金属无机物；绿色常见于混合物出现的色彩，如不锈钢制品、电缆、手机等；橘黄色常见于木器、炸药、毒品、皮革制品等。根据被检测目标手机的颜色分布特性，构建G、B通道的色彩权值矩阵，提取Uniform LBP纹理特征并统计直方图作为描述整幅图像的特征。

设输入图像I的大小为$M\times N$，(x,y)表示像素点的位置，其中$x=1,2,\cdots,M$，$y=1,2,\cdots,N$，图像在R通道的颜色信息$F_R(x,y)$表示为

$$F_R(x,y)=\begin{bmatrix} F_R(1,1) & F_R(1,2) & \cdots & F_R(1,N) \\ F_R(2,1) & F_R(2,2) & \cdots & F_R(2,N) \\ \vdots & \vdots & & \vdots \\ F_R(M,1) & F_R(M,2) & \cdots & F_R(M,N) \end{bmatrix}_{M\times N} \tag{12.8}$$

同理，$F_G(x,y)$，$F_B(x,y)$的表示与上式类似，为能够照顾到图像的局部信息，不丢失细节部分，将图像分为$M\times N$个不重叠的子块，设第(i,j)个子块为

$$F(i,j)=\{F_R(x,y),F_G(x,y),F_B(x,y)\} \tag{12.9}$$

式中，$i=1,2,\cdots,\dfrac{M}{m}$；$j=1,2,\cdots,\dfrac{N}{n}$。由于被检测目标手机属于金属及其混合物，其在X射线安检图像中通常呈绿色或蓝色，根据其颜色分布直方图也可以看出绿色和蓝色在亮度较大的范围分布较多，因此构建G、B通道的色彩权值矩阵，有针对性地选取图像在G通道和B通道的颜色分量。

$$[F_G(x,y),F_B(x,y)]=[F_R(x,y)F_G(x,y),F_B(x,y)]\times\begin{bmatrix} 0 & 0 & 0 \\ 0 & 1 & 0 \\ 0 & 0 & 1 \end{bmatrix} \tag{12.10}$$

式中，0，1矩阵的大小为$M\times N$，下一步提取并计算图像在G、B通道的Uniform LBP直方图：

$$\{H_G,H_B\}=\left\{F_G\left(\sum_{x=1}^{m}\sum_{y=1}^{n}h(\mathrm{LBP}(x,y))\right),F_B\left(\sum_{x=1}^{m}\sum_{y=1}^{n}h(\mathrm{LBP}(x,y))\right)\right\} \tag{12.11}$$

统计所有子块的GB局部纹理直方图特征，可以得到描述整幅安检图像的GB彩色局部纹理特征：

$$H=\sum_{i=1}^{\frac{M}{m}}\sum_{j=1}^{\frac{N}{n}}\{H_G,H_B\} \tag{12.12}$$

X 射线安检图像因成像包含的物品不同导致其划分的种类繁多，所提取的特征空间也会因安检图像物体的多角度与遮挡存在类似的多样性，且类型数量分布不均，所以通过对特征空间进行迭代优化，可以有效地去除冗余，降低整个检测过程的时间，提高算法的检测性能。

一幅 $M \times N$ 的图像可以看成向量的集合，设图像向量 y 属于 R_N 的有限维子空间向量，$y = [y_1, y_2, \cdots, y_n]$，可以将其表示为在适当选取的一组字典 $D = [d_1, d_2, \cdots, d_m]$ 上的线性组合，其中 $d_1, d_2, \cdots, d_p$ 为字典中的原子。将字典学习描述为下面的优化问题：

$$\min_{D,X} \left\| Y - DX \right\|_F^2 \quad \text{s.t.} \quad \forall i, \left\| x_i \right\|_0 \leqslant T_0 \tag{12.13}$$

式中，Y 表示样本集；D 为学习过的完备字典；X 表示所对应的稀疏系数矩阵；T_0 表示稀疏度。在求解式（12.13）时，多数算法采用系数更新和字典更新交替优化的方式，即固定 D 求 X（稀疏编码阶段），固定 X 求 D（字典更新阶段）。

词袋（bag of words，BoW）模型因为算法过程灵活且鲁棒性好，生成的字典检测识别能力也比较好，所以近几年被广泛应用于目标检测与图像分类等领域中。给定一组特征向量 $[x_1, x_2, \cdots, x_n]$，利用 C-Means 聚类算法将这 n 个特征值划分到 c 个区域 $S = \{s_1, s_2, \cdots, s_c\}$ 里，且每个区域都存在一个区域中心 $\{c_1, c_2, \cdots, c_c\}$，特征向量 x_i 与各中心 c_i 之间的关系通过下式建立：

$$\arg\min_{s=\{s_1,\cdots,s_c\}} \sum_{i=1}^{c} \sum_{x \in s_i} \| x - c_i \|_2^2 \tag{12.14}$$

这样可以分配每一个特征向量 x_i 映射到最相近的聚类中心集合，定义一个聚类中心即为一个视觉单词，通过式（12.15）不断迭代更新聚类中心：

$$S_i = \{x_j \| \| x_j - c_i \|_2^2 \leqslant \| x_j - c_p \|_2^2\} \tag{12.15}$$

式中，$i = 1, 2, \cdots, c; p \neq j$。迭代达到最大迭代次数或两次迭代之差小于设定的阈值，即为最终更新完成后的足以表征所有训练样本的图像字典，实验算法框图如图 12.11 所示，至此可以得到一个基于 GB 彩色局部纹理特征的图像字典。下一步将训练图像的每一个特征向量映射到距离最近的视觉单词，并统计每一个视觉单词出现在字典中的次数生成视觉单词直方图，最终通过视觉单词直方图训练 SVM 分类器将测试图像进行检测分类。

在 X 射线安检图像数据库中，选取 320 幅尺寸大小为 200×200 的图像作为检测手机的实验样本。实验前，以“no-phone”和“phone”作为检测标记，其中“no-phone”代表没有检测到手机的图像，“phone”代表检测到手机的图像。图 12.12 给出部分实验示例图像。为验证算法在安检图像上应用的有效性，实验时，从每类图像中选取 100 幅清晰的、无遮挡的图像作为训练样本，同时每类选取 60 幅有噪声的、尺度不同的图像作为测试样本。

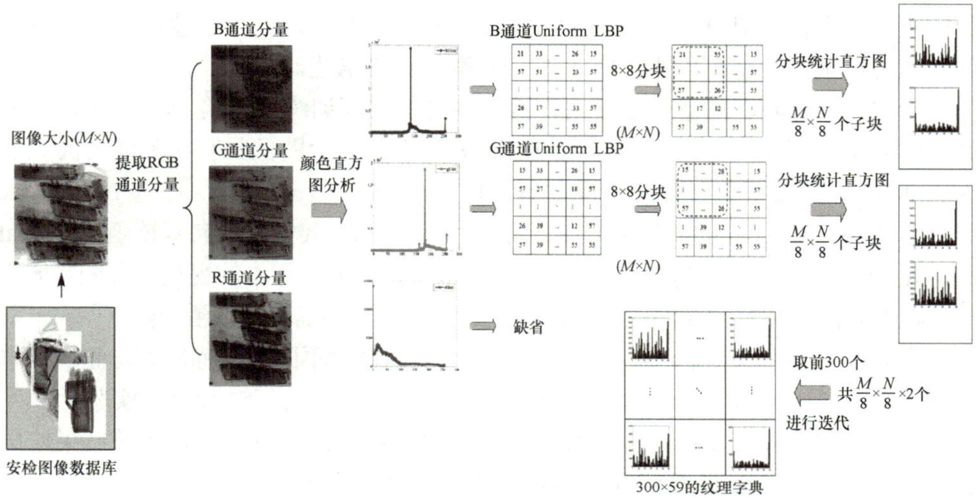

图 12.11　基于 GB 彩色局部纹理字典的 X 射线图像表征方法

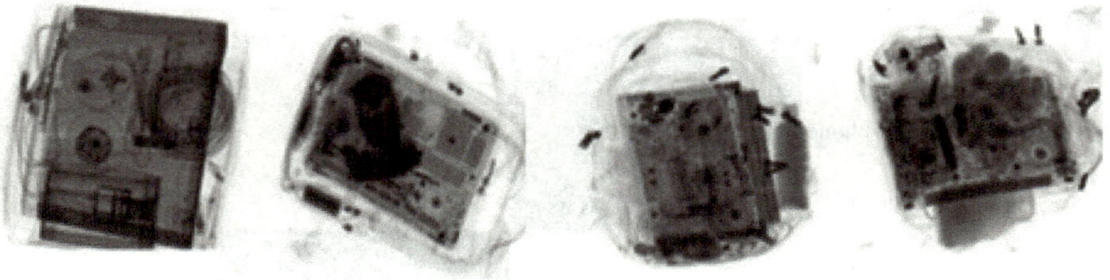

(a) 标记为no-phone的X射线安检图像

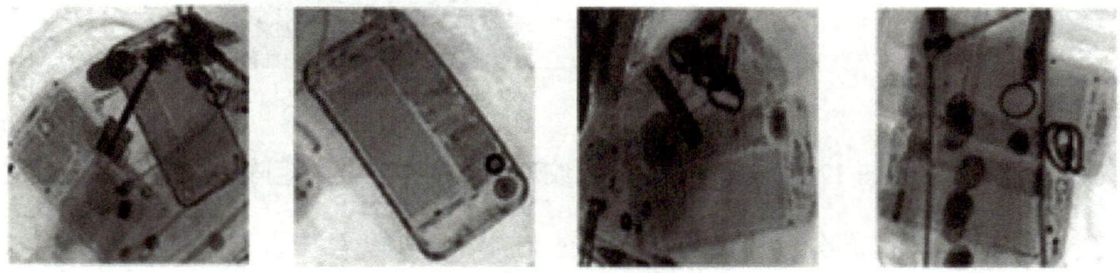

(b) 标记为phone的X射线安检图像

图 12.12　人工标记样本示例

具体实验步骤如下。

步骤 1：在 X 射线安检图像数据库中选取 200 幅图像作为训练样本，分两类（phone，no-phone）各 100 幅图像。选取 120 幅图像作为测试样本，同样地分两类（phone，no-phone）各 60 幅图像。

步骤 2：分别提取图像在 RGB 色彩空间的像素值，根据被检测物体的颜色直方图，构建色彩权值矩阵，提取 G、B 两个通道的 Uniform LBP 特征，对提取的特征每隔 8 个像素值进行分块共 1152 块，并对每一个子块的特征值进行直方图统计，此时每幅图像都可以用一个 1152×59 维的矩阵描述。

步骤 3：用词袋模型对 200 幅训练样本进行特征训练，取前 300 个子块作为聚类中心，不断迭代更新字典，生成对有无手机的安检图像具有判断能力的大小为 300×59 维的纹理字典并统计视觉单词直方图。

步骤 4：用统计好的视觉直方图训练 SVM 分类器，其中以径向基核函数（radial basis function，RBF）作为 SVM 模型中的参数，输入测试样本的视觉直方图，最终产生机器对测试样本的检测结果，同时生成具有检测准确率的混淆矩阵。

步骤 5：为进一步验证算法的检测能力，分别针对不同的训练样本与测试样本比例 N (N=3∶1，2∶1，1∶1，1∶2，1∶3)利用不同的特征进行对比实验。

为验证 GB 彩色纹理字典在 X 射线安检图像中检测的有效性，实验结果给出了 phone 和 no-phone 的检测混淆矩阵，如图 12.13 所示。从矩阵中可以看出，在要求检测 phone 的条件下，对测试样本的正确检测率为 0.98，错检率为 0.02；要求检测 no-phone 的条件下，正确检测率为 0.95，错检率为 0.05。

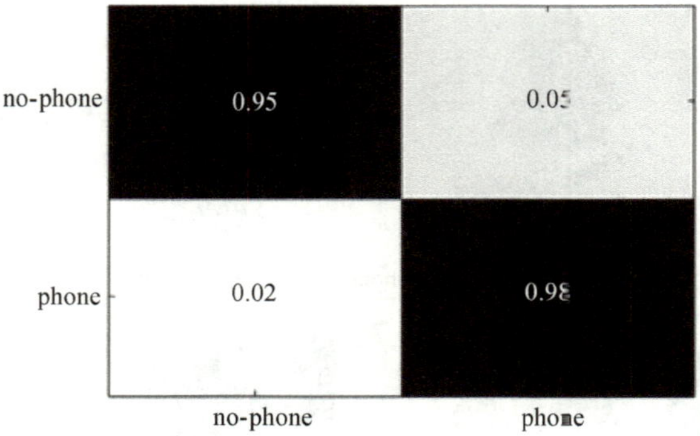

图 12.13　基于 GB 彩色纹理字典的检测混淆矩阵

图 12.14 为检测部分实验结果。从图 12.14(a)可以看出，GB 彩色纹理字典可以成功检测多个目标、尺度不同且存在部分遮挡的安检图像。从图 12.14(b)和图 12.14(c)可以看出，算法对于形状、颜色与被检测物体相似的以及被遮挡住重要纹理位置的物体无法进行正确的检测。

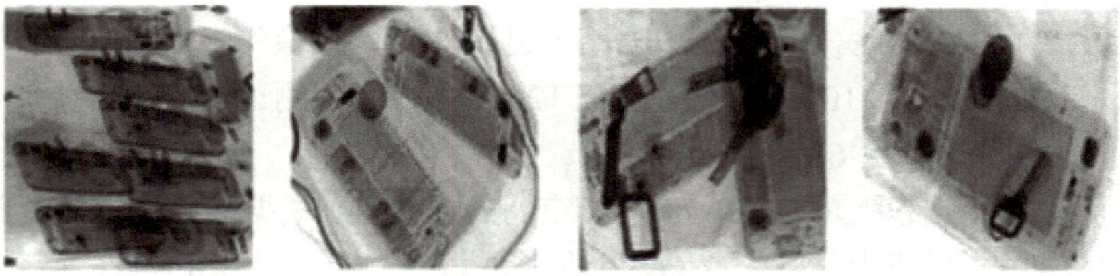

(a) 检测正确的部分实验结果

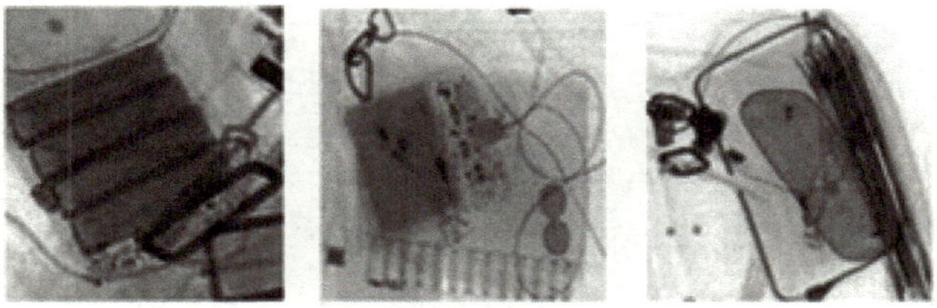

(b) 误检为phone的实验结果

(c) 漏检的X射线安检图像

图 12.14　基于 GB 彩色纹理字典检测的实验结果

表 12.1 给出提取不同的颜色通道进行纹理字典构造的算法，针对检测手机的 X 射线安检图像，提取 GB 通道的局部纹理字典的检测率最高，表中用黑体表示。

表 12.1　不同颜色通道的纹理字典的检测率

RGB 色彩空间	phone 检测率/%	平均检测率/%	查全率/%
R 彩色通道	93.33	94.17	94.92
G 彩色通道	91.67	93.33	94.83
B 彩色通道	96.67	95.83	95.08
RB 彩色通道	93.33	94.17	94.92
RG 彩色通道	93.33	94.17	94.92
灰度图像	91.67	93.33	94.83
GB 彩色通道	**98.33**	**96.67**	**95.16**

再选取 240 幅图像分别针对不同的训练样本与测试样本比例（3∶1，2∶1，1∶1，1∶2，1∶3）进行实验。图 12.15 是用三种不同的算法在不同比例上实验得到的 phone 检测率，可以看出 GB 通道 LBP 算子相比 Gray 图像 LBP 算子、SIFT 算子的检测率更高。图 12.16 是不同颜色通道的纹理字典在不同训练样本与测试样本比例实验得到的 phone 检测率，提取 GB 通道的 LBP 算子检测率更高。图 12.15 和图 12.16 的实验结果，还能够说明训练样本与测试样本的比例 N 越大，算法的检测率越高。

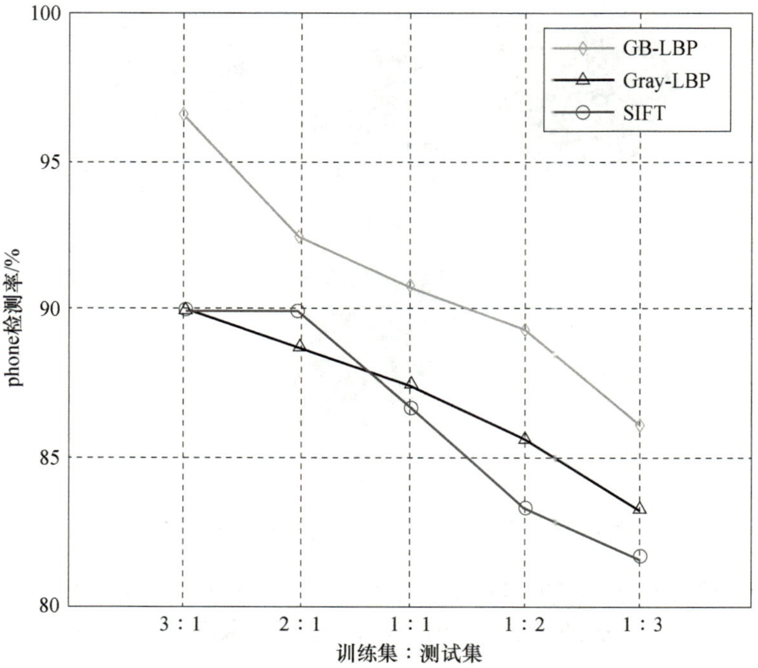

图 12.15　不同算法在不同训练-测试样本比例的检测率结果

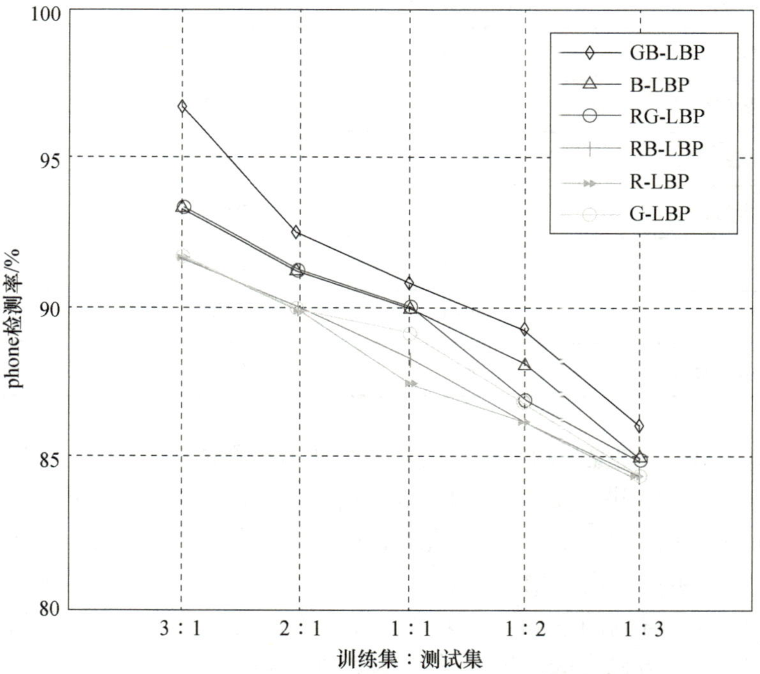

图 12.16　不同颜色通道在不同训练-测试样本比例的检测率结果

12.4.4　刑侦案件图像的目标检测

得到图像样本之后，需要现勘图像质量优化。现勘信息采集的途径多种多样，图像的模态及拍摄方式不同，采用的图像处理方式也不相同，所以需要对现勘图像数据库进行初分类。可以采用预训练的 VGG16 网络的卷积神经网络的分类器，将现勘数据库按照内容进行分类。

目标检测领军人物 Ross Girshick 团队提出的 Faster RCNN 的方法[11]能够高效、准确地提取和识别图像中的目标。目标检测由以下四个基本步骤实现：特征提取，候选区域生成，窗口分类和位置精修以及目标识别。利用基于区域生成网络（region proposal networks, RPN）对现勘图像进行目标检测和识别。

输入一张任意尺寸的现勘图像，调用 ImageNet 的训练好的分类网络，可以得到现勘图像对应的特征图（feature map）。特征图的大小不同于原图大小，深度取决于卷积层滤波器的个数 D，空间维度记为$W_1 \times W_2 \times D$，特征图上的每一个点可以映射回原图。因为特征提取的卷积层参数和之后的识别网络是共享的，所以称此训练好的分类网络为共享卷积层。

在生成的特征图上，为每一个像素点选取三种不同尺寸和不同长宽比例的滑窗，本章选取的长宽比例为 1∶1，1∶2，2∶1，称为 anchor。有 9 种不同的 anchor 在特征图上滑动，与原图做卷积，那么特征图的每一个点上可以得到 9 个候选框区域。对于每一个候选区域，特征图经过分类层可以得到每一个像素点是目标或是背景的概率。有 9 个候选区域，就有 9 张目标或者背景的概率分布图。最优的目标框选取概率最大的。在特征图上的每一个点都可以映射回原图，那么对于每一个候选区域，都有四个在原图上的位置参数。根据前面选取的最优值，选择对应候选框的位置参数。最后，利用识别层对选取的小目标进行识别，这一网络参数与特征图提取的网络共享。

根据现勘视觉信息树构建现勘元素矩阵库。现勘视觉信息树如表 12.2 所示。

表 12.2　现勘视觉信息树

案件	图像信息层	二维图像信息	
	衍生信息层	时空信息层	拍摄时间、地点区域……
		目标信息层	指纹、鞋印、帽子、交通牌、行人、车……
		运动关系层	骑行、步行、跑动、背包……
		属性信息层	颜色、形状 1（长/高、短/矮）、形状 2（圆形、方形、三角）……
		细节信息层	数字、残损……

训练多层分类器模型。案件库是一个逐步积累的过程，现勘元素库也是在案件积累的过程基于前述步骤逐步建立起来的。分别训练目标信息层分类器、运动

关系层分类器、属性信息层分类器、细节信息层分类器。将当前案件的小目标库输入以上分类器，组成衍生信息层。提取当前的案件的拍摄时间属性，按照月、日、年、星期、时、分、秒按行排列。提取案件 $\boldsymbol{x}$ 的拍摄地点属性，区域内标“1”，区域外标“0”。将地点标签续在时间属性之后，构成时空信息层。

案件 x 现勘元素矩阵的第 n 个小目标块的现勘元素矩阵由小目标的图像信息和衍生信息层构成。因为现勘元素矩阵的两层大小不一样，将矩阵元素打包作为一个元素存储在现勘元素矩阵中。以往案件库的现勘元素矩阵也是按照上述方法逐步生成的。

12.5　刑侦案件的智能串并

12.5.1　局部目标的相似度度量

为了实现案件的串并，需要度量案件的相似度。可以利用传统的方法计算矩阵距离，本章介绍一种利用基于卷积神经网络的图像块的相似度学习方法，用于度量任意两个现勘元素矩阵的相似度。

将图像层和关联标记输入Sergey提出的学习信息块相似度的卷积神经网络结构中[12]。在训练阶段，输入关联关系已知的小目标块对应的现勘元素矩阵对，如果它们关联，关联标记为“1”；如果不关联，关联标记为“0”。将元素矩阵拆分为图像信息层和现勘元素矩阵衍生层。神经网络的输入是成对的现勘元素矩阵以及是否关联的标签。在案件积累初期，由于案件较少，训练样本不足，网络模型的输出可以直接调用 Sergey 的预训练模型。

在模型测试或者应用阶段，将两两案件对应的现勘元素矩阵输入以上网络，网络的输出为 0～1 的数值，表示两两案件的关联程度。

12.5.2　用于案件串并的多模态信息关联

如图 12.17 所示，按照以上步骤可以计算当前案件α与案件库中任意案件 i 的关联图层 $\mathrm{Map}_{\alpha i}$。在关联图层 $\mathrm{Map}_{\alpha i}$ 上，采用阈值平面的方法确定第 i 个案件是否与案件α关联，其中 i 表示案件的索引号，即

$$[i^*]=\arg_i(\mathrm{Map}_{\alpha i}(n,m)>T) \tag{12.16}$$

在本章中，实现案件串并的门限选取为固定的数值，但在实际应用中，可以调整门限的大小控制筛选点的个数，从而限制串并案件的范围。如果确定案件 i 与案件α关联，计算案件 i 与已有案件库中的案件 j 的关联图层 Map_{ij}。筛选是否存在阈值平面以上的点，如果存在，保存当前案件。

以此方式扩展，即可以生成由案件α中的单一线索关联到多个案件的多条线

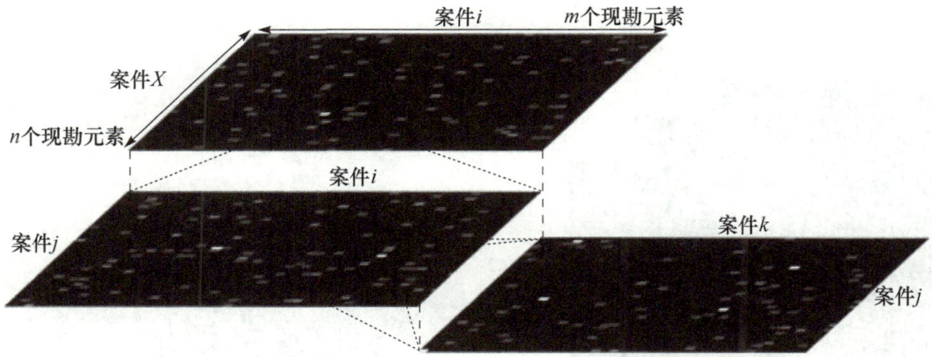

图 12.17　利用现勘视觉信息关联图层实现案件串并的示意图

索。如图 12.17 所示，以当前案件α为出发点，首先生成案件α与已有案件库中的案件 i 的关联图层 $\mathrm{Map}_{\alpha i}$，然后生成案件 i 与已有案件库中的案件 j 的关联图层 Map_{ij}，依次生成案件 j 与已有案件库中的案件 k 的关联图层 Map_{jk} 等。最终获得案件α的关联图层 $\{\mathrm{Map}_{xi},\mathrm{Map}_{ij},\mathrm{Map}_{jk},\cdots\}$。

以下是用以上方法分析 5 个真实案件的实验。当前待检索案件记为案件α，其他记为案件 1、案件 2、案件 3、案件 4，现勘视觉信息包括现场采集的现勘图像和调取的监控视频。案件α以及案件 1～4 分别包含现勘信息数据为 21、30、30、40、20 个。

为了显示方法提取多目标、多尺度、多角度图像细节信息的效果，实验分成两个阶段：第一阶段显示本章方法提取局部信息的结果，基于细节信息在光照、角度、尺度变化和形变等情况下度量小目标块的关联程度的效果；第二阶段显示利用阈值平面的方法拆选关联案件的结果。

图 12.18 为利用关联图层串并案件的仿真结果图。在案件α和案件 1 的关联图层 $\mathrm{Map}_{\alpha 1}$ 上，坐标位于（3，6）的值超过门限的值（0.8），这意味着通过案件 x 的第 6 个小目标块可以关联到案件 1 的第 3 个小目标块，案件α与案件 1 可能存在关联，案件α的第 6 个小目标块所包含的细节信息成为破案的关键线索。那么可以继续计算案件 1 与其他案件的关联图层，案件 1 中的所有信息都可以成为关联下一层关联图层、发掘新线索的有效信息。

本章先对刑侦案件的智能串并技术背景和意义进行了阐述，说明了案件的智能串并方法，为发现犯罪行为的规律、趋势与关联提供了一种高效的手段。同时基于目前的刑侦案件串并过程中存在的主要问题提出了一种新的智能串并技术。本技术可以有效地表征现勘视觉信息的局部信息，更为有效地度量少量细节信息的关联程度，且最大程度地利用采集的多模态信息，从而可以高效、准确地实现串并案件。

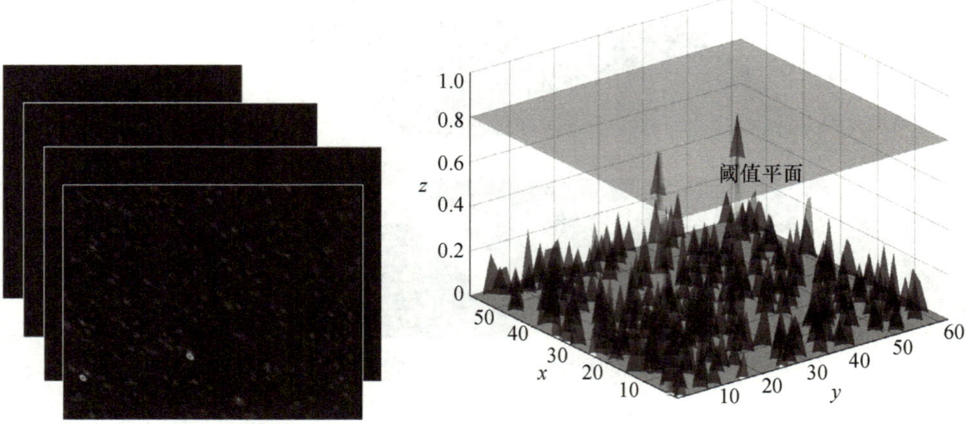

(a)案件x与案件1的关联图层　　(b)利用阈值平面筛选案件x与案件i的串并关系

图 12.18　利用关联图层串并案件的仿真结果图

参 考 文 献

[1] 霍塞虎. DNA 技术在系列案件串并中的应用[J]. 山西警官高等专科学校学报, 2007, 15 (4): 74-76.

[2] 鲍世方. 基于 Spark/GraphX 图聚类算法的入室盗窃串并案研究[J]. 计算机应用与软件, 2017, 34 (9): 108-113.

[3] 韩宁, 陈巍. 基于聚类分析的串并案研究[J]. 中国人民公安大学学报(自然科学版), 2012, 18 (1): 53-58.

[4] 刘启和, 张建中, 陈雷霆, 等. 一种刑事案件的串并案智能分析方法[P].中国, CN101187927, 2008. 05.

[5] 袁虹. 视频侦查移动终端系统[P]. 中国, CN 105828030 A, 2016.

[6] 王洪添, 张峰, 王大伟, 等. 在案件串并和嫌疑人排查中的数据挖掘方法[P]. 中国, CN106227863A, 2016. 12.

[7] 向士庭. 一种案件特征串并的分析方法[P]. 中国, CN103903210A, 2014.07.

[8] 王妍妍, 刘玉龙, 刘旸, 等. 一种串并案分类方法及串并案分类系统[P]. 中国, CN106127241A, 2016. 11.

[9] WANG Q, DU J L, LI N. Robust description and recognition of various viewpoint dynamic textures[J]. Journal of Systems Engineering and Electronics, 2016, 27 (4): 920-925.

[10] ZHAO G Y, PIETIKAINEN M. Dynamic texture recognition using local binary patterns with an application to facial expressions[J]. IEEE Transactions on Pattern Analysis and Machine Intelligence, 2007, 29 (6): 915-928.

[11] REN S, HE K, GIRSHICK R, et al. Faster R-CNN: Towards real-time object detection with region proposal networks[C]. Advances in Neural Information Processing Systems, 2015: 91-99.

[12] ZAGORUYKO S, KOMODAKIS N. Learning to compare image patches via convolutional neural networks[C]. Proceedings of the IEEE Conference on Computer Vision and Pattern Recognition, 2015, 4353-4361.

第 13 章　刑侦模拟画像

模拟画像又叫作刑侦模拟画像、公安画像等。古今中外大量的案例证明，模拟画像是案件侦破工作中一种科学而有效的方法，在案件调查、摸排、通缉等过程中，模拟画像具有其他技术不可替代的作用，是刑侦领域普遍采用的最重要的手段之一。

13.1　刑侦模拟画像简介

13.1.1　模拟画像概况

模拟画像是一门综合性的科学技术手段，是技术人员通过已有的嫌疑人信息，凭借一定的工具，利用自己的技能和想象力绘制出犯罪嫌疑人相貌的一门技术。手工素描画像要求技术人员不但懂得医学解剖和犯罪心理学等方面的知识，而且要具备扎实的绘画基础，对画像人员个人要求高。

模拟画像是古代追拿通缉逃犯的主要手段之一，最早可以追溯到春秋时期。据《东周列国志》[1]和《史记·伍子胥列传》[2,3]记载，公元前 522 年，楚平王要杀伍奢全家，次子伍子胥逃脱。于是，楚平王命人将伍子胥的画像张贴于城门缉拿，这便有了“伍子胥过昭关一夜白头”的故事。基于人类相互识别的本能，古代执法者在侦破案件时，首先选用人的体貌特征。秦简《贼死》篇记述了一起他杀案件的现场勘查报告，其中就有关于尸体的身长、肤色、发长、疤痕等体貌特征的描述[2]。在唐宋时期，官府在缉拿罪犯时开始利用体貌特征，当时遇有逃犯，官府便开具“海捕文书”，上面除写有逃犯的姓名、年龄、籍贯和体貌特征外，往往还配有逃犯的画像，即“画影图形”，以便官民辨识和缉拿[4]。

模拟画像不仅出现在中国，国外历史上也有过相似的记载。利用模拟画像侦破案件纳入科学体系则是从 19 世纪 80 年代巴黎人类学研究会的主席 Bertillon 开始的[5,6]。Bertillon 开创了“头像描述法”：通过书面形式记录罪犯的相貌特征，然后将其头像描绘出来，供张榜通缉使用。

20 世纪 40 年代中期在国际上通用的方法是“人像组合法”，其原理是将一定数量、不同种类的相貌特征通过不同的排列组合制作出模拟画像。即人们常在影视剧中看到的“3 号眼+5 号鼻+8 号嘴……”，拼出一张人脸。当时的“拼图库”是一个旅行箱大小的“人像组合箱”，里面装满了代表不同类型的五官塑料片，采用幻灯式的方式拼图、制作[7]。

基于机械和光学原理的人像组合法比起人工手绘有一定的进步。这种方法经过一定时间的培训一般人都可以掌握，但此方法操作烦琐、制图时间长、不易修改，而且拼出的人像都有一定的模式，完全脱离了生活。随着电脑在人像组合上的应用，用图片或幻灯片组合人像的方法已被淘汰。

20 世纪 60 年代初联邦德国已有了半自动人像组合仪，并开始为侦破工作服务。70 年代后由于相貌学在刑事侦查上的广泛应用，世界各国先后推出了人像组合仪、电子成像器等系统[8]。例如：

（1）联邦德国刑事警察使用的“美能达”人像组合法；

（2）美国使用的“FIS”系统、“MIMIC”系统；

（3）英国的“Face-Fit”系统；

（4）奥地利的 SIGMA 方法；

（5）日本的简易人像合成器。

20 世纪 80 年代，“人像组合法”在我国出现[9]。当时，公安部组织开发了 PZY-110 型透明重叠组合人像仪。由于此系统采用手工组合方式以及另外一些原因，因而未能普及推广。80 年代中期天津市公安部门将人像照片按五官分类，剪贴于模板上，将目击者选中的模板（如脸型、发型、眼睛、鼻子、嘴）组合起来，就可以得到类似于嫌疑人的相貌。重庆市公安部门采用收集照片、按脸型分类的方法，让目击者在相册中查找与嫌疑人相似的照片若干张，剪贴相貌特征，然后组合在一起，便能得到与嫌疑人相似的照片。

此时，世界各国推出了具有本国特征的电脑模拟组合系统。例如：

（1）美国研制的用计算机绘制儿童几年后外貌图像的计算机增龄成像系统[9]。

（2）美国研制的计算机素描（compusketch）系统[9]，具有相当能力的会话程序，提出不具引导、不具攻击性的询问，不会产生先入为主的答案。以此程序能充分帮助目击者回溯嫌疑人的容貌。在电脑关键性面谈过程的配合下，操作人员能够用加强回溯记忆问题，一步一步触及相关的记忆。

（3）“Face Prints”系统[9]，操作时，首先向坐在屏幕前的目击者展示 20 幅各不相同的头像，它们是从 34 亿种脸型中随机选取的；然后要求目击者将屏幕中的每张脸与记忆中罪犯的脸作比较，具体指出两者相似的面部特征；再将这些信息反馈到电脑中，复合成另外 20 幅头像，称为新一代合成像。在合成新头像的过程中把那些目击者认为确信无疑的面部特征予以固定。

（4）联邦德国计算机辅助人像联合系统（FACETTE）[9]，该系统中所有的程序步骤均由电子输入及控制器来完成，其他功能则由键盘来完成。其操作比较简单，组合好的相片可通过一个图形自动选择器进行进一步加工，直到目击者所描述的形象完全吻合为止。相同的脸型可通过面部模型在面部表情上进行修改。

（5）由英国内政部科学研究发展分部研制的电子面相鉴别系统（E-Fit）[9]，

能根据目击者回忆嫌疑人面相而复制出其相似的面相照片。该系统是以电脑化方法修正先前所建立的资料库，该库包含有无数以 VDU 方式在屏幕上组合而成的图像（似真实的面相），与其他的拼合系统无任何联机作业。此系统强化了认知心理的概念。例如，他们主张直接呈现依据目击者所描述的图像给目击者看，而不采用众多的登记相片让目击者选择。后种方法会使目击者眼花缭乱，产生似是而非的幻影。

20 世纪 90 年代“人像组合箱”被移入电脑中，世界各国推出了具有本国特征的拼图库，开发出了电脑人像组合系统。我国一些单位也相继推出了几种“电脑人像组合系统”。比较著名的有以下几种：

（1）清华大学电子工程系苏光大教授主持研制的“TH 计算机人像组合系统”[10]；

（2）东软软件股份公司与中国刑警学院联合开发的“警星 CCK-Ⅱ人像摹拟组合系统”[11]。

2009 年，“公安部应用创新计划项目”中包含一款电脑模拟画像系统，是山西省公安厅协助开发的“天网智能刑事模拟画像”系统[12]。这些系统的推出受到了公安部门的欢迎，在刑事侦破中发挥了积极的作用。但是这些电脑模拟画像技术并没有得到普及，其主要原因就是电脑人像组合系统是以计算机为载体，利用人像组合技术，根据目击者对犯罪嫌疑人的面部特征描述，调用数据库中预先存储的具有相应特征的部件数据，如脸型、眼睛、鼻子、嘴巴、发型等，进行部件的组合，从而得到与目击人像相似的画像。它的主要优点在于方便、直观，组合出来的人像逼真，但这种逼真不是符合嫌疑人的形貌特征，只是符合人们的辨认习惯。正是因为其逼真的效果，限制了辨认人的辨认空间，从而忽略了画像与嫌疑人本人的差距。而且人像组合系统过分依赖于人像库中的人像样本，在挑选部件数据时，又容易破坏目击者的记忆，导致画像准确性的降低，从而限制了电脑人像组合软件的发展。

随着计算机技术的飞速发展，计算机平面绘图软件如 Photoshop 等也常被用于模拟画像。在刑侦画像中，画像人员利用一些常用的功能，如剪切移动、挤压变形、颜色调整、图层等来实现犯罪嫌疑人的画像。但是这类软件并不是专门面向刑侦模拟画像领域的，所以绘制人像的方法由于操作上的复杂性，还远远不能达到人工画像的便利程度。

现代法医人类学、医用解剖学等相关学科的深入研究使人类学家和雕塑艺术家一起发明了刑事相貌技术领域中的颅像还原技术（也叫颅骨面貌复原技术）[13]。1815 年，德国解剖学家赫姆 · 希思在众多的坟墓白骨中找出疑似巴赫的遗骸，然后用软组织数据在雕塑家的帮助下复原出音乐家巴赫的生前面貌，通过比对巴赫生前画像，几乎一模一样的相像程度证实了塑像用的颅骨是巴赫[14]。1916 年，美国纽约警察局首次把颅像还原技术应用于刑事犯罪侦查。1925 年，日本初次运用颅像还原技术查询尸骨案中死者身份并侦破“杉并白骨案”，开辟了世界刑事侦查史的先河[15-17]。三维颅骨重建复原技术[18-20]的主要优点在于能精确重建目标的头部模型，并便于从各个角度观察，复原嫌疑人的细节特征；主要缺点除了二维平面绘图软件的复杂性之外，要做到精确建模，还需要大量的细节信息与数据，而这些信息和数据正是刑侦画像应用本身不具备的。

传统刑侦画像要求刑侦画像人员不仅要具有素描的功底，还得了解心理学、解剖学等知识，同时拥有丰富的实战经验。这也提高了刑侦画像人员的从业门槛，限制了刑侦模拟画像的发展。目前，在刑侦画像领域，具有较高画像水平的画像专业人员极度短缺。

13.1.2 计算机辅助画像技术

传统模拟画像的科学依据是心理学中的记忆规律，嫌疑人肖像是通过观看原始案发视频或者通过目击者口述客观的视觉记忆形象转化而来。图 13.1 是传统模拟画像手段采取的典型处理流程图。由该图不难发现，传统刑侦模拟画像技术的核心在于不断充实画像人员的记忆，完善嫌疑人主要特征，最终形成的嫌疑人画像受画像人员主观因素影响大，准确性无法保证，并且效率低，当前的图像/视频侦查新技术未能有效应用。

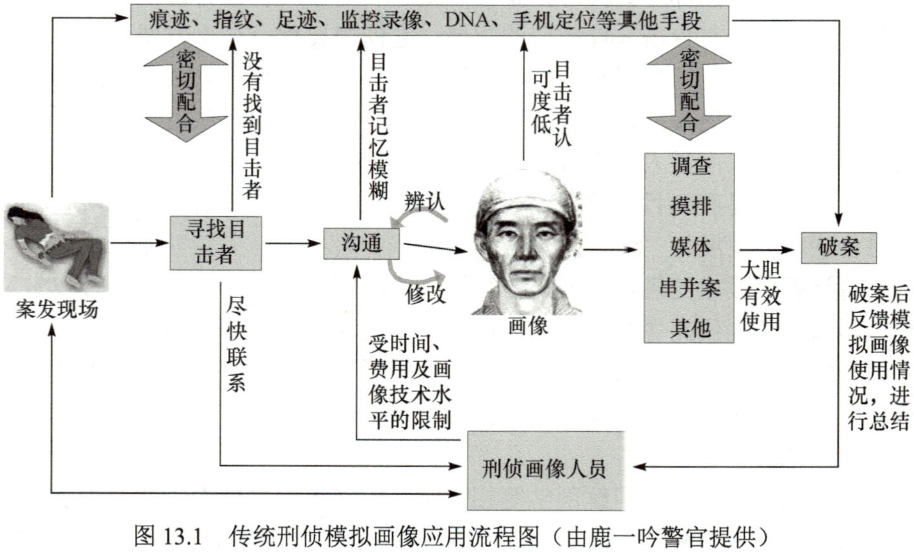

图 13.1 传统刑侦模拟画像应用流程图（由鹿一吟警官提供）

针对上述问题，研制了刑侦模拟画像计算机辅助系统。图 13.2 是该系统总体架构图。由该图可见，系统是以人工模拟画像为核心的自反馈系统。系统输入包括案发现场原始视频、传统模拟画像手段获得的嫌疑人信息等。对于案发现场视频信息，首先进行预处理，包括清晰化、去模糊、视频序列超分辨率增强等，重点提取模拟画像关注的嫌疑人主要细节特征和区域轮廓。然后输入刑侦画像计算机辅助系统，结合人工交互，在二维、三维模拟画板空间标定主要轮廓以及模糊视频细节区域的合理位置，借助三维图形学几何变换算法对可获得的不同侧面人脸细节区域进行合理纠正。并结合人脸模拟画像的主要规则（对称性、三庭五眼等）精确复制可辨识人脸细节和关键点。最终形成的轮廓草图输出作为人工画像的底板。人工绘制阶段依据经验和人脑分析综合修补添加细节。将人工修补结果通过扫描仪反馈回辅助系统，不断反复以上过程，直至一幅满意的画像形成。

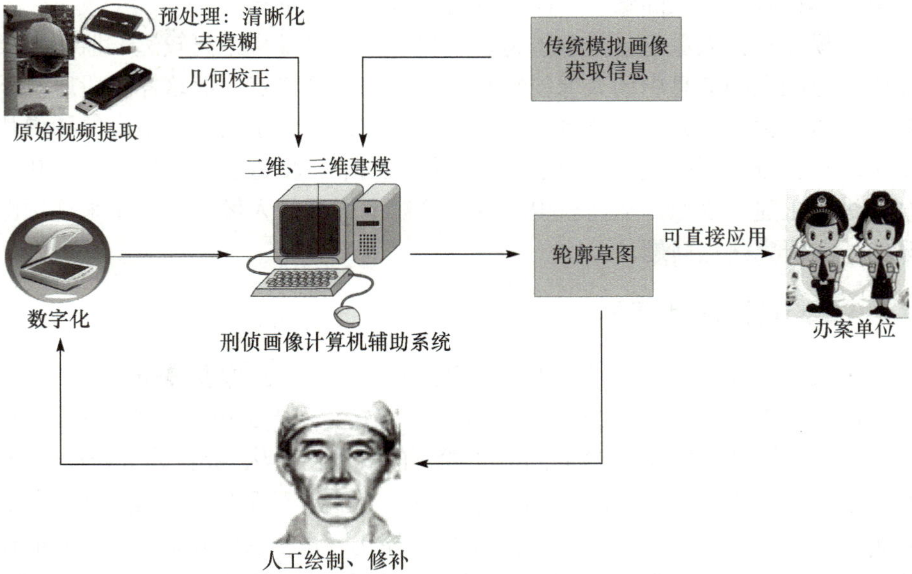

图 13.2　刑侦模拟画像计算机辅助系统架构图

13.2　基于监控信息的模拟画像

13.2.1　监控信息预处理

目前，监控视频已逐步成为各类案件侦破过程中搜集犯罪证据、提取犯罪线索的重要手段。基于监控视频信息的图侦技术成为继刑侦、技侦、网侦之后侦查破案的“第四大技术”。随着视频监控在公安侦查领域的广泛应用，需要对模糊视频图像处理的案件也逐年增加，特别是经常会遇到对视频监控中模糊人像处理的情况。

对已有案件中的模糊视频进行分析、总结可以发现，已有模糊视频尽管存在目标肉眼不可辨识的特点，但是其行为轨迹明显可辨识，并且经过视频序列复原或者清晰化、去噪等图像处理手段进行处理后，往往可以获得目标的部分细节或者轮廓信息。虽然这些恢复的信息对于直接确定嫌疑人依然明显不足，但是对于刑侦画像来讲，已经可以用于确定嫌疑人的部分特征。并且，如果利用这些信息进行计算机辅助画像，可大大提高传统画像的准确度和效率，消除画像人员个人因素引入的误差。

（1）视频序列中嫌疑人面部细节清晰化。进入刑侦模拟画像阶段的视频/图像中的人脸图像，一个主要特征是肉眼不可分辨，细节模糊。其原因有环境光线变化、光线不足、目标运动速度快、过度压缩等。采用视频图像处理手段对图像进行预处理，如含噪图像的去噪问题、信息微弱图像的增强、退化图像的复原等，重点提取模拟画像关注的嫌疑人面部主要细节和区域轮廓。

（2）模糊视频人像超分辨率重建、复原。由于摄像头距离较远、监测场景大的原因，监控视频信息中的人像往往具有分辨率低的特点。而这样一段质量不高的视频实质上由一系列同一场景的图像片段组成，这一系列质量不高的图像片段代表了同一场景的不同侧面，包含不同的信息细节。将这些模糊片段利用超分辨率技术进行重建、复原，从而获得一幅超分辨率增强的人像，是近年来视频图像处理的一个研究热点问题。

13.2.2　二维计算机辅助画像

传统人工画像是一门艺术，也是一门技术。例如，画像要遵循已有的规则打底板，并利用透视学知识将目标主题依据人的感知呈现于画板。计算机辅助画像是否实用好用，关键取决于能否将传统人工绘制的规则模型化，让计算机来辅助处理，从而减轻画像人员的负担和减少个人主观误差。因此，基于刑侦视频特点，分析传统画像技术的主要规则并模型化，从而形成可简化画像复杂度和提高准确度的计算机辅助二维画像软件建模方法，是二维计算机辅助画像要解决的一大核心问题。

二维人脸模拟画像本质上是对三维实体在画像人员的观察角度到二维图像的一个映射，显然，这种映射严格意义上讲目前最精确的就是照片。因此，从现场视频序列获得哪怕是微小的局部细节片段，对于画像恢复辅助系统而言也是相当宝贵的，原因在于它对目标实体刻画的精确性，并且这种局部细节从人类面相构造分析是具有极大的可复制、可利用空间的。例如，如果把头的纵向分为十等份，横向分为五等份，会发现纵向从下向上的第二份是嘴的位置，第三份是鼻子的位置，第五份是眼睛的位置，第六份是眉的位置，第七份的长度正好等于脸的宽度，第九份是发际的位置。纵向还可以确定耳朵的位置，横向可以确定内外眼点的位置。我国古代的画论中有“三庭、五配、三匀”和“三庭五眼”之说，也是对头部五官位置、比例的一般规律性总结。结合以上规则，假如由视频预处理阶段获得了人的左眼部图像，如图 13.3 所示，那么辅助系统即可迅速构造出人的右眼和精确轮廓。

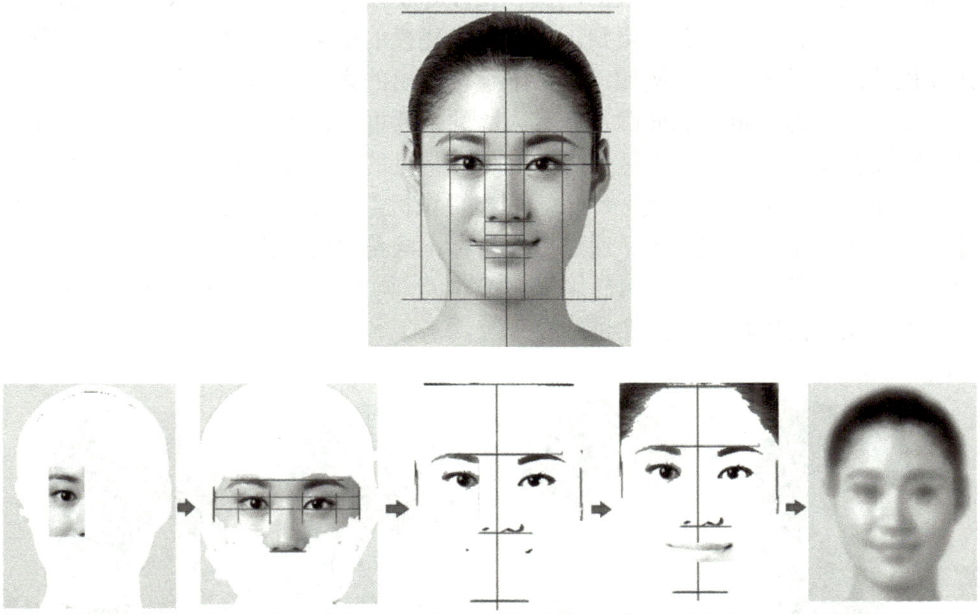

通过原始视频获取可用信息（眉毛、眼睛、鼻底）白色部分为未知区

由已知的数据可以得到脸的宽度以及眉毛至鼻底的垂直距离，确定中庭的数据（精确）

由已知中庭的数据确定发髻线及下颌骨的位置，得到上庭和下庭的数据，从而确定脸的长度（精确）

进一步确定嘴巴及额头两侧头发的位置（引入人工误差）

根据原始的视频确定脸型及发型（引入人工误差）

图 13.3　三庭五眼构建画像底板

其次，从相貌学的角度讲，相貌特征（包括年龄、区域特征等）是有规律可循的。例如，一个人的五官是建立在大的形态（脸部）上的，脸型结构、体积、凹凸很大程度上能决定五官的形状。例如，目击者描述对象是脸型较尖、短而窄，体型瘦，记不清嘴巴的形状，根据相貌规律分析：这类脸型一般凹凸比较明显，鼻梁狭窄，牙床突出，嘴巴不宽。又例如，肥胖的人多为小眼睛，这是因为胖人的皮下脂肪较多，皮肤丰满，脸部和眼角周围的肌肉向外“扩张”的趋势比较明显，当然眼睛最后就被“挤压”得看起来有点小。诸如此类的画像经验规则经研究整理后即可加入二维建模专家辅助库，在实战中给予提示和建议参考信息，从而提升全体画像人员的水平与能力。

13.2.3　三维计算机辅助画像

随着三维建模技术的发展，许多应用已由二维平面走向三维建模。由于立体复原的画像比平面法的肖像更具特征性和客观性，三维人脸在人物的脸型、五官等形体更具空间感，让人更易辨认。三维建模的精确性极大地依赖于实物观察甚至细节的抚摸感知或者技术上的测量、扫描等手段。针对刑侦画像“要神似而非形似、宜粗不宜细”的总体原则，二维人像建模的结果可以部分应用于三维建模计算机辅助，反之亦然。例如，由二维建模输出的人脸轮廓点标定信息可直接用于三维人脸轮廓标定，从而确定三维人脸的主要框架；视频序列不同脸部的细节可以贴图至相应的三维头颅区域。又例如，常见的刑侦视频中的人侧面脸部信息序列如图 13.4 所示。对于同一个人，固定摄像机，其侧面不同角度成像和正面成像之间存在固定的比例关系。通过提取目标不同角度的侧面，可计算出对应的人脸正面信息以及准确的轮廓信息用于三维建模。同时利用二维-三维变换可方便地对不同摄像机角度拍摄的图像进行校正等。

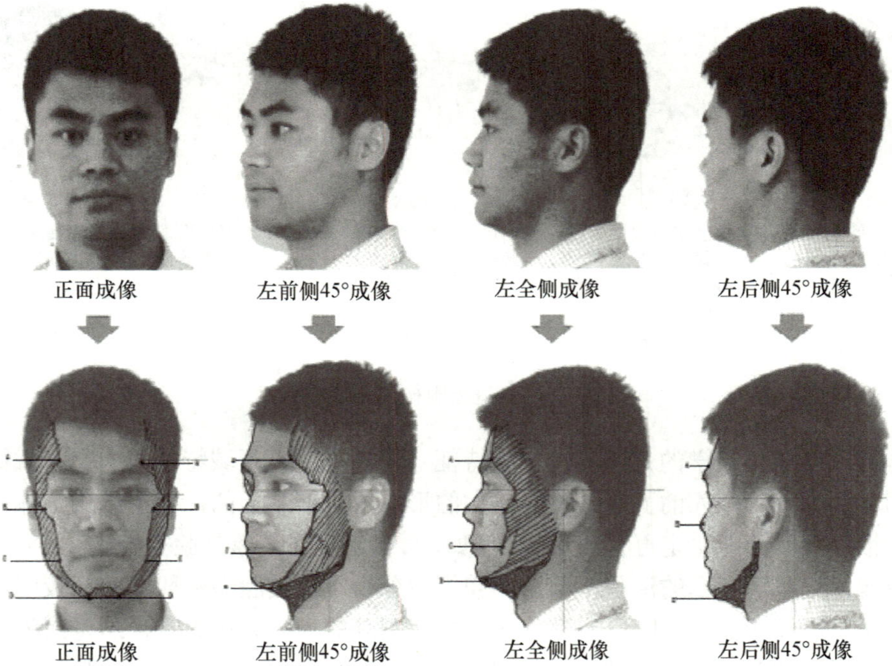

图 13.4　三维头颅建模

参考文献

[1] 冯梦龙. 东周列国志[M]. 北京:人民文学出版社，1975.

[2] 张建国. 汉简《奏谳书》和秦汉刑事诉讼程序初探[J]. 中外法学, 1997, 9 (2): 48-57.

[3] 司马迁. 史记[M]. 北京: 中华书局, 1959.

[4] 吕宝中, 汪振栋, 陆智元. 介绍人犯照相方法[J]. 刑事技术, 1981, (4): 46-50.

[5] WIKIPEDIA. Alphonse Bertillon. [G/OL]. The Free Encyclopedia. https://en.wikipedia.org/w/index.php?title=Alphonse_Bertillon&oldid=865906382. [2018-11-7].

[6] HENRY T F R. Alphonse Bertillon: Father of Scientific Detection [M]. New York: Abelard-Schuman, 1956.

[7] 赵成文. 刑事相貌学[M]. 北京：群众出版社，2004.

[8] 刘斗燕. 试论人像组合识别的科学性及理论与实践[J]. 四川警察学院学报, 2008, 20 (2): 61-64.

[9] 卜凡亮, 袁梦琪, 尚垚睿. 智能人脸模拟画像技术的进展[J]. 中国人民公安大学学报(自然科学版), 2017, 23 (2): 59-62.

[10] 顾华, 苏光大, 杜成. 人脸的眼角自动定位[J]. 红外与激光工程, 2004, 33(4): 975-979.

[11] 王妍. 警星 CCK-Ⅱ人像摹拟组合系统[D]. 沈阳：东北大学，1999.

[12] 太原市极目天网科技发展有限公司. 天网智能刑事模拟画像系统[J]. 警察技术, 2009, (6): 76.

[13] 樊宏斌. 计算机辅助颅骨面貌复原技术的研究与实现[D]. 西安：西北大学, 2002.

[14] 周明全, 耿国华, 范江波. 计算机辅助的颅骨面貌复原技术[J]. 西北大学学报:自然科学版, 1997, (5): 375-378.

[15] 任颖峰. 颅像复原技术的发展[J]. 中国刑事警察, 2001, (3): 28-29.

[16] 袁中标. 相貌侦察技术在刑事技术部门的现状和应用[J]. 刑事技术, 2004, (2): 51-53.

[17] 李康. 基于颅骨的人脸建模技术研究及在法医面貌复原中的应用[D]. 西安：西北大学, 2006.

[18] M.M. 格拉西莫夫. 从头骨复原面貌的原理[M]. 吴新智等, 译. 北京：科学出版社, 1958.

[19] SEIDEL H P. Reanimating the dead: reconstruction of expressive faces from skull data[C]. ACM SIGGRAPH. ACM, 2003: 554-561.

[20] VANEZI P, VANEZIS M, MCCOMBE G, et al. Facial reconstruction using 3-D computer graphics[J]. Forensic Science International, 2000, 108 (2): 81-95.

第 14 章　现勘立体足迹三维形貌提取

在刑事现场勘查领域，足迹是犯罪嫌疑人在进行犯罪活动过程中，足或其穿着物与地面等承痕客体（如松土、粉尘、沙地、雪地等）接触留下的痕迹。它是足迹检验鉴别技术的物质基础与重要依据之一，也是建设科学化、规范化、标准化、有效化的足迹信息库的数据来源。目前，传统的现勘足迹提取手段、效率和精度已是制约足迹检验鉴定技术发展的瓶颈问题。随着科学技术的交叉融合发展，高品质的现勘足迹提取已成为“科技强警”新时代面临的迫切问题，自动化、无毒害化、无污染化、无损的快捷、准确、多信息采集，且能够为进一步的定量化分析、数字化处理、共享化管理提供可重用型的数据资源是未来的发展趋势。

14.1　现勘足迹概述

14.1.1　基本概念

人类在社会生产、生活中，足或穿着鞋、袜的足作为造痕体在与地面等承痕客体接触时留下的痕迹即是足迹，俗称脚印。它是人在站立、行走等活动中，自身重量（人体重力）和人体肌力通过足作用于地面等承痕客体上形成的痕迹。

足是人体结构的一部分，通常指踝关节以下的运动器官。人站立和行走或蹬、踩、跑、跳留下的痕迹，能反映出人类活动的相关信息。人的两足是生物自然进化中由高级动物进化到人直立行走的产物。人类在社会生产、生活等各种活动中均会留下足迹。

现勘足迹虽然与人们正常活动所留下的足迹没有什么本质区别，但人在不同时间、地点、条件下所留足迹会有差异，而犯罪嫌疑人受心理活动的影响，一般会出现种种与正常人足迹不同的一些信息，如大脚穿小鞋、小脚穿大鞋、男人穿女人鞋、倒穿鞋等。看起来都是足迹，但所反映的信息却是复杂的，所以刑事科学技术所研究的现勘足迹除一般的内涵外，还蕴含着犯罪嫌疑人的步法特征、动力形态特征、穿着物及其磨损的物理特征、心理变化特征等特定含义[1]。

14.1.2　现勘足迹类型与特点

根据足迹学理论中表述的足迹质量特征、数量、搭配关系及形成足迹的要素、介质等不同，现勘足迹可分为赤足或穿鞋/袜足迹、平面与立体足迹、正常与非正常足迹、单个与成趟足迹等，具体分类如图 14.1 所示。相关含义参见文献[1]。

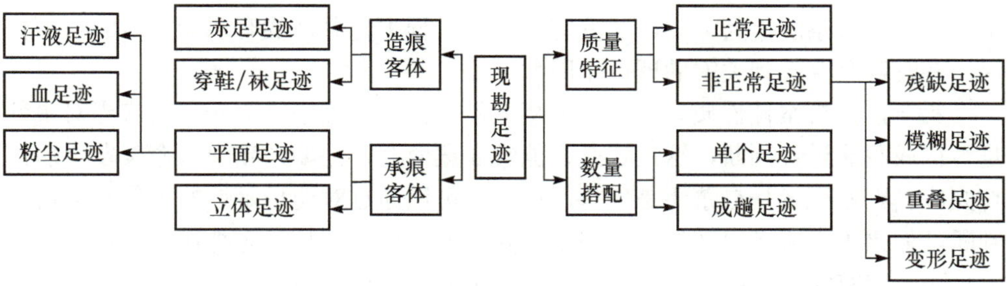

图 14.1　现勘足迹分类

与指纹、手印、工具、枪弹等痕迹物证相比，现勘足迹有着非常显著的特点[2]。

第一，在犯罪现场，足迹发现率和出现率极高，提取率也非常高。随着时代的进步，犯罪分子在作案的时候更加有经验，不仅反侦察能力高，而且在犯罪现场留下的手印痕迹也越来越少，导致指纹提取难度越来越高。从最近几年指纹提取的数据来看，全国平均提取率为 14%。随着全球 DNA 鉴定技术的不断成熟，现场对 DNA 提取意识也越来越强，但是犯罪分子的遗留条件有限，DNA 提取率甚至没有指纹提取率高。然而，根据有关数据统计，2016 年，北京、天津、河北等 14 个省市现勘足迹提取率达到 25%～35%[3]。足迹检验技术的提高已经成为刑侦技术人员达成的共识，这是足迹检验鉴定技术的一大优势，因此，在刑事案件中一定要更加重视足迹的寻找、发现以及提取。

第二，足迹相对于其他痕迹不易被伪装、掩盖或隐藏。很多有经验的犯罪分子为了避免指纹留下，戴上手套作案，致使本该留下指纹痕迹的地方没有提取到相关痕迹，但是足迹不一样，虽然还是可以伪装，毕竟在犯罪现场作案人要走动，只要走动便能留下其独有的足迹。从相关数据来看，犯罪现场足迹伪装难度更大，因此，要注重犯罪现场足迹的提取，为案件侦查提供准确及时的技术支持。

第三，通过对足迹的深入分析，分析现场信息更加具有优势。每一个人在身体形态结构上存在着差异性，所以足迹也有特定性，这是足迹检验鉴定技术对嫌疑人锁定的根本依据。足迹痕迹具有的特征是连续性与持续性，年龄不同，人体运动的器官生理机能也会有一定的变化，但是在同一个年龄段在变换的程度上面比较接近。如果人体的运行速度不变，并且造痕体与承痕体基本相似，那么留下的足迹特征基本是一致的。犯罪现场足迹的出现率极高，加之上面所介绍的优势与特征，足迹逐渐成为现场分析的重要依据。

14.1.3　现勘足迹的具体作用

鉴于现勘足迹的种种显著特性，它不仅在侦查破案过程中一直发挥着广泛作用，而且在检察院提起公诉、法院审判定罪过程中起着证实有罪和无罪的证据作用，有时甚至会起到关键的证据作用[4]。

第一，分析案件性质。在进行刑事案件的侦查过程中，第一步就应当对事件是否构成犯罪进行判断，这决定是否能够立案侦查。例如，当一起命案发生后，首先应当判断死者是自杀还是他杀，这一点可以通过对现场足迹的采集与分析来判断。如果本不应当出现他人的现场，除了死者自己的足迹之外还有大量的同一人足迹，就有很大可能是他杀，而这个足迹的主人也可能与案件有关。可以据此判定案件的性质以及为案件提供证据。

第二，提供侦查线索。当确定了刑事案件的性质之后，就应当开始寻找侦查的方向并锁定侦查的范围，这是最后能否侦破案件的关键性决定因素之一。如果一个案件的性质不能够很准确地确定，势必会影响后续侦查范围的确定以及侦查方向的寻找。而一个案件的侦查方向过多，或是侦查范围过广，也给办案人员带来了阻力。不仅会给犯罪分子提供了转移的时间，也会加大案件嫌疑人排查的难度。虽然可以根据目击证人以及指纹来获得一些线索，但是如果是人流密集的地方，则会有很多人的指纹。而罪犯在现场留下的足迹则是能够给侦查破案人员提供线索，确定侦查方向，缩小侦查范围的关键因素。因此，需要在侦查破案中使用较为先进的足迹识别技术，并注重案件中足迹的采集与记录。

第三，利用足迹的规律特点串并案。许多案件如盗窃、抢劫等，在一定时期内、一定环境中，很有可能以同一人或是同一团伙作案。将这类案件进行合理合并，能够集中精力、减少阻力地去侦查、寻找线索。这类案件往往难以取得指纹线索，现场目击者证人也很难寻找，因此，可以根据足迹来对案件进行分析。如果在某些案件中反复发现相似的足迹，那就有可能是同一犯罪嫌疑人。在犯罪嫌疑人作案后，很有可能会逃窜以躲避当地警方的追查，但是在逃窜的过程中也有可能犯下同类案件。因此，如果案件是跨地域的，可以建立足迹的联网信息。对采集到的足迹进行比对，一旦发现属于同一犯罪嫌疑人，可以根据行迹来推断犯罪嫌疑人的踪迹。

第四，提供有力的证据。足迹还能够为案件的判定提供有力的证据，并且减少冤假错案的产生。在进行案件侦查的过程中，相比口供，更加可靠的是物证。如果现场提取的足迹能够与已经认罪的犯罪嫌疑人一致，那就可以基本认定没有冤假错案。如果证人、犯罪嫌疑人的说法与现场的足迹存在出入，那就仍然有冤假错案的可能。人有可能说谎，但是物证不会说谎。

14.2　现勘足迹提取方法

在犯罪现场，继寻找、发现、确认犯罪嫌疑人足迹之后，提取犯罪嫌疑人的足迹是刑事案件现场勘查的又一重要组成部分，是足迹检验鉴定工作顺利进行的前提环节。根据现勘足迹的反映形式、形成条件以及承痕客体的性质，通常采用专用提取设备和特定提取方法获取现勘足迹的图像数据或模拟数据。根据这些数据，才能实现足迹分析与鉴定研究。然而，提取方法的好坏直接影响到对被提取足迹描述的精确、完整程度，进而影响到反映足迹特征的质量，并最终影响到采用足迹检验鉴定技术侦破刑事案件的进度和提供诉讼物证的真实度。

目前，针对现场平滑表面足迹图像信息的提取与分析占据主导地位[5,6]。手段方法多样，如照相提取法、平面扫描法、静电吸附法、粘贴复印法等[7-13]。专业性成熟器材或产品较多，典型的要属大连恒锐股份有限公司开发的现勘足迹采集系统[14]，如图 14.2 所示。

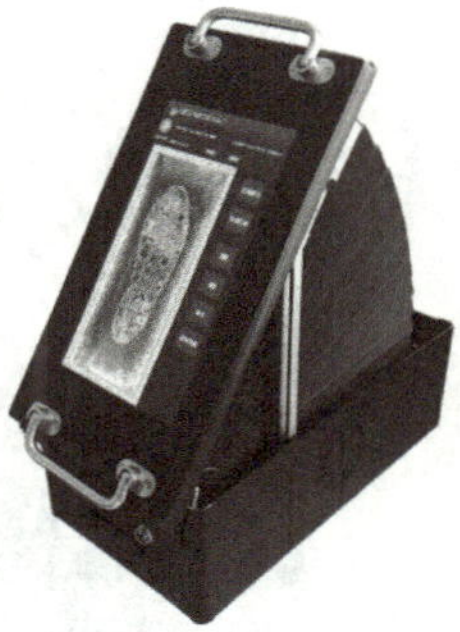

图 14.2　现勘足迹采集系统

就现勘平滑表面足迹而言，即提取的是现勘足迹的二维图像信息，主要面向现勘平面足迹，反映的是足底、鞋底、袜底的结构轮廓和凸出纹理（包括赤足的乳突纹线、鞋/袜底的花纹结构等）等痕迹的二维特征。相比而言，现勘足迹的三维特征蕴藏着巨大的研究潜力，尤其是现勘立体足迹，其完整、充分地印记了足或其穿着物与地面等承痕客体接触部分的外表凹凸结构形貌，可直观、全面、较好地反映犯罪嫌疑人运动规律的步幅、步态、动力形态特征及磨损特征，且蕴含着犯罪嫌疑人生理、心理等多维度的特征信息。

然而，关于现勘足迹的三维特征数据提取鲜有研究或报道。国际上，制模法是提取立体足迹数据的经典模拟方法[15,16]，涉及石膏灌注法、石蜡制模法、硅橡胶制模法及藻酸盐制模法等。这类方法属于接触式提取手段，需要特定的专业技术人员或具有一定提取经验的工作人员操作；获取的足迹模型可长期保存，但存在一些问题：以损坏原足迹物证为代价，不能直接定量化地评估足迹特征；检验结果误差较大、易受人为因素影响；且喷洒的痕迹固定剂类材料给现场环境易留下污染或毒害隐患。随着计算机视觉测量和光学非接触式三维测量技术的迅猛发展和交叉融合应用，近几年国内外的研究团队和公安机构将一些更优、更新的光学三维扫描技术或产品引入了刑侦现场勘查领域，采用基于结构光三维扫描测量技术研发的一类可移动检测设备实现了现勘立体足迹的数字化无损、量化采集。例如，THOMPSON 采用一款 PicoScan 结构光三维扫描仪器恢复了土地和沙地上的 7 种鞋印三维数据[17]，如图 14.3(a)所示。KOMAR 使用了一款手持式的 FastSCAN 激光三维扫描仪，提取了在细沙地上的鞋印和鞋底的轮廓数据[18]，如图 14.3(b)所示。BUCK 使用德国 GOM 公司开发的 ATOS II 结构光三维扫描仪，在不同气候条件下，采集并对比分析了雪地足迹。结晶雪地足迹及对应的陶瓷和硫黄灌注足迹的三维数据特征[19]，如图 14.3(c)所示。图 14.3(d)是使用手持式三维扫描仪 HSCAN300 来检测足迹。通过标记点的定位，手持式三维扫描仪可以轻松获取足迹的形状特征，在三维扫描过后即可采集到更为直观和逼真的三维数据[20]。另外，中国人民公安大学、昆明理工大学等采用激光扫描测量技术已进行了相关的开发应用研究[21-23]。

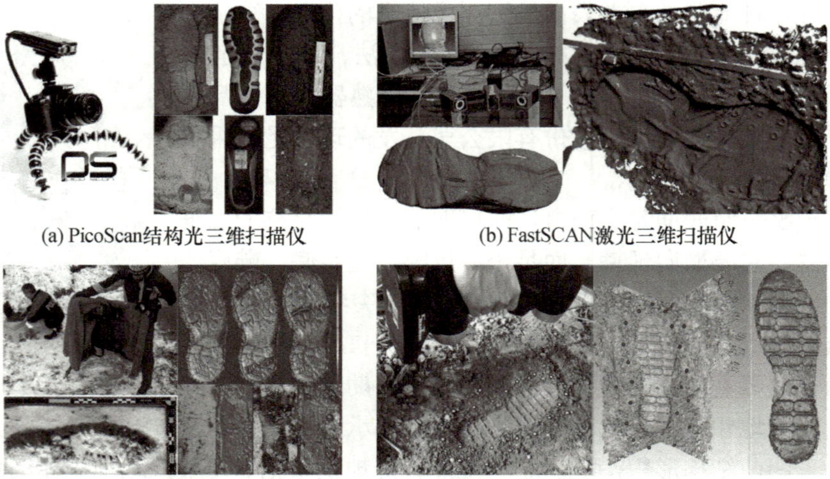

(a) PicoScan结构光三维扫描仪　　(b) FastSCAN激光三维扫描仪

(c) ATOS Ⅱ结构光三维扫描仪　　(d) HSCAN300 手持式激光三维扫描仪

图 14.3　基于光学三维扫描的立体足迹提取

14.3　基于面结构光的立体足迹三维形貌提取

如上节所述，现勘立体足迹的凹凸结构形貌包含了形象、丰富、多维的痕迹信息，采用先进的光学非接触式测量技术具有诸多优势，正在代替多年来一直靠手工制模提取足迹的传统模式，将掀开新时代刑侦技术研究崭新的一页。下面将详细介绍一种基于数字光栅条纹的面结构光立体足迹三维形貌提取技术。

14.3.1　结构光视觉测量基础知识

1. 结构光视觉测量系统

结构光视觉测量法是一种常用的、直接获取深度信息的方法，最早出现于 20 世纪 70 年代，是为了解决立体视觉测量中图像匹配的难题而提出的，其具有测量精度高、快速全场测量、结构简单、易于实现等优点。结构光视觉测量系统主要由结构光投影装置、工业摄像机、图像处理单元组成，如图 14.4 所示。投影装置向被测物体投影一定图案形式的结构光图像模板，结构光模板受被测物体表面高度信息的调制而发生变形，利用摄像机记录变形的结构光图像，并结合测量系统的结构参数获取物体的三维信息。

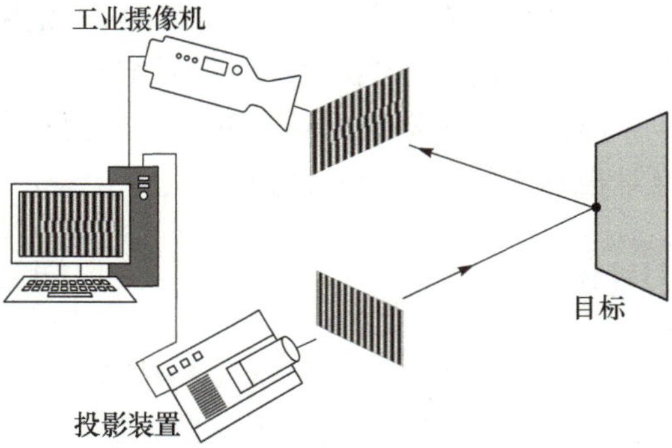

图 14.4　结构光视觉测量系统示意图

2. 基本的面结构光图案

常用的结构光投影装置有以激光和普通白光（自然光）为光源介质的发射器。随着投影技术的进步和数字光处理（digital light process，DLP）技术的诞生，以数字微型处理系统（digital micromirror device，DMD）为典型代表的新型数字投射系统具有高亮度、高对比度、低非线性度和可编程等优点，使得基于面结构光光源的光学三维测量系统得到飞速发展。研究中，面结构光的生成是利用一些简单的函数或数学运算编码生成具有特殊图案特征的二维图像。表 14.1 列举了几种典型的面结构光。

表 14.1　几种典型的面结构光

类型	标准正弦条纹	二值方波条纹	三角波条纹
函数	$f(x)=AI+IM\cdot\sin\left(\frac{2\pi}{\lambda}x+\delta\right)$	$f(x)=AI+\frac{2}{\pi}\sum_{k=0}^{\infty}\frac{1}{2k+1}\cdot\sin\left[\frac{2\pi(2k+1)}{\lambda}x\right]$	$f(x)=AI+\frac{4}{\pi^2}\sum_{k=0}^{\infty}\frac{(-1)^k}{(2k+1)^2}\cdot\sin\left[\frac{2\pi(2k+1)}{\lambda}x\right]$
图像	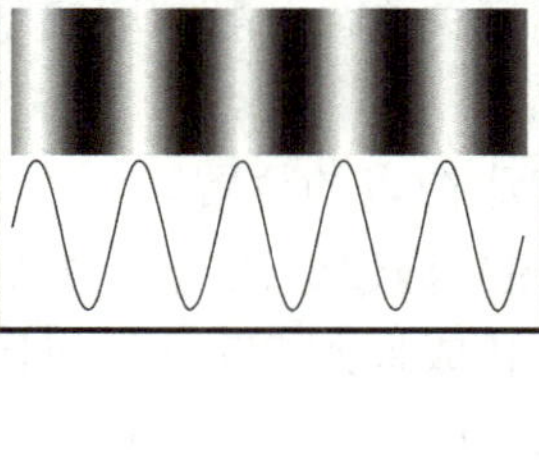	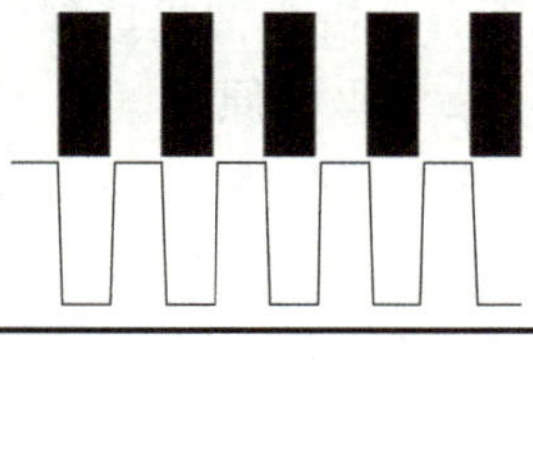	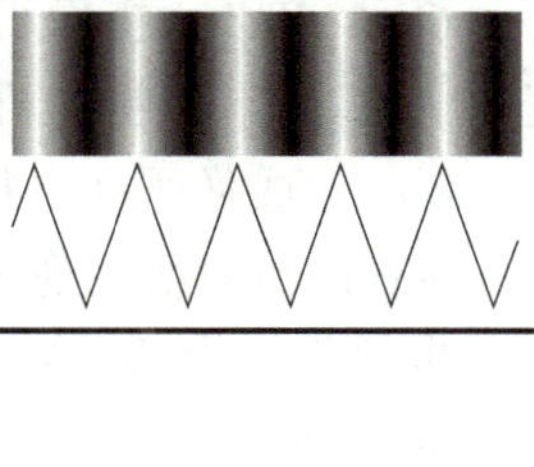

14.3.2　足迹三维形貌提取原理

基于面结构光的现勘立体足迹三维提取原理如图 14.5 所示。提取时，计算机终端控制投影装置向被提取足迹投影一组预先生成的光强呈现标准正弦分布的数字光栅条纹图像序列（通常称为标准模板图像），并使用工业摄像机同时拍摄经被提取足迹凹凸表面结构调制而变形的光栅条纹图像（可称为畸变光栅条纹图像）；针对畸变光栅条纹图像，经过一系列图像预处理操作后，采用相位恢复算法解调出携带立体足迹表面结构形貌信息的绝对相位；最后结合已标定的系统结构参数，从绝对相位图像中计算出被提取足迹表面结构的三维形貌数据。此过程涉及系统参数建模与标定、绝对相位恢复等多个关键技术。

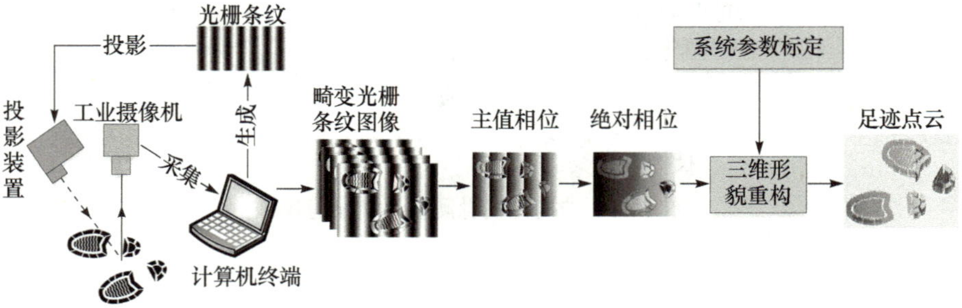

图 14.5　基于面结构光的立体足迹三维形貌提取原理

1. 系统参数建模与标定

提取原理模型对提取系统来说至关重要，对提取系统的建模实质是构造空间点的三维坐标计算模型。以单目视觉数字光栅投影提取系统为例，介绍一种由摄像机针孔透视模型和相位-深度变换模型构成的三维坐标计算模型。

1）摄像机针孔透视模型

摄像机模型是光学成像几何的简化，针孔透视模型是最简单、最常用的理想化相机成像模型，也是摄像机参数标定算法的基本模型。图 14.6 是一个典型摄像机针孔透视模型。模型中包含四个坐标系，其意义简介如下。

O_W-$X_WY_WZ_W$：世界坐标系，描述摄像机安放在客观世界的位置，同时也描述世界环境中任何物体的位置。

O_C-$X_CY_CZ_C$：摄像机坐标系，分析摄像机成像的几何关系。一般常取摄像机的光轴为 Z_C 轴，以摄像机光心 O_C 为坐标原点。

o-uv：成像平面坐标系，以物理单位（mm）描述成像点的位置。

o-xy：计算机图像平面坐标系，以像素单位（pixel）描述成像点的位置。

世界坐标系 O_W-$X_WY_WZ_W$ 中一物点 $S_W=[X_W, Y_W, Z_W]^{\mathrm{T}}$ 成像到 2D 计算机图像平面坐标系 o-uv 上一像点 $s=[x, y]^{\mathrm{T}}$，需要经过①刚体变换（**RT**）、②透视投影变换

（$\mathbf{M}_1$）、③畸形变换（k_1k_2）和④尺度变换（$\mathbf{M}_2$）等四个过程。忽略摄像机的光学镜头畸变过程③，该成像过程可用线性的摄像机针孔透视模型表述为

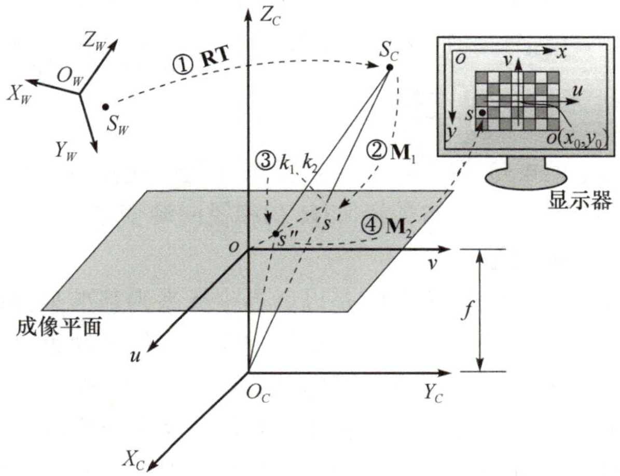

图 14.6　摄像机针孔透视模型

$$v\hat{s}=\overbrace{\begin{bmatrix}1/d_x & 0 & u_0\\ 0 & 1/d_y & v_0\\ 0 & 0 & 1\end{bmatrix}}^{④\,\mathbf{M}_2}\overbrace{\begin{bmatrix}f & 0 & 0\\ 0 & f & 0\\ 0 & 0 & 1\end{bmatrix}}^{②\,\mathbf{M}_1}\overbrace{\left(\begin{bmatrix}r_1 & r_2 & r_3\\ r_4 & r_5 & r_6\\ r_7 & r_8 & r_9\end{bmatrix}S_W+\begin{bmatrix}t_X\\ t_Y\\ t_Z\end{bmatrix}\right)}^{①\,\mathbf{R}\,\mathbf{T}},\quad v\neq 0 \tag{14.1}$$

简写成

$$v\hat{s}=\mathbf{K}\left[\mathbf{R}\ \mathbf{T}\right]\hat{S}_W,\quad \left(v\neq 0,\mathbf{K}=\mathbf{M}_2\mathbf{M}_1=\begin{bmatrix}f_x & 0 & x_0\\ 0 & f_y & y_0\\ 0 & 0 & 1\end{bmatrix}\right) \tag{14.2}$$

式中，$\mathbf{K}$ 为摄像机的内部参数矩阵；$f_x=f/d_x$ 和 $f_y=f/d_y$ 分别为 x 轴和 y 轴上的有效焦距；d_x、d_y 为摄像机传感器单位像素的物理尺寸；(u_0, v_0)为摄像机成像平面中心 o 的像素坐标，称为主点坐标；$[\mathbf{R}\,\mathbf{T}]$为摄像机的外部参数矩阵，分别表示世界坐标系到摄像机坐标系之间的旋转矩阵和平移向量；$\mathbf{M}_1$ 为摄像机坐标系向成像平面坐标系变换的透视投影矩阵；$\mathbf{M}_2$ 为成像平面坐标系向计算机图像平面坐标系变换的尺度变换矩阵；v 为不确定因子；$\hat{S}_W$ 为 S_W 的齐次坐标 $\hat{S}_W=[X_W, Y_W, Z_W, 1]^{\mathrm{T}}$；$\hat{s}$ 为 s 的齐次坐标 $\hat{s}=[x, y, 1]^{\mathrm{T}}$。

实际上，摄像机光学镜头系统的制作工艺差异，致使物点 S_C 经过②$\mathbf{M}_1$ 透视投影到成像平面坐标系 $o\text{-}uv$ 的理想 2D 点 $s'=[u', v']$T 发生了偏差，即镜头畸变误差。通常镜头畸变分为径向畸变、偏心畸变和薄棱镜畸变三类。第一类仅产生径向位置畸变，后两者则产生径向和切向偏差。这里，关于三类畸变的具体模型和

表达式可参考相关文献[24]。通常情况下，径向畸变已足够描述摄像机光学镜头的畸变状况。那么，引入一阶、二阶径向畸变系数 k_1 和 k_2，经过畸变过程③，理想 2D 点 s' 在成像平面坐标为 $s''=[u'', v'']^{\mathrm{T}}$，此时畸变过程可描述为

$$\underbrace{\begin{cases} u''=u'(1+k_1\Delta^2+k_2\Delta^4) \\ v''=v'(1+k_1\Delta^2+k_2\Delta^4) \end{cases}}_{③\ k_1\ k_2}, \quad \Delta=\sqrt{(u'-u'')^2+(v'-v'')^2} \tag{14.3}$$

式（14.1）～式（14.3）联合组成了摄像机针孔透视模型，其中需要标定的参数包括内部参数矩阵 **K**、外部参数矩阵[**R T**]和径向畸变系数 k_1、k_2。

2）相位-深度变换模型

传统的相位-高度映射变换模型，是以世界坐标系为基准来描述被测目标三维坐标信息。该模型存在平行、垂直、相交等空间几何位置约束，实际中难以确定投影装置、工业摄像机和参考平面三者间的具体空间位置。虽然一些改进的模型，如控制方程模型[25-27]和空间映射模型[28-30]等放宽了对空间几何位置关系的约束，模型变得灵活，但却引入了过多的未知参数，增加了标定难度。下面以摄像机坐标系为基准，来表征被测目标的三维点信息，介绍一个简化、灵活的相位-深度变换模型，其分为 $(X_C, Y_C, Z_C)-\varPhi_S$ 关系式和 $(x, y, \varPhi_S)-Z_C$ 关系式两部分。

图 14.7 描述了系统空间分布模型的 3D 几何原理图。模型中的坐标系定义同上小节中的各坐标系意义。世界坐标系 $O_W\text{-}X_WY_WZ_W$ 设定在被测目标上的某一位置；摄像机坐标系 $O_C\text{-}X_CY_CZ_C$ 的原点 O_C 位于镜头光心，Z_C 为摄像机光轴，Z_P 为投影装置光轴；S 是被测目标表面上的任意物点。

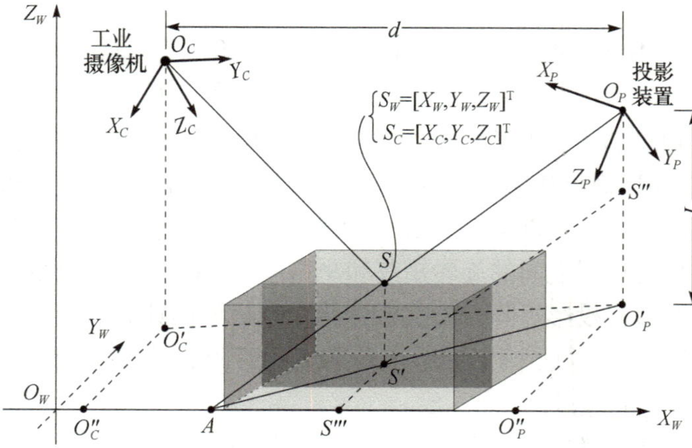

图 14.7　3D 几何原理模型图

模型中，设物点 S 在摄像机坐标系 $O_C\text{-}X_CY_CZ_C$ 中表示为 $S_C=[X_C, Y_C, Z_C]^{\mathrm{T}}$，对应的齐次坐标为 $\hat{S}_C=[X_C, Y_C, Z_C, 1]^{\mathrm{T}}$，在世界坐标系 $O_W\text{-}X_WY_WZ_W$ 中 S_W 的定义同摄

像机针孔透视模型中的含义。O'_C 和 O'_P 分别是摄像机镜头光心 O_C 和投影装置镜头光心 O_P 在 O_W-X_WY_W 平面上的投影，S'为目标上任意物点 S 在 O_W-X_WY_W 平面上的投影。根据几何知识，有 $\overrightarrow{SS'}/\!/\overrightarrow{O_PO'_P}$，$\triangle ASS' \backsim \triangle AO_PO'_P$；另过点 S'作 AO_P 的平行线交 $O_PO'_P$ 于 S''，于是可得如下比例关系：

$$\frac{\overline{S'O'_P}}{\overline{AO'_P}}=\frac{\overline{O_PO'_P}-\overline{SS'}}{\overline{O_PO'_P}} \tag{14.4}$$

另外，图 14.7 中，由于 S'''和 O''_P 分别为 S'和 O'_P 在 O_W-X_WY_W 平面的 X_W 轴上的投影，所以 $\overrightarrow{S'S'''}/\!/\overrightarrow{O'_PO''_P}$，$\triangle AS'S''' \backsim \triangle AO'_PO''_P$，则

$$\frac{\overline{S'O'_P}}{\overline{AO'_P}}=\frac{\overline{S'''O''_P}}{\overline{AO''_P}} \tag{14.5}$$

联立式（14.4）和式（14.5），得

$$\frac{\overline{S'''O''_P}}{\overline{AO''_P}}=\frac{\overline{O_PO'_P}-\overline{SS'}}{\overline{O_PO'_P}} \tag{14.6}$$

式中，S'''和 O''_P 分别为 S'和 O'_P 在 O_W-X_WY_W 平面的 X_W 轴上的投影，所以 $S'''O''_P$ 是点 S'和 O'_P 在 O_W-$X_WY_WZ_W$ 坐标系中的 X_W 坐标差值，又点 S'和 O'_P 的 X_W 坐标分别与 S 和 O_P 的相同，即 $S'''O''_P=X_W(O_P)-X_W(S)$；又易知交点 A 的绝对相位等于物点 S 的绝对相位 $\varPhi_S$，二次投影点 O''_P 的绝对相位值等于投影中心 O_P 的绝对相位值 $\varPhi_P$，于是有

$$AO''_P=\frac{\lambda}{2\pi}(\varPhi_P-\varPhi_S) \tag{14.7}$$

式中，λ 为数字光栅条纹波长。

将 $SS'=Z_W(S)$，$O_PO'_P=L$，$S'O'_P=X_W(S)-X_W(O_P)$和式（14.7）代入式（14.6）中，进而推导得

$$\varPhi_S=\varPhi_P-\frac{2\pi L}{\lambda}\cdot\frac{X_W(O_P)-X_W(S)}{L-Z_W(S)} \tag{14.8}$$

由于 O'_P 和 O''_P 分别是投影仪镜头光心 O_P 在 O_W-X_WY_W 平面上的一次投影和二次投影，一旦系统的空间布局结构确定，那么二者在 O_W-X_WY_W 平面上的投影位置也就固定，即 $X_W(O_P)$不变，对应的绝对相位值 $\varPhi_S$ 也固定。在某一视场下测量，投影装置光心 O_P 到 O_W-X_WY_W 平面的距离 L 也一定。因此，式(14.8)描述了物点 S 世界坐标 X_W、Z_W 与其绝对相位 $\varPhi_S$ 的关系。下面推导用物点 S 的摄像机坐标 $S_C=[X_C, Y_C, Z_C]^T$ 替换其世界坐标 X_W 和 Z_W。

（1）(X_C, Y_C, Z_C)–$\varPhi_S$ 关系式。

根据摄像机针孔透视模型可知，摄像机坐标系 O_C-$X_CY_CZ_C$ 中的点 S_C 变换到世界坐标系 O_W-$X_WY_WZ_W$ 中，可用刚体变换①的逆过程表示：

$$\mathbf{E}\hat{S}_C = \hat{S}_W \tag{14.9}$$

式中，**E** 表示摄像机坐标系 O_C-$X_CY_CZ_C$ 到世界坐标系 O_W-$X_WY_WZ_W$ 间的刚体变换矩阵：

$$\mathbf{E} = \begin{bmatrix} \mathbf{R},\mathbf{T} \\ 0,1 \end{bmatrix}^{-1} = \begin{bmatrix} r_1' & r_2' & r_3' & t_x' \\ r_4' & r_5' & r_6' & t_y' \\ r_7' & r_8' & r_9' & t_z' \\ 0 & 0 & 0 & 1 \end{bmatrix} \tag{14.10}$$

联立式（14.9）和式（14.10），在世界坐标系 O_W-$X_WY_WZ_W$ 中的物点 S_W 可用方程组的形式表示：

$$\begin{cases} X_W = r_1'X_C + r_2'Y_C + r_3'Z_C + t_x' \\ Y_W = r_4'X_C + r_5'Y_C + r_6'Z_C + t_y' \\ Z_W = r_7'X_C + r_8'Y_C + r_9'Z_C + t_z' \end{cases} \tag{14.11}$$

将式(14.11)代入式(14.8)中，整理得

$$\varPhi_S = \frac{a_1X_C + a_2Y_C + a_3Z_C + a_4}{a_5X_C + a_6Y_C + a_7Z_C + a_8} \tag{14.12}$$

式（14.12）即为(X_C, Y_C, Z_C)–$\varPhi_S$关系式，描述了任意物点 S 的绝对相位与在摄像机坐标系 O_C-$X_CY_CZ_C$ 中的三维坐标之间的关系，这是测量系统原理模型推导过程中的核心过渡公式，其中 a_1～a_8 为过渡参数，不需要标定。

（2）$(x, y, \varPhi_S)$–Z_C 关系式。

不考虑摄像机光学镜头畸变误差，根据摄像机的透视投影变换②和尺度变换④可知，摄像机坐标系 O_C-$X_CY_CZ_C$ 中的物点 $S_C=[X_C, Y_C, Z_C]^{\mathrm{T}}$ 变换到计算机图像平面坐标系 o-xy 中的无畸变像素点 $s=[x, y]^{\mathrm{T}}$ 的关系为

$$\frac{X_C}{Z_C} = \frac{x - x_0}{f_u}, \frac{Y_C}{Z_C} = \frac{y - y_0}{f_v} \tag{14.13}$$

将式（14.13）代入核心过渡公式（14.12）中，经化简整理可得

$$Z_C = \frac{b_7\varPhi_S - 1}{(b_1x + b_2y + b_3) - \varPhi_S(b_4x + b_5y + b_6)} \tag{14.14}$$

该式即为$(x, y, \varPhi_S)$–Z_C 关系式，描述了在摄像机坐标系 O_C-$X_CY_CZ_C$ 中任意物点 S_C 的 Z_C 坐标值（深度）与其对应的计算机图像平面坐标系 o-uv 中的像素坐标(x, y)及对应的绝对相位值$\varPhi_S$之间的变换关系，这是系统原理模型的核心公式。式中 b_1～b_7 为待标定的参数，由于是计算深度方向坐标值的常量，因此将其称为深度参数。

综合摄像机针孔透视模型和相位–深度变换模型的讨论，可得到完整的系统三维坐标计算数学模型$(x, y, \varPhi_S)$–(X_C, Y_C, Z_C)，即由式（14.3）和式（14.14）组成。由

此可见，待标定的参数为：摄像机模型中的内部参数矩阵 **K**、径向畸变系数 k_1 和 k_2 及相位-深度变换模型的深度参数 b_1～b_7。详细的参数标定过程和算法参考文献[31]～[33]。在实际测量时，一旦标定了这些参数，仅将绝对相位图像中每一个有效的目标像素点(x, y)及其对应的绝对相位值Φ_S代入模型中，即可得到摄像机坐标系下的目标点三维坐标$[X_C, Y_C, Z_C]$。

2. 绝对相位恢复

在面结构光三维测量、计算机视觉测量、数字图像处理等诸多领域中，绝对相位扮演着一个重要的角色，它不仅是计算三维点云数据的信息来源，也是推进摄像机/投影仪标定、双目视觉立体匹配等技术的有力工具，还为深度图计算、图像边缘检测、特征识别等提供一种新思路。绝对相位恢复是指从变形光栅条纹图像中解调出携带被测目标相关信息的绝对相位图像的过程，主要分为光栅条纹的主值相位解调和相位展开。

1）主值相位解调

主值相位解调是绝对相位恢复的首要步骤，从拍摄的变形光栅条纹图像中解调出呈现周期性的、锯齿状分布的截断相位信息。目前，比较成熟且使用较多的是傅里叶变换法和相移法[34]。比较而言，相移法拥有诸多优势，一直被广大研究者所青睐。基本原理是：通过摄像机采集 N 幅有一定相移量$\delta_i\,(i=1, 2, 3,\cdots, N)$的畸变光栅条纹图像，以此来计算包含有被测物体表面三维信息的相位分布。一般情况下，摄像机获取的第 i 幅光栅条纹图像光强分布可以用标准正弦函数表示，其任一像素点(x, y)的光强值为

$$I_i(x,y)=ai(x,y)+im(x,y)\cos[\varphi(x,y)+\delta_i],\delta_i=\frac{2\pi(i-1)}{N} \tag{14.15}$$

式中，$ai(x,y)$为光栅条纹图像中任一像素点的背景光强或平均灰度；$im(x, y)$为灰度调制；而$\varphi(x, y)$为待解调的、包含物体三维信息的主值相位。通常采用众所周知的标准 N 步相移算法计算主值相位$\varphi(x, y)$，有

$$\varphi(x,y)=\arctan\left[-\frac{\sum_{i=1}^{N}I_i(x,y)\cdot\sin\frac{2\pi(i-1)}{N}}{\sum_{i=1}^{N}I_i(x,y)\cdot\cos\frac{2\pi(i-1)}{N}}\right],\quad N=3,4,\cdots \tag{14.16}$$

该算法对测量系统的随机噪声具有最佳的抑制作用，而且对 N–1 次以下的谐波误差不敏感。常用的有标准三步[35]、四步[36]、五步[37]相移法，即 N 分别取 3, 4, 5。大量的研究表明，标准四步相移法对测量系统的输入-输出非线性响应误差抑制效果优于其他算法。下面以此算法为例，介绍主值相位的解调原理。

当 N=4 时，根据式（14.15），依次列出 4 幅光栅条纹图像光强分布表达式为

$$\begin{cases} I_1(x,y)=ai(x,y)+im(x,y)\cos[\varphi(x,y)] \\ I_2(x,y)=ai(x,y)+im(x,y)\cos[\varphi(x,y)+\pi/2] \\ I_3(x,y)=ai(x,y)+im(x,y)\cos[\varphi(x,y)+\pi] \\ I_4(x,y)=ai(x,y)+im(x,y)\cos[\varphi(x,y)+3\pi/2] \end{cases} \tag{14.17}$$

代入式（14.16），可计算出光栅条纹图像的主值相位，即

$$\varphi(x,y)=\arctan\left[-\frac{I_4(x,y)-I_2(x,y)}{I_3(x,y)-I_1(x,y)}\right] \tag{14.18}$$

图 14.8 展示了标准四步相移算法的过程。

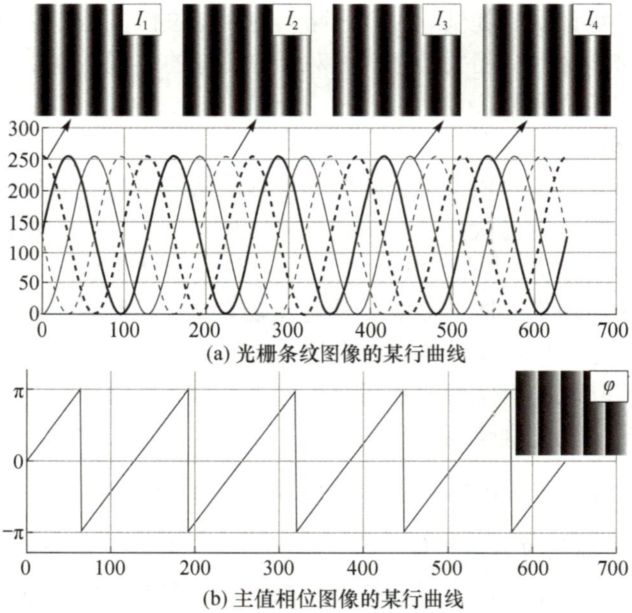

图 14.8　标准四步相移算法

2）相位展开

经相移法解调后，主值相位往往包裹在区间$[-\pi, \pi)$内，且存在 2π相位跳跃。相位展开就是从包络在区间$[-\pi, \pi)$且不连续的主值相位中去除 2π相位跳跃，进而获得超越该区间范围且具有单调递增或者递减的连续相位图像的过程。这是决定绝对相位恢复的关键环节，其数学模型为

$$\Phi(x,y)=\varphi(x,y)+2\pi\cdot g_s(x,y) \tag{14.19}$$

式中，$\Phi(x,y)$为主值相位展开之后的绝对相位；$g_s(x,y)$是 2π跳跃处对应的光栅条纹级数，$g_s(x,y)\in\mathbb{Z}$，$\mathbb{Z}$为整数集。

根据相位展开的数学模型可知，相位展开本质上就是确定每一个像素(x, y)对

应的光栅条纹级数 $g_s(x,y)$。目前，使用较广泛的是时域相位展开法中的多频外差法[38]和多频递推法[39]。虽然二者展开相位的精度较高，但是由于使用了多于一倍、两倍甚至更多倍数量的光栅条纹图像，增加了光栅模板投射、图像采集和数据处理的时间成本。下面重点从确定光栅条纹级数图像展开论述一种互质双频光栅条纹级数双射模型相位展开法[40]。首先讨论确定一幅图像中光栅条纹级数的种类或光栅条纹级数集合。

（1）确定光栅条纹级数集合。

为了避免产生负光栅条纹级数及讨论光栅条纹级数边界值圆整问题[41,42]，首先平移主值相位的值域：

$$\varphi(x,y)=\begin{cases}\varphi(x,y)+2\pi, & \varphi(x,y)<\varepsilon \\ \varphi(x,y), & 其他\end{cases} \tag{14.20}$$

式中，ε 为任意大于 0 且非常小的有意义实数。

以光栅条纹周期数 P_e=3 为例，图 14.9 直观地描述了这个简单的平移过程。

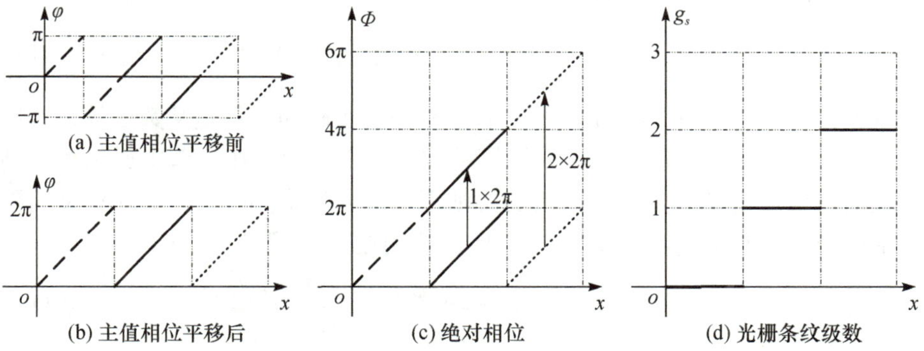

图 14.9　主值相位平移与绝对相位恢复

观察图 14.9(b)，若以第一个周期内的相位为基准，将后两个周期内相位向纵轴正方向依次平移“一”个 2π和“两”个 2π值，即得到如图 14.9(c)所示的结果。图 14.9(b)变换到图 14.9(c)，从一维角度清晰地阐述了相位展开的数学模型式(14.19)，其中光栅条纹周期数 P_e =3 对应展开后的连续相位取值区间为[0, 6π)。基于数学中的归纳总结思想，对于任意光栅条纹周期数 P_e，不失一般性，其绝对相位的取值范围将在区间$[0, 2P_e\pi)$。那么，主值相位和绝对相位的值域可分别用不等式表示：

$$\begin{cases}0\leqslant\varphi<2\pi \\ 0\leqslant\Phi<2P_e\pi\end{cases} \tag{14.21}$$

将二者相位的范围代入式(14.19)中，可获得每一个像素(x, y)所对应的光栅条纹级数 g_s 的范围，即$-1<g_s(x, y)<P_e$。由于光栅条纹级数 $g_s(x, y)\in\mathbb{Z}$，进一步

将其包含的所有整数值枚举出来，用集合的形式表示：

$$\mathbf{G}_s = \{g_s(x,y) | 0,1,2,\cdots,P_e - 1\} \tag{14.22}$$

（2）双频光栅条纹级数双射模型。

对于双频光栅条纹图像，设细条纹光栅的条纹周期数为 P_{eh}，对应的主值相位图像为 $\varphi_h(x, y)$，光栅条纹级数图像为 $g_{s\_h}(x, y)$；粗条纹光栅的条纹周期数为 P_{el}，对应的主值相位图像为 $\varphi_l(x,y)$，光栅条纹级数图像为 $g_{s\_l}(x,y)$；二者对应的绝对相位图像分别为 $\Phi_h(x, y)$和 $\Phi_l(x, y)$，可表示为

$$\begin{cases} \Phi_l(x,y) = \varphi_l(x,y) + g_{s\_l}(x,y)2\pi \\ \Phi_h(x,y) = \varphi_h(x,y) + g_{s\_h}(x,y)2\pi \end{cases} \tag{14.23}$$

对于不同光栅条纹周期数的光栅条纹图像，投影到同一个被测物面点上，其对应物的表面高度是相等的，所以绝对相位与光栅条纹周期数间存在一个等式关系：

$$P_{eh}\Phi_l(x,y) = P_{el}\Phi_h(x,y) \tag{14.24}$$

结合式(14.23)和式(14.24)可得

$$\frac{P_{el} \cdot \varphi_h(x,y) - P_{eh} \cdot \varphi_l(x,y)}{2\pi} = P_{eh} \cdot g_{s\_l}(x,y) - P_{el} \cdot g_{s\_h}(x,y) \tag{14.25}$$

观察式（14.25）不难得出：等号右边是需要求解的，且是整数运算，其结果必为整数；而等号左边的光栅条纹周期数已知，主值相位在上节中已求解，则等号左边的值应该也是一个整数，而实质则不然。为使式(14.25)的等式意义名副其实，用符号 U_{left} 和 U_{right} 分别表示上式的左右两边，可写作

$$U_{left}(x,y) = \frac{P_{el} \cdot \varphi_h(x,y) - P_{eh} \cdot \varphi_l(x,y)}{2\pi} \tag{14.26}$$

$$U_{right}(x,y) = P_{eh} \cdot g_{s\_l}(x,y) - P_{el} \cdot g_{s\_h}(x,y) \tag{14.27}$$

针对式（14.26），由于粗细条纹图像对应的主值相位有 $0 \leqslant \varphi_l, \varphi_h \leqslant 2\pi$，因此易推知 $U_{left}(x, y)$落在开区间$(-P_{eh}, P_{el})$内。对应的式（14.27），$U_{right}(x, y)$也应在相同的区间内。但 $U_{right}(x,y)$的计算结果又是整数，所以其在开区间$(-P_{eh}, P_{el})$内可产生 $P_{eh}+P_{el}-1$ 个整数值，对应的整数集合可记作

$$\boldsymbol{U}_{right} = \{U_{right}(x,y) | -(P_{eh}-1), -(P_{eh}-2), \cdots, 0, \cdots, P_{el}-2, P_{el}-1\} \tag{14.28}$$

除此之外，粗细光栅条纹级数 $g_{s_l}(x,y)$和 $g_{s_h}(x,y)$的整数集合可用式（14.22）表示为

$$\begin{cases} \mathbf{G}_{s\_l} = \{g_{s\_l}(x,y) | 0,1,2,\cdots,P_{el}-1\} \\ \mathbf{G}_{s\_h} = \{g_{s\_h}(x,y) | 0,1,2,\cdots,P_{eh}-1\} \end{cases} \tag{14.29}$$

联立式（14.27）～式(14.29)，构造一个 ψ：$\mathbf{U}_{right} \to (\mathbf{G}_{s_l}, \mathbf{G}_{s_h})$的映射函数，具体为

$$\psi:\{(\mathbf{U}_{\text{right}},\mathbf{G}_{s\_1},\mathbf{G}_{s\_h})\big|\mathbf{U}_{\text{right}}=P_{eh}\cdot\mathbf{G}_{s\_1}-P_{el}\cdot\mathbf{G}_{s\_h}\}\tag{14.30}$$

该映射函数具有双射特性，即集合 $\mathbf{U}_{\text{right}}$ 中的每一个整数元素都是集合($\mathbf{G}_{s\_1}$, $\mathbf{G}_{s\_h}$)中对应的光栅条纹级数的像，且集合($\mathbf{G}_{s\_1}$, $\mathbf{G}_{s\_h}$)中任意两对不同光栅条纹级数元素在集合 $\mathbf{U}_{\text{right}}$ 中的像均不同。那么，通过该映射函数从集合 $\mathbf{U}_{\text{right}}$ 向集合($\mathbf{G}_{s\_1}$, $\mathbf{G}_{s\_h}$)遍历搜索，便可确定出一一对应的 $P_{eh}+P_{e1}-1$ 对($\mathbf{U}_{\text{right}}$, $\mathbf{G}_{s\_1}$, $\mathbf{G}_{s\_h}$)整数组合。

需要强调的是，当且仅当光栅条纹周期数互为质数时，该映射才成立；反之，集合 $\mathbf{U}_{\text{right}}$ 中只有部分整数元素是集合($\mathbf{G}_{s\_1}$, $\mathbf{G}_{s\_h}$)中对应的光栅条纹级数的像，且出现“一对多”的情况。下面通过一个正例与反例说明。

当光栅条纹周期数 $P_{e1}=3$，$P_{eh}=5$ 时，根据式（14.28）～式（14.30）确定的映射整数集合如图 14.10(a)所示，集合 $\mathbf{U}_{\text{right}}$ 中的 7 个整数值与集合($\mathbf{G}_{s\_1}$, $\mathbf{G}_{s\_h}$)中的 7 对条纹级数组合一一映射，且像唯一。

而当光栅条纹周期数 $P_{e1}=3$，$P_{eh}=6$ 时，按照式（14.28）集合 $\mathbf{U}_{\text{right}}$ 将产生 8 个整数值，且依据映射函数 ψ 应该产生 8 对光栅条纹级数组合。实际上，由于 $P_{e1}=3$ 和 $P_{eh}=6$ 非互质数，集合 $\mathbf{U}_{\text{right}}$ 中仅有两个整数值对应集合($\mathbf{G}_{s\_1}$, $\mathbf{G}_{s\_h}$)中的光栅条纹级数组合，且出现“一对多”的情况，如图 14.10(b)所示。

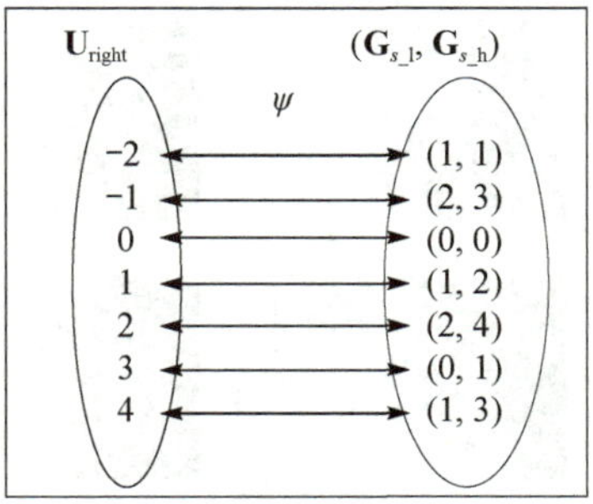

(a) $P_{el}=3, P_{eh}=5$ “一对一”

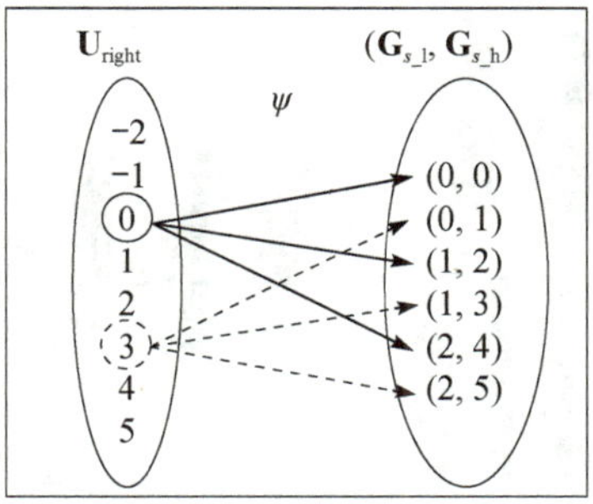

(b) $P_{el}=3, P_{eh}=6$ “一对多”

图 14.10　光栅周期数与条纹级数映射关系

（3）绘制光栅条纹级数图像。

上节的论证仅仅找到了满足式（14.25）相等关系的整数组合，而对每一个像素(x,y)所对应的整数值 g_s 还需进一步讨论。对式（14.26）非整数值 $U_{\text{left}}(x,y)$进行圆整运算：

$$\xi(x,y)=\text{round}[U_{\text{left}}(x,y)]\tag{14.31}$$

式中，round[X]为圆整到距离 X 最近的整数。

对于任一个像素坐标(x, y)，假如 $\xi(x, y)$的整数值恰好等于集合 $\mathbf{U}_{\text{right}}$ 中的第 count 个元素，记作 $\mathbf{U}_{\text{right}}$(count)，其中 count=1, 2,⋯, $P_{eh}+P_{el}-1$。那么，可从式（14.30）所得整数组合($\mathbf{U}_{\text{right}}$, $\mathbf{G}_{s\_1}$, $\mathbf{G}_{s\_h}$)中找到一一对应的 $\mathbf{G}_{s\_1}$(count)和 $\mathbf{G}_{s\_h}$(count)，进而

可确定出任一个像素点(x, y)处的光栅条纹级数：

$$\begin{cases} g_{s\_1}(x,y)=\mathbf{G}_{s\_1}(\text{count}) \\ g_{s\_h}(x,y)=\mathbf{G}_{s\_h}(\text{count}) \end{cases},\quad \xi(u,v)=\mathbf{U}_{\text{right}}(\text{count}) \tag{14.32}$$

例如，光栅条纹周期数 $P_{e1}=3$ 和 $P_{eh}=5$ 对应的光栅条纹级数图像 $g_{s_1}(x, y)$和 $g_{s\_h}(x, y)$，如图 14.11 所示。

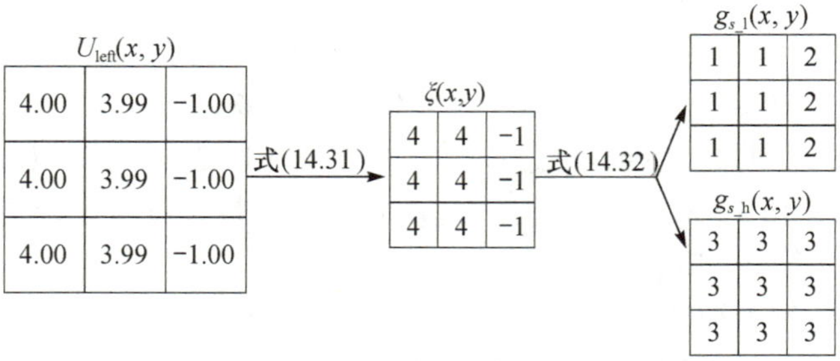

图 14.11　$P_{e1}=3$ 和 $P_{eh}=5$ 对应的 $g_{s_1}(x, y)$和 $g_{s_h}(x, y)$绘制示意图

图 14.12 展示了从包裹的主值相位求解绝对相位的展开全过程。

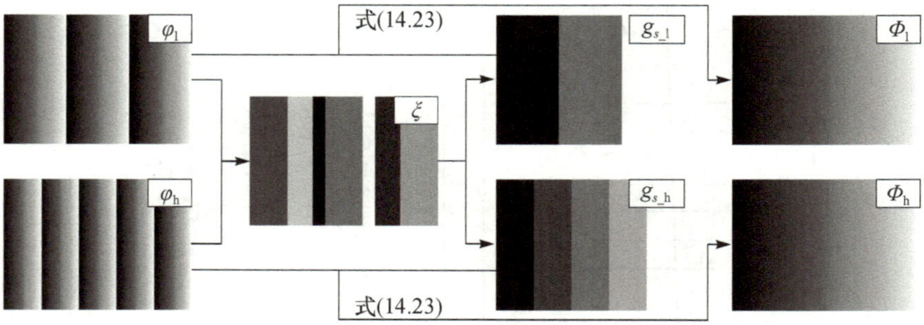

图 14.12　主值相位展开的模拟过程

14.4　便携式现勘立体足迹三维形貌提取系统

14.4.1　系统构成

根据现勘立体足迹提取的实际需求，设计了一套便携式的现勘立体足迹三维形貌提取系统，由高分辨率的互补金属氧化物半导体（complementary metal oxide semiconductor，CMOS）工业相机、高对比度的 DLP 投影仪、同步控制板卡、高配置移动工作站、标定扳、便携式三脚架、移动电源、软件系统等软硬件组成，如图 14.13 所示。

便携式现勘立体足迹三维形貌提取系统分为现勘足迹图像采集、足迹图像数字化处理和足迹三维点云计算与分析三个部分，其目标是在 Windows 操作系统环境下对立体足迹光栅条纹图像进行采集与处理，实现立体足迹的三维形貌数据计算，同时满足足迹三维特征数据的分析、标注与可视化显示。

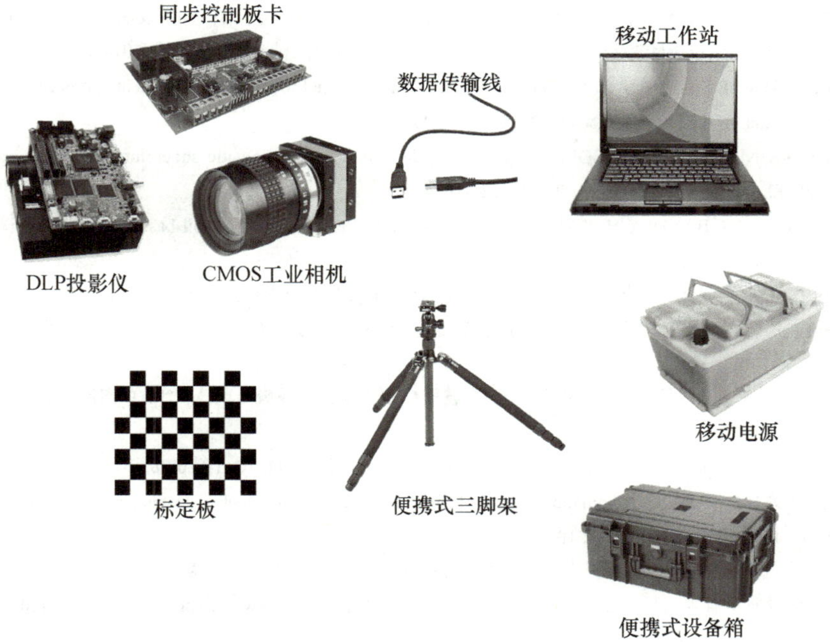

图 14.13　提取系统配置示意图

14.4.2　系统功能特点

便携式现勘立体足迹三维形貌提取系统作为足迹分析与鉴定的新一代工具，有别于市场上的激光三维扫描方式，系统采用高分辨率的 CMOS 工业相机和 DLP 投影仪，可在极短时间内进行面结构光模板图像的投射与现勘立体足迹畸变光栅条纹图像采集的同步控制，再对足迹畸变光栅条纹图像进行预处理，结合相位测量轮廓术，实现立体足迹的现场还原，多角度实景观察，将细微变化以直观、形象、多维的方式表现出来，突破足迹“专家特征”限制；不存在机械传动等造成的系统误差，操作简单，可轻松应对各种承痕客体，不受地面条件（渗透性客体、沙土、粉尘、积雪、积水、龟裂）限制，甚至对平面足迹可进行数字化采集；不存在制模提取对足迹的破坏和细节丢失以及后期材料干缩、裂纹等问题，对提取人员无技术和经验要求。

参考文献

[1] 史力民, 马建平. 足迹学[M]. 北京: 中国人民公安大学出版社, 2014.

[2] 殷兵. 案件的足迹鉴定管理与应用[J]. 管理观察, 2016, (30): 105-107.

[3] 金益锋, 白艳平, 刘寰. 全国 16 个省份足迹自动识别系统应用情况分析[J]. 刑事技术, 2017, 42 (6): 504-507.

[4] 肖劲辉, 刘孟良. 浅谈足迹检验技术在侦查破案中的相关作用[J]. 科技创新与应用, 2014, (36): 15-16.

[5] REEL S, ROUSE S, VERRNON W. Reliability of a two dimensional footprint measurement approach[J]. Science & Justice Journal of the Forensic Society, 2010, 50 (3): 113-118.

[6] LUOSTARINEN T, LEHMUSSOLA A. Measuring the accuracy of automatic shoeprint recognition methods[J]. Journal of Forensic Sciences, 2014, 59 (6): 1627-1634.

[7] FARRUGIA K J, BANDEY H, DAWSON L, et al. Chemical enhancement of soil based footwear impressions on fabric[J]. Forensic Science International, 2012, 219 (1-3): 12-28.

[8] 屈乐山, 王天英, 袁健彪, 等. 不同承痕的足迹提取研究[J]. 广东公安科技, 2009, 17 (3): 23-27.

[9] 陈蕊丽, 周吉亮, 唐云祁, 等. 光学无损提取平面足迹的原理与方法[J]. 中国人民公安大学学报:自然科学版, 2015, (2): 8-12.

[10] 邵营. 地板革上灰尘足迹提取的新方法——全波段CCD物证照相系统显现技术[J]. 中国刑警学院学报, 2017, (2): 86-88.

[11] 王圣江. 船舶犯罪现勘足迹的提取技术[J]. 公安海警学院学报, 2011, 10 (1): 26-28.

[12] ALIZADEH S, KOSE C. Automatic retrieval of shoeprint images using blocked sparse representation[J]. Forensic Science International, 2017, 277: 103-114.

[13] 吴家聪, 杨玉柱. 采用数码照相机提取纸张和地砖表面灰尘足迹[J]. 四川警察学院学报, 2018, 30 (2): 73-80.

[14] 大连恒锐股份有限公司. 恒锐现场足迹采集系统[EB/OL]. http://www.everspry.com/product/product_06.htm. [2017-07-03].

[15] 朱玉婷, 乔胜男, 胡书良. 立体足迹石膏样本室内采集新方法[J]. 四川警察学院学报, 2017, 29 (2): 80-84.

[16] PETRACO N, SHERMAN H, DUMITRA A, et al. M. Casting of 3-dimensional footwear prints in snow with foam blocks[J]. Forensic Science International, 2014, 263: 147-151.

[17] THOMPSON T J U, NORRIS P. A new method for the recovery and evidential comparison of footwear impressions using 3D structured light scanning[J]. Science & Justice, 2018, 58 (3): 237-243.

[18] KOMAR D A, DAVY-JOW S, DECKER S J. The use of a 3-D laser scanner to document ephemeral evidence at crime scenes and postmortem examinations[J]. Journal of Forensic Sciences, 2012, 57 (1): 188-191.

[19] BUCK U, ALBERTINI N, NAETHER S, et al. 3D documentation of footwear impressions and tyre tracks in snow with high resolution optical surface scanning[J]. Forensic Science International, 2007, 171 (2-3): 157-164.

[20] 杭州思看科技有限公司. 三维扫描仪在刑侦领域足迹鉴定中的应用[EB/OL]. http://www.sikantech.com/news_504.html. [2017-07-03].

[21] 吴春涛, 方洪祥. 三维激光扫描仪在立体足迹检验中的应用[J]. 山西警察学院学报, 2010, 18 (3): 81-83.

[22] 陈蕊丽, 周吉亮, 魏育新, 等. 三维立体足迹采集与分析系统应用[J]. 实验室研究与探索, 2014, 35 (8): 131-134.

[23] 潘楠, 彭进, 伍星, 等. 立体足迹激光定量检验系统的设计与实现[J]. 中南大学学报(自然科学版), 2014, 47 (4): 1181-1187.

[24] GHIGLIA D C, PRITT M D. Two-Dimensional Phase Unwrapping: Theory, Algorithms, and Software [M]. New York: Wiley，1998.

[25] DU H, WANG Z. Three-dimensional shape measurement with an arbitrarily arranged fringe projection profilometry system [J]. Optics Letters, 2007, 32 (16): 2438-2440.

[26] WANG Z, DU H, PARK S, et al. Three-dimensional shape measurement with a fast and accurate approach [J]. Applied Optics, 2009, 48 (6): 1052-1061.

[27] WANG Z, NGUYEN D A, BARNES J C. Some practical considerations in fringe projection profilometry[J]. Optics and Lasers in Engineering, 2010, 48 (2): 218-225.

[28] XU J, DOUET J, ZHAO J, et al. A simple calibration method for structured light-based 3D profile measurement [J]. Optics & Laser Technology, 2013, 48: 187-193.

[29] ZHANG Z, MA H, GUO T, et al. Simple, flexible calibration of phase calculation-based three-dimensional imaging system[J]. Optics Letters, 2011, 36 (7): 1257-1259.

[30] CAI Z, LIU X, LI A, et al. Phase-3D mapping method developed from back-projection stereovision model for fringe projection profilometry[J]. Optics Express, 2017, 25 (2): 1262-1277.

[31] LU J, MO R, SUN H, et al. Flexible calibration of phase-to-height conversion in fringe projection profilometry[J]. Applied Optics, 2014, 55 (23): 6381-6388.

[32] 卢津, 孙惠斌, 常智勇. 新型正交消隐点的摄像机标定方法[J]. 中国激光, 2014, (2): 294-302.

[33] SUN H, LU J, CHANG Z. An efficient camera calibration and optimisation method based on orthogonal vanishing points[J]. The Imaging Science Journal, 2014, 64 (4): 232-239.

[34] ZUO C, FENG S, HUANG L, et al. Phase shifting algorithms for fringe projection profilometry: a review[J]. Optics and Lasers in Engineering, 2018, 109: 23-59.

[35] HUANG P S, ZHANG S. Fast three-step phase-shifting algorithm[J]. Applied Optics, 2006, 45 (21): 5086-5091.

[36] ZUO C, HUANG L, ZHANG M, et al. Temporal phase unwrapping algorithms for fringe projection profilometry: A comparative review[J]. Optics and Lasers in Engineering, 2014, 85: 84-103.

[37] VARGAS J, QUIROGA J A, BELENGUER T. Phase-shifting interferometry based on principal component analysis[J]. Optics Letters, 2011, 36 (8): 1326-1328.

[38] CHENG Y Y, WYANT J C. Multiple-wavelength phase-shifting interferometry[J]. Applied Optics, 1985, 24 (6): 804-807.

[39] ZHANG S. Digital multiple wavelength phase shifting algorithm[C]. San Diego, California, United States: Proc. SPIE, 2009, 7432: 74320N.

[40] LU J, MO R, SUN H, et al. Simplified absolute phase retrieval of dual-frequency fringe patterns in fringe projection profilometry[J]. Optics Communications, 2014, 364: 101-109.

[41] DING Y, XI J, YU Y, et al. Recovering the absolute phase maps of two fringe patterns with selected frequencies [J]. Optics Express, 2011, 36 (13): 2518-2520.

[42] DING Y, XI J, YU Y, et al. Frequency selection in absolute phase maps recovery with two frequency projection fringes [J]. Optics Express, 2012, 20 (12): 13238-13251.

第 15 章　鞋印图像识别系统

足迹作为犯罪现场中最常见的一种痕迹物证，在串并案分析及法庭举证等工作中具有重要作用。随着刑侦数字化与网络化技术的发展，鞋印库中的图像数量越来越多，当从犯罪现场采集到鞋印图像时，利用图像自动比对识别技术，在大规模鞋印库中快速而准确地查询到其他相似鞋印，为刑侦工作提供破案线索，在当前“科技强警”工作中具有重要意义。

15.1　鞋印图像识别技术概况

犯罪作为一种社会现象，一旦发生，则给被害人及其家属、国家和社会带来巨大的危害。随着高科技犯罪的增多以及犯罪分子反侦查意识的增强，指纹等传统痕迹在犯罪现场的遗留越来越少，而足迹因其具有易留性、稳定性与连续性等特点，已成为犯罪现场提取率最高的一种痕迹物证，在串并案分析与法庭举证等方面发挥着十分重要的作用。但随着案件的积累，每年都有数万到数十万的鞋印图像被纳入鞋印图像库，若采用人工的方法在鞋印库中进行图像相似查找，费时且费力，不切实际。如何利用图像识别技术，自动提取鞋印图像的视觉特征，并建立一个高效的索引结构，快速而准确地从大规模鞋印库中对犯罪现场的鞋印进行比对与识别，已经成为刑侦系统中迫切需要解决的问题之一[1]。

国内外研究者在鞋印图像识别与检索方面开展了大量研究。文献[2]提出了一种半自动的检索方法，该方法首先通过人工标注的方法对图像中的形状基元（如波浪形曲线、几何形状、商标等）进行标注，检索时通过标注进行，这种方法既烦琐又费力，而且标注的细小差别会严重影响检索的结果。文献[3]采用数学形态学算法提取图像中的形状，并使用人工神经网络对形状的空间布局与出现的频率进行分类。文献[4]使用语义的方法来描述鞋印图像，然后利用机器学习方法进行分类。据报道，该方法取得了较好的鞋印分类效果。文献[5]利用傅里叶变换提取完整或残缺的图像的傅里叶谱特征，根据傅里叶谱的相似性进行检索。该方法具有平移与旋转不变性的特点，并在完整的图像库中取得了 87%的检索精度，在残缺的图像库中取得了 78%的检索精度。在傅里叶变换这一方法的启示下，文献[6]提出了基于傅里叶变换的相位相关方法。该方法能在一定程度上解决鞋印图像残缺的问题。文献[7]利用图像的边缘信息进行检索，该方法首先对图像进行去噪与平滑处理，然后提取图像的边缘方向信息，并构建图像的边缘方向直方图作为特征向量，最后对直方图进行离散傅里叶变换，根据 DFT 系数之间相似性作为图像相似性的依据。该方法也具有缩放、平移、旋转不变性，据报道该方法也取得了较好的结果，但残缺的图像对检索结果有较大的影响。而文献[8]利用局部不变特征描述子和谱匹配方法进行检索，该方法在法医科学服务数据库的子库（包含 368 个不同的鞋印图像样本）中取得了 85%的检索精度。

目前，鞋印图像的实际应用方面，典型的产品有英国 Freeman 公司的 SICAR（Shoeprint Image Capture and Retrieval）系统，其最新版本为 SICAR6。该系统功能全面，不仅支持鞋印图像的查询，还支持车辆轮胎的胎面标记的查询，能进行串并案查询并提供查询结果的统计报告。此外通过图像合成的办法还可以解决部分图像残缺的问题，但是同样存在特征录入要求严格，容易造成录入错误的问题。国内的产品有大连恒锐图像技术有限公司的足迹图像比对系统。该系统也取得了较大的成功，并在部分省市的公安系统中得到了应用。虽然这些系统取得了较大的成功，但是由于现场提取的鞋印图像本身的复杂性，在实际办案中大多数仍采用特征直观对照法、测量比较法、划线比较法等手工操作的方法[9]。

在现勘鞋印图像比对实际应用中，鞋印图像存在的特点有：①鞋印花纹结构种类很多，且同种花纹的鞋印样本很少；②犯罪现场很难提取与拍摄到清晰而完整的鞋印图像；③鞋印图像库中的图像总量很多。所以，基于机器学习的鞋印图像检索与分类方法无法预先定义完备的鞋印花纹类别而提前训练出性能优异的分类器，不具有通用性；而基于匹配的鞋印查询方法，从鞋印图像提取底层视觉特征（如纹理、形状特征等），再采用相似匹配的方法进行鞋印图像比对已成为该领域的研究热点，也是一种比较有效的鞋印图像识别方法[10]。而在实际的办案和现场勘察过程中，几乎很难遇到能够反映出鞋底形态全貌的完整鞋印，只采用简单的全局特征提取与相似匹配，大大地降低了鞋印图像检索的准确率[11]。由于足迹图像中的局部“花纹”或“图案”是识别鞋印图像的关键因素，要提高鞋印图像的识别精度，需要从图像中提取各种局部特征，再结合恰当的机器学习方法，设计智能化、自动化的鞋印图像识别算法或系统[12]。

15.2　鞋印识别关键技术

15.2.1　鞋印图像预处理技术

为了提高鞋印识别正确率，在特征提取之前通常要进行灰度化、视觉增强、去噪与二值化等预处理，具体如下。

1. *灰度化及直方图均衡化处理*

所谓灰度化处理，就是将 RGB 彩色图像转化成灰度图像的过程。RGB 颜色空间作为一种常用的彩色图像表示模型，分别用红（Red）、绿（Green）、蓝（Blue）三原色的组合来表示每个像素的颜色。RGB 彩色图像每一个像素的颜色值（由 RGB 三基色表示）直接存放在图像矩阵中，因为 RGB 彩色图像的每一像素的颜色需由红、绿、蓝三个分量来表示，用 N 与 M 分别表示图像的宽度与高度，则该图像要用三个二维矩阵来分别表示各个像素的红、绿、蓝三个颜色分量。而在灰度图像中，每个像素只需一个字节存放灰度值（又称强度值、亮度值，灰度范围为 0～255）。图像的灰度化处理一般有以下三种转化方案[13]。

方法 1：加权平均法

所谓加权平均法就是根据三基色的重要性及其他指标，将红、绿、蓝三个分量以不同的权值进行加权平均。由于人眼对绿色的敏感度最高，对蓝色敏感度最低，因此，可以按式（15.1）对红、绿、蓝三分量进行加权平均，能得到较合理的灰度图像，其计算式如下：

$$I(x,y)=0.30\times \text{Red}(x,y)+0.59\times \text{Green}(x,y)+0.11\times \text{Blue}(x,y) \tag{15.1}$$

方法 2：平均值法

所谓平均值法就是对彩色图像的每个像素中的红、绿、蓝三个分量的值进行简单的算术平均，将得到的平均值作为灰度图像对应像素的亮度值，其计算式如下：

$$I(x,y)=[\text{Red}(x,y)+\text{Green}(x,y)+\text{Blue}(x,y)]/3 \tag{15.2}$$

方法 3：最大值法

所谓最大值法就是将彩色图像中每个像素的红、绿、蓝三个分量中的最大值作为灰度图对应像素的灰度值，其计算式如下：

$$I(x,y)=\max(\text{Red}(x,y),\text{Green}(x,y),\text{Blue}(x,y)) \tag{15.3}$$

根据以上三种处理方法，即加权平均法、平均值法和最大值法，通过编程均能将彩色图像转化成灰度图像。

当鞋印图像灰度化之后，为了进一步改善图像的视觉效果，提高整个图像的对比度，对鞋印图像进行直方图均衡化处理[13]：直方图均衡化是通过灰度变换将一幅图像转换为另一幅具有均衡直方图的图像，即每个灰度级上都具有相同的像素点数。变换过程是利用累积分布函数对原始分布进行映射，生成新的均匀拉伸的分布。一般情况下，大多数原始图像由于其灰度分布集中在较窄的范围内，会使图像的细节不够清晰，对比度较低，这就造成了一定的困难。所以使图像的灰度范围拉开或使灰度均匀分布，从而增大反差，使图像细节清晰，以达到图像视觉增强的目的。

对于任意一幅灰度图像，设 n_g 表示灰度值 g 出现的次数，这样图像中灰度为 g 的像素的出现概率为

$$p(g)=\frac{n_g}{n},\quad g\in 0,\cdots,G-1 \tag{15.4}$$

式中，G 表示图像中的灰度级数；n 表示图像中的像素总数；p 实际上是图像归一化的直方图。把 c 作为对应于 p 的累计概率函数，则累积直方图函数定义为

$$c(g)=\sum_{j=0}^{g}p(j) \tag{15.5}$$

基于累积直方图函数，直方图均衡化的变换函数定义为

$$\bar{g}=\text{int}[255c(g)+0.5] \tag{15.6}$$

式中，g 与 $\bar{g}$ 分别表示灰度映射之前与之后的灰度值。

2. 中值滤波图像去噪

鞋印图像在获取、传输、接收和处理过程中，因受到一定的外部及内部干扰，被噪声影响，导致图像质量的退化。在对鞋印图像进行特征提取时，要求图像有较高的质量，因此需要先将鞋印图像中的噪声进行滤除以提高图像质量。中值滤波是一种非线性数字滤波器技术，经常用于去除图像或者其他信号中的噪声。它是基于排序统计理论的一种能有效抑制噪声的非线性信号处理技术，中值滤波的基本原理是把数字图像或数字序列中一点的值用该点的一个邻域中各点值的中值代替，从而消除孤立的噪声点。方法是取某种结构的二维滑动模板，将模板内像素按照像素值的大小进行排序，生成单调上升（或下降）的二维数据序列。该算法不仅能够去除或减少随机噪声和脉冲噪声干扰，而且能够很大程度地保留图像的边缘信息。近年来中值滤波在图像平滑和数据分析与处理等多个领域中得到广泛应用。为了提高鞋印图像识别率，也采用中值滤波对图像进行去噪处理，具体原理如下[13]。

中值滤波的基本原理是把数字图像或数字序列中一点的值用该点的一个邻域中各点值的中值代替，让像素值接近真实值，从而消除孤立的噪声点。对于奇数个元素，中值是指按大小排序后中间的数值；对于偶数个元素，中值是指排序后中间两个元素灰度值的平均值。对序列而言，中值的定义是这样的：若 $g_1,\cdots,g_n$ 为一组灰度值序列，先把其按大小排列为：$g'_1\leqslant g'_2\leqslant\cdots\leqslant g'_n$，则该序列的中值 g_m 为

$$g_m=\text{Med}\{g_1,g_2,\cdots,g_n\}=\begin{cases}g'_{\left(\frac{n+1}{2}\right)}, & \text{当}n\text{为奇数}\\ \dfrac{1}{2}\left[g'_{\frac{n}{2}}+g'_{\left(\frac{n+1}{2}\right)}\right], & \text{当}n\text{为偶数}\end{cases} \tag{15.7}$$

在图像中值滤波时，都是把每个像素特定形状的邻域视作窗口，对窗口中的灰度值进行排序，以实现中值滤波。通常选用 3×3 或 5×5 的方形、菱形或十字形区域作为窗口。以 5×5 窗口为例，相应的窗口形状如图 15.1 所示。

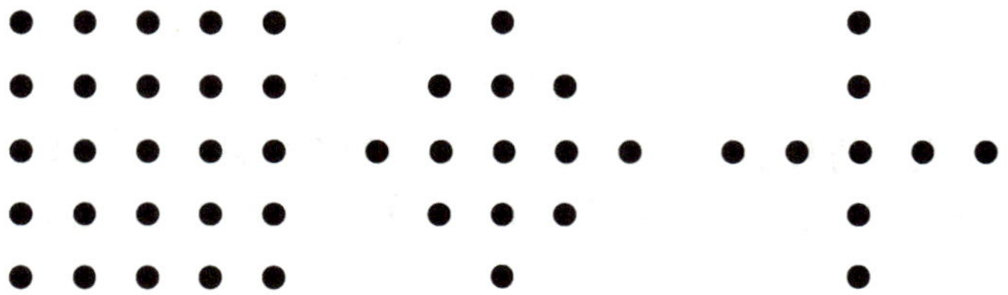

(a) 方形　　(b) 菱形　　(c) 十字形

图 15.1　中值滤波常用的三种窗口示例

如图 15.2 所示，以 3×3 的窗口进行图像中值滤波，对窗口中的 9 个灰度值进行排序，取第 5 个数替代原来的像素值。以某一个像素点为中心，当选取一个 3×3 的窗口时，窗口中的灰度值依次为｛2,1,4,2,2,3,7,6,8｝，排序后的灰度值为｛1,2,2,2,3,4,6,7,8｝，第五个数 3 为排序后的中值，用 3 取代原来的中心值 2，完成中值滤波过程。

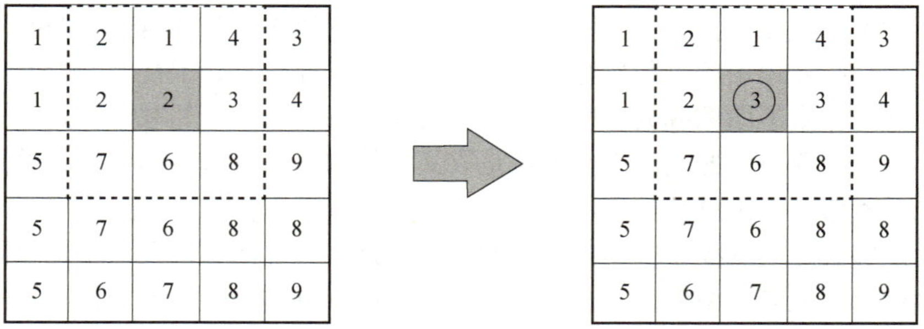

图 15.2　二维中值滤波过程示例

3. 自适应阈值二值化处理

图像二值化是数字图像处理技术中的一项基本技术，在目标识别、图像分析、文本增强、字符识别等领域已得到广泛应用。图像的二值化处理就是将图像中每像素的灰度值置为 0 或 255，也就是将灰度图像转化为只有黑白两类像素的图像，即将 256 个亮度等级的灰度图像通过适当的阈值分割而获得仍然可以反映图像整体和局部特征的二值图像。为了对灰度图像进行二值化处理，大多数采用阈值化方法来实现，常用的阈值法如下[13]。

（1）全局阈值法：全局阈值法是指在二值化过程中只使用一个全局阈值 T。它将图像的每个像素的灰度值与 T 进行比较，若大于 T，则取为前景色（白色）；否则，取为背景色（黑色）。典型的全局阈值选取方法包括 Otsu 法、最大熵法等。该类方法的优点是算法简单、速度快，缺点是不能很好地抑制噪声。

（2）局部阈值法：局部阈值法一般用于识别干扰比较严重、品质较差的图像，相对于全局阈值方法有更广泛的应用，但其也存在缺点和问题，如实现速度慢、不能保证线条的连通性，还容易出现伪影现象等。比较典型的局部阈值法有 Bernsen 方法、多阈值的梯度强度法、基于纹理图像的方法等。这类方法得到的二值化结果一般会比全局阈值法得到的结果要好，但是运行速度会比较慢。

为了清晰地刻画鞋印图像的花纹结构信息，以提高鞋印图像特征提取的可靠性，采用自适应阈值二值化的方法对鞋印图像进行处理，具体方法如下[13]。

设 $I(x,y)$ 是一幅 $M\times N$ 像素的灰度图像，其中 x、y 是图像中的二维坐标位置，T 为设定的阈值，$I'(x,y)$ 表示变换后的二值图像，则相应的阈值二值化变换公式为[13]

$$I'(x,y)=\begin{cases}255, & I(x,y)\geqslant T\\ 0, & I(x,y)<T\end{cases} \tag{15.8}$$

在变换公式（15.8）中，取 255 是为了在二值化过程中使整个图像呈现出明显的黑白效果，因为灰度值 0 和 1 分别不出来。若在实际应用中不这样取值，它们的明暗差异是不大的，甚至是区分不开的。

在阈值二值化过程中，分割阈值 T 可以说是图像二值化方法的重要参数，过高的阈值会导致一些真实边缘的丢失，过低的阈值又会产生一些无谓的虚假边缘。目前，相关研究者已经对二值化方法做了大量的研究工作，并提出了多种不同的图像二值化方法。这里，选择 Otsu 方法进行介绍，具体如下[13]：

Otsu 方法的基本思想是用某一假定的灰度值 g 将图像的灰度分成两组，当两组的类间方差最大时，此灰度值 g 就是图像二值化的最佳阈值。设图像有 G 个灰度级，即灰度取值范围是 $[0,G-1]$，在此范围内选取灰度值 g，将图像分成两组 A 和 B。A 包含的像素的灰度值为 0～g，B 包含的灰度值为 g+1～G–1，用 n 表示图像像素总数，n_g 表示灰度值为 g 的像素的个数，则灰度值 g 出现的概率为 $p_g=n_g/n$；假设 A 和 B 两组像素的个数在整体图像中所占百分比分别为 ω_0,ω_1，两组平均灰度值分别为 $\bar{g}_0$，$\bar{g}_1$，可得如下结果。

百分比：$\omega_0=\sum_{i=0}^{g}p_i$，$\omega_1=\sum_{i=g+1}^{G-1}p_i=1-\omega_0$

平均灰度值：$\bar{g}_0=\sum_{i=0}^{g}ip_i$，$\bar{g}_1=\sum_{i=g+1}^{G-1}ip_i$

图像的总平均灰度为：$\bar{g}=\omega_0\times\bar{g}_0+\omega_1\times\bar{g}_1$

类间方差为：$T(g)=\omega_0(\bar{g}_0-\bar{g})^2+\omega_1(\bar{g}_1-\bar{g})^2=\omega_0\omega_1(\bar{g}_0-\bar{g}_1)^2$

最佳阈值为：$T=\arg\max(T(g))$，即使得类间方差最大时所对应的 g 值。

Otsu 方法也可这样理解：以阈值 T 将整幅图像分成前景和背景两部分，当两类的类间方差最大时，前景和背景的差别最大，二值化效果最好。因为方差是灰度分布均匀性的一种度量，方差值越大，说明构成图像的两部分差别越大，当部分目标错分为背景或部分背景错分为目标都会导致两部分差别变小，因此使类间方差最大的分割阈值则意味着错分概率达到最小。

在鞋印图像录入数据库时，对鞋印图像进行特征提取之前，先将鞋印图像进行灰度化、直方图均衡化视觉增强、中值滤波与 Otsu 二值分割等预处理[14]，效果如图 15.3 所示。

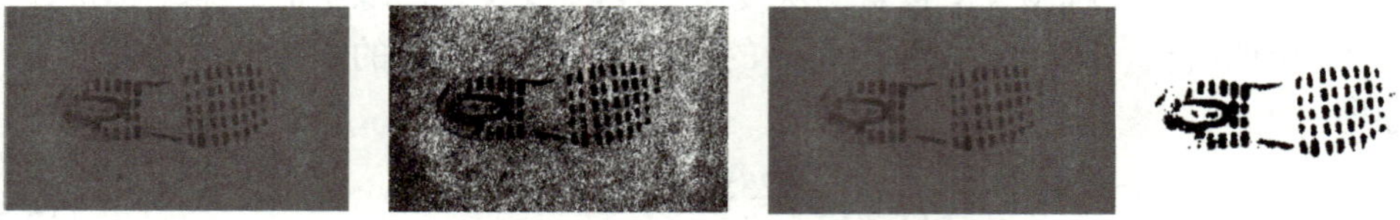

原图像　视觉增强处理　中值滤波处理　二值分割处理

图 15.3　鞋印图像预处理方法与效果示意图

15.2.2　鞋印图像特征提取技术

由于鞋印图像没有颜色信息，这里主要提取的是鞋印的纹理、形状与局部结构特征，具体如下。

1. 16 维灰度共生纹理特征

纹理是由图像灰度分布在空间位置上反复出现而形成的，因而图像空间中相隔特定距离的两个像素之间存在一定的灰度关系，即图像中的灰度值在空间存在一定的相关性。灰度共生纹理就是通过研究图像灰度值的空间相关性来描述图像纹理特征的一种常用方法。

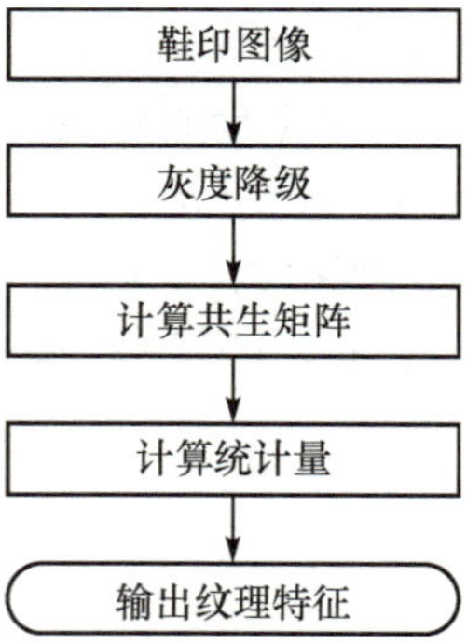

图 15.4　灰度共生纹理特征提取流程示意图

基于图像灰度共生矩阵的纹理特征提取步骤如图 15.4 所示，其主要包括灰度降级、计算共生矩阵与计算统计量等三个部分。具体描述如下[15]。

1）灰度降级

灰度降级也可称为灰度量化。在实际应用中，一幅灰度影像的灰度级一般为 256 级，在计算由灰度共生矩阵推导出的纹理特征时，要求影像的灰度级远小于 256，主要是因为图像灰度共生矩阵的计算量由图像的灰度等级和图像的大小来确定。例如：假定图像 $I(x,y)$有 G 个灰度级，其大小为 M 行 N 列，则运算量大约是 $G^2 \times M \times N$，可见计算量与 G^2 成正比关系。为了提高图像灰度共生纹理特征的提取速度，在计算空间灰度共生矩阵时，在不影响纹理特征的前提下往往先将原图像的灰度级进行量化压缩。后续实验中取 8 级，以便减小共生矩阵的尺寸。

2）计算共生矩阵

根据设定好的方向与步距，计算灰度共生矩阵，灰度共生矩阵的方向常取 0°，

45°，90°，135°四个方向。在后续实验中，取步距等于 1，分别针对距离差分值(1,0)、(1,1)、(0,1)与(−1,1)，计算每幅鞋印图像的 4 个灰度共生矩阵。

3）计算统计量

根据选择的统计量，计算纹理值。为了能更直观地以共生矩阵描述纹理状况，从共生矩阵导出一些反映矩阵状况的数值，典型的有以下几种。

（1）能量（ASM）：能量就是灰度共生矩阵中所有元素值的平方和，它反映了图像灰度分布的均匀程度和纹理粗细度。如果共生矩阵的所有值均相等，则 ASM 值小；相反，如果其中一些值大而其他值小，则 ASM 值大。当共生矩阵中元素集中分布时，ASM 值大。ASM 值大表明一种较均匀和规则变化的纹理模式。

（2）对比度（CON）：它反映了图像的清晰度和纹理沟纹深浅的程度。纹理沟纹越深，其对比度越大，视觉效果越清晰；反之，对比度越小，则沟纹越浅，效果越模糊。灰度差的像素对越多，对比度越大。灰度共生矩阵中远离对角线的元素值越大，CON 越大。

（3）相关值（COR）：它反映的是灰度共生矩阵元素在行或列方向上的相似程度，因此，相关值大小反映了图像中局部灰度相关性。当共生矩阵元素值均匀相等时，相关值就大；相反，如果共生矩阵像元素值相差很大，则相关值小。即如果图像中有水平方向纹理，则水平方向矩阵的 COR 大于其余矩阵的 COR。

（4）熵（ENT）：熵是图像所具有的信息量的度量。纹理信息也属于图像的信息，是一个随机性的度量。当共生矩阵中所有元素有最大的随机性，空间共生矩阵中所有值几乎相等，共生矩阵中元素分散分布时，熵较大。它表示了图像中纹理的非均匀程度或复杂程度。

在后续实验中，分别计算 4 个灰度共生矩阵的能量、熵、对比度和相关值，从而得到 16 个不同数值作为鞋印图像的纹理特征。

2. 7 维不变矩形状特征

矩作为概率论与数理统计中的一个重要概念，反映的是随机变量的一种数字特征。当把像素的坐标看成是一个二维随机变量时，不变矩作为一种高度浓缩的图像特征，能刻画图像的形状特征，且具有平移、灰度、尺度与旋转不变性，在图像识别中得到广泛应用。设鞋印图像坐标 (x,y) 处的像素值记为 $I(x,y)$，定义鞋印图像 $(m+n)$ 阶的原点矩 $\mu_{m,n}$ 和中心矩 $\sigma_{m,n}$ 分别为[15]

$$\mu_{m,n}=\sum_{x=1}^{M}\sum_{y=1}^{N}x^m y^n I(x,y) \tag{15.9}$$

$$\sigma_{m,n}=\sum_{x=1}^{M}\sum_{y=1}^{N}(x-x_0)^m(y-y_0)^n I(x,y) \tag{15.10}$$

式中，M、N 分别表示图像的高度和宽度；m、n 表示非负整数；x_0、y_0 表示图像重心的坐标值，即 $x_0=\mu_{1,0}/\mu_{0,0}$，$y_0=\mu_{0,1}/\mu_{0,0}$。进而定义 $(m+n)$ 规范化中心矩 $\eta_{p,q}$ 为

$$\eta_{p,q}=\frac{\sigma_{p,q}}{\sigma_{0,0}^{r}},\quad r=\frac{m+n}{2}+1 \tag{15.11}$$

然后，基于归一化的二阶和三阶中心矩，Hu 构造了如下 7 个不变矩[10]：

$$\begin{cases}\psi_1=\eta_{2,0}+\eta_{0,2}\\ \psi_2=(\eta_{2,0}-\eta_{0,2})^2+4\eta_{1,1}^2\\ \psi_3=(\eta_{3,0}-3\eta_{1,2})^2+(\eta_{0,3}-3\eta_{2,1})^2\\ \psi_4=(\eta_{3,0}+\eta_{1,2})^2+(\eta_{0,3}+\eta_{2,1})^2\\ \psi_5=(\eta_{3,0}-3\eta_{1,2})(\eta_{0,3}+\eta_{1,2})\left[(\eta_{3,0}+\eta_{1,2})^2-3(\eta_{0,3}+\eta_{1,2})^2\right]\\ \qquad +(3\eta_{2,1}-\eta_{0,3})(\eta_{2,1}+\eta_{0,3})\left[3(\eta_{3,0}+\eta_{1,2})^2-(\eta_{0,3}+\eta_{2,1})^2\right]\\ \psi_6=(\eta_{2,0}-\eta_{0,2})\left[(\eta_{3,0}+\eta_{1,2})^2-(\eta_{0,3}+\eta_{2,1})^2\right]\\ \qquad +4\eta_{1,1}(\eta_{3,0}+\eta_{1,2})(\eta_{0,3}+\eta_{2,1})\\ \psi_7=(3\eta_{2,1}-\eta_{0,3})(\eta_{3,0}+\eta_{1,2})\left[(\eta_{3,0}+\eta_{1,2})^2-3(\eta_{0,3}+\eta_{2,1})^2\right]\\ \qquad +(3\eta_{1,2}-\eta_{3,0})(\eta_{2,1}+\eta_{0,3})\left[3(\eta_{3,0}+\eta_{1,2})^2-(\eta_{0,3}+\eta_{2,1})^2\right]\end{cases} \tag{15.12}$$

3. LBP 纹理特征

局部二值模式（local binary pattern，LBP）作为一种用于描述图像局部纹理特征的方法，具有计算简便、分辨能力强等优点，近些年来 LBP 纹理在图像检索、人脸识别等领域得到深入的研究与应用。用 LBP 算法来提取鞋印图像的纹理特征[16]，LBP 算法原理详见第 6 章。

4. SIFT 描述子

基于尺度空间理论设计的尺度不变特征变换（scale-invariant feature transform，SIFT）描述子，可用于对图像的局部特征进行表示。由于 SIFT 描述子对图像中物体的缩放、旋转与仿射变换具有不变性，在图像分类与对象识别中得到广泛应用。SIFT 算法的主要思想是在尺度空间寻找极值点，然后对极值点进行过滤，找出稳定的关键点，最后在每个稳定的关键点周围提取图像的局部区域，采用梯度方向角的方法进行主方向分配及生成 SIFT 描述子，以形成图像的局部描述子。也可用 SIFT 算法来提取鞋印图像的局部结构特征[17]，SIFT 算法原理详见第 6 章。

15.2.3 相似度量方法

1. EMD 距离相似度量

鞋印图像可分为脚掌区、脚弓区和脚跟区三部分，并普遍遵循 0.49∶0.20∶0.31 的生物特征分割比例[2]。脚弓区通常残缺严重，纹理很少，为减少计算量，对

其可不予考虑，而只把脚掌区和脚跟区采用均匀网格分块的方法划分为 15 个子块[15]，如图 15.5 所示。

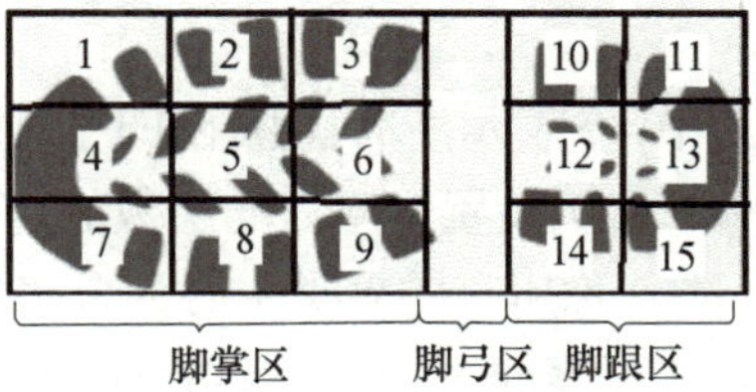

图 15.5　鞋印图像网格分块示意图

设 $\boldsymbol{I}$ 为任一鞋印图像，通过上述分块与特征提取（灰度共生纹理与 HU 矩形状特征），可将其转化成特征集合，记为

$$\boldsymbol{F}=\{\boldsymbol{f}_i \mid i=1,2,\cdots,15\} \tag{15.13}$$

式中，$\boldsymbol{f}_i \in \mathbb{R}^{23}$ 是一个 23 维的特征向量，即由第 i 个分块的灰度共生纹理与 HU 矩形状特征拼接而成的特征向量。为了度量两幅不同鞋印图像之间的相似度，采用推土机距离(earth movers distance， EMD)[15]，具体如下：

设第 m、n 幅鞋印图像对应的特征集合分别记为 $\boldsymbol{F_m}=\{\boldsymbol{f}_{m,i} \mid i=1,2,\cdots,15\}$ 和 $\boldsymbol{F_n}=\{\boldsymbol{f}_{n,j} \mid j=1,2,\cdots,15\}$，其中：$\boldsymbol{f}_{m,i}$、$\boldsymbol{f}_{n,i} \in \mathbb{R}^{23}$ 表示特征向量。设 $w_{m,n}=\|\boldsymbol{f}_{m,i}-\boldsymbol{f}_{n,j}\|_2$ 为特征 $\boldsymbol{f}_{m,i}$ 与 $\boldsymbol{f}_{n,j}$ 之间的欧氏距离，求解 $\boldsymbol{F_m}$ 与 $\boldsymbol{F_n}$ 之间的 EMD 则转化成以下线性优化问题：

$$\begin{cases} \min \quad \sum_{i=1}^{15}\sum_{j=1}^{15} w_{x,y} \times a_{x,y} \\ \text{s.t.} \quad a_{i,j} \geqslant 0, \quad \sum_{j=1}^{15} a_{m,j} \leqslant 1, \quad \sum_{i=1}^{15} a_{i,n}=1 \end{cases} \tag{15.14}$$

求解 EMD 就是在满足上述三个线束条件的前提下，寻找最优流量 $\mathbf{Flow}=[a_{i,j}]_{15\times 15}$，使目标函数 $\sum_{i=1}^{15}\sum_{j=1}^{15} w_{x,y} \times a_{x,y}$ 达到最小值。求得 **Flow** 之后，$\boldsymbol{F_m}$ 与 $\boldsymbol{F_n}$ 之间 EMD 定义为

$$\text{EMD}(\boldsymbol{F_m},\boldsymbol{F_n})=\frac{\sum_{i=1}^{15}\sum_{j=1}^{15} a_{i,j} \times w_{i,j}}{\sum_{i=1}^{15}\sum_{j=1}^{15} a_{x,y}} \tag{15.15}$$

2. 基于金字塔匹配核的相似度量

当对鞋印图像提取其 SIFT 描述子时，可用金字塔匹配核(pyramid match kernel，PMK)方法度量相似性。设鞋印图像 $I_n(x,y)$ 与 $I_m(x,y)$ 所提取的 SIFT 描述子分别记为 $\boldsymbol{F_n}=\{\boldsymbol{f}_i \mid i=1,2,\cdots,t_n\}$ 和 $\boldsymbol{F_m}=\{\boldsymbol{f}_j \mid j=1,2,\cdots,t_m\}$，其中：$\boldsymbol{f}_i,\boldsymbol{f}_j$ 表示 128 维的特征向量，t_n，t_m 表示描述子的数量。然后，基于 PMK 思想，计算无序特征集合 $\boldsymbol{F_n}$、$\boldsymbol{F_m}$ 之间的相似性，主要步骤如下[17]。

第一步：离线构造金字塔特征空间

（1）在鞋印图像库随机选择 t 幅图像，且分别提取它们的 SIFT 描述子，记作

$$\boldsymbol{F}=\{f_i \mid i=1,2,\cdots,t\} \tag{15.16}$$

式中，t 表示所有图像 SIFT 描述子的总数。

（2）设置金字塔的层数 L 与分支数 k。首先，将 $\boldsymbol{F}$ 的数据用 C-Means 方法聚成 c 类，称所有的聚类中心为金字塔的第 1 层；然后，分别对这 c 类数据用 C-Means 方法再聚成 c 类，称这 $c\times c$ 个聚类中心为金字塔的第 2 层；依次类推，直到第 L 层，则停止聚类。最后，从第 1 层到第 L 层所有的聚类中心，称为金字塔特征空间，记为

$$V=\{C_i \mid i=1,2,\cdots,L\} \tag{15.17}$$

式中，C_i 表示第 i 层的所有聚类中心。

第二步：基于 PMK 的相似度计算

（1）多分辨率直方图特征提取。设 $\boldsymbol{F}$ 表示某图像的 SIFT 描述子集合，利用 V 计算多分辨率直方图特征，记为

$$h(\boldsymbol{F})=\{h_1(\boldsymbol{F}),h_2(\boldsymbol{F}),\cdots,h_i(\boldsymbol{F}),\cdots,h_L(\boldsymbol{F})\} \tag{15.18}$$

式中，$h_i(\boldsymbol{F})=\{h_{i,k} \mid k=1,2\cdots,c^i\}$ 为第 i 层的直方图特征，$h_{i,k}$ 表示根据距离最小原则 $\boldsymbol{F}$ 中隶属于聚类中心 $C_{i,k}$ 的 SIFT 描述子的个数。

（2） 金字塔匹配函数相似度计算。按式(15.18)计算 $I_n(x,y)$ 与 $I_m(x,y)$ 的多分辨率直方图 $h(\boldsymbol{F}_n)$ 与 $h(\boldsymbol{F}_m)$ ，则图像 $\boldsymbol{I}_n(x,y)$ 与 $\boldsymbol{I}_m(x,y)$ 之间的 PMK 相似度定义为：

$$\mathrm{Sim}(\boldsymbol{F}_n,\boldsymbol{F}_m)=\sum_{i=1}^{L} w_i n_i \tag{15.19}$$

式中：

$$\begin{aligned} n_i &= J(h_i(\boldsymbol{F}_n),h_i(\boldsymbol{F}_m))-J(h_{i+1}(\boldsymbol{F}_n),h_{i+1}(\boldsymbol{F}_m)) \\ J(h_i(\boldsymbol{F}_n),h_i(\boldsymbol{F}_m)) &= \sum_{k=1}^{c^i}\min(h_{i,k}(\boldsymbol{F}_n),h_{i,k}(\boldsymbol{F}_m)) \\ J(h_{i+1}(\boldsymbol{F}_n),h_{i+1}(\boldsymbol{F}_m)) &= 0, \qquad w_i=2^i \end{aligned} \tag{15.20}$$

15.3　基于局部信息鞋印图像识别算法

针对真实现勘场景中的鞋印图像识别应用需求，本节设计了一种基于稀疏编码（sparse coding, SC）[18]与反向索引（reverted index, RI）[19]的鞋印图像快速比对算法，称之为 SC-RI 算法[14]。该算法的主要思想是：首先，提取鞋印图像的 SIFT 局部特征，然后，采用字典学习、稀疏编码与最大池化处理等方法，计算出鞋印图像的稀疏编码特征；最后，通过“词-图像矩阵”建立反向索引结构。实验结果表明，真实采集的鞋印图像虽然整体上来说不完整，但只要其存在局部清晰的花纹结构，设计的鞋印比对识别算法就简单而有效。

15.3.1　鞋印图像局部特征提取

为了提高后续算法的稳定性与可靠性，在鞋印图像中录入数据库时，在做局部特征提取之前，首先，按图 15.3 所示方法对鞋印图像进行直方图均衡化视觉增强、中值滤波与 Otsu 二值分割等预处理；然后，基于二值分割之后的图像，自动检测关键点并计算其 SIFT 描述子，用于表示鞋印图像的局部结构特征。设$I(x,y)$表示任一鞋印图像，对其采用 SIFT 方法检测到关键点数量为n个，则$I(x,y)$的局部特征集记为

$$\boldsymbol{F}=\{\boldsymbol{f}_j \mid j=1,\cdots,n\} \tag{15.21}$$

式中，$\boldsymbol{f}_j \in \mathbb{R}^{128}$表示第$j$个关键点的 SIFT 描述子。

15.3.2　稀疏编码与反向索引

设$\mathrm{TS}=\{I_i|i=1,2,\cdots,n\}$表示鞋印图像库，其中$n$表示鞋印图像的总数量，对 TS 中的每幅图像进行 SIFT 局部特征提取之后，不妨设由所有 SIFT 描述子组成的数据集为

$$\boldsymbol{F}_{\mathrm{Set}}=\{\boldsymbol{F}_i|i=1,2,\cdots,n\} \tag{15.22}$$

式中，$\boldsymbol{F}_i=\{\boldsymbol{f}_{ij} \mid j=1,\cdots,n_i\}$，表示第$i$幅图像$I_i(x,y)$对应的 SIFT 局部特征集，$n_i$表示其 SIFT 描述子的个数，$\boldsymbol{f}_{ij} \in \mathbb{R}^{128}$为$\boldsymbol{F}_i$中的第$j$个 SIFT 描述子。

1. 传统 SIFT 匹配

设Q为待查询的鞋印样图，首先，提取其 SIFT 局部特征$\boldsymbol{F}_Q=\{\boldsymbol{f}_j \mid j=1,2,\cdots,n_q\}$，其中：$\boldsymbol{f}_j$表示第$j$个 SIFT 描述子，$n_q$表示 SIFT 描述子的数量。为了在鞋印图像库 TS 中查询到与之相似的其他图像，传统方法就是计算$\boldsymbol{F}_Q$与$\boldsymbol{F}_{\mathrm{Set}}$中每一个 SIFT 描述子集$\boldsymbol{F}_i=\{\boldsymbol{f}_{ij} \mid j=1,2,\cdots,n_i\}$的相似性。具体方法是[6,17]：对于$\boldsymbol{F_Q}$中的任意$\boldsymbol{f_j}$，基于欧氏距离在$\boldsymbol{F_i}$中搜索它的最近特征点$\boldsymbol{f}_{ij_1}$与次近特征点$\boldsymbol{f}_{ij_2}$。然后，计算$f_j$与它们之间的欧氏距离$d_1=\|\boldsymbol{f}_{ij_1}-\boldsymbol{f}_j\|_2$和$d_2=\|\boldsymbol{f}_{ij_2}-\boldsymbol{f}_j\|_2$，若$d_1$与$d_2$的比值$d_1/d_2$小于某个阈值$\sigma$（后续实验中取$\sigma=0.5$），则认为$\boldsymbol{f}_{ij_1}$与$\boldsymbol{f}_j$是一对匹配点，反之则不是匹配点。通过上述方法，设鞋印图像$I_i(x,y)$与Q的 SIFT 描述子总共匹配的点数为$m(I_i,Q)$，则其相似度定义如下：

$$\mathrm{Sim}(I_i,Q)=m(I_i,Q)/\min(n_i,n_q) \tag{15.23}$$

式中，$i=1,2,\cdots,n$。即可以通过式(15.23)计算Q与鞋印图像库 TS 中所有幅鞋印图像的相似度，再按相似度由大到小进行排序，从而得到比对识别结果。

2. 基于稀疏编码与反向索引的快速比对算法

在鞋印比对实际应用中，通常面对的是大规模鞋印图像库，且每幅鞋印图像提取的 SIFT 描述子的数量也会达到上千个，若直接采用传统 SIFT 匹配方法去进行逐个穷举比对，则比对查询速度会非常慢。所以，本节提出一种基于稀疏编码

与反向索引的快速比对算法，相关原理与步骤如下。

1）构造视觉字典

为了构造视觉字典，将 $\boldsymbol{F}_{\text{Set}}$ 中所有图像所有的 SIFT 描述子排在一起，记作

$$\text{Set}=\{\boldsymbol{f}_i \mid i=1,2,\cdots,t\} \tag{15.24}$$

其中 $t=\sum_{i=1}^{n} n_i$ 表示 SIFT 描述子的总数。因为具有相同花纹结构的鞋印图像局部区域对应的 SIFT 描述子在特征空间将会聚集在一起，则采用 C-Means 方法将 Set 中 SIFT 描述子聚成 c 类（后续实验中 c=6000），由于每个聚类中心通常都代表一组具有相同视觉特征的图像区域，称为“视觉字”，记作 C_i；这 c 个“视觉字”称为“视觉字典”，记作

$$W=[C_1,C_2,\cdots,C_c]\in\mathbb{R}^{128\times c} \tag{15.25}$$

式中，W 的每一列表示字典中的一个码元（视觉字），c 表示字典的长度。

2）计算稀疏编码特征

设 $\boldsymbol{F}_i=\{\boldsymbol{f}_{i,j} \mid j=1,\cdots,n_i\}$ 为任意鞋印对应的 SIFT 描述子数据集，对于 $\boldsymbol{F}_i$ 包中的每一个 SIFT 描述子 $\boldsymbol{f}_{i,j}, j=1,2,\cdots,n_i$ ，通过求解式（15.26）优化问题[18]，得到其稀疏编码系数 $\alpha_j=[\alpha_{j1},\alpha_{j2},\cdots,\alpha_{jc}]'\in\mathbb{R}^{c\times 1}$ ：

$$\min_{\alpha_j}\left\|f_{i,j}-W\alpha_j\right\|_2^2+\lambda\left\|\alpha_j\right\|_1 \tag{15.26}$$

式中，$\lambda>0$ 表示正则系数（后续实验中 $\lambda=0.15$）；$\|\alpha_j\|_1$ 表示系数 α_j 的 L_1 范数。然后，将 $\boldsymbol{F}_i$ 中所有 SIFT 描述子的稀疏编码系数按列排在一起，记为

$$B_i=\begin{bmatrix}\alpha_{11}, & \alpha_{21}, & \cdots, & \alpha_{ni1}\\ \alpha_{12}, & \alpha_{22}, & \cdots, & \alpha_{ni2}\\ \vdots & \vdots & & \vdots\\ \alpha_{1c}, & \alpha_{2c}, & \cdots, & \alpha_{nic}\end{bmatrix}_{c\times ni} \tag{15.27}$$

式中，B_i 中的每一列表示一个 SIFT 描述子的稀疏编码系数。最后，对 B_i 中的数据进行最大池化（max pooling）处理，即在所有编码系数 α_j 的各个维度上取最大值，也就相当于在 B_i 的每一行分别取最大值，从而得到 $\boldsymbol{F}_i$ 的稀疏编码特征 b_i 为

$$b_i=\max(B_i)=[\alpha'_{i1},\alpha'_{i2},\cdots,\alpha'_{ic}]' \tag{15.28}$$

3）建立反向索引

反向索引也常被称为倒排索引[14,19]，是一种起源于文档快速检索的索引方法。本节将它用于鞋印图像比对，主要原理是：首先，对于鞋印图像库 $\text{TS}=\{I_i \mid i=1,2,\cdots,n\}$ 中每一幅图像，通过上述方法，计算它的稀疏编码特征（列向量），记为：$b_i=[\alpha'_{i1},\alpha'_{i2},\cdots,\alpha'_{ic}]'$，其中 $\alpha'_{ij}(j=1,2,\cdots,c)$ 表示第 j 个码元（视觉字）对应编码系数（注：因为是稀疏编码，这些系数中大部分是 0）；然后，将所有鞋印图像对应的稀疏编码特征排在一起，则得到“字-图像矩阵”，记为

$$
\boldsymbol{A}_{c\times n}=\begin{bmatrix}\alpha'_{11} & \alpha'_{21} & \cdots & \alpha'_{n1}\\ \alpha'_{12} & \alpha'_{22} & \cdots & \alpha'_{n2}\\ \vdots & \vdots & & \vdots\\ \alpha'_{1c} & \alpha'_{2c} & \cdots & \alpha'_{nc}\end{bmatrix} \tag{15.29}
$$

式中，$\boldsymbol{A}_{c\times n}$ 每一行对应一个“视觉字”，每一列对应一幅鞋印图像。也就是说：在 $\boldsymbol{A}_{c\times n}$ 这个“字-图像矩阵”中，竖向每一列就是一个正排表，若该列向量第 k 个维度上的数值非 0，则说明图像存在第 k 个视觉字，反之则不存在；而横向每一行就是一个倒排表，若该行向量第 i 个维度上的数值非 0，则说明第 i 幅鞋印图像包含相应视觉字，反之则不包含。

在鞋印图像比对应用系统中，建立反向索引其实就是计算“字-图像矩阵” $\boldsymbol{A}_{c\times n}$，因为 $\boldsymbol{A}_{c\times n}$ 中的每一行对应着一个视觉字的反向索引表，可以将 $\boldsymbol{A}_{c\times n}$ 中的数据以序列化的方式存储在一个文件里。在查找比对时，先从相应文件加载 $\boldsymbol{A}_{c\times n}$，然后只要根据比对样图所包含的视觉字信息，就可快速找到所有包含相同视觉字的其他图像，以实现快速相似计算与比对。

15.3.3　相似比对与算法步骤

设 Q 为待查询的鞋印样图，首先，提取其 SIFT 局部特征 $\boldsymbol{F_Q}=\{\boldsymbol{f}_j \mid j=1,2,\cdots,n_q\}$，其中：$\boldsymbol{f}_j$ 表示第 j 个 SIFT 描述子，n_q 表示 SIFT 描述子的数量；然后，采用上述方法对 $\boldsymbol{F_Q}$ 进行稀疏编码与最大池化处理，从而可得到它的稀疏编码特征 $b_Q=[\alpha'_{q1},\alpha'_{q2},\cdots,\alpha'_{qc}]'$。设 $\mathrm{Sim}=[s_1,s_2,\cdots,s_n]$ 表示 Q 与 TS 中每幅鞋印图像的相似度，利用反向索引快速计算 $s_i(i=1,2,\cdots,n)$，具体方法是：首先，在 $b_Q=[\alpha'_{q1},\alpha'_{q2},\cdots,\alpha'_{qc}]'$ 寻找非 0 系数（因为是稀疏编码，b_Q 中绝大部分系数是 0），若 $\alpha'_{qk}\neq 0$ 则说明鞋印图像 Q 包含第 k 个视觉字，则将视觉字 C_k 对应的反向索引表（即 $\boldsymbol{A}_{K\times N}$ 的第 k 行）中的数据与 α'_{qk} 相乘，再累加到 $\mathrm{Sim}=[s_1,s_2,\cdots,s_n]$ 之中。

下面给出基于稀疏编码与反向索引的鞋印图像比对算法，主要步骤如下。

算法：CS-RI 鞋印图像识别算法

输入：鞋印图像集 $\mathrm{TS}=\{I_i \mid i=1,2,\cdots,n\}$，C-Means 字典法构造聚类数量 c，比对样图 Q；

输出：字典 W，“词-图像矩阵” $\boldsymbol{A}_{c\times n}$，相似度 $\mathrm{Sim}=[s_1,s_2,\cdots,s_n]$。

1）离线建立反向索引表

步骤 1：SIFT 局部特征提取

对 $\forall I_i\in \mathrm{TS}$，采用局部特征提取方法对其进行 SIFT 特征提取，从而得到特征数据集 $\boldsymbol{F}_{\mathrm{Set}}$；

步骤 2：构造字典

利用特征数据集 $\boldsymbol{F}_{\text{Set}}$ ，采用 C-Means 聚类方法，得到字典 D；

步骤 3：稀疏编码特征提取

对 $\forall I_i \in \text{TS}$，首先，在特征数据集 $\boldsymbol{F}_{\text{Set}}$ 中找到其 SIFT 描述子集 $\boldsymbol{F}_i = \{\boldsymbol{f}_{ij} \mid j=1,\cdots,n_i\}$；然后，采用稀疏编码方法对 $\boldsymbol{F}_i$ 中每个 SIFT 描述子 $\boldsymbol{f}_{ij}$ 进行稀疏编码，并进行最大池化处理，从而得到稀疏编码特征 b_i；

步骤 4：建立反向索引表

将鞋印图像库 TS 中所有图像对应的稀疏编码特征排在一起，得到“词-图像矩阵” $\boldsymbol{A}_{c\times n}$；因为 $\boldsymbol{A}_{c\times n}$ 中的每一行分别对应着一个“视觉字”的“反向索引表”，则将 $\boldsymbol{A}_{c\times n}$ 存储起来，以用于后续在线鞋印图像快速比对。

2）在线识别

对于比对样图 Q，采用上述相同方法，提取其 SIFT 局部特征 $\boldsymbol{F}_Q = \{\boldsymbol{f}_j \mid j=1,2,\cdots,n_q\}$，并计算其稀疏编码特征 $b_Q = [\alpha'_{q1},\alpha'_{q2},\cdots,\alpha'_{qK}]'$；然后，采用下述方法计算 Q 与 TS 中所有鞋印图像的相似度：

步骤 1：$\text{Sim} = [s_1, s_2, \cdots, s_n]$ 初始化

```
    For (i=1; i<=n; i++)    s_i = 0 ; //n 幅图像的相似度先初始化为 0
```

步骤 2：利用反向索引计算相似度

```
    For (k=1; k<=c; k++)
        if (α'_qk ≠ 0)
      //将第 k 个视觉字对应的反向索引表（即 A_{K×N} 中的第 k 行）加起来
      For (i=1; i<=n; i++)    s_i = s_i + α'_qk × α'_ki ;
    End if
    End For
```

步骤 3：相似排序，返回比对结果

对 $\text{Sim} = [s_1, s_2, \cdots, s_n]$ 的 n 个数值由大到小进行排序，并呈现对应鞋印图像，返回比对识别结果。

15.4 刑侦鞋印图像识别系统

为了验证 15.3 节所提 CS-Ⅱ鞋印识别算法的有效性，基于 VS2010+ OpenCV 环境对该方法进行编程实现，开发了一套“刑侦鞋印图像管理与识别 DEMO 系统”。该系统分为三个子系统：鞋印图像与信息入库子系统、鞋印图像库管理与维护子系统、鞋印图像比对子系统。该系统实现了鞋印图像信息入库、鞋印图像预处理、鞋印图像库管理与维护、索引结构建立、鞋印图像比对识别等功能；然后，建立了一个共包含 19340 幅鞋印图像的数据集。该图像库分为三种不同类型的图像子集，分别如下。

1. 鞋印花纹图像子集（3000 幅）

该图像子集由鞋印花纹图像组成，都是清晰完整的鞋印图像，曾用于前期基础算法研究与仿真测试，部分样例如图 15.6 所示。

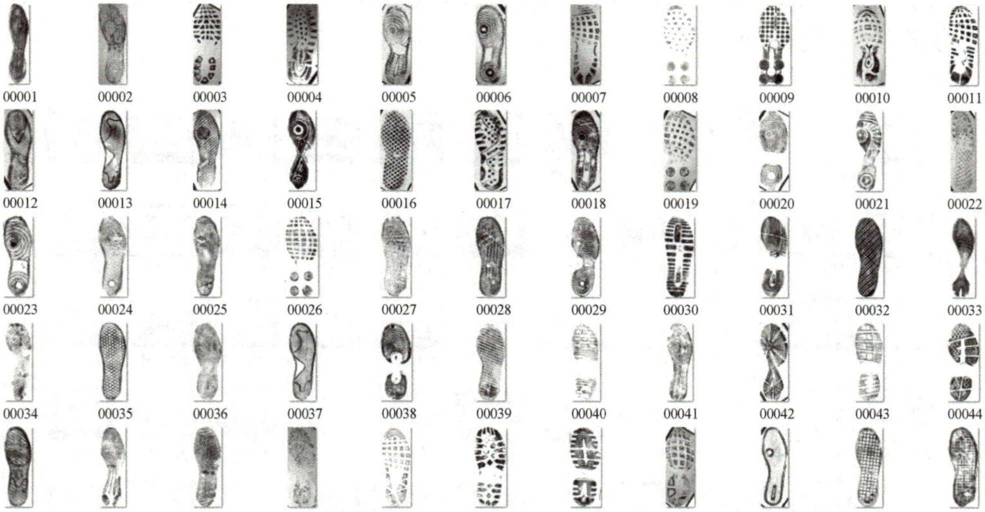

图 15.6　部分鞋印花纹图像样例

2. 嫌疑人鞋印图像子集（4256 幅）

该图像子集是用采集仪采集的嫌疑人的鞋印图像数据，由于是人为刻意采集的，图像质量和清晰度都高一些，部分样例如图 15.7 所示。

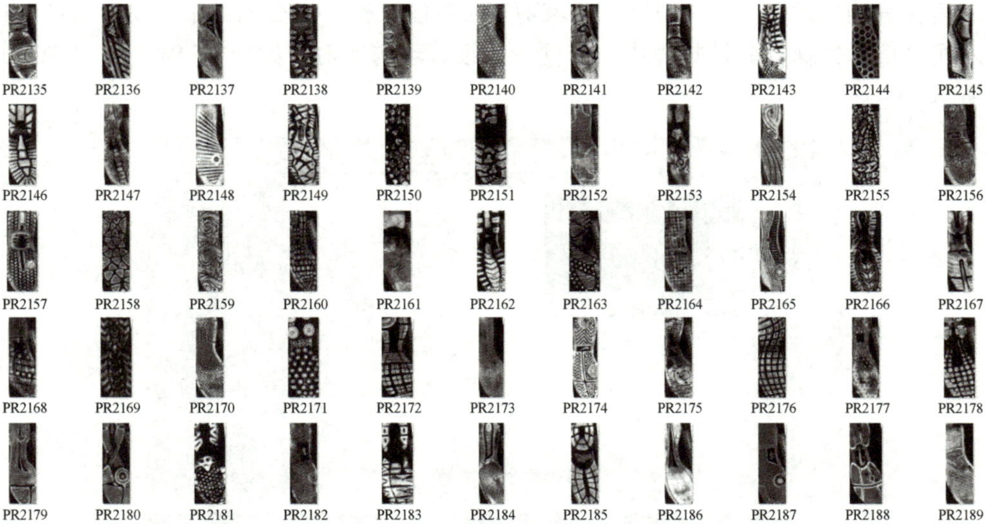

图 15.7　部分嫌疑人鞋印图像样例

3. 真实采集的鞋印图像子集（12084 幅）

该图像子集部分来自文献[20]，主要是从现场拍摄而得到的。在实际拍摄过程中，对每个足迹将会选择不同的角度与焦距，拍摄 5～10 张图像。由于该类图像来源于实际采集，由于地面环境的原因，鞋印图像的完整性与清晰度都低一些，部分样例如图 15.8 所示。

图 15.8　部分真实采集鞋印图像样例

15.4.1　鞋印图像与信息入库子系统

在该子系统中，可以打开图像，对图像进行视觉增强、旋转、放大、平滑与二值化等预处理，也可实现鞋印区域剪取（按住鼠标左键在图像中拖动），然后输入相关信息并保存到数据库中，以便于后续管理与比对，如图 15.9 和图 15.10[14] 所示。

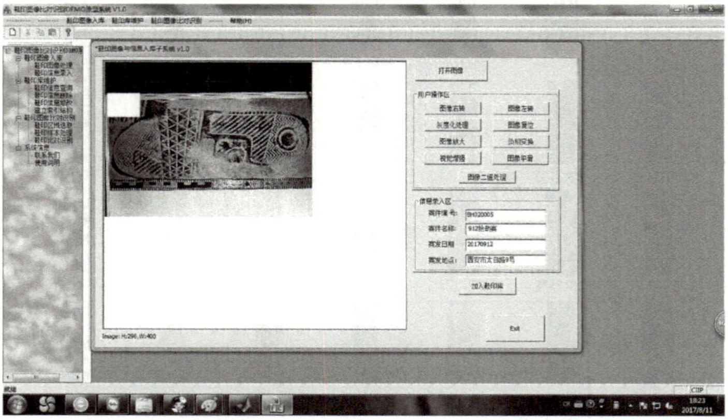

图 15.9　鞋印图像与信息入库子系统操作界面

(a) 原图像　(b) 视觉增强　(c) 剪切目标区域

图 15.10　鞋印图像预处理示意图

15.4.2　鞋印图像库管理与维护子系统

在该子系统中，可以对数据库中鞋印信息进行管理与维护，如条件查找、修改与删除等操作，还可以用此子系统建立“视觉字表”与“反向索引结构”，如图 15.11 所示[14]。

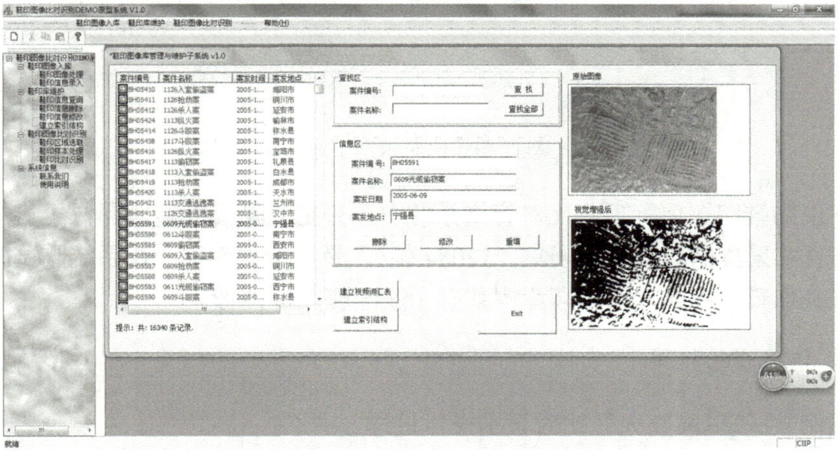

图 15.11　鞋印图像库管理与维护子系统操作界面

15.4.3　鞋印图像比对识别子系统

在该子系统中可以打开图像，对图像进行灰度化、视觉增强、旋转、负相变换、平滑与二值化等预处理以及鞋印区域剪取等操作（按住鼠标左键在图像中拖动），进行鞋印图像比对识别，如图 15.12 所示[14]。

此子系统的主要操作步骤大体是：首先，单击“加载特征集”按钮，将鞋印库中所有图像的特征与信息加载到内存；然后，单击“打开图像”按钮，根据情况，可以对其进行灰度化、旋转、视觉增强与区域选取等处理；最后，再单击“比对识别”或“快速比对”按钮，在鞋印图像库中，对打开的图像进行相似比对识别，显示比对结果，如图 15.12 所示。

说明：（1）为了看到更详细的比对结果图像及信息，还可以在查找结果任意图像上单击鼠标右键，会弹出该鞋印图像及详细信息（再单击鼠标右键可返回）。

（2）该操作界面提供两种比对算法，其中“比对识别”实现的是传统的 SIFT 匹配方法，“快速比对”实现的是稀疏编码与反向索引的方法。

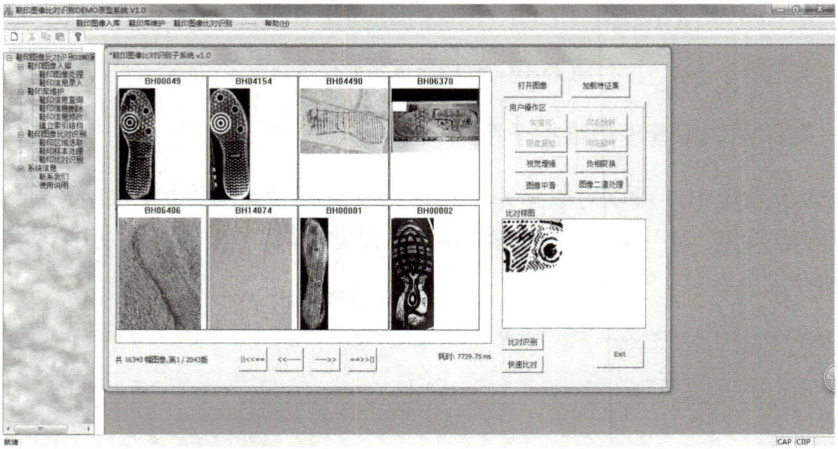

图 15.12　鞋印图像比对识别子系统操作界面

在现勘鞋印图像管理与比对查询系统中，只把“嫌疑人鞋印图像子集（4256 幅）与真实采集的鞋印图像子集（12084 幅）”录入数据库中，在系统测试时又录了 3 张其他鞋印图像，则鞋印库中共有 16343 幅鞋印图像。

15.4.4　仿真实验结果

案例一：“以案查人”比对识别操作过程。

首先，打开从犯罪现场采集的鞋印图像，如图 15.13(a)所示；然后，对图像进行灰度化处理，并在图像花纹结构较清晰的地方，按住鼠标左键在图像中拖动，剪取目标区域，如图 15.13(b)所示；并且根据实际情况，利用操作界面上提供的“旋转、视觉增强、负相变换、图像平滑与二值化处理”等功能对剪取的图像块进行预处理，如图 15.13(c)所示；最后，单击操作界面上的“快速比对”按钮（对应稀疏编码与反向索引算法），得到图 15.14 所示比对识别结果。

说明：从图 15.14 所示操作过程可见，虽然现勘中很难采集到完整而清晰的鞋印图像，但只要其存在局部清晰的花纹区域，在本系统中可先将其剪取出来，并进行中值滤波与二值分割等预处理，作为查询样图而实现鞋印比对查询工作。从图 15.15 所示的实现结果可见，排在第 1、2 与 7 的图像，都是“嫌犯鞋印库”中与之相对应的正确比对结果。比对耗时 117.13ms，电脑平台是浪潮图像工作站，

Win7 操作系统（64 位），8G RAM 内存，Intel Xeon(R) 3.1G CPU 处理器。

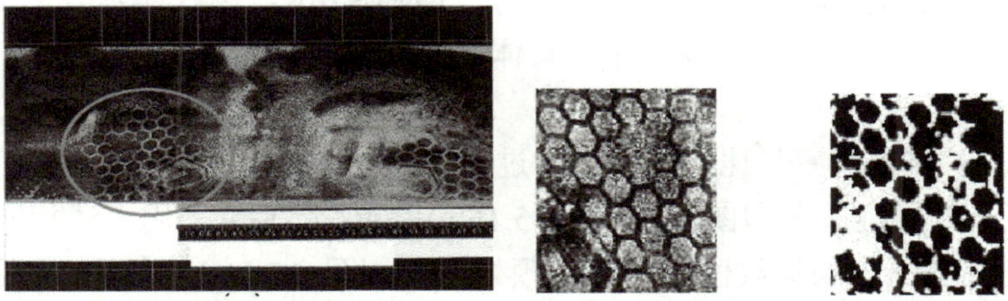

(a) 鞋印原始图像　　(b) 剪切的目标区域　(c) 目标区域预处理之后

图 15.13　鞋印图像比对前预处理操作示意图

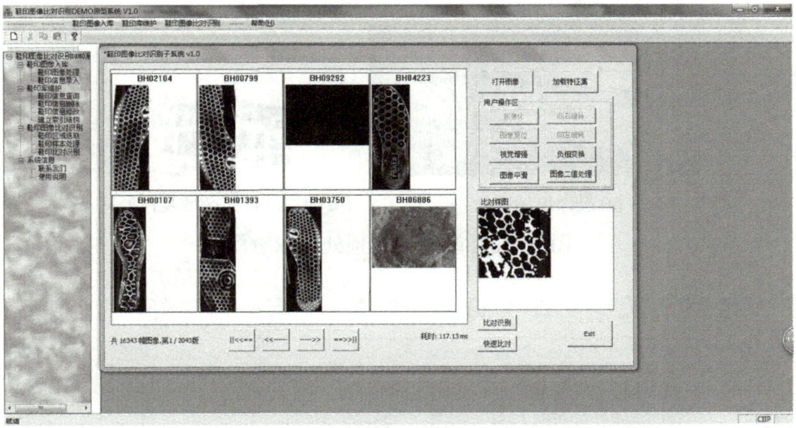

图 15.14　以案查人鞋印图像比对识别结果（点“快速比对”按钮）

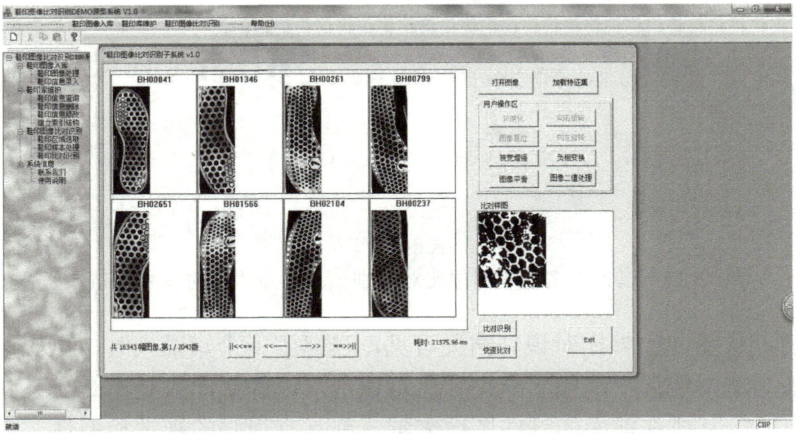

图 15.15　以案查人鞋印图像比对识别结果（点“比对识别”按钮）

说明：从图 15.15 比对识别结果可见，排在第 3、4、6、7 名的图像“嫌疑人鞋印图像”为正确的比对识别结果；此外，从排在前面的这些图像来看，它们都具有很强的视觉相似性；比对时间为 21375.92ms，则在本次比对识别中，平均比对一幅图像耗时 1ms 多（注：具体耗时将根据剪取目标的大小，而稍有波动）。

案例二：“以人查案”比对识别操作过程。

首先，打开嫌疑人鞋印图像，如图 15.16(a)所示；然后，采用上述相同方法在图像中剪切局部清晰的花纹区域并进行预处理，如图 15.16(b)所示；最后，单击“比对识别”按钮（对应传统 SIFT 匹配与逐个穷举比对方法），得到图 15.17 所示比对结果。

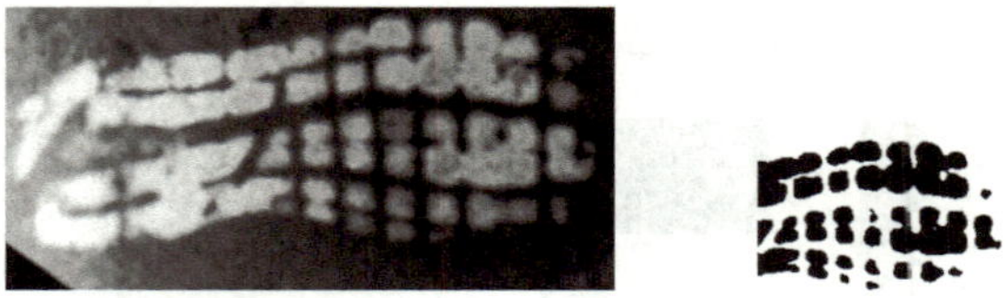

(a) 鞋印原始图像　　(b) 剪取的目标区域及预处理

图 15.16　鞋印图像预处理示意图

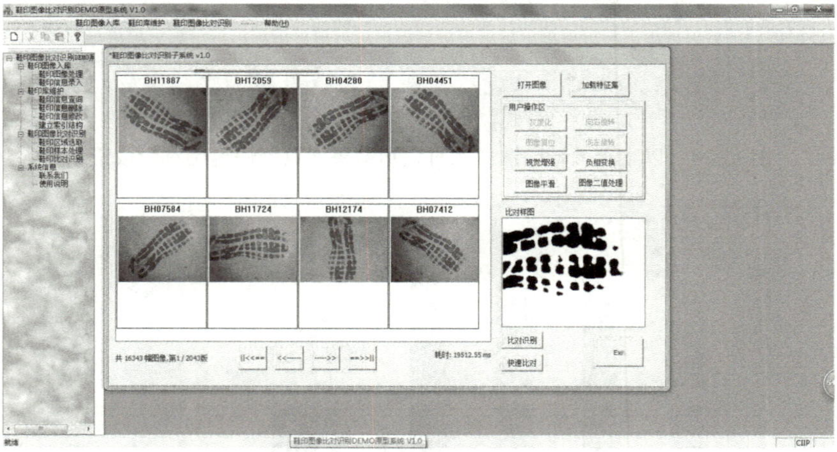

图 15.17　以人查案鞋印图像比对识别结果（点“比对识别”按钮）

说明：从图 15.17 比对识别结果可见，当抓到一个嫌疑人时，可先对其进行鞋印图像采集，然后在鞋印库中进行比对识别，以确认此人是不是在某些案发现场留有足迹。从排在前面的这些图像来看，都具有很强的视觉相似性，都是从同一案发现场采集的鞋印图像，均为正确比对结果；比对时间为 19512.55ms，则在本次比对识别中，平均比对一幅图像耗时 1ms 多。

说明：从图 15.18 的比对结果来看，前面的这些图像都具有很强的视觉相似性；比对时间只花了 112.43ms，即在 1.6 万多幅鞋印图像中完成一次比对耗时不到 1s。

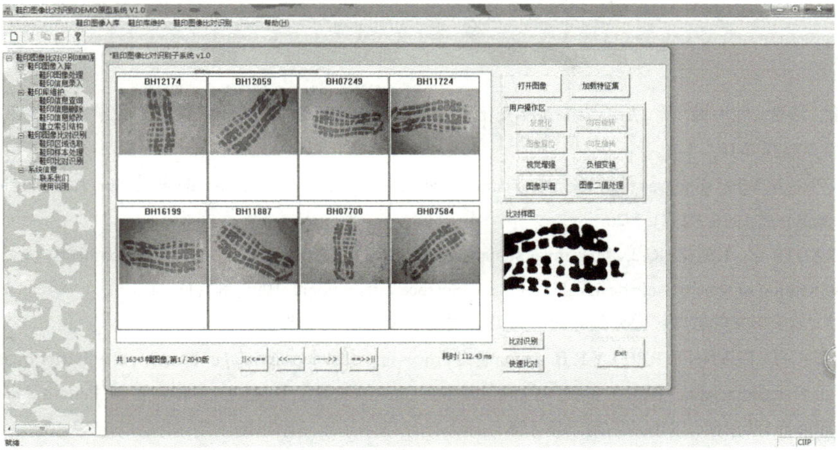

图 15.18　以人查案鞋印图像比对识别结果（点“快速比对”按钮）

为了综合评估本书算法的比对速度与比对精度，选取“折波型、交织型、线条型、边块型与圆点型”等 5 种常见鞋印花纹结构，每种 10 个，共 50 个局部花纹结构作为比对样图，进行综合实验，其平均比对时间、Top10 与 Top20 的比对正确率如表 15.1 所示[19]。其中：平均比对时间是指 50 次比对的平均耗时；平均 Top$k$（k=10 与 20）正确率是指 50 个比对实验中，前 k 幅图像中比对正确的图像总数除以 150。这是因为：在鞋印库中大部分同类图像存在 3 幅，每次比对过程中都希望那 3 幅图像均能排在前 K 之中，即 150（50×3）为真正正确图像的总数。

表 15.1　比对精度与时间对比

方法	平均比对正确率		平均比对时间/ms
	Top 20	Top 10	
本书 SC-RI 算法	95.3%	91.3%	121.26
传统 SIFT 匹配	96.0%	92.0%	17062.32

由表 15.1 中实验结果可见，利用鞋印图像的 SIFT 局部特征，再结合稀疏编码与反向索引技术而提出的 CS-RI 鞋印比对算法，其比对精度接近于传统 SIFT 匹配穷举比对方法，只要鞋印图像存在局部清晰的花纹结构，比对正确率均在 90%以上，但其比对速度提高了 140 多倍。这说明 CS-RI 是非常有效的鞋印比对算法，其原因是：①SIFT 描述子是一种非常有效的图像局部特征提取方法，其不但能捕获到丰富的图像底层视觉特征，而且还对图像旋转、尺度缩放、光照变化均具有不变性；②通过字典学习与稀疏编码，能从鞋印图像中获取有意义的结构基元，

最后得到的编码系数，能很好地描述鞋印图像中所包含的各种花纹信息，且近些年，稀疏编码在图像语义分析问题中已得到成功应用，性能卓越。

参考文献

[1] 高毅, 陈青, 叶泸键, 等. 足迹边缘弧度变化区分足别的量化研究[J]. 中国人民公安大学学报(自然科学版), 2013, 77 (3): 6-10.

[2] WAYNE A. What shoe was that? the use of computerized image database to assist identification[J]. Forensic Science International, 1996, 82 (1): 7-20.

[3] GERADTS Z, KEIJZER J. The image-database REBEZO for shoeprints with developments on automatic classification of shoe outsole designs[J]. Forensic Science International, 1996 , 82 (1) :21-31.

[4] 荆怡. 基于语义的鞋印图像分类算法研究[D]. 大连：大连海事大学, 2017.

[5] CHAZAL D, FLYNN P, REILLY R B. Automated processing of shoeprint images based on the fourier transform for use in forensic science. Pattern analysis and machine intelligence[J]. IEEE Transactions on Pattern Analysis and Machine Intelligence, 2009, 27 (3): 341-350.

[6] MOURAD G, AHMED B, DANNY C. Automatic recognition of partial shoeprints based on phase-only correlation[C]. Processing in IEEE International Conference on Image Processing. San Antonio, 2007: 441-444.

[7] BOURIDANE A. Techniques for automatic shoeprint classification[C]. Processing in Imaging for Forensics and Security. Springer US, 2009:165-180.

[8] PAYLOUM, ALLINSON N M. Automatic extraction and classification of footwear patterns[C]. Processing in Intelligent Data Engineering and Automated Learning, Springer Berlin Heidelberg, 2006:721-728.

[9] 管燕. 基于形状特征的平面鞋印图像检索的研究[D]. 扬州:扬州大学, 2008.

[10] WEI C H, LI Y, GWO C Y. The use of scale-invariance feature transforms approach to recognize and retrieve incomplete shoeprints[J]. Journal of Forensic Sciences. 2013, 58 (3): 62530.

[11] MAHMOOD A K, SONALI M T. Automated processing of shoeprint images for use in forensic science[J]. International Journal of Advanced Research in Computer and Communication Engineering, 2013, 2 (11): 4292-4298.

[12] KADAM A B, MANZA R R, KALE K V. A review: analysis of footwear impression evidence collection & detection[J]. International Journal of Machine Intelligence. 2012, 4 (2): 410-413.

[13] 赵小强,李大湘, 白本督. DSP 原理及图像处理应用[M]，北京:人民邮电出版社，2013.

[14] 李大湘, 邱鑫, 刘颖. 基于稀疏编码与反向索引的鞋印图像比对算法[J]. 刑事技术, 2018, 43 (4): 282-287.

[15] 李大湘, 吴倩, 李娜, 等. 图像分块及惰性多示例学习鞋印图像识别[J]. 西安邮电大学学报, 2016, 21 (1): 59-62.

[16] 李大湘, 吴倩, 李娜. 融合 LBP 特征与 LSH 索引的鞋印图像检索[J]. 警察技术，2016，156 (3)：47-49.

[17] 李大湘, 吴倩, 李娜. 基于 SIFT 与 PMK 的鞋印图像比对算法[J]. 现代计算机，2016，539 (4)：64-67.

[18] 李宗民, 蒋迪, 刘玉杰, 等. 结合空间上下文的局部约束线性特征编码[J]. 计算机辅助设计与图形学学报, 2017, 29 (2): 254-261.

[19] 戴周. 基于局部特征和视觉上下文的图像检索系统[D]. 成都：电子科技大学，2014.

[20] KORTYLEWSKI A, ALBRECHT T, VVTTER T. Unsupervised footwear impression analysis and retrieval from crime scene data[J]. Lecture Notes in Computer Science, 2015, 9008(1): 644-658